통합기본서

# 신한은행 SLT

시대에듀

2025 하반기 시대에듀 신한은행 SLT 필기시험 통합기본서

## Always **with you**

사람의 인연은 길에서 우연하게 만나거나 함께 살아가는 것만을 의미하지는 않습니다.
책을 펴내는 출판사와 그 책을 읽는 독자의 만남도 소중한 인연입니다.
**시대에듀**는 항상 독자의 마음을 헤아리기 위해 노력하고 있습니다. 늘 독자와 함께하겠습니다.

# 머리말 PREFACE

신한은행은 1897년 한성은행으로 출발하였다. 이후 1982년 신한은행을 창립하였고, 1996년 총수신 20조 원, 1999년 총수신 30조 원을 돌파하는 등의 성장을 이루어 왔다. 신한은행은 금융의 본업, 창조적 금융, 상생의 선순환 구조를 바탕으로 '금융으로 세상을 이롭게 한다.'는 미션을 달성하기 위해 노력하고 있다.

신한은행 필기시험 SLT(Shinhan Literacy Test)는 NCS + 금융상식 + 디지털 리터러시 평가로 구성되어 있다. 2021년부터 디지털 리터러시 평가(논리적 사고 · 알고리즘 설계 · 상황판단 평가)를 도입하였으나, 상황판단 평가는 2024년 하반기부터 제외되었으며 2023년에는 95문항에서 70문항으로 문제 수를 줄이고, 4지선다에서 5지선다로 선택지 개수를 늘리는 변화를 보였다.

이에 시대에듀에서는 신한은행 SLT 필기시험을 준비하는 수험생들이 시험에 효과적으로 대비할 수 있도록 다음과 같은 특징을 가진 본서를 출간하게 되었다.

**도서의 특징**

1. 2025년 상반기 기출복원문제를 수록하여 최근 출제경향을 한눈에 파악할 수 있도록 하였다.
2. NCS 직업기초능력평가 출제영역별 대표기출유형과 기출응용문제를 수록하여 체계적인 학습이 가능하도록 하였다.
3. 금융상식(경영일반 · 경제일반 · 금융상식) + 디지털 리터러시 평가(논리적 사고 · 알고리즘 설계)를 수록하여 SLT 필기시험을 완벽하게 준비하도록 하였다.
4. 최종점검 모의고사 2회분과 온라인 모의고사 3회분(NCS 통합 1회 포함)을 수록하여 시험 전 자신의 실력을 스스로 평가할 수 있도록 하였다.
5. 신한은행 실제 면접 기출 질문을 수록하여 한 권으로 채용 전반에 대비할 수 있도록 하였다.

끝으로 본서가 신한은행 SLT 필기시험을 준비하는 여러분 모두에게 합격의 기쁨을 전달하기를 진심으로 바란다.

**SDC**(Sidae Data Center) 씀

INTRODUCE

# 신한은행 기업분석

## ◇ 미션

**금융**으로 세상을 **이롭게** 한다.

미래를 함께하는 따뜻한 금융이란 상품, 서비스, 자금운용 등에서 과거와는 다른 방법, 새로운 환경에 맞는 새로운 방식을 추구하여 고객과 신한 그리고 사회의 가치가 함께 커지는 상생의 선순환 구조를 만들어 가는 것이다.

| 방법론 | 지향점 |
| --- | --- |
| **금융(본업)으로**<br>창조적 금융 | **세상을 이롭게 한다**<br>상생의 선순환 구조 |

## ◇ 핵심가치

모든 신한인이 '**ONE 신한**'으로 생각하고 행동하게 되는 가치판단의 기준이다.

**바르게**

고객과 미래를 기준으로 바른 길을 선택한다.

**빠르게**

빠르게 실행하고 배우며 성장한다.

**다르게**

다름을 존중하며 남다른 결과를 만든다.

## ◇ 비전

### 더 쉽고 편안한, 더 새로운 은행

| | |
|---|---|
| **더 쉬운 은행** | **쉽고 편리한**<br>고객이 금융을 더 쉽고 편하게 이용할 수 있도록 온 · 오프라인 금융서비스를 개선하며, 디지털 생태계를 통해 고객의 일상과 비즈니스에 은행을 더욱 가깝게 연결한다. |
| **더 편안한 은행** | **안전하고 신뢰할 수 있는**<br>고객이 꿈을 실현할 수 있도록 안전하고, 신뢰할 수 있는 올바른 금융을 제공함으로써 고객의 마음을 더 편안하게 한다. |
| **더 새로운 은행** | **참신하고 독창적인**<br>신한만의 전문성과 혁신적인 디지털 기술을 창조적으로 융합한, 참신하고 독창적인 '一流' 금융서비스를 통해 고객에게 더 새로운 가치를 제공한다. |

## ◇ 인재상

### 따뜻한 가슴을 지닌 창의적인 열정가

**따뜻한 가슴**

고객과 사회의 따뜻한 미래를 생각하며 정직과 신뢰로 언제나 바르게 행동하는 사람

**창의적인**

자신의 꿈을 위해 유연하고 열린 사고로 남들과는 다르게 시도하는 사람

**열정가**

실패를 두려워하지 않는 열정으로 도전적 목표를 향해 누구보다 빠르게 실행하는 사람

INTRODUCE

# 신한은행 기업분석

## ◇ CI

기존 신한금융그룹의 상징이었던 비둘기 및 새싹은 21세기의 미래 감성에 맞게 재해석되어 피어나는 미래에 대한 희망으로 표현되었고, 그 형태의 외관을 이루는 "구"는 국제화를 의미하는 글로벌의 상징으로, 가운데 S의 형상은 끝없는 성장을 향해 달려나가는 지표로서의 금융사의 진로로 상징화되었다.

## ◇ 신한 프렌즈

일 년 내내 밤하늘에서 찾아볼 수 있는 작은 곰자리는 북쪽 하늘의 대표적인 별자리로 알려져 있으며, 북극성은 작은 곰자리의 끝에 자리 잡고 있다. 신한 프렌즈는 예로부터 항해자들의 길잡이가 되어 주던 북극성을 모티브로 개발되었다. 시대를 앞장서서 도전해 나가는 탐험대의 이야기를 담아 신한이 리드하는 새로운 금융 가치를 이야기하게 될 것이다.

## ◇ 브랜드 슬로건

더 나은 내일을 위한 동행

Together, a better tomorrow

## ◇ 브랜드 약속

Togethership

| 진정성 | 통합성 | 통찰력 | 혁신 |
|---|---|---|---|

## ◇ 브랜드 이미지

젊고, 활기찬

선도적인, 혁신적인

전문성이 있는

믿음이 가는, 정직한

배려 깊은, 따뜻한

세련된, 고급스러운

INFORMATION

# 신입행원 채용 안내

## ◇ 지원방법

신한은행 채용 홈페이지(shinhan.recruiter.co.kr)를 통해 접수

## ◇ 지원자격

❶ 학력 및 연령에 따른 지원 제한 없음
❷ 군필자 또는 군면제자
❸ 해외여행에 결격 사유가 없는 자
❹ 당행 내규상 채용에 결격 사유가 없는 자
❺ 외국인의 경우 한국 내 취업에 결격 사유가 없는 자

## ◇ 채용절차

## ◇ 필기시험(SLT)

| 영역 | | 문항 수 | 시험시간 |
|---|---|---|---|
| NCS/금융상식 | 의사소통능력 | 70문항<br>(5지선다) | 90분 |
| | 수리능력 | | |
| | 문제해결능력 | | |
| | 금융상식 | | |
| 디지털 리터러시 평가 | 논리적 사고 | | |
| | 알고리즘 설계 | | |

※ 영역별 문항 구분 없이 1교시로 시험이 진행됩니다.

❖ 자세한 채용절차는 직무별 채용방침에 따라 변경될 수 있으니 반드시 채용공고를 확인하기 바랍니다.

ANALYSIS

# 2025년 상반기 기출분석

**총평**

2025년 상반기 신한은행 필기시험은 전체적으로 디지털 리터러시 평가와 금융상식보다 NCS의 난도가 높았다는 후기가 많았다. 지난 시험과 동일하게 NCS와 금융상식은 의사소통능력, 수리능력, 문제해결능력, 금융상식 4개 영역으로 출제되었고, 디지털 리터러시 평가는 논리적 사고, 알고리즘 설계 2개 영역으로 출제되었다. NCS의 다른 영역은 무난했으나 의사소통능력의 경우, 전체적으로 지문의 길이가 길고, 금융 시사와 관련된 내용의 문제가 있어서 어렵다고 느낀 수험생들이 많았을 것이라 예상된다. 또한 시험의 모든 문제는 영역 구분 없이 섞여서 출제되었으며 지난 시험의 출제경향과 다르게 디지털 리터러시 평가와 금융상식보다는 NCS의 출제비중이 높았다는 평이 대다수였으므로 이에 대한 대비가 필요하다고 본다.

## ◇ 영역별 출제비중

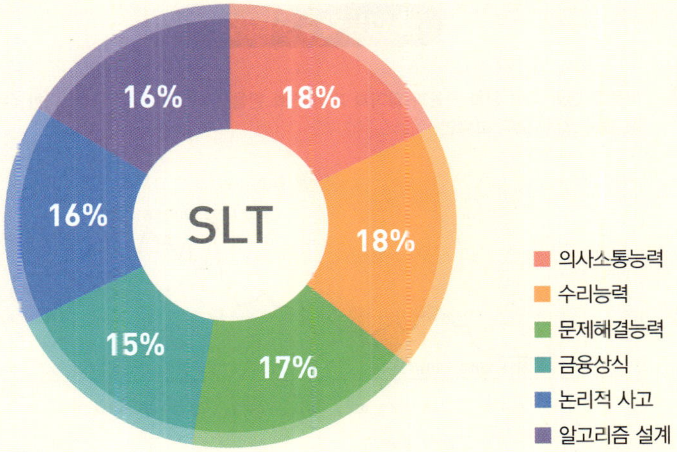


## ◇ 영역별 출제특징

| 구분 | 출제특징 |
| --- | --- |
| 의사소통능력 | • 추론하기, 글의 주제 찾기 등의 문제가 출제됨<br>• 금융투자소득세, 탄소배출권, ESG, SDG, 가상화폐 등 최근 금융 시사와 관련된 지문을 통해 일치/불일치하는 내용을 고르는 문제가 출제됨 |
| 수리능력 | • 미지수가 3개인 일차방정식, 경우의 수, 확률 등의 문제가 출제됨<br>• 제시된 자료의 그래프를 보고 수치를 비교하거나 표를 해석하는 문제가 출제됨 |
| 문제해결능력 | • 명제, 참/거짓, 조건추리, 벤 다이어그램 여집합 찾기 등의 문제가 출제됨<br>• 주어진 은행 또는 적금상품을 보고 문제를 해결하는 유형이 출제됨 |

TEST CHECK

# 주요 금융권 적중 문제

## 신한은행

### 의사소통능력 ▶ 주제 · 제목찾기

2025년 적중

**32** 다음 글의 중심 내용으로 가장 적절한 것은?

> 발전된 산업 사회는 인간을 단순한 수단으로 지배하기 위해 새로운 수단을 발전시키고 있다. 여러 사회 과학과 심층 심리학이 이를 위해 동원되고 있다. 목적이나 이념의 문제를 배제하고 가치 판단으로부터의 중립을 표방하는 사회 과학들은 인간 조종을 위한 기술적 · 합리적인 수단을 개발해 대중 지배에 이바지한다. 마르쿠제는 이런 발전된 산업 사회에서의 도구화된 지성을 비판하면서 이것을 '현대인의 일차원적 사유'라고 불렀다. 비판과 초월을 모르는 도구화된 사유라는 것이다.
> 발전된 산업 사회는 이처럼 사회 과학과 도구화된 지성을 동원해 인간을 조종하고 대중을 지배할 뿐만 아니라 향상된 생산력을 통해 인간을 매우 효율적으로 거의 완전하게 지배한다. 즉, 발전된 산업 사회는 높은 생산력을 통해 늘 새로운 수요들을 창조하고, 모든 선전 수단을 동원하여 이러한 새로운 수요들을 인간의 삶을 위해 불가결한 것으로 만든다. 그리하여 인간이 새로운 수요들을 지향하지 않을 수 없게 한다. 이렇게 산업 사회는 늘 새로운 수요의 창조와 공급을 통해 인간의 삶을

### 수리능력 ▶ 자료추론

2025년 적중

**42** 다음은 엔화 대비 원화 환율과 달러화 대비 원화 환율 추이 자료이다. 이에 대한 〈보기〉의 설명 중 옳은 것을 모두 고르면?

〈원/엔 환율 추이〉

〈원/달러 환율 추이〉

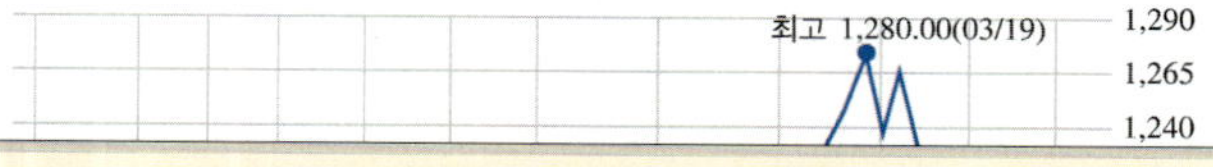


### 문제해결능력 ▶ 참 · 거짓

2025년 적중

**53** 다음 다섯 사람이 얘기를 하고 있다. 이 중 두 사람은 진실만을 말하고, 세 사람은 거짓만을 말하고 있다. 지훈이 거짓을 말할 때, 진실만을 말하는 사람을 짝지은 것은?

> • 동현 : 정은이는 지훈이와 영석이를 싫어해.
> • 정은 : 아니야. 난 둘 중 한 사람은 좋아해.
> • 선영 : 동현이는 정은이를 좋아해.
> • 지훈 : 선영이는 거짓말만 해.
> • 영석 : 선영이는 동현이를 싫어해.
> • 선영 : 맞아. 그런데 정은이는 지훈이와 영석이 둘 다 좋아해.

① 동현, 선영 ② 정은, 영석

## 하나은행

2025년 적중

### 의사소통능력 ▶ 주제 · 제목찾기

**10** 다음 글의 중심 내용으로 가장 적절한 것은?

> 칸트는 인간이 이성을 부여받은 것은 욕망에 의해 움직이지 않게 하기 위함이라고 말하면서 자신의 행복을 우선시하기보다는 도덕적인 의무를 먼저 수행해야 한다고 주장했다. 칸트의 시각에서 볼 때 행동의 도덕적 가치를 결정하는 것은 어떠한 상황에서든 모든 사람이 그 행동을 했을 때에 아무런 모순이 생기지 않아야 한다는 보편주의이다. 내가 타인을 존중하지 않으면서 타인이 나를 존중하고 도와줄 것을 기대한다면, 이는 보편주의를 위배하는 것이다. 그러므로 남이 나에게 해주길 바라는 것을 실천하는 것이 바로 도덕적 행동이라는 것이다. 따라서 도덕적 행동이 나의 이익이나 본성과 일치하지 않더라도 나는 나의 의무를 수행해야 한다고 역설했다.

① 칸트의 도덕관에 대한 비판

② 칸트가 생각하는 도덕적 행동

2025년 적중

### 수리능력 ▶ 도형

**41** 다음 삼각형의 면적은?

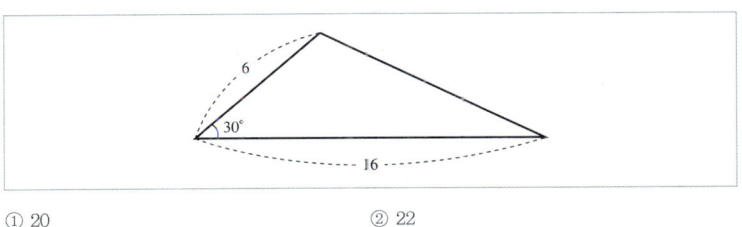

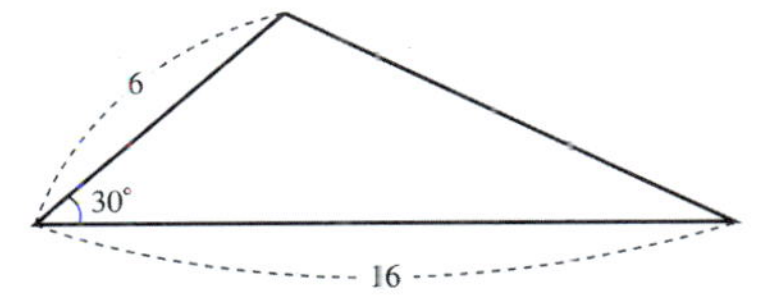


① 20　② 22

③ 24　④ 54

2025년 적중

### 문제해결능력 ▶ 문제처리

**62** H은행은 행원들의 체력증진 및 건강개선을 위해 운동 프로그램을 운영하고자 한다. 해당 프로그램을 운영할 업체는 행원들을 대상으로 한 사전조사 결과를 바탕으로 결정된다. 다음 〈조건〉에 따라 업체를 선정할 때, A ~ D업체 중 최종적으로 선정될 업체는?

〈후보 업체 사전조사 결과〉

| 구분 | 프로그램 | 흥미 점수 | 건강증진 점수 |
|---|---|---|---|
| A업체 | 집중GX | 5점 | 7점 |
| B업체 | 필라테스 | 7점 | 6점 |
| C업체 | 자율 웨이트 | 5점 | 5점 |
| D업체 | 근력운동 | 6점 | 4점 |

**조건**

- H은행은 전 행원을 대상으로 후보 업체들에 대한 사전조사를 하였다. 각 후보 업체에 대한 흥미 점수와 건강증진 점수는 전 행원이 10점 만점으로 부여한 점수의 평균값이다.
- 흥미 점수와 건강증진 점수를 2 : 3의 가중치로 합산하여 1차 점수를 산정하고, 1차 점수가 높은 후보 업체 3개를 1차 선정한다.

TEST CHECK

# 주요 금융권 적중 문제

## KB국민은행

**의사소통능력 ▶ 비판 · 반박하기**

2025년 적중

**09** 다음 중 ㉠의 입장에서 호메로스의 『일리아스』를 비판한 내용으로 적절하지 않은 것은?

> 기원전 5세기, 헤로도토스는 페르시아 전쟁에 대한 책을 쓰면서 『역사(Historiai)』라는 제목을 붙였다. 이 제목의 어원이 되는 'histor'는 원래 '목격자', '증인'이라는 뜻의 법정 용어였다. 이처럼 어원상 '역사'는 본래 '목격자의 증언'을 뜻했지만, 헤로도토스의 『역사』가 나타난 이후 '진실의 탐구' 혹은 '탐구한 결과의 이야기'라는 의미로 바뀌었다.
> 헤로도토스 이전에는 사실과 허구가 뒤섞인 신화와 전설, 혹은 종교를 통해 과거에 대한 지식이 전수되었다. 특히 고대 그리스인들이 주로 과거에 대한 지식의 원천으로 삼은 것은 『일리아스』였다. 『일리아스』는 기원전 9세기의 시인 호메로스가 오래전부터 구전되어 온 트로이 전쟁에 대해 읊은 서사시이다. 이 서사시에서는 전쟁을 통해 신들, 특히 제우스 신의 뜻이 이루어진다고 보았다. 헤로도토스는 바로 이런 신화적 세계관에 입각한 서사시와 구별되는 새로운 이야기 양식을 만들어 내고자 했다. 즉, 헤로도토스는 가까운 과거에 일어난 사건의 중요성을 인식하고, 이를 직접 확인 · 탐구하여 인과적 형식으로 서술함으로써 역사라는 새로운 분야를 개척한 것이다.
> 『역사』가 등장한 이후, 사람들은 역사 서술의 효용성이 과거를 통해 미래를 예측하게 하여 후세인(後世人)에게 교훈을 주는 데 있다고 인식하게 되었다. 이러한 인식에는 한 번 일어났던 일이 마치 계절처럼 되풀이하여 다시 나타난다는 순환 사관이 바탕에 깔려 있다. 그리하여 오랫동안 역사는 사람을 올바르고 지혜롭게 가르치는 '삶의 학교'로 인식되었다. 이렇게 교훈을 주기 위해서는 과거에 대한 서술이 정확하고 객관적이어야 했다.
> 물론 모든 역사가가 정확성과 객관성을 역사 서술의 우선적 원칙으로 앞세운 것은 아니다. 오히려 헬레니즘과 로마 시대의 역사가들 중 상당수는 수사학적인 표현으로 독자의 마음을 움직이는 것을 목표로 하는 역사 서술에 몰두하였고, 이런 경향은 중세 시대에도 어느 정도 지속되었다. 이들은 이야기를 감동적이고 설득력 있게 쓰는 것이 사실을 객관적으로 기록하는 것보다 더 중요하다고 보

**문제해결능력 ▶ 명제**

2025년 적중

**16** 제시된 명제가 모두 참일 때, 빈칸에 들어갈 명제로 가장 적절한 것은?

> • 어휘력이 좋지 않으면 책을 많이 읽지 않은 것이다.
> • 글쓰기 능력이 좋지 않으면 어휘력이 좋지 않은 것이다.
> • ________________________________

① 글쓰기 능력이 좋으면 어휘력이 좋은 것이다.
② 책을 많이 읽지 않으면 어휘력이 좋지 않은 것이다.
③ 어휘력이 좋지 않으면 글쓰기 능력이 좋지 않은 것이다.
④ 글쓰기 능력이 좋지 않으면 책을 많이 읽지 않은 것이다.

**수리능력 ▶ 거리 · 속력 · 시간**

2025년 적중

**32** 일정한 속력으로 달리는 기차가 길이 480m인 터널을 완전히 통과하는 데 걸리는 시간이 36초이고 같은 속력으로 길이 600m인 철교를 완전히 통과하는 데 걸리는 시간이 44초일 때, 기차의 속력은?

① 15m/s
② 18m/s
③ 20m/s
④ 24m/s

## IBK기업은행

2025년 적중

### 의사소통능력 ▶ 내용일치

**04** 다음은 우리나라 국고제도에 대한 개요이다. 이에 대한 설명으로 적절하지 않은 것은?

〈우리나라 국고제도의 개요〉

- 국고금의 범위
  국고금에는 중앙정부가 징수하는 국세와 관련 법규에 따른 각종 범칙금, 과징금, 연금보험료, 고용보험료, 국유재산 등에 대한 점용료·사용료, 각종 벌금 등이 있으며, 지방자치단체가 징수하는 지방세(주민세, 재산세, 자동차세 등)나 공공기관이 부과하는 공과금(전기요금, 전화요금 등)은 포함되지 않는다.
- 국고금의 종류
  국고금이 효율적이고 투명하게 관리·운용되기 위해서는 국고관련 법령에 근거한 계획적인 수입 및 지출이 필요한데, 이를 위해 한국은행은 국고금을 그 성격 및 계리체계 등을 기준으로 '수입금과 지출금', '자금관리용 국고금' 그리고 '기타의 국고금'으로 구분하여 관리한다.
  ① 수입금과 지출금
  수입금은 법령 또는 계약 등에 의해 국가의 세입으로 납입되거나 기금에 납입되는 자금을 말하

2025년 적중

### 자원관리능력 ▶ 비용계산

**11** I컨벤션에서 회의실 예약 업무를 담당하고 있는 K씨는 2주 전 B기업으로부터 오전 10시 ~ 낮 12시에 35명, 오후 1시 ~ 오후 4시에 10명이 이용할 수 있는 회의실 예약문의를 받았다. K씨는 회의실 예약 설명서를 B기업으로 보냈고 B기업은 자료를 바탕으로 회의실을 선택하여 결제했다. 하지만 이용일 4일 전 B기업이 오후 회의실 사용을 취소하게 되었다고 할 때, 〈조건〉을 참고하여 B기업이 환불받게 될 금액은?(단, 회의에서는 노트북과 빔프로젝터를 이용하며, 부대장비 대여료도 환불규칙에 포함된다)

〈회의실 사용료(VAT 포함)〉

| 회의실 | 수용 인원(명) | 면적($m^2$) | 기본임대료(원) | | 추가임대료(원) | |
|---|---|---|---|---|---|---|
| | | | 기본시간 | 임대료 | 추가시간 | 임대료 |
| 대회의실 | 30 | 184 | 2시간 | 240,000 | 시간당 | 120,000 |
| 별실 | 36 | 149 | | 400,000 | | 200,000 |
| 세미나 1 | 21 | 43 | | 136,000 | | 68,000 |
| 세미나 2 | | | | | | |
| 세미나 3 | [illegible] | 19 | | 74,000 | | 37,000 |

2025년 적중

### 수리능력 ▶ 금융상품 활용

**20** 최과장은 'N적금'에 가입하였다. 최과장에 대한 정보가 다음과 같을 때, 최과장이 만기에 수령할 원리금을 구하면?(단, 이자 소득에 대한 세금은 고려하지 않는다)

〈정보〉

- 최과장은 만 41세로, 2024년 11월부터 자신의 명의로 I은행의 적금 상품 중 하나에 가입하고자 하였다.
- 최과장은 2024년 12월 1일에 스마트뱅킹을 통하여 I은행의 N적금에 가입하였다.
- 최과장은 가입기간 동안 매월 1일마다 20만 원을 적립한다.
- 최과장은 2025년 1월부터 급여를 I은행 입출금계좌를 통하여 지급받고 있었으며, 만기해지일까지 지속된다.
- 해당 적금 계좌에 대하여 질권설정을 하지 않았으며, 지급제한 사항도 해당되지 않는다.

STRUCTURES

# 도서 200% 활용하기

## 2025년 상반기 기출복원문제로 출제경향 파악

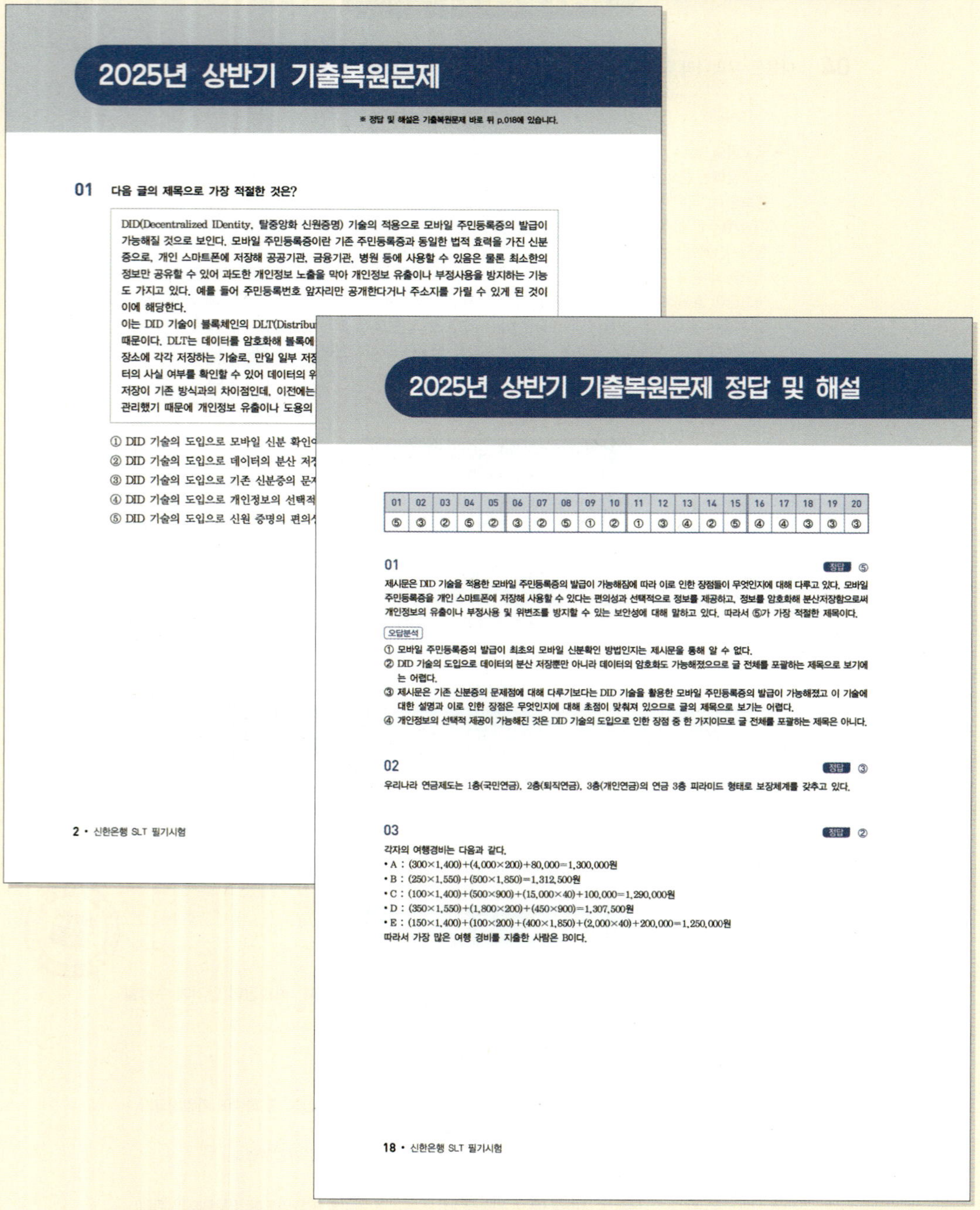

### 2025년 상반기 기출복원문제

※ 정답 및 해설은 기출복원문제 바로 뒤 p.018에 있습니다.

**01** 다음 글의 제목으로 가장 적절한 것은?

DID(Decentralized IDentity, 탈중앙화 신원증명) 기술의 적용으로 모바일 주민등록증의 발급이 가능해질 것으로 보인다. 모바일 주민등록증이란 기존 주민등록증과 동일한 법적 효력을 가진 신분증으로, 개인 스마트폰에 저장해 공공기관, 금융기관, 병원 등에 사용할 수 있음은 물론 최소한의 정보만 공유할 수 있어 과도한 개인정보 노출을 막아 개인정보 유출이나 부정사용을 방지하는 기능도 가지고 있다. 예를 들어 주민등록번호 앞자리만 공개한다거나 주소지를 가릴 수 있게 된 것이 이에 해당한다.
이는 DID 기술이 블록체인의 DLT(Distribu
때문이다. DLT는 데이터를 암호화해 블록에
장소에 각각 저장하는 기술로, 만일 일부 저장
터의 사실 여부를 확인할 수 있어 데이터의 위
저장이 기존 방식과의 차이점인데, 이전에는
관리했기 때문에 개인정보 유출이나 도용의

① DID 기술의 도입으로 모바일 신분 확인
② DID 기술의 도입으로 데이터의 분산 저장
③ DID 기술의 도입으로 기존 신분증의 문제
④ DID 기술의 도입으로 개인정보의 선택적
⑤ DID 기술의 도입으로 신원 증명의 편의성



### 2025년 상반기 기출복원문제 정답 및 해설

| 01 | 02 | 03 | 04 | 05 | 06 | 07 | 08 | 09 | 10 | 11 | 12 | 13 | 14 | 15 | 16 | 17 | 18 | 19 | 20 |
|---|---|---|---|---|---|---|---|---|---|---|---|---|---|---|---|---|---|---|---|
| ⑤ | ③ | ② | ⑤ | ② | ③ | ② | ⑤ | ① | ② | ① | ③ | ④ | ② | ⑤ | ④ | ④ | ③ | ③ | ③ |

**01** 정답 ⑤

제시문은 DID 기술을 적용한 모바일 주민등록증의 발급이 가능해짐에 따라 이로 인한 장점들이 무엇인지에 대해 다루고 있다. 모바일 주민등록증을 개인 스마트폰에 저장해 사용할 수 있다는 편의성과 선택적으로 정보를 제공하고, 정보를 암호화해 분산저장함으로써 개인정보의 유출이나 부정사용 및 위변조를 방지할 수 있는 보안성에 대해 말하고 있다. 따라서 ⑤가 가장 적절한 제목이다.

오답분석

① 모바일 주민등록증의 발급이 최초의 모바일 신분확인 방법인지는 제시문을 통해 알 수 없다.
② DID 기술의 도입으로 데이터의 분산 저장뿐만 아니라 데이터의 암호화도 가능해졌으므로 글 전체를 포괄하는 제목으로 보기에는 어렵다.
③ 제시문은 기존 신분증의 문제점에 대해 다루기보다는 DID 기술을 활용한 모바일 주민등록증의 발급이 가능해졌고 이 기술에 대한 설명과 이로 인한 장점은 무엇인지에 대해 초점이 맞춰져 있으므로 글의 제목으로 보기는 어렵다.
④ 개인정보의 선택적 제공이 가능해진 것은 DID 기술의 도입으로 인한 장점 중 한 가지이므로 글 전체를 포괄하는 제목은 아니다.

**02** 정답 ③

우리나라 연금제도는 1층(국민연금), 2층(퇴직연금), 3층(개인연금)의 연금 3층 피라미드 형태로 보장체계를 갖추고 있다.

**03** 정답 ②

각자의 여행경비는 다음과 같다.
• A : (300×1,400)+(4,000×200)+80,000=1,300,000원
• B : (250×1,550)+(500×1,850)=1,312,500원
• C : (100×1,400)+(500×900)+(15,000×40)+100,000=1,290,000원
• D : (350×1,550)+(1,800×200)+(450×900)=1,307,500원
• E : (150×1,400)+(100×200)+(400×1,850)+(2,000×40)+200,000=1,250,000원
따라서 가장 많은 여행 경비를 지출한 사람은 B이다.



▸ 2025년 4월 19일에 시행된 신한은행 SLT 필기시험의 기출복원문제를 수록하였다.
▸ 'NCS + 금융상식 + 디지털 리터러시 평가'의 최근 출제경향을 파악할 수 있도록 하였다.

# 대표기출유형&기출응용문제로 영역별 체계적 학습

대표기출유형

# 01 문장삽입

| 유형분석 |

- 논리적인 흐름에 따라 글을 이해할 수 있는지 평가한다.
- 한 문장뿐 아니라 여러 개의 문장이나 문단을 삽입하는 문제가 출제될 가능성이 있다.

**다음 글의 빈칸에 들어갈 문장을 〈보기〉에서 골라 순서대로 바르게 나열한 것은?**

21세기는 각자의 개성이 존중되는 다원성의 시대이다
한 역사 서술들이 이루어지고 있다. 이렇게 역사 서술
증대될 수밖에 없다. 그렇다면 이 시대의 역사 서술
역사 서술 방법 중에 가장 널리 알려진 것은 근대 역
이들에게 역사란 과거의 사실을 어떤 주관도 개입시
사가는 특정한 국가와 계층에 속해 있고 이에 따라 특
사가의 주관적 관점은 사료를 선별하는 과정에서부터
서술에 지속적으로 영향을 주게 된다. ＿＿＿＿＿
이러한 역사 서술의 주관성 때문에 역사가 저마다
＿＿＿＿＿＿＿＿ 역사학자 카(E. H. Ca
다.'라는 말을 남겼다. 이 말은 현재를 거울삼아 과거
미래를 창출하는 것으로 해석할 수 있다. 이러한 견해
소통 가능성에 따라 판단될 수 있다.
＿＿＿＿＿＿＿＿ 이 기준을 지키지 못
결과적으로 미래를 올바르게 바라보지 못하게 만드는
에도 자신의 관점에 부합하는 사료만을 편파적으로 선
다. 사료를 배열하고 이야기를 구성하는 과정이 지나
다. 또한 사료의 선택과 해석의 방향이 과거의 잘못을
인정받지 못하게 될 것이다.

보기

㉠ 이에 따라 우리는 다양한 역사 서술 속에서 우리에
있다.
㉡ 따라서 역사 서술에 역사가의 주관은 개입될 수밖
일이다.
㉢ 과거와 현재의 합리적 소통 가능성은 역사 서술의



**대표기출유형 01 기출응용문제**

**※ 다음 글에서 〈보기〉의 내용이 들어갈 위치로 가장 적절한 곳을 고르시오. [1~2]**

**01**

정보란 무엇인가? 이 점은 정보화 사회를 맞이하면서 우리가 가장 깊이 생각해 보아야 할 문제이다. 정보는 그냥 객관적으로 주어진 대상인가? 그래서 그것은 관련된 당사자들에게 항상 가치중립적이고 공정한 지식이 되는가? 결코 그렇지 않다. 똑같은 현상에 대해 정보를 만들어 내는 방식은 매우 다양할 수 있다. 정보라는 것은 인간에 의해 가공되는 것이고 그 배경에는 언제나 나름대로의 입장과 가치관이 깔려 있게 마련이다. (가)
정보화 사회가 되어 정보가 넘쳐나는 듯하지만 사실 우리 대부분은 그 소비자로 머물러 있을 뿐 적극적인 생산의 주체로 나서지 못하고 있다. 이런 상황에서는 우리의 생활을 질적으로 풍요롭게 해주는 정보를 확보하기가 대단히 어렵다. 사실 우리가 일상적으로 구매하고 소비하는 정보란 대부분이 일회적인 심심풀이용이 많다. (나)
또한 정보가 많을수록 좋은 것만은 아니다. 오히려 정보의 과잉은 무기력과 무관심을 낳는다. 네트워크와 각종 미디어와 통신 기기의 회로들 속에서 정보가 기하급수적인 속도의 규모로 증식하고 있는 데 비해, 그것을 수용하고 처리할 수 있는 우리 두뇌의 용량은 진화하지 못하고 있다. 이 불균형은 일상의 스트레스 또는 사회적인 교란으로 표출된다. 정보 그 자체에 집착하는 태도에서 벗어나 무엇이 필요한지를 분별할 수 있는 능력이 배양되어야 한다. (다)
정보는 얼마든지 새롭게 창조될 수 있다. 컴퓨터의 기계적인 언어로 입력되기 전까지의 과정은 인간의 몫이다. 기계가 그것을 대신하기는 불가능하다. 따라서 정보화 시대의 중요한 관건은 컴퓨터에 대한 지식이나 컴퓨터를 다루는 방법이 아니라, 무엇을 담을 것인가에 대한 인간의 창조적 상상력이다. 그것은 마치 전자레인지가 아무리 좋아도 그 자체로 훌륭한 요리를 보장해지는 못하는 것과 마찬가지이다. (라)
정보와 지식 그 자체로는 딱딱하게 굳어 있는 물건처럼 존재하는 듯 보인다. 그러나 그것은 커뮤니케이션 속에서 살아 움직이며 진화한다. 끊임없이 새로운 의미가 발생하고 또한 더 고급으로 갱신되어 간다. 따라서 한 사회의 정보화 수준은 그러한 소통의 능력과 직결된다. 정보의 순환 속에서 끊임없이 새로운 정보로 거듭나는 역동성이 없이는 아무리 방대한 데이터베이스라 해도 그 기능에 한계가 있기 때문이다. (마)

보기

한 가지 예를 들어 보자. 어떤 나라에서 발행하는 관광 안내 책자는 정보가 섬세하고 정확하다. 그러나 그 책을 구입해 관광을 간 소비자들은 종종 그 내용의 오류를 발견한다. 그리고 많은 이들이 그것을 그냥 넘기지 않고 수정 사항을 엽서에 적어서 출판사에 보내준다. 출판사는 일일이 현지에 직원을 파견하지 않고도 책자를 개정할 수 있다.

① (가)  ② (나)
③ (다)  ④ (라)
⑤ (마)



▸ '의사소통능력 · 수리능력 · 문제해결능력'의 대표기출유형과 기출응용문제를 수록하였다.
▸ 출제영역별 유형분석과 유형풀이 Tip을 통해 체계적인 학습이 가능하도록 하였다.

STRUCTURES

# 도서 200% 활용하기

## 금융상식까지 완벽하게 준비

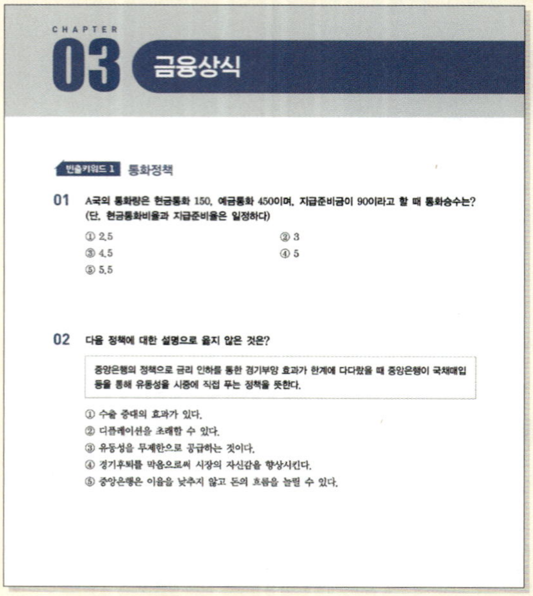

CHAPTER 03 금융상식

빈출키워드 1 통화정책

01 A국의 통화량은 현금통화 150, 예금통화 450이며, 지급준비금이 90이라고 할 때 통화승수는? (단, 현금통화비율과 지급준비율은 일정하다)

① 2.5 ② 3
③ 4.5 ④ 5
⑤ 5.5

02 다음 정책에 대한 설명으로 옳지 않은 것은?

중앙은행의 정책으로 금리 인하를 통한 경기부양 효과가 한계에 다다랐을 때 중앙은행이 국채매입 등을 통해 유동성을 시중에 직접 푸는 정책을 뜻한다.

① 수출 증대의 효과가 있다.
② 디플레이션을 초래할 수 있다.
③ 유동성을 무제한으로 공급하는 것이다.
④ 경기후퇴를 막음으로써 시장의 자신감을 향상시킨다.
⑤ 중앙은행은 이율을 낮추지 않고 돈의 흐름을 늘릴 수 있다.

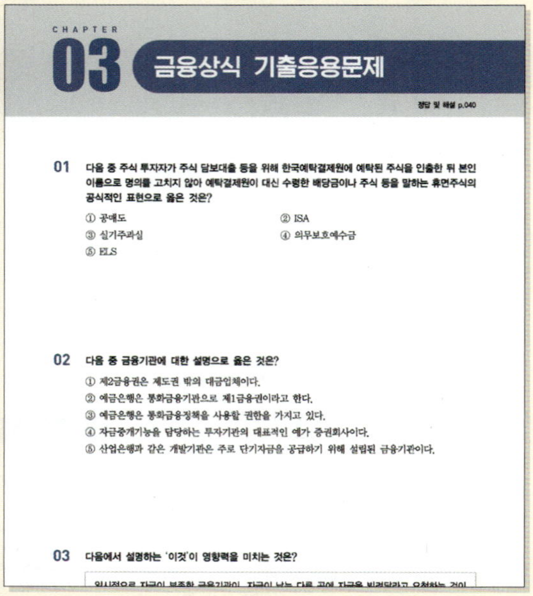

CHAPTER 03 금융상식 기출응용문제

정답 및 해설 p.040

01 다음 중 주식 투자자가 주식 담보대출 등을 위해 한국예탁결제원에 예탁된 주식을 인출한 뒤 본인 이름으로 명의를 고치지 않아 예탁결제원이 대신 수령한 배당금이나 주식 등을 말하는 휴면주식의 공식적인 표현으로 옳은 것은?

① 공매도 ② ISA
③ 실기주과실 ④ 의무보호예수금
⑤ ELS

02 다음 중 금융기관에 대한 설명으로 옳은 것은?

① 제2금융권은 제도권 밖의 대금업체이다.
② 예금은행은 통화금융기관으로 제1금융권이라고 한다.
③ 예금은행은 통화금융정책을 사용할 권한을 가지고 있다.
④ 자금중개기능을 담당하는 투자기관의 대표적인 예가 증권회사이다.
⑤ 산업은행과 같은 개발기관은 주로 단기자금을 공급하기 위해 설립된 금융기관이다.

03 다음에서 설명하는 '이것'이 영향력을 미치는 것은?

▸ 경영일반 · 경제일반 · 금융상식의 빈출키워드 및 기출응용문제로 필기시험을 완벽하게 준비하도록 하였다.

## 디지털 리터러시 평가까지 빈틈없이 학습

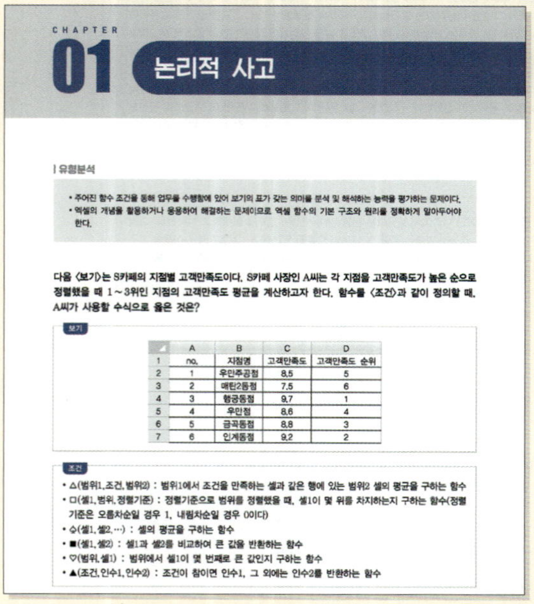

CHAPTER 01 논리적 사고

| 유형분석 |

- 주어진 함수 조건을 통해 업무를 수행함에 있어 보기의 표가 갖는 의미를 분석 및 해석하는 능력을 평가하는 문제이다.
- 엑셀의 개념을 활용하거나 응용하여 해결하는 문제이므로 엑셀 함수의 기본 구조와 원리를 정확하게 알아두어야 한다.

다음 〈보기〉는 S카페의 지점별 고객만족도이다. S카페 사장인 A씨는 각 지점을 고객만족도가 높은 순으로 정렬했을 때 1 ~ 3위인 지점의 고객만족도 평균을 계산하고자 한다. 함수를 〈조건〉과 같이 정의할 때, A씨가 사용할 수식으로 옳은 것은?

보기

| | A | B | C | D |
|---|---|---|---|---|
| 1 | no. | 지점명 | 고객만족도 | 고객만족도 순위 |
| 2 | 1 | 우만주공점 | 8.5 | 5 |
| 3 | 2 | 매탄2동점 | 7.5 | 6 |
| 4 | 3 | 행궁동점 | 9.7 | 1 |
| 5 | 4 | 우만점 | 8.6 | 4 |
| 6 | 5 | 금곡동점 | 8.8 | 3 |
| 7 | 6 | 인계동점 | 9.2 | 2 |

조건

- △(범위1,조건,범위2) : 범위1에서 조건을 만족하는 셀과 같은 행에 있는 범위2 셀의 평균을 구하는 함수
- □(셀1,범위,정렬기준) : 정렬기준으로 범위를 정렬했을 때, 셀1이 몇 위를 차지하는지 구하는 함수(정렬기준은 오름차순일 경우 1, 내림차순일 경우 0이다)
- ♤(셀1,셀2,…) : 셀의 평균을 구하는 함수
- ■(셀1,셀2) : 셀1과 셀2를 비교하여 큰 값을 반환하는 함수
- ♡(범위,셀1) : 범위에서 셀1이 몇 번째로 큰 값인지 구하는 함수
- ▲(조건,인수1,인수2) : 조건이 참이면 인수1, 그 외에는 인수2를 반환하는 함수

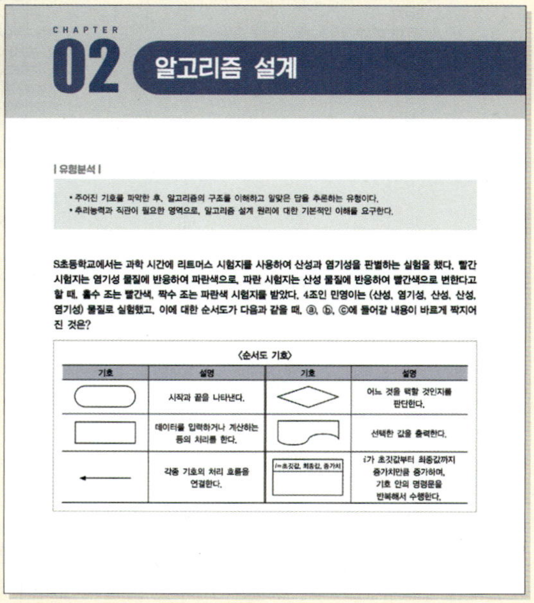

CHAPTER 02 알고리즘 설계

| 유형분석 |

- 주어진 기호를 파악한 후, 알고리즘의 구조를 이해하고 알맞은 답을 추론하는 유형이다.
- 추리능력과 직관이 필요한 영역으로, 알고리즘 설계 원리에 대한 기본적인 이해를 요구한다.

S초등학교에서는 과학 시간에 리트머스 시험지를 사용하여 산성과 염기성을 판별하는 실험을 했다. 빨간 시험지는 염기성 물질에 반응하여 파란색으로, 파란 시험지는 산성 물질에 반응하여 빨간색으로 변한다고 할 때, 홀수 조는 빨간색, 짝수 조는 파란색 시험지를 받았다. 4조인 민영이는 (산성, 염기성, 산성, 산성, 염기성) 물질로 실험했고, 이에 대한 순서도가 다음과 같을 때, ⓐ, ⓑ, ⓒ에 들어갈 내용이 바르게 짝지어진 것은?

〈순서도 기호〉

| 기호 | 설명 | 기호 | 설명 |
|---|---|---|---|
| (타원) | 시작과 끝을 나타낸다. | (마름모) | 어느 것을 택할 것인지를 판단한다. |
| (직사각형) | 데이터를 입력하거나 계산하는 등의 처리를 한다. | (출력 기호) | 선택한 값을 출력한다. |
| (화살표) | 각종 기호의 처리 흐름을 연결한다. | i=초깃값, 최종값, 증가치 | i가 초깃값부터 최종값까지 증가치만큼 증가하며, 기호 안의 명령문을 반복해서 수행한다. |

▸ 논리적 사고 · 알고리즘 설계의 유형분석 및 기출응용문제로 출제영역을 빈틈없이 학습하도록 하였다.

# 최종점검 모의고사로 실전 연습

## 제1회 최종점검 모의고사

문항 수 : [illegible]문항 응시시간 : 90분

정답 및 해설 p.052

**01** 다음은 S은행의 S고향사랑기부예금에 대한 자료이다. 이에 대한 설명으로 가장 적절한 것

〈S고향사랑기부예금〉

| 구분 | 세부내용 |
|---|---|
| 상품설명 | • 고향사랑기부제 참여 시 우대금리를 제공하고 공익기금을 적립하는 지역사회공헌 상품 |
| 가입대상 | • 개인 |
| 가입기간 | • 1년(12개월) 가능 |
| 가입금액 | • 1백만 원 이상 가입 가능 |
| 우대금리 | • 우대금리 최고 0.7%p<br>구분 / 내용 / 금리(%p)<br>고향사랑기부 우대 / 고향사랑기부금 납부자 / 0.5<br>고령자 우대 / 만 65세 이상 가입자 / 0.1<br>청년(MZ세대) 우대 / 만 19세 이상～만 34세 이하 / 0.1<br>범S은행 이용실적 우대 / 가입월부터 만기 전전월말까지 S은행 S페이카드로 전국 S은행편의점, S은행주유소 이용실적이 월 평균 5만 원 이상 이용실적이 있는 경우 / 0.1<br>※ 고향사랑기부금 납부 우대금리 적용 방법(영업점 창구, 고향사랑e음 사이트 납부)<br>(1) 적금 가입연도 초일부터 만기 전전일까지 고향사랑기부금을 납부한 경우<br>→ 별도의 서류 없이 우대금리 자동 반영<br>(2) (1)의 기간 이후 고향사랑기부금을 납부한 경우<br>→ 적금 만기일 전 영업일까지 고객이 납부 증빙서류 제출 후 우대금리 적용 신청 |
| 이자지급 | • 만기일시지급식 |
| 만기지급 금리 | • 만기일시지급식 : 연 3.1%<br>• 특별금리 : 0.1%p(가입고객 모두에게 적용) |
| 유의사항 | • 만기 자동해지 서비스 등록계좌의 경우 우대금리 신청은 반드시 만기 전 영업일까지 신청하여야 |

① 본 상품에 가입하기 위해서는 고향사랑기부제에 참여가 필요하다.

신한은행 SLT 필기시험 OMR 답안카드

※ 본 답안카드는 마킹연습용 모의 답안카드입니다.

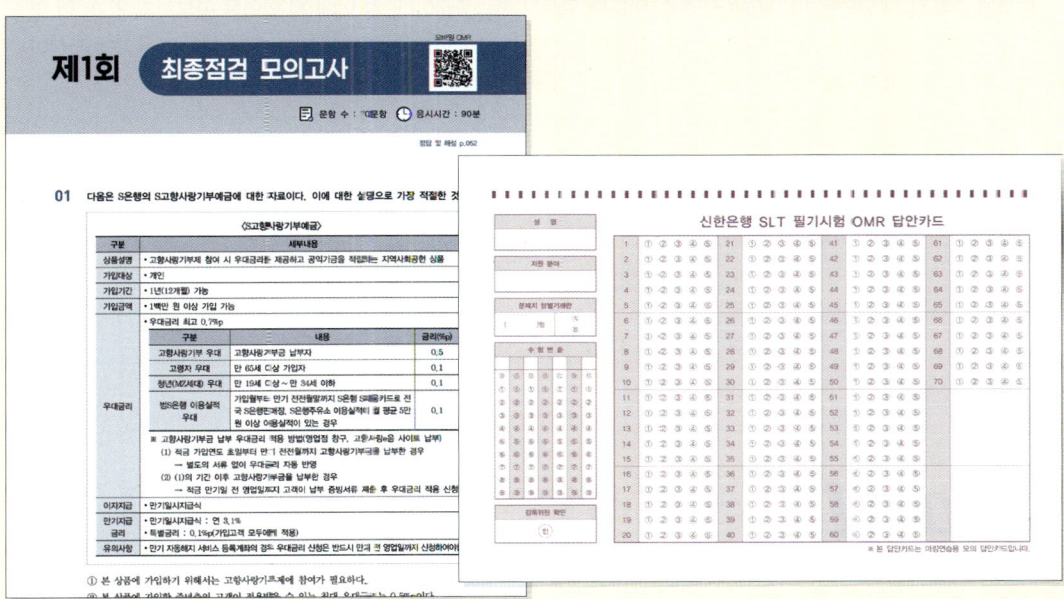

▸ 최종점검 모의고사 2회분과 OMR 답안카드를 수록하여 실제 시험처럼 최종 마무리 연습을 할 수 있도록 하였다.

# 면접까지 한 권으로 대비

## CHAPTER 01 면접 유형 및 실전 대책

### 1. 면접의 유형

과거 천편일률적이었던 일대일 면접과 달리 최근 면접에는 다양한 유형이 도입되어, 현재는 '면접은 이렇게 보는 것이다.'라고 말할 수 있는 정해진 유형이 없어졌다. 그러나 대부분의 기업 및 은행권 면접에서는 공통된 면접이 진행되고 있으므로 어느 정도 유형을 파악하여 준비하면 사전에 대비가 가능하다. 면접의 기본인 개별 면접부터 다대일 면접, 집단 면접의 유형과 그 대책에 대해 알아보자.

**(1) 개별 면접**

① **개별 면접의 장점 :** 필기시험 등으로 판단할 수 없는 성품이나 능력을 알아내는 데 가장 적합하다고 평가받아온 면접방식으로, 응시자 한 사람 한 사람에 대해 여러 면에서 비교적 폭넓게 파악할 수 있다. 응시자의 입장에서는 한 사람의 면접관만을 대하는 것이므로 상대방에게 집중할 수 있으며, 긴장감도 다른 면접방식에 비해서는 적은 편이다.

② **개별 면접의 단점 :** 면접관의 주관이 강하게 작용해 객관성을 저해할 소지가 있으며, 면접 평가표를 활용한다 하더라도 일면적인 평가에 그칠 가능성을 배제할 수 없다. 또한 시간이 많이 소요되는 것도 단점이다.

개별 면접 준비 Point

개별 면접에 대비하기 위해서는 평소 일대일로 논리정연하게 대화를 나눌 수 있는 능력을 기르는 것이 중요하다. 그리고 면접장에서는 면접관을 선배나 선생님 혹은 부모님을 대하는 기분으로 면접에 임하는 것이 훨씬 부담도 적고 실력을 발휘할 수 있는 방법이 될 것이다.

**(2) 다대일 면접**

다대일 면접은 일반적으로 가장 많이 사용되는 면접 방법으로, 보통 2～5명의 면접관이 1명의 응시자에게 질문하는 형태의 면접 방법이다. 면접관이 여러 명이므로 다각도에서 질문을 하여 응시자에 대한 정보를 많이 알아낼 수 있다는 점 때문에 기업에서 선호하는 면접 방법이다. 하지만 응시자의 입장에서는 질문도 면접관에 따라 각양각색이고 동료 응시자가 없으므로 숨 돌릴 틈도 없게 느껴진다. 또한 관찰

## CHAPTER 02 신한은행 실제 면접

신한은행의 면접전형은 1차 면접과 2차 면접으로 구분되어 치러진다. 1차 면접은 신한은행 연수원에서 진행되며, 토론 면접 – PT 면접 – 심층 면접으로 구성되어 있다. 토론 면접은 개별 토론과 팀 토론으로 구분되며, 현장에서 주어진 주제에 대해 간략하게 생각해 볼 시간을 준 다음 발언 기회가 주어진다. PT 면접의 경우 은행·경제·금융 관련 3개의 주제 중 뽑기를 통해 랜덤으로 주제가 결정되며, 본인의 발표 외 다른 면접자들의 발표 주제에 대해 질문할 내용을 준비해야 한다. 심층 면접은 약 10분간 진행되며, 자기소개서를 기반으로 질문이 주어진다.

2차 면접은 1차 면접 합격자에 한하여 임원들과 인성면접으로 진행된다. 대개 면접관 3～4명과 지원자 3～4명의 다대다 면접으로 진행되며, 시간은 약 15～20분으로 지원자당 5분씩 배분된다. 신한은행 면접은 자기소개서를 중심으로 예상답을 준비하되, 자신의 경험이 신한은행과 연결될 수 있도록 답변해야 한다. 신한은행 정보를 바탕으로 한 면접 기출문제로 연습한다면 어려움 없이 면접을 볼 수 있을 것이다.

### 1. 1차 면접

**(1) PT 면접**

3개의 주제 중 랜덤으로 1개를 뽑아 해당 주제에 대해 발표하는 방식으로 진행된다. 발표 시간은 3분이 주어지며, 이에 대해 면접관들이 2분가량 질문한다. 1시간 동안의 준비시간이 주어지고, 최근 금융 산업에서 이슈가 되고 있는 내용이 주제로 출제되므로 주관적으로 서술하기보다는 객관적으로 수치나 용어를 사용하여 서술하는 것이 좋다.

[기출 주제]
- 망분리규제완화 찬반
- 예술계 AI활용 찬반
- 중앙은행 CBDC도입 논의와 배경
- 에브리싱랠리의 원인과 투자전략
- 시니어 은행 활성화 방안
- 가계부채 감소의 원인과 은행의 전략
- 행동주의 펀드의 개념과 시사점

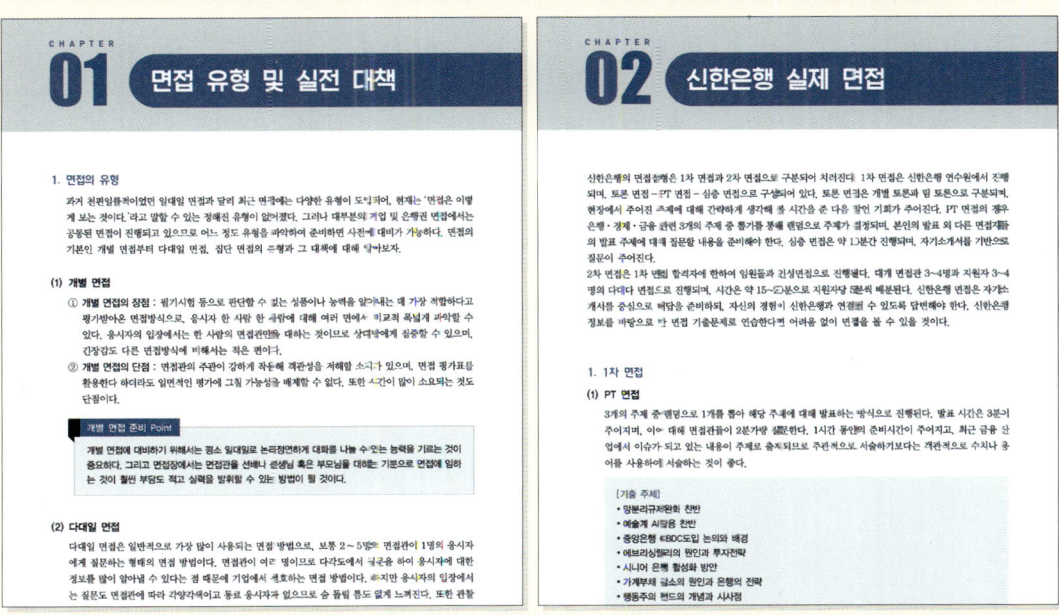

▸ 면접 유형 및 실전 대책과 신한은행 실제 면접 기출 질문을 통해 한 권으로 채용 전반에 대비하도록 하였다.

STUDY PLAN

# 학습플랜

## 1주 완성 학습플랜

본서에 수록된 전 영역을 단기간에 끝낼 수 있도록 구성한 학습플랜이다. 한 번에 전 영역을 공부하지 않고, 한 영역을 집중적으로 공부할 수 있도록 하였다. 필기시험에 대한 기초 학습은 되어 있으나, 학습 계획 세우기에 자신이 없는 분들이나 미리 시험에 대비하지 못해 단시간에 많은 분량을 봐야 하는 수험생에게 추천한다.

ONE WEEK STUDY PLAN

| Start! | 1일 차 ☐ | 2일 차 ☐ | 3일 차 ☐ |
|---|---|---|---|
| | ___월 ___일 | ___월 ___일 | ___월 ___일 |
| | | | |

| 4일 차 ☐ | 5일 차 ☐ | 6일 차 ☐ | 7일 차 ☐ |
|---|---|---|---|
| ___월 ___일 | ___월 ___일 | ___월 ___일 | ___월 ___일 |
| | | | |

## STUDY CHECK BOX

| 구분 | 1일 차 | 2일 차 | 3일 차 | 4일 차 | 5일 차 | 6일 차 | 7일 차 |
|---|---|---|---|---|---|---|---|
| 기출복원문제 | | | | | | | |
| PART 1 | | | | | | | |
| PART 2 | | | | | | | |
| PART 3 | | | | | | | |
| 제1회 최종점검 모의고사 | | | | | | | |
| 제2회 최종점검 모의고사 | | | | | | | |
| 다회독 | | | | | | | |
| 오답분석 | | | | | | | |

### 스터디 체크박스 활용법

1주 완성 학습플랜에서 계획한 학습량을 어느 정도 실천하였는지 표시하여 자신의 학습량을 효율적으로 관리한다.

| 구분 | 1일 차 | 2일 차 | 3일 차 | 4일 차 | 5일 차 | 6일 차 | 7일 차 |
|---|---|---|---|---|---|---|---|
| PART 1 | 의사소통 능력 | × | × | 완료 | | | |

CONTENTS

# 이 책의 차례

# Add+

# 2025년 상반기 기출복원문제

# 2025년 상반기 기출복원문제

※ 정답 및 해설은 기출복원문제 바로 뒤 p.018에 있습니다.

**01** 다음 글의 제목으로 가장 적절한 것은?

> DID(Decentralized IDentity, 탈중앙화 신원증명) 기술의 적용으로 모바일 주민등록증의 발급이 가능해질 것으로 보인다. 모바일 주민등록증이란 기존 주민등록증과 동일한 법적 효력을 가진 신분증으로, 개인 스마트폰에 저장해 공공기관, 금융기관, 병원 등에 사용할 수 있음은 물론 최소한의 정보만 공유할 수 있어 과도한 개인정보 노출을 막아 개인정보 유출이나 부정사용을 방지하는 기능도 가지고 있다. 예를 들어 주민등록번호 앞자리만 공개한다거나 주소지를 가릴 수 있게 된 것이 이에 해당한다.
> 이는 DID 기술이 블록체인의 DLT(Distributed Ledger Technology, 분산원장기술)를 이용하기 때문이다. DLT는 데이터를 암호화해 블록에 저장한 후 이들을 연결해 다음 네트워크에 연결된 저장소에 각각 저장하는 기술로, 만일 일부 저장소가 해킹당했다 하더라도 다른 저장소를 통해 데이터의 사실 여부를 확인할 수 있어 데이터의 위변조를 방지하는 기능을 한다. 이러한 암호화 및 분산저장이 기존 방식과의 차이점인데, 이전에는 정부나 기업이 중앙 서버를 통해 데이터를 저장하고 관리했기 때문에 개인정보 유출이나 도용의 위험성이 있었기 때문이다.

① DID 기술의 도입, 모바일 신분 확인이 가능해지다.
② DID 기술의 도입, 데이터의 분산 저장이 가능해지다.
③ DID 기술의 도입, 기존 신분증의 문제점을 해결하다.
④ DID 기술의 도입, 개인정보의 선택적 제공이 가능해지다.
⑤ DID 기술의 도입, 신원 증명의 편의성과 보안성을 갖추게 되다.

## 02 다음 중 우리나라 연금제도를 구성하는 연금 3층 피라미드가 바르게 연결된 것은?

| | 1층 | 2층 | 3층 |
|---|---|---|---|
| ① | 퇴직연금 | 개인연금 | 국민연금 |
| ② | 국민연금 | 개인연금 | 퇴직연금 |
| ③ | 국민연금 | 퇴직연금 | 개인연금 |
| ④ | 개인연금 | 퇴직연금 | 국민연금 |
| ⑤ | 개인연금 | 국민연금 | 퇴직연금 |

## 03 다음은 주요국 환율 정보이다. 이를 바탕으로 가장 많은 여행 경비를 지출한 사람은?

〈주요국 환율 정보〉

(단위 : 원)

| 구분 | 미국(USD) | 유럽(EUR) | 중국(CNY) | 영국(GBP) | 호주(AUD) | 태국(THB) |
|---|---|---|---|---|---|---|
| 환율 | 1,400 | 1,550 | 200 | 1,850 | 900 | 40 |

※ 단, 올해 환율은 고정환율로 1년 동안 변동하지 않은 것으로 가정함

〈올해 여행 경비〉

- A : 난 올해 여행에서 300 USD와 4,000 CNY, 80,000원을 썼어.
- B : 난 올해 여행에서 250 EUR와 500 GBP를 썼어.
- C : 난 올해 여행에서 100 USD와 500 AUD, 15,000 THB와 100,000원을 썼어.
- D : 난 올해 여행에서 350 EUR와 1,800 CNY, 450 AUD를 썼어.
- E : 난 올해 여행에서 150 USD와 100 CNY, 400 GBP, 2,000 THB와 200,000원을 썼어.

① A ② B
③ C ④ D
⑤ E

※ 다음은 신한은행 상품인 1982 전설의 적금의 상품설명서이다. 이어지는 질문에 답하시오. **[4~5]**

〈1982 전설의 적금〉

<table>
<tr><th>구분</th><th>세부내용</th></tr>
<tr><td>가입대상</td><td>• 실명의 개인 및 개인사업자(1인 1계좌)</td></tr>
<tr><td>예금과목</td><td>• 정기적금</td></tr>
<tr><td>상품유형</td><td>• 자유적립식</td></tr>
<tr><td>계약기간</td><td>• 12개월</td></tr>
<tr><td>가입금액</td><td>• 1원 이상 30만 원 이하</td></tr>
<tr><td>저축한도</td><td>• 월 30만 원 이하</td></tr>
<tr><td>가입방법</td><td>• 신한 SOL뱅크(스마트폰 애플리케이션), 영업점</td></tr>
<tr><td>한도</td><td>• 30만 좌(3차에 걸쳐 10만 좌씩 판매)</td></tr>
<tr><td>기본금리</td><td>• 연 3.0%</td></tr>
<tr><td>우대금리</td><td>• 다음의 우대요건 충족 시 최고 연 4.7%p 우대금리 적용
<table>
<tr><th>구분</th><th>우대요건</th><th>적용금리</th></tr>
<tr><td>카드 우대</td><td>다음 각 요건을 충족하는 경우 높은 금리 우선 적용(중복 적용 불가)<br>1) 해당 상품 신규 가입 후 본인 명의 신한은행 입출금통장을 결제계좌로 하여 신한카드(신용/체크) 결제 실적이 6개월 이상인 경우 : 연 3.5%p<br>2) 신한카드(신용) 최초 가입 고객, 탈회 후 3개월 경과 고객, 유효기간 만료 고객이 해당 상품 가입 후 신한카드(신용)에 가입하고, 본인 명의 신한은행 입출금통장을 결제계좌로 하여 결제 실적이 3개월 이상인 경우 : 연 4.2%p</td><td>최고<br>연 4.2%p</td></tr>
<tr><td>쏠야구 우대</td><td>만기 전전영업일까지 쏠야구 [응원 팀 설정]을 완료한 경우<br>※ 신한 SOL뱅크 → 전체메뉴 → 혜택 → 쏠야구 → 응원 팀 설정 → My팀 설정</td><td>연 0.5%p</td></tr>
</table>
※ 계약기간 만기 전 중도해지한 계좌에 대해서는 우대금리 미적용</td></tr>
<tr><td>중도해지금리</td><td>• 1개월 미만 : 연 0.10%<br>• 1개월 이상 : (기본금리)×[1−(차감률)]×(경과월수)÷(계약월수)<br>(단, 연 0.10% 미만으로 산출될 경우 연 0.10% 적용)
<table>
<tr><th>구분</th><th>1개월 이상</th><th>3개월 이상</th><th>6개월 이상</th><th>9개월 이상</th><th>11개월 이상</th></tr>
<tr><td>차감률</td><td>80%</td><td>70%</td><td>30%</td><td>20%</td><td>10%</td></tr>
</table></td></tr>
<tr><td>만기 후 금리</td><td>• 만기 후 1개월 이내 : 만기일 당시의 가입기간에 해당하는 일반정기적금 연 이자율의 1/2(단, 최저금리 연 0.10%)<br>• 만기 후 1개월 초과 6개월 이내 : 만기일 당시의 가입기간에 해당하는 일반정기적금 연 이자율의 1/4(단, 최저금리 연 0.10%)<br>• 만기 후 6개월 초과 : 연 0.10%</td></tr>
<tr><td>원금 또는 이자 지급 방법</td><td>• 만기일시지급식 : 만기 또는 중도해지 요청 시 이자 지급</td></tr>
<tr><td>계약해지 방법</td><td>• 영업점 및 신한은행 비대면채널(모바일, 인터넷뱅킹)에서 해지 가능<br>• 만기자동해지 서비스 이용 가능</td></tr>
<tr><td>예금자보호여부</td><td>• 예금자보호법에 따라 원금과 소정의 이자를 합하여 1인당 “5천만 원까지” 보호</td></tr>
</table>

**04** 다음은 금융상품 담당 행원과 고객 간의 상담 내용이다. 행원의 답변 중 옳지 않은 것은?

> 행원 : 안녕하세요. 신한은행 예금 담당 상담원 ○○○입니다. 무엇을 도와드릴까요?
> 고객 : 안녕하세요. 최근에 야구 관련해서 높은 금리를 받을 수 있는 적금이 있다고 들었는데 상담을 받고 싶어서요. 혹시 따로 가입 요건이 있을까요?
> 행원 : 네, 초근 신한은행 창립 43주년을 맞아 1982 전설의 적금을 고객님들께 제공해 드리고 있으며, ① 별도의 가입 요건 없이 1인 1계좌 개설이 가능하십니다. ② 다만, 판매 수량이 한정되어 있어 가입하시는 고객분들이 많을 경우 가입이 불가능하실 수 있습니다.
> 고객 : 해당 상품에 넣을 수 있는 최대 원금과 금리는 어떻게 되나요?
> 행원 : ③ 1982 전설의 적금은 12개월 상품으로 최대 360만 원까지 불입하실 수 있고, ④ 여러 우대금리를 적용받을 시 최대 연 7.7%까지 제공해 드리고 있습니다.
> 고객 : 알겠습니다. 혹시, 방문 가입도 가능한가요?
> 행원 : ⑤ 네, 영업점 방문을 통해서도 가능합니다만, 최대 우대금리를 받기 위해서는 스마트폰 아플리케이션이 필요하므로 신한 SOL뱅크 애플리케이션으로 가입 신청을 하셔야 합니다.
> 고객 : 그러면 스마트폰 애플리케이션을 통해서 가입하도록 하겠습니다. 감사합니다.
> 행원 : 네, 상담원 ○○○이었습니다. 감사합니다.

**05** 다음 제시된 상황에 따를 때, 가장 높은 우대금리를 받는 고객은?(단, 고객들의 카드는 모두 본인 명의이며, 신한은행 입출금통장을 결제계좌로 한다)

〈1982 전설의 적금 만기 시점 고객 상황〉

| 구분 | 고객 상황 |
|---|---|
| A고객 | • 신한 SOL뱅크 사용내역 없음<br>• 적금 신청 후 기존 신한은행 체크카드 5개월 결제 실적 보유 |
| B고객 | • 적금 가입 시 신용카드를 신규 가입하여 4개월 결제 실적 보유<br>• 적금 가입 이후 기존 신한은행 체크카드 6개월 결제 실적 보유<br>• 신한 SOL뱅크를 통해 응원 팀을 설정하지 않음 |
| C고객 | • 적금 신청 후 신한은행 체크카드를 최초로 가입하여 4개월 결제 실적 보유<br>• 신한 SOL뱅크를 통해 응원 팀 설정 완료 |
| D고객 | • 적금 가입 시 신한은행 체크카드를 신규 가입하여 8개월 결제 실적 보유<br>• 신한 SOL뱅크를 통해 응원 팀 설정 완료 |
| E고객 | • 적금 가입 이후 기존 신한은행 신용카드 6개월 결제 실적 보유<br>• 신한 SOL뱅크를 통해 응원 팀 설정 완료<br>• 11개월 차에 중도해지 |

① A고객
② B고객
③ C고객
④ D고객
⑤ E고객

## 06 다음은 S은행의 포인트 적립에 대한 순서도이다. 고객이 포인트 적립 조회를 시도했는데 [3번 알림창]이 출력되었다면, 그 이유로 옳은 것은?

〈순서도 기호〉

| 기호 | 설명 | 기호 | 설명 |
|---|---|---|---|
| 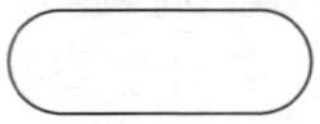 | 시작과 끝을 나타낸다. | 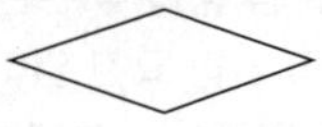 | 어느 것을 택할 것인지를 판단한다. |
| 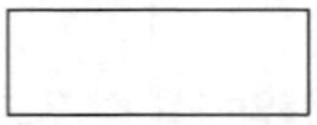 | 데이터를 입력하거나 계산하는 등의 처리를 한다. | 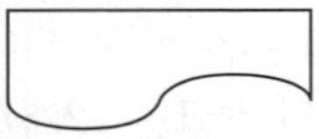 | 선택한 값을 출력한다. |

〈순서도〉

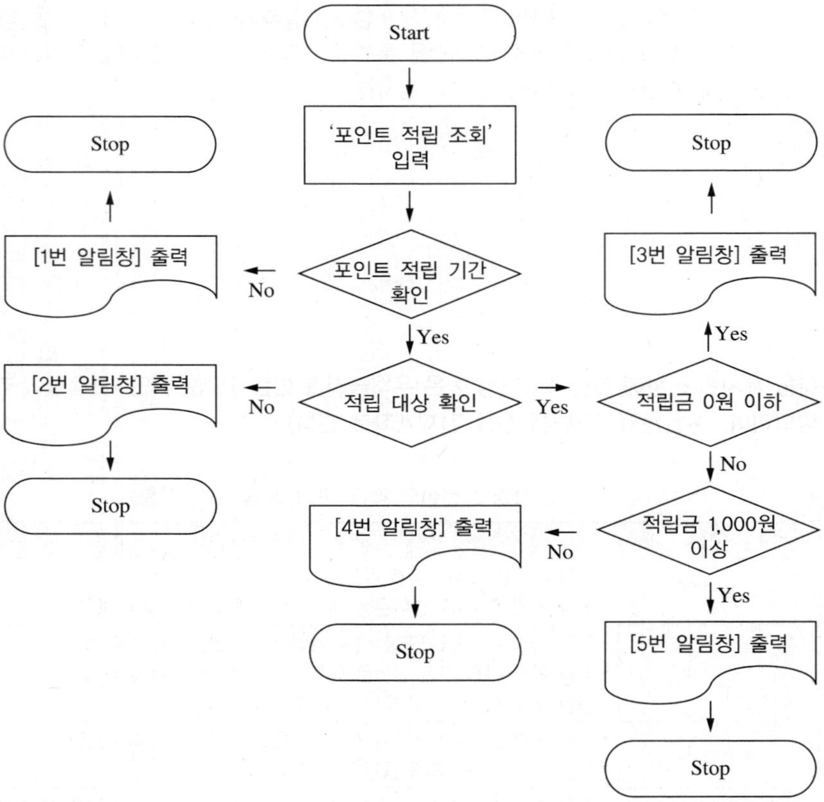


① 포인트 적립 기간이 아니어서
② 적립 대상 회원이 아니어서
③ 적립금이 0원 이하여서
④ 적립금이 1,000원 미만이어서
⑤ 적립금이 1,000원 이상이어서

**07** 다음 연립방정식의 해를 바탕으로 할 때, $x \times y \div z$의 값으로 옳은 것은?

$$\begin{cases} x+y+z=26 \\ 2x-y+3z=22 \\ x+4y-z=50 \end{cases}$$

① 8
② 16
③ 32
④ 64
⑤ 86

**08** S은행은 조직을 개편함에 따라 기획 1 ~ 8팀의 사무실 위치를 변경하려 한다. 〈조건〉에 따라 변경한다고 할 때, 다음 중 변경된 사무실 위치에 대한 설명으로 옳은 것은?

| 창고 | 입구 | 계단 |
|---|---|---|
| 1호실 | 복도 | 5호실 |
| 2호실 | | 6호실 |
| 3호실 | | 7호실 |
| 4호실 | | 8호실 |

**조건**

- 외근이 잦은 1팀과 7팀은 입구와 가장 가깝게 위치한다(단, 입구에서 가장 가까운 쪽은 1호실과 5호실 두 곳이다).
- 2팀과 5팀은 업무 특성상 복도를 끼지 않고 같은 라인에 인접해 나란히 위치한다.
- 3팀은 팀명과 동일한 호실에 위치한다.
- 8팀은 입구에서 가장 먼 쪽에 위치하며, 복도 맞은편에는 2팀이 위치한다(단, 입구에서 가장 먼 쪽은 4호실과 8호실 두 곳이다).
- 4팀은 1팀과 5팀 사이에 위치한다.

① 기획 1팀의 사무실은 창고 뒤에 위치한다.
② 기획 3팀은 기획 5팀과 양옆에 나란히 위치한다.
③ 기획 2팀은 입구와 멀리 떨어진 4호실에 위치한다.
④ 기획 7팀과 기획 8팀은 계단 쪽의 라인에 위치한다.
⑤ 기획 4팀과 기획 6팀은 복도를 사이에 두고 마주한다.

**09** 다음 글에 대한 내용으로 적절하지 않은 것을 〈보기〉에서 모두 고르면?

> 기후변화, 사회 불평등, 자원 고갈 등 전 지구적 위기가 심화되면서 전통적인 이윤 중심의 경영 방식만으로는 지속가능한 성장을 기대하기 어려운 시대가 되었다. 이에 따라 기업과 정부, 시민사회는 모두 지속가능성을 핵심 가치로 삼고 있으며, 이러한 변화의 흐름 속에서 ESG(Environmental – Social – Governance, 환경 – 사회 – 지배구조)와 SDG(Sustainable Development Goals, 지속가능 발전목표)는 사회적 책임과 지속가능한 발전을 위한 필수 기준으로 부상하고 있다. 특히 소비자와 투자자들도 환경과 윤리·사회적 가치를 고려하는 경영을 중시하게 되면서 이를 실현하는 ESG 및 SDG 경영이 기업의 새로운 경쟁력이 되고 있다.
>
> ESG란 기업이 환경보호와 사회적 책임을 다하며 기업의 지배구조를 투명하게 경영해 지속가능한 성장과 발전을 추구하는 경영 형태를 말한다. 이에 대해 구체적으로 살펴보면 ESG의 E는 탄소배출량, 에너지소비, 자원사용, 폐기물처리, 생물다양성 등에 환경적 책임을 가지고 보호하는 것을, S는 노동자의 권리, 고용 안정성, 사회적 다양성, 공정한 임금, 고객안전, 고객서비스, 지역사회 등에 사회적 책임을 가지고 행동하는 것을 말한다. 마지막으로 G는 기업이 신뢰성과 투명성을 높이기 위해 윤리경영과 투명경영을 추구하는 것을 말한다.
>
> SDG란 지속가능한 발전을 이루기 위해 유엔이 제정한 17개의 목표이다. 이는 기업을 포함해 정부, 비영리단체, 시민 모두가 추구해야 할 목표이며, SDG 경영이란 이를 2030까지 달성하는 것을 목표하는 경영 형태를 말한다. SDG의 17개의 목표는 환경, 사회, 경제의 균형적인 발전을 통한 지속가능한 사회와 경제를 만드는 데 있으며, 구체적으로 살펴보면 SDG에는 빈곤퇴치, 기아종식, 건강과 웰빙, 양질의 교육, 성평등, 깨끗한 물과 위생, 모두를 위한 깨끗한 에너지, 양질의 일자리와 경제성장, 산업혁신사회기반 시설, 불평등 감소, 지속가능한 도시와 공동체, 지속가능한 생산과 소비, 기후변화와 대응, 해양생태계 보존, 육상생태계 보호, 정의·평화·효과적인 제도, 지구촌 협력이 있다.

**보기**

ㄱ. ESG가 기업의 환경, 사회적 책임과 지배구조의 개선을 통한 지속가능한 발전을 추구한다면, SDG란 국가가 기업 및 기관을 대상으로 동기부여를 제공해 지속가능한 발전을 추구한다.

ㄴ. ESG와 SDG는 서로 상충하는 것이 아닌 상호보완적인 목표를 제시하고 평가해 기업이 지속가능한 발전을 이룰 수 있도록 하는 역할을 수행한다.

ㄷ. 기업이 ESG 경영의 일환으로 탄소배출을 줄이고 친환경적인 기술을 사용하는 등 환경보호를 위해 노력하는 것은 SDG 목표 중 기후변화와 대응에 기여하는 것이다.

ㄹ. 기업은 ESG 경영과 SDG 목표를 실천한다면 소비자와 투자자로부터 신뢰를 받을 수 있는 기회가 될 것이다.

① ㄱ
② ㄱ, ㄴ
③ ㄴ, ㄷ
④ ㄷ, ㄹ
⑤ ㄱ, ㄷ, ㄹ

**10** 다음 〈보기〉는 S사 각 부서의 월별 매출 정보에 대한 시트이다. 함수를 〈조건〉과 같이 정의할 때, 가장 큰 매출을 달성한 부서의 매출 값을 출력하는 함수식은?

**보기**

| | A | B | C | D |
|---|---|---|---|---|
| 1 | 부서 | 1월 | 2월 | 3월 |
| 2 | A | 100 | 200 | 150 |
| 3 | B | 250 | 180 | 300 |
| 4 | C | 140 | 100 | 120 |
| 5 | D | 130 | 230 | 210 |

**조건**

- ◎(셀1, 셀2 … or 범위) : 셀(범위)의 합을 구하는 함수
- ■(셀1, 셀2 … or 범위) : 셀(범위)의 평균을 구하는 함수
- ☆(범위1, 조건, 범위2) : 범위1에서 조건을 충족하는 셀과 같은 행에 있는 범위2 셀의 합을 구하는 함수
- ◇(셀1, 셀2) : 셀1과 셀2의 차를 구하는 함수
- ●(셀1, 셀2 … or 범위) : 셀(범위) 중 가장 큰 값을 구하는 함수
- △(셀1, 셀2 … or 범위) : 셀(범위) 중 가장 작은 값을 구하는 함수

① △(B2:D5)
② ●(B2:D5)
③ ☆(A2:A5, "B", B2:D5)
④ ◇(◎(B2:D5), ■(B2:D5))
⑤ ◎(●(B2:D5), △(B2:D5))

**11** 다음 중 콘탱고와 백워데이션에 대한 설명으로 옳지 않은 것은?

① 백워데이션의 경우 베이시스는 양수를 나타낸다.
② 콘탱고는 선물가격이 현물가격보다 높은 현상을 말한다.
③ 콘탱고인 경우 선물매도자에게 수익이 발생할 수 있다.
④ 백워데이션은 공급부족 등 일시적인 요인에 의해 발생할 수 있다.
⑤ 미래에 가격이 하락할 것으로 전망되는 경우 백워데이션이 발생할 수 있다.

※ 다음은 2020 ~ 2024년까지 매년 국민연금 가입자 현황에 대한 자료이다. 이어지는 질문에 답하시오. **[12~13]**

〈국민연금 가입자 현황〉

(단위 : 명)

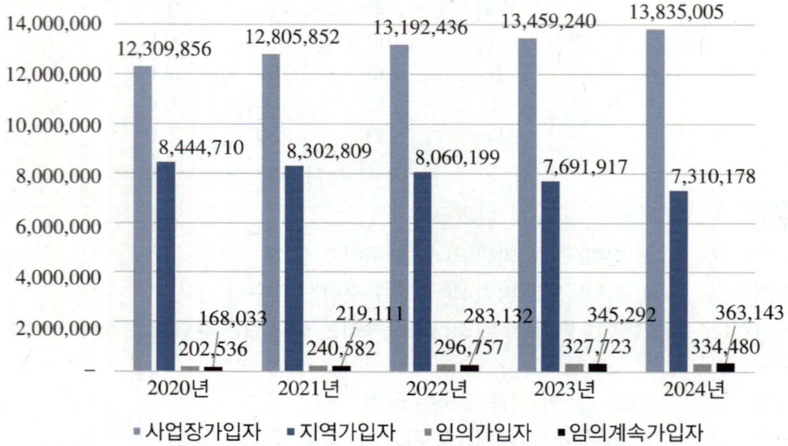


※ 2024년은 11월까지의 가입자 수 현황을 뜻함

**12** **다음 중 위 자료에 대한 설명으로 적절하지 않은 것은?**

① 국민연금 임의가입자 수는 매년 증가하고 있다.
② 2023년 임의가입자 수는 지난해보다 10% 이상 증가했다.
③ 지난해보다 2024년 국민연금 지역가입자 수는 감소했다.
④ 가입자 집단 중 지속적으로 수가 증가하고 있는 집단은 3개이다.
⑤ 2021 ~ 2023년 국민연금 지역가입자 수는 감소하는 추세이다.

**13** **2024년 국민연금 가입자 수가 2023년 가입자 수에 비해 각각 10%씩 증가했다고 할 때, 2024년 12월 국민연금에 가입한 인원은 각각 몇 명인가?(단, 소수점은 버림한다)**

| | 사업장가입자 | 지역가입자 | 임의가입자 | 임의계속가입자 |
|---|---|---|---|---|
| ① | 1,345,924 | 1,150,930 | 26,015 | 34,529 |
| ② | 1,345,924 | 381,739 | 6,757 | 26,015 |
| ③ | 970,159 | 1,150,930 | 26,015 | 34,529 |
| ④ | 970,159 | 1,150,930 | 26,015 | 16,678 |
| ⑤ | 970,159 | 381,739 | 6,757 | 26,015 |

**14** 다음은 S은행의 적금 상품 조회에 대한 순서도이다. 키워드 검색에 “나의 적금 확인”을 입력했을 때, 출력되는 서비스의 색상으로 옳은 것은?

〈순서도 기호〉

| 기호 | 설명 | 기호 | 설명 |
|---|---|---|---|
| 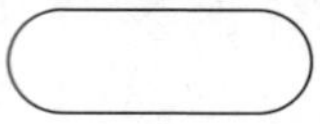 | 시작과 끝을 나타낸다. | 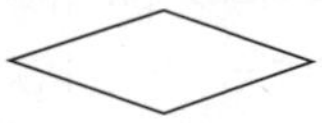 | 어느 것을 택할 것인지를 판단한다. |
| 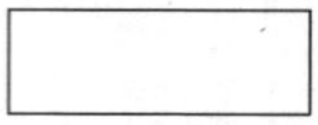 | 데이터를 입력하거나 계산하는 등의 처리를 한다. |  | 선택한 값을 출력한다. |

〈순서도〉

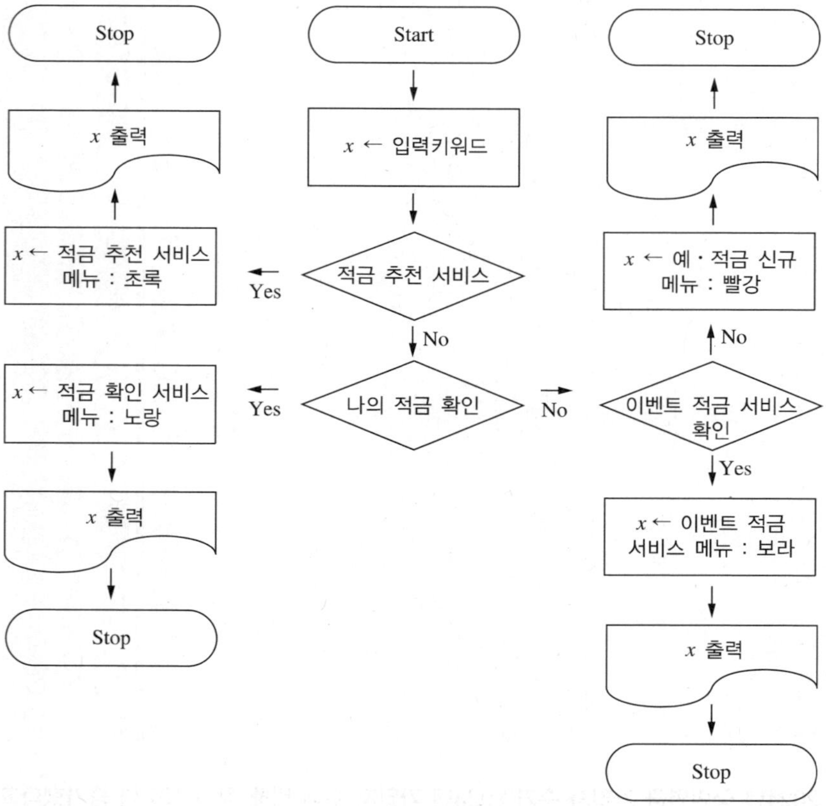

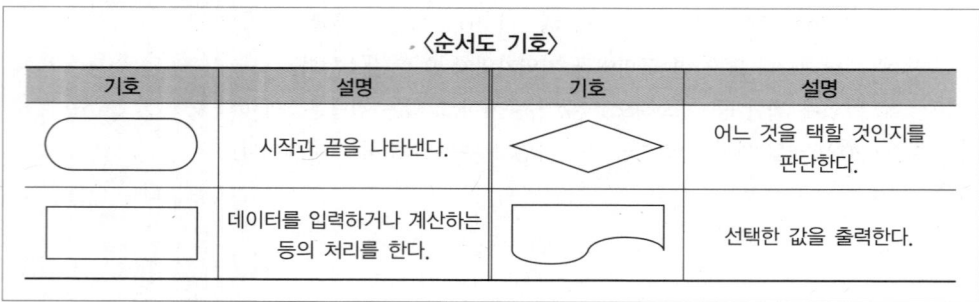

① 초록
② 노랑
③ 보라
④ 빨강
⑤ 입력키워드로 돌아감

**15** 다음 글의 내용으로 가장 적절한 것은?

> 탄소배출권이란 국가의 온실가스 배출량을 줄이기 위해 온실가스 배출량이 많은 기업이나 기관에 배출 허용 총량만큼 탄소배출권을 부여하는 제도이다. 만일 이를 초과하는 양의 온실가스 배출이 필요하거나, 여러 이유로 온실가스 배출량이 감소해 배출권이 남았을 경우 시장을 통해 거래할 수 있다.
> 최근 국제 유가가 상승함에 따라 탄소배출권의 가격도 함께 상승해 탄소배출권 관련 상장지수펀드가 상승세를 보이고 있다. 현재 개인이 탄소배출권을 직접 거래할 수 없으므로 이와 관련하여 주식처럼 거래가 가능하도록 증권 시장에서 상장한 탄소배출권 ETF를 통한 간접적인 투자가 이루어지기 때문이다.
> 특히 탄소배출권 ETF 상품은 이스라엘과 이란의 충돌이 커질수록 주목받고 있는데, 그 이유는 기업들이 유가가 급등하면 이에 대한 대체재로 석탄 등을 찾기 때문이다. 석탄 사용량이 증가하면 자연히 온실가스 배출량도 증가하고, 이는 탄소배출권 수요로 이어진다.

① 기업 간 탄소배출권 거래가 활발해진다면, 탄소배출권 ETF를 통한 투자는 감소할 것이다.
② 개인의 탄소배출권 거래가 허용된다면, 탄소배출권 ETF를 통한 투자는 감소할 것이다.
③ 유가가 상승하게 되면, 석탄 가격이 하락할 것이다.
④ 이스라엘과 이란의 충돌이 발생하면, 석탄의 공급량이 증가할 것이다.
⑤ 이스라엘과 이란의 충돌이 발생하면, 석유의 수요량이 감소할 것이다.

**16** 다음 중 ISA 상품의 특징에 대한 설명으로 옳지 않은 것은?

① 상품유형으로 중개형, 신탁형, 일임형으로 구분할 수 있다.
② 연간 2,000만 원까지 입금이 가능하며, 중도인출이 가능하다.
③ 상품만기까지 세금납부가 연기되어 과세이연 효과를 얻을 수 있다.
④ 계좌에서의 손실여부와 관계없이 이익발생분에 대하여 세금을 과세한다.
⑤ 주식, 펀드, ELS 등 다양한 금융상품을 하나의 계좌에서 운용할 수 있다.

**17** 다음은 S은행의 고객 이벤트에 대한 순서도이다. 고객이 고객 이벤트 조회를 시도했는데 [4번 알림창]이 출력되었다면, 그 이유로 옳은 것은?

〈순서도 기호〉

| 기호 | 설명 | 기호 | 설명 |
|---|---|---|---|
| 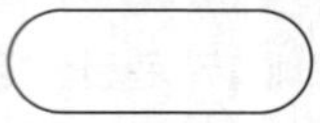 | 시작과 끝을 나타낸다. | 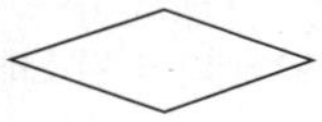 | 어느 것을 택할 것인지를 판단한다. |
| 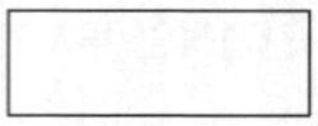 | 데이터를 입력하거나 계산하는 등의 처리를 한다. | 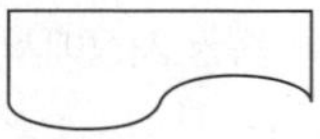 | 선택한 값을 출력한다. |

〈순서도〉

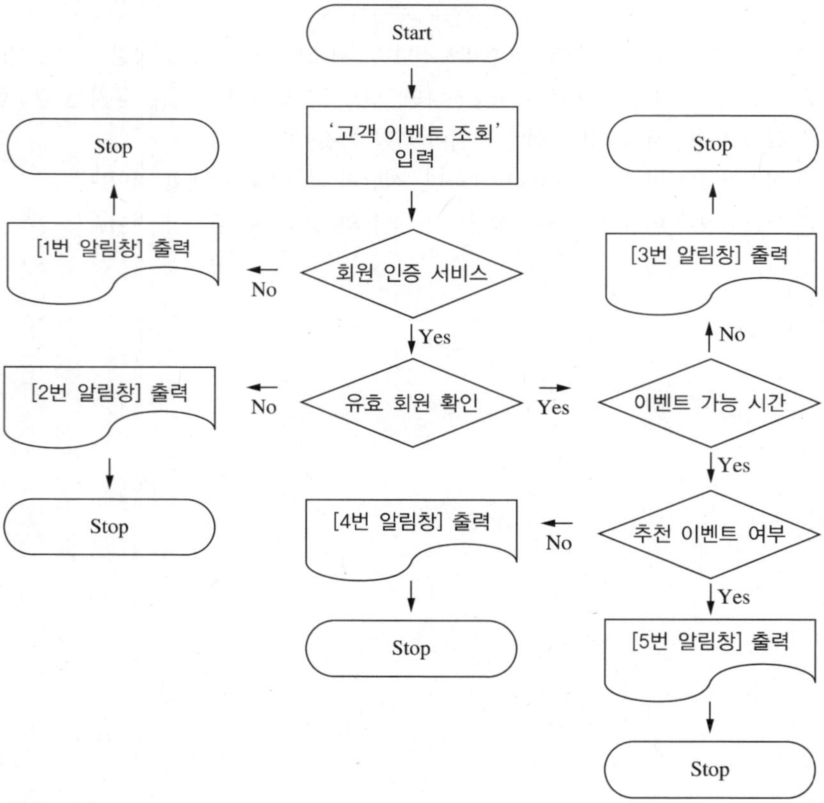


① 회원 인증이 되지 않아서
② 유효한 회원이 아니어서
③ 이벤트 가능 시간이 아니어서
④ 추천 이벤트 여부가 없어서
⑤ 올바른 입력이 아니어서

**18** 다음 〈보기〉는 S학교 학생들의 시험성적에 대한 시트이다. 함수를 〈조건〉과 같이 정의할 때, C학생의 평균 성적과 전체 평균 성적과의 차이를 구하는 함수식은?

**보기**

| | A | B | C | D |
|---|---|---|---|---|
| 1 | 학생 | 국어 | 수학 | 영어 |
| 2 | A | 85 | 78 | 92 |
| 3 | B | 88 | 74 | 81 |
| 4 | C | 91 | 86 | 89 |
| 5 | D | 76 | 95 | 84 |

**조건**

- ◎(셀1, 셀2 … or 범위) : 셀(범위)의 합을 구하는 함수
- ■(셀1, 셀2 … or 범위) : 셀(범위)의 평균을 구하는 함수
- ☆(범위1, 조건, 범위2) : 범위1에서 조건을 충족하는 셀과 같은 행에 있는 범위2 셀의 합을 구하는 함수
- ◇(셀1, 셀2) : 셀1과 셀2의 차를 구하는 함수
- ●(셀1, 셀2 … or 범위) : 셀(범위) 중 가장 큰 값을 구하는 함수
- △(셀1, 셀2 … or 범위) : 셀(범위) 중 가장 작은 값을 구하는 함수

① ☆(A2:A5, "C", C2:E5)
② ◇(■(B4:D4), ◎(B2:D5))
③ ◇(■(B4:D4), ■(B2:D5))
④ △(■(B4:D4), ●(B2:D5))
⑤ ◎(■(B4:D4), ●(B2:D5))

**19** 다음은 한국은행의 통화신용정책 운영의 일반원칙이다. 이를 읽고 추론한 내용으로 적절하지 않은 것을 〈보기〉에서 모두 고르면?

〈통화신용정책 운영의 일반원칙〉

한국은행법은 통화신용정책의 목적으로 '물가안정을 도모함으로써 국민경제의 건전한 발전에 이바지'하며, '정책을 수행함에 있어 금융안정에 유의'하여야 함을 명시하고 있다. 한국은행은 이러한 목적에 부합하는 구체적인 목표와 기본방향하에서 통화신용정책을 수행함으로써, 정책 투명성과 예측가능성 및 유효성을 제고하고자 한다.

- (물가안정목표제) 한국은행은 통화신용정책의 핵심 목적인 물가안정의 효율적 달성을 위해 신축적 물가안정목표제를 운영하며, 현재 물가안정목표는 소비자물가 상승률(전년 동기 대비) 기준 2.0%이다.
  - (중기적 운영 시계) 소비자물가 상승률은 통화신용정책 외에도 다양한 대내외 경제・금융 요인의 영향을 받으므로, 물가안정목표는 일시적・불규칙적 요인에 따른 물가변동과 통화신용정책의 파급시차 등을 고려하여 중기적 시계에서 달성하고자 하는 목표이다.
  - (미래지향적 운영) 물가상승률이 중기적 시계에서 목표수준에 안정적으로 수렴하도록 통화신용정책을 미래지향적으로 운영하되, 물가상승률이 목표수준을 지속적으로 상회하거나 하회할 위험을 균형 있게 고려한다. 물가안정목표 수준으로의 수렴 가능성은 물가 및 성장 전망과 더불어 전망경로상의 불확실성과 위험요인 및 금융안정 상황 등에 대한 종합적인 평가에 기초하여 판단한다.
  - (신축적 운영) 중기적 시계에서의 물가안정목표 달성을 저해하지 않는 범위 내에서 실물경제의 성장이 뒷받침될 수 있도록 통화신용정책을 운영한다.

- (금융안정에 대한 고려) 한편 중기적 시계에서 물가안정목표를 달성함에 있어 통화신용정책 운영이 금융안정에 미치는 영향을 신중히 고려한다.
  - (물가안정목표제와의 관계) 지속적인 금융불균형은 궁극적으로 거시경제의 안정을 저해하는 위험요인이라는 점에서 통화신용정책을 운영함에 있어 금융안정에 유의하는 것은 신축적 물가안정목표제의 취지에 부합한다.
  - (금융안정 점검) 한국은행은 금융안정 상황을 정기적으로 점검・평가・공표하여 통화신용정책 운영이 금융불균형의 과도한 누적을 초래하지 않도록 유의한다.
  - (거시건전성 정책과의 조화) 경제 전반에 무차별적인 영향을 미치는 통화신용정책만으로 금융안정을 추구하는 데에는 한계가 있으므로, 금융불균형 누적 억제를 위해서는 통화신용정책과 거시건전성 정책이 조화롭게 운영되는 것이 필요하다.

보기

ㄱ. 통화신용정책 운영 시 정책의 파급시차에 따라 예상치 못한 물가변동이 발생할 수 있다.
ㄴ. 물가안정목표의 중기적 달성을 위해 통화신용정책을 엄격히 운영하여 경제기조의 일관성을 강화하여야 한다.
ㄷ. 거시적인 금융불균형을 해소하기 위해서는 통화신용정책보다 거시건전성 정책을 강조하여야 한다.
ㄹ. 정기적인 금융안정 상황 공표는 금융불균형의 해소에 기여한다.

① ㄱ, ㄴ
② ㄱ, ㄷ
③ ㄴ, ㄷ
④ ㄴ, ㄹ
⑤ ㄷ, ㄹ

**20** 다음 자료를 참고하여 해당 기업의 주가 및 당기순이익을 구하면?

- BPS : 20,000원
- PER : 15
- PBR : 1.5
- 순자산 : 1,000억 원
- ROE : 10%

| | 주가 | 당기순이익 |
|---|---|---|
| ① | 20,000원 | 100억 원 |
| ② | 20,000원 | 200억 원 |
| ③ | 30,000원 | 100억 원 |
| ④ | 30,000원 | 200억 원 |
| ⑤ | 50,000원 | 100억 원 |

# 2025년 상반기 기출복원문제 정답 및 해설

| 01 | 02 | 03 | 04 | 05 | 06 | 07 | 08 | 09 | 10 | 11 | 12 | 13 | 14 | 15 | 16 | 17 | 18 | 19 | 20 |
|---|---|---|---|---|---|---|---|---|---|---|---|---|---|---|---|---|---|---|---|
| ⑤ | ③ | ② | ⑤ | ② | ③ | ② | ⑤ | ① | ② | ① | ③ | ④ | ② | ⑤ | ④ | ④ | ③ | ③ | ③ |

## 01

정답 ⑤

제시문은 DID 기술을 적용한 모바일 주민등록증의 발급이 가능해짐에 따라 이로 인한 장점들이 무엇인지에 대해 다루고 있다. 모바일 주민등록증을 개인 스마트폰에 저장해 사용할 수 있다는 편의성과 선택적으로 정보를 제공하고, 정보를 암호화해 분산 저장함으로써 개인정보의 유출이나 부정사용 및 위변조를 방지할 수 있는 보안성에 대해 말하고 있다. 따라서 ⑤가 가장 적절한 제목이다.

오답분석

① 모바일 주민등록증의 발급이 최초의 모바일 신분 확인 방법인지는 제시문을 통해 알 수 없다.
② DID 기술의 도입으로 데이터의 분산 저장뿐만 아니라 데이터의 암호화도 가능해졌으므로 글 전체를 포괄하는 제목으로 보기에는 어렵다.
③ 제시문은 기존 신분증의 문제점에 대해 다루기보다는 DID 기술을 활용한 모바일 주민등록증의 발급이 가능해졌고 이 기술에 대한 설명과 이로 인한 장점은 무엇인지에 대해 초점이 맞춰져 있으므로 글의 제목으로 보기에는 어렵다.
④ 개인정보의 선택적 제공이 가능해진 것은 DID 기술의 도입으로 인한 장점 중 한 가지이므로 글 전체를 포괄하는 제목은 아니다.

## 02

정답 ③

우리나라 연금제도는 1층(국민연금), 2층(퇴직연금), 3층(개인연금)의 연금 3층 피라미드 형태로 보장체계를 갖추고 있다.

## 03

정답 ②

각자의 여행 경비는 다음과 같다.

- A : (300×1,400)+(4,000×200)+80,000=1,300,000원
- B : (250×1,550)+(500×1,850)=1,312,500원
- C : (100×1,400)+(500×900)+(15,000×40)+100,000=1,290,000원
- D : (350×1,550)+(1,800×200)+(450×900)=1,307,500원
- E : (150×1,400)+(100×200)+(400×1,850)+(2,000×40)+200,000=1,250,000원

따라서 가장 많은 여행 경비를 지출한 사람은 B이다.

## 04

정답 ⑤

신한 SOL뱅크 애플리케이션은 쏠야구 우대금리를 받기 위해서 반드시 필요하지만, 만기 전전영업일까지만 응원 팀 설정을 완료하면 해당 우대금리를 받을 수 있다. 따라서 최대 우대금리를 받기 위해서 반드시 신한 SOL뱅크를 통해 가입해야 하는 것은 아니다.

오답분석

① 가입대상은 실명의 개인 및 개인사업자로 1인 1계좌 개설이 가능하다.
② 1982 전설의 적금은 30만 좌의 한도가 있으며, 3차에 걸쳐 10만 좌씩 판매되므로 가입하는 고객이 많을 경우 가입이 불가능할 수 있다.
③ 한 달 최대 불입금은 30만 원이며 계약기간은 12개월이므로, 최대 불입할 수 있는 원금은 $30\times12=360$만 원이다.
④ 기본금리는 연 3.0%이며, 카드 우대의 우대금리는 연 4.2%p, 쏠야구 우대의 우대금리는 연 0.5%p이므로 적용금리는 최대 연 $3.0+4.2+0.5=7.7$%이다.

## 05

정답 ②

고객별 우대금리 적용사항은 각각 다음과 같다.

| 구분 | 카드 우대 | 쏠야구 우대 | 우대금리 |
|---|---|---|---|
| A고객 | 신한은행 체크카드 결제 실적 6개월 미만(+0%p) | 신한 SOL뱅크를 통한 응원 팀 설정 불가능(+0%p) | +0%p |
| B고객 | 두 가지 조건에 모두 만족하므로 높은 이자율 조건을 하나만 적용(+4.2%p) | 신한 SOL뱅크를 통한 응원 팀 미설정(+0%p) | +4.2%p |
| C고객 | 첫 번째 조건은 결제 실적이 부족하며, 두 번째 조건은 신용카드만 해당하므로 적용 불가(+0%p) | 신한 SOL뱅크를 통한 응원 팀 설정 완료(+0.5%p) | +0.5%p |
| D고객 | 첫 번째 조건 만족(+3.5%p) | 신한 SOL뱅크를 통한 응원 팀 설정 완료(+0.5%p) | +4.0%p |
| E고객 | 적금 11개월 차에 중도해지하여 우대금리 적용 불가(+0%p) | | +0%p |

따라서 가장 높은 우대금리를 적용받는 고객은 B고객이다.

## 06

정답 ③

[3번 알림창]이 출력되기 위해서는 포인트 적립 기간이고, 적립 대상이지만, 적립금이 0원 이하여야 한다.

## 07

정답 ②

먼저 첫 번째 식을 통해 $z$값을 구하면 다음과 같다.

$x+y+z=26$

$\rightarrow z=26-x-y$

이를 바탕으로 두 번째 식과 세 번째 식에 대입하면 다음과 같다.

- 두 번째 식

  $2x-y+3z=22$

  $\rightarrow 2x-y+3(26-x-y)=22$

  $\rightarrow 2x-y+78-3x-3y=22$

  $\rightarrow -x-4y=-56$

  $\therefore x+4y=56$

- 세 번째 식

  $x+4y-z=50$

  $\rightarrow x+4y-(26-x-y)=50$

  $\rightarrow x+4y-26+x+y=50$

  $\therefore 2x+5y=76$

그러므로 다음과 같은 연립방정식이 성립한다.

$$\begin{cases} x+4y=56 \\ 2x+5y=76 \end{cases}$$

첫 번째 식에 따라 $x=56-4y$이므로 이를 두 번째 식에 대입하면 다음과 같다.

$2(56-4y)+5y=76$

$\rightarrow 112-8y+5y=76$

$\rightarrow -3y=-36$

$\therefore\ y=12$

도출된 $y$값을 바탕으로 나머지 미지수의 해를 구하면 다음과 같다.

$\therefore\ x=8,\ y=12,\ z=6$

따라서 $x\times y\div z=8\times 12\div 6=16$이다.

## 08

정답 ⑤

먼저 세 번째 조건에 따라 3팀은 3호실에 위치하고, 네 번째 조건에 따라 8팀과 2팀은 4호실 또는 8호실에 각각 위치한다. 이때, 두 번째 조건에 따라 2팀과 5팀은 앞뒤로 나란히 위치해야 하므로 결국 2팀과 5팀이 각각 8호실과 7호실에 나란히 위치하고, 4호실에는 8팀이 위치한다. 그리고 첫 번째 조건에 따라 1팀과 7팀은 1호실 또는 5호실에 각각 위치하는데, 마지막 조건에서 4팀은 1팀과 5팀 사이에 위치한다고 하였으므로 4팀이 5팀 바로 앞인 6호실에 위치하고, 1팀은 5호실에 위치한다. 이에 따라 1호실에는 7팀이 위치하고, 바로 뒤 2호실에는 6팀이 위치한다. 이를 종합하여 기획 1～8팀의 사무실을 배치하면 다음과 같다.

| 창고 | 입구 | 계단 |
|---|---|---|
| 기획 7팀 | 복도 | 기획 1팀 |
| 기획 6팀 | | 기획 4팀 |
| 기획 3팀 | | 기획 5팀 |
| 기획 8팀 | | 기획 2팀 |

따라서 기획 4팀과 기획 6팀은 복도를 사이에 두고 마주하는 것을 알 수 있다.

오답분석

① 창고 뒤에는 기획 7팀의 사무실이 위치하며, 기획 1팀의 사무실은 계단 쪽 라인에 위치한다.
② 기획 3팀과 기획 5팀은 복도를 사이에 두고 마주한다.
③ 기획 2팀의 사무실은 8호실에 위치한다.
④ 기획 7팀과 기획 8팀은 창고 쪽의 라인에 위치한다.

## 09

정답 ①

ESG가 기업의 환경, 사회적 책임과 지배구조의 개선을 통한 지속가능한 발전을 추구하는 것이라면, SDG란 지속가능한 발전을 위해 유엔이 제정한 목표로, 정부, 비영리단체, 시민 모두가 추구해야 한다.

오답분석

ㄴ. 기업이 ESG 경영으로 환경적 책임을 다한다면 이는 SDG의 기후변화와 대응, 해양생태계 보존, 육상생태계 보호에 해당하고, 사회적 책임을 다한다면 이는 양질의 일자리와 경제성장에 해당하며, 투명한 지배구조 개선에 최선을 다한다면 이는 평등, 정의에 해당한다. 따라서 ESG와 SDG는 서로 반대된 것이 아닌 같은 목표를 추구한다는 것을 알 수 있다.
ㄷ. 기업이 환경적 책임을 다해 탄소배출 감축과 친환경 기술을 도입하는 것은 기후변화에 대한 대응이므로 이는 SDG의 목표 중 기후변화와 대응과 일맥상통한다.
ㄹ. 기업이 ESG 경영을 추구하는 것은 기업의 신뢰성과 투명성을 높이기 위한 것으로, ESG 경영과 SDG의 목표들은 서로 상반된 것이 아닌 상호보완적인 관계를 가지고 있기 때문에 기업이 SDG의 목표들을 실천한다면 이는 소비자와 투자자로부터 신뢰를 받을 수 있는 기회가 될 것이다.

## 10

정답 ②

전체 매출 중 가장 큰 값을 출력하려면 숫자 데이터가 있는 범위(B2:D5)에서 가장 큰 값을 구하는 ● 함수를 사용해야 한다. 따라서 「●(B2:D5)」가 옳은 함수이다.

## 11

정답 ①

베이시스(Basis)는 선물가격에서 현물가격을 차감한 값으로 베이시스가 양수이면 콘탱고, 음수이면 백워데이션이다.

오답분석

② · ③ 콘탱고는 선물가격이 현물가격보다 높은 현상으로 선물이 고평가된 정상시장을 의미한다. 이때, 선물매도자는 고평가된 가격에 매도 계약을 체결함으로써 수익을 얻을 가능성이 있다.

④ 정상시장에서는 선물가격이 현물가격보다 높으나, 백워데이션이 발생할 경우 일시적으로 선물가격이 현물가격보다 낮게 형성될 수 있다.

⑤ 백워데이션은 결제월이 멀어질수록 선물가격이 낮아지는 현상을 의미한다.

## 12

정답 ③

제시된 자료에는 2024년 11월까지의 가입자 수만 나와 있으므로 2024년에 국민연금 지역가입자 수가 최종적으로 감소했는지 알 수 없다.

오답분석

① 국민연금 임의가입자 수는 2024년 11월까지 계속해서 수치가 증가하고 있으므로 해마다 증가하고 있다.

② 2023년 임의가입자 수의 전년 대비 증가율을 구하면 $\frac{327,723-296,757}{296,757}\times 100 \fallingdotseq 10.4\%$이다.

④ 가입자 집단 중 지속적으로 수가 증가하고 있는 집단은 사업장가입자, 임의가입자, 임의계속가입자 3개이다.

⑤ 자료를 통해 2021 ~ 2023년 국민연금 지역가입자 수는 감소하는 추세임을 알 수 있다.

## 13

정답 ④

- 사업장가입자 : $13,459,240\times 1.1-13,835,005=970,159$명
- 지역가입자 : $7,691,917\times 1.1-7,310,178 \fallingdotseq 1,150,930$명
- 임의가입자 : $327,723\times 1.1-334,483 \fallingdotseq 26,015$명
- 임의계속가입자 : $345,292\times 1.1-363,143 \fallingdotseq 16,678$명

## 14

정답 ②

입력키워드가 "나의 적금 확인"일 경우 첫 번째 조건 판단에서 No, 두 번째 조건 판단에서 Yes에 해당하므로 출력되는 $x$는 적금 확인 서비스 메뉴이며 노란색으로 출력된다.

## 15

정답 ⑤

이스라엘과 이란의 충돌이 발생하면 유가가 상승하게 되어 상대적으로 저렴한 석탄의 수요량이 늘게 될 것이므로, 석유의 수요량은 감소하게 될 것임을 예측할 수 있다.

오답분석

① 탄소배출권 거래는 기업 간 이루어지는 반면, 탄소배출권 ETF를 통한 투자는 개인도 거래가 가능한 영역이다. 하지만 둘 사이의 상관관계는 제시문을 통해 알 수 없다.
② 개인이 직접적으로 탄소배출권을 거래하는 것이 불가능하기에 이에 대한 대체 수단으로 현재는 탄소배출권 ETF를 통해 개인의 거래가 이루어지고 있다. 하지만 만일 개인의 탄소배출권 거래가 허용된다면 탄소배출권 ETF를 통한 투자 분위기가 어떻게 될지는 제시문을 통해 알 수 없다.
③ 유가가 상승하게 되면 석유의 수요량은 줄고, 상대적으로 저렴한 석탄의 수요량이 증가하게 될 것이다. 따라서 석탄 가격이 상승할 것으로 예상할 수 있다.
④ 이스라엘과 이란의 충돌이 발생하면 유가가 상승하게 되어 이에 대한 대체재로 석탄의 수요량이 증가하게 될 것이다. 하지만 석탄의 공급량이 어떻게 변화하게 될지는 제시문을 통해 알 수 없다.

## 16

정답 ④

ISA 상품은 계좌에서 손실이 발생할 경우 이익과 상계하여 세금부담을 줄일 수 있다.

오답분석

① 상품유형별 특징을 고려하여 상황에 맞게 선택이 가능하다.
② 중도인출은 가능하나, 인출 이후 재입금은 불가하다.
③ 상품만기까지 세금을 내지 않고 연기할 수 있어 복리 효과를 누릴 수 있다.
⑤ ISA 상품은 다양한 금융상품에 투자가 가능하다.

## 17

정답 ④

[4번 알림창]이 출력되기 위해서는 회원이 인증되었고, 유효 회원으로 확인되었으며 이벤트 가능 시간이지만, 추천 이벤트가 없어야 한다.

## 18

정답 ③

C학생의 평균 성적과 전체 평균 성적의 차이를 구하려면 C학생의 점수 범위(B4:D4)의 평균값을 구하는 ■ 함수와, 전체 점수 범위(B2:D5)에서 평균값을 구하는 ■ 함수를 인수로 하여 인수 간의 차를 구하는 ◇ 함수를 사용해야 한다.
따라서 「◇(■(B4:D4), ■(B2:D5))」가 옳은 함수이다.

## 19

정답 ③

ㄴ. 물가안정목표제 중 '신축적 운영'에 따르면, 통화신용정책은 중기적 시계에서의 물가안정목표 달성을 저해하지 않는 범위 내에서 신축적으로 운영하므로 통화신용정책을 엄격히 운영하여 일관성을 강화해야 한다는 추론은 적절하지 않다.

ㄷ. 금융안정에 대한 고려 중 '거시건전성 정책과의 조화'에 따르면, 금융불균형 누적 억제를 위해서는 통화신용정책과 거시건전성 정책 중 후자를 더 강조하는 것이 아니라 양자를 조화롭게 운영하는 것을 강조하고 있다.

오답분석

ㄱ. 물가안정목표제 중 '중기적 운영 시계'에 따르면, 소비자물가는 통화신용정책 외의 일시적·불규칙적 요인과 함께 파급시차에 의해서도 변동이 있을 수 있다.

ㄹ. 금융안정에 대한 고려 중 '금융안정 점검'에 따르면, 정기적인 금융안정 상황 점검·평가·공표는 금융불균형의 과도한 누적을 방지하므로 적절한 추론이다.

## 20

정답 ③

- BPS(주당순자산)=기업의 순자산÷발행주식수
- PER(주가수익비율)=주가÷주당순이익
- PBR(주가순자산비율)=주가÷주당순자산
- ROE(자기자본이익률)=당기순이익÷자기자본

PBR이 1.5이므로 주가÷20,000=1.5이다. 따라서 주가는 30,000원이다.

PER이 15이므로 30,000÷주당순이익=15이며, 주당순이익은 2,000원이다.

BPS가 20,000원이므로 1,000억÷발행주식수=20,000원이며, 발행주식수는 500만 주이다.

따라서 당기순이익은 발행주식수×주당순이익이므로 500만×2,000원=100억 원이다.

M E M O

# PART 1

# NCS 직업기초능력평가

# CHAPTER 01
# 의사소통능력

## 합격 CHEAT KEY

의사소통능력을 평가하지 않는 금융권이 없을 만큼 필기시험에서 중요도가 높은 영역이다. 또한, 의사소통능력의 문제 출제 비중은 가장 높은 편이다. 이러한 점을 볼 때, 의사소통능력은 NCS를 준비하는 수험생이라면 반드시 정복해야 하는 과목이다.

국가직무능력표준에 따르면 의사소통능력의 세부 유형은 문서이해, 문서작성, 의사표현, 경청, 기초외국어로 나눌 수 있다. 문서이해 · 문서작성과 같은 글에 대한 주제찾기나 내용일치 문제의 출제 비중이 높으며, 공문서 · 기획서 · 보고서 · 설명서 등 문서의 특성을 파악하는 문제도 출제되고 있다. 따라서 이러한 분석을 바탕으로 전략을 세우는 것이 매우 중요하다.

### 01 문제에서 요구하는 바를 먼저 파악하라!

의사소통능력에서 가장 중요한 것은 제한된 시간 안에 빠르고 정확하게 답을 찾아내는 것이다. 그러기 위해서는 우리가 의사소통능력을 공부하는 이유를 잊지 말아야 한다. 우리는 지식을 쌓기 위해 의사소통능력 지문을 보는 것이 아니다. 의사소통능력에서는 지문이 아니라 문제가 주인공이다! 지문을 보기 전에 문제를 먼저 파악해야 한다. 주제찾기 문제라면 첫 문장과 마지막 문장 또는 접속어를 주목하자! 내용일치 문제라면 지문과 문항의 일치 / 불일치 여부만 파악한 뒤 빠져나오자! 지문에 빠져드는 순간 소중한 시험 시간은 속절없이 흘러 버린다!

### 02 잠재되어 있는 언어능력을 발휘하라!

의사소통능력에는 끝이 없다! 의사소통의 방대함에 포기한 적이 있는가? 세상에 글은 많고 우리가 학습할 수 있는 시간은 한정적이다. 이를 극복할 수 있는 방법은 다양한 글을 접하는 것이다. 실제 시험장에서 어떤 내용의 지문이 나올지 아무도 예측할 수 없다. 따라서 평소에 신문, 소설, 보고서 등 여러 글을 접하는 것이 필요하다. 잠재되어 있는 글에 대한 안목이 시험장에서 빛을 발할 것이다.

## 03 상황을 가정하라!

업무 수행에 있어 상황에 따른 언어 표현은 중요하다. 같은 말이라도 상황에 따라 다르게 해석될 수 있기 때문이다. 그런 의미에서 자신의 의견을 효과적으로 전달할 수 있는 능력을 평가하는 것은 당연하다. 따라서 다양한 상황에서의 언어표현능력을 함양하기 위한 연습의 과정이 요구된다. 업무를 수행하면서 발생할 수 있는 여러 상황을 가정하고 그에 따른 올바른 언어표현을 정리하는 것이 필요하다. 의사표현 영역의 경우 출제 빈도가 높지는 않지만 상황에 따른 판단력을 평가하는 문항인 만큼 대비하는 것이 필요하다.

## 04 말하는 이의 입장에서 생각하라!

잘 듣는 것 또한 하나의 능력이다. 상대방의 이야기에 귀 기울이고 공감하는 태도는 업무를 수행하는 관계 속에서 필요한 요소이다. 그런 의미에서 다양한 상황에서의 듣는 능력을 평가하는 것이다. 말하는 이가 요구하는 듣는 이의 태도를 파악하고, 이에 따른 판단을 할 수 있도록 언제나 말하는 사람의 입장이 되는 연습이 필요하다.

## 05 반복만이 살길이다!

학창 시절 외국어를 공부하던 때를 떠올려 보자! 셀 수 없이 많은 표현들을 익히기 위해 얼마나 많은 반복의 과정을 거쳤는가? 의사소통능력 역시 그러하다. 하나의 문제 유형을 마스터하기 위해 가장 중요한 것은 바로 여러 번, 많이 풀어 보는 것이다.

# 01 문장삽입

**| 유형분석 |**

- 논리적인 흐름에 따라 글을 이해할 수 있는지 평가한다.
- 한 문장뿐 아니라 여러 개의 문장이나 문단을 삽입하는 문제가 출제될 가능성이 있다.

**다음 글의 빈칸에 들어갈 문장을 〈보기〉에서 골라 순서대로 바르게 나열한 것은?**

21세기는 각자의 개성이 존중되는 다원성의 시대이다. 역사 분야에서도 역사를 바라보는 관점에 따라 다양한 역사 서술들이 이루어지고 있다. 이렇게 역사 서술이 다양해질수록 역사 서술에 대한 가치 판단의 요구는 증대될 수밖에 없다. 그렇다면 이 시대의 역사 서술은 어떤 기준으로 평가되어야 할까?

역사 서술 방법 중에 가장 널리 알려진 것은 근대 역사가들이 표방한 객관적인 역사 서술 방법일 것이다. 이들에게 역사란 과거의 사실을 어떤 주관도 개입시키지 않은 채 객관적으로만 서술하는 것이다. 하지만 역사가는 특정한 국가와 계층에 속해 있고 이에 따라 특정한 이념과 가치관을 가지므로 객관적일 수 없다. 역사가의 주관적 관점은 사료를 선별하는 과정에서부터 이미 개입되기 시작하며 사건의 해석과 평가라는 역사 서술에 지속적으로 영향을 주게 된다. ____________________

이러한 역사 서술의 주관성 때문에 역사가 저마다의 관점에 따른 다양한 역사 서술이 존재하게 된다. ____________________ 역사학자 카(E. H. Carr)는 역사 서술에 대해 '역사는 과거와 현재의 대화이다.'라는 말을 남겼다. 이 말은 현재를 거울삼아 과거를 통찰하고 과거를 거울삼아 현재를 바라보며 더 나은 미래를 창출하는 것으로 해석할 수 있다. 이러한 견해에 의하면 역사 서술의 가치는 과거와 현재의 합리적인 소통 가능성에 따라 판단될 수 있다.

____________________ 이 기준을 지키지 못한 역사 서술은 과거나 현재를 왜곡할 우려가 있으며, 결과적으로 미래를 올바르게 바라보지 못하게 만드는 원인이 될 수 있다. 이를테면 수많은 반증 사례가 있음에도 자신의 관점에 부합하는 사료만을 편파적으로 선택한 역사 서술은 '사실성'의 측면에서 신뢰받기 어렵다. 사료를 배열하고 이야기를 구성하는 과정이 지나치게 자의적이라면 '타당성'의 측면에서 비판받을 것이다. 또한 사료의 선택과 해석의 방향이 과거의 잘못을 미화하기 위한 것이라면 '진정성'의 측면에서도 가치를 인정받지 못하게 될 것이다.

**보기**

㉠ 이에 따라 우리는 다양한 역사 서술 속에서 우리에게 가치 있는 역사 서술이 무엇인지를 판단할 필요가 있다.

㉡ 따라서 역사 서술에 역사가의 주관은 개입될 수밖에 없으므로 완전히 객관적인 역사 서술은 불가능한 일이다.

㉢ 과거와 현재의 합리적 소통 가능성은 역사 서술의 사실성, 타당성, 진정성 등을 준거로 판단할 수 있다.

① ㉠ – ㉡ – ㉢

② ㉠ – ㉢ – ㉡

③ ㉡ – ㉠ – ㉢

④ ㉡ – ㉢ – ㉠

⑤ ㉢ – ㉠ – ㉡

**정답** ③

- 첫 번째 빈칸 : 빈칸 앞의 내용에서는 역사가가 특정한 이념과 가치관을 가지므로 객관적일 수 없으며, 역사가의 주관적 관점이 역사 서술에 지속적으로 영향을 준다고 하였다. 따라서 빈칸에는 완전히 객관적인 역사 서술은 불가능하다는 내용의 ㉡이 적절함을 알 수 있다.
- 두 번째 빈칸 : 빈칸 앞 문장의 '다양한 역사 서술이 존재'한다는 내용을 통해 빈칸에는 이러한 '다양한 역사 서술' 속에서 가치 있는 역사 서술이 무엇인지를 판단할 필요가 있다는 내용의 ㉠이 적절함을 알 수 있다.
- 세 번째 빈칸 : 빈칸 뒤 문장의 '이 기준'은 ㉢의 '역사 서술의 사실성, 타당성, 진정성'을 의미하며, 빈칸 뒤에서는 이러한 '역사 서술의 사실성, 타당성, 진정성' 측면에 대해 각각 이야기하고 있다. 따라서 빈칸에 들어갈 내용은 ㉢이 적절함을 알 수 있다.

**유형풀이 Tip**

- 보기를 먼저 읽고, 선택지로 주어진 빈칸의 앞·뒤 문장을 읽어 본다. 그리고 빈칸 부분에 보기를 넣었을 때 그 흐름이 어색하지 않은 위치를 찾는다.
- 보기 문장의 중심이 되는 단어가 빈칸의 앞뒤에 언급되어 있는지 확인하도록 한다.

## 대표기출유형 01 기출응용문제

※ 다음 글에서 〈보기〉의 내용이 들어갈 위치로 가장 적절한 곳을 고르시오. [1~2]

**01**

정보란 무엇인가? 이 점은 정보화 사회를 맞이하면서 우리가 가장 깊이 생각해 보아야 할 문제이다. 정보는 그냥 객관적으로 주어진 대상인가? 그래서 그것은 관련된 당사자들에게 항상 가치중립적이고 공정한 지식이 되는가? 결코 그렇지 않다. 똑같은 현상에 대해 정보를 만들어 내는 방식은 매우 다양할 수 있다. 정보라는 것은 인간에 의해 가공되는 것이고 그 배경에는 언제나 나름대로의 입장과 가치관이 깔려 있게 마련이다. (가)
정보화 사회가 되어 정보가 넘쳐나는 듯하지만 사실 우리 대부분은 그 소비자로 머물러 있을 뿐 적극적인 생산의 주체로 나서지 못하고 있다. 이런 상황에서는 우리의 생활을 질적으로 풍요롭게 해주는 정보를 확보하기가 대단히 어렵다. 사실 우리가 일상적으로 구매하고 소비하는 정보란 대부분이 일회적인 심심풀이용이 많다. (나)
또한 정보가 많을수록 좋은 것만은 아니다. 오히려 정보의 과잉은 무기력과 무관심을 낳는다. 네트워크와 각종 미디어와 통신 기기의 회로들 속에서 정보가 기하급수적인 속도의 규모로 증식하고 있는 데 비해, 그것을 수용하고 처리할 수 있는 우리 두뇌의 용량은 진화하지 못하고 있다. 이 불균형은 일상의 스트레스 또는 사회적인 교란으로 표출된다. 정보 그 자체에 집착하는 태도에서 벗어나 무엇이 필요한지를 분별할 수 있는 능력이 배양되어야 한다. (다)
정보는 얼마든지 새롭게 창조될 수 있다. 컴퓨터의 기계적인 언어로 입력되기 전까지의 과정은 인간의 몫이다. 기계가 그것을 대신하기는 불가능하다. 따라서 정보화 시대의 중요한 관건은 컴퓨터에 대한 지식이나 컴퓨터를 다루는 방법이 아니라, 무엇을 담을 것인가에 대한 인간의 창조적 상상력이다. 그것은 마치 전자레인지가 아무리 좋아도 그 자체로 훌륭한 요리를 보장하지는 못하는 것과 마찬가지이다. (라)
정보와 지식 그 자체로는 딱딱하게 굳어 있는 물건처럼 존재하는 듯 보인다. 그러나 그것은 커뮤니케이션 속에서 살아 움직이며 진화한다. 끊임없이 새로운 의미가 발생하고 또한 더 고급으로 갱신되어 간다. 따라서 한 사회의 정보화 수준은 그러한 소통의 능력과 직결된다. 정보의 순환 속에서 끊임없이 새로운 정보로 거듭나는 역동성이 없이는 아무리 방대한 데이터베이스라 해도 그 기능에 한계가 있기 때문이다. (마)

보기

한 가지 예를 들어 보자. 어떤 나라에서 발행하는 관광 안내 책자는 정보가 섬세하고 정확하다. 그러나 그 책을 구입해 관광을 간 소비자들은 종종 그 내용의 오류를 발견한다. 그리고 많은 이들이 그것을 그냥 넘기지 않고 수정 사항을 엽서에 적어서 출판사에 보내준다. 출판사는 일일이 현지에 직원을 파견하지 않고도 책자를 개정할 수 있다.

① (가)
② (나)
③ (다)
④ (라)
⑤ (마)

## 02

자본주의 경제 체제는 이익을 추구하려는 인간의 욕구를 최대한 보장해 주고 있다. 기업 또한 이익 추구라는 목적에서 탄생하여, 생산의 주체로서 자본주의 체제의 핵심적 역할을 수행하고 있다. 곧, 이익은 기업가로 하여금 사업을 시작하게 하는 동기가 된다. (가) 이익에는 단기적으로 실현되는 이익과 장기간에 걸쳐 지속적으로 실현되는 이익이 있다. 기업이 장기적으로 존속, 성장하기 위해서는 단기 이익보다 장기 이익을 추구하는 것이 더 중요하다. 실제로 기업은 단기 이익의 극대화가 장기 이익의 극대화와 상충할 때에는 단기 이익을 과감히 포기하기도 한다. (나) 자본주의 초기에는 기업이 단기 이익과 장기 이익을 구별하여 추구할 필요가 없었다. 소자본끼리의 자유 경쟁 상태에서는 단기든 장기든 이익을 포기하는 순간에 경쟁에서 탈락하기 때문이다. 그에 따라 기업은 치열한 경쟁에서 살아남기 위해 주어진 자원을 최대한 효율적으로 활용하여 가장 저렴한 가격으로 좋은 품질의 상품을 소비자에게 공급하게 되었다. (다) 이 단계에서는 기업의 소유자가 곧 경영자였기 때문에, 기업의 목적은 자본가의 이익을 추구하는 것으로 집중되었다.
그러나 기업의 규모가 점차 커지고 경영 활동이 복잡해지면서 전문적인 경영 능력을 갖춘 경영자가 필요하게 되었다. (라) 이에 따라 소유와 경영이 분리되어 경영의 효율성이 높아졌지만, 동시에 기업이 단기 이익과 장기 이익 사이에서 갈등을 겪게 되는 일도 발생하였다. 주주의 대리인으로 경영을 위임 받은 전문 경영인은 기업의 장기적 전망보다 단기 이익에 치중하여 경영 능력을 과시하려는 경향이 있기 때문이다. 주주는 경영자의 이러한 비효율적 경영 활동을 감시함으로써 자신의 이익은 물론 기업의 장기 이익을 극대화하고자 하였다. (마)

**보기**

이는 기업의 이익 추구가 결과적으로 사회 전체의 이익도 증진시켰다는 의미이다.

① (가)
② (나)
③ (다)
④ (라)
⑤ (마)

PART 1

**03** 다음 글에서 〈보기〉의 문장 ㉠, ㉡이 들어갈 위치로 가장 적절한 곳은?

> 문화가 발전하려면 저작자의 권리 보호와 저작물의 공정 이용이 균형을 이루어야 한다. 저작물의 공정 이용이란 저작권자의 권리를 일부 제한하여 저작권자의 허락이 없어도 저작물을 자유롭게 이용하는 것을 말한다. 비영리적인 사적 복제를 허용하는 것이 그 예이다. (가) 우리나라의 저작권법에서는 오래전부터 공정 이용으로 볼 수 있는 저작권 제한 규정을 두었다.
> 그런데 디지털 환경에서 저작물의 공정 이용은 여러 장애에 부딪혔다. 디지털 환경에서는 저작물을 원본과 동일하게 복제할 수 있고 용이하게 개작할 수 있다. (나) 그 결과 디지털화된 저작물의 이용 행위가 공정 이용의 범주에 드는 것인지 가늠하기가 더 어려워졌고 그에 따른 처벌 위험도 커졌다. (다) 이러한 문제를 해소하기 위한 시도의 하나로 포괄적으로 적용할 수 있는 '저작물의 공정한 이용' 규정이 저작권법에 별도로 신설되었다. 그리하여 저작권자의 동의가 없어도 저작물을 공정하게 이용할 수 있는 영역이 확장되었다. 그러나 공정 이용 여부에 대한 시비가 자율적으로 해소되지 않으면 예나 지금이나 법적인 절차를 밟아 갈등을 해소해야 한다. (라) 저작물 이용의 영리성과 비영리성, 목적과 종류, 비중, 시장 가치 등이 법적인 판단의 기준이 된다.
> 저작물 이용자들이 처벌에 대한 불안감을 여전히 느낀다는 점에서 저작물의 자유 이용 허락 제도와 같은 '저작물의 공유' 캠페인이 주목을 받고 있다. 이 캠페인은 저작권자들이 자신의 저작물에 일정한 이용 허락 조건을 표시해서 이용자들에게 무료로 개방하는 것을 말한다. 누구의 저작물이든 개별적인 저작권을 인정하지 않고 모두가 공동으로 소유하자고 주장하는 사람들과 달리, 이 캠페인을 펼치는 사람들은 기본적으로 자신과 타인의 저작권을 존중한다. 캠페인 참여자들은 저작권자와 이용자들의 자발적인 참여를 통해 자유롭게 활용할 수 있는 저작물의 양과 범위를 확대하려고 노력한다. (마) 그러나 캠페인에 참여한 저작물을 이용할 때 허용된 범위를 벗어난 경우 법적 책임을 질 수 있다.

**보기**

> ㉠ 따라서 저작물이 개작되더라도 그것이 원래 창작물인지 이차적 저작물인지 알기 어렵다.
> ㉡ 이들은 저작물의 공유가 확산되면 디지털 저작물의 이용이 활성화되고 그 결과 인터넷이 더욱 창의적이고 풍성한 정보 교류의 장(場)이 될 것이라고 본다.

| | ㉠ | ㉡ |
|---|---|---|
| ① | (가) | (나) |
| ② | (가) | (마) |
| ③ | (나) | (다) |
| ④ | (나) | (라) |
| ⑤ | (나) | (마) |

Hard

**04** 다음 중 (가) ~ (다)에 들어갈 문장을 〈보기〉에서 골라 바르게 연결한 것은?

근대와 현대가 이어지는 지점에서 많은 사상가들은 지식과 이해가 인간의 삶에 미치는 영향 그리고 그것이 형성되는 과정들을 포착하려고 노력했다. 그러한 입장들은 여러 가지가 있겠지만, 그중 세 가지 정도를 소개하고자 한다.
첫 번째 입장은 다음과 같이 말한다. 진보적 사유라는 가장 포괄적인 의미에서 계몽은 예로부터 공포를 몰아내고 인간을 주인으로 세운다는 목표를 추구해왔다. 그러나 완전히 계몽된 지구에는 재앙만이 승리를 구가하고 있다. 인간은 더 이상 알지 못하는 것이 없다고 느낄 때 무서울 것이 없다고 생각한다. 이러한 생각이 신화와 계몽주의의 성격을 규정한다. 신화가 죽은 것을 산 것과 동일시한다면, 계몽은 산 것을 죽은 것과 동일시한다. 계몽주의는 신화적 삶이 더욱 더 철저하게 이루어진 것이다. 계몽주의의 최종적 산물인 실증주의의 순수한 내재성은 보편적 금기에 불과하다. (가)
두 번째 입장은 다음과 같이 말한다. 인간의 이해라는 것은 인간 현존재의 사실성, 즉 우리가 처해 있는 역사적 상황과 문화적 전통의 근원적인 제약 속에 있는 현존재가 부단히 미래의 가능성으로 기획하여 나아가는 자기 이해이다. 따라서 이해는 탈역사적, 비역사적인 것, 즉 주관 내의 의식적이고 심리적인 과정 또는 이를 벗어나 객관적으로 존재하는 것을 파악하는 사건이 아니다. (나) 인간은 시간 속에 놓여 있는 존재로서, 그의 이해 역시 전승된 역사와 결별하여 어떤 대상을 순수하게 객관적으로 인식하는 것이 아니라 전통과 권위의 영향 속에서 이루어진다. 따라서 선(先)판단은 이해에 긍정적인 기능을 한다.
세 번째 입장은 다음과 같이 말한다. 우리는 권력의 관계가 중단된 곳에서만 지식이 있을 수 있다는 그리고 지식은 권력의 명령, 요구, 관심의 밖에서만 발전될 수 있다는 전통적인 생각을 포기해야 한다. 그리고 아마도 권력이 사람을 미치도록 만든다고 하여, (다) 오히려 권력은 지식을 생산한다는 것을 인정해야 한다. 권력과 지식은 서로를 필요로 하는 관계에 놓여 있다. 결과적으로 인식하는 주체, 인식해야 할 대상 그리고 인식의 양식들은 모두 '권력, 즉 지식'에 근본적으로 그만큼 연루되어 있다. 따라서 권력에 유용하거나 반항적인 지식을 생산하는 것도 인식 주체의 자발적 활동의 산물이 아니다. 인식의 가능한 영역과 형태를 결정하는 것은 그 주체를 관통하고, 그 주체가 구성되는 투쟁과 과정 그리고 권력 및 지식이다.

**보기**

㉠ 이해는 어디까지나 시간과 역사 속에서 가능하며, 진리라는 것도 이미 역사적 진리이다.
㉡ 바로 이 권력을 포기할 경우에만 학자가 될 수 있다는 이와 같은 믿음도 포기해야 한다.
㉢ 내가 알지 못하는 무언가가 바깥에 있다고 하는 것은 바로 공포의 원인이 되기 때문에 내가 관계하지 못하는 무언가가 바깥에 머물러 있는 상태를 허용할 수 없다.

| | (가) | (나) | (다) |
|---|---|---|---|
| ① | ㉠ | ㉡ | ㉢ |
| ② | ㉡ | ㉠ | ㉢ |
| ③ | ㉡ | ㉢ | ㉠ |
| ④ | ㉢ | ㉠ | ㉡ |
| ⑤ | ㉢ | ㉡ | ㉠ |

PART 1

대표기출유형

# 02 빈칸추론

**| 유형분석 |**

- 글의 전반적인 흐름을 파악하고 있는지 평가한다.
- 첫 문장, 마지막 문장 또는 글의 중간 등 다양한 위치에 빈칸이 주어질 수 있다.

**다음 글의 빈칸에 들어갈 내용으로 가장 적절한 것은?**

소독이란 물체의 표면 및 그 내부에 있는 병원균을 죽여 전파력 또는 감염력을 없애는 것이다. 이때, 소독의 가장 안전한 형태로는 멸균이 있다. 멸균이란 대상으로 하는 물체의 표면 또는 그 내부에 분포하는 모든 세균을 완전히 죽여 무균의 상태로 만드는 조작으로, 살아있는 세포뿐만 아니라 포자, 박테리아, 바이러스 등을 완전히 파괴하거나 제거하는 것이다.

물리적 멸균법은 열, 햇빛, 자외선, 초단파 따위를 이용하여 균을 죽여 없애는 방법이다. 열(Heat)에 의한 멸균에는 건열 방식과 습열 방식이 있는데, 건열 방식은 소각과 건식오븐을 사용하여 멸균하는 방식이다. 건열 방식이 활용되는 예로는 미생물 실험실에서 사용하는 많은 종류의 기구를 물 없이 멸균하는 것이 있다. 이는 습열 방식을 활용했을 때 유리를 포함하는 기구가 파손되거나 금속 재질로 이루어진 기구가 습기에 의해 부식할 가능성을 보완한 방법이다. 그러나 건열 멸균법은 습열 방식에 비해 멸균 속도가 느리고 효율이 떨어지며, 열에 약한 플라스틱이나 고무제품은 대상물의 변성이 이루어져 사용할 수 없다. 예를 들어 많은 세균의 내생포자는 습열 멸균 온도 조건(121℃)에서는 5분 이내에 사멸되나, 건열 멸균법을 활용할 경우 이보다 더 높은 온도(160℃)에서도 약 2시간 정도가 지나야 사멸되는 양상을 나타낸다. 반면, 습열 방식은 바이러스, 세균, 진균 등의 미생물들을 손쉽게 사멸시킨다. 습열은 효소 및 구조단백질 등의 필수 단백질의 변성을 유발하고, 핵산을 분해하며 세포막을 파괴하여 미생물을 사멸시킨다. 끓는 물에 약 10분간 노출하면 대개의 영양세포나 진핵포자를 충분히 죽일 수 있으나, 100℃의 끓는 물에서는 세균의 내생포자를 사멸시키지는 못한다. 따라서 물을 끓여서 하는 열처리는 ________________________ 멸균을 시키기 위해서는 100℃가 넘는 온도(일반적으로 121℃)에서 압력(약 1.1kg/cm$^2$)을 가해 주는 고압증기멸균기를 이용한다. 고압증기멸균기는 물을 끓여 증기를 발생시키고 발생한 증기와 압력에 의해 멸균을 시키는 장치이다. 고압증기멸균기 내부가 적정 온도와 압력(121℃, 약 1.1kg/cm$^2$)에 이를 때까지 뜨거운 포화 증기를 계속 유입시킨다. 해당 온도에서 포화 증기는 15분 이내에 모든 영양세포와 내생포자를 사멸시킨다. 고압증기멸균기에 의해 사멸되는 미생물은 고압에 의해서라기보다는 고압 하에서 수증기가 얻을 수 있는 높은 온도에 의해 사멸되는 것이다.

① 더 많은 세균을 사멸시킬 수 있다.
② 멸균 과정에서 더 많은 비용이 소요된다.
③ 멸균 과정에서 더 많은 시간이 소요된다.
④ 소독을 시킬 수는 있으나, 멸균을 시킬 수는 없다.
⑤ 멸균을 시킬 수는 있으나, 소독을 시킬 수는 없다.

정답 ④

미생물을 끓는 물에 노출하면 영양세포나 진핵포자는 죽일 수 있으나, 세균의 내생포자는 사멸시키지 못한다. 멸균은 포자, 박테리아, 바이러스 등을 완전히 파괴하거나 제거하는 것이므로 물을 끓여서 하는 열처리 방식으로는 멸균이 불가능함을 알 수 있다. 따라서 빈칸에 들어갈 내용으로는 소독은 가능하지만, 멸균은 불가능하다는 ④가 가장 적절하다.

**유형풀이 Tip**

- 글을 모두 읽고 풀기에는 시간이 부족하다. 따라서 빈칸의 앞·뒤 문장만을 통해 내용을 파악할 수 있어야 한다.
- 주어진 문장을 각각 빈칸에 넣었을 때 그 흐름이 어색하지 않은지 확인하도록 한다.

## 대표기출유형 02 기출응용문제

**01** **다음은 4차 산업혁명 ICT 기술을 통한 미래 에너지 신사업에 대한 글이다. 빈칸에 들어갈 ○○기업의 전략과제로 적절하지 않은 것은?**

> 최근 몇 년간 발생한 굵직한 이슈들은 전력산업의 근본적인 변화를 요구하고 있다. 2015년 '신기후체제 출범'은 저탄소 사회로의 전환을 요구하며, 신재생에너지의 확산과 저탄소 기술 기반의 에너지 신사업을 이끄는 촉매작용을 하였다.
> ○○기업은 에너지 ICT 전문 공기업으로서, 에너지 ICT 4.0 전략을 수립하고 이를 수행할 CEO 직할의 에너지 ICT 4.0 위원회를 운영하고 있다. 이를 통해 전력그룹사와 미래 에너지 신산업을 함께 만들어 가는 역할 수행에 회사 역량을 집중하고 있다. 이를 위해 ○○기업은 전략과제로 ________________________을/를 선정하여 전력그룹사, 중소기업 및 스타트업 그리고 산학연협의체와 더불어 실천계획을 수립하여 실행하고 있다.
> ○○기업은 인공지능 기반의 전력계통운영 솔루션과 고장 예지 자산관리 솔루션을 한전과 함께 개발하고 있다. 그리고 미래 스마트발전 운영 솔루션 또한 발전 자회사와 공동으로 개발하고 있으며, ○○기업이 일본에 구축한 54MW 태양광발전소에 적용한 신재생에너지 관제 시스템에 인공지능 기반 발전량 예측기술을 적용하는 기술도 개발하고 있다. 이를 통한 전력계통 고도화로 계통운영의 신뢰성 제고와 자산운영 효율화를 이루어 신재생에너지 확산과 미래 에너지 신산업 창출에 매진할 수 있는 토대를 구축하는 데 기여할 것으로 생각한다.
> 또한 지역 상생발전과 일자리 창출을 위해 한전과 광주광역시, 전라남도와 공동으로 '에너지 밸리 조성사업'을 적극 추진하고 있다. '에너지 밸리 조성사업'은 빛가람 혁신도시를 거점으로 주요 산업단지에 전력·에너지 분야 기업 및 연구소를 유치하여, 에너지 신산업 산업생태계를 구축하는 중요한 사업이다.
> ○○기업은 에너지 ICT 전문공기업으로서, 전력그룹사의 ICT 동반자임과 동시에 에너지 ICT 생태계의 일원으로 지속가능한 전력산업 미래를 만들어가는 데 부단한 노력을 기울이고 있다. 깨끗하고 안전한 전기에너지를 생산에서부터 공급까지 정보통신기술과 AICBM 기술을 융합하여 선도하기 위하여 전력산업생태계 구성원 모두와 함께 4차 산업혁명 시대를 앞장서고자 한다.

① 전력계통 고도화
② 신재생에너지 확산
③ 인공지능 기반 기술 개발
④ 에너지 신산업 산업생태계 구축
⑤ 화력발전의 에너지 생산량 확대

## 02 다음 글의 빈칸 (가) ~ (마)에 들어갈 내용으로 적절하지 않은 것은?

"언론의 잘못된 보도나 마음에 들지 않는 논조조차도 그것이 토론되는 과정에서 옳은 방향으로 흘러가게끔 하는 것이 옳은 방향이다." 한 야당 정치인이 서울외신기자클럽(SFCC) 토론회에 나와 마이크에 대고 밝힌 공개 입장이다. 언론은 ___(가)___해야 한다. 이것이 지역 신문이라 할지라도 언론이 표준어를 사용하는 이유이다.
언론중재법 거정안이 국회 본회의를 통과할 것이 확실시되었을 때 정부는 침묵으로 일관했었다. 청와대 핵심 관계자들은 이 개정안에 대한 입장을 묻는 국내 일부 매체에 영어 표현인 "None of My Business"라는 답을 내놨다고 한다.
그사이 이 개정안에 대한 국제 사회의 ___(나)___는 높아지고 있다. 이 거정안이 시대착오적이며 나아가 아이들에게 좋지 않은 영향을 줄 수 있다는 것이 논란의 요지이다. SFCC는 이사회 전체 명의로 성명을 냈다. 그 내용을 그대로 옮기자면 다음과 같다. "___(다)___ 내용을 담은 언론중재법 개정안을 국회에서 강행 처리하려는 움직임에 깊은 우려를 표한다."며 "이 법안이 국회에서 전광석화로 처리되기보다 '돌다리도 두들겨 보고 건너라.'는 한국 속담처럼 심사숙고하며 ___(라)___을 기대한다."고 밝혔다.
다만, 언론이 우리 사회에서 발생하는 다양한 전투만을 중계하는 것으로 기능하는 건 ___(마)___ 우리나라뿐만 아니라 일본 헌법, 독일 헌법 등에서 공통적으로 말하는 것처럼 언론이 자유를 가지고 대중에게 생각할 거리를 끊임없이 던져주어야 한다. 이러한 언론의 기능을 잘 수행하기 위해서는 언론의 힘과 언론에 가해지는 규제의 정도가 항상 조절하도록 절제하는 법칙이 필요하다.

① (가) : 모두가 읽기 쉽고 편향되지 않은 어조를 사용
② (나) : 규탄의 목소리
③ (다) : 언론의 자유를 심각하게 위축시킬 수 있는
④ (라) : 보편화된 언어 사용
⑤ (마) : 바람직하지 않다.

※ 다음 글의 빈칸에 들어갈 단어나 내용으로 가장 적절한 것을 고르시오. [3~4]

**03**

스마트팩토리는 인공지능(AI), 사물인터넷(IoT) 등 다양한 기술이 융합된 자율화 공장으로, 제품 설계와 제조, 유통, 물류 등의 산업 현장에서 생산성 향상에 초점을 맞췄다. 이곳에서는 기계, 로봇, 부품 등의 상호 간 정보 교환을 통해 제조 활동을 하고, 모든 공정 이력이 기록되며, 빅데이터 분석으로 사고나 불량을 예측할 수 있다. 스마트팩토리에서는 컨베이어 생산 활동으로 대표되는 산업 현장의 모듈형 생산이 컨베이어를 대체하고 IoT가 신경망 역할을 한다. 센서와 기기 간 다양한 데이터를 수집하고, 이를 서버에 전송하면 서버는 데이터를 분석해 결과를 도출한다. 서버는 AI 기계학습 기술이 적용돼 빅데이터를 분석하고 생산성 향상을 위한 최적의 방법을 제시한다.
스마트팩토리의 대표 사례로는 고도화된 시뮬레이션 '디지털 트윈'을 들 수 있다. 디지털 트윈은 데이터를 기반으로 가상공간에서 미리 시뮬레이션하는 기술이다. 시뮬레이션을 위해 빅데이터를 수집하고 분석과 예측을 위한 통신·분석 기술에 가상현실(VR), 증강현실(AR)과 같은 기술을 더한다. 이를 통해 산업 현장에서 작업 프로세스를 미리 시뮬레이션하고, VR·AR로 검증함으로써 실제 시행에 따른 손실을 줄이고, 작업 효율성을 높일 수 있다.
한편 '에지 컴퓨팅'도 스마트팩토리의 주요 기술 중 하나이다. 에지 컴퓨팅은 산업 현장에서 발생하는 방대한 데이터를 클라우드로 한 번에 전송하지 않고, 에지에서 사전 처리한 후 데이터를 선별해서 전송한다. 서버와 에지가 연동해 데이터 분석 및 실시간 제어를 수행하여 산업 현장에서 생산되는 데이터가 기하급수로 늘어도 서버에 부하를 주지 않는다. 현재 클라우드 컴퓨팅이 중앙 데이터센터와 직접 소통하는 방식이라면 에지 컴퓨팅은 기기 가까이에 위치한 일명 '에지 데이터 센터'와 소통하며, 저장을 중앙 클라우드에 맡기는 형식이다. 이를 통해 데이터 처리 지연 시간을 줄이고 즉각적인 현장 대처를 가능하게 한다.
이러한 스마트팩토리의 발전은 ________________________ 최근 선진국에서 나타나는 주요 현상 중의 하나는 바로 '리쇼어링'의 가속화이다. 리쇼어링이란 인건비 등 각종 비용 절감을 이유로 해외에 나간 자국 기업들이 다시 본국으로 돌아오는 현상을 의미하는 용어이다. 2000년대 초반까지는 국가적 차원에서 세제 혜택 등의 회유책을 통해 추진되어 왔지만, 스마트팩토리의 등장으로 인해 자국 내 스마트팩토리에서의 제조 비용과 중국이나 멕시코와 같은 제3국에서 제조 후 수출 비용에 큰 차이가 없어 리쇼어링 현상은 더욱 가속화되고 있다.

① 공장의 세제 혜택을 사라지게 하고 있다.
② 공장의 제조 비용을 절감시키고 있다.
③ 수출 비용을 줄이는 데 도움이 된다.
④ 공장의 위치를 변화시키고 있다.
⑤ 공장의 생산성을 높이고 있다.

Easy

**04**

> 지난해 7월 이후 하락세를 보이던 소비자물가지수가 전기, 가스 등 공공요금 인상의 여파로 다시 상승세로 반전되고 있다.
> 이에 경기 하강 흐름 속에서 한풀 꺾이던 _____________에 대한 우려도 다시 커지고 있다. 여기에 중국의 경제 활동 재개 여파로 국제 에너지 및 원자재 가격 역시 상승 흐름을 탈 가능성이 높아져 계속하여 5%대 고물가 상황이 지속될 전망을 보인다.
> 앞서 정부는 지난해 전기요금을 세 차례, 가스요금을 네 차례에 걸쳐 인상하였는데, 이로 인해 올해 1월 소비자 물가 동향에서 나타난 전기・가스・수도 요금은 지난해보다 28.3% 급등한 것으로 분석되었고, 이로 인해 소비자 물가 역시 상승 폭이 커지고 있다.
> 이러한 물가 상승 폭의 확대에는 공공요금의 영향뿐만 아니라 농축산물과 가공식품의 영향도 있는데, 특히 강설 및 한파 등으로 인해 농축수산물의 가격이 상승하였고, 이에 더불어 지난해 말부터 식품업계 역시 제품 가격을 인상한 것이 이에 해당한다. 특히 구입 빈도가 높고 지출 비중이 높은 품목들이 이게 해당되어 그 상승세가 더 확대되고 있다.

① E플레이션
② 디플레이션
③ 인플레이션
④ 디스인플레이션
⑤ 스태그네이션

PART 1

대표기출유형

# 03 내용일치

**| 유형분석 |**

- 짧은 시간 안에 글의 내용을 정확하게 이해할 수 있는지 평가한다.
- 은행 금융상품 관련 글을 읽고 이해하기, 고객 문의에 답변하기 등의 유형이 빈번하게 출제된다.

**다음 글의 내용으로 적절하지 않은 것은?**

1인당 국내총생산이나 1인당 가처분소득 등은 한 사회의 삶의 질을 나타내기 위한 지표로 흔히 사용된다. 그런데 이러한 지표들이 삶의 질을 제대로 보여주는지는 미심쩍다. 가령 폭력이 증가해서 안전 대책과 경찰력에 더 많은 투자가 이루어지는 사회에서도 1인당 국내총생산은 상승할 수 있다. 1인당 가처분소득 역시 삶의 질을 온전히 보여주지는 못하는데, 특히 경제적 불평등의 정도와 저소득층을 위한 사회 안전망의 수준에 대해서는 아무것도 말해주지 않는다.

삶의 질을 보다 정확히 비교할 수 있는 지표를 한 가지만 선택해야 한다면, 영아사망률이 그 대안이 될 수 있다. 영아사망률은 출생아 1천 명당 1세 미만의 사망자 수로 집계되는데, 이는 삶의 수준을 보여주는 무척 강력한 지표이다. 낮은 영아사망률은 양질의 생활에 필요한 환경, 예를 들면 훌륭한 수준의 의료 체계, 위생적인 생활환경, 취약 계층을 위한 사회적 지원 제도 등이 조성되어 있다는 것을 의미한다. 또한 이용하기 쉬운 사회기반시설 등이 마련되지 않으면 영아사망률을 낮추기가 어렵다. 즉, 영아사망률에는 생후 첫해의 생존을 좌우하는 제반 조건들에 대한 정보가 담겨 있는 셈이다.

산업화가 시작되기 전의 서구 사회에서는 영아사망률이 잔혹할 정도로 높았다. 1750년경 서구의 평균 영아사망률은 출생아 1천 명당 300 ~ 400명에 달했다. 그 수치는 점진적으로 낮아지다가 1950년에 이르러서야 35 ~ 65명으로 떨어졌다. 그리고 2020년 기준 OECD 회원국의 평균 영아사망률은 4.1명이며, 38개 회원국 중에서 영아사망률이 3.0명 미만인 국가는 14개국이다. 이 국가들은 대체로 인구가 많지 않고 인종적 · 민족적으로 동질적인 사회를 이루고 있다는 특징을 보인다. 대표적으로 아이슬란드, 핀란드, 노르웨이와 같은 몇몇 유럽 국가들이 이에 해당한다. 반면, 인구가 많거나 인종적 · 민족적으로 이질적인 사회에서는 영아사망률을 OECD 평균 수준까지 낮추기는 어렵다. 예를 들어 미국과 멕시코의 영아사망률은 2020년 기준 각각 5.4명, 13.8명으로 OECD 평균을 상회하는데, 이 국가들이 영아사망률을 4.1명 수준으로까지 낮추기는 무척 어려울 것으로 보인다.

① OECD 회원국에서는 1인당 국내총생산이 높을수록 영아사망률이 낮다.
② 인구가 많은 사회는 OECD 평균 수준까지 영아사망률을 낮추기 어렵다.
③ 산업화 이후 서구 사회의 평균 영아사망률은 산업화가 시작되기 전보다 낮아졌다.
④ 낮은 영아사망률은 양질의 생활에 필요한 환경이 조성되어 있다는 것을 의미한다.
⑤ 1인당 가처분소득보다 영아사망률이 한 사회의 삶의 질을 더 잘 나타낼 수 있는 지표이다.

정답 ①

OECD 회원국 가운데 대체로 인구가 많지 않고 인종적・민족적으로 동질적인 국가들은 영아사망률이 OECD 회원국 평균보다 낮고, 반대로 인구가 많고 인종적・민족적으로 이질적인 국가들은 영아사망률이 OECD 회원국 평균보다 높다. 즉, OECD 회원국에서는 인구가 적고 인종적・민족적으로 동질적일수록 영아사망률이 낮다고 볼 수 있다. 또한 첫 번째 문단에 따르면 1인당 국내총생산이라는 지표가 삶의 질을 제대로 보여주는지는 미심쩍다고 하였다. 따라서 제시문의 내용만으로는 OECD 회원국에서의 1인당 국내총생산과 영아사망률의 상관관계를 정확히 알 수 없다.

오답분석

② 마지막 문단에 따르면 OECD 평균 영아사망률은 4.1명이며(2020년 기준), 인구가 많거나 인종적・민족적으로 이질적인 사회에서는 영아사망률을 OECD 평균 수준까지 낮추기 어렵고 예컨대 미국과 멕시코의 영아사망률은 각각 5.4명, 13.8명으로 4.1명 수준까지 낮추기는 무척 어려울 것으로 보인다고 하였다.
③ 마지막 문단에 따르면 산업화 시작 전인 1750년경 서구 사회의 평균 영아사망률은 출생아 1천 명당 300 ~ 400명에 달할 정도로 높았지만, 점진적으로 낮아지다가 1950년에 이르러서 35 ~ 65명으로 떨어졌다고 하였다.
④ 두 번째 문단에 따르면 영아사망률은 삶의 수준을 보여주는 강력한 지표로서, 낮은 영아사망률은 의료 체계, 위생적인 생활환경, 사회적 지원 제도 등 양질의 생활에 필요한 환경을 갖추고 있다는 것을 의미한다.
⑤ 경제적 불평등의 정도와 저소득층을 위한 사회 안전망 수준 등의 삶의 질을 보여주지 못하는 1인당 가처분소득보다 삶의 수준을 보여주는 강력한 지표인 영아사망률이 한 사회의 삶의 질을 더 잘 나타내는 지표임을 전반적인 제시문의 내용을 통해 알 수 있다.

**유형풀이 Tip**

- 글을 읽기 전에 문제와 선택지를 먼저 읽어보고 글의 주제를 대략적으로 파악해야 한다.
- 선택지를 통해 글에서 찾아야 할 정보가 무엇인지 먼저 인지한 후 글을 읽어야 문제 풀이 시간을 단축할 수 있다.

## 대표기출유형 03 기출응용문제

**01** 다음 글의 내용으로 가장 적절한 것은?

선물환거래란 계약일로부터 일정 시간이 지난 뒤, 특정일에 외환의 거래가 이루어지는 것으로, 현재 약정한 금액으로 미래에 결제하게 되기 때문에 선물환계약을 체결하게 되면, 약정된 결제일까지 매매 쌍방 모두 결제가 이연된다. 선물환거래는 보통 환리스크를 헤지(Hedge)하기 위한 목적으로 이용된다. '예 1개월 이후 달러로 거래 대금을 수령할 예정인 수출한 기업은 은행과 1개월 후 달러를 매각하는 대신 원화를 수령하는 선물환계약을 통해 원/달러 환율변동에 따른 환리스크를 헤지할 수 있다.'
이외에도 선물환거래는 금리차익을 얻는 것과 투기적 목적 등도 가지고 있다. 선물환거래에는 일방적으로 선물환을 매입하는 것 또는 매도 거래만 발생하는 Outright Forward거래가 있고, 선물환거래가 스왑거래의 일부분으로써 현물환거래와 같이 발생하는 Swap Forward거래로 구분된다. 또한 Outright Forward거래는 만기 때 실물 인수도가 일어나는 일반 선물환거래와 만기 때 실물의 인수 없이 차액만을 정산하는 차액결제선물환(NDF; Non-Deliverable Forward)거래로 구분된다.
옵션(Option)이란 거래당사자들이 미리 가격을 정하고, 그 가격으로 미래의 특정시점이나, 그 이전에 자산을 사고파는 권리를 매매하는 계약이다. 선도 및 선물, 스왑거래 등과 같은 파생금융상품이다.
옵션은 매입권리가 있는 콜옵션(Call Option)과 매도권리가 있는 풋옵션(Put Option)으로 구분된다. 옵션거래로 매입이나 매도할 수 있는 권리를 가지게 되는 옵션매입자는 시장가격의 변동에 따라 자기에게 유리하거나 불리한 경우를 판단하여, 옵션을 행사하거나 포기할 수도 있다. 옵션매입자는 선택할 권리에 대한 대가로 옵션매도자에게 프리미엄을 지급하고, 옵션매도자는 프리미엄을 받는 대신 옵션매입자가 행사하는 옵션에 따라 발생하는 것에 대해 이해하는 책임을 가진다. 옵션거래의 손해와 이익은 행사가격, 현재가격 및 프리미엄에 의해 결정된다.

① 선물환거래는 투기를 목적으로 사용되기도 한다.
② 선물환거래는 권리를 행사하거나 포기할 수 있다.
③ 옵션은 환율변동 리스크를 해결하는 데 좋은 선택이다.
④ 옵션은 미래에 조건이 바뀌어도 계약한 금액을 지불해야 한다.
⑤ 선물환거래는 행사가격, 현재가격, 프리미엄가에 따라 손해와 이익이 발생한다.

## 02 다음 글의 내용으로 적절하지 않은 것은?

마이클 포터(Michael Porter)는 특정 산업의 경쟁 강도, 수익성 및 매력도가 산업의 구조적 특성에 의하여 영향을 받으며, 이는 5가지 힘에 의하여 결정된다고 보았다. 마이클 포터가 제시한 5가지 힘에는 기존 경쟁자, 구매자, 공급자, 신규참가자, 대체품의 힘이 있으며, 이 중에서 가장 강한 힘이 경쟁전략을 책정하는 결정 요소가 된다. 이러한 5가지 힘의 분석을 통해 조직이 속한 시장이 이익을 낼 수 있는 시장인지 아닌지를 판단하는데, 이것을 산업의 매력도 측정이라 부른다.

먼저 기존 경쟁자 간의 경쟁은 해당 산업의 경쟁이 얼마나 치열한지를 보여준다. 통상적으로 같은 산업에 종사하는 기업이 많을수록 경쟁이 치열할 수밖에 없다. 따라서 특허 등이 필요한 독과점 형태의 산업은 매력적이지만, 누구나 할 수 있는 완전경쟁시장 형태의 산업은 매력이 떨어지게 된다.

한편, 대형마트가 물건을 대량으로 구매하면서 공급 가격을 내리라고 한다면 제조업체는 이를 거절할 수 있을까? 최근 대형마트 등의 유통업체들이 제조업체에 상당한 가격 협상력을 갖게 되면서 구매자의 힘이 업계의 힘보다 강해지고 있다. 이처럼 구매량과 비중이 클수록, 제품 차별성이 낮을수록, 구매자가 가격에 민감할수록 구매자의 힘은 커지게 된다. 산업의 매력도는 이러한 구매자의 힘이 셀수록 떨어지고, 반대로 구매자의 힘이 약할수록 높아진다.

공급자가 소수 기업에 의해 지배되는 경우, 즉 독과점에 해당하는 경우나 공급자가 공급하는 상품이 업계에서 중요한 부품인 경우 공급자의 힘이 강해져 산업의 매력도는 떨어지게 된다. 반대로 공급자가 다수 기업에 의해 지배되는 경우, 즉 완전경쟁에 해당하는 경우나 공급자가 공급하는 상품이 업계에서 그다지 중요하지 않은 부품인 경우에는 공급자의 힘이 적어지고 산업의 매력도는 올라가게 된다.

현재의 산업에 신규참가자가 진입할 가능성이 높으면 그 산업의 매력도는 떨어진다. 신규 진입의 정도는 해당 업계의 진입 장벽이 얼마나 높은가에 따라 결정된다. 예를 들어 반도체나 조선업 등은 대규모의 투자가 필요하므로 신규 진입이 쉽지 않다. 진입 장벽이 높을수록 산업의 매력도는 높아지며, 반대로 진입 장벽이 낮을수록 산업의 매력도는 떨어지게 된다.

마이클 포터가 제시한 5가지 힘 중 가장 무서운 것은 대체품의 힘이다. 현재의 상품보다 가격이나 성능에 있어 훨씬 뛰어난 대체품이 나올 경우 해당 산업이 사라져버릴 수도 있기 때문이다. 따라서 대체품의 위협이 낮을수록 산업의 매력도는 높아진다.

① 구매자의 힘이 약하면 산업 매력도가 높아진다.
② 공급자의 힘이 커지면 산업 매력도가 높아진다.
③ 대체품의 힘이 커지면 산업 매력도가 낮아진다.
④ 신규참가자의 힘이 커지면 산업 매력도가 낮아진다.
⑤ 기존 경쟁자의 힘이 커지면 산업 매력도가 높아진다.

Easy

**03** **다음은 국민행복카드에 대한 자료이다. 〈보기〉 중 국민행복카드에 대한 설명으로 적절하지 않은 것을 모두 고르면?**

• 국민행복카드

'보육료', '유아학비', '건강보험 임신·출산 진료비 지원', '청소년산모 임신·출산 의료비 지원' 및 '사회서비스 전자바우처' 등 정부의 여러 바우처 지원을 공동으로 이용할 수 있는 통합카드입니다. 국민행복카드로 어린이집·유치원 어디서나 사용이 가능합니다.

• 발급방법

[온라인]

– 보조금 신청 : 정부 보조금을 신청하면 어린이집 보육료와 유치원 유아학비 인증이 가능합니다.
– 보조금 신청서 작성 및 제출 : 복지로 홈페이지
– 카드 발급 : 5개 카드사 중 원하시는 카드사를 선택해 발급받으시면 됩니다.
  * 연회비는 무료
– 카드 발급처 : 복지로 홈페이지, 임신육아종합포털 아이사랑, 5개 제휴카드사 홈페이지

[오프라인]

– 보조금 신청 : 정부 보조금을 신청하면 어린이집 보육료와 유치원 유아학비 인증이 가능합니다.
– 보조금 신청서 작성 및 제출 : 읍면동 주민센터
– 카드 발급 : 5개 제휴카드사
  * 연회비는 무료
– 카드 발급처 : 읍면동 주민센터, 해당 카드사 지점
  * 어린이집 ↔ 유치원으로 기관 변경 시에는 복지로 홈페이지 또는 읍면동 주민센터에서 반드시 보육료·유아학비 자격변경 신청이 필요

보기

ㄱ. 국민행복카드 신청을 위한 보육료 및 학비 인증을 위해서는 별도 절차 없이 정부 보조금 신청을 하면 된다.
ㄴ. 온라인이나 오프라인 둘 중 어떤 발급경로를 선택하더라도 연회비는 무료이다.
ㄷ. 국민행복카드 신청을 위한 보조금 신청서는 읍면동 주민센터, 복지로 혹은 카드사의 홈페이지에서 작성할 수 있으며 작성처에 제출하면 된다.
ㄹ. 오프라인으로 신청한 경우, 카드를 발급받기 위해서는 읍면동 주민센터 혹은 전국 은행 지점을 방문하여야 한다.

① ㄱ, ㄴ
② ㄱ, ㄷ
③ ㄴ, ㄷ
④ ㄴ, ㄹ
⑤ ㄷ, ㄹ

## 04 다음은 S은행의 상호금융 신용평가 및 신용리스크 측정요소 관리준칙의 일부이다. 이에 대한 설명으로 적절하지 않은 것은?

> **제7조(비소매 신용평가 원칙)**
> ① 비소매 신용평가자는 차주에 대하여 재무, 경영진 및 주주, 영업활동과 관련된 최신정보를 입수하고 이를 신용평가에 적용한다.
> ② 비소매 신용평가자는 경기변동이 반영된 1년 이상의 장기간을 대상으로 신용평가를 실시한다.
> ③ 비소매 신용평가자는 차주에 대한 정보가 부족할수록 보수적으로 신용평가를 실시한다.
>
> **제8조(비소매 신용평가 구분)**
> ① 비소매 신용평가는 일반신용평가, 정기신용평가, 수시신용평가로 구분하여 운영한다.
> ② 일반신용평가는 차주여신거래 발생 시에 대한 신용평가를 말하며 여신거래 발생 이전에 실시한다.
> ③ 정기신용평가는 기존 차주에 대하여 매년 정기적으로 1회 이상 실시하는 신용평가를 말하며 신용등급 유효기간 이내에서 최근 결산재무제표로 실시한다.
> ④ 수시신용평가는 신용리스크에 중요한 변화가 발생하였거나 현재의 신용등급이 적절하지 않다고 판단되는 차주에 대하여 실시하는 신용평가를 말하며 사유발생일 또는 사유를 안 날로부터 1개월 이내에 실시한다.
>
> **제9조(비소매 신용평가 방법)**
> ① 비소매 신용평가모형은 일반기업 신용평가모형, 전문가판단 신용평가모형으로 구분하여 운영한다.
> ② 일반기업 신용평가모형은 통계모형과 전문가판단 신용평가모형이 결합된 혼합모형을 말하며 신용평가 방법은 다음 각 호에 따른다.
> 1. 재무정보 및 대표자정보를 활용하여 통계모형에서 재무점수와 대표자점수를 산출한다.
> 2. 추정재무정보를 통하여 통계모형에서 추정재무점수를 산출한다.
> 3. 산업, 경영, 영업과 관련된 비재무정보를 활용하여 전문가판단 신용평가모형에서 평가항목별로 평가자가 정성적으로 판단하여 비재무점수를 산출한다.
> 4. 일반기업 신용평가모형별로 정해진 결합비율에 따라 재무점수, 대표자점수, 추정재무점수, 비재무점수를 결합하여 최종점수를 산출하고 이에 할당된 차주등급 및 추정PD를 부여한다.
>
> ③ 전문가판단 신용평가모형은 평가자의 정성적인 판단에 따라 신용평점을 산출하는 모형을 말하며 신용평가 방법은 다음 각 호에 따른다.
> 1. 신용평가모형별로 개별적 위험요인 특성에 따라 평가항목을 다르게 구성할 수 있다.
> 2. 재무정보 및 산업, 경영, 영업과 관련된 비재무정보를 활용하여 평가항목별로 평가자가 정성적으로 판단하여 신용평점을 산출하고 이에 할당된 차주등급 및 추정PD를 부여한다.
>
> **제10조(비소매 신용등급)**
> ① 비소매 신용등급은 차주의 부도위험을 등급화한 차주등급을 운영한다.
> ② 동일 차주에 대해서는 1개의 차주등급을 산출한다.
> ③ 차주등급은 부도위험에 따라 특정 등급에 과도하게 집중되지 않도록 정상차주에 대하여 7개 이상, 부도차주에 대하여 1개 이상으로 등급을 세분화한다.

① 일반신용평가는 여신거래 발생 전에 실시한다.

② 일반기업 신용평가모형은 복수의 모형을 결합한 모형이다.

③ 전문가판단 신용평가모형은 정성적 평가에 따라 신용평점을 산출한다.

④ 비소매 신용평가자의 신용평가는 1년 이상의 기간을 대상으로 실시된다.

⑤ 정상차주에 대한 차주등급 개수와 부도차주에 대한 차주등급 개수는 항상 동일하지 않다.

# 04 나열하기

**| 유형분석 |**

- 글의 논리적인 전개 구조를 파악할 수 있는지 평가한다.
- 첫 문단(단락)이 제시되지 않은 문제가 출제될 가능성이 있다.

**다음 문단을 논리적 순서대로 바르게 나열한 것은?**

(가) 물론 이전과 달리 노동 시장에서 여성이라서 채용하지 않는 식의 직접적 차별은 많이 감소했지만 실질적으로 고학력 여성들이 면접 과정에서 많이 탈락하거나 회사에 들어가고 나서도 승진을 잘 하지 못하고 있다. 이는 여성이 육아 휴직 등을 사용하는 경우가 많아 회사가 여성을 육아와 가사를 신경 써야 하는 존재로 간주해 여성의 생산성을 낮다고 판단하고 있기 때문이다.

(나) 한국은 직종(Occupation), 직무(Job)와 사업장(Establishment)이 같은 남녀 사이의 임금 격차 또한 다른 국가들에 비해 큰 것으로 나타났는데, 영국의 한 보고서의 따르면 한국은 조사국 14개국 중 직종, 직무, 사업장별 남녀 임금 격차에서 상위권에 속했다. 즉, 한국의 경우 같은 직종에 종사하며 같은 직장에 다니면서 같은 업무를 수행하더라도 성별에 따른 임금 격차가 다른 국가들에 비해 상대적으로 높다는 이야기다.

(다) OECD가 공개한 '성별 간 임금 격차(Gender Wage Gap)'에 따르면 지난해 기준 OECD 38개 회원국들의 평균 성별 임금격차는 12%였다. 이 중 한국의 성별 임금격차는 31.1%로 조사국들 중 가장 컸으며, 이는 남녀 근로자를 각각 연봉 순으로 줄 세울 때 정중앙인 중위 임금을 받는 남성이 여성보다 31.1%를 더 받았다는 뜻에 해당한다. 한국은 1996년 OECD 가입 이래 26년 동안 줄곧 회원국들 중 성별 임금 격차 1위를 차지해 왔다.

(라) 이처럼 한국의 남녀 사이의 성별 임금 격차가 크게 유지되는 이유로 노동계와 여성계는 연공서열제와 여성 경력 단절을 꼽고 있다. 이에 대해 A교수는 노동 시장 문화에는 여성 경력 단절이 일어나도록 하는 여성 차별이 있어, 여성이 중간에 떨어져 나가거나 승진을 못하는 것이 너무나 자연스러운 일처럼 보인다고 말했다.

이에 정부는 여성 차별적 노동 문화의 체질을 바꾸기 위해서는 정책적으로 여성에게만 혜택을 더 주는 것으로 보이는 시혜적 정책은 지양하되 여성 정책이 여성한테 무언가를 해주기보다는 남녀 간 평등을 촉진하는 방향으로 나아갈 수 있도록 해야 할 것이다.

① (나) – (가) – (다) – (라)
② (나) – (다) – (가) – (라)
③ (나) – (다) – (라) – (가)
④ (다) – (나) – (가) – (라)
⑤ (다) – (나) – (라) – (가)

정답 ⑤

먼저 글의 서두는 흥미를 유도하거나 환기시킬 수 있는 내용이 오는 것이 적절하다. 따라서 (다) OECD가 조사한 성별 간 임금 격차 내용 – (나) 영국의 보고서에 따른 한국의 성별 간 임금 격차 – (라) 성별 간 임금 격차가 유지되는 이유 – (가) 성별 간 임금 격차가 유지되는 구체적 내용 순으로 나열하는 것이 적절하다.

**유형풀이 Tip**

- 각 문단에 위치한 지시어와 접속어를 살펴본다. 문두에 접속어가 오거나 문장 중간에 지시어가 나오는 경우 글의 첫 번째 문단이 될 수 없다.
- 각 문단의 첫 문장과 마지막 문장에 집중하면서 글의 순서를 하나씩 맞춰 나간다.
- 선택지를 참고하여 문단의 순서를 생각해 보는 것도 시간을 단축하는 좋은 방법이 될 수 있다.

## 대표기출유형 04 기출응용문제

※ 다음 문단을 논리적 순서대로 바르게 나열한 것을 고르시오. [1~2]

**01**

(가) 이에 따라 오픈뱅킹시스템의 기능을 확대하고, 보안성을 강화하기 위한 정책적 노력이 필요할 것으로 판단된다. 오픈뱅킹시스템이 금융 인프라로서 지속성, 안정성, 확장성 등을 가지기 위해서는 오픈뱅킹시스템에 대한 법적 근거가 필요하다. 법제화와 함께 오픈뱅킹시스템에서 발생할 수 있는 사고에 대한 신속하고 효율적인 해결 방안에 대해 이해관계자 간의 긴밀한 협의도 필요하다. 오픈뱅킹시스템의 리스크를 경감하고, 사고 발생 시 신속하고 효율적으로 해결하는 체계를 갖춰 소비자의 신뢰를 얻는 것이 오픈뱅킹시스템, 나아가 마이데이터업을 포함하는 오픈뱅킹의 성패를 좌우할 열쇠이기 때문이다.

(나) 우리나라 정책 당국도 은행뿐만 아니라 모든 금융회사가 보유한 정보를 개방하는 오픈뱅킹을 선도해서 추진하고 있다. 먼저 은행권과 금융결제원이 공동으로 구축한 오픈뱅킹시스템이 지난해 전면 시행되었다. 은행 및 핀테크 사업자는 오픈뱅킹시스템을 이용해 은행계좌에 대한 정보 조회와 은행계좌로부터의 이체 기능을 편리하게 개발하였다. 현재 저축은행 등의 제2금융권 계좌에 대한 정보 조회와 이체 기능을 추가하는 방안이 논의 중이다.

(다) 핀테크의 발전과 함께 은행이 보유한 정보를 개방하는 오픈뱅킹 정책이 각국에서 추진되고 있다. 오픈뱅킹은 은행이 보유한 고객의 정보에 해당 고객의 동의를 받아 다른 금융회사 및 핀테크 사업자 등 제3자가 접근할 수 있도록 허용하는 정부의 정책 또는 은행의 자발적인 활동을 의미한다.

(라) 한편 2020년 1월에 개정된 신용정보법이 7월에 시행됨에 따라 마이데이터 산업이 도입되었다. 마이데이터란 개인이 각종 기관과 기업에 산재하는 신용정보 등 자신의 개인정보를 확인하여 직접 관리하고 활용할 수 있는 서비스를 말한다. 향후 마이데이터 사업자는 고객의 동의를 받아 금융회사가 보유한 고객의 정보에 접근하는 오픈뱅킹업을 수행할 예정이다.

① (나) – (가) – (다) – (라)
② (나) – (다) – (라) – (가)
③ (다) – (가) – (라) – (나)
④ (다) – (나) – (가) – (라)
⑤ (다) – (나) – (라) – (가)

## 02

(가) 이에 대한 대표적인 사례가 S사이다. 그동안 S사는 대주주의 개인회사인 L기획에 일감을 몰아주면서 부당한 이득을 취해왔는데, 이에 대해 A자산운용이 이러한 행위는 주주가치를 훼손하는 것이라며 지적한 것이다. 이에 S사는 L기획과 계약종료를 검토하겠다고 밝혔으며, 이처럼 A자산운용의 요구가 실현되면서 주가는 18.6% 급등하였다. 이 밖에도 C사와 H사 등 자본시장에 영향을 미치고 있다.

(나) 최근 행동주의펀드가 적극적으로 목소리를 내면서 기업들의 주가가 급격히 변동하는 경우가 빈번해지고 있다. 특히 주주제안을 받아들이는 기업의 주가는 급등했지만, 이를 거부하는 기업의 경우 주가가 하락하고 있다. 이에 일각에서는 주주 보호를 위해 상법 개정이 필요하다는 지적이 나오고 있다. 이러한 행동주의펀드는 배당 확대나 이사·감사 선임과 같은 기본적 사안부터 분리 상장, 이사회 정원 변경, 경영진 교체 등 핵심 경영 문제까지 지적하며 개선을 요구하고 있는 추세이다.

(다) 이와 같은 A자산운용의 제안을 수락한 7개의 은행 지주는 올해 들어 주가가 8~27% 급상승하는 결과를 보였으며, 이와 반대로 해당 제안을 장기적 관점에서 기업가치와 주주가치의 실익이 적다며 거부한 K사의 주가는 동일한 기간 주가가 4.15% 하락하는 모습을 보여, 다가오는 주주총회에서의 행동주의펀드 및 소액주주들과 충돌이 예상되고 있다.

(라) 이처럼 시장의 주목도가 높아진 A자산운용의 영향력은 최근 은행주에도 그 영향이 미쳤는데, K금융·S지주·H금융지주·W금융지주·B금융지주·D금융지주·J금융지주 등 은행지주 7곳에 주주환원 정책 도입을 요구한 것이다. 특히 그중 J금융지주에는 평가 결과 주주환원 정책을 수용할 만한 수준에 미치지 못한다고 판단된다며 배당확대와 사외이사의 추가 선임의 내용을 골자로 한 주주제안을 요구하였다.

① (가) – (나) – (다) – (라)
② (나) – (가) – (라) – (다)
③ (나) – (라) – (다) – (가)
④ (다) – (가) – (나) – (라)
⑤ (다) – (라) – (나) – (가)

※ 다음 제시된 글을 읽고, 이어질 문단을 논리적 순서대로 바르게 나열하시오. [3~4]

**03**

케인스학파에서는 시장에서 임금이나 물가 등의 가격 변수가 완전히 탄력적으로 작용하지는 않기 때문에 경기적 실업은 자연스럽게 해소될 수 없다고 주장한다.

(가) 그래서 경기 침체에 의해 물가가 하락하더라도 화폐환상현상으로 인해 노동자들은 명목임금의 하락을 받아들이지 않게 되고, 결국 명목임금은 경기적 실업이 발생하기 이전의 수준과 비슷하게 유지된다. 이는 기업에서 노동의 수요량을 늘리지 못하는 결과로 이어지게 되고 실업은 지속된다. 따라서 케인스학파에서는 정부가 정책을 통해 노동의 수요를 늘리는 등의 경기적 실업을 감소시킬 수 있는 적극적인 역할을 해야 한다고 주장한다.

(나) 이에 대해 케인스학파에서는 여러 가지 이유를 제시하는데 그중 하나가 화폐환상현상이다. 화폐환상현상이란 경기 침체로 인해 물가가 하락하고 이에 영향을 받아 명목임금이 하락하였을 때의 실질임금이 명목임금의 하락 이전과 동일하다는 것을 노동자가 인식하지 못하는 현상을 의미한다.

(다) 즉, 명목임금이 변하지 않은 상태에서 경기 침체로 인한 물가 하락으로 실질임금이 상승하더라도 고전학파에서 말하는 것처럼 명목임금이 탄력적으로 하락하는 현상은 일어나기 어렵다고 본 것이다.

① (가) – (나) – (다)
② (가) – (다) – (나)
③ (나) – (가) – (다)
④ (다) – (가) – (나)
⑤ (다) – (나) – (가)

Hard

**04**

연금 제도의 금융 논리와 관련하여 결정적으로 중요한 원리는 중세에서 비롯된 신탁 원리다. 12세기 영국에서는 미성년 유족(遺族)에게 토지에 대한 권리를 합법적으로 이전할 수 없었다. 그럼에도 불구하고 영국인들은 유언을 통해 자식에게 토지 재산을 물려주고 싶어 했다.

(가) 이런 상황에서 귀족들이 자신의 재산을 미성년 유족이 아닌, 친구나 지인 등 제3자에게 맡기기 시작하면서 신탁 제도가 형성되기 시작했다. 여기서 재산을 맡긴 성인 귀족, 재산을 물려받은 미성년 유족, 그리고 미성년 유족을 대신해 그 재산을 관리 · 운용하는 제3자로 구성되는 관계, 즉 위탁자, 수익자, 그리고 수탁자로 구성되는 관계가 등장했다.

(나) 연금 제도가 이 신탁 원리에 기초해 있는 이상, 연금 가입자는 연기금 재산의 운용에 대해 영향력을 행사하기 어렵게 된다. 왜냐하면 신탁의 본질상 공 · 사 연금을 막론하고 신탁 원리에 기반을 둔 연금 제도에서는 수익자인 연금 가입자의 적극적인 권리 행사가 허용되지 않기 때문이다.

(다) 이 관계에서 주목해야 할 것은 미성년 유족은 성인이 될 때까지 재산권을 온전히 인정받지는 못했다는 점이다. 즉, 신탁 원리하에서 수익자는 재산에 대한 운용 권리를 모두 수탁자인 제3자에게 맡기도록 되어 있었기 때문에 수익자의 지위는 불안정했다.

(라) 결국 신탁 원리는 수익자의 연금 운용 권리를 현저히 약화시키는 것을 기본으로 한다. 그 대신 연금 운용을 수탁자에게 맡기면서 '수탁자 책임'이라는, 논란이 분분하고 불분명한 책임이 부과된다. 수탁자 책임 이행의 적절성을 어떻게 판단할 수 있는가에 대해 많은 논의가 있었지만, 수탁자 책임의 내용에 대해서 실질적인 합의가 이루어지지는 못했다

① (가) – (나) – (라) – (다)

② (가) – (다) – (나) – (라)

③ (나) – (가) – (다) – (라)

④ (나) – (라) – (가) – (다)

⑤ (다) – (가) – (나) – (라)

PART 1

대표기출유형

# 05 주제 · 제목찾기

**| 유형분석 |**

- 글의 목적이나 핵심 주장을 정확하게 구분할 수 있는지 평가한다.
- 문단별 주제 · 화제, 글쓴이의 주장 · 생각, 표제와 부제 등 다양한 유형으로 출제될 수 있다.

**다음 글의 중심 내용으로 가장 적절한 것은?**

> 지식에 대한 상대주의자들은 한 문화에서 유래한 어떤 사고방식이 있을 때, 다른 문화가 그 사고방식을 수용하게 만들만큼 논리적으로 위력적인 증거나 논증은 있을 수 없다고 주장한다. 왜냐하면 문화마다 사고방식의 수용 가능성에 대한 서로 다른 기준을 가지고 있기 때문이다. 이를 바탕으로 그들은 서로 다른 문화권의 과학자들이 이론적 합의에 합리적으로 이를 수 없다고 주장한다. 이러한 주장은 한 문화의 기준과 그 문화에서 수용되는 사고방식이 함께 진화하여 분리 불가능한 하나의 덩어리를 형성한다고 믿기 때문에 나타난다.
> 예를 들어 문화적 차이가 큰 A와 B의 두 과학자 그룹이 있다고 하자. 그리고 A그룹은 수학적으로 엄밀하고 놀라운 예측에 성공하는 이론만을 수용하고, B그룹은 실제적 문제에 즉시 응용 가능한 이론만을 수용한다고 하자. 그렇다면 각 그룹은 어떤 이론을 만들 때, 자신들의 기준을 만족할 수 있는 이론만을 만들 것이다. 그 결과 A그룹에서 만든 이론은 엄밀하고 놀라운 예측을 제공하겠지만, 응용 가능성의 기준에서 보면 B그룹에서 만든 이론보다 못할 것이다. 즉, A그룹이 만든 이론은 A그룹만이 수용할 것이고, B그룹이 만든 이론은 B그룹만이 수용할 것이다. 이처럼 문화마다 다른 기준은 자신의 문화에서 만들어진 이론만 수용하도록 만들 것이다. 이것이 상대주의자의 주장이다.
> 그러나 한 사람이 특정 문화나 세계관의 기준을 채택한다고 해서 그 사람이 반드시 그 문화나 세계관의 특정 사상이나 이론을 고집하는 것은 아니다. 다음과 같은 상상을 해 보자. A그룹이 어떤 이론을 만들었는데, 그 이론이 고도로 엄밀하고 놀라운 예측에 성공함과 동시에 즉각적으로 응용할 수 있는 것이라 하자. 그렇다면 A그룹뿐 아니라 B그룹도 그 이론을 받아들일 것이다. 실제로 데카르트주의자들은 뉴턴 물리학이 데카르트 물리학보다 데카르트적인 기준을 잘 만족했기 때문에 결국 뉴턴 물리학을 받아들였다.

① 과학 이론 중에는 다양한 문화의 평가 기준을 만족하는 것이 있다.
② 과학의 발전 과정에서 이론 선택은 문화의 상대적인 기준에 따라 이루어진다.
③ 과학의 발전 과정에서 엄밀한 예측 가능성과 실용성을 판단하는 기준이 항상 고정된 것은 아니다.
④ 과학자들은 당대의 다른 이론보다 탁월한 이론에 대해서는 자기 문화의 기준으로 평가하지 않는다.
⑤ 문화마다 다른 평가 기준을 따르더라도 자기 문화에서 형성된 과학 이론만을 수용하는 것은 아니다.

정답 ⑤

제시문은 지식에 대한 상대주의자들의 주장을 반박하는 글이다. 상대주의자들은 서로 다른 문화권의 과학자들이 이론적 합의에 합리적으로 이를 수 없다고 주장한다. 하지만 마지막 문단에 따르면 한 사람이 특정 문화의 기준을 채택한다고 그 사람이 반드시 그 문화의 특정 사상이나 이론을 고집하는 것은 아니라고 주장한다. 따라서 문화마다 다른 평가 기준을 따르더라도 자기 문화에서 형성된 과학 이론만을 수용하는 것은 아니라는 것이 제시문의 중심 내용이므로 ⑤가 가장 적절하다.

**유형풀이 Tip**

- 글의 중심이 되는 내용은 주로 글의 맨 앞이나 맨 뒤에 위치한다. 따라서 글의 첫 문단과 마지막 문단을 먼저 확인한다.
- 첫 문단과 마지막 문단에서 실마리가 잡히지 않은 경우 그 문단을 뒷받침해 주는 부분을 읽어가면서 제목이나 주제를 파악해 나간다.

PART 1

# 대표기출유형 05 기출응용문제

※ 다음 글의 제목으로 가장 적절한 것을 고르시오. [1~2]

**01**

일반적으로 소비자들은 합리적인 경제 행위를 추구하기 때문에 최소 비용으로 최대 효과를 얻으려 한다는 것이 소비의 기본 원칙이다. 그들은 '보이지 않는 손'이라고 일컬어지는 시장 원리 아래에서 생산자와 만난다. 그러나 이러한 일차적 의미의 합리적 소비가 언제나 유효한 것은 아니다. 생산보다는 소비가 화두가 된 소비 자본주의 시대에 소비는 단순히 필요한 재화, 그리고 경제학적으로 유리한 재화를 구매하는 행위에 머물지 않는다. 최대 효과 자체에 정서적이고 사회 심리학적인 요인이 개입하면서, 이제 소비는 개인이 세계와 만나는 다분히 심리적인 방법이 되어버린 것이다. 곧 인간의 기본적인 생존 욕구를 충족시켜 주는 합리적 소비 수준에 머물지 않고, 자신을 표현하는 상징적 행위가 된 것이다. 이처럼 오늘날의 소비문화는 물질적 소비 차원이 아닌 심리적 소비 형태를 띠게 된다. 소비 자본주의의 화두는 과소비가 아니라 '과시 소비'로 넘어간 것이다. 과시 소비의 중심에는 신분의 논리가 있다. 신분의 논리는 유용성의 논리, 나아가 시장의 논리로 설명되지 않는 것들을 설명해 준다. 혈통으로 이어지던 폐쇄적 계층 사회는 소비 행위에 대해 계급에 근거한 제한을 부여했다. 먼 옛날 부족 사회에서 수장들만이 걸칠 수 있었던 장신구에서부터 제아무리 권문세가의 정승이라도 아흔아홉 칸을 넘을 수 없던 집이 좋은 예이다. 권력을 가진 자는 힘을 통해 자기의 취향을 주위 사람들과 분리시킴으로써 경외감을 강요하고, 그렇게 자기 취향을 과시함으로써 잠재적 경쟁자들을 통제한 것이다.
가시적 신분 제도가 사라진 현대 사회에서도 이러한 신분의 논리는 여전히 유효하다. 이제 개인은 소비를 통해 자신의 물질적 부를 표현함으로써 신분을 과시하려 한다.

① 계층별 소비 규제의 필요성
② 신분사회에서 의복 소비와 계층의 관계
③ 소비가 곧 신분이 되는 과시 소비의 원리
④ 소득을 고려하지 않은 무분별한 과소비의 폐해
⑤ '보이지 않는 손'에 의한 합리적 소비의 필요성

Easy

**02**

> 중세 유럽에서는 토지나 자원을 왕실이 소유하고 있었다. 사람들은 이러한 토지나 자원을 이용하려면 일정한 비용을 지불해야 했다. 예를 들어 광산을 개발하거나 수산물을 얻는 사람들은 해당 자원의 이용에 대한 비용을 왕실에 지불하였고 이는 왕실의 권력과 부의 유지를 돕는 동시에 국가의 재정을 보충하는 역할을 하였는데 이때 지불한 비용이 바로 로열티이다.
> 로열티의 개념은 산업 혁명과 함께 발전하였다. 산업 혁명을 통해 특허, 상표 등의 지적 재산권이 보호되기 시작하면서 기업들은 이러한 권리를 보유한 개인이나 조직에게 사용에 대한 보상을 지불하게 되었다. 지적 재산권은 기업이 특정한 기술, 디자인, 상표 등을 보유하고 있을 때 그들에게 독점적인 권리를 제공하고 이러한 권리의 보호와 보상을 위해 로열티 제도가 도입되었다.
> 로열티는 기업과 지적 재산권 소유자 간의 계약에 의해 설정되는 형태로 발전하였다. 기업이 특정 제품을 판매하거나 특정 기술을 이용하는 경우 지적 재산권 소유자에게 계약에 따라 정해진 로열티를 지불하게 된다. 이로써 지적 재산권을 보유한 개인이나 조직은 자신들의 창작물이나 기술의 사용에 대한 보상을 받을 수 있으며, 기업들은 이러한 지적 재산권의 이용을 허가받아 경쟁 우위를 확보할 수 있게 되었다.
> 현재 로열티는 제품 판매나 라이선스, 저작물의 이용 등 다양한 형태로 나타나며 지적 재산권의 보호와 경제적 가치를 확보하는 중요한 수단으로 작용하고 있다. 로열티는 지식과 창조성의 보상으로서의 역할을 수행하며 기업들의 연구 개발을 촉진하고 혁신을 격려한다. 이처럼 로열티 제도는 기업과 지적 재산권 소유자 간의 상호 협력과 혁신적인 경제 발전에 기여하는 중요한 구조적 요소이다.

① 지적 재산권을 보호하는 방법
② 로열티 제도의 유래와 발전
③ 로열티 지급 시 유의사항
④ 지적 재산권의 정의
⑤ 로열티 제도의 모순

※ 다음 글의 주제로 가장 적절한 것을 고르시오. [3~4]

**03**

최근에 사이버공동체를 중심으로 한 시민의 자발적 정치 참여 현상이 많은 관심을 끌고 있다. 이러한 현상과 관련하여 A의 연구가 새삼 주목받고 있다. A의 연구에 따르면 공동체의 구성원이 됨으로써 얻게 되는 '사회적 자본'이 시민사회의 성숙과 민주주의 발전을 가져오는 원동력이다. A의 이론에서는 공동체에 대한 자발적 참여를 통해 사회 구성원 간의 상호 의무감과 신뢰, 구성원들이 공유하는 규칙과 관행, 사회적 유대 관계와 같은 사회적 자본이 늘어나면, 사회 구성원 간의 협조적인 행위가 가능하게 된다고 보았다. 더 나아가 A는 자원봉사자와 같이 공동체 참여도가 높은 사람이 투표할 가능성이 높고 정부 정책에 대한 의견 개진도 활발해지는 등 정치 참여도가 높아진다고 주장하였다.

몇몇 학자들은 A의 이론을 적용하여 면대면 접촉에 따른 인간관계의 산물인 사회적 자본이 사이버공동체에서도 충분히 형성될 수 있다고 보았다. 그리고 사이버공동체에서 사회적 자본의 증가는 곧 정치 참여도 활성화시킬 것으로 기대했다. 하지만 이러한 기대와는 달리 정치 참여가 활성화되지 않았다. 요즘 젊은이들을 보면 각종 사이버공동체에 자발적으로 참여하는 수준은 높지만 투표나 다른 정치 활동에는 무관심하거나 심지어 정치를 혐오하기도 한다. 이런 측면에서 A의 주장은 사이버공동체가 활성화된 오늘날에는 잘 맞지 않는다.

이러한 이유 때문에 오늘날 사이버공동체를 중심으로 한 정치 참여를 더 잘 이해하기 위해서 '정치적 자본' 개념의 도입이 필요하다. 정치적 자본은 사회적 자본의 구성 요소와는 달리 정치 정보의 습득과 이용, 정치적 토론과 대화, 정치적 효능감 등으로 구성된다. 정치적 자본은 사회적 자본과 마찬가지로 공동체 참여를 통해서 획득되지만, 정치 과정에의 관여를 촉진한다는 점에서 사회적 자본과는 구분될 필요가 있다. 사회적 자본만으로 정치 참여를 기대하기 어렵고, 사회적 자본과 정치 참여 사이를 정치적 자본이 매개할 때 비로소 정치 참여가 활성화된다.

① 사이버공동체를 통해 축적된 사회적 자본에 정치적 자본이 더해질 때 정치 참여가 활성화된다.
② 사회적 자본은 정치적 자본을 포함하기 때문에 그 자체로 정치 참여의 활성화를 가져온다.
③ 사회적 자본이 많은 사회는 정치 참여가 활발하기 때문에 민주주의가 실현된다.
④ 사이버공동체의 특수성으로 인해 시민들의 정치 참여가 어렵게 되었다.
⑤ 사이버공동체에의 자발적 참여 증가는 정치 참여를 활성화시킨다.

## 04

정부는 탈원전 · 탈석탄 공약에 발맞춰 2030년까지 전체 국가 발전량의 20%를 신재생에너지로 채운다는 정책 목표를 수립하였다. 목표를 달성하기 위해 신재생에너지에 대한 송 · 변전 계획을 제8차 전력수급기본계획에 처음으로 수립하겠다는 게 정부의 방침이다.
정부는 기존의 수급계획이 수급안정과 경제성을 중점적으로 수립된 것에 반해, 8차 계획은 환경성과 안전성을 중점으로 하였다고 밝히고 있으며, 신규 발전설비는 원전, 석탄화력발전에서 친환경, 분산형 재생에너지와 LNG 발전을 우선시하는 방향으로 수요관리를 통합하여 합리적 목표수용 결정에 주안점을 두었다고 밝혔다.
그동안 많은 NGO 단체에서 에너지 분산에 대한 다양한 제안을 해왔지만 정부 차원에서 고려하거나 논의가 활발히 진행된 적은 거의 없었으며 명목상으로 포함하는 수준이었다. 그러나 이번 정부에서는 탈원전 · 탈석탄 공약을 제시하는 등 중앙집중형 에너지 생산시스템에서 분산형 에너지 생산시스템으로 정책의 방향을 전환하고자 한다. 이 기조에 발맞춰 분산형 에너지 생산시스템은 지방선거에서도 해당 지역에 대한 다양한 선거공약으로 제시될 가능성이 높다.
중앙집중형 에너지 생산시스템은 환경오염, 송전선 문제, 지역 에너지 불균형 문제 등 다양한 사회적인 문제를 야기하였다. 하지만 그동안은 값싼 전기인 기저전력을 편리하게 사용할 수 있는 환경을 조성하고자 하는 기존 에너지계획과 전력수급계획에 밀려 중앙집중형 발전원 확대가 꾸준히 진행되었다. 그러나 현재 대통령은 중앙집중형 에너지 정책에서 분산형 에너지정책으로 전환되어야 한다는 것을 대선 공약사항으로 밝혀 왔으며, 현재 분산형 에너지정책으로 전환을 모색하기 위한 다각도의 노력을 하고 있다. 이러한 정부의 정책변화와 아울러 석탄화력발전소가 국내 미세먼지에 주는 영향과 일본 후쿠시마 원자력 발전소 문제, 국내 경주 대지진 및 최근 포항 지진 문제 등으로 인한 원자력에 대한 의구심 또한 커지고 있다.
제8차 전력수급계획(안)에 의하면, 우리나라의 에너지 정책은 격변기를 맞고 있다. 우리나라는 현재 중앙집중형 에너지 생산시스템이 대부분이며, 분산형 전원 시스템은 그 설비용량이 극히 적은 상태이다. 또한 우리나라의 발전설비는 2016년 말 105GW이며, 2014년도 최대 전력치를 보면 80GW 수준이므로 25GW 정도의 여유가 있는 상태이다. 25GW라는 여유는 원자력발전소 약 25기 정도의 전력생산 설비가 여유가 있는 상황이라고 볼 수 있다. 또한 제7차 전력수급기본계획의 2015 ~ 2016년 전기수요 증가율을 4.3 ~ 4.7%라고 예상하였으나 실제 증가율은 1.3 ~ 2.8% 수준에 그쳤다는 점은 우리나라의 전력 소비량 증가량이 둔화하고 있는 상태라는 것을 나타내고 있다.

① 에너지 분권의 필요성과 방향
② 중앙집중형 에너지 정책의 한계점
③ 전력 소비량과 에너지 공급량의 문제점
④ 중앙집중형 에너지 생산시스템의 발전 과정
⑤ 전력수급기본계획의 내용과 수정 방안 모색

# 06 비판 · 반박하기

**| 유형분석 |**

- 글의 주장과 논점을 파악하고, 이에 대립하는 내용을 판단할 수 있는지 평가한다.
- 서로 상반되는 주장 두 개를 제시하고, 하나의 관점에서 다른 하나를 비판 · 반박하는 문제 유형이 출제될 수 있다.

**다음 글의 주장에 대한 비판으로 가장 적절한 것은?**

사회 현상을 볼 때는 돋보기로 세밀하게, 그리고 때로는 멀리 떨어져서 전체 속에 어떻게 위치하고 있는가를 동시에 봐야 한다. 숲과 나무는 서로 다르지만 따로 떼어 생각할 수 없기 때문이다. 현대 사회 현상의 최대 쟁점인 과학 기술에 대해 평가할 때도 마찬가지이다. 로봇 탄생의 숲을 보면, 그 로봇 개발에 투자한 사람과 로봇을 개발한 사람들의 의도가 드러난다. 그리고 나무인 로봇을 세밀히 보면, 그 로봇이 생산에 이용되는지 아니면 감옥의 죄수들을 감시하기 위한 것인지 그 용도를 알 수가 있다. 이 광범한 기술의 성격을 객관적이고 물질적이어서 가치관이 없다고 쉽게 생각하면 로봇에 당하기 십상이다.
자동화는 자본주의의 실업을 늘려 실업자에 대해 생계의 위협을 가하는 측면뿐 아니라, 기존 근로자에 대한 감시를 더욱 효율적으로 해내는 역할도 수행한다. 자동화를 적용하는 기업 측에서는 자동화가 인간의 삶을 증대시키는 이미지로 일반 사람들에게 인식되기를 바란다. 그래야 자동화 도입에 대한 노동자의 반발을 무마하고 기업가의 구상을 관철시킬 수 있기 때문이다. 그러나 자동화나 기계화 도입으로 인해 실업을 두려워하고, 업무 내용이 바뀌는 것을 탐탁해 하지 않았던 유럽의 노동자들은 자동화 도입에 대해 극렬히 반대했던 경험들을 갖고 있다.
지금도 자동화 · 기계화는 좋은 것이라는 고정관념을 가진 사람들이 많고, 현실에서 이러한 고정관념이 가져오는 파급 효과는 의외로 크다. 예를 들어 은행에 현금을 자동으로 세는 기계가 등장하면 은행원들이 현금을 세는 작업량은 줄어든다. 손님들도 기계가 현금을 재빨리 세는 것을 보고 감탄해 하면서 행원이 세는 것보다 더 많은 신뢰를 보낸다. 그러나 현금 세는 기계의 도입에는 이익 추구라는 의도가 숨어 있다. 현금 세는 기계는 행원의 수고를 덜어 준다. 그러나 현금 세는 기계를 들여옴으로써 실업자가 생기고 만다. 사람이 잘만 이용하면 잘 써먹을 수 있을 것만 같은 기계가 엄청나게 혹독한 성품을 지닌 프랑켄슈타인으로 돌변하는 것이다.
자동화와 정보화를 추진하는 핵심 조직이 기업이란 것에서도 알 수 있듯이 기업은 이윤 추구에 도움이 되지 않는 행위는 무가치하다고 판단한다. 그러므로 자동화는 그 계획 단계에서부터 기업의 의도가 스며들어가 탄생된다. 또한 그 의도대로 자동화나 정보화가 진행되면, 다른 한편으로 의도하지 않은 결과를 초래한다. 자동화와 같은 과학 기술이 풍요를 생산하는 수단이라고 생각하는 것은 하나의 고정관념에 불과하다.
채플린이 제작한 영화 「모던 타임즈」에 나타난 것처럼 초기 산업화 시대에는 기계에 종속된 인간의 모습이 가시적으로 드러날 수밖에 없었다. 그래서 이러한 종속에 저항하고자 하는 인간의 노력도 적극적인 모습을 보였다. 그러나 현대의 자동화기기는 그 첨병이 정보 통신기기로 바뀌면서 문제는 질적으로 달라진다. 무인 생산까지 진전된 자동화나 정보 통신화는 인간에게 단순 노동을 반복시키는 그런 모습을 보이지 않는다.

그래서인지는 몰라도 정보 통신은 별 무리 없이 어느 나라에서나 급격하게 개발·보급되고 보편화되어 있다. 그런데 문제는 이 자동화기기가 생산에만 이용되는 것이 아니라, 노동자를 감시하거나 관리하는 데도 이용될 수 있다는 것이다. 오히려 정보 통신의 발달로 이전보다 사람들은 더 많은 감시와 통제를 받게 되었다.

① 기업의 이윤 추구가 사회 복지 증진과 직결될 수 있음을 간과하고 있어.
② 기계화·정보화가 인간의 삶의 질 개선에 기여하고 있음을 경시하고 있어.
③ 기계화를 비판하는 주장만 되풀이할 뿐, 구체적인 근거를 제시하지 않고 있어.
④ 화제의 부분적 측면에 관계된 이론을 소개하여 편향적 시각을 갖게 하고 있어.
⑤ 현대의 기술 문명이 가져다 줄 수 있는 긍정적인 측면을 과장하여 강조하고 있어.

정답 ②

제시문은 기계화·정보화의 긍정적인 측면보다는 부정적인 측면을 부각시키고 있다. 따라서 기계화·정보화가 인간의 삶의 질 개선에 기여하고 있음을 경시한다고 비판할 수 있다.

**유형풀이 Tip**

- 대립하는 두 의견의 쟁점을 찾은 후, 제시문 또는 보기에서 양측 주장의 근거를 찾아 각 주장에 연결하며 답을 찾는다.
- 문제의 난도를 높이기 위해 글의 후반부에 주장을 뒷받침할 수 있는 근거를 제시하고 선택지에 그 근거에 대한 반박을 실어 놓는 경우도 있다. 하지만 주의할 점은 제시문의 '주장'에 대한 반박을 찾는 것이지, 이를 뒷받침하기 위해 제시된 '근거'에 대한 반박을 찾는 것이 아니라는 것이다.

## 대표기출유형 06 기출응용문제

**01** 다음 글의 주장에 대한 반박으로 가장 적절한 것은?

> 스피노자의 윤리학을 이해하기 위해서는 코나투스(Conatus)라는 개념이 필요하다. 스피노자에 따르면 실존하는 모든 사물은 자신의 존재를 유지하기 위해 노력하는데, 이것이 바로 그 사물의 본질인 코나투스라는 것이다. 정신과 신체를 서로 다른 것이 아니라 하나로 보았던 그는 정신과 신체에 관계되는 코나투스를 충동이라 부르고, 다른 사물들과 같이 인간도 자신을 보존하고자 하는 충동을 갖고 있다고 보았다. 특히 인간은 자신의 충동을 의식할 수 있다는 점에서 동물과 차이가 있다며 인간의 충동을 욕망이라고 하였다. 즉, 인간에게 코나투스란 삶을 지속하고자 하는 욕망을 의미한다.
> 스피노자는 선악의 개념도 코나투스와 연결 짓는다. 그는 사물이 다른 사물과 어떤 관계를 맺느냐에 따라 선이 되기도 하고 악이 되기도 한다고 말한다. 코나투스의 관점에서 보면 선이란 자신의 신체적 활동 능력을 증가시키는 것이며, 악은 자신의 신체적 활동 능력을 감소시키는 것이다. 이를 정서의 차원에서 설명하면 선은 자신에게 기쁨을 주는 모든 것이며, 악은 자신에게 슬픔을 주는 모든 것이다. 한마디로 인간의 선악에 대한 판단은 자신의 감정에 따라 결정된다는 것을 의미한다.
> 이러한 생각을 토대로 스피노자는 코나투스인 욕망을 긍정하고 욕망에 따라 행동하라고 이야기한다. 슬픔은 거부하고 기쁨을 지향하라는 것, 그것이 곧 선의 추구라는 것이다. 그리고 코나투스는 타자와의 관계에 영향을 받으므로 인간에게는 타자와 함께 자신의 기쁨을 증가시킬 수 있는 공동체가 필요하다고 말한다. 그 안에서 자신과 타자 모두의 코나투스를 증가시킬 수 있는 기쁨의 관계를 형성하라는 것이 스피노자의 윤리학이 우리에게 하는 당부이다.

① 인간을 포함한 모든 동물은 삶에 대한 본능적 의지인 코나투스를 가지고 있다.

② 인간의 모든 행동은 욕망에 의해 생겨나며, 욕망이 없다면 무기력한 존재가 될 수밖에 없다.

③ 자신의 힘을 능동적으로 발휘하여 욕망을 성취할 수 있을 때 비로소 진정한 자유의 기쁨을 누릴 수 있다.

④ 타자와의 관계 속에서 촉발되는 감정에 휘둘릴 수 있으므로 자신의 욕망에 대한 주체적 태도를 지녀야 한다.

⑤ 욕망은 채우고 채워도 완전히 충족될 수 없으므로 욕망의 결핍이 주는 고통으로부터 벗어나기 위해 욕망을 절제해야 한다.

## 02 다음 글을 〈보기〉의 입장에서 비판하는 내용으로 가장 적절한 것은?

> 로봇의 발달로 일자리가 줄어들 것이라는 사람들의 불안이 커지면서 최근 로봇세(Robot稅) 도입에 대한 논의가 활발하다. 로봇세는 로봇을 사용해 이익을 얻는 기업이나 개인에 부과하는 세금이다. 로봇으로 인하 일자리를 잃은 사람들을 지원하거나 사회 안전망을 구축하기 위해 예산을 마련하자는 것이 로봇세 도입의 목적이다. 이처럼 로봇의 사용으로 일자리가 감소할 것이라는 이유로 로봇세의 필요성이 제기되었지만, 역사적으로 볼 때 새로운 기술로 인해 전체 일자리는 줄지 않았다. 산업혁명을 거치면서 새로운 기술에 대한 걱정은 늘 존재했지만, 산업 전반에서 일자리는 오히려 증가해 왔다는 점이 이를 뒷받침한다. 따라서 로봇의 사용으로 일자리가 줄어들 가능성은 낮다.
> 우리는 로봇 덕분에 어렵고 위험한 일이나 반복적인 일로부터 벗어나고 있다. 로봇 사용의 증가 추세에서 알 수 있듯이 로봇 기술이 인간의 삶을 편하게 만들어 주는 것은 틀림이 없다. 로봇세의 도입으로 이러한 편안한 삶이 지연되지 않기를 바란다.

**보기**

> 로봇 기술의 발전에 따라 로봇의 생산 능력이 비약적으로 향상되고 있다. 이는 로봇 하나당 대체할 수 있는 인간 노동자의 수도 지속적으로 증가함을 의미한다. 로봇 사용이 사회 전반에 빠르게 확산되는 현실을 고려할 때, 로봇 사용으로 인한 일자리 대체 규모가 기하급수적으로 커질 것이다.

① 산업 혁명의 경우와 같이 로봇의 생산성 증가는 인간의 새로운 일자리를 만드는 데 기여할 것이다.

② 로봇세를 도입해 기업이 로봇의 생산성 향상에 기여하도록 해야 인간의 일자리 감소를 막을 수 있다.

③ 로봇 사용으로 밀려날 수 있는 인간 노동자의 생산 능력을 향상시킬 수 있는 제도적 지원 방안을 마련해야 한다.

④ 로봇의 생산 능력에 대한 고려 없이 과거 사례만으로 일자리가 감소하지 않을 것이라고 보는 것은 성급한 판단이다.

⑤ 로봇 기술의 발달을 통해 일자리를 늘리려면 지속적으로 일자리가 늘었던 산업 혁명의 경험에서 대안을 찾아야 한다.

## 03 다음 글의 ㉠의 관점에서 ㉡에 대해 비판한 내용으로 가장 적절한 것은?

> 사람들은 누구나 정의로운 사회에 살기를 원한다. 그렇다면 정의로운 사회란 무엇일까?
> ㉠ 롤스는 개인의 자유를 보장하면서도 사회적 약자를 배려하는 사회가 정의로운 사회라고 말한다. 롤스는 정의로운 사회가 되기 위해서는 세 가지 조건을 만족해야 한다고 주장한다. 첫 번째 조건은 사회 원칙을 정하는 데 있어서 사회 구성원 간의 합의 과정이 있어야 한다는 것이다. 이러한 합의를 통해 정의로운 세계의 규칙 또는 기준이 만들어진다고 보았다. 두 번째 조건은 사회적 약자의 입장을 고려해야 한다는 것이다. 롤스는 인간의 출생, 신체, 지위 등에는 우연의 요소가 많은 영향을 미칠 수 있다고 본다. 따라서 누구나 우연에 의해 사회적 약자가 될 수 있기 때문에 사회적 약자를 차별하는 것은 정당하지 못한 것이 된다. 마지막 조건은 개인이 정당하게 얻은 소유일지라도 그 이익의 일부는 사회적 약자에게 돌아가야 한다는 것이다. 왜냐하면 사회적 약자가 될 가능성은 누구에게나 있으므로 자발적 기부나 사회적 제도를 통해 사회적 약자의 처지를 최대한 배려하는 것이 사회 전체로 볼 때 공정하고 정의로운 것이기 때문이다. 롤스는 개인의 자유를 중시하는 한편 사람들이 공정한 규칙에 합의하는 과정도 중시하며, 자연적・사회적 불평등을 복지를 통해 보완해야 한다고 주장한다.
> 공리주의자인 ㉡ 벤담은 최대 다수의 최대 행복이 정의로운 것이라 주장했다. 따라서 다수의 최대 행복이 보장된다면 소수의 불행은 정당한 것이 되고, 반대로 다수의 불행이 나타나는 상황은 정의롭지 못한 것이 된다. 벤담은 걸인과 마주치는 대다수의 사람들은 부정적 감정을 느끼기 때문에 거리에서 걸인을 사라지게 해야 한다며, 걸인들을 모두 모아 한곳에서 생활시키는 강제 수용소 설치를 제안했다.

① 다수의 처지를 배려할 때 사회 전체의 행복이 증가한다.
② 개인을 위해 다수가 희생하는 것은 정의롭지 않다.
③ 개인의 이익만을 중시하는 것은 정의롭지 않다.
④ 사회적 재화의 불균등한 분배는 정의롭지 않다.
⑤ 개인의 자유를 침해하는 것은 정의롭지 않다.

Hard

**04** 다음 글의 밑줄 친 (가)와 (나)에 대한 평가로 적절한 것을 〈보기〉에서 모두 고르면?

> 연역과 귀납. 이 두 종류의 방법은 지적 작업에서 사용될 수 있는 모든 추론을 포괄한다. 철학과 과학을 비롯한 모든 지적 작업에 연역적 방법이 필수적이라는 것을 부정하는 사람은 아무도 없다. 그러나 귀납적 방법의 경우 사정은 크게 다르다. 귀납적 방법이 철학적 작업에 들어설 여지가 없다고 믿는 사람이 있는가 하면, 한 걸음 더 나아가 어떠한 지적 작업에도 귀납적 방법이 불필요하다고 주장하는 사람들도 있다.
>
> (가) 귀납적 방법이 철학이라는 지적 작업에서 불필요하다는 견해는 독단적인 철학관에 근거한다. 이런 견해에 따르면 철학적 주장의 정당성은 선험적인 것으로, 경험적 지식을 확장하기 위해 사용되는 귀납적 방법에 의존할 수 없다. 그러나 이런 견해는 철학적 주장이 경험적 가설에 의존해서는 안 된다는 부당하게 편협한 철학관과 '귀납적 방법'의 고호성을 딛고 서 있다. 실제로 철학사에 나타나는 목적론적 신 존재 증명이나 외부 세계의 존재에 관한 형이상학적 논증 가운데는 귀납적 방법인 유비 논증과 귀추법을 교묘히 적용하고 있는 것도 있다.
>
> (나) 모든 지적 작업에서 귀납적 방법의 필요성을 부정하는 견해는 중요한 철학적 성과를 낳기도 하였다. 포퍼의 철학이 그런 사례 가운데 하나이다. 포퍼는 귀납적 방법의 정당화 가능성에 대한 회의적 결론을 받아들이고, 과학의 탐구가 귀납적 방법으로 진행된다는 견해는 근거가 없음을 보인다. 그에 따르면, 과학의 탐구 과정은 연역 논리 법칙에 따라 전개되는 추측과 반박의 작업으로 이루어진다. 이런 포퍼의 이론은 귀납적 방법의 필요성에 대한 전면적인 부정이 낳을 수 있는 흥미로운 결과 가운데 하나라고 할 수 있다.

**보기**

㉠ 과학의 탐구가 귀납적 방법에 의해 진행된다는 주장은 (가)를 반박한다.
㉡ 철학의 일부 논증에서 귀추법의 사용이 불가피하다는 주장은 (나)를 반박한다.
㉢ 연역 논리와 경험적 가설 모두 의존하는 지적 작업이 있다는 주장은 (가), (나) 모두를 반박한다.

① ㉠
② ㉡
③ ㉠, ㉡
④ ㉠, ㉢
⑤ ㉡, ㉢

# 07 추론하기

**| 유형분석 |**

- 문맥을 통해 글에 명시적으로 드러나 있지 않은 내용을 유추할 수 있는지 평가한다.
- 글 뒤에 이어질 내용 찾기, 글을 뒷받침할 수 있는 근거 찾기 등 다양한 유형으로 출제될 수 있다.

**다음 글을 읽고 〈보기〉의 내용을 추론한 것으로 가장 적절한 것은?**

통화정책은 정부가 화폐 공급량이나 기준금리 등을 조절하여 경제의 안정성을 유지하려는 정책이다. 예를 들어 경기가 불황에 빠져 있을 때, 정부가 화폐 공급량을 늘리면 이자율이 낮아져 시중에 풍부한 자금이 공급되고 이에 따라 소비자들의 소비지출과 기업들의 투자지출이 늘어나면 총수요*에 영향을 주어 경제가 활성화된다. 재정정책은 정부가 지출이나 조세징수액을 변화시킴으로써 총수요에 영향을 주려는 정책이다. 재정정책에는 경기의 변동에 따라 자동적으로 작동되는 자동안정화장치와 정부의 의사결정과 국회의 동의 절차에 따라 이루어지는 재량적 재정정책이 있다.

이러한 안정화 정책의 효과는 다소간의 시차를 두고 나타나는데 이를 정책시차라고 한다. 정책시차는 내부시차와 외부시차로 구분된다. 내부시차는 정부가 경제에 발생한 문제를 인식하고 실제로 정책을 수립・집행하는 시점까지의 시간을, 외부시차는 시행된 정책이 경제에 영향을 끼쳐 그에 따른 효과가 나타나는 데까지 걸리는 시간을 의미한다.

재량적 재정정책의 경우 추경예산**을 편성하거나 조세제도를 변경해야 할 때 입법 과정과 국회의 동의 절차를 거쳐야 하기 때문에 내부시차가 길다. 이에 비해 통화정책은 별도의 입법 절차를 거칠 필요 없이 정부의 의지만으로 수립・집행될 수 있기 때문에 내부시차가 짧다. 또한 재량적 재정정책은 외부시차가 짧다. 예를 들어 경기 불황에 의해 실업률이 급격하게 증가할 때 정부는 공공근로사업 등에 대한 지출을 늘려 일자리를 창출하는데 이는 비교적 짧은 시간 안에 소비지출의 변화에 의해 총수요를 변화시킬 수 있다. 반면 통화정책은 정부가 이자율을 변화시켰다 하더라도 소비지출 및 투자지출의 변화가 즉각적으로 나타나지 않기 때문에 외부시차가 길다. 한편 자동안정화장치는 경기의 상황에 따라 재정지출이나 조세 징수액이 자동적으로 조절될 수 있도록 미리 재정제도 안에 마련된 재정정책이다. 따라서 재량적 재정정책과 마찬가지로 외부시차가 짧을 뿐만 아니라, 재량적 재정정책과는 달리 내부시차가 없어 경제 상황의 변화에 신속하게 대응할 수 있다는 장점이 있다. 이러한 자동안정화장치의 대표적인 예로는 누진적소득세와 실업보험제도가 있다.

*총수요 : 한 나라의 경제 주체들이 일정 기간 동안 소비와 투자를 위해 사려고 하는 재화와 서비스의 총합
**추경예산 : 예산을 집행하다 수입(세입)이 줄거나 예기치 못한 지출요인이 생길 때 고치는 예산

보기

누진적소득세는 납세자의 소득 금액에 따른 과세의 비율을 미리 정하여 소득이 커질수록 높은 세율을 적용하도록 정한 제도이다. 경기가 활성화되어 국민소득이 늘어날 경우 경기가 지나치게 과열될 우려가 있는데, 이때 소득 수준이 높을수록 더 높은 세율을 적용받게 되므로 전반적 소득 증가와 더불어 세금이 자동적으로 늘어나게 된다. 이는 소비지출의 억제로 이어져 경기가 심하게 과열되지 않도록 진정하는 효과를 얻게 된다.

① 누진적소득세는 입법 절차로 인해 내부시차가 길다.
② 누진적소득세를 통하여 화폐 공급량을 조절할 수 있다.
③ 누진적소득세 시행을 위해서는 국회의 동의 절차가 필요하다.
④ 누진적소득세는 변화하는 경제 상황에 신속하게 대응할 수 있다.
⑤ 누진적소득세가 실시되어도 즉각적인 소비지출의 변화가 나타나지 않기 때문에 외부시차가 길다.

정답 ④

누진적소득세는 재정정책 중 자동안정화장치의 하나로 내부시차가 없어 경제 상황에 신속하게 대응할 수 있다.

오답분석

① 재량적 재정정책에 대한 설명이다. 누진적소득세와 같은 자동안정화장치는 내부시차가 없다.
② 누진적소득세는 재정정책의 하나이다. 화폐 공급량은 통화정책을 통해 조절된다.
③ 자동안정화장치는 별도의 동의 절차 없이 적용된다.
⑤ 누진적소득세는 재량적 재정정책과 마찬가지로 외부시차가 짧다.

유형풀이 Tip

글에 명시적으로 드러나 있지 않은 부분을 추론하여 답을 도출해야 하는 유형이기 때문에 자신의 주관적인 판단보다는 제시된 글에 대한 이해를 기반으로 문제를 풀어야 한다.
추론하기 문제는 다음 두 가지 유형으로 구분할 수 있다.
1) 세부적인 내용을 추론하는 유형 : 주어진 선택지를 먼저 읽고 지문을 읽으면서 답이 아닌 선택지를 지워나가는 방법이 효율적이다.
2) 글쓴이의 주장 / 의도를 추론하는 유형 : 글에 나타난 주장 · 근거 · 논증 방식을 파악하는 유형으로, 주장의 타당성을 평가하여 글쓴이의 관점을 이해하며 읽는다.

## 대표기출유형 07 기출응용문제

**01** 다음 글의 ㉠이 높게 나타나는 상황으로 가장 적절한 것은?

> 사람들은 종종 미래의 행동을 결정할 때 매몰비용, 즉 이미 지출되었기 때문에 회수가 불가능한 비용에 집착하는 경우를 볼 수 있다. 합리적으로 의사 결정을 하기 위해서는 오직 추가적인 비용과 이익만 고려해야 한다. 그러나 많은 사람들은 매몰비용을 과대평가하여 결과적으로 이에 대한 투자를 지속하려는 경향을 보인다. 예를 들면, 공짜였다면 가지 않았을 농구 경기를 이미 지불한 티켓값이 아까워서 경기 당일 눈보라를 무릅쓰고 경기장에 간다는 것이다. 이와 같이 한 번 투자한 시간, 돈, 또는 노력에 대한 시도를 지속적으로 유지하려는 경향을 ㉠ '매몰비용효과'라 한다.
> 이러한 매몰비용효과는 '심적 회계 이론'으로 설명할 수 있다. 심적 회계 이론에서는 소비자들이 거래를 할 때, 지불한 비용과 얻게 될 이익 사이에서 손해를 보지 않으려는 심리가 있다고 본다. 이 이론에서는 비용과 이익의 심리적 연결인 '커플링'의 개념을 사용하는데, 이때 비용과 이익이 심리적으로 연결되는 경우를 '거래커플링'이라 하고, 반대로 비용과 이익이 심리적으로 분리되는 경우를 '디커플링'이라 한다. 비용과 이익이 심리적으로 명백하게 연결된 거래커플링의 경우, 소비자의 매몰비용에 대한 주의가 높아지게 된다. 따라서 남아있는 이익을 소비하고자 하는 의지가 강하므로 매몰비용효과는 높게 나타난다. 즉, 위의 농구 경기 사례처럼 하나의 비용에 하나의 이익이 연결될 때는 거래커플링이 야기되어 눈보라를 무릅쓰고 경기를 관람하러 간다는 것이다.
> 반면 하나의 비용이 여러 이익과 연결될 때, 예를 들어 서로 기능이나 가격이 다른 상품을 묶어 파는 경우에는 총비용을 여러 개의 이익에 어떻게 나눠야 할지 모르는 어려움을 겪게 된다. 이때 소비자들에게는 심리적인 디커플링이 야기되어, 이미 지불한 비용에 대한 주의력이 낮아지게 되므로 매몰비용효과는 낮게 나타나는 것이다. 이외에도 선불이나 정액 요금같이, 지불한 시점과 소비 시점 간의 거리가 먼 경우 디커플링의 수준이 높아질 수 있다.

① 데이터 정액 요금제 가입자 중 데이터 사용량을 다 쓰지 못하는 사람은 90% 이상이지만, 같은 요금제를 계속 이용한다.

② 새로 산 구두가 신을 때마다 발이 아파 걷기가 힘들지만 비싸게 지불한 신발값이 아까워 버리지 못하고 계속 신고 다닌다.

③ 같은 월급을 받는 독신자들은 기혼자들에 비해 남는 돈이 많다고 생각해서 지갑을 여는 것에 과감한 경우가 많아 충동구매가 잦은 편이다.

④ 10만 원 이상 물건을 구입하면 5천 원 상품권을 지급한다는 A백화점 추석맞이 이벤트 때문에 지금 당장 필요하지 않은 물건을 구입하게 되었다.

⑤ 5km 떨어져 있는 가게에서 11만 원의 옷이 10만 원일 경우에는 굳이 가지 않지만, 2만 원의 계산기가 1만 원일 경우에는 많은 사람들이 그 가게를 찾아간다.

Easy

## 02 다음 글을 읽고 추론할 수 있는 내용으로 적절하지 않은 것은?

세계적으로 기후 위기의 심각성이 커지면서 '탄소 중립'은 거스를 수 없는 흐름이 되고 있다. 이에 맞춰 정부의 에너지정책도 기존 화석연료 발전 중심의 전력공급체계를 태양광과 풍력 등 자생 에너지 중심으로 빠르게 재편하는 작업이 추진도고 있다. 이러한 재생 에너지 보급 확대는 기존 전력설비 부하의 가중으로 이어질 수밖에 없다. 재생 에너지 사용 확대에 앞서 송배전 시스템의 확충이 필수적인 이유다.

K전력은 재생 에너지 발전사업자의 접속지연 문제를 해소하기 위해 기존 송배전 전력 설비의 재생에너지 접속용량을 확대하는 특별대책을 시행하고 나섰다. K전력은 그동안 재생 에너지 발전설비 밀집 지역을 중심으로 송배전설비의 접속 가능용량이 부족할 경우 설비보강을 통해 문제를 해결해왔다. 1MW 이하 소규모 신재생 에너지 발전사업자가 전력계통 접속을 요청하면 K전력이 비용을 부담해 공용전력망을 보강하고 접속을 보장해주는 방식이었다. 덕분에 신자생 에너지 발전 사업자들의 참여가 늘어났지만 재생 에너지 사용량이 기하급수적으로 늘면서 전력계통설비의 연계용량 부족 문제가 뒤따랐다.

이에 K전력은 산업통상자원부가 운영하는 '재생 에너지 계통접속 특별점검단'에 참여해 대책을 마련했다. 배전선로에 상시 존재하는 최소부하를 고려한 설비 운영 개념을 도입해 변전소나 버전선로 증설 없이 재생 에너지 접속용량을 확대하는 방안이다. 재생 에너지 발전 시 선로에 상시 존재하는 최소부하 용량만큼 재생 에너지 발전량이 상쇄되고, 잔여 발전량이 전력계통으로 유입되기 때문에 상쇄된 발전량만큼 재생 에너지의 추가접속을 가능케 하는 방식이다. K전력은 현장 실증을 통해 최소부하가 1MW를 초과하는 경우 배전선로별 재생 에너지 접속허용용량을 기존 12MW에서 13MW로 확대했다. 또 재생 에너지 장기 접속지연이 발생한 변전소에 대해서는 최소부하를 고려해 재생 에너지 접속허용용량을 200MW에서 평균 215MW로 상향했다. 이 같은 개정안이 전기위원회 심의를 통과하면서 변전소 및 배전선로 보강 없이도 재생 에너지 317MW의 추가 접속이 가능해졌다.

① 재생 에너지 사업 확충에 노후된 송전 설비는 걸림돌이 된다.
② 태양광 에너지는 고갈 염려가 없다고 볼 수 있기 때문에 주목받는 신재생 에너지이다.
③ 기존의 화석 연료 중심의 에너지 발전은 탄소 배출량이 많아 환경에 악영향을 주었다.
④ 별도로 설비를 보강하지 않아도 재생 에너지 과부하 문제를 해결할 수 있는 방안이 제시되었다.
⑤ 현재까지는 재생 에너지 사업 확충에 따른 문제들을 해결하는 방법 중 설비 보강이 가장 좋은 해결법이다.

PART 1

Hard

## 03 다음 글에서 추론할 수 있는 내용을 〈보기〉에서 모두 고르면?

두 입자만으로 이루어지고 이들이 세 가지의 양자 상태 1, 2, 3 중 하나에만 있을 수 있는 계(System)가 있다고 하자. 여기서 양자 상태란 입자가 있을 수 있는 구별 가능한 어떤 상태를 지시하며, 입자는 세 가지 양자 상태 중 하나에 반드시 있어야 한다. 이때 그 계에서 입자들이 어떻게 분포할 수 있는지 경우의 수를 세는 문제는 각 양자 상태에 대응하는 세 개의 상자 [1 | 2 | 3]에 두 입자가 있는 경우의 수를 세는 것과 같다. 경우의 수는 입자들끼리 서로 구별 가능한지와 여러 개의 입자가 하나의 양자 상태에 동시에 있을 수 있는지에 따라 달라진다.

두 입자가 구별 가능하고, 하나의 양자 상태에 여러 개의 입자가 있을 수 있다고 가정하자. 이것을 'MB 방식'이라고 부르며, 두 입자는 각각 a, b로 표시할 수 있다. a가 1의 양자 상태에 있는 경우는 [ab |   |   ], [a | b |   ], [a |   | b]의 세 가지이고, a가 2의 양자 상태에 있는 경우와 a가 3의 양자 상태에 있는 경우도 각각 세 가지이다. 그러므로 MB 방식에서 경우의 수는 9이다.

두 입자가 구별되지 않고, 하나의 양자 상태에 여러 개의 입자가 있을 수 있다고 가정하자. 이것을 'BE 방식'이라고 부른다. 이때에는 두 입자 모두 a로 표시하게 되므로 [aa |   |   ], [   | aa |   ], [   |   | aa], [a | a |   ], [a |   | a], [   | a | a]가 가능하다. 그러므로 BE 방식에서 경우의 수는 6이다.

두 입자가 구별되지 않고, 하나의 양자 상태에 하나의 입자만 있을 수 있다고 가정하자. 이것을 'FD 방식'이라고 부른다. 여기에서는 BE 방식과 달리 하나의 양자 상태에 두 개의 입자가 동시에 있는 경우는 허용되지 않으므로 [a | a |   ], [a |   | a], [   | a | a]만 가능하다. 그러므로 FD 방식에서 경우의 수는 3이다.

양자 상태의 가짓수가 다를 때에도 MB, BE, FD 방식 모두 위에서 설명한 대로 입자들이 놓이게 되고, 이때 경우의 수는 달라질 수 있다.

**보기**

ㄱ. 두 개의 입자에 대해 양자 상태가 두 가지이면 BE 방식에서 경우의 수는 2이다.

ㄴ. 두 개의 입자에 대해 양자 상태의 가짓수가 많아지면 FD 방식에서 두 입자가 서로 다른 양자 상태에 각각 있는 경우의 수는 커진다.

ㄷ. 두 개의 입자에 대해 양자 상태가 두 가지 이상이면 경우의 수는 BE 방식에서보다 MB 방식에서 언제나 크다.

① ㄱ　　② ㄷ

③ ㄱ, ㄴ　　④ ㄴ, ㄷ

⑤ ㄱ, ㄴ, ㄷ

**04** 다음 글을 읽고 〈보기〉의 그림 ㉠~㉣에 들어갈 내용을 바르게 연결한 것은?

> 도시재생 사업의 목표는 지역 역량의 강화와 지역 가치의 제고라는 두 마리 토끼를 잡는 것이다. 그 결과 〈보기〉의 그림에서 지역의 상태는 A에서 A′로 변화한다. 둘 중 하나라도 이루어지지 않는다면 도시재생 사업의 목표가 달성되었다고 볼 수 없다. 그러한 실패 사례의 하나가 젠트리피케이션이다. 이는 지역 역량이 강화되지 않은 채 지역 가치만 상승하는 현상을 의미한다.
> 도시재생 사업의 모범적인 양상은 지역 자산화이다. 지역 자산화는 두 단계로 이루어진다. 첫 번째 단계는 공동체 역량 강화 과정이다. 이는 지역 문제 해결을 위한 프로그램 및 정책 수립, 물리적 시설의 개선, 운영 관리 등으로 구성된 공공 주도 과정이다. 이를 통해 지역 가치와 지역 역량이 모두 낮은 상태에서 일단 지역 역량을 키워 지역 기반의 사회적 자본을 형성하게 된다. 그다음 두 번째 단계로 전문화 과정이 이어진다. 전문화는 민간의 전문성과 창의성을 적극적으로 활용함으로써 강화된 지역 역량의 토대 위에서 지역 가치 제고를 이끌어낸다. 이 과정에서 주민과 민간 조직의 전문성에 대한 신뢰를 바탕으로 공유 시설이나 공간의 설계, 관리, 운영 등 많은 권한이 시민단체를 비롯한 중간 지원 조직에 통합적으로 위임된다.

**보기**

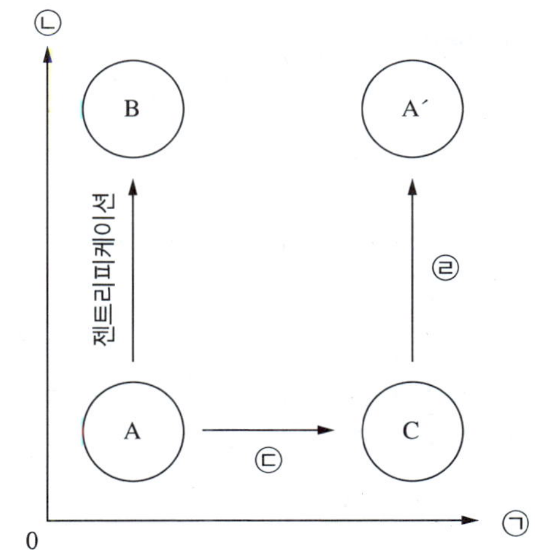


| | ㉠ | ㉡ | ㉢ | ㉣ |
|---|---|---|---|---|
| ① | 지역 역량 | 지역 가치 | 공동체 역량 강화 | 전문화 |
| ② | 지역 역량 | 지역 가치 | 공동체 역량 강화 | 지역 자산화 |
| ③ | 지역 역량 | 지역 가치 | 지역 자산화 | 전문화 |
| ④ | 지역 가치 | 지역 역량 | 공동체 역량 강화 | 지역 자산화 |
| ⑤ | 지역 가치 | 지역 역량 | 지역 자산화 | 전문화 |

CHAPTER 02

# 수리능력

## 합격 CHEAT KEY

수리능력은 사칙연산 · 통계 · 확률의 의미를 정확하게 이해하고 이를 업무에 적용하는 능력으로, 기초연산과 기초통계, 도표분석 및 작성의 문제 유형으로 출제된다. 수리능력 역시 채택하지 않는 금융권이 거의 없을 만큼 필기시험에서 중요도가 높은 영역이다.

수리능력은 NCS 기반 채용을 진행한 거의 모든 기업에서 다루었으며, 문항 수는 전체의 평균 16% 정도로 많이 출제되었다. 특히, 난도가 높은 금융권의 시험에서는 도표분석, 즉 자료해석 유형의 문제가 많이 출제되고 있고, 응용수리 역시 꾸준히 출제하는 기업이 많기 때문에 기초연산과 기초통계에 대한 공식의 암기와 자료해석능력을 기를 수 있는 꾸준한 연습이 필요하다.

### 01 응용수리능력의 공식은 반드시 암기하라!

응용수리능력은 지문이 짧지만, 풀이 과정은 긴 문제도 자주 볼 수 있다. 그렇기 때문에 응용수리능력의 공식을 반드시 암기하여 문제의 상황에 맞는 공식을 적절하게 적용하여 답을 도출해야 한다. 따라서 문제에서 묻는 것을 정확하게 파악하여 그에 맞는 공식을 적절하게 적용하는 꾸준한 노력과 공식을 암기하는 연습이 필요하다.

### 02 통계에서 사건이 동시에 발생하는지 개별적으로 발생하는지 구분하라!

통계에서는 사건이 개별적으로 발생했을 때, 경우의 수는 합의 법칙, 확률은 덧셈정리를 활용하여 계산하며, 사건이 동시에 발생했을 때, 경우의 수는 곱의 법칙, 확률은 곱셈정리를 활용하여 계산한다. 특히, 기초통계능력에서 출제되는 문제 중 순열과 조합의 계산 방법이 필요한 문제도 다수이므로 순열(순서대로 나열)과 조합(순서에 상관없이 나열)의 차이점을 숙지하는 것 또한 중요하다. 통계 문제에서의 사건 발생 여부만 잘 판단하여도 계산과 공식을 적용하기가 수월하므로 문제의 의도를 잘 파악하는 것이 중요하다.

## 03 자료의 해석은 자료에서 즉시 확인할 수 있는 지문부터 확인하라!

대부분의 수험생들이 어려워하는 영역이 수리영역 중 도표분석, 즉 자료해석능력이다. 자료는 표 또는 그래프로 제시되고, 쉬운 지문은 증가 혹은 감소 추이, 간단한 사칙연산으로 풀이가 가능한 문제 등이 있고, 자료의 조사기간 동안 전년 대비 증가율 혹은 감소율이 가장 높은 기간을 찾는 문제들도 있다. 따라서 일단 증가·감소 추이와 같이 눈으로 확인이 가능한 지문을 먼저 확인한 후 복잡한 계산이 필요한 지문을 확인하는 방법으로 문제를 풀이한다면, 시간을 조금이라도 아낄 수 있다. 특히, 그래프와 같은 경우에는 그래프에 대한 특징을 알고 있다면, 그래프의 길이 혹은 높낮이 등으로 대강의 수치를 빠르게 확인이 가능하므로 이에 대한 숙지도 필요하다. 또한, 여러 가지 보기가 주어진 문제 역시 지문을 잘 확인하고 문제를 풀이한다면 불필요한 계산을 생략할 수 있으므로 항상 지문부터 확인하는 습관을 들이기를 바란다.

## 04 도표작성능력에서 지문에 작성된 도표의 제목을 반드시 확인하라!

도표작성은 하나의 자료 혹은 보고서와 같은 수치가 표현된 자료를 도표로 작성하는 형식으로 출제되는데, 대체로 표보다는 그래프를 작성하는 형태로 많이 출제된다. 지문을 살펴보면 각 지문에서 주어진 도표에도 소제목이 있는 경우가 대부분이다. 이때, 자료의 수치와 도표의 제목이 일치하지 않는 경우 함정이 존재하는 문제일 가능성이 높으므로 도표의 제목을 반드시 확인하는 것이 중요하다. 도표작성의 경우 대부분 비율 계산이 많이 출제되는데, 도표의 제목과는 다른 수치로 작성된 도표가 존재하는 경우가 있다. 그렇기 때문에 지문에서 작성된 도표의 소제목을 먼저 확인하는 연습을 하여 간단하지 않은 비율 계산을 두 번 하는 일이 없도록 해야 한다.

대표기출유형

# 01 거리 · 속력 · 시간

**| 유형분석 |**

- (거리)=(속력)×(시간), (속력)=$\frac{(거리)}{(시간)}$, (시간)=$\frac{(거리)}{(속력)}$
- 시간차를 두고 출발하는 경우, 마주 보고 걷거나 둘레를 도는 경우, 기차가 터널을 지나는 경우 등 추가적인 조건과 결합하여 문제가 출제될 수 있다.

**A사원은 회사 근처 카페에서 거래처와 미팅을 갖기로 했다. 처음에는 속력 4km/h로 걸어가다가 약속 시간에 늦을 것 같아서 속력 10km/h로 뛰어서 24분 만에 미팅 장소에 도착했다. 회사에서 카페까지의 거리가 2.5km일 때, A사원이 뛴 거리는?**

① 0.6km
② 0.9km
③ 1.2km
④ 1.5km
⑤ 1.8km

정답 ④

총거리와 총시간이 주어져 있으므로 걸은 거리와 뛴 거리 또는 걸은 시간과 뛴 시간을 미지수로 잡을 수 있다.
미지수를 잡기 전에 문제에서 묻는 것을 정확하게 파악해야 나중에 답을 구할 때 헷갈리지 않는다.
문제에서 A사원이 뛴 거리를 물어보았으므로 거리를 미지수로 놓는다.
A사원이 회사에서 카페까지 걸어간 거리를 $x$km, 뛴 거리를 $y$km라고 하면,
회사에서 카페까지의 거리는 2.5km이므로 걸어간 거리 $x$km와 뛴 거리 $y$km를 합하면 2.5km이다.
$x+y=2.5$ ⋯ ㉠
A사원이 회사에서 카페까지 24분이 걸렸으므로 걸어간 시간$\left(\frac{x}{4}\text{시간}\right)$과 뛰어간 시간$\left(\frac{y}{10}\text{시간}\right)$을 합치면 24분이다.
이때 속력은 시간 단위이므로 '분'으로 바꾸어 계산한다.
$\frac{x}{4}\times60+\frac{y}{10}\times60=24 \rightarrow 5x+2y=8$ ⋯ ㉡
㉠과 ㉡을 연립하여 ㉡−(2×㉠)을 하면 $x=1$이고, 구한 $x$의 값을 ㉠에 대입하면 $y=1.5$이다.
따라서 A사원이 뛴 거리는 $y$km이므로 1.5km이다.

**유형풀이 Tip**

- 미지수를 정할 때에는 문제에서 묻는 것을 정확하게 파악해야 한다.
- 속력과 시간의 단위를 처음부터 정리하여 계산하면 실수 없이 풀이할 수 있다.
  예 1시간=60분=3,600초
  예 1km=1,000m=100,000cm

## 대표기출유형 01 기출응용문제



**01** 현준이는 집에서 도서관으로 가는데 $\frac{1}{2}$ 지점까지는 속력 2km/h로 걸어가고, 나머지 반은 속력 6km/h로 뛰어갔더니 20분이 걸렸다. 집에서 도서관까지의 거리는?

① 0.5km
② 1km
③ 1.5km
④ 2km
⑤ 2.5km

Hard

**02** 서울과 부산을 잇는 KTX는 총 490km인 거리를 이동한다. 곡선 구간 거리는 90km이고, 직선 구간에서 속력 200km/h로 운행한다. 광명역, 대전역, 울산역 세 군데서 5분씩 정차하고 총 3시간이 걸렸을 때, 곡선 구간에서의 속력은?

① 80km/h
② 90km/h
③ 100km/h
④ 120km/h
⑤ 130km/h

**03** 철수와 영희가 5 : 3 비율의 속력으로 A지점에서 출발하여 B지점으로 향했다. 영희가 30분 먼저 출발했을 때, 철수가 영희를 따라잡은 시간은 철수가 출발하고 나서 몇 분 만인가?

① 30분
② 35분
③ 40분
④ 45분
⑤ 50분

대표기출유형

# 02 농도

**| 유형분석 |**

- $(\text{농도})=\frac{(\text{용질의 양})}{(\text{용액의 양})}\times 100$, (소금물의 양)=(물의 양)+(소금의 양)
- 소금물 대신 설탕물로 출제될 수 있으며, 증발된 소금물·농도가 다른 소금물 간 계산 문제 등으로 응용될 수 있다.

**농도가 12%인 A설탕물 200g, 15%인 B설탕물 300g, 17%인 C설탕물 100g이 있다. A와 B설탕물을 합친 후 300g만 남기고 버린 다음, 여기에 C설탕물을 합친 후 다시 300g만 남기고 버렸다. 마지막 300g 설탕물에 녹아있는 설탕의 질량은?**

① 41.5g
② 42.7g
③ 43.8g
④ 44.6g
⑤ 45.1g

정답 ③

A, B, C설탕물의 설탕 질량을 구하면 다음과 같다.

- A설탕물의 설탕 질량 : $200\times 0.12=24\text{g}$
- B설탕물의 설탕 질량 : $300\times 0.15=45\text{g}$
- C설탕물의 설탕 질량 : $100\times 0.17=17\text{g}$

A, B설탕물을 합치면 설탕물 500g에 들어있는 설탕은 $24+45=69\text{g}$, 농도는 $\frac{69}{500}\times 100=13.8\%$이다.

합친 설탕물을 300g만 남기고, C설탕물과 합치면 설탕물 400g이 되고 여기에 들어있는 설탕의 질량은 $300\times 0.138+17=58.4\text{g}$이다.

또한 이 합친 설탕물도 300g만 남기면 농도는 일정하므로 설탕물이 $\frac{3}{4}$으로 줄어든 만큼 설탕의 질량도 같이 줄어든다.

따라서 설탕의 질량은 $58.4\times\frac{3}{4}=43.8\text{g}$이다.

**유형풀이 Tip**

- 숫자의 크기를 최대한 간소화해야 한다. 특히, 농도의 경우 분수와 정수가 같이 제시되고, 최근에는 비율을 활용한 문제가 많이 출제되고 있으므로 통분이나 약분을 통해 수를 간소화시켜 계산 실수를 줄일 수 있도록 한다.
- 항상 미지수를 구해서 그 값을 계산하여 풀이해야 하는 것은 아니다. 문제에서 원하는 값은 정확한 미지수를 구하지 않아도 풀이 과정에서 답이 제시되는 경우가 있으므로 문제에서 묻는 것을 명확히 파악해야 한다.

Easy

**01** 수영장에 오염농도가 5%인 물 20kg이 있다. 이 물에 깨끗한 물을 넣어 오염농도를 1%p 줄이려고 한다. 이때 물을 얼마나 넣어야 하는가?

① 3kg ② 4kg
③ 5kg ④ 6kg
⑤ 7kg

**02** 세탁기는 세제 용액의 농도를 0.9%로 유지해야 가장 세탁이 잘 된다. 농도가 0.5%인 세제 용액 2kg에 세제를 4스푼 넣었더니, 농도가 0.9%인 세제 용액이 됐다. 물 3kg에 세제를 몇 스푼 넣으면 농도가 0.9%인 세제 용액이 되는가?

① 12스푼 ② 12.5스푼
③ 13스푼 ④ 13.5스푼
⑤ 14스푼

**03** 농도 12%의 소금물 600g에 물을 넣어 농도가 4% 이하인 소금물을 만들고자 한다. 부어야 하는 물은 최소 몇 g인가?

① 1,150g ② 1,200g
③ 1,250g ④ 1,300g
⑤ 1,350g

대표기출유형

# 03 일의 양

**| 유형분석 |**

- $(\text{일률})=\frac{(\text{작업량})}{(\text{작업기간})}$, $(\text{작업기간})=\frac{(\text{작업량})}{(\text{일률})}$, (작업량)=(일률)×(작업기간)
- 전체 일의 양을 1로 두고 풀이하는 유형이다.
- 분이나 초 단위 계산이 가장 어려운 유형으로 출제되고 있다.

**S회사에서 A사원이 프로젝트를 맡아 혼자 하면 4시간이 걸린다고 한다. 하지만 B사원이 도와주기로 하여 A, B사원이 함께 2시간 일한 후, B사원에게 급한 업무가 생겨 A사원 혼자 40분을 일하여 마무리 지었다. B사원이 A사원 대신 프로젝트를 맡았다고 할 때, B사원이 혼자 프로젝트를 마무리할 때까지 걸리는 시간은?**

① 4시간
② 5시간
③ 6시간
④ 7시간
⑤ 8시간

정답 ③

B사원이 혼자 프로젝트를 마무리할 때 걸리는 시간을 $x$라고 하면, A사원과 B사원이 함께 1시간 동안 일하는 양은 $\left(\frac{1}{4}+\frac{1}{x}\right)$이다.

$\left(\frac{1}{4}+\frac{1}{x}\right)\times 2+\frac{1}{4}\times\frac{40}{60}=1$

$\rightarrow \frac{x+4}{2x}+\frac{1}{4}\times\frac{2}{3}=1$

$\rightarrow \frac{x+4}{2x}=\frac{5}{6}$

$\rightarrow 4x=24$

$\therefore x=6$

따라서 B사원이 프로젝트를 마무리하는 데 걸리는 시간은 6시간이다.

**유형풀이 Tip**

- 전체의 값을 모르는 상태에서 비율을 묻는 문제의 경우 전체를 1이라고 하면 쉽게 풀이할 수 있다.

  예 1개의 빵을 만드는 데 3시간이 걸린다. 1개의 빵을 만드는 일의 양을 1이라고 하면 1시간에 $\frac{1}{3}$만큼의 빵을 만든다.

**01** 어느 회사에서는 A, B 두 제품을 주력 상품으로 제조하고 있다. A제품을 1개 만드는 데 재료비는 3,600원, 인건비는 1,600원이 들어간다. 또한 B제품을 1개 만드는 데 재료비는 1,200원, 인건비는 2,000원이 들어간다. 이 회사는 한 달 동안 두 제품을 합하여 40개를 생산하려고 한다. 재료비는 12만 원 이하, 인건비는 7만 원 이하가 되도록 하려고 할 때, A제품을 최대로 생산하면 몇 개를 만들 수 있는가?

① 25개
② 26개
③ 28개
④ 30개
⑤ 31개

Easy

**02** 서로 맞물려 도는 두 톱니바퀴 A, B가 있다. A의 톱니의 수는 18개, B의 톱니의 수는 15개일 때, 두 톱니바퀴가 같은 톱니에서 다시 맞물리려면 B톱니바퀴는 최소 몇 바퀴를 회전해야 하는가?

① 3바퀴
② 4바퀴
③ 5바퀴
④ 6바퀴
⑤ 7바퀴

**03** S은행 김사원은 이틀간 일하고 하루 쉬기를 반복하고, 박사원은 월 ~ 금요일 닷새간 일하고 토 ~ 일요일 이틀간 쉬기를 반복한다. 김사원이 7월에 일한 날이 20일이라면, 김사원과 박사원이 7월에 함께 일한 날의 수는?(단, 7월 1일은 목요일이며, S은행은 주 7일제이다)

① 15일
② 16일
③ 17일
④ 18일
⑤ 19일

대표기출유형

# 04 금액

## | 유형분석 |

- (정가)=(원가)+(이익), (이익)=(정가)−(원가)
- $a$원에서 $b\%$ 할인한 가격$=a\times\left(1-\frac{b}{100}\right)$
- 원가, 정가, 할인가, 판매가 등의 개념을 명확히 한다.

**S사에서는 컴퓨터 모니터를 생산하는데 지난 달에 주문받아 생산한 모니터의 불량률은 10%였고, 모니터 한 대당 원가 17만 원에 판매하였다. 이번 달도 지난 달과 같은 주문량을 받고 생산을 하였지만, 불량률이 15%로 올랐다고 한다. 불량률 10% 때와 매출액을 같게 해야 한다고 할 때, 책정해야 하는 모니터 원가는 얼마인가?(단, 주문받아 생산한 제품의 불량품은 매출액에서 제외한다)**

① 18만 원　② 19만 원
③ 20만 원　④ 21만 원
⑤ 22만 원

정답 ①

불량률이 15%일 때 모니터 원가를 $x$원이라고 하자.
불량률이 10% 때와 매출액을 같게 하려면 다음과 같은 식이 성립한다.
(모니터 생산량)$\times 0.85\times x=$(모니터 생산량)$\times 0.9\times 17$

$$\therefore x=\frac{17\times 0.9}{0.85}=18$$

따라서 불량률이 15%로 올랐을 때, 모니터 원가는 18만 원으로 해야 불량률 10% 때와 같아진다.

### 유형풀이 Tip

- 전체 금액을 구하는 것이 아니라 할인된 금액을 구하면 수의 크기도 작아지고, 풀이 과정을 단축시킬 수 있다.
- 난도가 높은 편은 아니지만, 비율을 활용한 계산 문제이기 때문에 실수하지 않도록 유의한다.

Hard

**01** 20억 원을 투자하여 10% 수익이 날 확률은 50%이고, 원가 그대로일 확률은 30%, 10% 손해를 볼 확률은 20%라고 할 때 기대수익은 얼마인가?

① 4,500만 원
② 5,000만 원
③ 5,500만 원
④ 6,000만 원
⑤ 6,500만 원



**02** 사과 1개를 정가대로 판매하면 개당 600원의 이익을 얻는다. 정가의 20%를 할인하여 6개 판매한 매출액은 정가에서 400원씩 할인하여 8개를 판매한 것과 같다고 할 때, 이 상품의 정가는?

① 500원
② 700원
③ 900원
④ 1,000원
⑤ 1,200원

**03** 가정에서 전기를 사용하는 데 100kW 단위로 누진세가 70%씩 증가한다. 누진세가 붙지 않게 사용하였을 때 1시간에 300원이라면, 240kW까지 전기를 사용할 때, 얼마를 내야 하는가?(단, 10분에 20kW씩 증가하며, 처음에는 0kW로 시작한다)

① 963원
② 964원
③ 965원
④ 966원
⑤ 967원

대표기출유형

# 05 날짜 · 요일

**| 유형분석 |**

- 1일=24시간=1,440(=24×60)분=86,400(=1,440×60)초
- 월별 일수 : 31일 – 1, 3, 5, 7, 8, 10, 12월
  30일 – 4, 6, 9, 11월
  28일 또는 29일(윤년, 4년에 1회) – 2월
- 날짜 · 요일 단위별 기준이 되는 숫자가 다르므로 실수하지 않도록 유의한다.

**자산가 A씨는 현재 1억 원의 자산이 있으며 매달 300만 원씩 저축한다. A씨가 원금 10억 원이 넘을 때까지 최소 몇 년이 필요한가?(단, 값은 소수점 첫째 자리에서 반올림하고 이자는 생략한다)**

① 22년
② 23년
③ 24년
④ 25년
⑤ 26년

**정답** ④

개월 수를 $x$개월이라고 하면, $x$개월 후에는 $(1+0.03x)$억 원이 모이게 된다.
10억 원 이상이 되기 위한 $x$를 구하는 식은 다음과 같다.
$1+0.03x \geq 10$
$\rightarrow 0.03x \geq 9$
$\therefore x \geq 300$
따라서 1년은 12개월이므로 원금 10억 원 이상을 모으기 위해 25년이 필요하다.

**유형풀이 Tip**

- 일주일은 7일이므로, 전체 일수를 구한 뒤 7로 나누면 빠르게 해결할 수 있다.
- 날짜와 요일의 단위를 처음부터 정리하여 계산하면 실수 없이 풀이할 수 있다.

## 대표기출유형 05 기출응용문제

Hard

**01** S은행은 신입행원들을 대상으로 3개월 동안 의무적으로 강연을 듣게 하였다. 강연은 월요일과 수요일에 1회씩 열리고 금요일에는 격주로 1회씩 열린다고 한다. 8월 1일 월요일에 처음 강연을 들은 신입행원이 13번째 강연을 듣는 날은 언제인가?(단, 첫 주 금요일 강연은 열리지 않았다)

① 8월 31일 ② 9월 2일
③ 9월 5일 ④ 9월 7일
⑤ 9월 9일

**02** 같은 공원에서 A씨는 강아지와 함께 2일마다 한 번 산책하고, B씨는 혼자 3일마다 산책한다. A는 월요일에 산책했고, B는 그다음 날에 산책했다면 처음으로 A와 B가 만나는 날은?

① 수요일 ② 목요일
③ 금요일 ④ 토요일
⑤ 일요일

**03** A, B, C 3명은 주기적으로 집 청소를 한다. A는 6일마다, B는 8일마다, C는 9일마다 청소할 대, 3명이 9월 10일에 모두 같이 청소를 했다면 다음에 같은 날 청소하는 날은?

① 11월 5일 ② 11월 12일
③ 11월 16일 ④ 11월 21일
⑤ 11월 29일

대표기출유형

# 06 경우의 수

**| 유형분석 |**

- ${}_nP_m = n \times (n-1) \times \cdots \times (n-m+1)$

  ${}_nC_m = \frac{{}_nP_m}{m!} = \frac{n \times (n-1) \times \cdots \times (n-m+1)}{m!}$
- 합의 법칙을 활용해야 하는 문제인지 곱의 법칙을 활용해야 하는 문제인지 정확히 구분한다.
- 벤 다이어그램을 활용한 문제가 출제되기도 한다.

**미술 전시를 위해 정육면체 모양의 석고 조각의 각 면에 빨강, 주황, 노랑, 초록, 파랑, 검정으로 색을 칠하려고 한다. 가지고 있는 색깔은 남김없이 모두 사용해야 하고, 회전해서 같아지는 조각끼리는 서로 같은 정육면체라고 할 때, 만들 수 있는 서로 다른 정육면체는 모두 몇 가지인가?**

① 60가지
② 120가지
③ 180가지
④ 240가지
⑤ 300가지

**정답** ③

정육면체는 면이 6개이고 회전이 가능하므로 윗면을 기준면으로 삼았을 때, 경우의 수는 다음과 같다.

- 기준면에 색을 칠하는 경우의 수 : $6=6$가지
- 아랫면에 색을 칠하는 경우의 수 : $6-1=5$가지
- 옆면에 색을 칠하는 경우의 수 : $(4-1)!=3!=6$가지

따라서 $6\times5\times6=180$가지의 서로 다른 정육면체를 만들 수 있다.

**유형풀이 Tip**

1) 합의 법칙
   ① 두 사건 A, B가 동시에 일어나지 않을 때, A가 일어나는 경우의 수를 $m$, B가 일어나는 경우의 수를 $n$이라고 하면, 사건 A 또는 B가 일어나는 경우의 수는 $m+n$이다.
   ② '또는', '~이거나'라는 말이 나오면 합의 법칙을 사용한다.
2) 곱의 법칙
   ① A가 일어나는 경우의 수를 $m$, B가 일어나는 경우의 수를 $n$이라고 하면, 사건 A와 B가 동시에 일어나는 경우의 수는 $m\times n$이다.
   ② '그리고', '동시에'라는 말이 나오면 곱의 법칙을 사용한다.

## 대표기출유형 06 기출응용문제

**01** S은행 영업부 직원 5명이 지방으로 1박 2일 출장을 갔다. 이때 1, 2, 3인실 방에 배정되는 경우의 수는?(단, 각 방은 하나씩 있으며 1인실이 꼭 채워질 필요는 없다)

① 50가지
② 60가지
③ 70가지
④ 80가지
⑤ 90가지

Hard

**02** S사 서버 비밀번호는 0에서 9까지 10개의 숫자를 사용하여 4자리로 설정할 수 있다. 동일 숫자를 2번 중복 사용하여 설정할 수 있는 비밀번호는 모두 몇 가지인가?

① 3,260가지
② 3,680가지
③ 4,590가지
④ 4,620가지
⑤ 4,820가지

**03** 파견 근무를 나갈 10명을 뽑아 팀을 구성하려 한다. 새로운 팀 내에서 팀장 1명과 회계 담당 2명을 뽑으려고 하는데, 이 인원을 뽑는 경우의 수는?

① 300가지
② 320가지
③ 348가지
④ 360가지
⑤ 396가지

# 07 확률

**| 유형분석 |**

- 줄 세우기, 대표 뽑기, 경기 수, 최단 경로 수 등의 유형으로 출제될 가능성이 있다.
- 확률의 덧셈 법칙을 활용해야 하는 문제인지 곱셈 법칙을 활용해야 하는 문제인지 정확히 구분한다.
- 여사건 또는 조건부 확률 문제가 출제되기도 한다.

**남학생 4명과 여학생 3명을 원형 모양의 탁자에 앉힐 때, 여학생 3명이 이웃해서 앉을 확률은?**

① $\frac{1}{21}$ ② $\frac{1}{7}$

③ $\frac{1}{5}$ ④ $\frac{1}{15}$

⑤ $\frac{1}{3}$

**정답** ③

- 7명의 학생이 원탁에 앉는 경우의 수 : $(7-1)!=6!$가지
- 7명의 학생 중 여학생 3명이 원탁에 이웃해서 앉는 경우의 수 : $(5-1)!\times3!$가지

따라서 7명의 학생 중 여학생 3명이 원탁에 이웃해서 앉는 확률은 $\frac{4!\times3!}{6!}=\frac{1}{5}$이다.

**유형풀이 Tip**

1) 확률의 덧셈
두 사건 A, B가 동시에 일어나지 않을 때, A가 일어날 확률을 $p$, B가 일어날 확률을 $q$라고 하면, 사건 A 또는 B가 일어날 확률은 $p+q$이다.
2) 확률의 곱셈
A가 일어날 확률을 $p$, B가 일어날 확률을 $q$라고 하면, 사건 A와 B가 동시에 일어날 확률은 $p\times q$이다.
3) 여사건 확률
① 사건 A가 일어날 확률이 $p$일 때, 사건 A가 일어나지 않을 확률은 $(1-p)$이다.
② '적어도'라는 말이 나오면 주로 사용한다.
4) 조건부 확률
① 확률이 0이 아닌 두 사건 A, B에 대하여 사건 A가 일어났다는 조건하에 사건 B가 일어날 확률로, A 중에서 B인 확률을 의미한다.
② $P(B|A)=\frac{P(A\cap B)}{P(A)}$ 또는 $P_A(B)$로 나타낸다.

## 대표기출유형 07 기출응용문제

**01** 2개의 주머니 A, B가 있는데 A주머니에는 흰 공 3개, 검은 공 2개가 들어있고, B주머니에는 흰 공 1개, 검은 공 4개가 들어있다. 주머니에서 1개의 공을 꺼낼 때, 검은 공을 뽑을 확률은?

① $\frac{3}{10}$
② $\frac{2}{5}$
③ $\frac{1}{2}$
④ $\frac{3}{5}$
⑤ $\frac{7}{10}$

**02** 진수네 축구팀을 포함한 16개의 축구팀이 모여서 토너먼트 방식으로 우승을 가리려고 한다. 진수네 팀이 경기에서 이길 확률이 항상 0.6이라면, 진수네 팀이 우승할 확률은?(단, 소수점 셋째 자리에서 반올림한다)

① 11%
② 13%
③ 16%
④ 18%
⑤ 20%

Hard

**03** 다음과 같은 정오각형 모양의 탁자에 남학생 5명과 여학생 5명이 앉고자 할 때, 각 변에 남학생과 여학생이 이웃하여 앉을 확률은?(단, 회전하여 일치하는 경우는 모두 같은 것으로 본다)

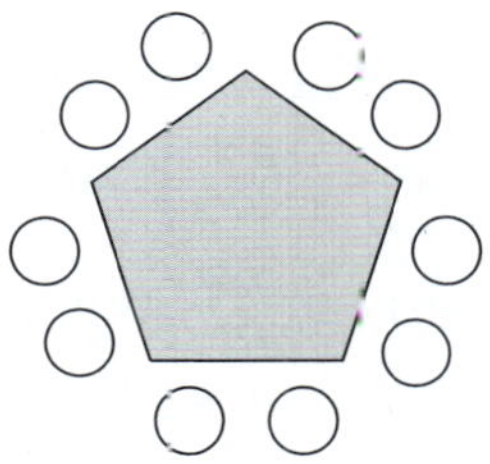

① $\frac{1}{63}$
② $\frac{2}{63}$
③ $\frac{4}{63}$
④ $\frac{8}{63}$
⑤ $\frac{11}{63}$

# 08 환율

**| 유형분석 |**

- $(\text{환율})=\frac{(\text{자국 화폐 가치})}{(\text{외국 화폐 가치})}$
- (자국 화폐 가치)=(환율)×(외국 화폐 가치)
- $(\text{외국 화폐 가치})=\frac{(\text{자국 화폐 가치})}{(\text{환율})}$

**다음은 2025년 3월과 2025년 6월의 원/달러 환율이다. 2025년 3월에 100만 원을 달러로 환전하고 2025년 6월에 다시 원화로 환전했을 때, 손해를 보는 금액은 얼마인가?(단, 환전 수수료는 고려하지 않는다)**

〈원/달러 환율〉

| 구분 | 2025년 3월 | 2025년 6월 |
|---|---|---|
| 환율 | 1,327원/달러 | 1,302원/달러 |

※ 단, 원화에서 달러로 환전할 때에는 소수점 둘째 자리에서 반올림하고, 달러에서 원화로 환전할 때에는 백의 자리에서 반올림함

① 17,000원
② 19,000원
③ 21,000원
④ 23,000원
⑤ 25,000원

정답 ②

2025년 3월에 100만 원을 달러로 환전 후 같은 금액을 2025년 6월에 원으로 환전한다.

- 2025년 3월 원화에서 달러로 환전 : $1,000,000\times\frac{1\text{달러}}{1,327\text{원}}\fallingdotseq753.6\text{달러}$
- 2025년 6월 달러에서 원화로 환전 : $753.6\text{달러}\times\frac{1,302\text{원}}{1\text{달러}}\fallingdotseq981,000\text{원}$

따라서 2025년 6월에 환전 받는 금액은 981,000원이므로 손해를 본 금액은 1,000,000−981,000=19,000원이다.

**유형풀이 Tip**

- 수수료나 우대사항 등 문제에서 요구하는 조건을 놓치지 않도록 주의한다.

**01** 다음은 S환전소 환율 및 수수료를 나타낸 자료이다. A씨가 $x$원으로 베트남 화폐 1,670만 동을 환전했을 때, $x$의 값을 구하면?(단, $x$는 환전 수수료가 포함된 값이다)

〈S환전소 환율 및 수수료〉

- 베트남 환율 : 483원/만 동
- 환전 수수료 : 0.5%

※ 우대사항 : 50만 원 이상 환전 시 70만 원까지는 환전 수수료를 0.4%로 인하하여 적용
※ 100만 원 이상 환전 시 환전 수수료를 0.4%로 일괄 적용
※ 십 원 미만은 절사

① 808,840원 ② 808,940원
③ 809,840원 ④ 809,940원
⑤ 810,040원

Easy

**02** A씨는 태국에서 신용카드로 15,000바트의 기념품을 구매하였다. 카드사에서 적용하는 환율 및 수수료가 다음과 같을 때, A씨가 기념품 비용으로 내야 할 카드 금액은 얼마인가?

〈적용 환율 및 수수료〉

- 태국 환율 : 38.1원/바트
- 해외서비스 수수료 : 0.2%

※ 십 원 미만은 절사하며, 제시된 정보만 고려함

① 584,720원 ② 572,640원
③ 566,230원 ④ 561,280원
⑤ 558,110원

**03** S기업은 해외 기업으로부터 대리석을 수입하여 국내 건설업체에 납품하고 있다. 최근 파키스탄의 H기업과 대리석 1톤을 수입하는 거래를 다음과 같이 체결하였을 때, 수입대금으로 내야 할 금액은 원화로 얼마인가?(단, 환전 수수료는 고려하지 않는다)

- 환율정보
  - 1달러=100루피
  - 1달러=1,160원
- 대리석 10kg당 가격 : 35,000루피

① 3,080만 원 ② 3,810만 원
③ 4,060만 원 ④ 4,600만 원
⑤ 5,800만 원

대표기출유형

# 09 금융상품 활용

**| 유형분석 |**

- 금융상품을 정확하게 이해하고 문제에서 요구하는 답을 도출해낼 수 있는지 평가한다.
- 단리식, 복리식, 이율, 우대금리, 중도해지, 만기해지 등 조건에 유의해야 한다.

**다음의 고객 정보를 참고하여 행원인 S씨가 안내해야 할 중도상환수수료 금액은?**

〈고객 정보〉

■ **2023년 12월 초, 담보대출 실행**
- 대출원금 : 24,000,000원
- 대출이자 : 4%
- 대출기간 : 60개월
- 상환방식 : 원금균등(매월 말 상환)

■ **2025년 6월 초, 남은 대출원금 전액 중도상환**
- [중도상환수수료(100원 미만 절사)]

$$=(\text{중도상환원금})\times(\text{중도상환수수료율})\times\frac{3\text{년}-(\text{대출경과월수})}{3\text{년}}$$

- 중도상환수수료율

| 대출상환기간 | 3 ~ 12개월 | 13 ~ 24개월 | 25 ~ 36개월 |
|---|---|---|---|
| 수수료율(%) | 3.5 | 2.5 | 2.0 |

※ 3년 이후 중도상환 시 면제

① 210,000원
② 220,000원
③ 230,000원
④ 240,000원
⑤ 250,000원

정답 ①

먼저 중도상환하는 금액이 얼마인지를 확인해야 한다. 남은 대출원금을 전액 중도상환하는 것이므로, 대출원금에서 지금까지 상환한 금액을 빼면 중도상환하는 금액을 알 수 있다.

• (중도상환원금)=(대출원금)−(월상환액)×(상환월수)

$$=24,000,000\text{원}-\left(\frac{24,000,000\text{원}}{60\text{개월}}\times 18\text{개월}\right)$$

$$=16,800,000\text{원}$$

• (중도상환수수료) $=16,800,000\text{원}\times 0.025\times\frac{36\text{개월}-18\text{개월}}{36\text{개월}}$

$$=210,000\text{원}$$

따라서 S씨가 안내해야 할 중도상환수수료는 210,000원이다.

## 유형풀이 Tip

1) 단리
   ① 개념 : 원금에만 이자가 발생
   ② 계산 : 이율이 $r$%인 상품에 원금 $a$를 총 $n$번 이자가 붙는 동안 예치한 경우 $a(1+nr)$
2) 복리
   ① 개념 : 원금과 이자에 모두 이자가 발생
   ② 계산 : 이율이 $r$%인 상품에 원금 $a$를 총 $n$번 이자가 붙는 동안 예치한 경우 $a(1+r)^n$
3) 이율과 기간
   ① (월이율) $=\frac{(\text{연이율})}{12}$
   ② $n$개월 $=\frac{n}{12}$년
4) 예치금의 원리합계
   원금 $a$원, 연이율 $r$%, 예치기간 $n$개월일 때,
   • 단리 예금의 원리합계 : $a\left(1+\frac{r}{12}n\right)$
   • 월복리 예금의 원리합계 : $a\left(1+\frac{r}{12}\right)^n$
   • 연복리 예금의 원리합계 : $a(1+r)^{\frac{n}{12}}$
5) 적금의 원리합계
   월초 $a$원씩, 연이율 $r$%일 때, $n$개월 동안 납입한다면
   • 단리 적금의 $n$개월 후 원리합계 : $an+a\times\frac{n(n+1)}{2}\times\frac{r}{12}$
   • 월복리 적금의 $n$개월 후 원리합계 : $\frac{a\left(1+\frac{r}{12}\right)\left\{\left(1+\frac{r}{12}\right)^n-1\right\}}{\left(1+\frac{r}{12}\right)-1}$
   • 연복리 적금의 $n$개월 후 원리합계 : $\frac{a(1+r)^{\frac{1}{12}}\left\{(1+r)^{\frac{n}{12}}-1\right\}}{(1+r)^{\frac{1}{12}}-1}=\frac{a\left\{(1+r)^{\frac{n+1}{12}}-(1+r)^{\frac{1}{12}}\right\}}{(1+r)^{\frac{1}{12}}-1}$

Easy

**01** 성호는 가격이 100만 원인 컴퓨터를 이달 초에 20만 원을 지불하고 구매했으며, 남은 금액은 6개월 할부로 지불하고자 한다. 이자는 월이율 3%로 1개월마다 복리로 적용할 때 남은 금액을 한 달 후부터 일정한 금액으로 갚는다면, 매달 얼마씩 갚아야 하는가?(단, $1.03^6=1.2$로 계산한다)

① 12.6만 원
② 14.4만 원
③ 16.2만 원
④ 18만 원
⑤ 19.8만 원

**02** 한결이가 연이율 1.8%인 1년 만기 월복리 적금 상품에 매월 초 60만 원씩 납입할 때, 만기 시 받는 이자는?(단, $1.0015^{12}=1.018$로 계산하며, 이자 소득에 대한 세금은 고려하지 않는다)

① 10,000원
② 10,200원
③ 10,400원
④ 10,600원
⑤ 10,800원

Hard

**03** K씨는 S은행에서 1,200만 원을 대출받았다. 대출금은 4년 동안 월복리식으로 원리금균등상환을 하기로 하였으며, 연이율은 6%이다. K씨는 4년 동안 한 달에 얼마씩 상환해야 하는가? $\left[\text{단, 상환액은 십의 자리에서 반올림하며, } \left(1+\frac{0.06}{12}\right)^{48}=1.27\text{로 계산한다}\right]$

① 262,200원
② 271,200원
③ 281,200원
④ 282,200원
⑤ 291,700원

**04** 올해로 입사한 지 16년이 된 김씨는 입사 첫해에 3,000만 원의 연봉을 받았고, 그 후 해마다 직전 연봉에서 6%씩 인상된 금액을 연봉으로 받았다. 김씨는 입사 첫해부터 매년 말에 그해의 연봉 50%를 연이율 6%의 복리로 저축하였다. 김씨가 입사 첫해부터 올해 말까지 저축한 금액의 원리합계는?(단, $1.06^{15}=2.4$, $1.06^{16}=2.5$로 계산한다)

① 52,200만 원
② 54,000만 원
③ 55,800만 원
④ 57,600만 원
⑤ 58,100만 원

**05** A대리는 새 자동차 구입을 위해 적금 상품에 가입하고자 하며, 후보 적금 상품에 대한 정보는 다음과 같다. 후보 적금 상품 중 만기 시 원리합계가 더 큰 적금 상품에 가입한다고 할 때, A대리가 가입할 적금 상품과 상품의 만기 시 원리합계가 바르게 연결된 것은?(단, 이자 소득에 대한 세금은 고려하지 않는다)

〈후보 적금 상품 정보〉

| 구분 | 직장인사랑적금 | 미래든든적금 |
|---|---|---|
| 가입자 | 개인실명제 | 개인실명제 |
| 가입기간 | 36개월 | 24개월 |
| 가입금액 | 매월 1일 100,000원 납입 | 매월 1일 150,000원 납입 |
| 적용금리 | 연 2.0% | 연 1.5% |
| 저축방법 | 정기적립식 | 정기적립식 |
| 이자지급방식 | 만기일시지급식, 단리식 | 만기일시지급식, 단리식 |

| | 적금 상품 | 원리합계 |
|---|---|---|
| ① | 직장인사랑적금 | 3,656,250원 |
| ② | 직장인사랑적금 | 3,711,000원 |
| ③ | 미래든든적금 | 3,656,250원 |
| ④ | 미래든든적금 | 3,781,650원 |
| ⑤ | 미래든든적금 | 3,925,000원 |

# 10 자료계산

**| 유형분석 |**

- 문제에 주어진 조건과 정보를 활용하여 빈칸에 알맞은 수를 계산해 낼 수 있는지 평가한다.
- 빈칸이 여러 개인 경우 계산이 간단한 한두 개의 빈칸의 값을 먼저 찾고, 역으로 대입하여 풀이 시간을 단축한다.
- 금융권 NCS 수리능력의 경우 마지막 자리까지 정확하게 계산하는 것을 요구한다. 어림값을 구하여 섣불리 오답을 선택하는 오류를 범하지 않도록 주의한다.

**귀하는 S회사의 인사관리 부서에서 근무 중이다. 오늘 회의시간에 생산부서의 인사평가 자료를 취합하여 보고해야 하는데 자료 취합 중 파일에 오류가 생겨 일부 자료가 훼손되었다. 다음 중 빈칸 (가) ~ (라)에 들어갈 점수로 바르게 연결된 것은?(단, 각 평가는 100점 만점이고, 종합순위는 각 평가지표 점수의 총합으로 결정한다)**

〈인사평가 점수 현황〉

(단위 : 점)

| 구분 | 역량 | 실적 | 자기계발 | 성실성 | 종합순위 |
|---|---|---|---|---|---|
| A사원 | 70 | (가) | 80 | 70 | 5 |
| B사원 | 80 | 85 | (나) | 70 | 1 |
| C대리 | (다) | 85 | 70 | 75 | 3 |
| D과장 | 80 | 80 | 60 | 70 | 4 |
| E부장 | 85 | 85 | 70 | (라) | 2 |

※ 점수는 5점 단위로 부여함

| | (가) | (나) | (다) | (라) |
|---|---|---|---|---|
| ① | 60 | 70 | 55 | 60 |
| ② | 65 | 70 | 65 | 60 |
| ③ | 65 | 65 | 65 | 65 |
| ④ | 75 | 65 | 55 | 65 |
| ⑤ | 75 | 65 | 65 | 65 |

정답 ②

먼저 종합순위가 4위인 D과장의 점수는 모두 공개되어 있으므로 총점을 계산해보면, 80+80+60+70=290점이다.

종합순위가 5위인 A사원의 총점은 70+(가)+80+70=220+(가)점이며, 4위 점수인 290점보다 낮아야 하므로 (가)에 들어갈 점수는 70점 미만이다.

종합순위가 3위인 C대리의 총점은 (다)+85+70+75=230+(다)점이며, 290점보다 높아야 하므로 (다)에 들어갈 점수는 60점을 초과해야 한다.

②・③에 따라 (가)=65점, (다)=65점을 대입하면, C대리의 종합점수는 230+65=295점이 된다. 종합순위가 2위인 E부장의 총점은 85+85+70+(라)=240+(라)이므로, (라)에 들어갈 점수는 55점보다 높은 점수여야 한다. 이때 ②・③ 모두 조건을 만족시킨다.

종합순위가 1위인 B사원의 총점은 80+85+(나)+70=235+(나)점이다. 종합순위가 2위인 E부장의 총점은 240+(라)점이므로 (나)에 들어갈 점수는 (라)−5보다 높은 점수여야 한다.

그 결과 (나)와 (라)의 점수가 같은 ③은 제외되고, ①・②만 남는데, C대리의 총점 230+(다)>290이어야 하므로 (다)는 60보다 커야 한다. 따라서 빈칸 (가)~(라)에 들어갈 점수로 바르게 연결된 것은 ②이다.

### 유형풀이 Tip

**주요 통계 용어**

1) 평균 : 자료 전체의 합을 자료의 개수로 나눈 값
2) 분산 : 변량이 평균으로부터 떨어져 있는 정도를 나타낸 값
3) 표준편차 : 통계집단의 분배정도를 나타내는 수치, 자료의 값이 얼마나 흩어져 분포되어 있는지 나타내는 산포도 값의 한 종류
4) 상대도수 : 도수분포표에서 도수의 총합에 대한 각 계급의 도수의 비율
5) 최빈값 : 자료의 분도 중에서 가장 많은 빈도로 나타나는 변량
6) 중앙값 : 자료를 크기 순서대로 배열했을 때 중앙에 위치하게 되는 값

※ 다음은 연령별 경제활동인구 및 비경제활동인구에 대한 자료이다. 이어지는 질문에 답하시오. [1~2]

〈연령별 경제활동인구 및 비경제활동인구〉

(단위 : 천 명, %)

| 구분 | 인구수 | 경제활동인구 | 취업자 수 | 실업자 수 | 비경제활동인구 | 실업률 |
|---|---|---|---|---|---|---|
| 10대(15 ~ 19세) | 3,070 | 279 | 232 | 47 | 2,791 | 16.8 |
| 20대(20 ~ 29세) | 7,078 | 4,700 | 4,360 | 340 | 2,378 | 7.2 |
| 30대(30 ~ 39세) | 8,519 | 6,415 | 6,246 | 169 | 2,104 | 2.6 |
| 40대(40 ~ 49세) | 8,027 | 6,366 | 6,250 | 116 | 1,661 | 1.8 |
| 50대(50 ~ 59세) | 4,903 | 3,441 | 3,373 | 68 | 1,462 | 2.0 |
| 60세 이상 | 6,110 | 2,383 | 2,361 | 22 | 3,727 | 0.9 |
| 합계 | 37,707 | 23,584 | 22,822 | 762 | 14,123 | 31.3 |

※ [경제활동참가율(%)]$=\frac{\text{(경제활동인구)}}{\text{(인구수)}}\times 100$

※ [실업률(%)]$=\frac{\text{(실업자 수)}}{\text{(경제활동인구)}}\times 100$

Easy

**01** 다음 중 경제활동인구가 가장 많은 연령대의 실업률과 비경제활동인구가 가장 적은 연령대의 실업률 차이는?

① 0.6%p　② 0.8%p
③ 1.8%p　④ 4.6%p
⑤ 5.8%p

**02** 다음 중 경제활동참가율이 가장 높은 연령대는?

① 20대　② 30대
③ 40대　④ 50대
⑤ 60세 이상

## 03 다음은 A공단에서 발표한 최근 2개년 1/4분기 산업단지별 수출현황에 대한 자료이다. (가) ~ (다)에 들어갈 수치가 바르게 연결된 것은?(단, 전년 대비 수치는 소수점 둘째 자리에서 반올림한다)

〈최근 2개년 1/4분기 산업단지별 수출현황〉

(단위 : 백만 달러)

| 구분 | 2025년 1/4분기 | 2024년 1/4분기 | 전년 대비 |
|---|---|---|---|
| 국가 | 66,652 | 58,809 | 13.3% 상승 |
| 일반 | 34,273 | 29,094 | (가)% 상승 |
| 농공 | 2,729 | 3,172 | 14.0% 하락 |
| 합계 | (나) | 91,075 | (다)% 상승 |

| | (가) | (나) | (다) |
|---|---|---|---|
| ① | 15.8 | 103,654 | 13.8 |
| ② | 15.8 | 104,654 | 11.8 |
| ③ | 17.8 | 102,554 | 13.8 |
| ④ | 17.8 | 103,654 | 11.8 |
| ⑤ | 17.8 | 103,654 | 13.8 |

Hard

## 04 2025년 상반기 S은행 상품기획팀 입사자 수는 2024년 하반기에 비해 20% 감소하였으며, 2025년 상반기 인사팀 입사자 수는 2024년 하반기 마케팅팀 입사자 수의 2배이고, 영업팀 입사자는 2024년 하반기보다 30명이 늘었다. 2025년 상반기 마케팅팀의 입사자 수는 2025년 상반기 인사팀의 입사자 수와 같다. 2025년 상반기 전체 입사자가 2024년 하반기 대비 25% 증가했을 때, 2024년 하반기 대비 2025년 상반기 인사팀 입사자의 증감률은?

〈S은행 입사자 수〉

(단위 : 명)

| 구분 | 마케팅 | 영업 | 상품기획 | 인사 | 합계 |
|---|---|---|---|---|---|
| 2024년 하반기 입사자 수 | 50 | | 100 | | 320 |

① −15%
② 0%
③ 15%
④ 25%
⑤ 30%

# 11 자료추론

**| 유형분석 |**

- 문제에 주어진 상황과 정보를 적절하게 활용하여 잘못된 내용을 찾아낼 수 있는지 평가한다.
- 비율 · 증감폭 · 증감률 · 수익(손해)율 등의 계산을 요구하는 문제가 출제된다.

다음은 2022 ~ 2024년 전국 주택건설실적에 대한 자료이다. 이에 대한 설명으로 옳지 않은 것은?

〈연도별 5월 물량〉

(단위 : 호)

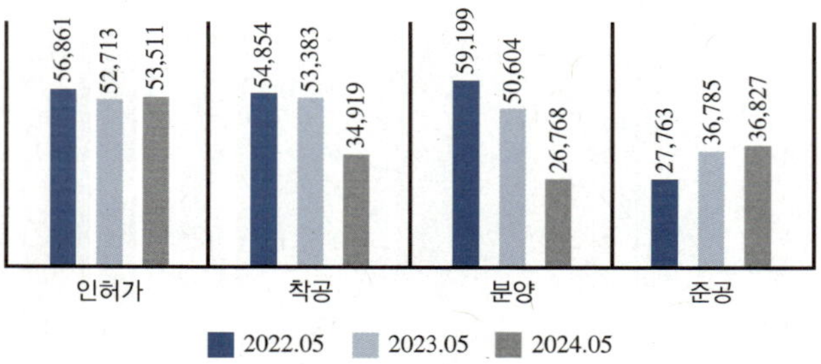


〈2024년 5월 지역별 주택건설실적〉

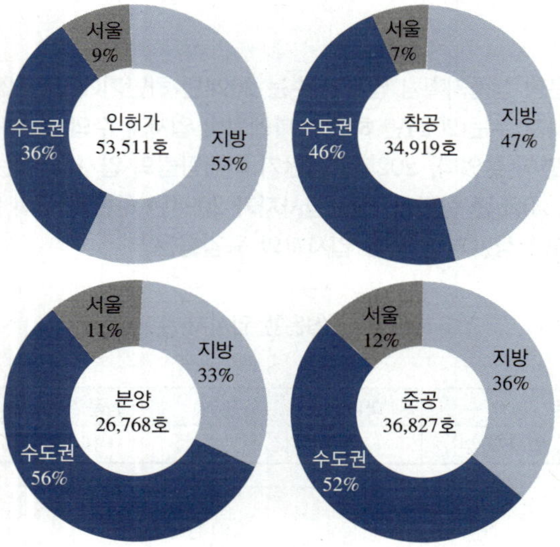

① 2024년 5월 지방의 인허가 실적은 약 29,431호이다.
② 2024년 5월 지방의 준공 호수는 착공 호수보다 많다.
③ 2023년과 2024년 5월 지역별 전체 물량의 순위는 다르다
④ 2024년 5월 분양 실적은 작년 동월 분양 실적보다 약 47.1% 감소하였다.
⑤ 전체 인허가 호수 대비 전체 준공 호수의 비중은 2023년 5월에 가장 컸다.

**정답** ②

• 2024년 5월 지방의 준공 호수 : $36,827\times\frac{36}{100}\fallingdotseq13,258$호

• 2024년 5월 지방의 착공 호수 : $34,919\times\frac{47}{100}\fallingdotseq16,412$호

따라서 지방의 준공 호수는 착공 호수보다 적다.

**오답분석**

① 2024년 5월 인허가 실적은 53,511호이고, 전체 인허가 실적 중 지방이 차지하는 비율은 55%이다. 따라서 지방의 인허가 실적 수는 $53,511\times\frac{55}{100}\fallingdotseq29,431$호이다.

③ 2023년과 2024년 5월의 지역별 전체 물량 호수를 크기가 큰 순서로 나열하면 다음과 같다.
- 2023년 5월 : 착공 – 인허가 – 분양 – 준공
- 2024년 5월 : 인허가 – 준공 – 착공 – 분양

④ 2024년 5월 분양 실적은 26,768호이고, 2023년 5월 분양 실적은 50,604호이므로 2024년 5월 분양 실적의 전년 동월 대비 증감률은 $\frac{26,768-50,604}{50,604}\times100\fallingdotseq-47.1\%$이다. 따라서 2024년 5월의 분양 실적은 작년 동월 분양 실적보다 약 47.1% 감소하였다.

⑤ 2022 ~ 2024년 5월 전체 인허가 호수 대비 전체 준공 호수의 비중을 구하면 다음과 같다.
- 2022년 5월 : $\frac{27,763}{56,861}\times100\fallingdotseq48.83\%$
- 2023년 5월 : $\frac{36,785}{52,713}\times100\fallingdotseq69.78\%$
- 2024년 5월 : $\frac{36,827}{53,511}\times100\fallingdotseq68.82\%$

따라서 전체 인허가 호수 대비 전체 준공 호수의 비중은 2023년 5월에 가장 컸다.

**유형풀이 Tip**

• [증감률(%)] : $\frac{(\text{비교값})-(\text{기준값})}{(\text{기준값})}\times100$

예 S은행의 작년 신입사원 수는 500명이고, 올해는 700명이다. S은행의 전년 대비 올해 신입사원 수의 증가율은?

$\frac{700-500}{500}\times100=\frac{200}{500}\times100=40\%$ → 전년 대비 40% 증가하였다.

예 S은행의 올해 신입사원 수는 700명이고, 내년에는 350명을 채용할 예정이다. S은행의 올해 대비 내년 신입사원 수의 감소율은?

$\frac{350-700}{700}\times100=-\frac{350}{700}\times100=50\%$ → 올해 대비 50% 감소할 것이다.

PART 1

## 대표기출유형 11 기출응용문제

Easy

**01** **다음은 대륙별 인터넷 이용자 수에 대한 자료이다. 이에 대한 설명으로 옳지 않은 것은?**

〈대륙별 인터넷 이용자 수〉

(단위 : 백만 명)

| 구분 | 2017년 | 2018년 | 2019년 | 2020년 | 2021년 | 2022년 | 2023년 | 2024년 |
|---|---|---|---|---|---|---|---|---|
| 중동 | 66 | 86 | 93 | 105 | 118 | 129 | 141 | 161 |
| 유럽 | 388 | 410 | 419 | 435 | 447 | 466 | 487 | 499 |
| 아프리카 | 58 | 79 | 105 | 120 | 148 | 172 | 193 | 240 |
| 아시아・태평양 | 726 | 872 | 988 | 1,124 | 1,229 | 1,366 | 1,506 | 1,724 |
| 아메리카 | 428 | 456 | 483 | 539 | 584 | 616 | 651 | 647 |
| 독립국가연합 | 67 | 95 | 114 | 143 | 154 | 162 | 170 | 188 |

① 2024년 아프리카의 인터넷 이용자 수는 2020년에 비해 2배 증가했다.

② 2023년에 비해 2024년의 인터넷 이용자 수가 감소한 대륙은 한 곳이다.

③ 2024년 중동의 인터넷 이용자 수는 2017년에 비해 95백만 명이 늘었다.

④ 대륙별 인터넷 이용자 수의 1・2・3순위는 2024년까지 계속 유지되고 있다.

⑤ 조사 기간 중 전년 대비 아시아・태평양의 인터넷 이용자 수의 증가량이 가장 큰 해는 2018년 이다.

**02** 다음은 2024년 경제자유구역 입주 사업체 투자재원조달 실태조사 자료이다. 이에 대한 〈보기〉의 설명 중 옳은 것을 모두 고르면?

〈2024년 경제자유구역 입주 사업체 투자재원조달 실태조사〉

(단위 : 백만 원, %)

| 구분 | | 전체 | | 국내투자 | | 해외투자 | |
|---|---|---|---|---|---|---|---|
| | | 금액 | 비중 | 금액 | 비중 | 금액 | 비중 |
| 국내재원 | 자체 | 4,025 | 57.2 | 2,682 | 52.6 | 1,343 | 69.3 |
| | 정부 | 2,288 | 32.5 | 2,138 | 42.0 | 150 | 7.7 |
| | 기타 | 356 | 5.0 | 276 | 5.4 | 80 | 4.2 |
| | 소계 | 6,669 | 94.7 | 5,096 | 100.0 | 1,573 | 81.2 |
| 해외재원 | 소계 | 365 | 5.3 | – | – | 365 | 18.8 |
| 합계 | | 7,034 | 100.0 | 5,096 | 100.0 | 1,938 | 100.0 |

**보기**

ㄱ. 자체 재원조달금액 중 국내투자에 사용되는 금액이 차지하는 비중은 60%를 초과한다.
ㄴ. 해외재원은 모두 해외투자에 사용되고 있다.
ㄷ. 국내재원 중 정부조달금액이 차지하는 비중은 40%를 초과한다.
ㄹ. 국내재원 중 국내투자금액은 해외투자금액의 3배 미만이다.

① ㄱ, ㄴ
② ㄱ, ㄷ
③ ㄴ, ㄷ
④ ㄴ, ㄹ
⑤ ㄷ, ㄹ

**03** 다음은 2024년 상반기 경상수지 및 무역수지에 대한 자료이다. 〈보기〉 중 이에 대해 바르게 해석한 사람을 모두 고르면?

〈경상수지 및 무역수지〉

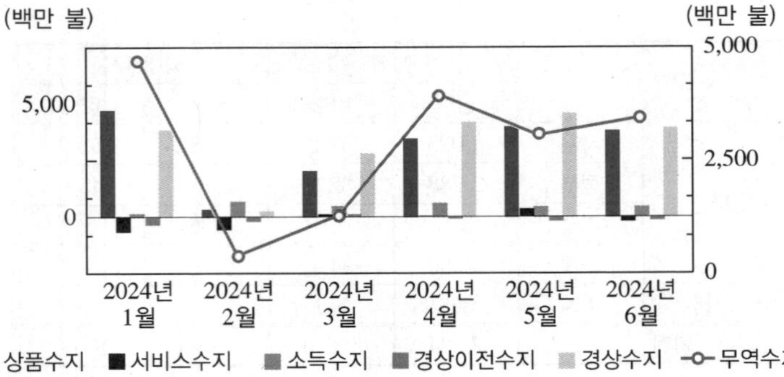


※ 단, 무역수지는 오른쪽 축에 해당함

- 상품수지 : 상품 수출과 수입의 차이로, 소유권 이전 기준으로 작성되며 가격조건은 수출입 모두 FOB로 평가 – 일반상품, 가공용 재화, 비화폐용금수지로 세분
- 서비스수지 : 서비스 수출과 수입의 차이로, 운수, 여행, 통신서비스, 보험서비스, 특허권 등 사용료, 사업서비스, 정부서비스 및 기타수지로 세분
- 소득수지 : 비거주자 노동자에게 지급되는 급료 및 임금, 대외 금융자산 및 부채와 관련된 투자소득이 포함
- 경상이전수지 : 개인송금, 국제기구 출연금 및 구호를 위한 식량, 의약품 등의 무상원조가 포함

**보기**

난정 : 미국에서 유학 중인 수현이가 부모님으로부터 학비를 받았다면, 이는 소득수지에 해당한다.
희수 : 상품수지는 기간 내에 항상 흑자였다.
소정 : 대외 금융자산 및 부채와 관련된 투자소득이 0이라고 할 때, 우리나라에 있는 외국인 노동자에게 지급되는 임금 총량보다 외국에 있는 우리나라 노동자에게 지급되는 임금 총량이 더 크다.
만호 : 2024년 2월에 무역수지는 적자였다.

① 난정, 희수　② 난정, 소정
③ 희수, 소정　④ 희수, 만호
⑤ 소정, 만호

Hard

**04** 다음은 S은행에서 판매하고 있는 상품별 가입 현황과 1인당 평균 월납입금액에 대한 자료이다. S은행 이용자 1,230,000명 중 25%는 보험상품에 가입했고, 40%는 적금상품에 가입했다. 보험상품과 적금상품에 중복으로 가입한 사람은 없으며, 보험상품 가입자의 10%, 적금상품 가입자의 20% 그리고 두 상품 모두 가입하지 않은 S은행 이용자의 30%가 예금상품에 가입했다고 할 때, 이에 대한 〈보기〉의 설명 중 옳은 것을 모두 고르면?(단, 소수점 둘째 자리에서 반올림한다)

〈S은행 상품별 가입 현황〉

(단위 : %)

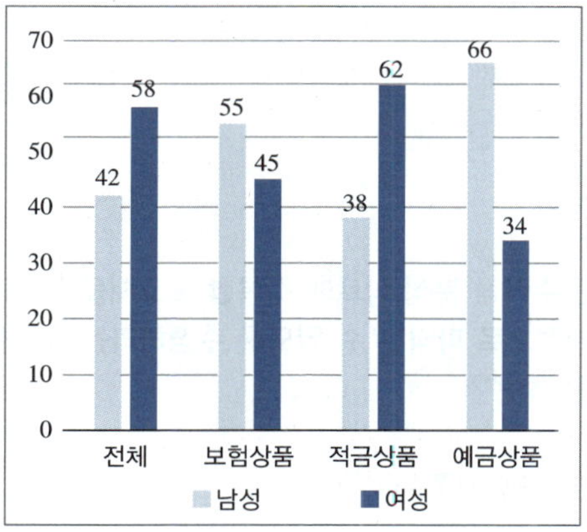


〈상품별 1인당 평균 월납입금액〉

(단위 : 만 원)

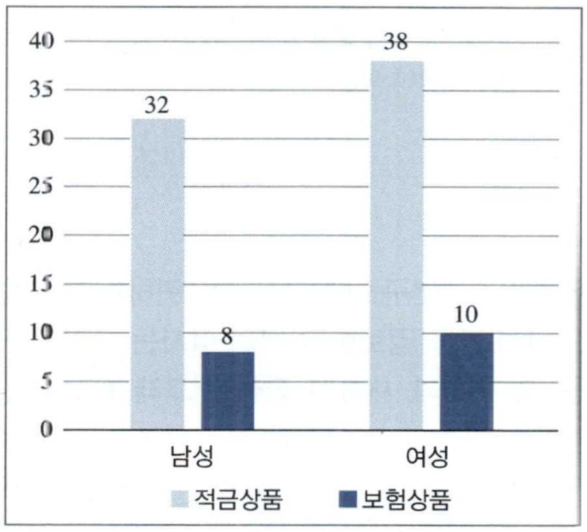


※ 예금상품의 평균 예치금은 남성 2,000만 원, 여성 2,200만 원임

※ 적금·예금상품은 5년 만기, 보험상품은 20년 만기임

보기

ㄱ. S은행 이용자 중 예금상품 가입자가 차지하는 비율은 20% 이하이다.

ㄴ. 예금상품에 가입한 여성 중 보험 또는 적금상품에 가입한 여성이 없을 때, 예금상품만 가입한 남성이 S은행 남성 이용자 전체에서 차지하는 비율은 8%이다.

ㄷ. 예금·보험·적금상품의 각각 가입건수를 계산한다면, 예금·보험·적금상품 전체 가입건수에서 남성가입건수와 여성가입건수의 차이는 5,000건 이하이다.

ㄹ. 남성과 여성의 1인당 평균 총납입금액의 차액이 가장 적은 상품은 예금상품이다.

① ㄱ, ㄷ
② ㄴ, ㄹ
③ ㄷ, ㄹ
④ ㄱ, ㄴ, ㄹ
⑤ ㄴ, ㄷ, ㄹ

# 12 자료변환

**| 유형분석 |**

- 그래프의 형태별 특징을 파악하고, 다양한 종류로 변환하여 표현할 수 있는지 평가한다.
- 수치를 일일이 확인하기보다 증감 추이를 먼저 판단한 후 그래프 모양이 크게 차이 나는 곳의 수치를 확인하는 것이 효율적이다.

**S은행의 경제연구소에 근무하는 귀하는 비금융기관 수익성 분석 파트에 수록할 보고서를 작성하고 있다. 보고서 초안을 검토한 귀하의 상사는 데이터를 가시적으로 파악할 수 있도록 수정하라는 지시를 받았다. 다음 중 귀하가 새롭게 작성한 그래프로 옳지 않은 것은?**

〈비금융기관 총자산순이익률(ROA)〉

(단위 : %)

| 구분 | | 보험회사 | 상호금융 | 증권회사 | 여신전문회사 | 저축은행 |
|---|---|---|---|---|---|---|
| 2022년 | 1/4분기 | 0.8 | 0.4 | 0.4 | 1.1 | −4.3 |
| | 2/4분기 | 0.7 | 0.3 | 0.4 | 1 | −2.3 |
| | 3/4분기 | 0.7 | 0.3 | 0.2 | 1.1 | −1.6 |
| | 4/4분기 | 0.6 | 0.4 | 0.1 | 1.7 | −2.1 |
| 2023년 | 1/4분기 | 0.7 | 0.4 | 0 | 1.6 | −1.7 |
| | 2/4분기 | 0.7 | 0.4 | 0.1 | 1.6 | −1.2 |
| | 3/4분기 | 0.7 | 0.4 | 0.4 | 1.6 | −0.9 |
| | 4/4분기 | 0.7 | 0.4 | 0.6 | 1.8 | 0.3 |
| 2024년 | 1/4분기 | 0.7 | 0.4 | 0.8 | 1.8 | 0.8 |
| | 2/4분기 | 0.8 | 0.4 | 1.1 | 1.7 | 1.3 |
| | 3/4분기 | 0.7 | 0.4 | 1 | 1.6 | 1.7 |

① 보험회사 총자산순이익률

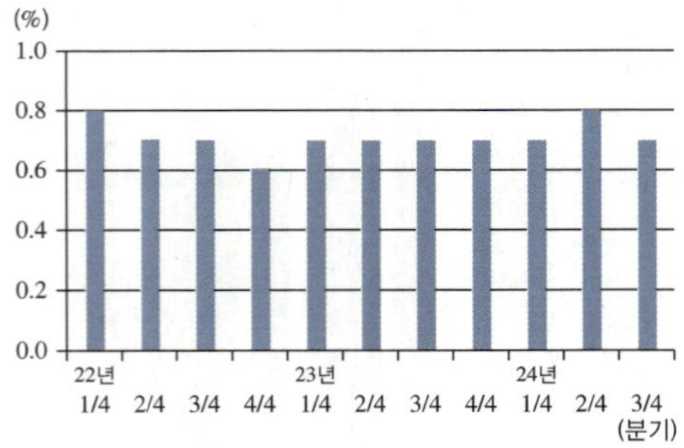


② 상호금융 총자산순이익률

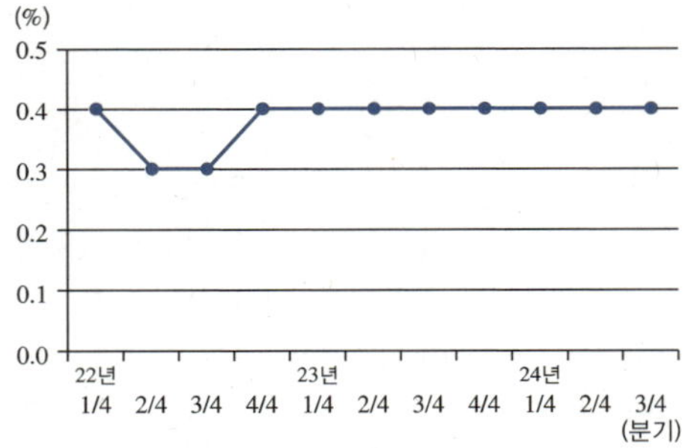

③ 저축은행 총자산순이익률

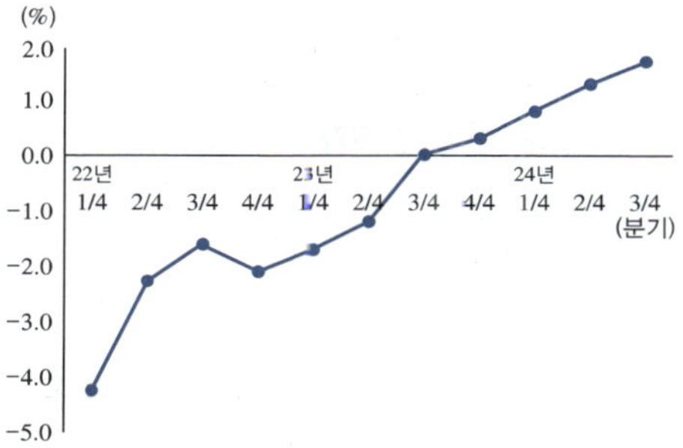


④ 여신전문회사 총자산순이익률

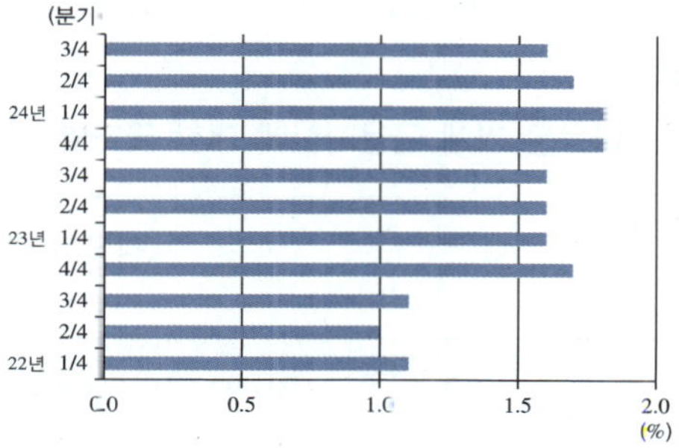


⑤ 증권회사 총자산순이익률

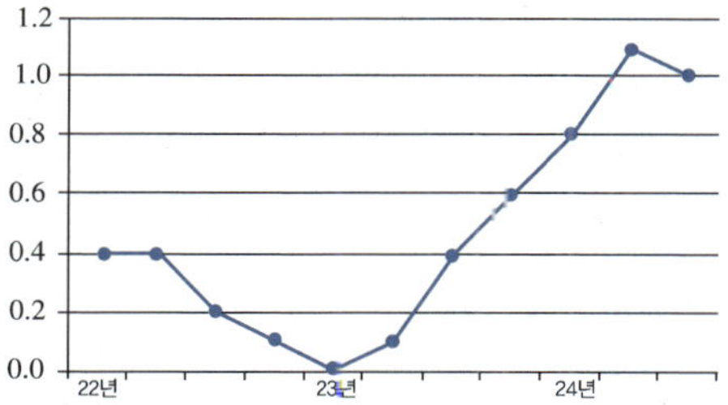


**정답** ③

2023년도 3/4분기의 저축은행 ROA(총자산순이익률)가 −0.9%인데, 그래프에서는 0%로 되어 있다.

**유형풀이 Tip**

**그래프의 종류**

| 구분 | 내용 |
|---|---|
| 선 그래프 | 시간적 추이(시계열 변화)를 표시하고자 할 때 적합<br>예 연도별 매출액 추이 변화 |
| 막대 그래프 | 수량 간의 대소관계를 비교하고자 할 때 적합<br>예 영업소별 매출액 |
| 원 그래프 | 내용의 구성비를 분할하여 나타내고자 할 때 적합<br>예 제품별 매출액 구성비 |
| 층별 그래프 | 합계와 각 부분의 크기를 백분율로 나타내고 시간적 변화를 보고자 할 때 적합<br>예 상품별 매출액 추이 |
| 점 그래프 | 지역분포를 비롯한 기업 등의 평가나 위치, 성격을 표시하고자 할 때 적합<br>예 광고비율과 이익률의 관계 |
| 방사형 그래프 | 다양한 요소를 비교하고자 할 때 적합<br>예 매출액의 계절변동 |

Easy

**01** 다음은 가계 금융자산에 대한 국가별 비교 자료이다. 이를 변환한 그래프로 옳지 않은 것은?

〈각국의 연도별 가계 금융자산 비율〉

(단위 : %)

| 국가＼연도 | 2019년 | 2020년 | 2021년 | 2022년 | 2023년 | 2024년 |
|---|---|---|---|---|---|---|
| A | 0.24 | 0.22 | 0.21 | 0.19 | 0.17 | 0.16 |
| B | 0.44 | 0.45 | 0.48 | 0.41 | 0.40 | 0.45 |
| C | 0.39 | 0.36 | 0.34 | 0.29 | 0.28 | 0.25 |
| D | 0.25 | 0.28 | 0.26 | 0.25 | 0.22 | 0.21 |

※ 가계 총자산은 가계 금융자산과 가계 비금융자산으로 이루어지며, 가계 금융자산 비율은 가계 총자산 대비 가계 금융자산이 차지하는 비율임

〈2024년 각국의 가계 금융자산 구성비〉

(단위 : %)

| 국가＼가계 금융자산 | 예금 | 보험 | 채권 | 주식 | 투자신탁 | 기타 |
|---|---|---|---|---|---|---|
| A | 0.62 | 0.18 | 0.10 | 0.07 | 0.02 | 0.01 |
| B | 0.15 | 0.30 | 0.10 | 0.31 | 0.12 | 0.02 |
| C | 0.35 | 0.27 | 0.11 | 0.09 | 0.14 | 0.04 |
| D | 0.56 | 0.29 | 0.03 | 0.06 | 0.02 | 0.04 |

① 연도별 B국과 C국 가계 비금융자산 비율

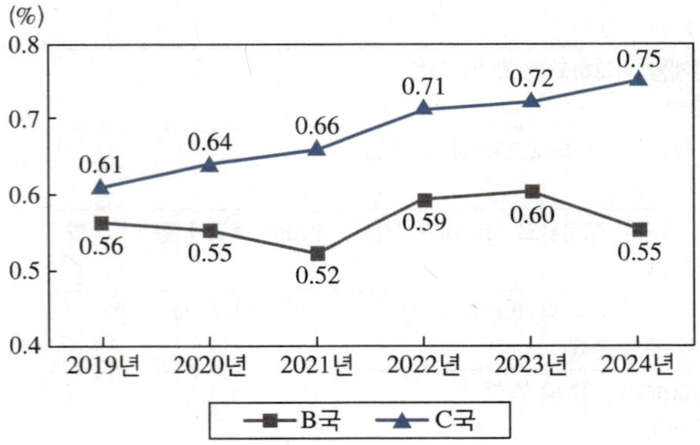

② 2021년 각국의 가계 총자산 구성비

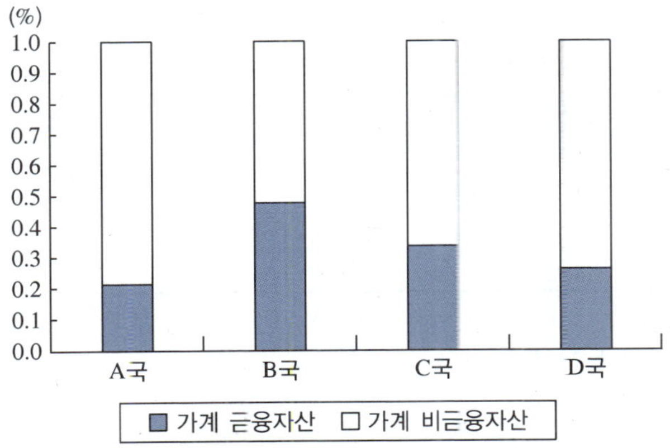


③ 2024년 C국의 가계 금융자산 구성비

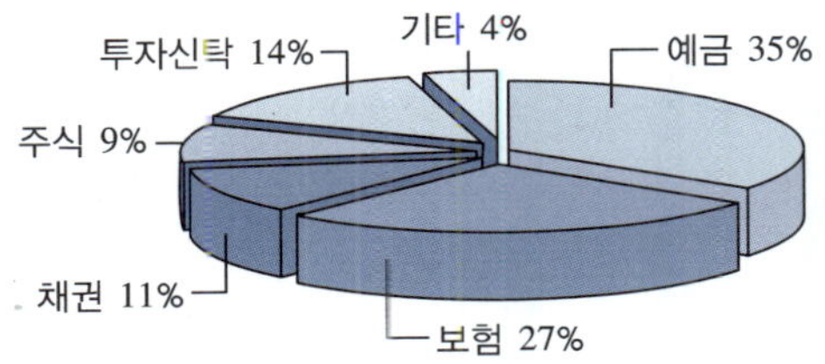


④ 2024년 각국의 가계 총자산 대비 예금 구성비

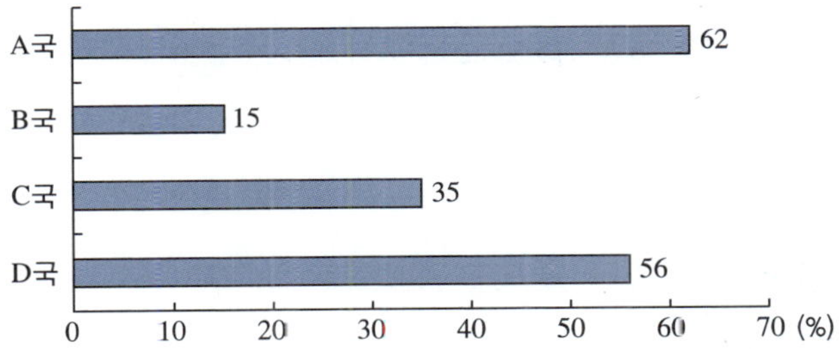


⑤ 2024년 A국과 D국의 가계 금융자산 대비 보험, 채권, 주식 구성비

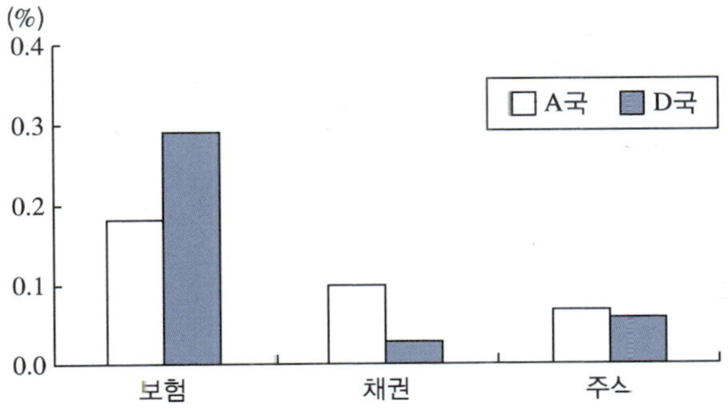

**02** 다음은 월별 장병내일준비적금 가입 현황에 대한 자료이다. 이를 변환한 그래프로 옳지 않은 것은?

〈장병내일준비적금 가입 현황〉

| 구분 | 2023년 | | | 2024년 | | | 합계 |
|---|---|---|---|---|---|---|---|
| | 10월 | 11월 | 12월 | 1월 | 2월 | 3월 | |
| 가입자 수(명) | 18,127 | 30,196 | 24,190 | 16,225 | 18,906 | 15,394 | 123,038 |
| 가입계좌 수(개) | 23,315 | 39,828 | 32,118 | 22,526 | 25,735 | 20,617 | 164,139 |
| 가입금액(백만 원) | 4,361 | 7,480 | 5,944 | 4,189 | 4,803 | 3,923 | 30,700 |

① 2023년 10월 ~ 2024년 3월 동안 적금 가입자 수와 가입금액 현황

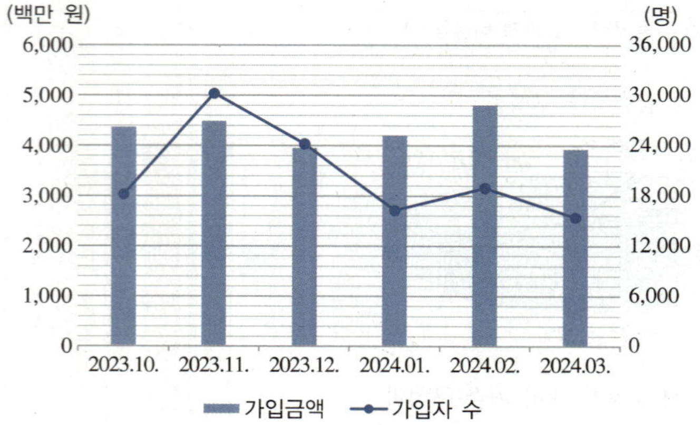


② 2023년 10월 ~ 2024년 3월 동안 적금 가입자 수와 가입계좌 수 현황

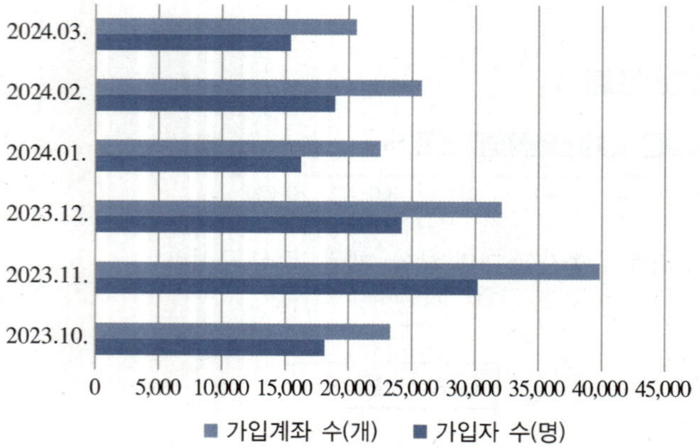

③ 2023년 10월～2024년 3월 동안 적금 가입계좌 수와 가입금액 현황

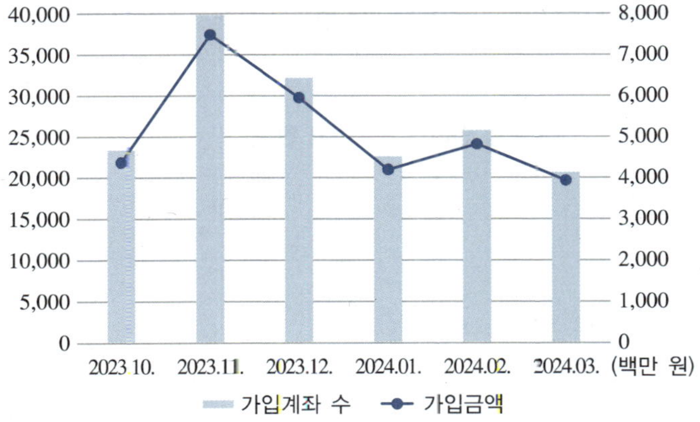


④ 2023년 10～12월 동안 적금 가입자 수, 가입계좌 수, 가입금액 현황

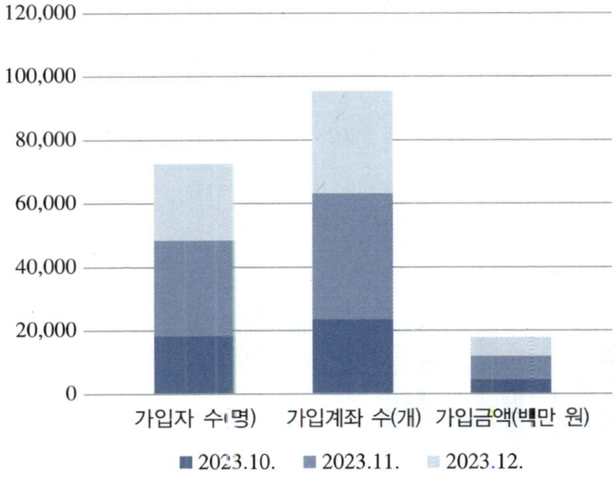


⑤ 2024년 1～3월 동안 적금 가입자 수, 가입계좌 수, 가입금액 현황

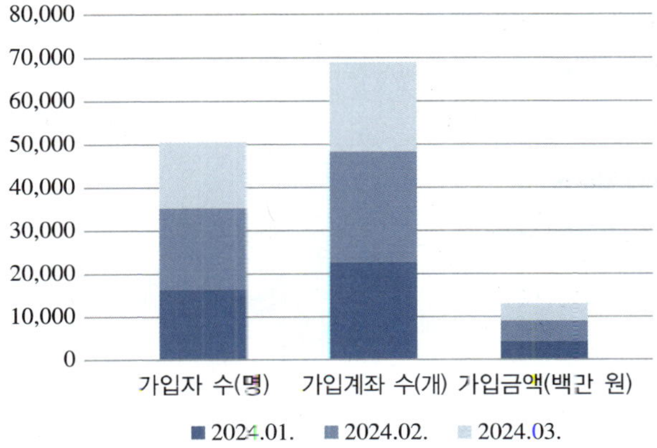

**03** 다음은 2020 ~ 2024년까지 가정에서 사용하는 인터넷 접속기기에 대한 자료로, 가구별 접속기기를 한 개 이상 응답한 결과를 나타냈다. 이를 참고하여 변환한 그래프로 옳은 것은?(단, 모든 그래프의 단위는 '%'이다)

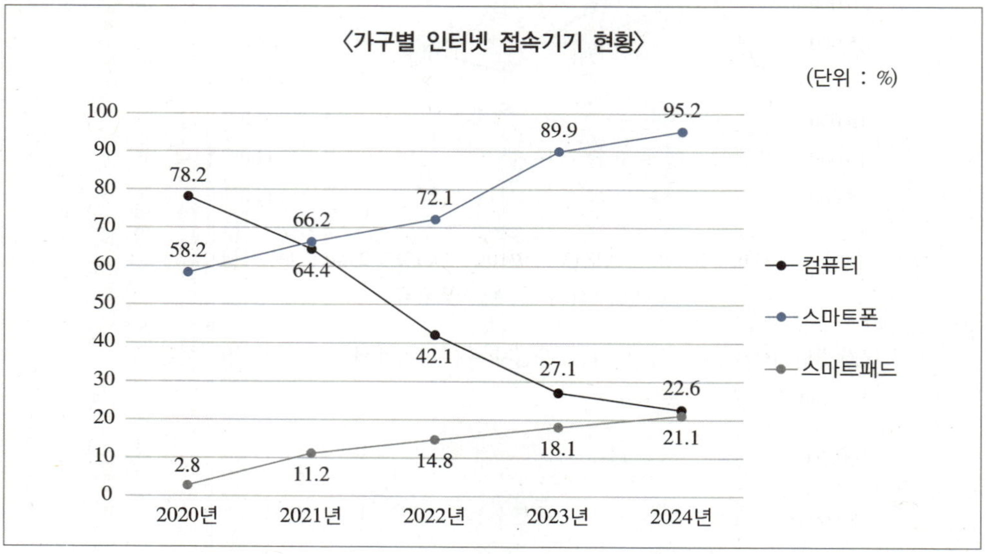


①

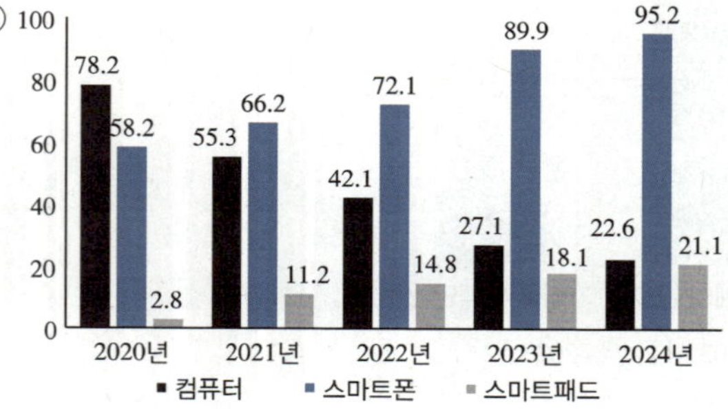


②

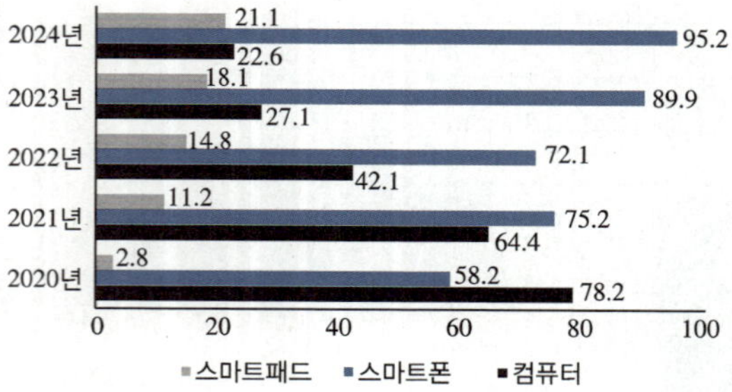

③ 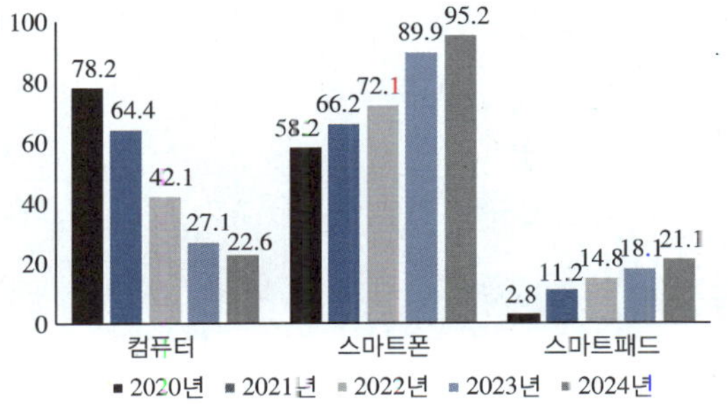
100
80
60
40
20
0
78.2
64.4
42.1
27.1
22.6
58.2
66.2
72.1
89.9
95.2
2.8
11.2
14.8
18.1
21.1
컴퓨터
스마트폰
스마트패드
2020년 2021년 2022년 2023년 2024년

④ 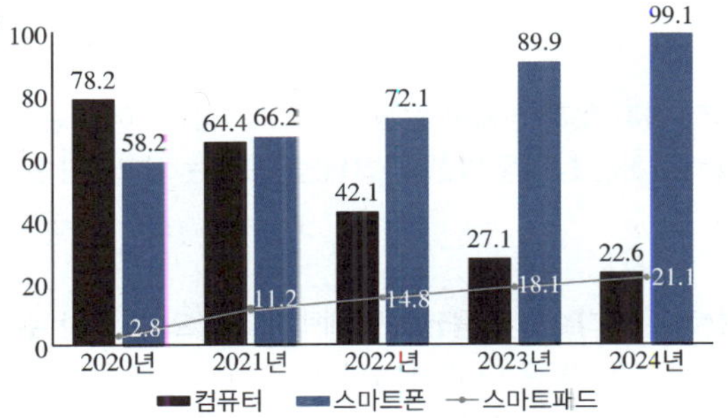
100
80
60
40
20
0
78.2
58.2
64.4
66.2
42.1
72.1
27.1
89.9
22.6
99.1
2.8
11.2
14.8
18.1
21.1
2020년
2021년
2022년
2023년
2024년
컴퓨터
스마트폰
스마트패드

⑤ 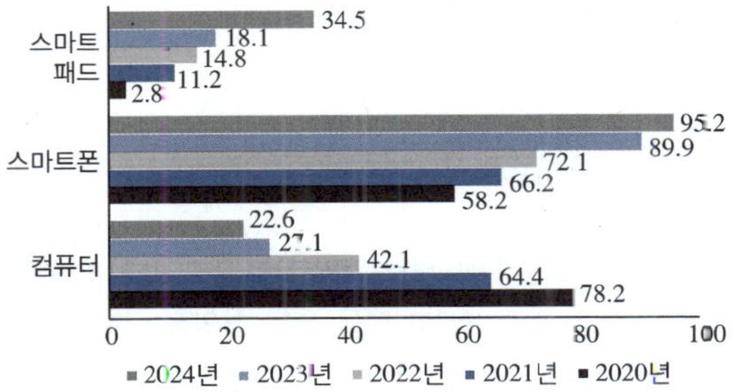
스마트
패드
34.5
18.1
14.8
11.2
2.8
스마트폰
95.2
89.9
72.1
66.2
58.2
컴퓨터
22.6
27.1
42.1
64.4
78.2
0
20
40
60
80
100
2024년 2023년 2022년 2021년 2020년

# CHAPTER 03 문제해결능력

## 합격 CHEAT KEY

문제해결능력은 업무를 수행하면서 여러 가지 문제 상황이 발생하였을 때, 창의적이고 논리적인 사고를 통하여 이를 올바르게 인식하고 적절히 해결하는 능력을 말한다. 하위능력으로는 사고력과 문제처리능력이 있다.

문제해결능력은 NCS 기반 채용을 진행하는 대다수의 금융권에서 채택하고 있으며, 문항 수는 평균 24% 정도로 상당히 많이 출제되고 있다. 하지만 수험생들은 더 많이 출제되는 다른 영역에 몰입하고 문제해결능력에는 집중하지 않는 실수를 하고 있다. 다른 영역보다 더 많은 노력이 필요할 수는 있지만 그렇기에 차별화를 할 수 있는 득점 영역이므로 포기하지 말고 꾸준하게 노력해야 한다.

### 01 질문의 의도를 정확하게 파악하라!

문제해결능력은 문제에서 무엇을 묻고 있는지 정확하게 파악하여 먼저 풀이 방향을 설정하는 것이 가장 효율적인 방법이다. 특히, 조건이 주어지고 답을 찾는 창의적·분석적인 문제가 주로 출제되고 있기 때문에 처음에 정확한 풀이 방향이 설정되지 않는다면 시간만 허비하고 결국 문제도 풀지 못하게 되므로 첫 번째로 출제의도 파악에 집중해야 한다.

### 02 중요한 정보는 반드시 표시하라!

위에서 말한 출제의도를 정확히 파악하기 위해서는 문제의 중요한 정보는 반드시 표시나 메모를 하여 하나의 조건, 단서도 잊고 넘어가는 일이 없도록 해야 한다. 실제 시험에서는 시간의 압박과 긴장감으로 정보를 잘못 적용하거나 잊어버리는 실수가 많이 발생하므로 사전에 충분한 연습이 필요하다.
가령 명제 문제의 경우 주어진 명제와 그 명제의 대우를 본인이 한눈에 파악할 수 있도록 기호화, 도식화하여 메모하면 흐름을 이해하기가 더 수월하다. 이를 통해 자신만의 풀이 순서와 방향, 기준 또한 생길 것이다.

## 03 반복 풀이를 통해 취약 유형을 파악하라!

길지 않은 한정된 시간 동안 모든 문제를 다 푸는 것은 조금은 어려울 수도 있다. 따라서 고득점을 할 수 있는 효율적인 문제 풀이 방법을 찾아야 한다. 이때, 반복적인 문제 풀이를 통해 자신이 취약한 유형을 파악하는 것이 중요하다. 취약 유형 파악은 종료 시간이 임박했을 때 빛을 발할 것이다. 풀 수 있는 문제부터 빠르게 풀고 취약한 유형은 나중에 푸는 효율적인 문제 풀이를 통해 최대한의 고득점을 하는 것이 중요하다. 그러므로 본인의 취약 유형을 파악하기 위해서는 많은 문제를 풀어 봐야 한다.

## 04 타고나는 것이 아니므로 열심히 노력하라!

대부분의 수험생들이 문제해결능력은 공부해도 실력이 늘지 않는 영역이라고 생각한다. 하지만 그렇지 않다. 문제해결능력이야말로 노력을 통해 충분히 고득점이 가능한 영역이다. 정확한 질문 의도 파악, 취약한 유형의 반복적인 풀이, 빈출유형 파악 등의 방법으로 충분히 실력을 향상시킬 수 있다. 자신감을 갖고 공부하기 바란다.

대표기출유형

# 01 명제

**| 유형분석 |**

- 연역추론을 활용해 주어진 문장을 치환하여 성립하지 않는 내용을 찾는 문제이다.

**다음 대화가 모두 참이라고 할 때, 빈칸에 들어갈 내용이 바르게 연결된 것은?**

- 갑 : A와 B 모두 회의에 참석한다면, C도 참석해.
- 을 : C는 회의 기간 중 해외 출장이라 참석하지 못해.
- 갑 : 그럼 A와 B 중 적어도 한 사람은 참석하지 못하겠네.
- 을 : 그래도 A와 D 중 적어도 한 사람은 참석해.
- 갑 : 그럼 A는 회의에 반드시 참석하겠군.
- 을 : 너는 ______㉠______고 생각하고 있구나?
- 갑 : 맞아. 그리고 우리 생각이 모두 참이면, E와 F 모두 참석해.
- 을 : 그래. 그 까닭은 ______㉡______ 때문이지.

① ㉠ : B가 회의에 참석한다
   ㉡ : E와 F 모두 회의에 참석한다면 B는 불참하기
② ㉠ : B가 회의에 참석한다
   ㉡ : E와 F가 모두 회의에 참석하면 B도 참석하기
③ ㉠ : B가 회의에 참석한다
   ㉡ : B가 회의에 참석하면 E와 F도 모두 참석하기
④ ㉠ : D가 회의에 불참한다
   ㉡ : B가 회의에 불참한다면 E와 F 모두 참석하기
⑤ ㉠ : D가 회의에 불참한다
   ㉡ : E와 F 모두 회의에 참석하면 B도 참석하기

**정답** ④

대화 내용을 기호화하여 정리하면 다음과 같다.

- (A ∧ B) → C
- ~C
- ~A ∨ ~B
- A ∨ D
- A
- ㉠
- E ∧ F
- ㉡

두 번째와 세 번째 대화를 통해 A가 참석한다는 것을 도출하기 위해서는 ㉠에는 ~D가 들어가야 한다.

A가 반드시 참석하므로 세 번째 대화를 통해 ~B임을 알 수 있으며, E와 F가 모두 참석한다는 것을 도출하기 위해 ㉡에는 ~B → (E ∧ F)가 들어가야 한다.

따라서 바르게 연결된 것은 ④이다.

## 유형풀이 Tip

- 명제 유형의 문제에서는 항상 '명제의 역은 성립하지 않지만, 대우는 항상 성립한다.'
- 단어의 첫 글자나 알파벳을 이용하여 명제를 도식화한 후 명제의 대우를 활용하여 각 명제를 연결하여 답을 찾는다.

  예 채식주의자라면 고기를 먹지 않을 것이다.

  → (역) 고기를 먹지 않으면 채식주의자이다.

  → (이) 채식주의자가 아니라면 고기를 먹을 것이다.

  → (대우) 고기를 먹는다면 채식주의자가 아닐 것이다

**명제의 역, 이, 대우**

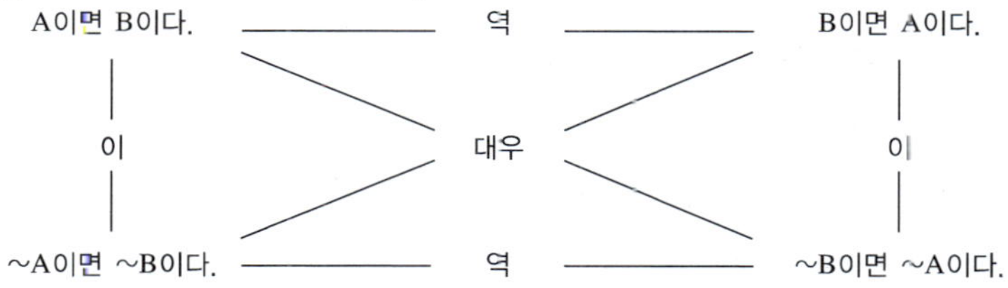

## 대표기출유형 01 기출응용문제

Easy

**01** **다음 명제가 모두 참일 때, 빈칸에 들어갈 명제로 가장 적절한 것은?**

> • 세미나에 참여한 사람은 모두 봉사활동에 지원하였다.
> • 신입사원은 세미나에 참여하지 않았다.
> • ______________________________

① 신입사원은 모두 봉사활동에 지원하였다.
② 세미나에 참여하지 않으면 모두 신입사원이다.
③ 신입사원은 모두 봉사활동에 지원하지 않았다.
④ 봉사활동에 지원한 사람은 모두 세미나에 참여한 사람이다.
⑤ 신입사원은 봉사활동에 지원하였을 수도, 하지 않았을 수도 있다.

**02** **다음 명제가 모두 참일 때, 반드시 참인 명제는?**

> • A가 외근을 나가면 B도 외근을 나간다.
> • A가 외근을 나가면 D도 외근을 나간다.
> • D가 외근을 나가면 E도 외근을 나간다.
> • C가 외근을 나가지 않으면 B도 외근을 나가지 않는다.
> • D가 외근을 나가지 않으면 C도 외근을 나가지 않는다.

① B가 외근을 나가면 A도 외근을 나간다.
② D가 외근을 나가면 C도 외근을 나간다.
③ A가 외근을 나가면 E도 외근을 나간다.
④ C가 외근을 나가지 않으면 D도 외근을 나가지 않는다.
⑤ B가 외근을 나가지 않으면 D도 외근을 나가지 않는다.

Hard

## 03

**다음 〈조건〉을 통해 S은행에 재직 중인 A씨의 사원번호를 추론할 때, 항상 참인 것은?(단, A씨는 2020년 상반기에 S은행에 입사하였다)**

조건

- 사원번호는 0부터 9까지 정수로 이루어져 있다.
- S은행에 입사한 사원에게 부여되는 사원번호는 여섯 자리이다.
- 2020년 상반기에 입사한 S은행 신입사원의 사원번호 앞의 두 자리는 20이다.
- 사원번호 앞의 두 자리를 제외한 나머지 자리에는 0이 올 수 없다.
- A씨의 사원번호는 앞의 두 자리를 제외하면 세 번째, 여섯 번째 자리의 수만 같다.
- 사원번호 여섯 자리의 합은 9이다.

① A씨의 사원번호는 '201321'이다.
② A씨의 사원번호는 '201231'이 될 수 없다.
③ A씨 사원번호의 세 번째 자리 수는 '1'이다.
④ A씨의 사원번호 앞의 두 자리가 '20'이 아닌 '21'이 부여된다면 A씨의 사원번호는 '211231'이다.
⑤ A씨의 사원번호 네 번째 자리의 수가 다섯 번째 자리의 수보다 작다면 A씨의 사원번호는 '202032'이다.

## 04

**S금융회사의 A～F팀은 월요일부터 토요일까지 하루에 2팀씩 함께 회의를 진행한다. 다음 〈조건〉을 참고할 때, 반드시 참인 것은?(단, 월요일부터 토요일까지 각 팀의 회의 진행 횟수는 서로 같다)**

조건

- 오늘은 목요일이고 A팀과 F팀이 함께 회의를 진행했다.
- B팀은 A팀과 연이은 요일에 회의를 진행하지 않는다.
- B팀은 오늘을 포함하여 이번 주에는 더 이상 회의를 진행하지 않는다.
- C팀은 월요일에 회의를 진행했다.
- D팀과 C팀은 이번 주에 B팀과 한 번씩 회의를 진행한다.
- A팀과 F팀은 이번 주에 이틀을 연이어 함께 회의를 진행한다.

① E팀은 수요일과 토요일 중 하루만 회의를 진행한다.
② 화요일에 회의를 진행한 팀은 B팀과 E팀이다.
③ C팀과 E팀은 함께 회의를 진행하지 않는다.
④ C팀은 월요일과 수요일에 회의를 진행했다.
⑤ F팀은 목요일과 금요일에 회의를 진행한다.

※ 다음 글이 참일 때, 〈보기〉 중 반드시 참인 것을 모두 고르시오. [5~6]

Hard

**05**

인간은 누구나 건전하고 생산적인 사회에서 타인과 함께 평화롭게 살아가길 원한다. 도덕적이고 문명화된 사회를 가능하게 하는 기본적인 사회 원리를 수용할 경우에만 인간은 생산적인 사회에서 평화롭게 살 수 있다. 기본적인 사회 원리를 수용한다면, 개인의 권리는 침해당하지 않는다. 인간의 본성에 의해 요구되는 인간 생존의 기본 조건, 즉 생각의 자유와 자신의 이성적 판단에 따라 행동할 수 있는 자유가 인정되지 않는다면, 개인의 권리는 침해당한다.

물리적 힘의 사용이 허용되는 경우에만 개인의 권리는 침해당한다. 어떤 사람이 다른 사람의 삶을 빼앗거나 그 사람의 의지에 반하는 것을 강요하기 위해서는 물리적 수단을 사용할 수밖에 없기 때문이다. 이성적인 수단인 토론이나 설득을 사용하여 다른 사람의 의견이나 행동에 영향을 미친다면, 개인의 권리는 침해당하지 않는다.

인간이 생산적인 사회에서 평화롭게 사는 것은 매우 중요하다. 왜냐하면 인간이 생산적인 사회에서 평화롭게 살 수 있을 경우에만 인간은 지식 교환의 가치를 사회로부터 얻을 수 있기 때문이다.

**보기**

㉠ 생각의 자유와 자신의 이성적 판단에 따라 행동할 수 있는 자유가 인정될 경우에만 인간은 생산적인 사회에서 평화롭게 살 수 있다.
㉡ 물리적 힘이 사용되는 것이 허용되지 않는다면, 인간은 생산적 사회에서 평화롭게 살 수 있다.
㉢ 물리적 힘이 사용되는 것이 허용된다면, 생각의 자유와 자신의 이성적 판단에 따라 행동할 수 있는 자유가 인정되지 않는다.
㉣ 개인의 권리가 침해당한다면, 인간은 지식 교환의 가치를 사회로부터 얻을 수 없다.

① ㉠, ㉢　　② ㉠, ㉣
③ ㉡, ㉢　　④ ㉡, ㉣
⑤ ㉢, ㉣

## 06

이번에 우리 공장에서 발생한 화재사건에 대해 조사해 보았습니다. 화재의 최초 발생 장소는 A지역으로 추정됩니다. 화재의 원인에 대해서는 여러 가지 의견이 존재합니다.
첫째, 화재의 원인을 새로 도입한 기계 M의 오작동으로 보는 견해가 존재합니다. 만약 기계 M의 오작동이 화재의 원인이라면 기존에 같은 기계를 도입했던 X공장과 Y공장에서 이미 화재가 났을 것입니다. 확인 결과 이미 X공장에서 화재가 났었다는 것을 파악할 수 있었습니다.
둘째, 방화로 인한 화재의 가능성이 존재합니다. 만약 화재의 원인이 방화일 경우 감시카메라에게 수상한 사람이 찍히고 방범용 비상벨이 작동했을 것입니다. 또한 방범용 비상벨이 작동했다면 당시 근무 중이던 경비원 갑이 B지역과 C지역 어느 곳으로도 화재가 확대되지 않도록 막았을 것입니다. B지역으로 화재가 확대되지는 않았고, 감시카메라에서 수상한 사람을 포착하여 조사 중에 있습니다.
셋째, 화재의 원인이 시설 노후화로 인한 누전일 가능성도 제기되고 있습니다. 화재의 원인이 누전이라면 기기관리자 을 또는 시설관리자 병에게 화재의 책임이 있을 것입니다. 만약 을에게 책임이 있다면 정에게는 책임이 없습니다.

**보기**

㉠ 이번 화재 전에 Y공장에서 화재가 발생했어도 기계 M의 오작동이 화재의 원인은 아닐 수 있다.
㉡ 병에게 책임이 없다면, 정에게도 책임이 없다.
㉢ C지역으로 화재가 확대되었다면, 방화는 이번 화재의 원인이 아니다.
㉣ 정에게 이번 화재의 책임이 있다면, 시설 노후화로 인한 누전이 이번 화재의 원인이다.

① ㉠, ㉢
② ㉡, ㉣
③ ㉢, ㉣
④ ㉠, ㉡, ㉢
⑤ ㉡, ㉢, ㉣

대표기출유형

# 02 참 · 거짓

**| 유형분석 |**

- 주어진 문장을 토대로 논리적으로 추론하여 참 또는 거짓을 구분하는 문제이다.

**다음 글의 내용이 참일 때, 항상 옳은 것은?**

> 호텔 A에서 살인 사건이 발생했고, 손님 중에 범인(들)이 있다. 이 사건에 대하여 갑, 을, 병 세 사람이 각각 다음과 같이 두 개씩 진술을 했다. 이 세 사람 중 한 사람의 진술은 모두 참이고 다른 한 사람의 진술은 모두 거짓이며, 또 다른 한 사람의 진술은 하나는 참이고 다른 하나는 거짓이다.
>
> • 갑 : 이 사건의 범인은 단독범이고, 그는 이 호텔의 2층에 묵고 있다.
> 이 호텔 2층의 방은 모두 손님이 투숙하고 있어 2층에는 빈방이 없다.
>
> • 을 : 이 사건이 단독범의 소행이라면, 그 범인은 이 호텔의 5층에 투숙하고 있다.
> 이 사건의 범인은 단독범이 아니고, 그들은 같은 방에 투숙하고 있지도 않다.
>
> • 병 : 이 사건이 단독범의 소행이 아니라면, 범인들은 같은 방에 투숙하고 있다.
> 이 호텔의 모든 방은 손님이 투숙하고 있어 빈방이 없다.

① 갑의 진술 둘 다 거짓일 수 있다.

② 2층에는 빈방이 없지만, 다른 층에는 빈방이 있다.

③ 병의 진술이 둘 다 거짓이라면, 갑의 진술 중 하나는 거짓이다.

④ 을의 진술이 둘 다 거짓이라면, 이 사건은 단독범의 소행이 아니다.

⑤ 갑의 진술 중 하나만 참이라면, 이 사건은 단독범의 소행이 아니다.

정답 ③

갑·을·병의 진술을 기호로 나타낸 뒤, 제시된 조건을 만족시키는 가능한 경우를 표로 나타내면 다음과 같다.

| 구분 | | 경우 1 | 경우 2 | 경우 3 |
|---|---|---|---|---|
| 갑 | 단독 ∧ 2층 | × | ○ | × |
| | ~2층 빈방 | ○ | ○ | ○ |
| 을 | if 단독 → 5층 | ○ | × | × |
| | ~단독 ∧ ~같은 방 | ○ | × | × |
| 병 | if ~단독 → 같은 방 | × | ○ | ○ |
| | ~빈방 | × | × | ○ |

병의 진술이 둘 다 거짓인 경우, 갑의 진술이 둘 다 참이라고 가정하면 이는 을의 두 진술과 모두 충돌하므로 을의 진술은 둘 다 거짓이어야 한다. 따라서 이는 조건에 부합하지 않으므로 병의 진술이 둘 다 거짓이라면 갑의 진술 중 하나는 거짓이어야 한다.

오답분석

① 갑의 진술이 둘 다 거짓인 경우 2층에 빈방이 있어야 하므로 자동적으로 병의 두 번째 진술이 거짓이 되고, 병의 첫 번째 진술은 참이어야 한다. 그런데 이때 병의 첫 번째 진술은 을의 두 번째 진술과 모순되므로, 을의 두 번째 진술이 거짓이어야 하는데 조건에 따라 을은 두 진술 모두 참을 말하는 사람이어야 하므로 모순이 발생한다. 따라서 갑의 진술이 둘 다 거짓일 수 없다.

② 경우 3과 같이 2층을 포함하여 전체 층에 빈방이 없는 경우가 가능하다.

④ 경우 2와 같이 을의 진술이 둘 다 거짓이면서 단독범의 소행인 경우가 가능하다.

⑤ 경우 3과 같이 갑의 진술 중 하나만 참이면서 단독범의 소행인 경우가 가능하다. 이 경우 단독범의 소행이지만 단독범이 2층 또는 5층에 묵지 않는 경우를 상상할 수 있고 모순이 발생하지 않는다.

## 유형풀이 Tip

참·거짓 유형의 90% 이상은 다음 두 가지 방법으로 풀 수 있다.

주어진 진술을 빠르게 훑으며 다음 두 가지 중 어떤 경우에 해당하는지 확인한 후 문제를 풀어나간다.

1) 2명 이상의 발언 중 한쪽이 진실이면 다른 한쪽이 거짓인 경우
   ① A가 진실이고 B가 거짓인 경우, B가 진실이고 A가 거짓인 경우 두 가지로 나눌 수 있다.
   ② 두 가지 경우에서 각 발언의 진위 여부를 판단한다.
   ③ 주어진 조건과 비교한다(범인의 숫자가 맞는지, 진실 또는 거짓을 말한 인원수가 조건과 맞는지 등).
2) 2명 이상의 발언 중 한쪽이 진실이면 다른 한쪽도 진실인 경우와 한쪽이 거짓이면 다른 한쪽도 거짓인 경우
   ① A와 B가 모두 진실인 경우, A와 B가 모두 거짓인 경우 두 가지로 나눌 수 있다.
   ② 두 가지 경우에서 각 발언의 진위 여부를 판단하여 범인을 찾는다.
   ③ 주어진 조건과 비교한다(범인의 숫자가 맞는지, 진실 또는 거짓을 말한 인원수가 조건과 맞는지 등).

## 대표기출유형 02 기출응용문제

Hard

**01** 다음 글에서 추론할 수 있는 것은?

> 다문화 자녀들이 한국생활에 잘 적응하도록 돕기 위해서는 이들과 문화적으로 교류할 수 있는 인재가 필요하다. 이에 정부는 다문화 자녀들과 문화적으로 소통할 수 있는 대학인재를 양성하기로 하였다. 이를 위해 장학제도가 마련되었는데, 올해 다문화 모집분야는 이해, 수용, 확산, 융합, 총 4분야이고, 분야마다 한 명씩 선정되었다.
> 최종심사에 오른 갑, 을, 병, 정, 무는 심사결과에 대해 다음과 같이 추측하였는데, 이 중 넷은 옳았지만 하나는 틀렸다.
> • 갑 : 을이 이해분야에 선정되었거나, 정이 확산분야에 선정되었다.
> • 을 : 무가 수용분야에 선정되었거나, 정이 확산분야에 선정되지 않았다.
> • 병 : 을은 이해분야에 선정되지 않았고, 무는 수용분야에 선정되지 않았다.
> • 정 : 갑은 융합분야에 선정되었고, 무는 수용분야에 선정되었다.
> • 무 : 병을 제외한 나머지 학생들이 선정되었고, 정이 확산분야에 선정되었다.

① 갑은 선정되지 않았다.
② 을이 이해분야에 선정되었다.
③ 병이 확산분야에 선정되었다.
④ 정이 수용분야에 선정되었다.
⑤ 무가 융합분야에 선정되었다.

**02** 다음 중 1명만 거짓말을 할 때, 항상 옳은 것은?(단, 한 층에 1명만 내린다)

> • A : B는 1층에서 내렸다.
> • B : C는 1층에서 내렸다.
> • C : D는 적어도 3층에서 내리지 않았다.
> • D : A는 4층에서 내렸다.
> • E : A는 4층에서 내리고 나는 5층에 내렸다.

① C는 1층에서 내렸다.
② D는 3층에서 내렸다.
③ A는 4층에서 내리지 않았다.
④ C는 B보다 높은 층에서 내렸다.
⑤ A는 D보다 높은 층에서 내렸다.

**03** **취업준비생 A ~ E 5명은 매주 화요일 취업스터디를 하고 있다. 스터디 불참 시 벌금이 부과되는 규칙에 따라 지난주 불참한 2명은 벌금을 내야 한다. 이들 중 2명이 거짓말을 하고 있다고 할 때, 다음 중 항상 옳은 것은?**

> • A : 내가 다음 주에는 사정상 참석할 수 없지만 지난주에는 참석했어!
> • B : 지난주 불참한 C가 반드시 벌금을 내야 해.
> • C : 지난주 스터디에 A가 불참한 건 확실해!
> • D : 사실 나는 지난주 스터디에 불참했어.
> • E : 지난주 스터디에 나는 참석했지만, B는 불참했어.

① A와 B가 벌금을 내야 한다.
② A와 C가 벌금을 내야 한다.
③ A와 E가 벌금을 내야 한다.
④ B와 D가 벌금을 내야 한다.
⑤ D와 E가 벌금을 내야 한다.

**04** **S기업이 해외공사에 사용될 설비를 구축할 업체 2곳을 선정하려고 한다. 구축해야 할 설비는 중동, 미국, 서부, 유럽에 2개씩 총 8개이며, 경쟁업체는 A ~ C업체 3곳이다. 다음 정보가 참 또는 거짓이라고 할 때, 〈보기〉 중 항상 참을 말하는 직원은?**

> • A업체는 최소한 3개의 설비를 구축할 예정이다.
> • B업체는 중동, 미국, 서부, 유럽에 설비를 1개씩 구축할 예정이다.
> • C업체는 중동지역 2개, 유럽지역 2개의 설비를 구축할 예정이다.

**보기**

> • 이사원 : A업체가 참일 경우, B업체는 거짓이 된다.
> • 김주임 : B업체가 거짓일 경우, A업체는 참이 된다.
> • 장대리 : C업체가 참일 경우, A업체도 참이 된다.

① 이사원
② 김주임
③ 장대리
④ 이사원, 김주임
⑤ 김주임, 장대리

# 03 순서추론

**| 유형분석 |**

- 조건을 토대로 순서·위치 등을 추론하여 배열·배치하는 문제이다.
- 방·숙소 배정하기, 부서 찾기, 날짜 찾기, 테이블 위치 찾기 등 다양한 유형의 문제가 출제된다.

**다음과 같이 각 층마다 1인 1실의 방이 4개 있는 3층 호텔에 A ~ I 9명이 〈조건〉과 같이 투숙해 있다고 할 때, 반드시 옳은 것은?**

| | | | | | |
|---|---|---|---|---|---|
| | 301 | 302 | 303 | 304 | |
| 좌 | 201 | 202 | 203 | 204 | 우 |
| | 101 | 102 | 103 | 104 | |

**조건**

- 각 층에는 3명씩만 투숙한다.
- A의 바로 위에는 C가 투숙해 있으며, A의 바로 오른쪽 방에는 아무도 투숙해 있지 않다.
- B의 바로 위의 방에는 아무도 투숙해 있지 않다.
- C의 바로 왼쪽에 있는 방에는 아무도 투숙해 있지 않으며, C는 D와 같은 층 바로 옆에 인접해 있다.
- D는 E의 바로 아래의 방에 투숙해 있다.
- E, F, G는 같은 층에 투숙해 있다.
- G의 옆방에는 아무도 투숙해 있지 않다.
- I는 H보다 위층에 투숙해 있다.

① I는 3층에 투숙해 있다.
② C는 1층에 투숙해 있다.
③ F는 3층에 투숙해 있을 것이다.
④ A는 104, 204, 304호 중 한 곳에 투숙해 있다.
⑤ H는 1층, 바로 위의 방에는 E, 그 위의 방에는 D가 있다.

정답 ③

ⅰ) 첫 번째, 두 번째, 네 번째, 다섯 번째, 여섯 번째, 여덟 번째 조건에 따라 E, F, G가 3층, C, D, I는 2층, A, B, H는 1층에 있음을 알 수 있다.

ⅱ) 네 번째 조건에 따라 2층이 '빈방 – C – D – I' 또는 'I – 빈방 – C – D'임을 알 수 있다.

ⅲ) 두 번째, 세 번째 조건에 따라 1층이 'B – A – 빈방 – H' 또는 'H – B – A – 빈방'임을 알 수 있다.

ⅳ) 다섯 번째, 일곱 번째 조건에 따라 3층이 'G – 빈방 – E – F' 또는 'G – 빈방 – F – E'임을 알 수 있다.

따라서 F가 3층에 투숙해 있음을 알 수 있다.

**유형풀이 Tip**

- 주어진 명제를 자신만의 방법으로 도식화하여 빠르게 문제를 해결한다.
- 경우의 수가 여러 개인 명제보다 1 ~ 2개인 명제를 먼저 도식화하면, 그만큼 경우의 수가 줄어들어 문제를 빠르게 해결할 수 있다.

PART 1

## 대표기출유형 03 기출응용문제

※ S회사의 건물은 5층이며, 〈조건〉에 따라 각 층마다 화분이 놓여있다. 이어지는 질문에 답하시오. **[1~2]**

조건

- 1층에는 2층보다 많은 화분이 놓여있다.
- 3층에는 4층보다 적은 화분이 놓여있다.
- 3층에는 2층보다 적은 화분이 놓여있다.
- 5층에는 4층보다 적은 화분이 놓여있지만 화분이 가장 적은 것은 아니다.

Easy

### 01 다음 중 반드시 참인 것은?

① 3층의 화분 수가 가장 적다.
② 2층과 5층의 화분 수는 같다.
③ 2층의 화분 수는 4층의 화분 수보다 적다.
④ 4층의 화분 수는 2층의 화분 수보다 많다.
⑤ 5층의 화분 수는 1층의 화분 수보다 적다.

### 02 2층의 화분 수가 4층의 화분 수보다 많다고 할 때, 다음 중 참이 아닌 것은?

① 1층의 화분 수가 가장 많다.
② 2층의 화분 수가 두 번째로 많다.
③ 5층의 화분 수는 3층의 화분 수보다 많다.
④ 2층의 화분 수는 5층의 화분 수보다 많다.
⑤ 4층의 화분 수가 S회사 건물 내 모든 화분의 평균 개수이다.

**03** S회사는 A ~ E팀이 사용하는 사무실을 회사 건물의 1층부터 5층에 배치하고 있다. 각 부서의 배치는 2년에 한 번씩 새롭게 배치하며, 올해가 새롭게 배치될 해이다. 다음 〈조건〉을 참고할 때, 반드시 참인 것은?(단, 한 층에는 한 팀만 배치된다)

조건

- 한 번 배치 된 층에는 같은 부서가 배치되지 않는다.
- A팀과 C팀은 1층과 3층을 사용한 적이 있다.
- B팀과 D팀은 2층과 4층을 사용한 적이 있다.
- E팀은 2층을 사용한 적이 있고, 5층에 배정되었다.
- B팀은 1층에 배정되었다.

① E팀은 3층을 사용한 적이 있을 것이다.

② A팀은 2층을 사용한 적이 있을 것이다.

③ D팀은 이번에 확실히 3층에 배정될 것이다.

④ 2층을 쓸 가능성이 있는 것은 총 세 팀이다.

⑤ E팀은 이전에 5층을 사용한 적이 있을 것이다.

**04** 20 ~ 40대 남녀 6명이 뮤지컬 관람을 위해 공연장을 찾았다. 다음 〈조건〉을 참고할 때, 항상 옳은 것은?

조건

- 양 끝자리에는 다른 성별이 앉는다.
- 40대 남성은 왼쪽에서 두 번째 자리에 앉는다.
- 30대 남녀는 서로 인접하여 앉지 않는다.
- 30대와 40대는 인접하여 앉지 않는다.
- 30대 남성은 맨 오른쪽 끝자리에 앉는다.

[뮤지컬 관람석]

| | | | | | |
|---|---|---|---|---|---|
| | | | | | |

① 20대 남녀는 서로 인접하여 앉는다.

② 40대 남녀는 서로 인접하여 앉지 않는다.

③ 20대 남성은 40대 여성과 인접하여 앉는다.

④ 30대 남성은 20대 여성과 인접하여 앉지 않는다.

⑤ 20대 남녀는 왼쪽에서 첫 번째 자리에 앉을 수 없다.

# 04 문제처리

**| 유형분석 |**

- 상황과 정보를 토대로 조건에 적절한 것을 찾는 문제이다.
- 자원관리능력 영역과 결합한 계산 문제가 출제될 가능성이 있다.

**다음 글과 상황을 근거로 판단할 때, 갑과 을이 각각 선택할 은행과 그 은행에서 적용받을 최종금리가 바르게 연결된 것은?**

A, B, C은행은 고객의 계좌를 개설할 때, 다음과 같이 최종금리를 결정하고 있다.

[최종금리(%)]=(기본금리)+(특별금리)+(우대금리)

〈은행별 기본금리와 특별금리〉

| 구분 | 기본금리 | 특별금리 |
|---|---|---|
| A은행 | 4.2% | 0.5% |
| B은행 | 4.0% | 0.5% |
| C은행 | 3.8% | 0.5% |

※ 특별금리 조건 : 연소득 2,400만 원 이하

〈은행별 우대금리〉

| 구분 | 우대금리 조건 | 최대가산 우대금리 |
|---|---|---|
| A은행 | • 주택청약 보유 0.5%p<br>• 공과금 자동이체 0.5%p<br>• S카드 실적 월 30만 원 이상 0.5%p | 1.0%p |
| B은행 | • 최초 신규고객 1.0%p<br>• 공과금 자동이체 0.5%p | 1.5%p |
| C은행 | • 급여이체 0.7%p<br>• 최초 신규고객 0.6%p<br>• S카드 실적 월 60만 원 이상 0.4%p | 1.7%p |

〈상황〉

갑과 을은 A, B, C은행 중 적용받을 최종금리가 가장 높은 은행을 각각 선택하여 계좌를 개설하려 한다. 이들은 다음과 같은 대화를 나누었다.

갑 : 나는 여태 A은행만 이용해 왔고, 주택청약도 보유하고 있어. 공과금 자동이체 계좌는 다른 은행으로 바꿀 수 있지만, 급여이체 계좌는 바꿀 수 없어. 나는 한 달에 S카드를 40만 원 사용하고, 연소득 2,200만 원이야.

을 : 나는 B은행만 이용해 왔어. 급여이체와 공과금 자동이체를 어떤 은행에서 하더라도 괜찮아. 나는 한 달에 S카드를 70만 원 사용하고, 연소득 3,600만 원이야.

| | 갑 | 을 |
|---|---|---|
| ① | A은행, 5.7% | A은행, 5.2% |
| ② | A은행, 6.2% | C은행, 5.5% |
| ③ | B은행, 6.0% | C은행, 5.5% |
| ④ | C은행, 6.0% | A은행, 5.7% |
| ⑤ | C은행, 6.2% | B은행, 5.7% |

정답 ③

- 갑 : 연소득 2,200만 원으로 특별금리 조건인 연소득 2,400만 원 이하에 하당하여 특별금리를 적용받는다. 갑이 은행별로 적용받을 수 있는 최종금리는 다음과 같다.
  - A은행 : 4.2+0.5+1.0=5.7%(우대금리 조건에 모두 해당하여 우대금리가 총 1.5%이나 최대가산 우대금리가 1.0%p이므로 1.0%p의 우대금리만 적용받을 수 있다)
  - B은행 : 4.0+0.5+1.0(최초 신규고객)+0.5(공과금 자동이체)=6.0%
  - C은행 : 3.8+0.5+0.6(최초 신규고객)=4.9%

  따라서 갑은 B은행을 선택하고, 6.0%의 최종금리를 적용받을 것이다.
- 을 : 연소득 3,600만 원으로 특별금리 조건인 연소득 2,400만 원 이하에 해당하지 않아 특별금리를 적용받지 못한다. 을이 A은행과 C은행에서 적용받을 수 있는 최종금리는 다음과 같다.
  - A은행 : 4.2+0.5(공과금 자동이체)+0.5(카드 실적 달성)=5.2%
  - B은행 : 4.0+0.5(공과금 자동이체)=4.5%
  - C은행 : 3.8+0.7(급여이체)+0.6(최초 신규고객)+0.4(카드 실적 달성)=5.5%

  따라서 을은 C은행을 선택하고, 5.5%의 최종금리를 적용받을 것이다.

**유형풀이 Tip**

- 문제에서 묻는 것을 파악한 후, 필요한 상황과 정보를 활용하여 문제를 풀어간다.
- 전체적으로 적용되는 공통 조건과 추가로 적용되는 조건이 동시에 제시될 수 있다. 따라서 공통 조건이 무엇인지 먼저 판단한 후 경우에 따라 추가 조건을 고려하여 풀이한다.
- 추가 조건은 표 하단에 작은 글자로 제시될 수 있으며, 문제를 해결하는 데 중요한 변수가 될 수 있으므로 유의한다.

**01** 다음 글과 상황을 근거로 판단할 때, 청년미래공제에 참여 가능한 기업을 모두 고르면?

〈청년미래공제 참여기업 모집 공고문〉

- 목적 : 미취업 청년의 중소기업 유입을 촉진하고, 청년 근로자의 장기 근속과 자산 형성을 지원
- 참여 자격
  - 고용보험 피보험자 5인 이상 중소기업
  - 고용보험 피보험자 1인 이상 5인 미만 기업이라도 청년기업은 참여 가능
  
  ※ 청년기업 : 14세 이상 39세 이하인 청년이 현재 대표이면서 사업을 개시한 날부터 7년이 지나지 않은 기업
- 참여 제한
  - 청년수당 가입유지율이 30% 미만인 기업은 참여불가. 단, 청년수당 가입 인원이 2인 이하인 경우는 참여 가능

※ $[\text{청년수당 가입유지율(\%)}]=\frac{[\text{청년수당 6개월 이상 가입 유지 인원(㉡)}]}{[\text{청년수당 가입 인원(㉠)}]}\times 100$

〈상황〉

현재 중소기업 A ~ E에 대한 정보는 다음과 같다.

(단위 : 명, 세, 년)

| 구분 | 고용보험 피보험자 수 | 대표자 나이(만) | 사업 개시 경과연수 | ㉠ | ㉡ |
|---|---|---|---|---|---|
| A | 45 | 39 | 8 | 25 | 7 |
| B | 30 | 40 | 8 | 25 | 23 |
| C | 4 | 40 | 6 | 2 | 2 |
| D | 2 | 39 | 6 | 2 | 0 |
| E | 2 | 38 | 8 | 2 | 2 |

① A, C
② A, D
③ B, D
④ B, E
⑤ C, E

**02** 다음은 사잇돌2 대출 상품에 대한 자료이다. 〈보기〉의 신청자 A ~ E 중 사잇돌2 대출 상품을 이용할 수 있는 사람은?

〈사잇돌2 대출〉

| 구분 | 내용 |
|---|---|
| 대출대상 | • 소득증빙이 가능한 만 19세 이상인 자<br>• NICE신용점수 500점 이상인 자<br>• 다음 중 하나에 해당하는 자<br>– 현 직장 5개월 이상 재직 중이며, 연 소득 1,200만 원 이상인 근로자<br>– 사업 개시일로부터 4개월 이상 운영하며, 연 소득 600만 원 이상인 사업자<br>– 국민연금 등의 연금을 1회 이상 수령하였으며, 연 소득 600만 원 이상인 자<br>※ 중복소득은 합산소득 기준으로 산정하여 인정함 |
| 대출한도 | 최대 3,000만 원(단, 서울보증보험의 신용평가 시스템에 따라 차등 적용한다) |
| 대출금리 | 연 13 ~ 18% |
| 대출기간 | 최대 60개월 |
| 상환방법 | 원리금균등상환 |
| 중도상환수수료 | 없음 |
| 연체금리 | (대출금리)+3%p 적용(최대 연 20%) |

보기

| 구분 | 주소득원 | NICE신용점수 | 연 소득 | 비고 |
|---|---|---|---|---|
| A | 근로자 | 487점 | 3,800만 원 | 현 직장 40개월 재직 중 |
| B | 근로자 | 868점 | 2,800만 원 | 현 직장 3개월 재직 중 |
| C | 사업자 | 702점 | 400만 원 | 사업 개시 후 20개월 운영 |
| D | 사업자 | 532점 | 1,200만 원 | 사업 개시 후 18개월 운영 |
| E | 연금수령자 | 892점 | 300만 원 | 연금 3회 수령 |

※ 모든 신청자는 소득증빙이 가능한 만 19세 이상의 성인임

① A
② B
③ C
④ D
⑤ E

Easy

## 03 S회사는 창립 10주년을 맞이하여 전 직원 단합대회를 준비하고 있다. 이를 위해 B사장은 여행 상품 중 한 가지를 선정하여 떠날 계획을 갖고 있는데, 직원 투표 결과를 통해 결정하려고 한다. 직원 투표 결과와 여행상품별 1인당 비용이 다음과 같이 주어져 있으며, 추가로 행사를 위한 부서별 고려사항을 참고하여 선택할 경우 〈보기〉에서 옳은 것을 모두 고르면?

〈직원 투표 결과〉

| 구분 | | 투표 결과 | | | | | |
|---|---|---|---|---|---|---|---|
| 여행 상품 | 1인당 비용(원) | 총무팀 | 영업팀 | 개발팀 | 홍보팀 | 공장1 | 공장2 |
| A | 500,000 | 2 | 1 | 2 | 0 | 15 | 6 |
| B | 750,000 | 1 | 2 | 1 | 1 | 20 | 5 |
| C | 600,000 | 3 | 1 | 0 | 1 | 10 | 4 |
| D | 1,000,000 | 3 | 4 | 2 | 1 | 30 | 10 |
| E | 850,000 | 1 | 2 | 0 | 2 | 5 | 5 |

〈여행 상품별 혜택 정리〉

| 구분 | 날짜 | 장소 | 식사제공 | 차량지원 | 편의시설 | 체험시설 |
|---|---|---|---|---|---|---|
| A | 5/10 ~ 5/11 | 해변 | ○ | ○ | × | × |
| B | 5/10 ~ 5/11 | 해변 | ○ | ○ | ○ | × |
| C | 6/7 ~ 6/8 | 호수 | ○ | ○ | ○ | × |
| D | 6/15 ~ 6/17 | 도심 | ○ | × | ○ | ○ |
| E | 7/10 ~ 7/13 | 해변 | ○ | ○ | ○ | × |

〈부서별 고려사항〉

- 총무팀 : 행사 시 차량 지원 가능함
- 영업팀 : 6월 초순에 해외 바이어와 가격 협상 회의 일정
- 공장1 : 3일 연속 공장 비가동시 품질 저하 예상됨
- 공장2 : 7월 중순 공장 이전 계획 있음

보기

ㄱ. 필요한 여행 상품 비용은 총 1억 500만 원이다.
ㄴ. 투표 결과 가장 인기가 좋은 여행 상품은 B이다.
ㄷ. 공장1의 A, B 투표 결과가 바뀐다면 여행 상품 선택은 변경된다.

① ㄱ
② ㄱ, ㄴ
③ ㄱ, ㄷ
④ ㄴ, ㄷ
⑤ ㄱ, ㄴ, ㄷ

**04** 같은 해 S은행에 입사한 동기 A ~ E는 서로 다른 부서에서 일하고 있다. 이들이 근무하는 부서와 해당 부서의 성과급은 다음과 같다. 부서배치와 휴가에 대한 조건들을 참고했을 때, 다음 중 항상 옳은 것은?

〈부서별 성과급〉

| 비서실 | 영업부 | 인사부 | 총무부 | 홍보부 |
|---|---|---|---|---|
| 60만 원 | 20만 원 | 40만 원 | 60만 원 | 60만 원 |

※ 각 사원은 모두 각 부서의 성과급을 동일하게 받음

〈부서배치 조건〉

- A는 성과급이 평균보다 적은 부서에서 일한다.
- B와 D의 성과급을 더하면 나머지 세 명의 성과급 합과 같다.
- C의 성과급은 총무부보다는 적지만 A보다는 많이 받는다.
- C와 D 중 한 사람은 비서실에서 일한다.
- E는 홍보부에서 일한다.

〈휴가 조건〉

- 영업부 직원은 비서실 직원보다 휴가를 더 늦게 가야 한다.
- 인사부 직원은 첫 번째 또는 제일 마지막으로 휴가를 가야 한다.
- B의 휴가 순서는 이들 중 세 번째이다.
- E는 휴가를 반납하고 성과급을 두 배로 받는다.

① D가 C보다 성과급이 많다.
② B는 A보다 휴가를 먼저 출발한다.
③ A의 3개월 치 성과급은 C의 2개월 치 성과급보다 많다.
④ C가 맨 먼저 휴가를 갈 경우, B가 맨 마지막으로 휴가를 가게 된다.
⑤ 휴가철이 끝난 직후, 급여명세서에 D와 E의 성과급 차이는 세 배이다.

# 05 환경분석

**| 유형분석 |**

- 상황에 대한 환경분석을 통해 주요 과제 및 해결방안을 도출하는 문제이다.
- SWOT 분석뿐 아니라 3C 분석을 활용하는 문제가 출제될 수 있으므로, 해당 분석 도구에 대한 사전 학습이 요구된다.

**다음은 농민·농촌을 사업 근거로 하는 특수은행인 N은행의 SWOT 분석 결과를 정리한 것이다. ㉠~㉤ 중 SWOT 분석에 들어갈 내용으로 적절하지 않은 것은?**

〈SWOT 분석 결과〉

| | |
|---|---|
| 강점<br>(Strength) | • 공적 기능을 수행하는 농민·농촌의 은행이라는 위상은 대체 불가능함<br>• 전국에 걸친 국내 최대의 영업망을 기반으로 안정적인 사업 기반 및 수도권 이외의 지역에서 우수한 사업 지위를 확보함<br>• 지자체 시금고 예치금 등 공공금고 예수금은 안정적인 수신 기반으로 작용함<br>• ㉠ <u>은행권 최초로 보이스피싱 차단을 위해 24시간 '대포통장 의심 계좌 모니터링' 도입</u><br>• BIS자기자본비율, 고정이하여신비율, 고정이하여신 대비 충당금커버리지비율 등 자산 건전성 지표가 우수함<br>• 디지털 전환(DT)을 위한 중장기 전략을 이행 중이며, 메타버스·인공지능(AI)을 활용한 개인 맞춤형 상품 등 혁신 서비스 도입 추진 |
| 약점<br>(Weakness) | • ㉡ <u>수수료 수익 등 비이자 이익의 감소 및 이자 이익에 편중된 수익 구조</u><br>• 본사에 매년 지급하는 농업지원 사업비와 상존하는 대손 부담으로 인해 시중은행보다 수익성이 낮음<br>• ㉢ <u>인터넷전문은행의 활성화 및 빅테크의 금융업 진출 확대 추세</u><br>• 금리 상승, 인플레이션, 경기 둔화 등의 영향으로 차주의 상환 부담이 높아짐에 따라 일정 수준의 부실여신비율 상승이 불가피할 것으로 예상 |
| 기회<br>(Opportunity) | • ㉣ <u>마이데이터(Mydata)로 제공할 수 있는 정보 범위의 확대 및 암호화폐 시장의 성장</u><br>• 2023년 홍콩, 중국, 호주, 인도에서 최종 인가를 획득하는 등 해외 영업망 확충<br>• 금융 당국의 유동성 지원 정책과 정책자금 대출을 기반으로 유동성 관리가 우수함<br>• 법률에 의거해 농업금융채권의 원리금 상환을 국가가 전액 보증하는 등 유사시 정부의 지원 가능성이 높음<br>• 귀농·귀촌 인구의 증가 및 농촌에 대한 소비자의 인식 변화로 새로운 사업 발굴 가능 |
| 위협<br>(Threat) | • 자산관리 시장에서의 경쟁 심화<br>• 사이버 위협에 대응해 개인정보 보안 대책 및 시스템 마련 시급<br>• ㉤ <u>이자 이익 의존도가 높은 은행의 수익 구조에 대한 비판 여론</u><br>• 금리 및 물가 상승 영향에 따른 자산 건전성 저하 가능성 존재<br>• 주택 시장 침체, 고금리 지속 등으로 가계여신 수요 감소 전망<br>• 경기 침체, 투자 심리 위축으로 기업여신 대출 수요 감소 전망<br>• 보험사, 증권사, 카드사 등의 은행업(지급 결제, 예금·대출) 진입 가능성<br>• 은행에 있던 예금·적금을 인출해 주식·채권으로 이동하는 머니무브의 본격화 조짐 |

① ㉠ ② ㉡

③ ㉢ ④ ㉣

⑤ ㉤

정답 ③

㉢의 '인터넷전문은행의 활성화 및 빅테크의 금융업 진출 확대 추세'는 강력한 경쟁 상대의 등장을 의미하므로 조직 내부의 약점(W)이 아니라 조직 외부로부터의 위협(T)에 해당한다.

오답분석

㉠ 조직의 목표 달성을 촉진할 수 있으며 조직 내부의 통제 가능한 강점(S)에 해당한다.
㉡ 조직의 목표 달성을 방해할 수 있으며 조직 내부의 통제 가능한 약점(W)에 해당한다.
㉣ 조직 외부로부터 비롯되어 조직의 목표 달성에 도움이 될 수 있는 통제 불가능한 기회(O)에 해당한다.
㉤ 조직 외부로부터 비롯되어 조직의 목표 달성을 방해할 수 있는 통제 불가능한 위협(T)에 해당한다.

## 유형풀이 Tip

### SWOT 분석

기업의 내부환경과 외부환경을 분석하여 강점(Strength), 약점(Weakness), 기회(Opportunity), 위협(Threat) 요인을 규정하고 이를 토대로 경영전략을 수립하는 기법으로, 미국의 경영컨설턴트인 알버트 험프리(Albert Humphrey)에 의해 고안되었다. SWOT 분석의 가장 큰 장점은 기업의 내부·외부환경 변화를 동시에 파악할 수 있다는 것이다. 기업의 내부환경을 분석하여 강점과 약점을 찾아내며, 외부환경 분석을 통해서는 기회와 위협을 찾아낸다. SWOT 분석은 외부로부터의 기회는 최대한 살리고 위협은 회피하는 방향으로 자신의 강점은 최대한 활용하고 약점은 보완한다는 논리에 기초를 두고 있다. SWOT 분석에 의한 경영전략은 다음과 같이 정리할 수 있다.

| | | |
|---|---|---|
| Strength<br>강점<br>기업 내부환경에서의 강점 | S W<br>O T | Weakness<br>약점<br>기업 내부환경에서의 약점 |
| Opportunity<br>기회<br>기업 외부환경으로부터의 기회 | | Threat<br>위협<br>기업 외부환경으로부터의 위협 |

### 3C 분석

| 자사(Company) | 고객(Customer) | 경쟁사(Competitor) |
|---|---|---|
| • 자사의 핵심역량은 무엇인가?<br>• 자사의 장단점은 무엇인가?<br>• 자사의 다른 사업과 연계되는가? | • 주 고객군은 누구인가?<br>• 그들은 무엇에 열광하는가?<br>• 그들의 정보 습득 / 교환은 어디에서 일어나는가? | • 경쟁사는 어떤 회사가 있는가?<br>• 경쟁사의 핵심역량은 무엇인가?<br>• 잠재적인 경쟁사는 어디인가? |

## 대표기출유형 05 기출응용문제

**01** 다음은 S은행의 SWOT 분석 결과를 정리한 것이다. 빈칸 ㄱ ~ ㅁ에 들어갈 내용으로 적절하지 않은 것은?

〈SWOT 분석 결과〉

| | |
|---|---|
| 강점(Strength) | • 전통적인 리테일(소매금융)의 강자로서 3,600만 명 이상의 고객<br>• 국내 최대 규모와 높은 고객 만족도 · 충성도에서 비롯되는 확고한 시장 지배력, 우수한 수익성과 재무 건전성<br>• 양호한 총자산순이익률(ROA)과 시중은행 평균을 상회하는 순이자마진(NIM) 유지 등 견고한 이익창출 능력<br>• 국내 최상위권의 시장 지위(예수금 및 대출금 기준 국내 1위)와 다각화된 포트폴리오를 토대로 하는 안정적인 영업 기반 유지<br>• 사업 기반 및 수익의 다각화를 위한 적극적인 해외 진출로 성장 동력 확보<br>• ㄱ |
| 약점(Weakness) | • 서민층 · 저소득층 위주의 개인고객<br>• 노조와 사용자 사이의 해묵은 갈등<br>• ㄴ<br>• 조직의 비대화에 따른 비효율(점포당 수익 저조, 고정 비용 부담 증가)<br>• ㄷ |
| 기회(Opportunity) | • 빠르게 성장 중인 퇴직연금시장에 의한 자금 유입 증가세<br>• 유동성 지원 등 유사시 정부의 정책적인 지원 가능성이 높음<br>• 고령화에 따른 역모기지, 보험 상품 판매 증가로 인한 수익 개선<br>• ㄹ<br>• 금융 규제 유연화 방안, 금융 시장 안정화 방안 등에 따른 정부 당국의 유동성 규제 완화 조치 |
| 위협(Threat) | • 금융 개방, 국제화의 심화에 따른 경쟁자 증대<br>• 포화 상태에 도달한 국내 금융 시장의 저성장성<br>• 사이버 테러의 증가에 따른 고객 정보의 유출 위험<br>• 중앙은행의 기준금리 인상으로 인한 연체율의 급증과 건전성 악화 가능성<br>• 글로벌 금융위기 이후 경제 불안 심리의 확산에 따른 금융 시장의 성장성 둔화 지속<br>• ㅁ |

① ㄱ : 인공지능, 클라우드, 블록체인 등 첨단 ICT 기술을 적극 활용한 디지털 전환(DT)의 안정적인 진행

② ㄴ : 이자수익에 비해 상대적으로 저조한 비이자수익

③ ㄷ : 연착륙을 유도하는 금융 당국의 보수적인 정책으로 인한 부실여신 비율 상승

④ ㄹ : 핀테크 기업과의 제휴를 통한 디지털 혁신에 따른 업무 효율성 향상

⑤ ㅁ : 인터넷전문은행의 영업 확대, 핀테크 활성화, ISA(개인종합자산관리계좌) 등의 등장으로 인한 경쟁 심화

**02** **다음은 기업 분석 도구인 VRIO 분석과 SWOT 분석에 대한 설명이다. 이에 대한 내용으로 적절하지 않은 것은?**

> VRIO 분석은 자원 기반 관점의 분석 도구로서, 기업 내부 보유 가치(Value), 희소성(Rarity), 모방 가능성 정도(Imitability), 조직(Organization)의 4가지 기준으로 기업이 보유한 유형·무형의 내부 자원(자산)·능력(역량)을 평가해 기업의 경쟁력을 분석하고, 이를 바탕으로 기업이 지속적인 경쟁우위를 확보할 수 있는 잠재력이 있는가를 판단하는 도구이다. 즉, 기업의 내부 자원·능력이 지속적인 경쟁우위를 구축하려면 가치가 있어야 하고, 희소해야 하며, 모방 가능성이 낮아야 하고, 조직화가 될 수 있어야 한다는 것이다.
> SWOT 분석은 기업 내부의 강점(Strength)과 약점(Weakness), 기업 외부의 기회(Opportunity)와 위협(Threat) 등의 요인을 분석한 결과를 토대로 적절한 마케팅 전략을 수립하도록 돕는 수단으로서, 경쟁 기업과의 비교를 통해 자사의 핵심 역량을 발견하는 것을 목적으로 한다.

① VRIO 분석과 SWOT 분석의 공통점은 기업의 경쟁력 보유 현황을 분석한 결과에 따라 적절한 경영 전략을 도출할 수 있게 돕는 분석 도구라는 점이다.

② 기업이 그 내부에 보유하고 있는 어떤 자원·능력이 시장에서의 기회를 잡고 위험 회피(타파·완화)가 가능할 만큼의 가치가 있는지 분석한다는 점은 VRIO 분석과 SWOT 분석의 공통점이다.

③ VRIO 분석이 SWOT 분석보다 그 분석 범위가 더 넓은데, SWOT 분석이 기업 내부의 자원·능력의 분석에 초점을 둔다면, VRIO 분석은 기업 내부(강점·약점)와 외부(기회·위협) 요인을 광범위하게 분석한다고 볼 수 있다.

④ VRIO 분석의 목표가 가치를 창출할 수 있고 희소하고 모방하기 어려우며 체계적으로 구성된 자원·능력을 식별하는 것이라면, SWOT 분석의 목표는 기업의 성과 달성에 긍정적 또는 부정적인 영향을 끼칠 수 있는 요인을 식별하는 것이다.

⑤ VRIO 분석이 경쟁우위 구축·유지를 위해 기업이 활용할 수 있는 내부의 자원·능력을 판별하는 데 이바지한다면, SWOT 분석은 기업 외부의 기회·위협을 분별한 결과에 따라 경영 전략을 개발하는 데 이바지한다.

**03** **다음은 SWOT 분석에 대한 설명과 유전자 관련 사업체인 A사의 SWOT 분석 결과 자료이다. 자료를 참고하여 〈보기〉의 ㄱ ~ ㄹ 중 빈칸 (가), (나)에 들어갈 내용으로 적절한 것을 고르면?**

SWOT 분석은 기업의 내부환경과 외부환경을 분석하여 강점(Strength), 약점(Weakness), 기회(Opportunity), 위협(Threat) 요인을 규정하고 이를 토대로 경영전략을 수립하는 기법으로, 미국의 경영컨설턴트인 알버트 험프리(Albert Humphrey)에 의해 고안되었다.

- 강점(Strength) : 내부환경(자사 경영자원)의 강점
- 약점(Weakness) : 내부환경(자사 경영자원)의 약점
- 기회(Opportunity) : 외부환경(경쟁, 고객, 거시적 환경)에서 비롯된 기회
- 위협(Threat) : 외부환경(경쟁, 고객, 거시적 환경)에서 비롯된 위협

〈A사 SWOT 분석 결과〉

| 강점(Strength) | 약점(Weakness) |
| --- | --- |
| • 유전자 분야에 뛰어난 전문가로 구성<br>• ______(가)______ | • 유전자 실험의 장기화 |
| **기회(Opportunity)** | **위협(Threat)** |
| • 유전자 관련 업체 수가 적음<br>• ______(나)______ | • 고객들의 실험 부작용에 대한 두려움 인식 |

**보기**

ㄱ. 투자 유치의 어려움
ㄴ. 특허를 통한 기술 독점 가능
ㄷ. 점점 증가하는 유전자 의뢰
ㄹ. 높은 실험 비용

| | (가) | (나) |
| --- | --- | --- |
| ① | ㄱ | ㄷ |
| ② | ㄱ | ㄹ |
| ③ | ㄴ | ㄱ |
| ④ | ㄴ | ㄷ |
| ⑤ | ㄷ | ㄹ |

Hard

**04** 다음은 레저용 차량을 생산하는 A기업에 대한 SWOT 분석 결과이다. 이를 참고하여, 각 전략에 따른 대응으로 적절한 것을 〈보기〉에서 모두 고르면?

〈A기업 SWOT 분석 결과〉

| 강점(Strength) | 약점(Weakness) |
|---|---|
| • 높은 브랜드 이미지 · 평판<br>• 훌륭한 서비스와 판매 후 보증수리<br>• 확실한 거래망, 딜러와의 우호적인 관계<br>• 막대한 R&D 역량<br>• 자동화된 공장<br>• 대부분의 차량 부품 자체 생산 | • 한 가지 차종에만 집중<br>• 고도의 기술력에 대한 과도한 집중<br>• 생산설비에 막대한 투자 → 차량모델 변경의 어려움<br>• 한 곳의 생산 공장만 보유<br>• 전통적인 가족형 기업 운영 |
| **기회(Opportunity)** | **위협(Threat)** |
| • 소형 레저용 차량에 대한 수요 증대<br>• 새로운 해외시장의 출현<br>• 저가형 레저용 차량에 대한 선호 급증 | • 휘발유의 부족 및 가격의 급등<br>• 레저용 차량 전반에 대한 수요 침체<br>• 다른 회사들과의 경쟁 심화<br>• 차량 안전 기준의 강화 |

**보기**

ㄱ. ST전략 : 기술개발을 통해 연비를 개선한다.
ㄴ. SO전략 : 대형 레저용 차량을 생산한다.
ㄷ. WO전략 : 규제 강화에 대비하여 보다 안전한 레저용 차량을 생산한다.
ㄹ. WT전략 : 생산량 감축을 고려한다.
ㅁ. WO전략 : 국내 다른 지역이나 해외에 공장들을 분산 설립한다.
ㅂ. ST전략 : 경유용 레저 차량 생산을 고려한다.
ㅅ. SO전략 : 해외시장 진출보다는 내수 확대에 집중한다.

① ㄱ, ㄷ, ㅁ, ㅂ
② ㄱ, ㄹ, ㅁ, ㅂ
③ ㄴ, ㄹ, ㅁ, ㅂ
④ ㄴ, ㄹ, ㅂ, ㅅ
⑤ ㄴ, ㅁ, ㅂ, ㅅ

시대에듀

M E M O

# PART 2

# 금융상식

CHAPTER

# 01 경영일반

## 빈출키워드 1 기업의 형태

**01** **다음 중 회사법상 분류한 회사에 대한 설명으로 옳지 않은 것은?**

① 모든 손실에 대해 책임을 지는 사원을 유한책임사원이라고 한다.
② 변호사나 회계사들이 모여 설립한 법무법인, 회계법인은 합명회사라 볼 수 있다.
③ 유한회사, 유한책임회사는 모두 유한책임사원으로만 구성되므로 자금조달이 편리하다.
④ 회사의 경영은 무한책임사원이 하고 유한책임사원은 자본을 제공하여 사업이익의 분배에 참여하는 회사형태를 합자회사라고 한다.
⑤ 현대사회의 가장 대표적인 기업형태로, 주주가 직접 주주총회를 통해 의결권을 행사할 수 있는 회사형태를 주식회사라고 한다.

**02** **다음에서 설명하는 우리나라 상법상의 회사는?**

• 유한책임사원으로만 구성
• 청년 벤처 창업에 유리
• 사적 영역을 폭넓게 인정

① 합명회사 ② 합자회사
③ 유한책임회사 ④ 유한회사
⑤ 주식회사

**01**

정답 ①

무한책임사원에 대한 설명이다. 유한책임사원은 회사의 채무에 대하여 회사채권자에게 출자가액 한도에서만 책임을 지는 사원이다. 따라서 ①이 옳지 않은 설명이다.

**02**

정답 ③

유한책임회사는 2012년 개정된 상법에 도입된 회사의 형태이다. 내부관계에 대하여는 정관이나 상법에 다른 규정이 없으면 합명회사에 관한 규정을 준용한다. 신속하고 유연하며 탄력적인 지배구조를 가지고 있고, 출자자가 직접 경영에 참여할 수 있다. 또한 각 사원이 출자금액만을 한도로 책임지므로 초기 상용화에 어려움을 겪는 청년 벤처 창업에 적합하다.

이론 더하기

### 기업의 형태

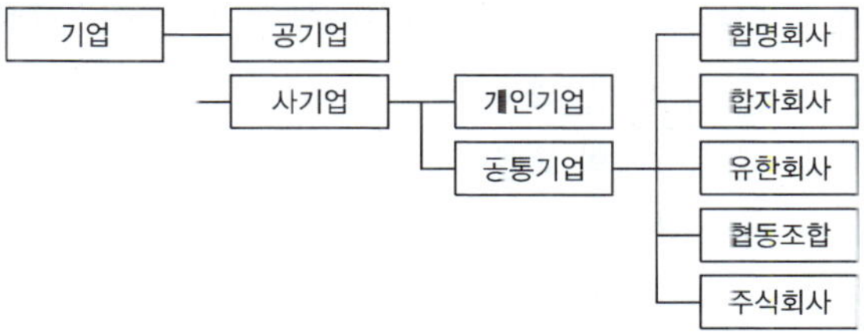


① 개인기업
- 가장 간단한 기업 형태로서 개인이 출자하고 직접 경영하며 이를 무한책임지는 형태이다.
- 장점 : 설립 및 폐쇄가 쉽고 의사결정이 신속하며, 비밀유지에 용이하다.
- 단점 : 자본규모가 약소하며, 개인의 지배관리능력에 쉽게 영향을 받는다.

② 합명회사
- 2인 이상의 사원이 공동으로 출자해서 회사의 경영에 대해 무한책임을 지며, 직접 경영에 참여하는 방식이다.
- 무한책임 형태로 구성되어 있어서 출자자를 폭넓게 모집할 수 없다.
- 가족 내 혹은 친척 간, 또는 이해관계가 깊은 사람의 회사 설립이 많다.
- 지분 양도 시에는 사원총회의 승인을 받아야 한다.

③ 합자회사
- 무한책임사원 및 유한책임사원으로 구성되어 있다.
- 합명회사의 단점을 보완한 형태이다.
- 지분 양도 시에는 무한책임사원 전원의 동의를 필요로 한다.
- 무한책임사원의 경우에는 회사의 경영 및 채무에 대해서 무한책임을 지고, 유한책임사원의 경우에는 출자한 금액에 대해서만 책임을 지며 경영에는 참여하지 않는다.

④ 유한회사
- 유한책임사원들이 회사를 차려 경영하는 회사의 형태이다.
- 자본결합이 상당히 폐쇄적인 관계로 중소규모의 기업형태로 적절하다.
- 기관으로는 이사, 사원총회, 감사로 이루어져 있지만, 분리가 잘되어 있지 않고, 모든 사항을 공개해야 하는 의무도 지지 않는다.
- 유한회사는 인적회사 및 물적회사의 중간 형태를 지니는 회사이다.
- 사원의 수가 제한되어 있으며, 지분의 증권화가 불가능하다.

⑤ 주식회사
- 주주가 회사의 주인인 현대사회의 가장 대표적인 기업형태이다.
- 지분의 양도와 매입이 자유로우며 주주총회를 통해 의결권을 행사할 수 있다.
- 주식회사의 기관

| | |
|---|---|
| 주주총회 | • 주식회사의 최고의사결정기관으로 주주로 이루어짐<br>• 회사 기업에서 영업활동의 신속성 및 업무내용의 복잡성으로 인해 그 결의사항을 법령 및 정관에서 정하는 사항만으로 제한하고 있음<br>• 주주의 결의권은 1주 1결의권을 원칙으로 하고 의결은 다수결에 의함<br>• 주주총회의 주요 결의사항으로는 자본의 증감, 정관의 변경, 이사·감사인 및 청산인 등의 선임·해임에 관한 사항, 영업의 양도·양수 및 합병 등에 관한 사항, 주식배당, 신주인수권 및 계산 서류의 승인에 관한 사항 등이 있음 |
| 감사 | • 이사의 업무집행을 감시하게 되는 필요 상설기관<br>• 주주총회에서 선임되고, 이러한 선임결의는 보통 결의의 방법에 따름<br>• 이사회는 이사 전원으로 구성되는 합의체로 회사의 업무진행상 의사결정 기관<br>• 이사는 주주총회에서 선임되고, 그 수는 3인 이상이어야 하며, 임기는 3년을 초과할 수 없음<br>• 대표이사는 이사회의 결의사항을 집행하고 통상적인 업무에 대한 결정 및 집행을 맡음과 동시에 회사를 대표함<br>• 이사와 회사 간 거래의 승인, 채권의 발행 등이 있음 |
| 검사인 | • 회사의 계산의 정부, 업무의 적법 여부 등을 조사하는 권한을 지니는 임시기관<br>• 법원에서 선임하거나 주주총회 및 창립총회에서 선임하기도 함<br>• 법정 검사인의 경우 임시로 선임됨 |

빈출키워드 2 **경영전략**

## 01 다음 중 마이클 포터(Michael E. Porter)가 제시한 산업구조 분석의 요소로 옳지 않은 것은?

① 가치사슬 활동
② 대체재의 위협
③ 공급자의 교섭력
④ 구매자의 교섭력
⑤ 기존기업 간 경쟁

## 02 다음은 S사가 해당 사업에서 차지하고 있는 시장점유율 및 시장성장률에 대한 자료이다. 2024년 BCG 매트릭스상에서 S사의 사업이 속하는 영역은?

| 구분 | S사 | K사 | M사 | H사 | 기타 |
|---|---|---|---|---|---|
| 시장점유율 (2024년 기준) | 45% | 20% | 15% | 10% | 10% |

| 구분 | 2018년 | 2019년 | 2020년 | 2021년 | 2022년 |
|---|---|---|---|---|---|
| 시장성장률 | 4% | 3% | 2% | 2% | 1% |

① 별(Star) 영역
② 자금젖소(Cash Cow) 영역
③ 물음표(Question mark) 영역
④ 개(Dog) 영역
⑤ 없음

## 01

정답 ①

마이클 포터(Michael E. Porter)는 산업과 경쟁을 결정짓는 5 Forces Model을 제시하였다. 이는 궁극적으로 산업의 수익 잠재력에 영향을 주는 주요 경제·기술적 세력을 분석한 것으로 신규 진입자(잠재적 경쟁자)의 위협, 공급자의 교섭력, 구매자의 교섭력, 대체재의 위협 및 기존기업 간의 경쟁이다. 5가지 요소의 힘이 강할 때는 위협(Threat)이 되고, 약하면 기회(Opportunity)가 된다.

## 02

정답 ②

BCG 매트릭스는 1970년대 미국의 보스턴 전략컨설팅회사(Boston Consulting Group)에 의해 개발된 사업 / 제품 포트폴리오 분석 차트이다. 이는 크게 네 단계의 영역으로 나뉘는데 시장성장률이 높고 시장점유율이 높은 산업은 별 영역, 시장성장률이 높고 시장점유율이 낮은 산업은 물음표 영역 혹은 문제아 영역, 시장성장률이 낮고 시장점유율이 높은 산업은 자금젖소 영역, 시장성장률이 낮고 시장점유율이 낮은 산업은 개 영역으로 분류된다.

따라서 제시된 S사의 경우는 시장점유율은 높으나 시장성장률이 높지 않으므로 자금젖소 영역인 것을 알 수 있다.

이론 더하기

### SWOT 분석

기업의 내부환경과 외부환경을 분석하여 강점(Strength), 약점(Weakness), 기회(Opportunity), 위협(Threat) 요인을 규정하고 이를 토대로 경영전략을 수립하는 기법으로, 미국의 경영컨설턴트인 알버트 험프리(Albert Humphrey)가 고안하였다.

| | |
|---|---|
| Strength<br>강점<br>기업 내부환경에서의 강점 (S) | (W) Weakness<br>약점<br>기업 내부환경에서의 약점 |
| Opportunity<br>기회<br>기업 외부환경으로부터의 기회 (O) | (T) Threat<br>위협<br>기업 외부환경으로부터의 위협 |

### VRIO 분석

기업이 보유한 유・무형 자산에 대해 네 가지 기준으로 평가하여 기업의 경쟁력을 분석하는 도구이다. 기업이 자원을 잘 활용할 수 있는가를 보여주는 것이 목적이다.

- 가치 있는(Valuable) : 경제적 가치가 있는가?
- 희소성 있는(Rarity) : 가지고 있는 자원이 희소성 있는가?
- 모방 가능성이 있는(Inimitability) : 모방의 가능성이 있는가?
- 조직이 있는(Organization) : 관련 조직이 있는가?

### 마이클 포터의 경쟁전략

① 경쟁세력모형 – 5 Force Model 분석

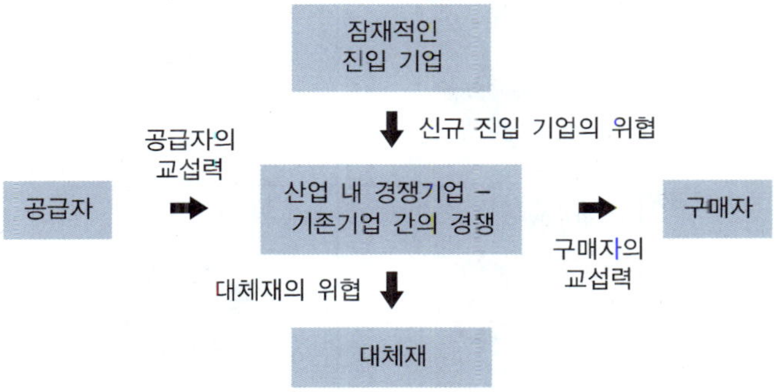


- 기존기업 간의 경쟁 : 해당 시장에서 기존기업 간의 경쟁이 얼마나 치열한가를 나타낸다.
- 공급자의 교섭력 : 공급자의 규모 및 숫자와 공급자 제품의 희소성을 나타낸다.
- 대체재의 위협 : 대체가 가능한 상품의 수와 구매자의 대체하려는 성향, 대체상품의 상대적 가격 등이 있다.
- 구매자의 교섭력 : 고객의 수, 각 고객의 주문수량, 가격의 민감도, 구매자의 정보 능력이 있다.
- 신규 진입 기업의 위협 : 진입장벽, 규모의 경제, 브랜드의 충성도 등이 있다.

② 경쟁우위 전략

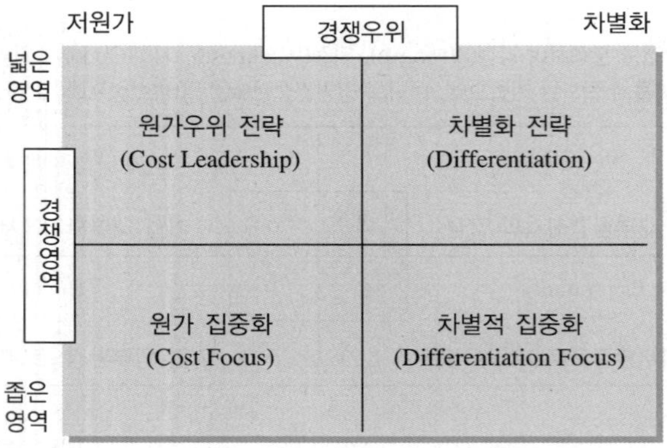


- 원가우위 전략 : 비용요소를 철저하게 통제하고, 기업조직의 가치사슬을 최대한 효율적으로 구사하는 전략
- 차별화 전략 : 소비자들이 가치가 있다고 판단하는 요소를 제품 및 서비스 등에 반영해서 경쟁사의 제품과 차별화한 후 소비자들의 충성도를 확보하고 이를 통해 매출증대를 꾀하는 전략
- 집중화 전략 : 메인 시작과는 다른 특성을 지니는 틈새시장을 대상으로 소비자들의 니즈를 원가우위 또는 차별화 전략을 통해 충족시켜 나가는 전략

BCG 매트릭스 모형

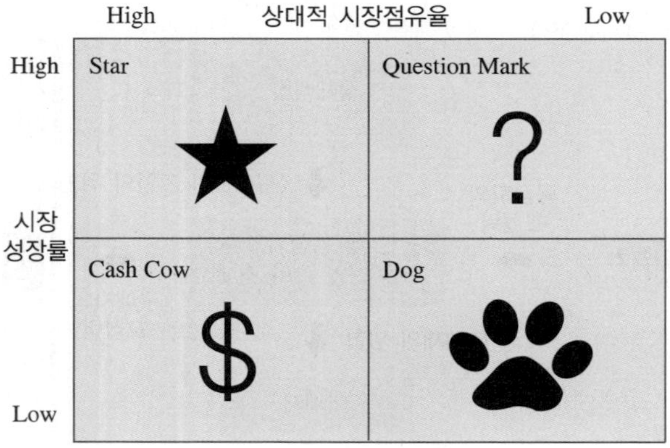


① 별(Star) 사업부
- 시장성장률도 높고 상대적 시장점유율도 높은 경우에 해당하는 사업이다.
- 이 사업부의 제품들은 제품수명주기상에서 성장기에 속한다.
- 선도기업의 지위를 유지하고 성장해가는 시장의 수용에 대처하고, 여러 경쟁기업들의 도전에 극복하기 위해 역시 자금의 투하가 필요하다.
- 별 사업부에 속한 기업들이 효율적으로 잘 운영된다면 이들은 향후 Cash Cow가 된다.

② 자금젖소(Cash Cow) 사업부
- 시장성장률은 낮지만 높은 상대적 시장점유율을 유지하고 있다. 이 사업부는 제품수명주기상에서 성숙기에 속하는 사업부이다.
- 이에 속한 사업은 많은 이익을 시장으로부터 창출해낸다. 그 이유는 시장의 성장률이 둔화되었기 때문에 그만큼 새로운 설비투자 등과 같은 신규 자금의 투입이 필요 없고, 시장 내에 선도기업에 해당되므로 규모의 경제와 높은 생산성을 누리기 때문이다.
- Cash Cow에서 산출되는 이익은 전체 기업의 차원에서 상대적으로 많은 현금을 필요로 하는 Star나 Question Mark, Dog 영역에 속한 사업으로 자원이 배분된다.

③ 물음표(Question Mark) 사업부

- '문제아'라고도 한다.
- 시장성장률은 높으나 상대적 시장점유율이 낮은 사업이다.
- 이 사업에 속한 제품들은 제품수명주기상에서 도입기에 속하는 사업부이다.
- 시장에 처음으로 제품을 출시한 기업 이외의 대부분의 사업부들이 출발하는 지점이 물음표이며, 신규로 시작하는 사업이기 때문에 기존의 선도 기업을 비롯한 여러 경쟁기업에 대항하기 위해 새로운 자금의 투하를 상당량 필요로 한다.
- 기업이 자금을 투입할 것인가 또는 사업부를 철수해야 할 것인가를 결정해야 하기 때문에 Question Mark라고 불리고 있다.
- 한 기업에게 물음표에 해당하는 사업부가 여러 개이면, 그에 해당되는 모든 사업부에 자금을 지원하는 것보다 전략적으로 소수의 사업부에 집중적인 투자를 하는 것이 효과적이라 할 수 있다.

④ 개(Dog) 사업부

- 시장성장률도 낮고 시장점유율도 낮은 사업부이다.
- 제품수명주기상에서 쇠퇴기에 속하는 사업이다.
- 낮은 시장성장률 때문에 그다지 많은 자금의 소요를 필요로 하지는 않지만, 사업활동에 있어서 얻는 이익도 매우 적은 사업이다.
- 이 사업에 속한 시장의 성장률이 향후 다시 고성장을 할 가능성이 있는지 또는 시장 내에서 자사의 지위나 점유율이 높아질 가능성은 없는지 검토해보고 이 영역에 속한 사업들을 계속 유지할 것인가 아니면 축소 내지 철수할 것인가를 결정해야 한다.

## 빈출키워드 3 동기부여

**01** 다음 〈보기〉 중 허즈버그(F. Herzberg)의 2요인 이론에서 동기요인을 모두 고르면?

| 보기 | |
|---|---|
| ㄱ. 상사와의 관계 | ㄴ. 성취 |
| ㄷ. 회사 정책 및 관리방침 | ㄹ. 작업 조건 |
| ㅁ. 인정 | |

① ㄱ, ㄴ
② ㄱ, ㄷ
③ ㄴ, ㄹ
④ ㄴ, ㅁ
⑤ ㄹ, ㅁ

**02** 다음 중 맥그리거(D. McGregor)의 X－Y이론에 대한 설명으로 옳은 것은?

① 자기통제가 많은 것은 X이론이다.
② 쌍방향 의사결정은 X이론에서 주로 발생한다.
③ 조직의 감시, 감독 및 통제가 필요하다는 주장은 Y이론이다.
④ 개인의 목적과 조직의 목적이 부합하는 조직에서는 Y이론에 근거해서 운영된다.
⑤ 인간을 경제적 욕구보다 사회·심리적 영향을 더 많이 받는 존재로 보는 이론은 X이론이다.

**01**

정답 ④

허즈버그의 2요인 이론은 직원들의 직무만족도를 증감시키는 요인을 2가지로 구분한 것이다.

- 동기요인 : 성취, 인정, 책임소재, 업무의 질 등
- 위생요인 : 회사의 정책, 작업 조건, 동료직원과의 관계, 임금, 직위 등

**02**

정답 ④

오답분석

① 자기통제가 많은 것은 Y이론이다.
② 쌍방향 의사결정은 Y이론에서 주로 발생한다.
③ 조직의 감시, 감독 및 통제가 필요하다는 주장은 X이론이다.
⑤ 인간을 사회적인 존재로 바라보는 것은 Y이론이다.

**이론 더하기**

**매슬로(Maslow)의 욕구단계이론**

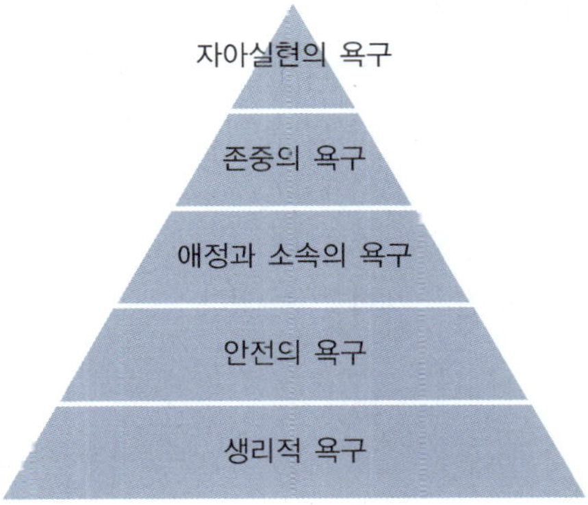


① 개념 : 인간의 요구는 의계적으로 조직되어 있으며 하위 단계의 욕구 충족이 상위 계층의 욕구 발현의 조건이라고 설명한다
② 특징
- 생리적 욕구 : 가장 기본적이면서도 강력한 욕구로 음식, 물, 수면 등 인간의 생존에 가장 필요한 본능적인 욕구이다
- 안전의 욕구 : 두려움이나 혼란스러움이 아닌 평상심과 질서를 유지하고자 하는 욕구이다.
- 애정과 소속의 욕구 : 사회적으로 조직을 이루고 그곳에 소속되려는 성향이다.
- 존중의 욕구 : 타인으로부터 수용되고, 가치 있는 존재가 되고자 하는 욕구이다.
- 자아실현의 욕구 : 개인의 타고난 능력 혹은 성장 잠재력을 실행하려는 욕구이다.

**맥그리거(McGregor)의 X-Y이론**

① 개념 : 인간본성에 대한 가정을 X, Y 2가지로 구분하여 특성에 따른 관리전략을 정리한 이론으로 X이론은 인간에 대한 부정적인 면을 설명하고, Y이론은 긍정적인 면을 설명한다.
② 특징

| X이론<br>(전통적이고 전체적인 경영자의 인간관) | Y이론<br>(진취적이고 협동적인 인간관) |
|---|---|
| • 인간은 철저하게 이기적이고 자기중심적이다.<br>• 인간은 천성적으로 게으르고 일을 싫어하기 때문에 엄격한 통제와 감독이 필요하다.<br>• 조직 구성원이 원하는 수준의 임금체계가 확립되어야 하고, 엄격한 통제와 처벌이 필요하다. | • 인간의 행위는 경제적 욕구보다 사회 · 심리에 더 영향을 받는다.<br>• 인간은 사회적인 존재이다.<br>• 노동에서 휴식과 복지는 자연스러운 것이다.<br>• 민주적 리더십의 확립과 분권, 권한의 위임이 중요하다. |

**허즈버그(Herzberg)의 동기 – 위생이론**

① 개념 : 허즈버그가 2개의 요인(동기요인, 위생요인)으로 나눠 동기유발에 대해 정리한 이론으로 동기요인과 위생요인은 반대의 개념이 아닌 별개의 개념이다.
② 특징

| 동기요인(만족요인) | 위생요인(불만족요인) |
|---|---|
| • 직무에 만족을 느끼게 하는 요인<br>• 충족되면 만족감을 느끼게 되지만, 불충족되는 경우에도 불만이 발생하지는 않음<br>• 동기요인 충족 → 높은 직무성과 | • 직무에 대해 불만족을 느끼게 하는 요인<br>• 불충족 시에는 불만이 증가<br>• 충족 시에도 만족감이 증가하는 것은 아님 |

## 빈출키워드 4 조직구조

**01** 다음 중 매트릭스 조직구조의 장점으로 옳지 않은 것은?

① 조직 내의 협력과 팀 활동을 촉진시킨다.
② 조직 내 정보 단절 문제를 해결할 수 있다.
③ 의사결정의 책임소재를 명확히 할 수 있다.
④ 조직의 인력을 신축적으로 활용할 수 있다.
⑤ 전문적 지식과 기술의 활용을 극대화할 수 있다.

**02** 다음에서 설명하고 있는 조직구조는?

- 수평적 분화에 중점을 두고 있다.
- 각자의 전문분야에서 작업능률을 증대시킬 수 있다.
- 생산, 회계, 인사, 영업, 총무 등의 기능을 나누고 각 기능을 담당할 부서단위로 조직된 구조이다.

① 기능 조직 ② 사업부 조직
③ 매트릭스 조직 ④ 수평적 조직
⑤ 네트워크 조직

**01**

정답 ③

매트릭스 조직구조는 명령일원화의 원칙이 적용되지 않으므로 의사결정의 책임소재가 불명확할 수도 있다.

**02**

정답 ①

기능 조직(Functional Structure)은 기능별 전문화의 원칙에 따라 공통의 전문지식과 기능을 지닌 부서단위로 묶는 조직구조를 의미한다.

**이론 더하기**

### 기능 조직

① 개념 : 관리자가 담당하는 일을 전문화해 업무내용이 유사하고 관련성이 있는 기능을 분류하여 업무를 전문적으로 진행할 수 있도록 하는 형태이다.

② 장점 및 단점

- 조직원의 전문적인 업무 발전이 가능하다.
- 조직의 내부 효율성이 증대된다.
- 조직 전체의 목표보다는 직능별 목표를 중시하고 성과에 대한 책임이 불분명하다.

### 사업부 조직

① 개념 : 사업체에서 여러 제품을 생산하는 경우에 제품에 따라 사업부를 구분하여 사업부마다 하위조직을 구성하는 형태이다.

② 장점 및 단점

- 사업부내 관리자와 종업원의 밀접한 상호작용이 가능하다.
- 사업부는 이익 및 책임 중심점이 되어 경영성과가 향상된다.
- 제품의 제조와 판매에 대한 전문화와 분업이 촉진된다.
- 특정 분야에 대한 지식과 능력의 전문화가 약화될 수 있다.

### 매트릭스 조직

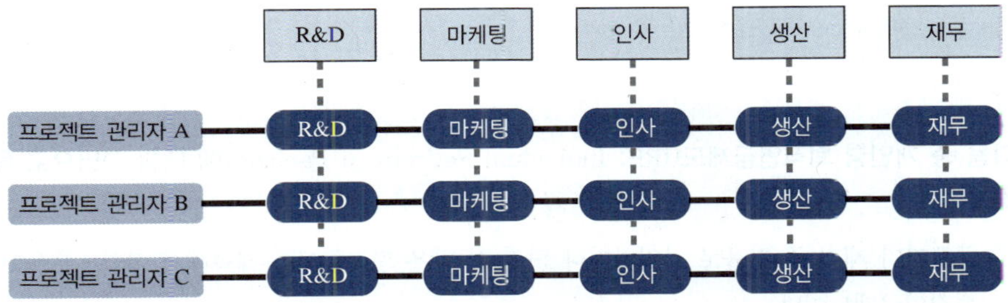


① 개념 : 조직구성원들이 원래 소속되어 있는 기능부서에도 배치되는 동시에 맡은 업무에 따라 나누어진 팀에도 배치되어 있어 두 개의 단위조직에 속하여 두 명의 상급자를 두고 있는 형태이다.

② 장점 및 단점

- 조직에서의 정보 단절 문제를 해결할 수 있다.
- 일을 유연하게 대처할 수 있다.
- 조직원의 역량을 좀 더 폭넓게 향상시킬 수 있다.
- 두 개의 조직에서 두 명의 상급자가 존재하기 때문에 성과에 대한 목표나 보고가 느릴 수 있다.

### 네트워크 조직

① 개념 : 독립된 각 사업 부서들이 자신의 고유 기능을 수행하면서 제품 생산이나 프로젝트의 수행을 위해서는 상호 협력적인 네트워크를 지닌 조직구조이다.

② 장점 및 단점

- 조직원 사이의 수평적인 의사소통이 가능하다.
- 조직 간의 정보교류가 활발하므로 조직 내 자산으로 축적 가능하다.
- 시장에 유연한 대응이 가능하다.
- 관리자가 직원을 관리하는 것이 쉽지 않다.
- 갈등이 발생하는 경우 해결에 오랜 시간이 필요하다.

CHAPTER

# 01 경영일반 기출응용문제

정답 및 해설 p.032

**01** **다음 중 주가순자산비율(PBR)에 대한 설명으로 옳은 것은?**

① 주가를 주당순자산가치(BPS)로 나눈 비율로 주가와 1주당 순자산가치를 비교한 수치이다.
② 주가순자산비율(PBR)은 재무회계상 주가를 판단하는 기준지표로 성장성을 보여주는 지표이다.
③ 기업 청산 시 채권자가 배당받을 수 있는 자산의 가치를 의미하며 1을 기준으로 한다.
④ PBR이 1보다 클 경우 순자산보다 주가가 낮게 형성되어 저평가되었다고 판단한다.
⑤ 주당순자산가치는 자기자본을 자산으로 나누어 계산한다.

**02** **다음 중 개인형 퇴직연금제도(IRP; Individual Retirement Pension)에 대한 설명으로 옳지 않은 것은?**

① 근로자가 재직 중 자율로 가입하거나 퇴직 시 받은 퇴직급여를 계속해서 적립·운용할 수 있는 퇴직연금제도이다.
② 연간 1,800만 원까지 납입할 수 있으며, 최대 700만 원까지 세액공제 대상이 된다.
③ 운용기간 중 발생한 수익에 대해서는 퇴직급여 수급 시까지 과세가 면제된다.
④ IRP계좌는 MMA계좌와 같이 입출금이 자유롭다는 장점이 있다.
⑤ 계좌관리 수수료로 연 평균 0.3~0.4%가 부과된다.

**03** **다음 〈보기〉 중 마이클 포터(Michael E. Porter)의 가치사슬 모형에서 지원적 활동(Support Activities)에 해당하는 것을 모두 고르면?**

보기

| | | |
|---|---|---|
| A. 기업 하부구조 | B. 내부 물류 | C. 제조 및 생산 |
| D. 인적자원관리 | E. 기술 개발 | F. 외부 물류 |
| G. 마케팅 및 영업 | H. 서비스 | I. 조달 활동 |

① A, B, C, D
② A, D, E, I
③ B, C, D, I
④ C, F, G, H
⑤ B, C, F, G, H

**04** 다음 중 최대재고와 현재재고 간의 차이를 통해서 주문량을 결정하는 모형으로, 수요변동이 급격하거나 저가인 제품의 재고를 통제하는 관리시스템은?

① ABC 관리
② ERP
③ MRP
④ 고정주문기간 모형
⑤ 고정주문량 모형

**05** 다음 중 소비자에게 제품의 가격이 낮게 책정되었다는 인식을 심어주기 위해 이용하는 가격설정방법은?

① 단수가격(Odd Pricing)
② 준거가격(Reference Pricing)
③ 명성가격(Prestige Pricing)
④ 관습가격(Customary Pricing)
⑤ 기점가격(Basing-Point Pricing)

**06** 다음 중 기업과 조직들이 중앙집중적 권한 없이 거의 즉시 네트워크에서 거래를 생성하고 확인할 수 있는 분산 데이터베이스 기술은?

① 빅데이터(Big Data)
② 클라우드 컴퓨팅(Cloud Computing)
③ 블록체인(Blockchain)
④ 핀테크(Fintech)
⑤ 사물인터넷(Internet of Things)

**07** 다음 중 ESG 경영에 대한 설명으로 옳지 않은 것은?

① ESG 경영의 핵심은 효율을 최우선으로 착한 기업을 키워나가는 것을 목적으로 한다.
② ESG 평가가 높을수록 단순히 사회적 평판이 좋은 기업이라기보다 리스크에 강한 기업이라 할 수 있다.
③ ESG는 기업의 비재무적 요소인 '환경(Environment), 사회(Social), 지배구조(Governance)'의 약자이다.
④ ESG는 재무제표에는 드러나지 않지만 중장기적으로 기업 가치에 영향을 미치는 지속가능성 평가 지표이다.
⑤ ESG는 기업의 행동이 미치는 영향 등을 구체화하고 그 노력을 측정 가능하도록 지표화하여 투자를 이끌어낸다.

## 08 다음 중 자본예산기법과 포트폴리오에 대한 설명으로 옳지 않은 것은?

① 비체계적 위험은 분산투자를 통해 제거할 수 있는 위험이다.
② 단일 투자안의 경우 순현가법과 내부수익률법의 경제성 평가 결과는 동일하다.
③ 포트폴리오의 분산은 각 구성주식의 분산을 투자비율로 가중평균하여 산출한다.
④ 포트폴리오 기대수익률은 각 구성주식의 기대수익률을 투자비율로 가중평균하여 산출한다.
⑤ 두 투자안 중 하나의 투자안을 선택해야 하는 경우 순현가법과 내부수익률법의 선택 결과가 다를 수 있다.

## 09 다음 중 슘페터(Joseph A. Schumpeter)가 주장한 기업가 정신의 핵심요소가 아닌 것은?

① 비전의 제시와 실현욕구
② 창의성과 혁신
③ 성취동기
④ 인적 네트워크 구축
⑤ 도전정신

## 10 다음 중 BCG 매트릭스에 대한 설명으로 옳은 것은?

① 횡축은 시장성장률, 종축은 상대적 시장점유율이다.
② 물음표 영역은 시장성장률이 높고, 상대적 시장점유율은 낮아 계속적인 투자가 필요하다.
③ 별 영역은 시장성장률이 낮고, 상대적 시장점유율은 높아 현상유지를 해야 한다.
④ 자금젖소 영역은 현금창출이 많지만, 상대적 시장점유율이 낮아 많은 투자가 필요하다.
⑤ 개 영역은 시장지배적인 위치를 구축하여 성숙기에 접어든 경우이다.

Hard

**11** **다음 중 투자안 분석기법으로서의 순현가(NPV)법에 대한 설명으로 옳은 것은?**

① 순현가법에서는 현금흐름을 최대한 큰 할인율로 할인한다.
② 순현가법은 모든 개별 투자안들 간의 상호관계를 고려한다.
③ 순현가법에서는 투자안의 내용연수 동안 발생할 미래의 모든 현금흐름을 반영한다.
④ 순현가는 투자의 결과 발생하는 현금유입의 현재가치에서 현금유입의 미래가치를 차감한 것이다.
⑤ 순현가법에서는 투자의 결과 발생하는 현금유입이 투자안의 내부수익률로 재투자될 수 있다고 가정한다.

PART 2

**12** **다음 중 단위당 소요되는 표준작업시간과 실제작업시간을 비교하여, 절약된 작업시간에 대한 생산성 이득을 노사가 각각 50 : 50의 비율로 배분하는 임금제도는?**

① 임프로쉐어 플랜
② 스캔런 플랜
③ 메리크식 복률성과급
④ 테일러식 차별성과급
⑤ 러커 플랜

**13** **다음 중 다각화 전략의 장점으로 옳지 않은 것은?**

① 복합기업들이 여러 시장에 참여하고 있기 때문에 어떤 한 사업분야에서 가격경쟁이 치열하다면, 다른 사업분야에서 나오는 수익으로 가격경쟁을 가져갈 수 있다.
② 범위의 경제성 또는 시너지 효과는 실질적으로 기업의 이익을 증대시킬 수 있다.
③ 새로운 성장동력을 찾아 기업 자체의 성장성을 잃지 않을 수 있다.
④ 개별 사업부문들의 경기순환에 의한 리스크를 줄일 수 있다.
⑤ 글로벌 경쟁이 심화될수록 경쟁력이 높아질 수 있다.

**14** **다음 중 델파이 기법에 대한 설명으로 옳지 않은 것은?**

① 전문가들을 두 그룹으로 나누어 진행한다.
② 많은 전문가들의 의견을 취합하여 재조정 과정을 거친다.
③ 의사결정 및 의견개진 과정에서 타인의 압력이 배제된다.
④ 미래의 불확실성에 대한 의사결정 및 중장기예측에 좋은 방법이다.
⑤ 전문가들을 공식적으로 소집하여 한 장소에 모이게 할 필요가 없다.

**15** **다음 중 마이클 포터(Michael E. Porter)가 제시한 경쟁우위전략에 대한 설명으로 옳지 않은 것은?**

① 원가우위전략과 차별화전략은 일반적으로 대기업에서 많이 수행된다.
② 집중화전략은 원가우위에 토대를 두거나 차별화우위에 토대를 둘 수 있다.
③ 차별화전략은 경쟁사들이 모방하기 힘든 독특한 제품을 판매하는 것을 의미한다.
④ 원가우위전략은 경쟁기업보다 낮은 비용에 생산하여 저렴하게 판매하는 것을 의미한다.
⑤ 마이클 포터는 기업이 성공하기 위해서는 한 제품을 통하여 원가우위전략과 차별화전략 두 가지 전략을 동시에 추구해야 한다고 보았다.

**16** **다음 〈보기〉에서 리더십이론에 대한 설명으로 옳은 것을 모두 고르면?**

보기

ㄱ. 변혁적 리더십을 발휘하는 리더는 부하에게 이상적인 방향을 제시하고 임파워먼트(Empowerment)를 실시한다.
ㄴ. 거래적 리더십을 발휘하는 리더는 비전을 통해 단결, 비전의 전달과 신뢰의 확보를 강조한다.
ㄷ. 카리스마 리더십을 발휘하는 리더는 부하에게 높은 자신감을 보이며 매력적인 비전을 제시하지만 위압적이고 충성심을 요구하는 측면이 있다.
ㄹ. 슈퍼 리더십을 발휘하는 리더는 부하를 강력하게 지도하고 통제하는 데 역점을 둔다.

① ㄱ, ㄷ
② ㄱ, ㄹ
③ ㄴ, ㄷ
④ ㄴ, ㄹ
⑤ ㄷ, ㄹ

**17** 다음 중 신제품을 가장 먼저 받아들이는 그룹에 이어 두 번째로 신제품의 정보를 수집하여 신중하게 수용하는 그룹은?

① 조기 수용자(Early Adopters)
② 혁신자(Innovators)
③ 조기 다수자(Early Majority)
④ 후기 다수자(Late Majority)
⑤ 최후 수용자(Laggards)

**18** 다음 중 한 사람의 업무담당자가 기능부문과 제품부문의 관리자로부터 동시에 통제를 받도록 이중권한 구조를 형성하는 조직구조는?

① 기능별 조직
② 사업부제 조직
③ 매트릭스 조직
④ 프로젝트 조직
⑤ 팀제 조직

Easy

**19** 다음 중 e-비즈니스 기업의 장점으로 옳지 않은 것은?

① 빠른 의사결정을 진행할 수 있다
② 양질의 고객서비스를 제공할 수 있다.
③ 배송, 물류비 등 각종 비용을 절감할 수 있다.
④ 소비자에게 더 많은 선택권을 부여할 수 있다.
⑤ 기업이 더 높은 가격으로 제품을 판매할 수 있다.

**20** 다음에서 설명하는 인력공급 예측기법은?

- 시간의 흐름에 따라 직원의 직무이동확률을 파악하는 방법이다.
- 장기적인 인력공급의 미래예측에 용이하다.
- 조직 및 경영환경이 매우 안정적이어야 측정이 가능하다.

① 자격요건 분석
② 기능목록 분석
③ 마코브 체인
④ 다체도
⑤ 외부공급 예측

CHAPTER

# 02 경제일반

## 빈출키워드 1 수요와 공급의 법칙, 탄력성

**다음 중 수요의 탄력성에 대한 내용으로 옳은 것은?**

① 수요곡선의 기울기가 $-1$인 직선일 경우 수요곡선상의 어느 점에서나 가격탄력성은 동일하다.
② 수요의 가격탄력성이 탄력적이라면 가격인하는 총수입을 증가시키는 좋은 전략이다.
③ X재의 가격이 5% 인상되자 Y재 수요가 10% 상승했다면 수요의 교차탄력성은 $\frac{1}{2}$ 이고, 두 재화는 보완재이다.
④ 가격이 올랐을 때 시간이 경과될수록 적응이 되기 때문에 수요의 가격탄력성은 작아진다.
⑤ 수요의 소득탄력성이 비탄력적인 재화는 열등재이다.

정답 ②

수요의 가격탄력성이 1보다 크다면 가격이 1% 하락할 때, 판매량은 1%보다 크게 증가하므로 판매자의 총수입은 증가한다. 따라서 수요의 가격탄력성이 탄력적이라면 가격인하는 총수입을 증가시키는 좋은 전략이다.

오답분석

① 수요곡선이 우하향하는 직선이면 수요곡선상에서 우하방으로 이동할수록 수요의 가격탄력성이 점점 작아진다.
③ X와 Y 두 재화 수요의 교차탄력성은 $\varepsilon_{XY}=\dfrac{\frac{\Delta Q_Y}{Q_Y}}{\frac{\Delta P_X}{P_X}}=\dfrac{10\%}{5\%}=2$이고, 두 재화는 대체재이다.
④ 장기가 될수록 대체재가 생겨날 가능성이 크기 때문에 수요의 가격탄력성이 커진다.
⑤ 열등재는 수요의 소득탄력성이 1보다 작은 재화가 아니라 수요의 소득탄력성이 음수(−)인 재화이다.

**이론 더하기**

**수요의 법칙**

수요의 법칙이란 가격이 상승하면 수요량이 감소하는 것을 말한다. 수요의 법칙이 성립하는 경우 수요곡선은 우하향한다. 단, 기펜재의 경우와 베블런효과가 존재하는 경우는 성립하지 않는다.

**수요량의 변화와 수요의 변화**

① 수요량의 변화 : 당해 재화의 가격변화로 인한 수요곡선상의 이동을 의미한다.

② 수요의 변화 : 당해 재화가격 이외의 다른 요인의 변화로 수요곡선 자체가 이동하는 경우를 의미한다. 수요가 증가하면 수요곡선이 우측으로 이동하고, 수요가 감소하면 수요곡선이 좌측으로 이동한다.

**공급의 법칙**

다른 조건이 일정할 때 가격이 상승하면 공급량이 증가하는 것을 말한다.

**공급량의 변화와 공급의 변화**

① 공급량의 변화 : 당해 재화가격의 변화로 인한 공급곡선상의 이동을 의미한다.

② 공급의 변화 : 당해 재화가격이 다른 요인의 변화로 공급곡선 자체가 이동하는 것을 말한다. 공급이 증가하면 공급곡선이 우측으로 이동하고, 공급이 감소하면 공급곡선이 좌측으로 이동한다.

**수요의 가격탄력성**

① 의의 : 수요량이 가격에 얼마나 민감하게 반응하는지를 나타낸다.

② 가격탄력성의 도출

$$\varepsilon_P = \frac{\text{수요량의 변화율}}{\text{가격의 변화율}} = \frac{\frac{\Delta Q}{Q}}{\frac{\Delta P}{P}} = \left(\frac{\Delta Q}{\Delta P}\right)\left(\frac{P}{Q}\right)$$ (단, △은 변화율, Q는 수요량, P는 가격)

③ 가격탄력성과 판매수입

| 구분 | $\varepsilon_P>1$ (탄력적) | $\varepsilon_P=1$ (단위탄력적) | $0<\varepsilon_P<1$ (비탄력적) | $\varepsilon_P=0$ (완전 비탄력적) |
|---|---|---|---|---|
| 가격 상승 | 판매 수입 감소 | 판매 수입 변동 없음 | 판매 수입 증가 | 판매 수입 증가 |
| 가격 하락 | 판매 수입 증가 | 판매 수입 변동 없음 | 판매 수입 감소 | 판매 수입 감소 |

**공급의 가격탄력성**

① 의의 : 공급량이 가격에 얼마나 민감하게 반응하는지를 나타낸다.

② 가격탄력성의 도출

$$\varepsilon_P = \frac{\text{공급량의 변화율}}{\text{가격의 변화율}} = \frac{\frac{\Delta Q}{Q}}{\frac{\Delta P}{P}} = \left(\frac{\Delta Q}{\Delta P}\right)\left(\frac{P}{Q}\right)$$ (단, △은 변화율, Q는 공급량, P는 가격)

③ 공급의 가격탄력성 결정요인 : 생산량 증가에 따른 한계비용 상승이 완만할수록, 기술수준 향상이 빠를수록, 유휴설비가 많을수록, 측정시간이 길어질수록 공급의 가격탄력성은 커진다.

## 빈출키워드 2 기회비용

**01** **밀턴 프리드먼은 '공짜 점심은 없다(There is no such thing as a free lunch).'라는 말을 즐겨했다고 한다. 다음 중 이 말을 설명할 수 있는 경제 원리는?**

① 규모의 경제
② 긍정적 외부성
③ 기회비용
④ 수요공급의 원리
⑤ 매몰비용

**02** **다음 제시된 내용에 대한 〈보기〉의 설명 중 옳은 것을 모두 고르면?**

> 우리나라에 거주 중인 광성이는 ㉠ 여름휴가를 앞두고 휴가 동안 발리로 서핑을 갈지, 빈 필하모닉 오케스트라의 3년 만의 내한 협주를 들으러 갈지 고민하다가 ㉡ 발리로 서핑을 갔다. 그러나 화산폭발의 위험이 있어 안전의 위협을 느끼고 ㉢ 환불이 불가능한 숙박비를 포기한 채 우리나라로 돌아왔다.

> **보기**
> 가. ㉠의 고민은 광성이의 주관적 희소성 때문이다.
> 나. ㉠의 고민을 할 때는 기회비용을 고려한다.
> 다. ㉡의 기회비용은 빈 필하모닉 오케스트라 내한 협주이다.
> 라. ㉡은 경제재이다.
> 마. ㉢은 비합리적 선택 행위의 일면이다.

① 가, 나, 라
② 나, 다, 라
③ 나, 다, 마
④ 가, 나, 다, 라
⑤ 나, 다, 라, 마

**01**

정답 ③

'공짜 점심은 없다.'라는 의미는 무엇을 얻고자 하면 보통 그 대가로 무엇인가를 포기해야 한다는 뜻으로 해석할 수 있다. 즉, 어떠한 선택에는 반드시 포기하게 되는 다른 가치가 존재한다는 의미이다. 시간이나 자금의 사용은 다른 활동에의 시간 사용, 다른 서비스나 재화의 구매를 불가능하게 만들어 기회비용을 유발한다. 정부의 예산배정, 여러 투자상품 중 특정 상품의 선택, 경기활성화와 물가안정 사이의 상충관계 등이 기회비용의 사례가 될 수 있다.

**02**

정답 ④

오답분석

마. 환불 불가한 숙박비는 회수 불가능한 매몰비용이므로 선택 시 고려하지 않은 ㉢의 행위는 합리적 선택 행위의 일면이라고 할 수 있다.

이론 더하기

### 경제재와 자유재

| 경제재(Economic Goods) | 자유재(Free Goods) |
|---|---|
| • 경제재란 희소성을 가지고 있는 자원으로 합리적인 의사결정으로 선택을 해야 하는 재화를 말한다.<br>• 우리가 일상생활에서 돈을 지불하고 구입하는 일련의 재화 또는 서비스를 모두 포함한다. | • 자유재란 희소성을 가지고 있지 않아 값을 지불하지 않고도 누구나 마음대로 쓸 수 있는 물건을 말한다.<br>• 공기나 햇빛같이 우리의 욕구에 비해 자원의 양이 풍부해서 경제적 판단을 요구하지 않는 재화를 모두 포함한다. |

### 기회비용(Opportunity Cost)

① 개념

- 여러 선택 대안들 중 한 가지를 선택함으로써 포기해야 하는 다른 선택 대안 중에서 가장 가치가 큰 것을 의미한다.
- 경제학에서 사용하는 비용은 전부 기회비용 개념이며, 합리적인 선택을 위해서는 항상 기회비용의 관점에서 의사결정을 내려야 한다.
- 기회비용은 객관적으로 나타난 비용(명시적 비용) 외에 포기한 대안 중 가장 큰 순이익(암묵적 비용)까지 포함한다.
- 편익(매출액)에서 기회비용을 차감한 이윤을 경제적 이윤이라고 하는데, 이는 기업 회계에서 일반적으로 말하는 회계적 이윤과 다르다. 즉, 회계적 이윤은 매출액에서 명시적 비용(회계적 비용)만 차감하고 암묵적 비용(잠재적 비용)은 차감하지 않는다.

| | | |
|---|---|---|
| 경제적 비용<br>(기회비용) | 명시적 비용<br>(회계적 비용) | 기업이 생산을 위해 타인에게 실제적으로 지불한 비용<br>예 임금, 이자, 지대 |
| | 암묵적 비용<br>(잠재적 비용) | 기업 자신의 생산 요소에 대한 기회비용<br>예 귀속 임금, 귀속 이자, 귀속 지대 |

② 경제적 이윤과 회계적 이윤

| 경제적 이윤 | 회계적 이윤 |
|---|---|
| • 매출액에서 기회비용을 차감한 이윤을 말한다.<br>• 사업주가 자원배분이 합리적인지 판단하기 위한 지표이다.<br>• 경제적 이윤은 경제적 부가가치(EVA)로 나타내기도 한다.<br>• 경제학에서 장기적으로 기업의 퇴출 여부 판단의 기준이 된다. | • 매출액에서 명시적 비용만 차감한 이윤을 말한다.<br>• 사업주가 외부 이해관계자(채권자, 주주, 금융기관 등)에게 사업성과를 보여주기 위한 지표이다.<br>• 회계적 이윤에서는 객관적으로 측정 가능한 명시적 비용만을 반영한다. |

### 매몰비용(Sunk Cost)

이미 투입된 비용으로서 사업을 중단하더라도 회수할 수 없는 비용으로, 매몰비용은 사업을 중단하더라도 회수할 수 없기 때문에 사업 중단에 따른 기회비용은 0이다. 따라서 합리적인 선택을 위해서는 이미 지출되었으나 회수가 불가능한 매몰비용은 고려하지 않는다.

## 빈출키워드 3 최고가격제 · 최저가격제

**01** **다음 최고가격제에 대한 〈보기〉의 설명 중 옳은 것을 모두 고르면?**

보기

ㄱ. 암시장을 출현시킬 가능성이 있다.
ㄴ. 초과수요를 야기한다.
ㄷ. 사회적 후생을 증대시킨다.
ㄹ. 최고가격은 시장의 균형가격보다 높은 수준에서 설정되어야 한다.

① ㄱ, ㄴ
② ㄱ, ㄷ
③ ㄴ, ㄷ
④ ㄴ, ㄹ
⑤ ㄷ, ㄹ

**02** **가격이 10% 상승할 때, 수요량이 12% 감소하는 재화에 최저가격제가 적용되어 가격이 10% 상승하였다. 매출의 변화로 올바르게 짝지어진 것은?**

| | 매출량 | 매출액 |
|---|---|---|
| ① | 증가 | 증가 |
| ② | 증가 | 감소 |
| ③ | 감소 | 증가 |
| ④ | 감소 | 감소 |
| ⑤ | 불변 | 불변 |

**01**

정답 ①

오답분석

ㄷ · ㄹ. 최고가격은 시장의 균형가격보다 낮은 수준에서 설정되어야 하며, 최고가격제가 실시되면 사회적 후생 손실이 발생한다.

**02**

정답 ④

수요의 가격탄력성은 가격의 변화율에 대한 수요량의 변화율이므로 1.2이다. 따라서 이는 탄력적이라는 것을 암시하며, 최저가격제는 가격의 상승을 가져오므로 매출량과 판매수입이 감소한다.

**이론 더하기**

### 최고가격제(가격상한제)

① 개념 : 물가를 안정시키고, 소비자를 보호하기 위해 시장가격보다 낮은 수준에서 최고가격을 설정하는 규제이다.

예 아파트 분양가격, 금리, 공공요금

② 특징

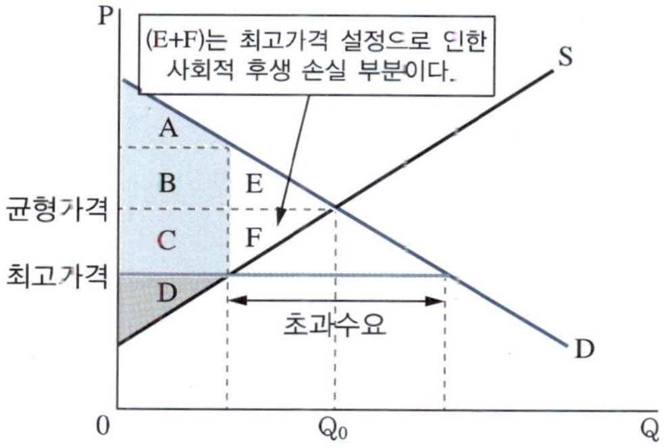


- 소비자들은 시장가격보다 낮은 가격으로 재화를 구입할 수 있다.
- 초과수요가 발생하기 때문에 암시장이 형성되어 균형가격보다 높은 가격으로 거래될 위험이 있다.
- 재화의 품질이 저하될 수 있다.
- 그래프에서 소비자 잉여는 A+B+C, 생산자 잉여는 D, 사회적 후생 손실은 E+F만큼 발생한다.
- 공급의 가격탄력성이 탄력적일수록 사회적 후생 손실이 커진다.

### 최저가격제(최저임금제)

① 개념 : 최저가격제란 공급자를 보호하기 위하여 시장가격보다 높은 수준에서 최저가격을 설정하는 규제를 말한다.

예 최저임금제

② 특징

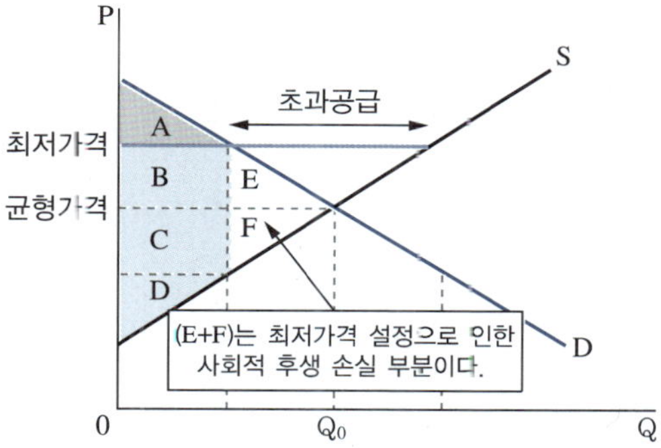


- 최저가격제를 실시하면 생산자는 균형가격보다 높은 가격을 받을 수 있다.
- 소비자의 지불가격이 높아져 소비자의 소비량을 감소시키기 때문에 초과공급이 발생하고, 실업, 재고 누적 등의 부작용이 발생한다.
- 그래프에서 소비자 잉여는 A, 생산자 잉여는 B+C+D, 사회적 후성 손실은 E+F만큼 발생한다.
- 수요의 가격탄력성이 탄력적일수록 사회적 후생 손실이 커진다.

## 빈출키워드 4 무차별곡선

**01** **두 재화 X와 Y를 소비하여 효용을 극대화하는 소비자 A의 효용함수는 U=X+2Y이고, X재 가격이 2, Y재 가격이 1이다. X재 가격이 1로 하락할 때 소비량의 변화는?**

| | X재 소비량 | Y재 소비량 |
|---|---|---|
| ① | 불변 | 불변 |
| ② | 증가 | 증가 |
| ③ | 감소 | 증가 |
| ④ | 증가 | 감소 |
| ⑤ | 감소 | 감소 |

**02** **다음 중 재화의 성질 및 무차별곡선에 대한 설명으로 옳지 않은 것은?**

① 모든 기펜재(Giffen Goods)는 열등재이다.
② 두 재화가 대체재인 경우 두 재화 간 교차탄력성은 양(+)의 값을 가진다.
③ X축에는 홍수를, Y축에는 쌀을 나타내는 경우 무차별곡선은 우하향한다.
④ 두 재화가 완전보완재인 경우 무차별곡선은 L자 모형이다.
⑤ 두 재화가 완전대체재인 경우 두 재화의 한계대체율은 일정하다.

**01**

정답 ①

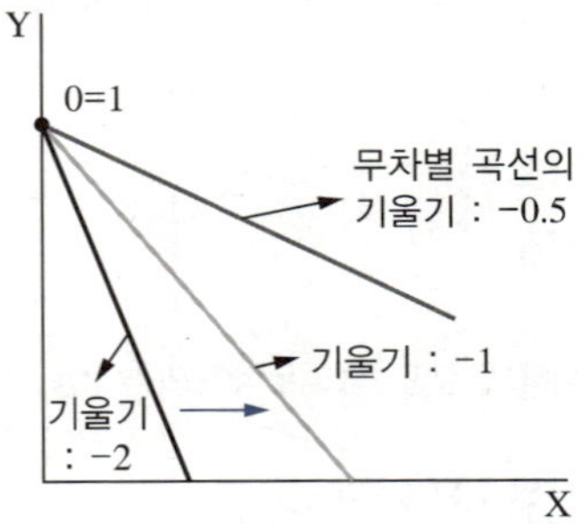


가격이 변하기 전 예산선의 기울기는 −2, 무차별곡선의 기울기는 −0.5이므로 소비자 A는 자신의 소득 전부를 Y재를 구매하는 데에 사용한다. 그런데 X재 가격이 1로 하락하더라도 예산선의 기울기는 −1이므로 여전히 Y재만을 소비하는 것이 효용을 극대화한다. 따라서 가격이 변하더라도 X재와 Y재의 소비량은 변화가 없다.

**02**

정답 ③

X재가 한계효용이 0보다 작은 비재화이고 Y재가 정상재인 경우, X재의 소비가 증가할 때 효용이 동일한 수준으로 유지되기 위해서는 Y재의 소비가 증가하여야 한다. 따라서 무차별곡선은 우상향의 형태로 도출된다.

**이론 더하기**

**효용함수(Utility Function)**

재화소비량과 효용 간의 관계를 함수형태로 나타낸 것을 의미한다.

**무차별곡선(Indifference Curve)**

① 개념 : 동일한 수준의 효용을 가져다주는 모든 상품의 묶음을 연결한 궤적을 말한다.

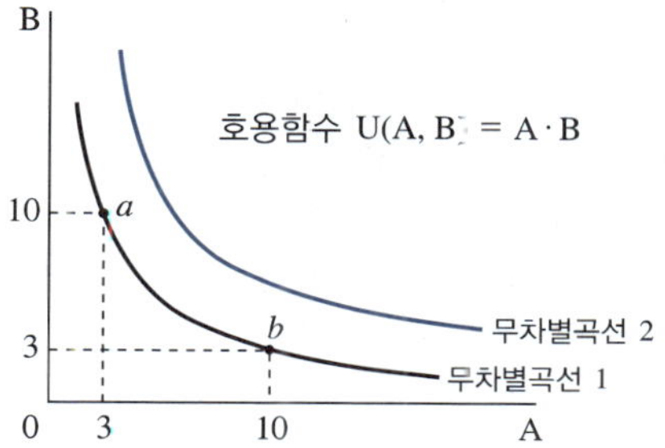


② 무차별곡선의 성질
- A재와 B재 모두 재화라면 무차별곡선은 우하향하는 모양을 갖는다(대체가능성).
- 원점에서 멀어질수록 높은 효용수준을 나타낸다(강단조성).
- 두 무차별곡선은 서로 교차하지 않는다(이행성).
- 모든 점은 그 점을 지나는 하나의 무차별곡선을 갖는다(완비성).
- 원점에 대하여 볼록하다(볼록성).

③ 예외적인 무차별곡선

| 구분 | 두 재화가 완전 대체재인 경우 | 두 재화가 완전 보완재인 경우 | 두 재화가 모두 비재화인 경우 |
|---|---|---|---|
| 그래프 | 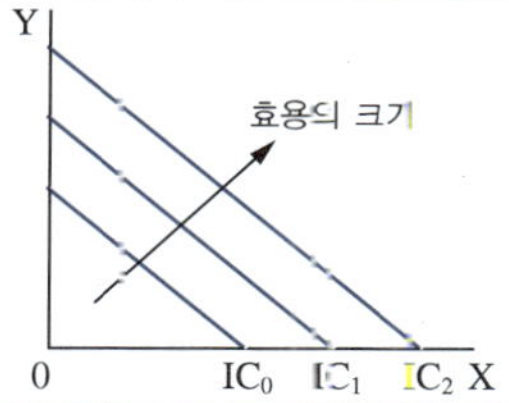  | 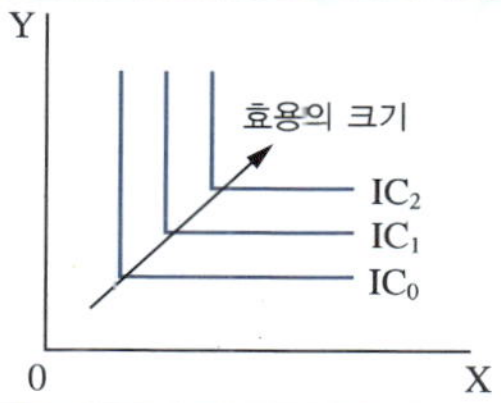  | 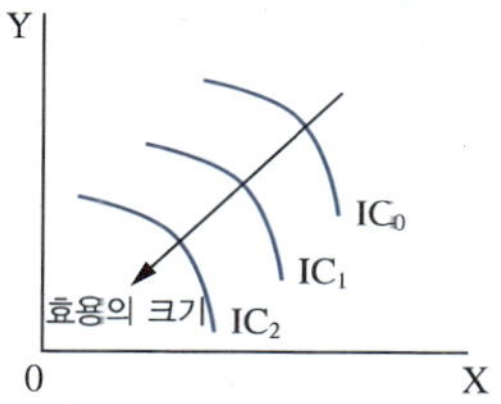  |
| 효용함수 | $U(X, Y)=aX+bY$ | $U(X, Y)=\min\left(\frac{X}{a}, \frac{Y}{b}\right)$ | $U(X, Y)=\frac{1}{X^2+Y^2}$ |
| 특징 | 한계대체율(MRS)이 일정하다. | 두 재화의 소비비율이 $\frac{b}{a}$로 일정하다. | X재와 Y재 모두 한계효용이 0보다 작다. ($MU_X<0$, $MU_Y<0$) |
| 사례 | (X, Y)=(10원짜리 동전, 50원짜리 동전) | (X, Y)=(왼쪽 양말, 오른쪽 양말) | (X, Y)=(매연, 소음) |

**소비자균형**

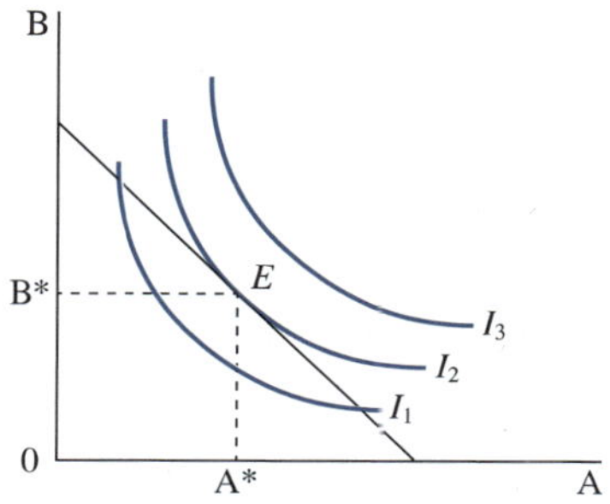


무차별곡선 기울기의 절댓값인 $MRS_{AB}$, 즉 소비자의 A재와 B재의 주관적인 교환비율과 시장에서 결정된 A재와 B재의 객관적인 교환비율인 상대가격 $\frac{P_A}{P_B}$가 일치하는 점에서 소비자균형이 달성된다($E$).

## 빈출키워드 5 역선택과 도덕적 해이

**다음 〈보기〉에 제시된 사례를 역선택(Adverse Selection)과 도덕적 해이(Moral Hazard)의 개념에 따라 바르게 구분한 것은?**

**보기**

ㄱ. 자동차 보험 가입 후 더 난폭하게 운전한다.
ㄴ. 건강이 좋지 않은 사람이 민간 의료보험에 더 많이 가입한다.
ㄷ. 실업급여를 받게 되자 구직 활동을 성실히 하지 않는다.
ㄹ. 사망 확률이 낮은 건강한 사람이 주로 종신연금에 가입한다.
ㅁ. 의료보험제도가 실시된 이후 사람들의 의료수요가 현저하게 증가하였다.

| | 역선택 | 도덕적 해이 |
|---|---|---|
| ① | ㄱ, ㄴ | ㄷ, ㄹ, ㅁ |
| ② | ㄴ, ㄹ | ㄱ, ㄷ, ㅁ |
| ③ | ㄷ, ㅁ | ㄱ, ㄴ, ㄹ |
| ④ | ㄴ, ㄷ, ㄹ | ㄱ, ㅁ |
| ⑤ | ㄴ, ㄷ, ㅁ | ㄱ, ㄷ |

**정답** ②

역선택이란 감추어진 특성의 상황에서 정보 수준이 낮은 측이 사전적으로 바람직하지 않은 상대방을 만날 가능성이 높아지는 현상을 의미한다. 반면, 도덕적 해이는 감추어진 행동의 상황에서 어떤 거래 이후에 정보를 가진 측이 바람직하지 않은 행동을 하는 현상을 의미한다. 따라서 ㄴ과 ㄹ은 역선택, ㄱ·ㄷ·ㅁ는 도덕적 해이에 해당한다.

**이론 더하기**

**역선택(Adverse Selection)**

① 개념 : 거래 전에 감추어진 특정한 상황에서 정보가 부족한 구매자가 바람직하지 못한 상대방과 품질이 낮은 상품을 거래하게 되는 가격왜곡현상을 의미한다.

② 사례

- 중고차를 판매하는 사람은 그 차량의 결점에 대해 알지만 구매자는 잘 모르기 때문에 성능이 나쁜 중고차만 거래된다. 즉, 정보의 비대칭성으로 인하여 비효율적인 자원 배분 현상이 나타나며, 이로 인해 사회적인 후생손실이 발생한다
- 보험사에서 평균적인 사고확률을 근거로 보험료를 산정하면 사고 발생 확률이 높은 사람이 보험에 가입할 가능성이 큰 것을 의미한다. 이로 인해 평균적인 위험을 기초로 보험금과 보험료를 산정하는 보험회사는 손실을 보게 된다.

③ 해결방안

- 선별(Screening) : 정보를 갖지 못한 사람이 상대방의 정보를 알기 위해 노력하는 것이다.
- 신호 보내기(Signaling) : 정보를 가진 측에서 정보가 없는 상대방에게 자신을 알림으로써 정보의 비대칭을 해결하는 것이다.
- 정부의 역할 : 모든 당사자가 의무적으로 수행하게 하는 강제집행과 정보흐름을 촉진할 수 있는 정보정책 수립 등이 있다.

**도덕적 해이(Moral Hazard)**

① 개념 : 어떤 계약 거래 이후에 대리인의 감추어진 행동으로 인해 정보격차가 존재하여 상대방의 향후 행동을 예측할 수 없거나 본인이 최선을 다한다 해도 자신에게 돌아오는 혜택이 별로 없는 경우에 발생한다.

② 사례

- 화재보험에 가입하고 나면 화재예방노력에 따른 편익이 감소하므로 노력을 소홀히 하는 현상이 발생한다.
- 의료보험에 가입하면 병원 이용에 따른 한계비용이 낮아지므로 그 전보다 병원을 더 자주 찾는 현상이 발생한다.
- 금융기관에서 자금을 차입한 이후에 보다 위험이 높은 투자 상품에 투자하는 현상이 발생한다.

③ 해결방안

- 보험회사가 보험자 손실의 일부만을 보상해주는 공동보험제도를 채택한다.
- 금융기관이 기업의 행동을 주기적으로 감시한다(예 사회이사제도, 감사제도).
- 금융기관은 대출 시 담보를 설정하여 위험이 높은 투자를 자제하도록 한다.

**역선택과 도덕적 해이 비교**

| 구분 | 역선택 | 도덕적 해이 |
|---|---|---|
| 정보의 비대칭 발생시점 | 계약 이전 | 계약 이후 |
| 정보의 비대칭 유형 | 숨겨진 특성 | 숨겨진 행동 |
| 해결 방안 | 선별, 신호발송, 신용할당, 효율성임금, 평판, 표준화, 정보정책, 강제집행 등 | 유인설계(공동보험, 기초동제제도, 성과급지급 등), 효율성 임금, 평판, 담보설정 등 |

PART 2

## 빈출키워드 6 공공재

**다음 중 밑줄 친 부분이 나타내는 용어로 바르게 연결된 것은?**

> 국방은 한 국가가 현존하는 적국이나 가상의 적국 또는 내부의 침략에 대응하기 위하여 강구하는 다양한 방위활동을 말하는데 이러한 국방은 ㉠ 많은 사람들이 누리더라도 다른 사람이 이용할 수 있는 몫이 줄어들지 않는다. 또한 국방비에 대해 ㉡ 가격을 지급하지 않는 사람들이 이용하지 못하게 막기가 어렵다. 따라서 국방은 정부가 담당하게 된다.

| | ㉠ | ㉡ |
|---|---|---|
| ① | 공공재 | 외부효과 |
| ② | 배제성 | 경합성 |
| ③ | 무임승차 | 비배제성 |
| ④ | 비경합성 | 비배제성 |
| ⑤ | 경합성 | 배제성 |

**정답** ④

배제성이란 어떤 특정한 사람이 재화나 용역을 사용하는 것을 막을 수 있는 가능성을 말한다. 반대로 그렇지 못한 경우는 비배제성이 있다고 한다. 경합성이란 재화나 용역을 한 사람이 사용하게 되면 다른 사람의 몫은 그만큼 줄어든다는 것으로 희소성의 가치에 의해 발생하는 경제적인 성격의 문제이다. 일반적으로 접하는 모든 재화나 용역이 경합성이 있으며, 반대로 한 사람이 재화나 용역을 소비해도 다른 사람의 소비를 방해하지 않는다면 비경합성에 해당한다.
따라서 비경합성과 비배제성 모두 동시에 가지고 있는 대표적인 재화나 용역은 국방, 치안 등과 같은 공공재이다.

이론 더하기

### 재화의 종류

| 구분 | 배재성 | 비배재성 |
|---|---|---|
| 경합성 | **사유재**<br>예 음식, 옷, 자동차 | **공유자원**<br>예 산에서 나는 나물, 바닷속의 물고기 |
| 비경합성 | **클럽재(자연 독점 재화)**<br>예 케이블 TV방송, 전력, 수도 | **공공재**<br>예 국방, 치안 |

### 공공재

① 개념 : 모든 사람들이 공동으로 이용할 수 있는 재화 또는 서비스로 비경합성과 비배제성이라는 특징을 갖는다.

② 성격

- 비경합성 : 소비하는 사람의 수에 관계없이 모든 사람이 동일한 양을 소비한다. 비경합성에 기인하여 1인 추가 소비에 따른 한계비용은 0이다. 공공재의 경우 양의 가격을 매기는 것은 바람직하지 않음을 의미한다.
- 비배제성 : 재화 생산에 대한 기여 여부에 관계없이 소비가 가능한 특성을 의미한다.

③ 종류

- 순수 공공재 : 국방, 치안 서비스 등
- 비순수 공공재 : 불완전한 비경합성을 가진 클럽재(혼합재), 지방공공재

### 무임승차자 문제

① 공공재는 배재성이 없으므로 효율적인 자원 분배가 이루어지지 않는 현상이 발생할 수 있다. 이로 인해 시장실패가 발생하게 되는데 구체적으로 두 가지 문제를 야기시킨다.

- 무임승차자의 소비로 인한 공공재나 공공 서비스의 공급부족 현상
- 공유자원의 남용으로 인한 사회문제 발생으로 공공시설물 파괴, 환경 오염

② 기부금을 통해 공공재를 구입하거나, 공공재를 이용하는 사람에게 일정의 요금을 부담시키는 방법, 국가가 강제로 조세를 거두어 무상으로 공급하는 방법 등으로 해결 가능하다.

### 공유자원

① 개념 : 소유권이 어느 개인에게 있지 않고, 사회 전체에 속하는 자원이다.

② 종류

- 자연자본 : 공기, 하천, 국가 소유의 땅
- 사회간접자본 : 공공의 목적으로 축조된 항만, 도로

### 공유지의 비극(Tragedy of Commons)

경합성은 있지만 배제성은 없는 공유자원의 경우, 공동체 구성원이 자신의 이익에만 따라 행동하여 결국 공동체 전체가 파국을 맞이하게 된다는 이론이다.

## 빈출키워드 7 GDP, GNP, GNI

**01** **다음 국내총생산(GDP)에 대한 〈보기〉의 설명 중 옳은 것을 모두 고르면?**

> 보기
>
> ㄱ. 여가가 주는 만족은 삶의 질에 매우 중요한 영향을 미치므로 GDP에 반영된다.
> ㄴ. 환경오염으로 파괴된 자연을 치유하기 위해 소요된 지출은 GDP에 포함된다.
> ㄷ. 우리나라의 지하경제 규모는 엄청나기 때문에 한국은행은 이를 포함하여 GDP를 측정한다.
> ㄹ. 가정주부의 가사노동은 GDP에 불포함되지만 가사도우미의 가사노동은 GDP에 포함된다.

① ㄱ, ㄷ
② ㄱ, ㄹ
③ ㄴ, ㄷ
④ ㄴ, ㄹ
⑤ ㄷ, ㄹ

**02** **다음 중 국민총소득(GNI), 국내총생산(GDP), 국민총생산(GNP)에 대한 설명으로 옳지 않은 것은?**

① 명목GNI는 명목GNP와 명목 국외순수취요소소득의 합이다.
② GNI는 한 나라 국민이 국내외 생산활동에 참여한 대가로 받은 소득의 합계이다.
③ 국외수취 요소소득이 국외지급 요소소득보다 크면 명목GNI가 명목GDP보다 크다.
④ 원화표시 GNI에 아무런 변동이 없더라도 환율변동에 따라 달러화표시 GNI는 변동될 수 있다.
⑤ 실질GDP는 생산활동의 수준을 측정하는 생산지표인 반면, 실질GNI는 생산활동을 통하여 획득한 소득의 실질 구매력을 나타내는 소득지표이다.

### 01

정답 ④

오답분석

ㄱ. 여가, 자원봉사 등의 활동은 생산활동이 아니므로 GDP에 포함되지 않는다.
ㄷ. GDP는 마약밀수 등의 지하경제를 반영하지 못한다는 한계점이 있다.

### 02

정답 ①

과거에는 국민총생산(GNP)이 소득지표로 사용되었으나 수출품과 수입품의 가격변화에 따른 실질소득의 변화를 제대로 반영하지 못했기 때문에 현재는 국민총소득(GNI)을 소득지표로 사용한다.
한편, 명목GNP는 명목GDP에 국외순수취요소소득을 더하여 계산하는데, 명목GDP는 당해연도 생산량에 당해연도의 가격을 곱하여 계산하므로 수출품과 수입품의 가격변화에 따른 실질소득 변화가 모두 반영된다. 즉, 명목으로 GDP를 집계하면 교역조건변화에 따른 실질무역손익이 0이 된다. 따라서 명목GNP는 명목GNI와 동일하다.

**이론 더하기**

### GDP(국내총생산)

① 정의 : GDP(국내총생산)란 일정기간 한 나라의 국경 안에서 생산된 모든 최종 재화와 서비스의 시장가치를 시장가격으로 평가하여 합산한 것이다.

② GDP의 계산 : 가계소비(C)+기업투자(I)+정부지출(G)+순수출(NX)

※ 순수출(NX) : 수출－수입

③ 명목GDP와 실질GDP

| | |
|---|---|
| **명목GDP** | • 당해의 생산량에 당해연도 가격을 곱하여 계산한 GDP이다.<br>• 명목GDP는 물가가 상승하면 상승한다.<br>• 당해 연도의 경제활동 규모와 산업구조를 파악하는 데 유용하다. |
| **실질GDP** | • 당해의 생산량에 기준연도 가격을 곱하여 계산한 GDP이다.<br>• 실질GDP는 물가의 영향을 받지 않는다.<br>• 경제성장과 경기변동 등을 파악하는 데 유용하다. |

④ GDP디플레이터 : $\frac{\text{명목GDP}}{\text{실질GDP}} \times 100$

⑤ 실재GDP와 잠재GDP

| | |
|---|---|
| **실재GDP** | • 한 나라의 국경 안에서 실제로 생산된 모든 최종 생산물의 시장가치를 의미한다. |
| **잠재GDP** | • 한 나라에 존재하는 노동과 자본 등 모든 생산요소를 정상적으로 사용할 경우 달성할 수 있는 최대 GDP를 의미한다.<br>• 잠재GDP＝자연산출량＝완전고용산출량 |

### GNP(국민총생산)

① 개념 : GNP(국민총생산)란 일정기간 동안 한 나라의 국민이 소유하는 노동과 자본으로 생산된 모든 최종생산물의 시장가치를 의미한다.

② GNP의 계산 : GDP+대외순수취요소소득=GDP+(대외수취요소소득－대외지급요소소득)

※ 대외수취요소소득 : 우리나라 기업이나 근로자가 외국에서 일한 대가

※ 대외지급요소소득 : 외국의 기업이나 근로자가 우리나라에서 일한 대가

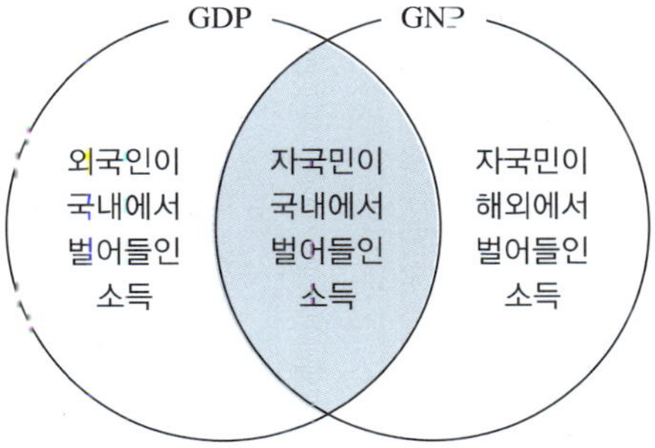


### GNI(국민총소득)

① 개념 : 한 나라의 국민이 국내외 생산 활동에 참가하거나 생산에 필요한 자산을 제공한 대가로 받은 소득의 합계이다.

② GNI의 계산 : GDP+교역조건변화에 따른 실질무역손익+대외순수취요소소득
=GDP+교역조건변화에 따른 실질무역손익+(대외수취요소소득－대외지급요소소득)

## 빈출키워드 8 비교우위

**다음은 A국과 B국의 2016년과 2024년 자동차와 TV 생산에 대한 생산가능곡선 자료이다. 이에 대한 설명으로 옳은 것은?**

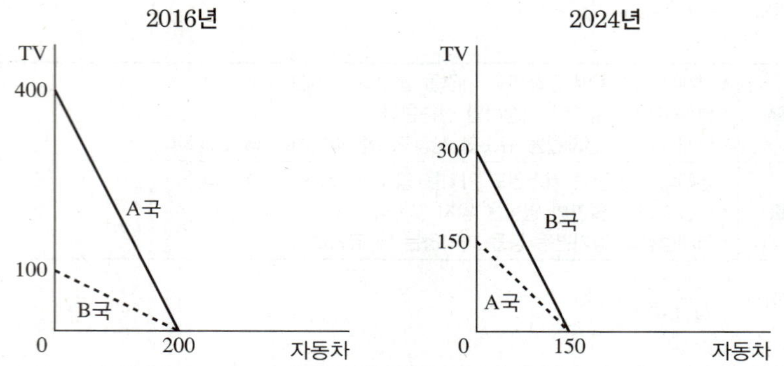


① 2016년도 자동차 수출국은 A국이다.
② B국의 자동차 1대 생산 기회비용은 감소하였다.
③ 두 시점의 생산가능곡선 변화 원인은 생산성 향상 때문이다.
④ 2024년에 자동차 1대가 TV 2대와 교환된다면 무역의 이익은 B국만 갖게 된다.
⑤ 2016년도 A국이 생산 가능한 총생산량은 TV 400대와 자동차 200대이다.

정답 ③

오답분석

① 2016년도에 A국이 자동차 1대를 생산하기 위한 기회비용은 TV 2대이며, B국이 자동차 1대를 생산하기 위한 기회비용은 TV $\frac{1}{2}$ 대이므로 상대적으로 자동차 생산에 대한 기회비용이 적은 B국에서 자동차를 수출해야 한다.

② 2016년 B국의 자동차 1대 생산에 대한 기회비용은 TV $\frac{1}{2}$ 대인 반면, 2024년 B국의 자동차 1대 생산에 대한 기회비용은 TV 2대이므로 기회비용은 증가하였다.

④ 2024년도에 A국은 비교우위가 있는 자동차 생산에 특화하고, B국은 비교우위가 있는 TV 생산에 특화하여 교환한다. 이 경우 교환 비율이 자동차 1대당 TV 2대이면, B국은 아무런 무역이익을 가지지 못하고, A국만 무역의 이익을 갖는다.

⑤ 2016년도에 A국의 생산 가능한 총생산량은 TV 400대 또는 자동차 200대이다.

**이론 더하기**

### 애덤 스미스의 절대우위론

절대우위론이란 각국이 절대적으로 생산비가 낮은 재화생산에 특화하여 그 일부를 교환함으로써 상호이익을 얻을 수 있다는 이론이다.

### 리카도의 비교우위론

① 개념

- 비교우위란 교역 상대국보다 낮은 기회비용으로 생산할 수 있는 능력으로 정의된다.
- 비교우위론이란 한 나라가 두 재화생산에 있어서 모두 절대우위에 있더라도 양국이 상대적으로 생산비가 낮은 재화생산에 특화하여 무역을 할 경우 양국 모두 무역으로부터 이익을 얻을 수 있다는 이론을 말한다.
- 비교우위론은 절대우위론의 내용을 포함하고 있는 이론이다.

② 비교우위론의 사례

- A국이 X재와 Y재 생산에서 모두 절대우위를 갖는다.

| 구분 | A국 | B국 |
|---|---|---|
| X재 | 4명 | 5명 |
| Y재 | 2명 | 5명 |

- A국은 Y재에, B국은 X재에 비교우위가 있다.

| 구분 | A국 | B국 |
|---|---|---|
| X재 1단위 생산의 기회비용 | Y재 2단위 | Y재 1단위 |
| Y재 1단위의 기회비용 | X재 $\frac{1}{2}$ 단위 | X재 1단위 |

### 헥셔 – 오린 정리모형(Heckscher – Ohlin Model, H – O Model)

① 개념

- 각국의 생산함수가 동일하더라도 각 국가에서 상품 생산에 투입된 자본과 노동의 비율이 차이가 있으면 생산비의 차이가 발생하게 되고, 각국은 생산비가 적은 재화에 비교우위를 갖게 된다는 정리이다.
- 각국은 노동풍부국은 노동집약재, 자본풍부국은 자본집약재 생산에 비교우위가 있다.

② 내용

- A국은 B국에 비해 노동풍부국이고, X재는 Y재에 비해 노동집약재라고 가정할 때 A국과 B국의 생산가능곡선은 다음과 같이 도출된다.

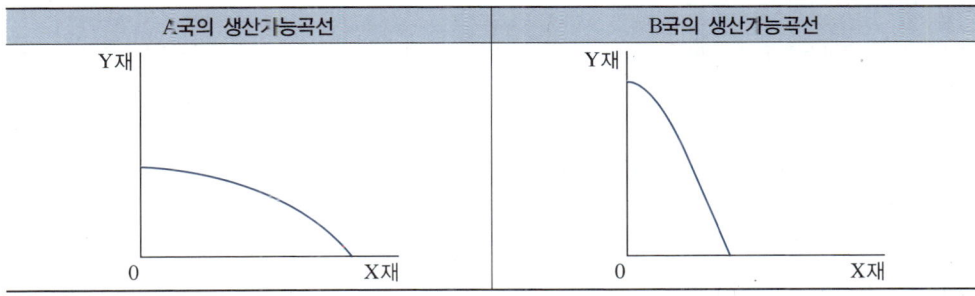

| A국의 생산가능곡선 | B국의 생산가능곡선 |
|---|---|
| 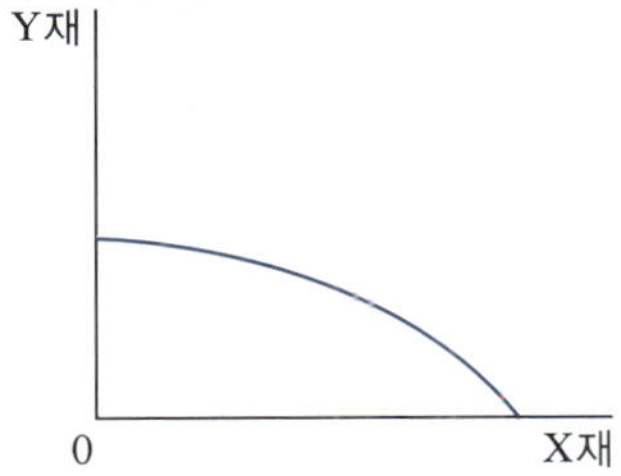 | 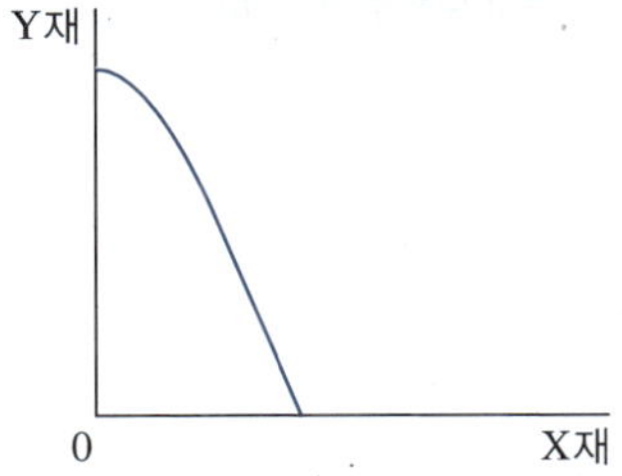 |

- 헥셔 – 오린 정리에 다르면 A국은 노동이 B국에 비해 상대적으로 풍부하기 때문에 노동집약저인 X재에 비교우위를 가지고 X재를 생산하여 B국에 수출하고 Y재를 수입한다.
- 마찬가지로 B국은 자본이 A국에 비해 상대적으로 풍부하기 때문에 자본집약재인 Y재에 비교우위를 가지고 Y재를 생산하여 A국에 수출하고 X재를 수입한다.

## 빈출키워드 9 로렌츠 곡선과 지니계수

**01** **다음 중 소득격차를 나타내는 지표가 아닌 것은?**

① 10분위 분배율
② 로렌츠 곡선
③ 지니계수
④ 엥겔지수
⑤ 앳킨슨지수

**02** **어느 나라 국민의 50%는 소득이 전혀 없고, 나머지 50%는 모두 소득 100을 균등하게 가지고 있다면 지니계수의 값은?**

① 0
② 1
③ $\frac{1}{2}$
④ $\frac{1}{4}$
⑤ $\frac{1}{5}$

### 01

정답 ④

엥겔지수는 전체 소비지출 중에서 식료품비가 차지하는 비중을 표시하는 지표로써 특정 계층의 생활 수준만을 알 수 있다.

### 02

정답 ③

국민의 50%가 소득이 전혀 없고, 나머지 50%에 해당하는 사람들의 소득은 완전히 균등하게 100씩 가지고 있으므로 로렌츠 곡선은 아래 그림과 같으며 지니계수는 다음과 같이 계산한다.

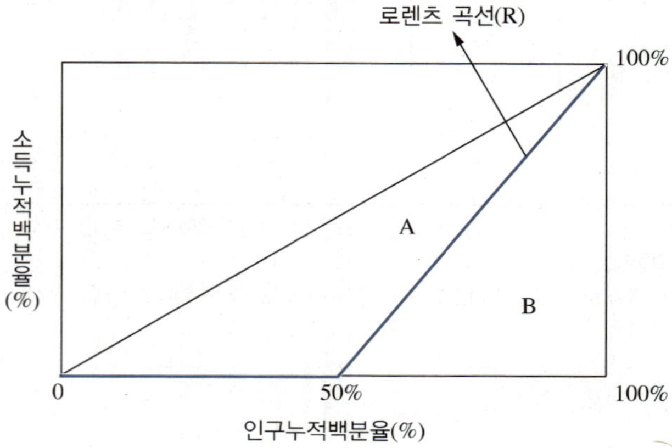


$$\text{지니계수} = \frac{A}{A+B} = \frac{1}{2}$$

따라서 지니계수는 $\frac{1}{2}$ 이다.

이론 더하기

### 로렌츠 곡선(Lorenz Curve)

① 개념 및 측정방법

- 인구의 누적점유율과 소득의 누적점유율 간의 관계를 나타내는 곡선이다.
- 로렌츠 곡선은 소득분배가 균등할수록 대각선에 가까워진다. 즉, 로렌츠 곡선이 대각선에 가까울수록 평등한 분배상태이며, 직각에 가까울수록 불평등한 분배상태이다.
- 로렌츠 곡선과 대각선 사이의 면적의 크기가 불평등도를 나타내는 지표가 된다.

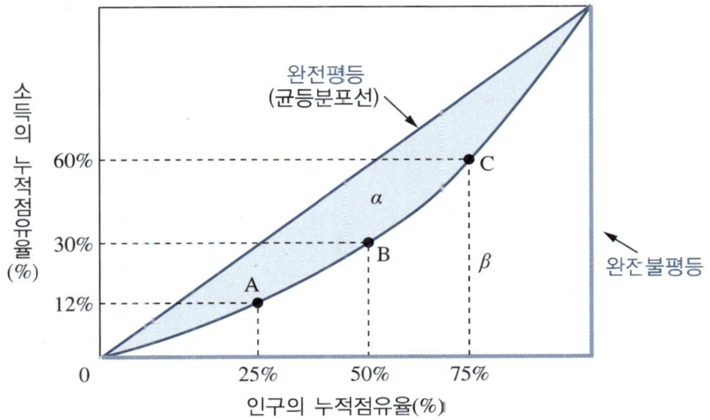


- 로렌츠 곡선상의 점 A는 소득액 하위 25% 인구가 전체 소득의 12%를, 점 B는 소득액 하위 50% 인구가 전체 소득의 30%를, 점 C는 소득액 하위 75% 인구가 전체 소득의 60%를 점유하고 있음을 의미한다.

② 평가

- 로렌츠 곡선이 서로 교차하는 경우에는 소득분배상태를 비교할 수 없다.
- 소득별 분배상태를 한눈에 볼 수 있으나, 비교하고자 하는 수만큼 그려야 하는 단점이 있다.

### 지니계수

① 개념 및 측정방법

- 지니계수란 로렌츠 곡선이 나타내는 소득분배상태를 하나의 숫자로 나타낸 것을 말한다.
- 지니계수는 완전균등분포선과 로렌츠 곡선 사이에 해당하는 면적($\alpha$)을 완전균등분포선 아래의 삼각형 면적($\alpha+\beta$)으로 나눈 값이다.
- 지니계수는 0 ~ 1 사이의 값을 나타내며, 그 값이 작을수록 소득분배가 균등함을 의미한다.
- 즉, 소득분배가 완전히 균등하면 $\alpha=0$이므로 지니계수는 0이 되고, 소득분배가 완전히 불균등하면 $\beta=0$이므로 지니계수는 1이 된다.

② 평가

- 지니계수는 전 계층의 소득분배를 하나의 숫자로 나타내므로 특정 소득계층의 소득분배상태를 나타내지 못한다는 한계가 있다.
- 또한 특정 두 국가의 지니계수가 동일하더라도 소득구간별 소득격차의 차이가 모두 동일한 것은 아니며, 전반적인 소득분배의 상황만을 짐작하게 하는 한계가 있다.

## 빈출키워드 10 파레토 효율성

**상품시장을 가정할 때, 다음 중 완전경쟁시장의 균형점이 파레토 효율적인 이유로 옳지 않은 것은?**

① 완전경쟁시장 균형점에서 가장 사회적 잉여가 크기 때문이다.

② 완전경쟁시장 균형점에서 사회적 형평성이 극대화되기 때문이다.

③ 완전경쟁시장 균형점에서 소비자는 효용 극대화, 생산자는 이윤 극대화를 달성하기 때문이다.

④ 완전경쟁시장 균형점에서 재화 한 단위 생산에 따른 사회적 한계편익과 사회적 한계비용이 같기 때문이다.

⑤ 시장수요곡선의 높이는 사회적 한계편익을 반영하고, 시장 공급곡선의 높이는 사회적 한계비용을 완전하게 반영하기 때문이다.

정답 ②

파레토 효율성이란 하나의 자원배분 상태에서 다른 사람에게 손해가 가지 않고서는 어떤 한 사람에게 이득이 되는 변화를 만들어내는 것이 불가능한 배분 상태를 의미한다. 즉, 파레토 효율성은 현재보다 더 효율적인 배분이 불가능한 상태를 의미한다. 완전경쟁시장의 균형점에서는 사회적 효율이 극대화되지만, 파레토 효율적이라고 하여 사회 구성원 간에 경제적 후생을 균등하게 분배하는 것은 아니기 때문에 사회적 형평성이 극대화되지는 않는다.

이론 더하기

### 파레토 효율성

파레토 효율(=파레토 최적)이란 하나의 자원배분상태에서 다른 어떤 사람에게 손해가 가도록 하지 않고서는 어떤 한 사람에게 이득이 되는 변화를 만들어 내는 것이 불가능한 상태, 즉 더 이상의 파레토 개선이 불가능한 자원배분 상태를 말한다.

### 소비에서의 파레토 효율성

① 생산물시장이 완전경쟁시장이면 개별소비자들은 가격수용자이므로 두 소비자가 직면하는 예산선의 기울기$\left(-\frac{P_X}{P_Y}\right)$는 동일하다.

② 예산선의 기울기가 동일하므로 두 개인의 무차별곡선 기울기도 동일하다.

$MRS^A_{XY}=MRS^B_{XY}$

③ 그러므로 생산물시장이 완전경쟁이면 소비에서의 파레토 효율성 조건이 충족된다.

④ 계약곡선상의 모든 점에서 파레토 효율이 성립하고, 효용곡선상의 모든 점에서 파레토 효율이 성립한다.

### 생산에서의 파레토 효율성

① 생산요소시장이 완전경쟁이면 개별생산자는 가격수용자이므로 두 재화가 직면하는 등비용선의 기울기$\left(-\frac{w}{r}\right)$가 동일하다.

② 등비용선의 기울기가 동일하므로 두 재화의 등량곡선의 기울기도 동일하다.

$MRS^X_{LK}=MRS^Y_{LK}$

③ 그러므로 생산요소시장이 완전경쟁이면 생산에서의 파레토 효율성 조건이 충족된다.

④ 생산가능곡선이란 계약곡선을 재화공간으로 옮겨 놓은 것으로 생산가능곡선상의 모든 점에서 파레토효율이 이루어진다.

⑤ 한계변환율은 X재의 생산량을 1단위 증가시키기 위하여 감소시켜야 하는 Y재의 수량으로 생산가능곡선 접선의 기울기이다.

### 종합적인 파레토 효율성

시장구조가 완전경쟁이면 소비자의 효용극대화와 생산자의 이윤극대화 원리에 의해 종합적인 파레토 효율성 조건이 성립한다.

$$MRS_{xy}=\frac{M_X}{M_Y}=\frac{P_X}{P_Y}=\frac{MC_X}{MC_Y}=MRT_{xy}$$

### 파레토 효율성의 한계

① 파레토 효율성 조건을 충족하는 점은 무수히 존재하기 때문에 그중 어떤 점이 사회적으로 가장 바람직한지 판단하기 어렵다.

② 파레토 효율성은 소득분배의 공평성에 대한 기준을 제시하지 못한다.

## 빈출키워드 11 실업

**01** **다음 대화에서 밑줄 친 부분에 해당하는 사례로 옳은 것은?**

> 선생님 : 실업에는 어떤 종류가 있는지 한번 말해볼까?
> 학생 : 네, 선생님. 실업은 발생하는 원인에 따라 경기적 실업과 계절적 실업 그리고 구조적 실업과 마찰적 실업으로 분류할 수 있습니다.

① 총수요의 부족으로 발생하는 실업이 발생했다.
② 더 나은 직업을 탐색하기 위해 기존에 다니던 직장을 그만두었다.
③ 남해바다 해수욕장의 수영 강사들이 겨울에 일자리가 없어서 쉬고 있다.
④ 산업구조가 제조업에서 바이오기술산업으로 재편되면서 대량실업이 발생하였다.
⑤ 디지털 카메라의 대중화로 필름회사 직원들이 일자리를 잃었다.

**02** **다음 빈칸에 들어갈 용어로 옳은 것끼리 바르게 짝지어진 것은?**

> • ㄱ : 구직활동 과정에서 일시적으로 실업 상태에 놓이는 것을 의미한다.
> • ㄴ : 실업률과 GDP갭(국민생산손실)은 정(+)의 관계이다.
> • ㄷ : 실업이 높은 수준으로 올라가고 나면 경기확장정책을 실시하더라도 다시 실업률이 감소하지 않는 경향을 의미한다.
> • ㄹ : 경기침체로 인한 총수요의 부족으로 발생하는 실업이다.

| | ㄱ | ㄴ | ㄷ | ㄹ |
|---|---|---|---|---|
| ① | 마찰적 실업 | 오쿤의 법칙 | 이력현상 | 경기적 실업 |
| ② | 마찰적 실업 | 경기적 실업 | 오쿤의 법칙 | 구조적 실업 |
| ③ | 구조적 실업 | 이력현상 | 경기적 실업 | 마찰적 실업 |
| ④ | 구조적 실업 | 이력현상 | 오쿤의 법칙 | 경기적 실업 |
| ⑤ | 경기적 실업 | 오쿤의 법칙 | 이력현상 | 구조적 실업 |

**01**

정답 ①

경기적 실업이란 경기침체로 인한 총수요의 부족으로 발생하는 실업이다. 따라서 경기적 실업을 감소시키기 위해서는 총수요를 확장시켜 경기를 활성화시키는 경제안정화정책이 필요하다.

오답분석

② 마찰적 실업
③ 계절적 실업
④·⑤ 구조적 실업

## 02

정답 ①

ㄱ. 마찰적 실업이란 직장을 옮기는 과정에서 일시적으로 실업상태에 놓이는 것을 의미하며, 자발적 실업으로서 완전고용상태에서도 발생한다.

ㄴ. 오쿤의 법칙이란 한 나라의 산출량과 실업 간에 경험적으로 관찰되는 안정적인 음(−)의 상관관계가 존재한다는 것을 의미한다.

ㄷ. 이력현상이란 경기침체로 인해 한번 높아진 실업률이 일정기간이 지난 이후에 경기가 회복되더라도 낮아지지 않고 계속 일정한 수준을 유지하는 현상을 의미한다.

ㄹ. 경기적 실업이란 경기침체로 유효수요가 부족하여 발생하는 실업을 의미한다.

**이론 더하기**

### 실업

① 실업이란 일할 의사와 능력을 가진 사람이 일자리를 갖지 못한 상태를 의미한다.

② 실업은 자발적 실업과 비자발적 실업으로 구분된다.

③ 자발적 실업에는 마찰적 실업이 포함되고, 비자발적 실업에는 구조적, 경기적 실업이 포함된다.

### 마찰적 실업(Frictional Unemployment)

① 노동시장의 정보불완전성으로 노동자들이 구직하는 과정에서 발생하는 자발적 실업을 말한다.

② 마찰적 실업의 기간은 대체로 단기이므로 실업에 따르는 고통은 크지 않다.

③ 마찰적 실업을 감소시키기 위해서는 구인 및 구직 정보를 적은 비용으로 찾을 수 있는 제도적 장치를 마련하여 경제적 · 시간적 비용을 줄여주어야 한다.

### 구조적 실업(Structural Unemployment)

① 경제가 발전하면서 산업구조가 변화하고 이에 따라 노동수요 구조가 변함에 따라 발생하는 실업을 말한다.

② 기술발전과 지식정보화 사회 등에 의한 산업구조 재편이 수반되면서 넓은 지역에서 동시에 발생하는 실업이다.

③ 구조적 실업을 감소시키기 위해서는 직업훈련, 재취업교육 등 인력정책이 필요하다.

### 경기적 실업(Cyclical Unemployment)

① 경기침체로 인한 총수요의 부족으로 발생하는 실업이다.

② 경기적 실업을 감소시키기 위해서는 총수요를 확장시켜 경기를 활성화시키는 경제안정화정책이 필요하다.

③ 한편, 실업보험제도나 고용보험제도도 경기적 실업을 해소하기 위한 좋은 대책이다.

### 실업관련지표

① 경제활동참가율

- 생산가능인구 중에서 경제활동인구가 차지하는 비율을 나타낸다.
- 경제활동참가율 $=\dfrac{\text{경제활동인구}}{\text{생산가능인구}}\times 100=\dfrac{\text{경제활동인구}}{\text{경제활동인구}+\text{비경제활동인구}}\times 100$

② 실업률

- 경제활동인구 중에서 실업자가 차지하는 비율을 나타낸다.
- 실업률 $=\dfrac{\text{실업자 수}}{\text{경제활동인구}}\times 100=\dfrac{\text{실업자 수}}{\text{취업자 수}+\text{실업자 수}}\times 100$
- 정규직의 구분 없이 모두 취업자로 간주하므로 고용의 질을 반영하지 못한다.

③ 고용률

- 생산가능인구 중에서 취업자가 차지하는 비율로 한 경제의 실질적인 고용창출능력을 나타낸다.
- 고용률 $=\dfrac{\text{취업자 수}}{\text{생산가능인구}}\times 100=\dfrac{\text{취업자 수}}{\text{경제활동인구}+\text{비경제활동인구}}\times 100$

## 빈출키워드 12 인플레이션

**01** **다음 중 인플레이션에 의해 나타날 수 있는 현상으로 보기 어려운 것은?**

① 구두창비용의 발생
② 메뉴비용의 발생
③ 통화가치 하락
④ 단기적인 실업률 하락
⑤ 총요소생산성의 상승

**02** **다음 글을 읽고 이와 같은 현상에 대한 설명으로 옳지 않은 것은?**

> 베네수엘라의 중앙은행은 지난해 물가가 무려 9,586% 치솟았다고 발표했다. 그야말로 살인적인 물가 폭등이다. 베네수엘라는 한때 1위 산유국으로 부유했던 국가 중 하나였다. 이를 바탕으로 베네수엘라의 대통령이었던 니콜라스 마두로 대통령은 국민들에게 무상 혜택을 강화하겠다는 정책을 발표하고, 부족한 부분은 국가의 돈을 찍어 국민 생활의 많은 부분을 무상으로 전환했다. 그러나 2010년 원유의 가격이 바닥을 치면서 무상복지로 제공하던 것들을 유상으로 전환했고, 이에 따라 급격히 물가가 폭등하여 현재 돈의 가치가 없어지는 상황까지 왔다. 베네수엘라에서 1,000원짜리 커피를 한 잔 마시려면 150만 원을 지불해야 하며, 한 달 월급으로 계란 한 판을 사기 어려운 수준에 도달했다. 이를 견디지 못한 베네수엘라 국민들은 자신의 나라를 탈출하고 있으며, 정부는 화폐개혁을 예고했다.

① 전쟁이나 혁명 등 사회가 크게 혼란한 상황에서 나타난다.
② 화폐 액면 단위를 변경시키는 디노미네이션으로 쉽게 해소된다.
③ 상품의 퇴장 현상이 나타나며 경제는 물물교환에 의해 유지된다.
④ 정부가 재정 확대 정책을 장기간 지속했을 때도 이런 현상이 나타난다.
⑤ 물가상승이 통제를 벗어난 상태로 수백 퍼센트의 인플레이션율을 기록하는 상황을 말한다.

**01**

정답 ⑤

인플레이션은 구두창비용, 메뉴비용, 자원배분의 왜곡, 조세왜곡 등의 사회적 비용을 발생시켜 경제에 비효율성을 초래한다. 특히 예상하지 못한 인플레이션은 소득의 자의적인 재분배를 가져와 채무자와 실물자산소유자가 채권자와 화폐자산소유자에 비해 유리하게 만든다. 인플레이션으로 인한 사회적 비용 중 구두창비용이란 인플레이션으로 인해 화폐가치가 하락한 상황에서 화폐보유의 기회비용이 상승하는 것을 나타내는 용어이다. 이는 사람들이 화폐보유를 줄이게 되면 금융기관을 자주 방문해야 하므로 거래비용이 증가하게 되는 것을 의미한다. 메뉴비용이란 물가가 상승할 때 물가 상승에 맞추어 기업들이 생산하는 재화나 서비스의 판매가격을 조정하는 데 지출되는 비용을 의미한다. 또한 예상하지 못한 인플레이션이 발생하면 기업들은 노동의 수요를 증가시키고, 노동의 수요가 증가하게 되면 일시적으로 생산량과 고용량이 증가하게 된다. 하지만 인플레이션으로 총요소생산성이 상승하는 것은 어려운 일이다.

## 02

정답 ②

제시문은 하이퍼인플레이션에 대한 설명으로 하이퍼인플레이션은 대부분 전쟁이나 혁명 등 사회가 크게 혼란한 상황 또는 정부가 재정을 지나치게 방만하게 운용해 통화량을 대규모로 공급할 때 발생한다. 반면, 디노미네이션은 화폐의 가치를 유지하면서 액면 단위만 줄이는 화폐개혁의 방법으로 화폐를 바꾸는 데 많은 비용이 소요되고, 시스템이나 사람들이 적응하는 데 많은 시간이 필요하기 때문에 효과는 서서히 발생한다.

**이론 더하기**

**물가지수**

① 개념 : 물가의 움직임을 구체적으로 측정한 지표로서 일정 시점을 기준으로 그 이후의 물가변동을 백분율(%)로 표시한다.

② 계산 : $\frac{\text{비교 시의 물가수준}}{\text{기준 시의 물가수준}} \times 100$

③ 종류

- 소비자물가지수(CPI) : 가계의 소비생활에 필요한 재화와 서비스의 소매가격을 기준으로 환산한 물가지수로서 라스파이레스 방식으로 통계청에서 작성한다.
- 생산자물가지수(PPI) : 국내시장의 제1차 거래단계에서 기업 상호 간에 거래되는 모든 재화와 서비스의 평균적인 가격변동을 측정한 물가지수로서 라스파이레스 방식으로 한국은행에서 작성한다.
- GDP디플레이터 : 명목GNP를 실질가치로 환산할 때 사용하는 물가지수로서 GNP를 추계하는 과정에서 산출된다. 가장 포괄적인 물가지수로서 사후적으로 계산되며 파셰방식으로 한국은행에서 작성한다.

**인플레이션**

① 개념 : 물가수준이 지속적으로 상승하여 화폐가치가 하락하는 현상을 말한다.

② 발생원인

| 구분 | 수요견인 인플레이션 | 비용인상 인플레이션 |
|---|---|---|
| 고전학파 | 통화공급(M)의 증가 | 통화주의는 물가수준에 대한 적응적 기대를 하는 과정에서 생긴 현상으로 파악 |
| 통화주의학파 | | |
| 케인스학파 | 정부지출 증가, 투자증가 등 유효수요증가와 통화량증가 | 임금인상 등의 부정적 공급충격 |

③ 경제적 효과

- 예상치 못한 인플레이션은 채권자에서 채무자에게로 소득을 재분배하며, 고정소득자와 금융자산을 많이 보유한 사람에게 불리하게 작용한다.
- 인플레이션은 물가수준의 상승을 의미하므로 수출재의 가격이 상승하여 경상수지를 악화시킨다.
- 인플레이션은 실물자산에 대한 선호를 증가시켜 저축이 감소하여 자본축적을 저해하고 결국 경제의 장기적인 성장가능성을 저하시킨다.

④ 종류

- 하이퍼인플레이션 : 인플레이션의 범위를 초과하여 경제학적 통제를 벗어난 인플레이션이다.
- 스태그플레이션 : 경기침체기에서의 인플레이션으로, 저성장 고물가의 상태이다.
- 애그플레이션 : 농산물 상품의 가격 급등으로 일반 물가도 덩달아 상승하는 현상이다.
- 보틀넥인플레이션 : 생산요소의 일부가 부족하여, 생산의 증가속도가 수요의 증가속도를 따르지 못해 발생하는 물가상승 현상이다.
- 디맨드풀인플레이션 : 초과수요로 인하여 일어나는 인플레이션이다.
- 디스인플레이션 : 인플레이션을 극복하기 위해 통화증발을 억제하고 재정·금융긴축을 주축으로 하는 경제조정정책이다.

## 빈출키워드 13 게임이론

**01** **다음 중 게임이론에 대한 설명으로 옳지 않은 것은?**

① 순수전략들로만 구성된 내쉬균형이 존재하지 않는 게임도 있다.
② 우월전략이란 상대 경기자들이 어떤 전략들을 사용하든지 상관없이 자신의 전략들 중에서 항상 가장 낮은 보수를 가져다주는 전략을 말한다.
③ 죄수의 딜레마 게임에서 두 용의자 모두가 자백하는 것은 우월전략균형이면서 동시에 내쉬균형이다.
④ 참여자 모두에게 상대방이 어떤 전략을 선택하는가에 관계없이 자신에게 더 유리한 결과를 주는 전략이 존재할 때 그 전략을 참여자 모두가 선택하면 내쉬균형이 달성된다.
⑤ 커플이 각자 선호하는 취미활동을 따로 하는 것보다 동일한 취미를 함께 할 때 더 큰 만족을 줄 수 있는 상황에서는 복수의 내쉬균형이 존재할 수 있다.

**02** **양씨네 가족은 주말에 여가 생활을 하기로 했다. 양씨 부부는 영화 관람을 원하고, 양씨 자녀들은 놀이동산에 가고 싶어 한다. 하지만 부부와 자녀들은 모두 따로 여가 생활을 하는 것보다는 함께 여가 생활을 하는 것을 더 선호한다고 할 때, 다음 〈보기〉 중 내쉬균형을 모두 고르면?**

> **보기**
> ㄱ. 가족 모두 영화를 관람한다.
> ㄴ. 가족 모두 놀이동산에 놀러간다.
> ㄷ. 부부는 영화를 관람하고, 자녀들은 놀이동산에 놀러간다.
> ㄹ. 부부는 놀이동산에 놀러가고, 자녀들은 영화를 관람한다.

① ㄱ
② ㄴ
③ ㄷ
④ ㄱ, ㄴ
⑤ ㄱ, ㄴ, ㄷ

**01**

정답 ②

우월전략은 상대방의 전략에 관계없이 항상 자신의 보수가 가장 크게 되는 전략을 말한다.

**02**

정답 ④

부모가 영화를 관람한다고 가정할 때 자녀들이 놀이동산에 놀러가기로 결정하는 경우 따로 여가 생활을 해야 하므로 자녀들의 이익은 극대화되지 않는다. 마찬가지로 자녀들이 놀이동산에 놀러가기로 결정할 때 부부가 영화를 관람하기로 결정한다면 부부의 이익도 역시 극대화되지 않는다. 따라서 가족 모두가 영화를 관람하거나 놀이동산에 놀러갈 때 내쉬균형이 달성된다.

이론 더하기

### 게임이론

한 사람이 어떤 행동을 추구하기 위해서 상대방이 그 행동에 어떻게 대응할지 미리 생각해야 하는 전략적인 상황(Strategic Situation)하에서 자기의 이익을 효과적으로 달성하는 의사결정과정을 분석하는 이론을 말한다.

### 우월전략균형

① 개념
- 우월전략이란 상대방의 전략에 상관없이 자신의 전략 중 자신의 보수를 극대화하는 전략이다.
- 우월전략균형은 경기자들의 우월전략의 배합을 말한다.
  예 A의 우월전략(자백), B의 우월전략(자백) → 우월전략균형(자백, 자백)

② 평가
- 각 경기자의 우월전략은 비협조전략이다.
- 각 경기자의 우월전략배합이 열위전략의 배합보다 파레토 열위상태이다.
- 자신만이 비협조전략(이기적인 전략)을 선택하는 경우 보수가 증가한다.
- 효율적 자원배분은 협조전략하에 나타난다.
- 각 경기자가 자신의 이익을 극대화하는 행동이 사회적으로 바람직한 자원배분을 실현하는 것은 아니다(개인적 합리성이 집단적 합리성을 보장하지 못한다).

### 내쉬균형(Nash Equilibrium)

① 개념 및 특징
- 내쉬균형이란 상대방의 전략을 주어진 것으로 보고 자신의 이익을 극대화하는 전략을 선택할 때 이 최적전략의 짝을 내쉬균형이라 한다. 내쉬균형은 존재하지 않을 수도, 복수로 존재할 수도 있다.
- '유한한 경기자'와 '유한한 전략'의 틀을 가진 게임에서 혼합전략을 허용할 때 최소한 하나 이상의 내쉬균형이 존재한다.
- 우월전략균형은 반드시 내쉬균형이나, 내쉬균형은 우월전략균형이 아닐 수 있다.

② 사례
- 내쉬균형이 존재하지 않는 경우

| A \ B | T | H |
|---|---|---|
| T | 3, 2 | 1, 3 |
| H | 1, 1 | 3, −1 |

- 내쉬균형이 1개 존재하는 경우(자백, 자백)

| A \ B | 자백 | 부인 |
|---|---|---|
| 자백 | −5, −5 | −1, −10 |
| 부인 | −10, −1 | −2, −2 |

- 내쉬균형이 2개 존재하는 경우(야구, 야구) (영화, 영화)

| A \ B | 야구 | 영화 |
|---|---|---|
| 야구 | 3, 2 | 1, 1 |
| 영화 | 1, 1 | 2, 3 |

③ 한계점
- 경기자 모두 소극적 추종자로 행동, 적극적으로 행동할 때의 균형을 설명하지 못한다.
- 순차게임을 설명하지 못한다.
- 협력의 가능성이 없으며 협력의 가능성이 있는 게임을 설명하지 못한다.

CHAPTER 02

# 경제일반 기출응용문제

정답 및 해설 p.036

**01 다음 중 케인스학파와 통화주의학파의 재정정책 및 통화정책에 대한 견해로 옳지 않은 것은?**

① 통화주의자는 k% 준칙에 따른 통화정책을 주장한다.
② 케인스학파는 통화정책의 외부시차가 길다는 점을 강조한다.
③ 케인스학파는 투자의 이자율 탄력성이 매우 크다고 주장한다.
④ 케인스경제학자에 따르면 이자율이 매우 낮을 때 화폐시장에서 유동성함정이 존재할 수 있다.
⑤ 동일한 재정정책에 대해서 통화주의학파가 예상하는 구축효과는 케인스학파가 예상하는 구축효과보다 크다.

Easy

**02 다음 중 수요의 탄력성에 대한 설명으로 옳은 것은?**

① 사치재 가격이 오르면 수요는 감소한다.
② 필수재 수요의 소득탄력성은 1보다 크다.
③ 두 재화가 독립재 관계라면, 수요의 교차탄력성은 1이다.
④ 수요의 가격탄력성이 1이라면, 수요곡선은 수평선 형태이다.
⑤ 특정 재화를 항상 일정액만큼 구매하는 경우, 수요의 소득탄력성은 1이다.

**03 다음 빈칸 ㉠, ㉡에 들어갈 용어로 옳은 것은?**

> • ___㉠___ 포지션은 동일한 만기와 동일한 행사가격을 가지는 두 개의 옵션, 즉 콜옵션과 풋옵션을 동시에 매수함으로써 구성된다.
> • ___㉡___ 포지션은 ___㉠___과 거의 동일한 포지션으로서 콜옵션과 풋옵션을 동시에 매수하나, 매수대상이 되는 콜옵션과 풋옵션의 행사가격이 다른 포지션이다.

| | ㉠ | ㉡ |
|---|---|---|
| ① | 스트래들(Straddle) | 스트랭글(Strangle) |
| ② | 스트래들(Straddle) | 콜 레이쇼 버티컬 스프레드(Call Ratio Vertical Spread) |
| ③ | 스트랭글(Strangle) | 콜 백 스프레드(Call Back Spread) |
| ④ | 스트랭글(Strangle) | 스트래들(Straddle) |
| ⑤ | 스트랭글(Strangle) | 콜 레이쇼 버티컬 스프레드(Call Ratio Vertical Spread) |

**04** **다음 〈보기〉에서 약형 · 강형 · 준강형 시장 등의 효율적 시장 가설(EMH)에 대한 설명으로 옳은 것을 모두 고르면?**

> **보기**
>
> ㉠ 효율적 시장 가설은 약형 · 강형 · 준강형 시장 모두 평균적인 정상이윤을 실현할 수 있다고 본다.
> ㉡ 강형 효율적 시장은 기술적(Technical) 또는 기본적(Fundamental) 분석에 따른 정보 비용이 크게 발생한다.
> ㉢ 준강형 효율적 시장은 자산과 관련한 과거, 현재, 미래의 모든 정보가 시장가치에 반영되어 있는 시장이다
> ㉣ 약형 효율적 시장은 과거의 역사적 정보(추세)를 반영하고 있지만, 현재 상황이나 미래에 대한 정보는 반영되고 있지 않은 시장이다.

① ㉠, ㉡
② ㉠, ㉢
③ ㉠, ㉣
④ ㉡, ㉢
⑤ ㉡, ㉣

Hard

**05** **다음은 임금 상승에 따른 노동과 여가의 변화에 대한 설명이다. 빈칸 ㉠ ~ ㉣에 들어갈 개념을 바르게 연결한 것은?**

> 임금률이 상승하여 소득이 증가함에 따라 여가가 감소하고 노동공급이 증가한다고 한다. 이 경우 여가는 ___㉠___이거나 ___㉡___이면서 ___㉢___가 ___㉣___를 능가할 경우 발생한다. 또한 노동시간이 늘어나면 그 자체로는 효용이 감소하므로 노동은 비재화로 볼 수 있다.

| | ㉠ | ㉡ | ㉢ | ㉣ |
|---|---|---|---|---|
| ① | 정상재 | 열등재 | 대체 효과 | 소득 효과 |
| ② | 정상재 | 대체재 | 대체 효과 | 소득 효과 |
| ③ | 정상재 | 열등재 | 소득 효과 | 대체 효과 |
| ④ | 열등재 | 정상재 | 대체 효과 | 소득 효과 |
| ⑤ | 열등재 | 정상재 | 소득 효과 | 대체 효과 |

Hard

**06** 다음 두 그래프 (가), (나)는 케인스 모형에서 정부지출의 증가($\Delta G$)로 인한 효과를 나타내고 있다. 이에 대한 〈보기〉의 설명 중 옳은 것을 모두 고르면?(단, 그림에서 C는 소비, I는 투자, G는 정부지출이다)

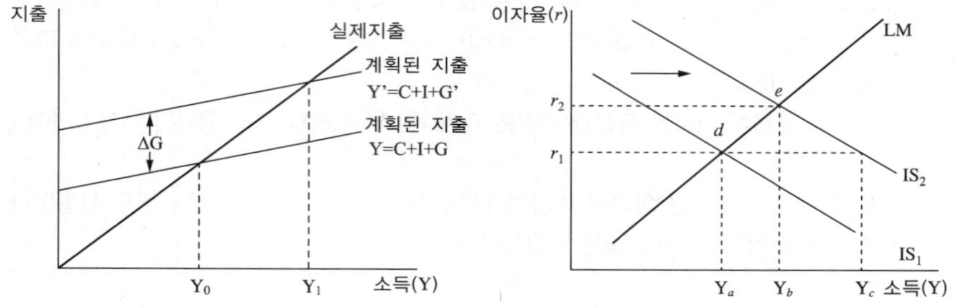


(가) (나)

보기

ㄱ. (가)에서 $Y_0 \rightarrow Y_1$의 크기는 한계소비성향의 크기에 따라 달라진다.
ㄴ. (가)에서 $Y_0 \rightarrow Y_1$의 크기는 (나)에서 $Y_a \rightarrow Y_b$의 크기와 같다.
ㄷ. (나)의 새로운 균형점 e는 구축효과를 반영하고 있다.
ㄹ. (가)에서 정부지출의 증가는 재고의 예기치 않은 증가를 가져온다.

① ㄱ, ㄴ
② ㄱ, ㄷ
③ ㄴ, ㄷ
④ ㄴ, ㄹ
⑤ ㄷ, ㄹ

**07** 다음 빈칸에 들어갈 용어를 순서대로 바르게 나열한 것은?

기업들에 대한 투자세액공제가 확대되면, 대부자금에 대한 수요가 _____한다. 이렇게 되면 실질이자율이 _____하고 저축이 늘어난다. 그 결과 대부자금의 균형거래량은 _____한다(단, 실질이자율에 대하여 대부자금 수요곡선은 우하향하고, 대부자금 공급곡선은 우상향한다).

① 증가, 상승, 증가
② 증가, 하락, 증가
③ 증가, 상승, 감소
④ 감소, 하락, 증가
⑤ 감소, 하락, 감소

## 08 다음은 애덤 스미스의 『국부론』에 나오는 구절이다. ㉠이 나타내는 경제체제의 특징으로 옳지 않은 것은?

> 개인은 오직 자신의 이득을 추구함으로써 ㉠ 보이지 않는 손에 이끌려 그가 전혀 의도하지 않았던 사회적 이득을 증진시키게 된다.

① 국민들의 정치・경제적 자유가 보장된다.
② 공급자와 수요자 모두 공급과 수요를 스스로 창출한다.
③ 사람들이 원하는 것을 되도록 싸고 충분하게 생산한다.
④ 의료와 복지 서비스는 국가에서 무상으로 제공한다.
⑤ '공유지의 비극'은 이 경제체제가 실패하는 사례이다.

PART 2

## 09 다음 〈보기〉에서 실업률을 하락시키는 변화를 모두 고르면?(단, 취업자 수와 실업자 수는 0보다 크다)

> **보기**
> ㄱ. 취업자가 비경제활동인구로 전환
> ㄴ. 실업자가 비경제활동인구로 전환
> ㄷ. 비경제활동인구가 취업자로 전환
> ㄹ. 비경제활동인구가 실업자로 전환

① ㄱ, ㄴ
② ㄱ, ㄷ
③ ㄴ, ㄷ
④ ㄴ, ㄹ
⑤ ㄷ, ㄹ

## 10 효용을 극대화하는 소비자 A는 X재와 Y재 두 재화만 소비한다. 다른 조건이 일정하고 X재의 가격만 하락하였을 경우, A의 X재에 대한 수요량이 변하지 않았다. 이에 대한 〈보기〉의 설명 중 옳은 것을 모두 고르면?

> **보기**
> ㄱ. 두 재화는 완전보완재이다.
> ㄴ. X재는 열등재이다.
> ㄷ. Y재는 정상재이다.
> ㄹ. X재의 소득효과와 대체효과가 서로 상쇄된다.

① ㄱ, ㄴ
② ㄱ, ㄴ, ㄷ
③ ㄱ, ㄷ, ㄹ
④ ㄴ, ㄷ, ㄹ
⑤ ㄱ, ㄴ, ㄷ, ㄹ

**11** **다음 중 기업의 이윤 극대화 조건을 바르게 표현한 것은?(단, MR은 한계수입, MC는 한계비용, TR은 총수입, TC는 총비용이다)**

① MR=MC, TR> TC
② MR=MC, TR< TC
③ MR> MC, TR> TC
④ MR> MC, TR< TC
⑤ MR< MC, TR> TC

**12** **다음 중 어떤 산업이 자연독점화되는 이유로 옳은 것은?**

① 고정비용의 크기가 작은 경우
② 최소효율규모의 수준이 매우 큰 경우
③ 다른 산업에 비해 규모의 경제가 작게 나타나는 경우
④ 생산량이 증가함에 따라 평균비용이 계속 늘어나는 경우
⑤ 기업 수가 증가할수록 산업의 평균 생산비용이 감소하는 경우

Hard

**13** **다음 중 국제경제에 대한 설명으로 옳은 것은?**

① 만일 한 나라의 국민소득이 목표치를 넘을 경우 지출축소정책은 타국과 정책마찰을 유발한다.
② 중간재가 존재할 경우 요소집약도가 변하지 않으면 요소가격균등화가 이루어진다.
③ 규모에 대한 수확이 체증하는 경우 이종산업 간 교역이 활발하게 발생한다.
④ 경상수지 적자의 경우 자본수지 적자가 발생한다.
⑤ 재정 흑자와 경상수지 적자의 합은 항상 0이다.

**14** 다음 중 지니계수의 주요 원리로 볼 수 없는 것은?

① 익명성
② 객관성
③ 독립성
④ 자립성
⑤ 이전성

Hard

**15** 다음은 어느 나라의 조세수입 비중 변화와 소득분배 지표 변화를 나타낸 그림이다. 이에 대한 〈보기〉의 설명 중 옳은 것을 모두 고르면?

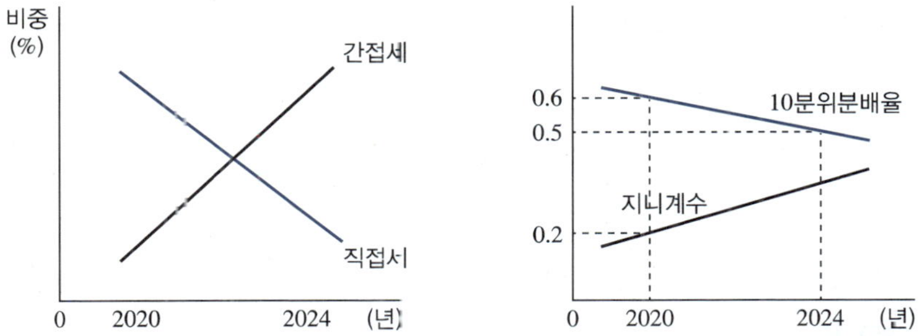


보기

ㄱ. 조세부담의 역진성은 점점 강화되고 있다.
ㄴ. 소득불평등 상태가 점점 심해지고 있다.
ㄷ. 2020년에는 상위 20% 계층의 소득이 하위 40% 계층 소득의 5배이다.
ㄹ. 2024년에는 상위 20% 계층의 소득이 하위 40% 계층 소득의 2배이다.
ㅁ. 조세수입 비중 변화는 소득분배 지표를 변화시키는 하나의 요인으로 작용한다.

① ㄱ, ㄴ, ㄹ
② ㄴ, ㄷ, ㅁ
③ ㄴ, ㄹ, ㅁ
④ ㄱ, ㄴ, ㄹ, ㅁ
⑤ ㄴ, ㄷ, ㄹ, ㅁ



PART 2

## 16 다음 수요공급곡선의 이동에 대한 〈보기〉의 설명 중 옳은 것을 모두 고르면?

보기

ㄱ. 생산비용이 줄어들거나 생산기술이 발전하면 공급곡선이 오른쪽으로 이동한다.
ㄴ. 정상재의 경우 수입이 증가하면 수요곡선은 왼쪽으로 이동한다.
ㄷ. A와 B가 대체재인 경우 A의 가격이 높아지면 B의 수요곡선은 오른쪽으로 이동한다.
ㄹ. 상품의 가격이 높아질 것으로 예상되면 공급곡선은 오른쪽으로 이동한다.

① ㄱ, ㄴ
② ㄱ, ㄷ
③ ㄴ, ㄷ
④ ㄴ, ㄹ
⑤ ㄷ, ㄹ

## 17 다음 〈보기〉는 IS－LM 곡선에 대한 설명이다. 빈칸 ㄱ ~ ㄷ에 들어갈 내용을 바르게 연결한 것은?

보기

• IS－LM 곡선은 거시경제에서의 이자율과 ___ㄱ___을 분석하는 모형이다.
• 경제가 IS 곡선의 왼쪽에 있는 경우, 저축보다 투자가 많아지게 되어 ___ㄴ___이/가 발생한다.
• LM 곡선은 ___ㄷ___의 균형이 달성되는 점들의 조합이다.

| | ㄱ | ㄴ | ㄷ |
|---|---|---|---|
| ① | 총생산량 | 초과공급 | 상품시장 |
| ② | 총생산량 | 초과수요 | 상품시장 |
| ③ | 국민소득 | 초과수요 | 화폐시장 |
| ④ | 국민소득 | 초과공급 | 화폐시장 |
| ⑤ | 국민소득 | 초과공급 | 상품시장 |

## 18 다음 중 예상된 인플레이션으로 발생할 수 있는 영향으로 볼 수 없는 것은?

① 은행 방문횟수 증가
② 이동시간, 교통비용 증가
③ 소득과 부의 이전
④ 제품가격 변동에 따른 가격표 수정
⑤ 화폐가치 측정 어려움

## 19 다음 중 자연실업률에 대한 설명으로 옳지 않은 것은?

① 인터넷의 발달은 자연실업률을 낮추는 역할을 한다.
② 최저임금제나 효율성임금, 노조 등은 마찰적 실업을 증가시켜 자연실업률을 높이는 요인으로 작용한다.
③ 새케인스학파의 이력현상에 의하면 실제실업률이 높아진 상태가 지속되면 자연실업률 수준도 높아지게 된다.
④ 일자리를 찾는 데 걸리는 시간 때문에 발생하는 실업은 자연실업률의 일부이다.
⑤ 산업 간 또는 지역 간의 노동수요구성의 변화는 자연실업률에 영향을 미칠 수 있다.

## 20 다음 중 한 나라의 물가와 물가를 측정하는 방식에 대한 설명으로 옳지 않은 것은?

① 화폐가치의 변화는 물가지수를 이용하여 알 수 있다.
② 소비자 물가지수(CPI)는 기준 연도의 수량을 가중치로 이용한다.
③ 생산자 물가지수(PPI)에는 수입재의 가격 변동이 반영되지 않는다.
④ 신축된 주택과 사무실의 가격은 GDP 디플레이터 계산에 포함되지 않는다.
⑤ GDP 디플레이터는 명목GDP를 실질GDP로 나눈 것에 100을 곱해 사후적으로 산출한다.

CHAPTER

# 03 금융상식

## 빈출키워드 1 통화정책

**01** A국의 통화량은 현금통화 150, 예금통화 450이며, 지급준비금이 90이라고 할 때 통화승수는? (단, 현금통화비율과 지급준비율은 일정하다)

① 2.5
② 3
③ 4.5
④ 5
⑤ 5.5

**02** 다음 정책에 대한 설명으로 옳지 않은 것은?

| |
|---|
| 중앙은행의 정책으로 금리 인하를 통한 경기부양 효과가 한계에 다다랐을 때 중앙은행이 국채매입 등을 통해 유동성을 시중에 직접 푸는 정책을 뜻한다. |

① 수출 증대의 효과가 있다.
② 디플레이션을 초래할 수 있다.
③ 유동성을 무제한으로 공급하는 것이다.
④ 경기후퇴를 막음으로써 시장의 자신감을 향상시킨다.
⑤ 중앙은행은 이율을 낮추지 않고 돈의 흐름을 늘릴 수 있다.

**01**

정답 ①

$M=\frac{1}{c+\gamma(1-c)}B$ [단, 현금통화비율($c$), 지급준비율($\gamma$), 본원통화(B), 통화량(M)]

여기서 $c=150/600=0.25$, $\gamma=90/450=0.2$이므로, 통화승수는 $\frac{1}{c+\gamma(1-c)}=\frac{1}{0.25+0.2(1-0.25)}=2.5$이다.

한편, 통화량=민간보유현금통화+예금통화=150+450=600, 본원통화=민간보유현금통화+지급준비금=150+90=240이다.
따라서 통화승수=통화량÷본원통화=600÷240=2.5이다.

## 02

정답 ②

**양적완화**

- 금리중시 통화정책을 시행하는 중앙은행이 정책금리가 0%에 근접하거나, 혹은 다른 이유로 시장경제의 흐름을 정책금리로 제어할 수 없는 이른바 유동성 저하 상황하에서 유동성을 충분히 공급함으로써 중앙은행의 거래량을 확대하는 정책이다.
- 수출 증대의 효과가 있는 반면 인플레이션을 초래할 수도 있다.
- 자국의 경제에는 소기의 목적을 달성하더라도 타국의 경제에 영향을 미쳐 자산 가격을 급등시킬 수도 있다.

이론 더하기

### 중앙은행

① 중앙은행의 역할
- 화폐를 발행하는 발권은행으로서의 기능을 한다.
- 은행의 은행으로서의 기능을 한다.
- 통화가치의 안정과 국민경제의 발전을 위한 통화금융정책을 집행하는 기능을 한다.
- 국제수지 불균형의 조정, 환율의 안정을 위하여 외환관리 업무를 한다.
- 국고금 관리 등의 업무를 수행하며 정부의 은행으로서의 기능을 한다.

② 중앙은행의 통화정책 운영체계
한국은행은 통화정책 운영체계로서 물가안정목표제(Inflation Targeting)를 채택하고 있다.

③ 물가안정목표제란 '통화량' 또는 '환율' 등 중간목표를 정하고 이에 영향을 미쳐 최종목표인 물가안정을 달성하는 것이 아니라, 최종목표인 '물가' 자체에 목표치를 정하고 중기적 시기에 이를 달성하려는 방식이다.

### 금융정책

| 정책수단 | → | 운용목표 | → | 중간목표 | → | 최종목표 |
|---|---|---|---|---|---|---|
| 공개시장조작<br>지급준비율 | → | 콜금리<br>본원통화<br>재할인율 | → | 통화량<br>이자율 | → | 완전고용<br>물가안정<br>국제수지균형 |

① 공개시장조작정책
- 중앙은행이 직접 채권시장에 참여하여 금융기관을 상대로 채권을 매입하거나 매각하여 통화량을 조절하는 통화정책수단을 의미한다.
- 중앙은행이 시중의 금융기관을 상대로 채권을 매입하는 경우 경제 전체의 통화량은 증가하게 되고 이는 실질이자율을 낮춰 총수요를 증가시킨다.
- 중앙은행이 시중의 금융기관을 상대로 채권을 매각하는 경우 경제 전체의 통화량은 감소하게 되고 이는 실질이자율을 상승과 투자의 감소로 이어져 총수요가 감소하게 된다.

② 지급준비율정책
- 법정지급준비율이란 중앙은행이 예금은행으로 하여금 예금자 예금인출요구에 대비하여 총 예금액의 일정비율 이상을 대출할 수 없도록 규정한 것을 말한다.
- 지급준비율정책이란 법정지급준비율을 변경시킴으로써 통화량을 조절하는 것을 말한다.
- 지급준비율이 인상되면 통화량이 감소하고 실질이자율을 높여 총수요를 억제한다.

③ 재할인율정책
- 재할인율정책이란 일반은행이 중앙은행으로부터 자금을 차입할 때 차입규모를 조절하여 통화량을 조절하는 통화정책수단을 말한다.
- 재할인율 상승은 실질이자율을 높여 경제 전체의 통화량을 줄이고자 할 때 사용하는 통화정책의 수단이다.
- 재할인율 인하는 실질이자율을 낮춰 경제 전체의 통화량을 늘리고자 할 때 사용하는 통화정책의 수단이다.

## 빈출키워드 2 금융지표(금리 · 환율 · 주가)

**다음 그래프는 경제 지표의 추이를 나타낸 것이다. 이와 같은 추이가 계속된다고 할 때, 나타날 수 있는 현상으로 옳은 것을 〈보기〉에서 모두 고르면?(단, 지표 외 다른 요인은 고려하지 않는다)**

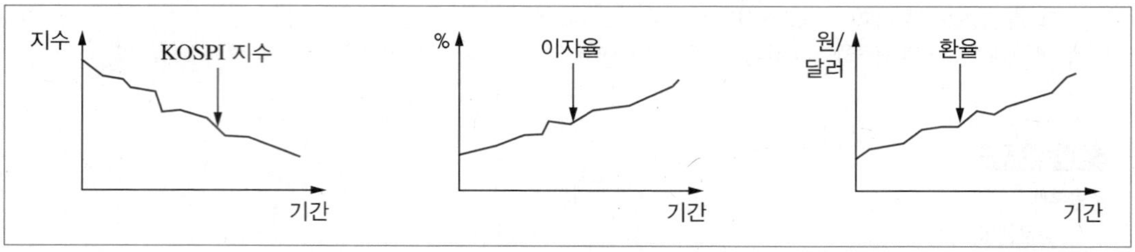


**보기**

ㄱ. KOSPI 지수 추이를 볼 때, 기업은 주식시장을 통한 자본 조달이 어려워질 것이다.
ㄴ. 이자율 추이를 볼 때, 은행을 통한 기업의 대출 수요가 증가할 것이다.
ㄷ. 환율 추이를 볼 때, 수출제품의 가격 경쟁력이 강화될 것이다.

① ㄱ
② ㄴ
③ ㄷ
④ ㄱ, ㄷ
⑤ ㄴ, ㄷ

**정답** ④

ㄱ. KOSPI 지수가 지속적으로 하락하고 있기 때문에 주식시장이 매우 침체되어 있다고 볼 수 있다. 이 경우 주식에 대한 수요와 증권시장의 약세 장세 때문에 주식 발행을 통한 자본 조달은 매우 어려워진다.
ㄷ. 원 · 달러 환율이 지속적으로 상승하게 되면 원화의 약세로 수출제품의 외국에서의 가격은 달러화에 비해 훨씬 저렴하게 된다. 따라서 상대적으로 외국제품에 비하여 가격 경쟁력이 강화되는 효과가 발생한다.

**오답분석**

ㄴ. 이자율이 지속적으로 상승하면 대출 금리도 따라 상승하게 되어 기업의 부담이 커지게 되고 이에 따라 기업의 대출 수요는 감소하게 된다.

**이론 더하기**

### 금리

① 개념 : 원금에 지급되는 이자를 비율로 나타낸 것으로 '이자율'이라는 표현을 사용하기도 한다.

② 특징

- 자금에 대한 수요와 공급이 변하면 금리가 변동한다. 즉, 자금의 수요가 증가하면 금리가 올라가고, 자금의 공급이 증가하면 금리는 하락한다.
- 중앙은행이 금리를 낮추겠다는 정책목표를 설정하면 금융시장의 국채를 매입하게 되고 금리의 영향을 준다.
- 가계 : 금리가 상승하면 소비보다는 저축이 증가하고, 금리가 하락하면 저축보다는 소비가 증가한다.
- 기업 : 금리가 상승하면 투자비용이 증가하므로 투자가 줄어들고, 금리가 하락하면 투자가 증가한다.
- 국가 간 자본의 이동 : 본국과 외국의 금리 차이를 보고 상대적으로 외국의 금리가 높다고 판단되면 자금은 해외로 이동하고, 그 반대의 경우 국내로 이동한다.

③ 종류

- 기준금리 : 중앙은행이 경제활동 상황을 판단하여 정책적으로 결정하는 금리로, 경제가 과열되거나 물가상승이 예상되면 기준금리를 올리고, 경제가 침체되고 있다고 판단되면 기준금리를 하락시킨다.
- 시장금리 : 개인의 신용도나 기간에 따라 달라지는 금리이다.

| | | |
|---|---|---|
| 1년 미만 단기 금리 | 콜금리 | 영업활동 과정에서 남거나 모자라는 초단기자금(콜)에 대한 금리이다. |
| | 환매조건부채권(RP) | 일정 기간이 지난 후에 다시 매입하는 조건으로 채권을 매도함으로써 수요자가 단기자금을 조달하는 금융거래방식의 하나이다. |
| | 양도성예금증서(CD) | 은행이 발행하고 금융시장에서 자유로운 매매가 가능한 무기명의 정기예금증서이다. |
| 1년 이상 장기 금리 | 국채, 회사채, 금융채 | |

### 환율

국가 간 화폐의 교환비율로, 우리나라에서 환율을 표시할 때에는 외국돈 1단위당 원화의 금액으로 나타낸다.

예 1,193.80원/$, 170.76원/¥

### 주식과 주가

① 주식 : 주식회사의 자본을 이루는 단위로서 금액 및 이를 전제한 주주의 권리와 의무단위이다.

② 주가 : 주식의 시장가격으로, 주식시장의 수요와 공급에 의해 결정된다.

PART 2

## 빈출키워드 3 환율

**01** **다음 중 변동환율제도에 대한 설명으로 옳지 않은 것은?**

① 원화 환율이 오르면 물가가 상승하기 쉽다.
② 원화 환율이 오르면 수출업자가 유리해진다.
③ 원화 환율이 오르면 외국인의 국내 여행이 증가한다.
④ 환율의 변동이 심한 경우에는 통화 당국이 시장에 개입하기도 한다.
⑤ 국가 간 자본거래가 활발하게 이루어진다면 독자적인 통화정책을 운용할 수 없다.

**02** **다음 빈칸에 들어갈 경제 용어로 바르게 짝지어진 것은?**

> 구매력평가 이론(Purchasing Power Parity Theory)은 모든 나라의 통화 한 단위의 구매력이 같도록 환율이 결정되어야 한다는 것이다. 구매력평가 이론에 따르면 양국통화의 ___㉠___은 양국의 ___㉡___에 의해 결정되며, 구매력평가 이론이 성립하면 ___㉢___은 불변이다.

| | ㉠ | ㉡ | ㉢ |
|---|---|---|---|
| ① | 실질환율 | 물가수준 | 명목환율 |
| ② | 명목환율 | 경상수지 | 실질환율 |
| ③ | 실질환율 | 경상수지 | 명목환율 |
| ④ | 명목환율 | 물가수준 | 실질환율 |
| ⑤ | 실질환율 | 자본수지 | 명목환율 |

**01**

정답 ⑤

변동환율제도에서는 중앙은행이 외환시장에 개입하여 환율을 유지할 필요가 없고, 외환시장의 수급 상황이 국내 통화량에 영향을 미치지 않으므로 독자적인 통화정책의 운용이 가능하다.

**02**

정답 ④

일물일가의 법칙을 가정하는 구매력평가설에 따르면 두 나라에서 생산된 재화의 가격이 동일하므로 명목환율은 두 나라의 물가수준의 비율로 나타낼 수 있다. 한편, 구매력평가설이 성립하면 실질환율은 불변한다.

이론 더하기

**환율**

① 개념 : 국내화폐와 외국화폐가 교환되는 시장을 외환시장(Foreign Exchange Market)이라고 한다. 그리고 여기서 결정되는 두 나라 화폐의 교환비율을 환율이라고 한다. 즉, 환율이란 자국화폐단위로 표시한 외국화폐 1단위의 가격이다.

② 환율의 변화

환율의 상승을 환율 인상(Depreciation), 환율의 하락을 환율 인하(Appreciation)라고 한다. 환율이 인상되는 경우 자국화폐의 가치가 하락하는 것을 의미하며 환율이 인하되는 경우는 자국화폐가치가 상승함을 의미한다.

| 평가절상<br>(=환율 인하, 자국화폐가치 상승) | 평가절하<br>(=환율 인상, 자국화폐가치 하락) |
|---|---|
| • 수출 감소<br>• 수입 증가<br>• 경상수지 악화<br>• 외채부담 감소 | • 수출 증가<br>• 수입 감소<br>• 경상수지 개선<br>• 외채부담 증가 |

③ 환율제도

| 구분 | 고정환율제도 | 변동환율제도 |
|---|---|---|
| 국제수지불균형의 조정 | 정부개입에 의한 해결<br>(평가절하, 평가절상)과 역의국에 대해서는<br>독자관세 유지 | 시장에서 환율의 변화에 따라<br>자동적으로 조정 |
| 환위험 | 적음 | 환율의 변동성에 기인하여<br>환위험에 크게 노출되어 있음 |
| 환투기의 위험 | 적음 | 높음(이에 대해 프리드먼은 환투기는<br>환율을 오히려 안정시키는 효과가<br>존재한다고 주장) |
| 해외교란요인의 파급 여부 | 국내로 쉽게 전파됨 | 환율의 변화가 해외교란요인의<br>전파를 차단(차단효과) |
| 금융정책의 자율성 여부 | 자율성 상실(불가능성 정리) | 자율성 유지 |
| 정책의 유효성 | 금융정책 무력 | 재정정책 무력 |

## 빈출키워드 4 주식과 주가지수

**01** **다음 중 서킷 브레이커(Circuit Breakers)에 대한 설명으로 옳지 않은 것은?**

① 코스피 또는 코스닥지수가 전일 종가 대비 10% 이상 하락한 상태가 1분 이상 지속되면 모든 주식 거래를 20분간 정지한다.
② 주식시장에서 주가가 급등 또는 급락하는 경우 주식매매를 일시 정지하는 제도이다.
③ 거래를 중단한 지 20분이 지나면 10분간 호가를 접수해서 매매를 재개시킨다.
④ 장 종료 40분 전 이후에도 발동될 수 있다.
⑤ 단계별로 2번씩 발동할 수 있다.

**02** **다음 중 주가가 떨어질 것을 예측해 주식을 빌려 파는 공매도를 했으나, 반등이 예상되면서 빌린 주식을 되갚자 주가가 오르는 현상은?**

① 사이드카
② 디노미네이션
③ 서킷브레이커
④ 숏커버링
⑤ 공매도

### 01

정답 ⑤

**서킷 브레이커**

- 원래 전기 회로에 과부하가 걸렸을 때 자동으로 회로를 차단하는 장치를 말하는데 주식시장에서 주가가 급등 또는 급락하는 경우 주식매매를 일시 정지하는 제도이다.
- 서킷 브레이커 발동조건
  - 1단계 : 종합주가지수가 전 거래일보다 8% 이상 하락하여 1분 이상 지속되는 경우
  - 2단계 : 종합주가지수가 전 거래일보다 15% 이상 하락하여 1분 이상 지속되는 경우
  - 3단계 : 종합주가지수가 전 거래일보다 20% 이상 하락하여 1분 이상 지속되는 경우
- 서킷 브레이커 발동 시 효과
  - 서킷 브레이커가 발동되면 매매가 20분간 정지되고, 20분이 지나면 10분간 동시호가, 단일가매매 전환이 이루어진다.
- 서킷 브레이커 유의사항
  - 총 3단계로 이루어진 서킷 브레이커의 각 단계는 하루에 한 번만 발동할 수 있다.
  - 1～2단계는 주식시작 개장 5분 후부터 종료 40분전까지만 발동한다. 단, 3단계 서킷 브레이커는 40분 이후에도 발동될 수 있고, 3단계 서킷 브레이커가 발동하면 장이 종료된다.

### 02

정답 ④

없는 주식이나 채권을 판 후 보다 싼 값으로 주식이나 그 채권을 구해 매입자에게 넘기는데, 예상을 깨고 강세장이 되어 해당 주식이 오를 것 같으면 손해를 보기 전에 빌린 주식을 되갚게 된다. 이때 주가가 오르는 현상을 숏커버링이라 한다.

**이론 더하기**

### 주가지수

① 개념 : 주식가격의 상승과 하락을 판단하기 위한 지표(Index)가 필요하므로 특정 종목의 주식을 대상으로 평균적으로 가격이 상승했는지 하락했는지를 판단한다. 때문에 주가지수의 변동은 경제상황을 판단하게 해주는 지표가 될 수 있다.

② 주가지수 계산 : $\frac{\text{비교시점의 시가총액}}{\text{기준시점의 시가총액}} \times 100$

③ 주요국의 종합주가지수

| 구분 | 지수명 | 기준시점 | 기준지수 |
|---|---|---|---|
| 한국 | 코스피 | 1980년 | 100 |
| | 코스닥 | 1996년 | 1,000 |
| 미국 | 다우존스 산업평균지수 | 1896년 | 100 |
| | 나스닥 | 1971년 | 100 |
| | S&P 500 | 1941년 | 10 |
| 일본 | 니케이 225 | 1949년 | 50 |
| 중국 | 상하이종합 | 1990년 | 100 |
| 홍콩 | 항셍지수 | 1964년 | 100 |
| 영국 | FTSE 100지수 | 1984년 | 1,000 |
| 프랑스 | CAC 40지수 | 1987년 | 1,000 |

### 주가와 경기 변동

① 주식의 가격은 장기적으로 기업의 가치에 따라 변동한다.
② 주가는 경제성장률이나 이자율, 통화량과 같은 경제변수에 영향을 받는다.
③ 통화공급의 증가와 이자율이 하락하면 소비와 투자가 늘어나서 기업의 이익이 커지므로 주가는 상승한다.

### 주식관련 용어

① 서킷브레이커(CB) : 주식시장에서 주가가 급등 또는 급락하는 경우 주식매매를 일시정지하는 제도이다.
② 사이드카 : 선물가격이 전일 종가 대비 5%(코스피), 6%(코스닥) 이상 급등 혹은 급락상태가 1분간 지속될 경우 주식시장의 프로그램 매매 호가를 5분간 정지시키는 것을 의미한다.
③ 네 마녀의 날 : 주가지수 선물과 옵션, 개별 주식 선물과 옵션 등 네 가지 파생상품 만기일이 겹치는 날이다. '쿼드러플위칭데이'라고도 한다.
④ 레드칩 : 중국 정부와 국영기업이 최대주주로 참여해 홍콩에 설립한 우량 중국 기업들의 주식을 일컫는 말이다.
⑤ 블루칩 : 오랜 시간동안 안정적인 이익을 창출하고 배당을 지급해온 수익성과 재무구조가 건전한 기업의 주식으로 대형 우량주를 의미한다.
⑥ 숏커버링 : 외국인 등이 공매도한 주식을 되갚기 위해 시장에서 주식을 다시 사들이는 것으로, 주가 상승 요인으로 작용한다.
⑦ 공매도 : 주식을 가지고 있지 않은 상태에서 매도 주문을 내는 것이다. 3일 안에 해당 주식이나 채권을 구해 매입자에게 돌려주면 되기 때문에, 약세장이 예상되는 경우 시세차익을 노리는 투자자가 주로 활용한다.

## 빈출키워드 5 채권

**다음 중 유로채와 외국채에 대한 설명으로 옳지 않은 것은?**

① 유로채는 채권의 표시통화 국가에서 발행되는 채권이다.
② 유로채는 이자소득세를 내지 않는다.
③ 외국채는 감독 당국의 규제를 받는다.
④ 외국채는 신용 평가가 필요하다.
⑤ 아리랑본드는 외국채, 김치본드는 유로채이다.

정답 ①

외국채는 채권의 표시통화 국가에서 발행되는 채권이고, 유로채는 채권의 표시통화 국가 이외의 국가에서 발행되는 채권이다.

오답분석

② 외국채는 이자소득세를 내야 하지만, 유로채는 세금을 매기지 않는다.
③ 외국채는 감독 당국의 규제를 받지만, 유로채는 규제를 받지 않는다.
④ 외국채는 신용 평가가 필요하지만, 유로채는 필요하지 않다.
⑤ 한국에서 한국 원화로 발행된 채권은 아리랑본드이며, 한국에서 외화로 발행된 채권은 김치본드이다.

이론 더하기

### 채권

정부, 공공기관, 특수법인과 주식회사 형태를 갖춘 사기업이 일반 대중 투자자들로부터 비교적 장기의 자금을 조달하기 위해 발행하는 일종의 차용증서로, 채권을 발행한 기관은 채무자, 채권의 소유자는 채권자가 된다.

### 발행주체에 따른 채권의 분류

| | |
|---|---|
| 국채 | • 국가가 발행하는 채권으로 세금과 함께 국가의 중요한 재원 중 하나이다.<br>• 국고채, 국민주택채권, 국채관리기금채권, 외국환평형기금채권 등이 있다. |
| 지방채 | • 지방자치단체가 지방재정의 건전한 운영과 공공의 목적을 위해 재정상의 필요에 따라 발행하는 채권이다.<br>• 지하철공채, 상수도공채, 도로공채 등이 있다. |
| 특수채 | • 공사와 같이 특별법에 따라 설립된 법인이 자금조달을 목적으로 발행하는 채권으로 공채와 사채의 성격을 모두 가지고 있다.<br>• 예금보험공사 채권, 한국전력공사 채권, 리스회사의 무보증 리스채, 신용카드회사의 카드채 등이 있다. |
| 금융채 | • 금융회사가 발행하는 채권으로 발생은 특정한 금융회사의 중요한 자금조달수단 중 하나이다.<br>• 산업금융채, 장기신용채, 중소기업금융채 등이 있다. |
| 회사채 | • 상법상의 주식회사가 발행하는 채권으로 채권자는 주주들의 배당에 우선하여 이자를 지급받게 되며 기업이 도산하는 경우에도 주주들을 우선하여 기업자산에 대한 청구권을 갖는다.<br>• 전환사채(CB), 신주인수권부사채(BW), 교환사채(EB) 등이 있다. |

### 이자지급방법에 따른 채권의 분류

| | |
|---|---|
| 이표채 | 액면가로 채권을 발행하고, 이자지급일이 되면 발행할 때 약정한 대로 이자를 지급하는 채권이다. |
| 할인채 | 이자가 붙지는 않지만, 이자 상당액을 미리 액면가격에서 차감하여 발행가격이 상환가격보다 낮은 채권이다. |
| 복리채(단리채) | 정기적으로 이자가 지급되는 대신에 복리(단리) 이자로 재투자되어 만기상환 시에 원금과 이자를 지급하는 채권이다. |
| 거치채 | 이자가 발생한 이후에 일정기간이 지난 후부터 지급되는 채권이다. |

### 상환기간에 따른 채권의 분류

| | |
|---|---|
| 단기채 | 통상적으로 상환기간이 1년 미만인 채권으로, 통화안정증권, 양곡기금증권 등이 있다. |
| 중기채 | 상환기간이 1 ~ 5년인 채권으로 우리나라의 대부분의 회사채 및 금융채가 만기 3년으로 발행된다. |
| 장기채 | 상환기간이 5년 초과인 채권으로 국채가 이에 해당한다. |

### 특수한 형태의 채권

일반사채와 달리 계약 조건이 다양하게 변형된 특수한 형태의 채권으로 다양한 목적에 따라 발행된 채권이다.

| | |
|---|---|
| 전환사채<br>(CB; Convertible Bond) | 발행을 할 때에는 순수한 회사채로 발행되지만, 일정기간이 경과한 후에는 보유자의 청구에 의해 발행회사의 주식으로 전환될 수 있는 사채이다. |
| 신주인수권부사채<br>(BW; Bond with Warrant) | 발행 이후에 일정기간 내에 미리 약정된 가격으로 발행회사에 일정한 금액에 해당하는 주식을 매입할 수 있는 권리가 부여된 사채이다. |
| 교환사채<br>(EB; Exchangeable Bond) | 투자자가 보유한 채권을 일정 기간이 지난 후 발행회사가 보유 중인 다른 회사 유가증권으로 교환할 수 있는 권리가 있는 사채이다. |
| 옵션부사채 | • 콜옵션과 풋옵션이 부여되는 사채이다.<br>• 콜옵션은 발행회사가 만기 전 조기상환을 할 수 있는 권리이고, 풋옵션은 사채권자가 만기중도상환을 청구할 수 있는 권리이다. |
| 변동금리부채권<br>(FRN; Floating Rate Note) | • 채권 지급 이자율이 변동되는 금리에 따라 달라지는 채권이다.<br>• 변동금리부채권의 지급이자율은 기준금리에 가산금리를 합하여 산정한다. |
| 자산유동화증권<br>(ABS; Asset Backed Security) | 유동성이 없는 자산을 증권으로 전환하여 자본시장에서 현금화하는 일련의 행위를 자산유동화라고 하는데, 기업 등이 보유하고 있는 대출채권이나 매출채권, 부동산 자산을 담보로 발행하여 제3자에게 매각하는 증권이다. |

## 빈출키워드 6 ELS / ELF / ELW

**01** 다음 중 주가지수 상승률이 미리 정해놓은 수준에 단 한 번이라도 도달하면 만기 수익률이 미리 정한 수준으로 확정되는 ELS는?

① 녹아웃형(Knock-out)
② 불스프레드형(Bull-spread)
③ 리버스컨버터블형(Reverse Convertible)
④ 디지털형(Digital)
⑤ 데이터형(Data)

**02** 주식이나 ELW를 매매할 때 보유시간을 통상적으로 2 ~ 3분 단위로 짧게 잡아 하루에 수십 번 또는 수백 번씩 거래를 하며 박리다매식으로 매매차익을 얻는 초단기 매매자들이 있다. 이들을 가리키는 용어는?

① 스캘퍼(Scalper)
② 데이트레이더(Day Trader)
③ 스윙트레이더(Swing Trader)
④ 포지션트레이더(Position Trader)
⑤ 나이트트레이더(Night Trader)

**01**

정답 ①

**주가지수연계증권(ELS)의 유형**

- 녹아웃형(Knock-out) : 주가지수 상승률이 미리 정해놓은 수준에 단 한 번이라도 도달하면 만기 수익률이 미리 정한 수준으로 확정되는 상품
- 불스프레드형(Bull-spread) : 만기 때 주가지수 상승률에 따라 수익률이 결정되는 상품
- 리버스컨버터블형(Reverse Convertible) : 미리 정해 놓은 하락폭 밑으로만 빠지지 않는다면 주가지수가 일정부분 하락해도 약속한 수익률 지급하는 상품
- 디지털형(Digital) : 만기일의 주가지수가 사전에 약정한 수준 이상 또는 이하에 도달하면 확정 수익을 지급하고 그렇지 못하면 원금만 지급하는 상품

**02**

정답 ①

스캘퍼(Scalper)는 ELW시장 등에서 거액의 자금을 갖고 몇 분 이내의 초단타 매매인 스캘핑(Scalping)을 구사하는 초단타 매매자를 말한다. 속칭 '슈퍼 메뚜기'로 불린다.

오답분석

② 데이트레이더(Day Trader) : 하루에도 여러 차례 주가의 움직임만 보고 차익을 노리는 주식투자자
③ 스윙트레이더(Swing Trader) : 선물시장에서 통상 2 ~ 3일 간격으로 매매 포지션을 바꾸는 투자자
④ 포지션트레이더(Position Trader) : 몇 주간 또는 몇 개월 동안 지속될 가격 변동에 관심을 갖고 거래하는 자로서 비회원거래자
⑤ 나이트트레이더(Night Trader) : 밤에 주식을 매매하기 위해 주문을 내는 주식투자자

이론 더하기

ELS(주가연계증권) / ELF(주가연계펀드)

① 개념 : 파생상품 펀드의 일종으로 국공채 등과 같은 안전자산에 투자하여 안전성을 추구하면서 확정금리 상품 대비 고수익을 추구하는 상품이다.

② 특징

| | |
|---|---|
| ELS<br>(주가연계증권) | • 개별 주식의 가격이나 주가지수에 연계되어 투자수익이 결정되는 유가증권이다.<br>• 사전에 정한 2 ~ 3개 기초자산 가격이 만기 때까지 계약 시점보다 40 ~ 50% 가량 떨어지지 않으면 약속된 수익을 지급하는 형식이 일반적이다.<br>• 다른 채권과 마찬가지로 증권사가 부도나거나 파산하면 투자자는 원금을 제대로 건질 수 없다.<br>• 상품마다 상환조건이 다양하지만 만기 3년에 6개월마다 조기상환 기회가 있는 게 일반적이다. 수익이 발생해서 조기상환 또는 만기상환되거나, 손실을 본채로 만기상환된다.<br>• 녹아웃형, 불스프레드형, 리버스컨버터블형, 디지털형 등이 있다. |
| ELF<br>(주가연계펀드) | • 투자신탁회사들이 ELS 상품을 펀드에 편입하거나 자체적으로 원금보존 추구형 펀드를 구성하여 판매하는 형태의 상품이다.<br>• ELF는 펀드의 수익률이 주가나 주가지수 움직임에 의해 결정되는 구조화된 수익구조를 갖는다.<br>• 베리어형, 디지털형, 조기상환형 등이 있다. |

ELW(주식워런트증권)

① 개념 : 자산을 미리 정한 만기에 미리 정해진 가격에 사거나(콜) 팔 수 있는 권리(풋)를 나타내는 증권이다.

② 특징

- 주식워런트증권은 상품특성이 주식옵션과 유사하나 법적 구조, 시장구조, 발행주체와 발행조건 등에 차이가 있다.
- 주식처럼 거래가 이루어지며, 만기시 최종보유자가 권리를 행사하게 된다.
- ELW 시장에서는 투자자의 환금성을 보장할 수 있도록 호가를 의무적으로 제시하는 유동성공급자(LP; Liquidity Provider) 제도가 운영된다.

CHAPTER

# 03 금융상식 기출응용문제

정답 및 해설 p.040

**01** 다음 중 주식 투자자가 주식 담보대출 등을 위해 한국예탁결제원에 예탁된 주식을 인출한 뒤 본인 이름으로 명의를 고치지 않아 예탁결제원이 대신 수령한 배당금이나 주식 등을 말하는 휴면주식의 공식적인 표현으로 옳은 것은?

① 공매도
② ISA
③ 실기주과실
④ 의무보호예수금
⑤ ELS

**02** 다음 중 금융기관에 대한 설명으로 옳은 것은?

① 제2금융권은 제도권 밖의 대금업체이다.
② 예금은행은 통화금융기관으로 제1금융권이라고 한다.
③ 예금은행은 통화금융정책을 사용할 권한을 가지고 있다.
④ 자금중개기능을 담당하는 투자기관의 대표적인 예가 증권회사이다.
⑤ 산업은행과 같은 개발기관은 주로 단기자금을 공급하기 위해 설립된 금융기관이다.

**03** 다음에서 설명하는 '이것'이 영향력을 미치는 것은?

> 일시적으로 자금이 부족한 금융기관이, 자금이 남는 다른 곳에 자금을 빌려달라고 요청하는 것이 콜(Call)이며, 이러한 금융기관 간에 발생한 과부족(過不足) 자금을 거래하는 시장이 콜시장이다. 잉여자금이 있는 금융기관이 콜론(Call Loan)을 내놓으면 자금이 부족한 금융기관이 콜머니(Call Money)를 늘리는 것을 '이것'이라 한다.

① 환율
② 펀드
③ 채권
④ 주식
⑤ 금리

**04** 다음 중 자산투자로부터의 수익 증대를 위해 차입자본(부채)을 끌어다가 자산매입에 나서는 투자 전략을 총칭하는 용어는?

① ETF
② ETN
③ 레버리지
④ 인덱스펀드
⑤ 주식형펀드

Hard

**05** 한 경제가 다음과 같은 상황일 경우의 균형이자율(r)은 얼마인가?(단, Y는 균형국민소득, C는 소비, T는 조세, G는 정부지출, I는 투자를 의미한다)

- Y=5,000
- C=600+0.5(Y−T)
- T=500
- G=1,050
- I=1,500−200r

① 2%
② 4%
③ 6%
④ 8%
⑤ 10%

**06** 다음 〈보기〉에서 명목금리와 실질금리에 대한 견해로 옳은 것을 모두 고르면?

보기

㉠ 실물투자에 영향을 끼치는 것은 실질금리보다 명목금리이다.
㉡ 실질금리와 명목금리는 상호의존적인 관계를 가진다.
㉢ 명목금리는 실질금리에서 예상물가상승률과 실질경제성장률을 차감한 값이다.
㉣ 총수요 증가로 인한 물가상승이 발생한다면 명목금리가 고정적이라고 가정할 때 실질금리가 일시적으로 하락할 수 있다.
㉤ 소비, 투자 등 경제 내 총수요가 감소하면 물가와 명목금리는 하락하나 실질금리는 상승한다.

① ㉠, ㉡
② ㉠, ㉢
③ ㉡, ㉣
④ ㉢, ㉤
⑤ ㉣, ㉤

## 07 대부자금의 공급이 실질이자율의 증가함수이고 대부자금의 수요는 실질이자율의 감소함수인 대부자금 시장모형에서 정부가 조세삭감을 시행했을 때 소비자들이 조세삭감만큼 저축을 늘리는 경우, 다음 중 옳은 것은?(단, 정부지출은 일정 수준으로 주어져 있다고 가정한다)

① 자금수요가 증가하고 균형이자율은 상승한다.
② 자금수요가 감소하고 균형이자율은 하락한다.
③ 자금공급이 증가하고 균형이자율은 하락한다.
④ 자금공급이 감소하고 균형이자율은 상승한다.
⑤ 균형이자율은 변하지 않는다.

## 08 다음 대화를 읽고, 우리나라 금융상품의 기대수익률과 위험에 대하여 바르게 이해한 사람을 모두 고르면?

> 도경 : 금융상품의 위험은 수익률의 분산 또는 표준편차로 측정할 수 있어.
> 해영 : 위험도에 대한 상관관계가 높은 금융상품들에 분산 투자하면 투자의 위험을 낮출 수 있어.
> 진상 : 모든 주식에 공통적으로 영향을 미치기 때문에 여러 주식으로 포트폴리오를 구성해서 투자해도 제거할 수 없는 위험을 비체계적 위험이라고 해.
> 수경 : 위험도가 동일하다면 유동성이 높은 금융상품은 유동성이 낮은 금융상품에 비해 수익률이 낮아.

① 도경, 해영
② 도경, 수경
③ 해영, 진상
④ 해영, 수경
⑤ 진상, 수경

Easy

## 09 다음 〈보기〉의 내용에 따라 A기업의 주당 배당금을 구하면?

> 보기
> • A기업 주가 : 20,000원
> • 배당수익률 : 10%

① 1,000원
② 1,500원
③ 2,000원
④ 3,000원
⑤ 4,000원

**10** **고객의 예금을 투자하여 수익을 돌려주는 실적배당 금융상품으로 어음관리계좌로도 불리는 것은?**

① 신탁상품 ② CMA
③ MMDA ④ 수익증권
⑤ ELW



**11** **다음 중 구매력평가(PPP)에 대한 설명으로 옳지 않은 것은?**

① 한 나라의 화폐가 모든 나라에서 동일 수량의 재화를 구입할 수 있어야 한다는 환율 결정이론이다.
② 양국의 물가를 기준으로 환율이 결정된다고 보기 때문에 일물일가의 법칙과는 관계가 없다.
③ 현실적으로 국가 간에 교역이 어려운 품목들이 있어서 구매력평가는 일정한 한계를 갖고 있다.
④ 구매력평가로 계산한 원화의 달러당 환율이 1,100원일 때 미국의 물가만 10% 오르게 되면 환율은 1,000원이 된다.
⑤ 단기적인 환율의 움직임은 잘 나타내지 못하지만 장기적인 환율의 변화추세는 잘 반영한다.

**12** **다음 중 주식의 발행시장과 유통시장에 대한 설명으로 옳지 않은 것은?**

① 자사주 매입은 발행시장에서 이루어진다.
② 유통시장은 채권의 공정한 가격을 형성하게 하는 기능이 있다.
③ 50명 이하의 소수투자자와 사적으로 교섭하여 채권을 매각하는 방법을 사모라고 한다.
④ 유통시장은 투자자 간의 수평적인 이전기능을 담당하는 시장으로 채권의 매매가 이루어지는 시장이다.
⑤ 발행시장은 발행주체가 유가증권을 발행하고, 중간 중개업자가 인수하여 최종 자금 출자자에게 배분하는 시장이다.

## 13 다음 중 시장이자율과 채권가격에 대한 설명으로 옳은 것은?

① 만기일 채권가격은 액면가와 항상 일치한다.
② 채권가격은 시장이자율과 같은 방향으로 움직인다.
③ 다른 조건은 동일하다고 가정할 경우 표면이자율이 높을수록 이자율의 변동에 따른 채권가격의 변동률이 크다.
④ 다른 조건은 동일하다고 가정할 경우 만기가 짧은 채권일수록 이자율의 변동에 따른 채권가격의 변동폭이 크다.
⑤ 만기가 정해진 상태에서 이자율 하락에 따른 채권가격 상승폭과 이자율 상승에 따른 채권가격 하락폭은 항상 동일하다.

Hard

## 14 다음 중 기업들이 환율변동 위험을 피하기 위해 하는 거래 중 하나인 선물환거래에 대한 설명으로 옳지 않은 것은?

① 기업들은 달러화 가치가 하락할 것으로 예상하는 경우 선물환을 매수하게 된다.
② 선물환거래란 미래에 특정 외화의 가격을 현재 시점에서 미리 계약하고 이 계획을 약속한 미래 시점에 이행하는 금융거래이다.
③ 선물환거래에는 외국환은행을 통해 고객 간에 이루어지는 대고객선물환거래와 외환시장에서 외국은행 사이에 이루어지는 시장선물환거래가 있다.
④ 선물환거래는 약정가격의 차액만을 주고받는 방식이어서 NDF(역외선물환)거래라고도 한다.
⑤ 만기가 되면 수출업체는 수출대금으로 받은 달러를 금융회사에 미리 정한 환율로 넘겨주고 금융회사는 이를 해외 달러 차입금 상환에 활용하게 된다.

## 15 라임사태란 은행, 증권사들이 라임자산운용의 사모펀드를 판매하면서 고객의 동의 없이 가입시키거나 사모펀드라는 사실을 알리지 않아 큰 손실을 입힌 사건이다. 다음 중 사모펀드에 대한 설명으로 옳지 않은 것은?

① 개인 간 계약의 형태이다.
② 비공개로 투자자들을 모집한다.
③ 금융감독기관의 감시를 받지 않는다.
④ 공모펀드와 달리 자유로운 운용이 가능하다.
⑤ 고평가된 기업에 자본참여를 하여 기업가치가 최고조일 때 주식을 되파는 전략을 취한다.

**16** 다음 중 국가의 중앙은행이 0.5%p 기준금리를 인상하는 것을 가리키는 용어는?

① 베이비 스텝(Baby Step) ② 빅 스텝(Big Step)
③ 자이언트 스텝(Giant Step) ④ 울트라 스텝(Ultra Step)
⑤ 스몰 스텝(Small Step)



Easy

**17** 다음 중 비금융기업이 상품과 서비스를 판매하는 과정에서 관련된 금융상품을 함께 제공하는 것을 가리키는 용어는?

① 레드칩 ② 프로젝트 파이낸싱
③ 그림자 금융 ④ 임베디드 금융
⑤ 비소구 금융

**18** 다음 빈칸에 들어갈 내용에 대한 설명으로 옳지 않은 것은?

> 일본의 최근 결제 방식에 대해 조사한 결과, 코로나19 이후 비현금 결제 비중이 크게 증가했고, 카드나 모바일결제가 가능한 가게도 증가하는 추세입니다. 일본은 지난해까지만 해도 카드나 모바일 결제 등 비현금 결제율이 27%에 그칠 정도로 현금이 주요한 결제 수단이었습니다. 하지만 코로나19 이후 여러 사람이 사용하는 지폐를 통한 바이러스 감염 위험의 증가와 비대면 소비가 증가하면서 카드나 모바일을 통한 결제가 크게 증가하였습니다. 이에 따라 ________________ 가 가속화될 것이라는 전망이 전문가들 사이에서 이야기되고 있습니다.

① 금융 거래의 투명성이 강화되어 뇌물·탈세·자금세탁 등의 여러 금융범죄를 예방할 수 있다.
② 디지털화폐와 같은 다른 지급 수단이 현금의 역할을 대체하는 사회를 말한다.
③ 디지털 소외 계층의 금융 소외 현상 및 소비활동 제한이 심화될 것이다.
④ 금융기관의 내부 통제 시스템이 더욱 강화될 것이다.
⑤ 화폐 제조에 소요되는 사회적 비용이 감소할 것이다.

## 19 다음 〈보기〉 중 예금자 보호법에 따른 예금자 보호대상 상품이 아닌 것을 모두 고르면?

**보기**

ㄱ. 양도성예금증서 ㄴ. 외화예금
ㄷ. CMA(어음관리계좌) ㄹ. 금현물거래예탁금

① ㄱ, ㄴ ② ㄱ, ㄹ
③ ㄴ, ㄷ ④ ㄴ, ㄹ
⑤ ㄷ, ㄹ

**Hard**

## 20 다음 중 프로젝트 파이낸싱(Project Financing)에 대한 설명으로 옳지 않은 것은?

① 프로젝트 파이낸싱이란 특정한 프로젝트로부터 미래에 발생하는 현금흐름(Cash Flow)을 담보로 하여 당해 프로젝트를 수행하는 데 필요한 자금을 조달하는 금융기법을 총칭하는 개념으로 금융비용이 낮다는 특징이 있다.
② 프로젝트 파이낸싱은 사업주 자신과는 법적, 경제적으로 독립된 프로젝트회사가 자금을 공여받아 프로젝트를 수행하게 되므로 사업주의 재무상태표에 관련 대출금이 계상되지 않아 사업주의 재무제표에 영향을 주지 않는 부외금융의 성격을 가진다.
③ 프로젝트 파이낸싱의 대상이 되는 사업 대부분의 경우, 사업 규모가 방대하여 거대한 소요자금이 요구될 뿐만 아니라 계획사업에 내재하는 위험이 매우 크다.
④ 프로젝트 파이낸싱의 담보는 프로젝트의 미래 현금수지의 총화이기 때문에 프로젝트의 영업이 부진한 경우에도 프로젝트 자체 자산의 처분 외에는 다른 회수 수단이 없다.
⑤ 프로젝트 파이낸싱의 활용분야는 도로, 항만, 철도 등과 같은 SOC 사업, 대형 플랜트 설치, 부동산 개발 등 다양하다.

# PART 3

# 디지털 리터러시 평가

# 논리적 사고

## | 유형분석

- 주어진 함수 조건을 통해 업무를 수행함에 있어 보기의 표가 갖는 의미를 분석 및 해석하는 능력을 평가하는 문제이다.
- 엑셀의 개념을 활용하거나 응용하여 해결하는 문제이므로 엑셀 함수의 기본 구조와 원리를 정확하게 알아두어야 한다.

**다음 〈보기〉는 S카페의 지점별 고객만족도이다. S카페 사장인 A씨는 각 지점을 고객만족도가 높은 순으로 정렬했을 때 1～3위인 지점의 고객만족도 평균을 계산하고자 한다. 함수를 〈조건〉과 같이 정의할 때, A씨가 사용할 수식으로 옳은 것은?**

**보기**

| | A | B | C | D |
|---|---|---|---|---|
| 1 | no. | 지점명 | 고객만족도 | 고객만족도 순위 |
| 2 | 1 | 우만주공점 | 8.5 | 5 |
| 3 | 2 | 매탄2동점 | 7.5 | 6 |
| 4 | 3 | 행궁동점 | 9.7 | 1 |
| 5 | 4 | 우만점 | 8.6 | 4 |
| 6 | 5 | 금곡동점 | 8.8 | 3 |
| 7 | 6 | 인계동점 | 9.2 | 2 |

**조건**

- △(범위1, 조건, 범위2) : 범위1에서 조건을 만족하는 셀과 같은 행에 있는 범위2 셀의 평균을 구하는 함수
- □(셀1, 범위, 정렬기준) : 정렬기준으로 범위를 정렬했을 때, 셀1이 몇 위를 차지하는지 구하는 함수(정렬기준은 오름차순일 경우 1, 내림차순일 경우 0이다)
- ♤(셀1, 셀2, …) : 셀의 평균을 구하는 함수
- ■(셀1, 셀2) : 셀1과 셀2를 비교하여 큰 값을 반환하는 함수
- ♡(범위, 셀1) : 범위에서 셀1이 몇 번째로 큰 값인지 구하는 함수
- ▲(조건, 인수1, 인수2) : 조건이 참이면 인수1, 그 외에는 인수2를 반환하는 함수

① =△(D2:D7,“<=3”,C2:C7)
② =□(C2,$C$2:$C$7,1)
③ =♤(C2:C7)
④ =■(C2,D2)
⑤ =▲(♡(D2 : D7,D2)<=3, ♤(C2 : C7),D2)

정답 ①

고객만족도 순위(D2:D7)가 3위 이하(<=3)인 지점들의 고객만족도(C2:C7) 평균을 구하는 수식이다.

오답분석

② 고객만족도(C2:C7)를 오름차순(1)으로 정렬했을 때, [C2]의 순위를 구하는 수식이다.
③ 고객만족도(C2:C7)의 평균을 구하는 수식이다.
④ [C2]와 [D2] 값을 비교하여 큰 값을 반환하는 수식이다.
⑤ ♡(D2:D7,D2)는 [D2]가 고객만족도 순위(D2:D7)에서 몇 번째로 큰 수인지 구하는 수식이다. 따라서 1 ~ 6에서 5는 두 번째로 큰 수이므로 결괏값은 2가 나오며, 2는 3보다 작거나 같으므로 ⑤ 수식의 결과로는 ♤(C2:C7), 즉 고객만족도(C2:C7)의 평균이 반환된다.

## 유형풀이 Tip

- 기본적인 공식은 엑셀의 구조를 따라가기 때문에 기본적인 엑셀 사용 방법 및 오름차순, 내림차순에 대한 개념을 잡아둔다면 빠른 풀이가 가능하다.

PART 3

# 논리적 사고 기출응용문제

정답 및 해설 p.046

**01** 다음 〈보기〉는 어느 이벤트의 뽑기 당첨자 및 선물에 대한 자료이다. 제시된 〈조건〉에 따라 [D2] 셀에 들어갈 함수로 옳은 것을 고르면?

보기

| | A | B | C | D |
|---|---|---|---|---|
| 1 | 번호 | 이름 | 뽑기 | 선물 |
| 2 | 1 | 김OO | 1 | |
| 3 | 2 | 박OO | 2 | 상품권 |
| 4 | 3 | 윤OO | 2 | 상품권 |
| 5 | 4 | 최OO | 3 | 쿠폰 |

조건

[D2] 셀에 IF 함수를 사용하여 뽑기 결과가 1이면 휴대폰을, 아니라면 없음을 출력하고자 함

① =IF(C2=1,“휴대폰”,“없음”)

② =IF(C2==1,“휴대폰”,“상품권”)

③ =IF(D2-1,“휴대폰”,“쿠폰”)

④ =IF(D2=1,“없음”,“휴대폰”)

⑤ =IF(D2=1,“휴대폰”)

**02** 다음 〈보기〉는 S은행 직원들의 근무 및 태도를 평가한 자료이다. 함수를 〈조건〉과 같이 정의할 때, [F4]에 들어갈 함수로 옳은 것은?

**보기**

〈S은행 근무 및 태도 평가표〉

| | A | B | C | D | E | F | G |
|---|---|---|---|---|---|---|---|
| 1 | 이름 | 책임감 | 협동심 | 성실성 | 태도 | 평균 | 순위 |
| 2 | 김○○ | 55 | 74 | 80 | 72 | 70.25 | 4 |
| 3 | 신△△ | 60 | 71 | 90 | 74 | 73.25 | 3 |
| 4 | 이○○ | 91 | 90 | 82 | 65 | | 2 |
| 5 | 조△△ | 91 | 65 | 88 | 86 | 82.5 | 1 |

**조건**

- ○(인수1, 인수2, …) : 인수들의 합을 구하는 함수
- ■(인수1, 인수2, …) : 인수들의 평균을 구하는 함수
- ♧(인수1, 인수2, …) : 인수들의 최댓값을 구하는 함수
- ♣(인수1, 인수2, …) : 인수들의 최솟값을 구하는 함수
- △(인수1, 범위) : 범위 안에서 인수1의 내림차순 순위를 구하는 함수

① =♣(D2, D3, D4, D5)　　② =♧(D2, D3, D4, D5)

③ =△(B4, \$B\$2:\$B\$5)　　④ =○(B4, C4, D4, E4)

⑤ =■(B4, C4, D4, E4)

PART 3

**03** 다음 〈보기〉는 S구내식당에서 판매하는 메뉴의 하루 판매량과 가격에 대한 자료이다. 함수를 〈조건〉과 같이 정의할 때, 하루 전체 매출액을 구하는 함수는?

보기

〈메뉴 4종 판매량 및 가격〉

| | A | B | C |
|---|---|---|---|
| 1 | 이름 | 판매량(개) | 가격(원) |
| 2 | 오므라이스 | 42 | 7,500 |
| 3 | 치즈카레 | 65 | 9,500 |
| 4 | 치즈돈가스 | 110 | 11,000 |
| 5 | 냉모밀 | 120 | 8,000 |
| 6 | | 0 | 10,000 |
| 7 | | 0 | 13,000 |
| 8 | 떡볶이 | 80 | 7,500 |
| 9 | 비고 | 단종된 메뉴는 이름에 공란 처리 | |

조건

- △(인수1, 인수2, …) : 인수들의 합을 구하는 함수
- ○(범위1, 범위2, …) : 범위1과 범위2, …의 같은 행끼리 곱한 값의 합을 구하는 함수
- ♧(범위1, 범위2, …) : 범위1과 범위2, …의 비어있지 않은 셀의 수를 구하는 함수

① =♧(A2:A8)*△(C2:C8)

② =△(B2:B8)*△(C2:C8)

③ =△(C2:C8)/♧(A8:A8)

④ =○(B2:B8, C2:C8)

⑤ =○(B2:B8, C2:C8)/♧(A2:A8)

**04** 다음 〈보기〉는 아트문구점이 3월에 판매한 문구류 정보이다. 함수를 〈조건〉과 같이 정의할 때, 필기류 중 가장 많이 판매한 상품의 개수를 구하는 수식으로 옳은 것은?

보기

| | A | B | C |
|---|---|---|---|
| 1 | 분류 | 상품 | 판매개수 |
| 2 | 필기류 | 3색볼펜 | 32 |
| 3 | 노트류 | 무지노트 | 76 |
| 4 | 필기류 | 샤프 | 25 |
| 5 | 필기류 | 볼펜(검) | 46 |
| 6 | 노트류 | 종합장 | 65 |
| 7 | 노트류 | 스프링노트 | 78 |

조건

- ■(셀1, 셀2) : 셀1과 셀2를 비교하여 큰 값을 반환하는 함수
- □(범위1, 범위2, 조건) : 범위2에서 조건을 만족하는 셀과 같은 행에 있는 범위1의 셀 중 가장 값이 큰 셀을 구하는 함수
- ●(범위1, 범위2, 조건) : 범위2에서 조건을 만족하는 셀과 같은 행에 있는 범위1의 셀 중 가장 값이 작은 셀을 구하는 함수
- ♤(셀1, 셀2, …) : 셀의 평균을 구하는 함수
- △(조건, 인수1, 인수2) : 조건이 참이면 인수1, 그 외에는 인수2를 반환하는 함수
- ♡(범위) : 범위 내의 셀 중 가장 큰 값을 반환하는 함수

① =■(A2, C2)

② =●(C2:C7, A2:A7, "필기류")

③ =△(C2>C3, ♤(C2:C7), ♡(C2, C3))

④ =□(A2:A7, C2:C7, "필기류")

⑤ =□(C2:C7, A2:A7, "필기류")

PART 3

Hard

**05** 다음 〈보기〉는 S전자제품 매장의 판매 실적표이다. 함수를 〈조건〉과 같이 정의할 때, 제품코드가 'IR'로 시작하는 제품의 판매개수 합을 구하는 수식으로 옳은 것은?

보기

| | A | B | C |
|---|---|---|---|
| 1 | 제품코드 | 가격 | 판매개수 |
| 2 | IR-103 | 1,235,000 | 3 |
| 3 | DE-203 | 1,753,000 | 6 |
| 4 | QL-908 | 2,534,000 | 2 |
| 5 | IR-243 | 3,573,400 | 8 |
| 6 | IR-153 | 2,346,500 | 1 |
| 7 | DE-952 | 1,267,430 | 5 |
| 8 | DE-155 | 2,560,000 | 7 |

조건

- △(범위1, 조건, 범위2) : 범위1에서 조건을 충족하는 셀과 같은 행에 있는 범위2 셀의 평균을 구하는 함수
- ♤(범위1, 조건, 범위2) : 범위1에서 조건을 충족하는 셀과 같은 행에 있는 범위2 셀의 합을 구하는 함수
- ■(범위) : 범위의 합을 구하는 함수
- ♡(범위1, 조건1, …) : 범위에서 조건을 충족하는 셀의 개수를 세는 함수
- ▲(조건, 인수1, 인수2) : 조건이 참이면 인수1, 그 외에는 인수2를 반환하는 함수
- ◎(셀1, $x$) : 셀1의 문자열을 왼쪽에서부터 $x$만큼 문자를 반환하는 함수

① =♤(A2:A8,"IR*",B2:B8)

② =▲(◎($A2,2)="IR", ■(C2:C8)," ")

③ =△(A2:A8,"IR*",C2:C8)

④ =♡(A2:A8,"IR*")

⑤ =♤(A2:A8,"IR*",C2:C8)

**06** 다음 〈보기〉는 S마트 직원들의 출퇴근 표이다. 함수를 〈조건〉과 같이 정의할 때, 〈보기〉에 대한 설명으로 옳지 않은 것은?(단, 9:00:00 AM 이후에 출근한 직원은 모두 지각이다)

**보기**

| | A | B | C | D | E |
|---|---|---|---|---|---|
| 1 | 직원번호 | 출근시간 | 퇴근시간 | 지각 | 근무시간 |
| 2 | A101 | 8:58:03 AM | 6:00:00 PM | | 9:01:57 |
| 3 | A102 | 8:55:59 AM | 6:09:00 PM | | 9:13:01 |
| 4 | A103 | 8:59:08 AM | 5:58:00 PM | | 8:58:52 |
| 5 | A104 | 9:11:02 AM | 5:55:00 PM | 지각 | 8:43:58 |
| 6 | A105 | 8:58:13 AM | 6:05:00 PM | | 9:06:47 |
| 7 | A106 | 9:01:03 AM | 6:02:00 PM | 지각 | 9:00:57 |

**조건**

- ▲(조건, 인수1, 인수2) : 조건이 참이면 인수1, 거짓이면 인수2를 반환하는 함수
- ■(시, 분, 초) : 시, 분, 초에 입력된 숫자를 시간 형식으로 변환하는 함수
- ●(범위, 조건) : 지정한 범위 내에서 조건을 만족하는 셀의 개수를 구하는 함수
- □(범위) : 범위에서 비어있지 않은 셀의 개수를 구하는 함수
- △(범위) : 범위에서 비어있는 셀의 개수를 구하는 함수

① B열과 C열의 셀 서식은 '1:30:55 PM'이다.

② '지각'열은 [D2]에 =▲(B2> ■(9,00,00),"지각"," ")을 입력한 후 드래그 기능을 사용하여 나머지 행을 채운다.

③ 정상 출근한 직원 수를 알고 싶다면 =□(D2:D7)을 입력하면 된다.

④ '근무시간'열은 [E2]에 =C2−B2를 입력한 후 드래그 기능을 사용하여 나머지 행을 채운다.

⑤ [C2] 셀에 입력한 함수는 =■(18,00,00)이다.

PART 3

**07** 다음 〈보기〉는 △△카페 지점들의 매장평가표이다. 함수를 〈조건〉과 같이 정의한 후, [E2]에 수식을 넣고 [E4]까지 드래그할 때, 표시되는 TRUE의 개수가 다른 것은?

**보기**

| | A | B | C | D | E |
|---|---|---|---|---|---|
| 1 | 지점명 | 서비스 | 편의성 | 청결성 | – |
| 2 | 우만주공점 | 65 | 79 | 93 | |
| 3 | 매탄2동점 | 77 | 92 | 89 | |
| 4 | 우만동점 | 89 | 90 | 88 | |
| 5 | 평균 | 77 | 87 | 90 | |

**조건**

- ◎(셀1, $x$) : 문자열(셀1)의 왼쪽에서 $x$번째 문자까지 반환하는 함수
- ■(셀1, 셀2, …) : 셀의 평균을 구하는 함수
- ○(인수1, 인수2, …) : 인수가 모두 참이어야 참을 반환하는 함수
- △(인수1, 인수2, …) : 인수 중 하나라도 참이면 참을 반환하는 함수
- ●(조건, 인수1, 인수2) : 조건이 참이면 인수1, 그 외에는 인수2를 반환하는 함수

① =◎(A2, 2)="우만"

② =■($B$2:$B$4)< =B2

③ =○(■($B$2:$B$4)< B2, ■($C$2:$C$4)< C2)

④ =△(■($B$2:$B$4)< B2, ■($C$2:$C$4)< C2)

⑤ =●(D2> =■($D$2:$D$4), "O", "X")="X"

Hard

## 08

다음 〈보기〉는 ○○학교 기숙사 벌점 정보이다. 벌점이 10점 이상이면 '경고', 0점이면 '기상곡 선정권', 그 외에는 빈칸으로 '전달사항'열을 채우려고 한다. 함수를 〈조건〉과 같이 정의할 때, 사용할 수식으로 옳은 것은?

보기

| | A | B | C |
|---|---|---|---|
| 1 | 방 호수 | 벌점 | 전달사항 |
| 2 | 201 | 11 | 경고 |
| 3 | 202 | 14 | 경고 |
| 4 | 203 | 8 | |
| 5 | 204 | 9 | |
| 6 | 205 | 0 | 기상곡 선정권 |
| 7 | 206 | 10 | 경고 |

조건

- ▲(조건, 인수1, 인수2) : 조건이 참이면 인수1, 거짓이면 인수2를 반환하는 함수
- ○(조건1, 인수1, 조건2, 인수2, …) : 조건1이 참이면 인수1, 조건2가 참이면 인수2를 출력하는 함수
- ■(인수1, 인수2, …) : 인수 중 하나라도 참이면 참을 반환하는 함수
- ◇(인수1, 인수2, …) : 인수가 모두 참이어야 참을 반환하는 함수

① =○(B2>=10, B2=0, TRUE, "경고", "기상곡 선정권", " ")

② =○(B2>=10, "경고", B2=0, "기상곡 선정권", TRUE, " ")

③ =▲(B2>=10, "경고", " ")

④ =▲(■(B2>=10, B2=0), "경고", "기상곡 선정권")

⑤ =▲(B2>=10, "경고", "기상곡 선정권")

PART 3

**09** △△초등학교 선생님들은 다가오는 운동회를 위해 팀을 나누려고 한다. 학생의 학년, 반, 번호를 모두 더한 수가 홀수이면 '청팀', 짝수이면 '백팀'이 된다. 함수를 〈조건〉과 같이 정의할 때, [D2]에 들어갈 수식으로 옳은 것은?

보기

| | A | B | C | D |
|---|---|---|---|---|
| 1 | 학년 | 반 | 번호 | 팀 |
| 2 | 1 | 2 | 12 | |
| 3 | 2 | 3 | 14 | |
| 4 | 3 | 4 | 18 | |
| 5 | 4 | 5 | 19 | |
| 6 | 5 | 2 | 5 | |
| 7 | 6 | 1 | 2 | |

조건

- ▲(조건, 인수1, 인수2) : 조건이 참이면 인수1, 거짓이면 인수2를 반환하는 함수
- ■(셀1) : 셀1이 홀수이면 참을 반환하는 함수
- ●(셀1) : 셀1이 짝수이면 참을 반환하는 함수
- △(셀1, 셀2, …) : 셀의 평균을 구하는 함수
- ○(셀1, 셀2, …) : 셀의 합을 구하는 함수

① =▲(■(△(A2:C2)),"청팀","백팀")
② =▲(●(○(A2:C2)),"청팀","백팀")
③ =▲(■(○(A2:C2)),"청팀","백팀")
④ =▲(■(○(A2:C2)),"백팀","청팀")
⑤ =■(○(A2:C2))="청팀"

Easy

**10** 다음 〈보기〉는 ○○서점의 도서 판매기록표이다. 서점 주인은 분류가 '소설'인 책이 총 몇 권 팔렸는지 알고 싶다. 함수를 〈조건〉과 같이 정의할 때, 서점 주인이 사용할 수식으로 옳은 것은?

보기

| | A | B | C | D |
|---|---|---|---|---|
| 1 | 번호 | 상품명 | 분류 | 가격 |
| 2 | 1 | 모모의 모험 | 소설 | ₩12,600 |
| 3 | 2 | 저기 저 먼 곳 | 시/에세이 | ₩11,400 |
| 4 | 3 | 아프리카 이야기 | 역사/문화 | ₩18,900 |
| 5 | 4 | 안경학사 | 소설 | ₩17,500 |
| 6 | 5 | 내일이 오기 전 | 시/에세이 | ₩12,300 |
| 7 | 6 | 길 | 소설 | ₩11,780 |
| 8 | 7 | 조선시대 | 역사/문화 | ₩10,800 |

조건

- △(범위) : 범위에 숫자가 포함된 셀의 개수를 구하는 함수
- □(범위) : 범위에서 비어있지 않은 셀의 개수를 구하는 함수
- ▲(범위) : 범위에서 비어있는 셀의 개수를 구하는 함수
- ●(범위, 조건) : 지정한 범위 내에서 조건을 만족하는 셀의 개수를 구하는 함수
- ◎(조건 범위, 조건, 합 범위) : 조건에 맞는 셀의 합을 구하는 함수

① =△(C2:C8)

② =□(C2:C8)

③ =▲(C2:C8, "소설")

④ =●(C2:C8, "소설")

⑤ =◎(C2:C8, "소설", D2:D8)

CHAPTER

# 02 알고리즘 설계

**| 유형분석 |**

- 주어진 기호를 파악한 후, 알고리즘의 구조를 이해하고 알맞은 답을 추론하는 유형이다.
- 추리능력과 직관이 필요한 영역으로, 알고리즘 설계 원리에 대한 기본적인 이해를 요구한다.

**S초등학교에서는 과학 시간에 리트머스 시험지를 사용하여 산성과 염기성을 판별하는 실험을 했다. 빨간 시험지는 염기성 물질에 반응하여 파란색으로, 파란 시험지는 산성 물질에 반응하여 빨간색으로 변한다고 할 때, 홀수 조는 빨간색, 짝수 조는 파란색 시험지를 받았다. 4조인 민영이는 (산성, 염기성, 산성, 산성, 염기성) 물질로 실험했고, 이에 대한 순서도가 다음과 같을 때, ⓐ, ⓑ, ⓒ에 들어갈 내용이 바르게 짝지어 진 것은?**

〈순서도 기호〉

| 기호 | 설명 | 기호 | 설명 |
|---|---|---|---|
| 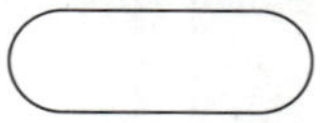 | 시작과 끝을 나타낸다. | 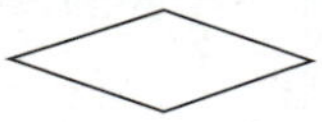 | 어느 것을 택할 것인지를 판단한다. |
|  | 데이터를 입력하거나 계산하는 등의 처리를 한다. |  | 선택한 값을 출력한다. |
|   | 각종 기호의 처리 흐름을 연결한다. | 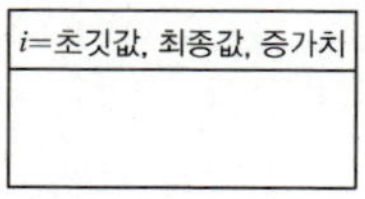  | $i$가 초깃값부터 최종값까지 증가치만큼 증가하며, 기호 안의 명령문을 반복해서 수행한다. |

〈순서도〉

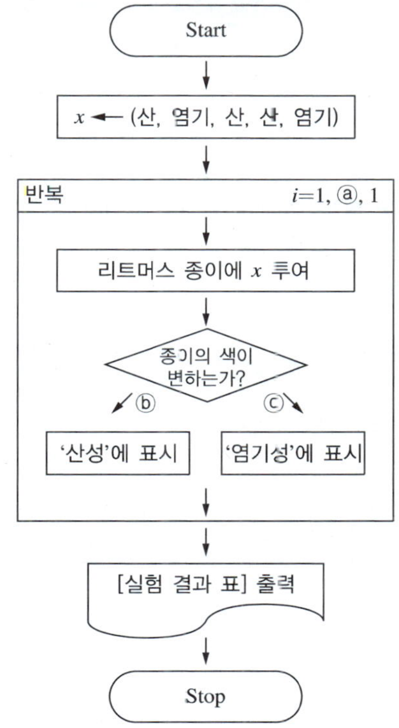


| | ⓐ | ⓑ | ⓒ |
|---|---|---|---|
| ① | 6 | No | Yes |
| ② | 6 | Yes | No |
| ③ | 5 | Yes | No |
| ④ | 5 | No | Yes |
| ⑤ | 4 | No | Yes |

**정답** ③

실험할 물질은 총 5개이므로 ⓐ는 5이다. 4조인 민영이는 산성 물질에 반응하여 빨간색으로 변하는 파란 리트머스 시험지로 실험했기 때문에 ⓑ는 Yes, ⓒ는 No이다.

**유형풀이 Tip**

- 풀이에 앞서 알고리즘에 사용되는 기호와 설명의 관계를 명확히 기억하여 실수를 줄일 수 있도록 한다.
- 알고리즘에 사용되었던 설명을 암기하고 풀어보는 연습을 반복하면 알고리즘의 구조를 더 쉽게 파악할 수 있다.

CHAPTER

# 02 알고리즘 설계 기출응용문제

정답 및 해설 p.048

Easy

**01** 다음은 신한은행의 금융상품 웹페이지에 대한 순서도이다. 고객이 웹페이지 사용도중 [4번 알림창]을 보게 되었을 때, 그 이유로 옳은 것은?

〈순서도 기호〉

| 기호 | 설명 | 기호 | 설명 |
|---|---|---|---|
|  | 시작과 끝을 나타낸다. | 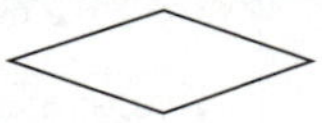 | 어느 것을 택할 것인지를 판단한다. |
| 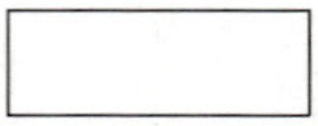 | 데이터를 입력하거나 계산하는 등의 처리를 한다. | 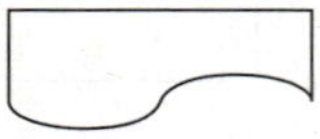 | 선택한 값을 출력한다. |

〈순서도〉

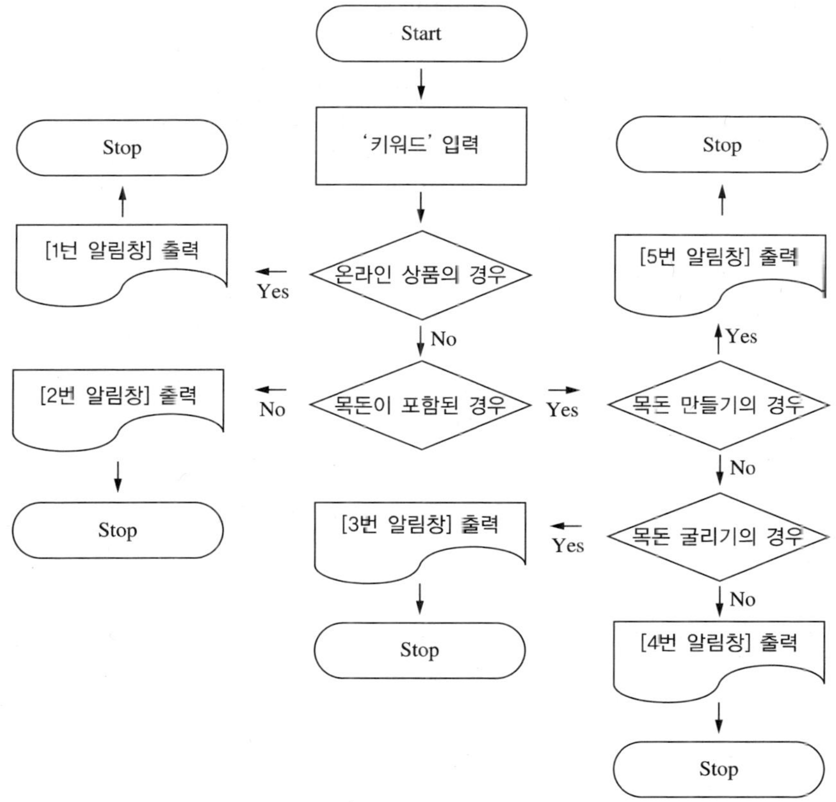


① 키워드에 목돈 만들기가 들어있기 때문이다.

② 키워드에 독돈 굴리기가 들어있기 때문이다.

③ 키워드에 도돈이 들어있지 않았기 때문이다.

④ 키워드에 온라인 상품이 들어있기 때문이다.

⑤ 키워드에 목돈이 포함되어 있지만 만들기 / 굴리기가 들어있지 않았기 때문이다.

**02** 다음은 온라인에서 진행하는 S사 포인트 교환 행사의 과정에 대한 순서도이다. H씨가 이 행사에 참여하려 했지만, [4번 알림창]이 출력되며 참여를 할 수 없었다. 이때, H씨가 확인해야 할 것은?

〈순서도 기호〉

| 기호 | 설명 | 기호 | 설명 |
|---|---|---|---|
| 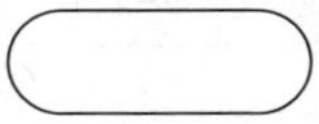 | 시작과 끝을 나타낸다. | 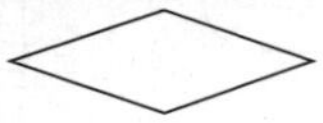 | 어느 것을 택할 것인지를 판단한다. |
| 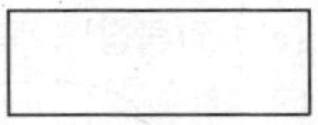 | 데이터를 입력하거나 계산하는 등의 처리를 한다. | 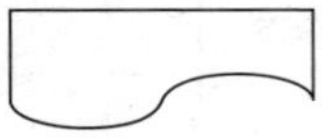 | 선택한 값을 출력한다. |

〈순서도〉

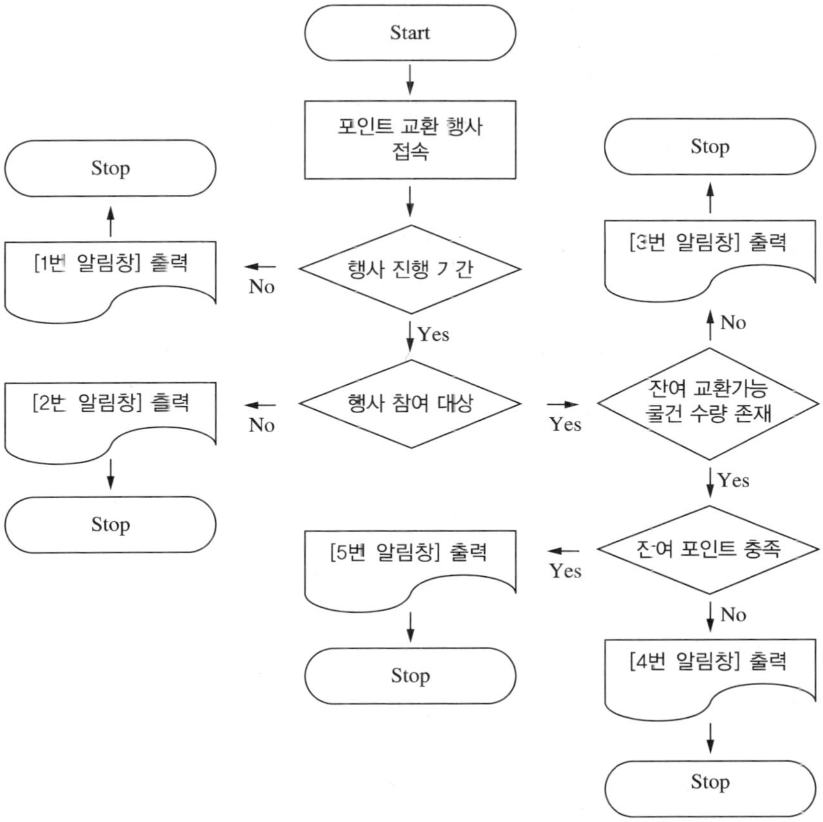


① 행사 진행 기간
② 행사 참여 대상 여부
③ 잔여 교환가능 물건 수량
④ 잔여 포인트
⑤ 서버 오류

**03** **다음은 S포털사이트의 회원가입 절차에 대한 순서도이다. 재경이가 S포털사이트에 회원가입 신청을 하였으나, [2번 알림창]이 출력되었다. 그 이유로 옳은 것은?**

〈순서도 기호〉

| 기호 | 설명 | 기호 | 설명 |
| --- | --- | --- | --- |
| 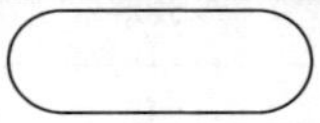 | 시작과 끝을 나타낸다. | 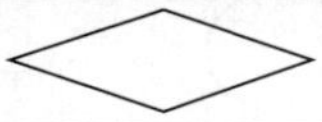 | 어느 것을 택할 것인지를 판단한다. |
| 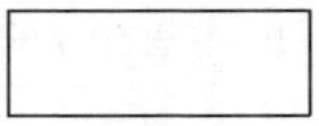 | 데이터를 입력하거나 계산하는 등의 처리를 한다. | 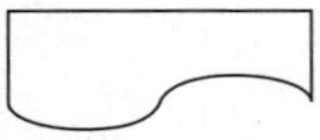 | 선택한 값을 출력한다. |

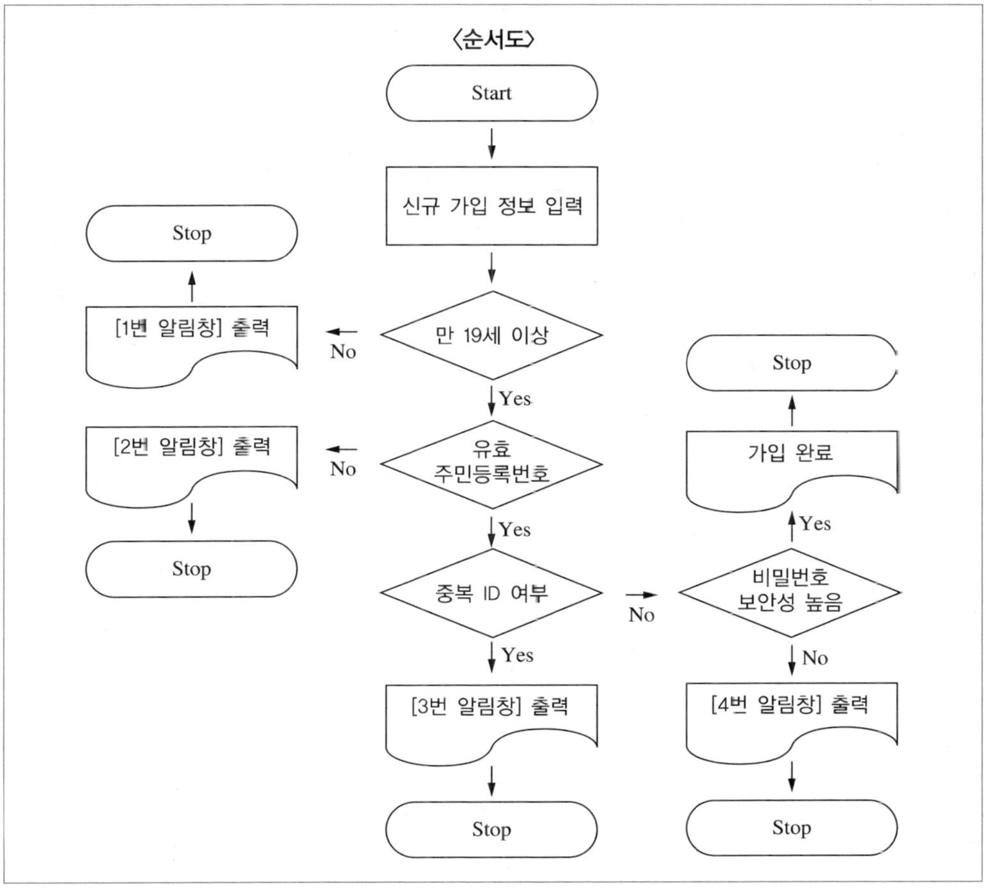


① 만 19세 이상이 아니다.

② 중복된 ID를 입력하였다.

③ 중복되지 않은 ID를 입력하였다.

④ 보안성이 낮은 비밀번호를 입력하였다.

⑤ 유효하지 않은 주민등록번호를 입력하였다.

PART 3

**04** 다음은 은행의 업무처리 순서도이다. 영진이는 이번 달 거래내역을 조회하기 위해 은행에 방문했다. 대기표의 번호가 7번일 때, 영진이는 몇 분간 은행에 머물러야 하는가?

〈순서도 기호〉

| 기호 | 설명 | 기호 | 설명 |
|---|---|---|---|
| 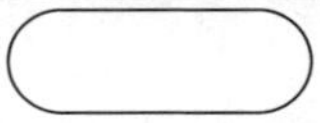 | 시작과 끝을 나타낸다. | 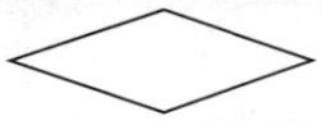 | 어느 것을 택할 것인지를 판단한다. |
| 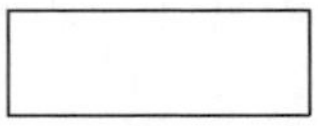 | 데이터를 입력하거나 계산하는 등의 처리를 한다. | (　　　) | 데이터를 처리하는 데에 걸리는 시간을 나타낸다. |

〈순서도〉

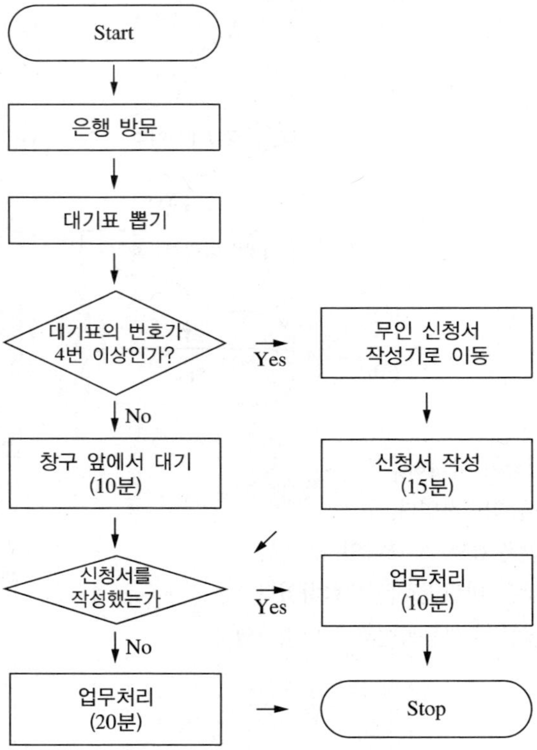


① 10분
② 15분
③ 20분
④ 25분
⑤ 30분

**05** 다음은 S이비인후과의 업무 처리 순서도이다. 하나는 목이 아파서 S이비인후과에 방문했고, 현재 진료를 마친 상태이다. 통증 완화 주사를 처방받은 하나는 얼마나 더 병원에 머물러야 하는가?

〈순서도 기호〉

| 기호 | 설명 | 기호 | 설명 |
|---|---|---|---|
| (둥근 사각형) | 시작과 끝을 나타낸다. | (마름모) | 어느 것을 택할 것인지를 판단한다. |
| (사각형) | 데이터를 입력하거나 계산하는 등의 처리를 한다. | (　　　) | 데이터를 처리하는 데에 걸리는 시간을 나타낸다. |

〈순서도〉

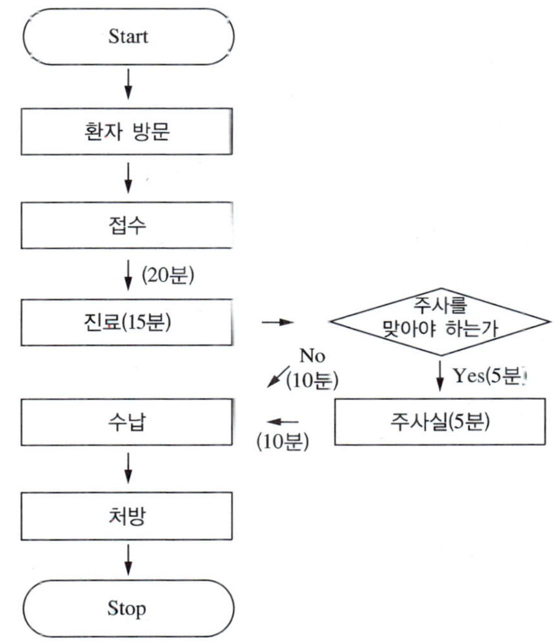


① 55분
② 35분
③ 25분
④ 20분
⑤ 10분

Hard

## 06

초등학교 수학선생님인 지아는 학생들이 배수를 쉽게 이해할 수 있도록 게임을 준비했다. 게임 규칙은 1부터 100까지의 자연수를 짝과 번갈아 가며 말하되, 3의 배수일 때는 숫자를 말하는 대신 박수를 쳐야 한다. 게임을 한 번 진행할 때, 박수는 최대 몇 번까지 칠 수 있으며, ⓐ에 들어갈 내용으로 가장 적절한 것은?(단, a는 게임을 할 때 짝과 번갈아 가며 말하는 자연수를 나타낸다)

〈순서도 기호〉

| 기호 | 설명 | 기호 | 설명 |
|---|---|---|---|
| 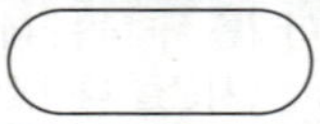 | 시작과 끝을 나타낸다. | 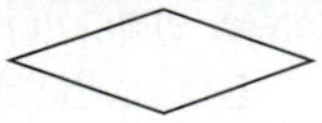 | 어느 것을 택할 것인지를 판단한다. |
| 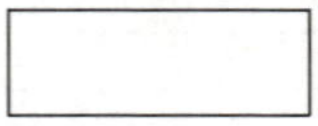 | 데이터를 입력하거나 계산하는 등의 처리를 한다. |  | 선택한 값을 출력한다. |
|   | 각종 기호의 처리 흐름을 연결한다. | 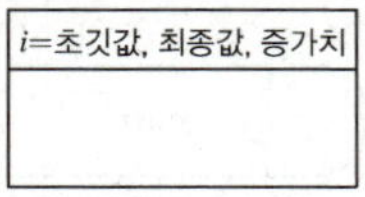 | i가 초깃값부터 최종값까지 증가치만큼 증가하며, 기호 안의 명령문을 반복해서 수행한다. |

〈순서도〉

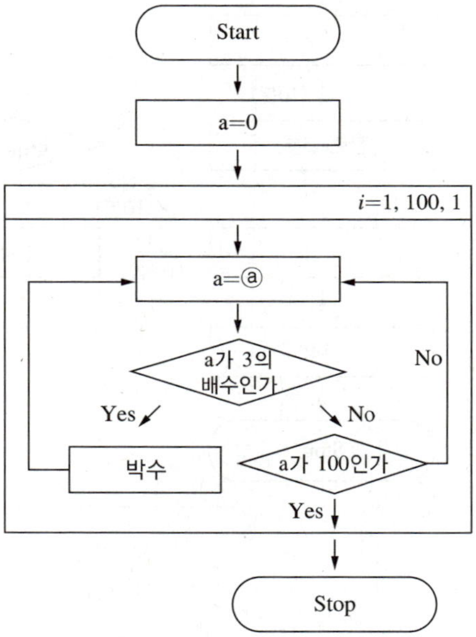


| | 최대 박수 | ⓐ |
|---|---|---|
| ① | 33번 | a |
| ② | 33번 | a+1 |
| ③ | 33번 | a+3 |
| ④ | 51번 | a+1 |
| ⑤ | 51번 | a+3 |

## 07 다음은 맞춤법검사기에 대한 순서도이다. 맞춤법검사기에 '나는밥을먹었다.'를 입력할 때, 출력되는 교정문장의 색으로 가장 적절한 것은?

〈순서도 기호〉

| 기호 | 설명 | 기호 | 설명 |
|---|---|---|---|
|  | 시작과 끝을 나타낸다. |  | 어느 것을 택할 것인지를 판단한다. |
| 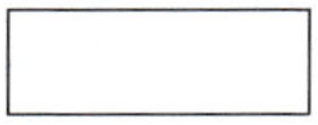 | 데이터를 입력하거나 계산하는 등의 처리를 한다. |  | 선택한 값을 출력한다. |

〈순서도〉

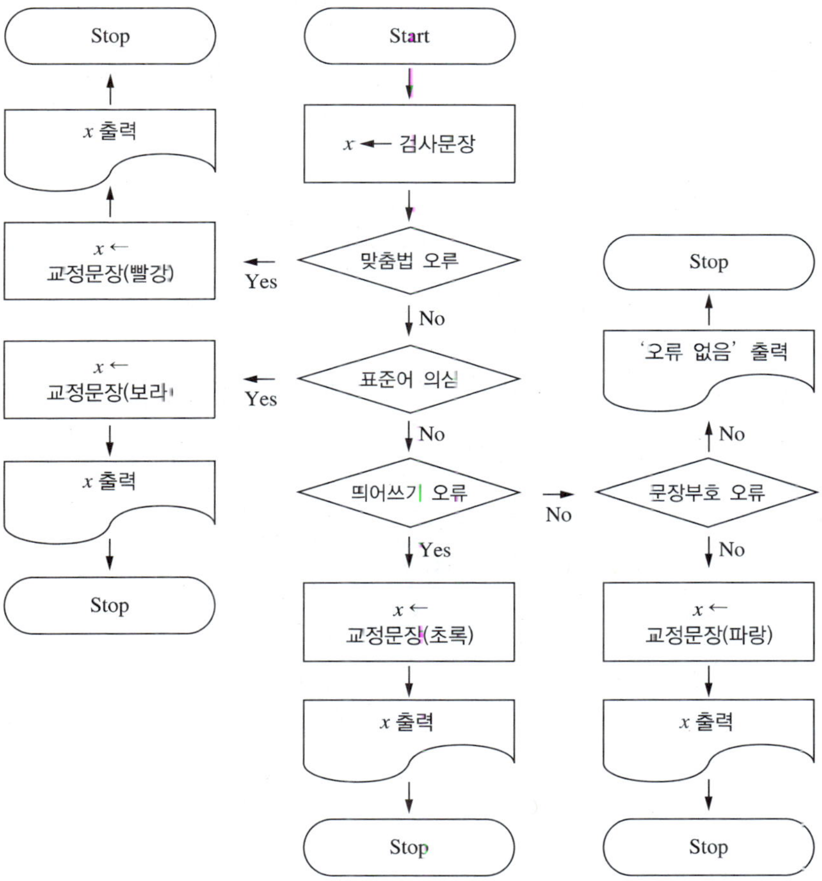


① 초록　　② 보라
③ 빨강　　④ 파랑
⑤ 오류 없음

Hard

## 08 로이는 짝수일에는 수학을, 홀수일에는 영어를 공부한다. D에 1월 1일부터 1월 31일을 입력했을 때, ⓐ와 ⓑ 그리고 출력값이 바르게 짝지어진 것은?

〈순서도 기호〉

| 기호 | 설명 | 기호 | 설명 |
|---|---|---|---|
| 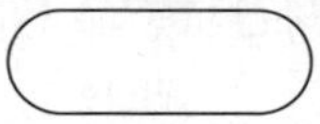 | 시작과 끝을 나타낸다. | 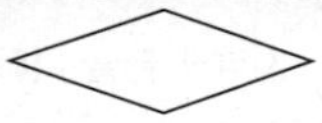 | 어느 것을 택할 것인지를 판단한다. |
| 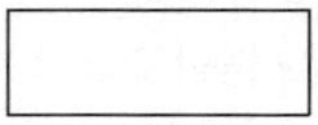 | 데이터를 입력하거나 계산하는 등의 처리를 한다. | 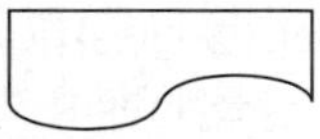 | 선택한 값을 출력한다. |
|   | 각종 기호의 처리 흐름을 연결한다. | 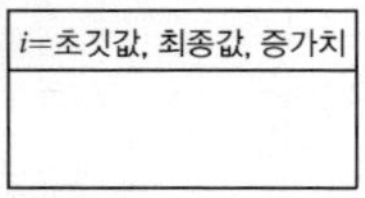 | $i$가 초깃값부터 최종값까지 증가치만큼 증가하며, 기호 안의 명령문을 반복해서 수행한다. |

〈순서도〉

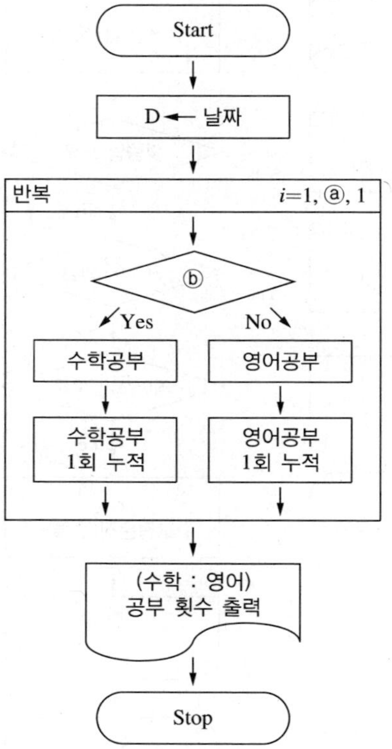


| | ⓐ | ⓑ | 출력값 |
|---|---|---|---|
| ① | 31 | 홀수일인가 | 16:15 |
| ② | 31 | 홀수일인가 | 15:16 |
| ③ | 31 | 짝수일인가 | 15:16 |
| ④ | 31 | 짝수일인가 | 16:15 |
| ⑤ | 31 | 짝수일인가 | 16:17 |

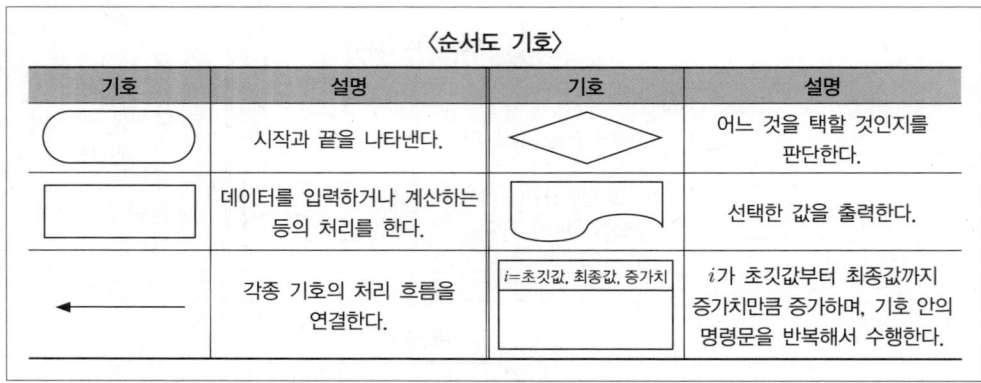

※ 다음 순서도에 의해 출력되는 값을 구하시오. **[9~10]**

## 09

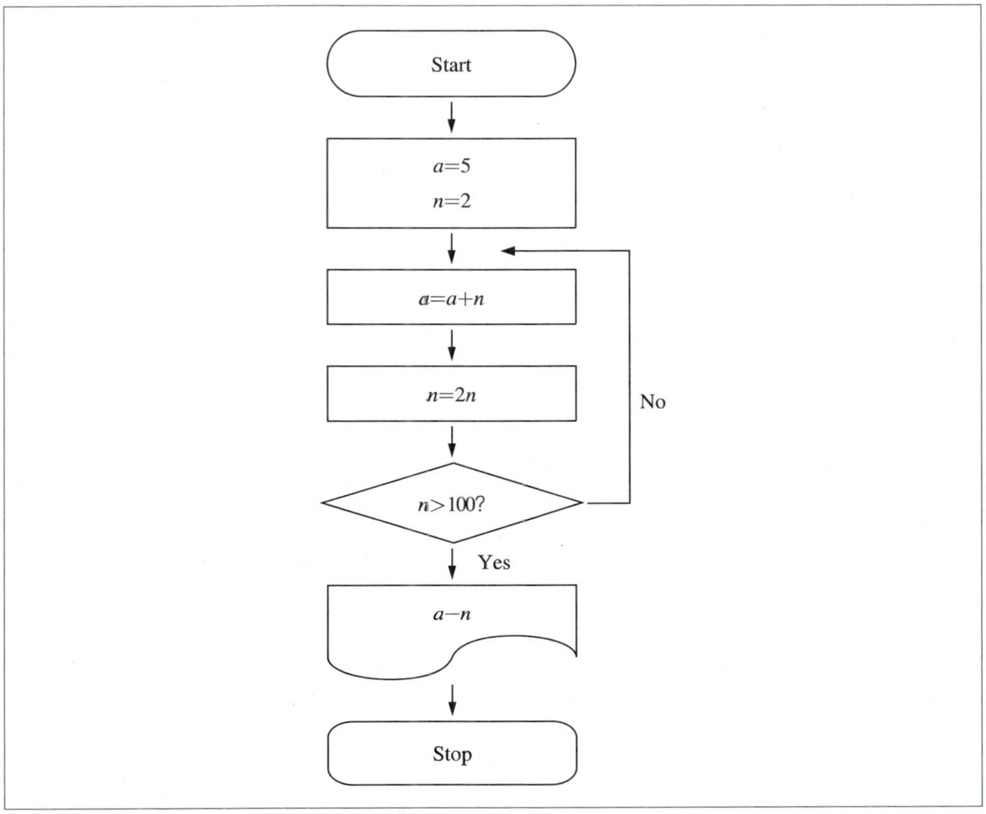


① 2
② 3
③ 4
④ 5
⑤ 6

Hard

**10**

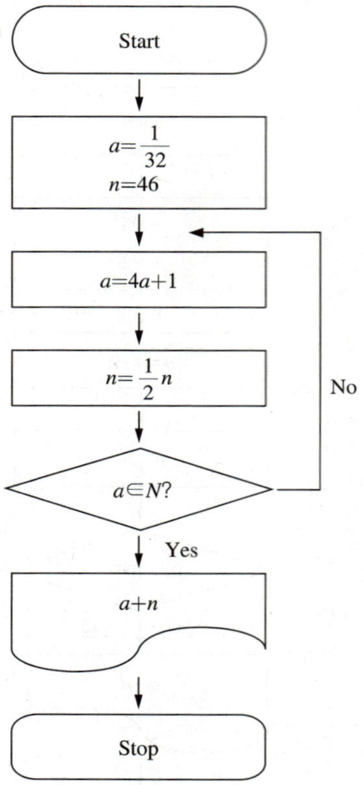


※ $N$은 정수를 의미함

① 6

② 8

③ $\frac{11}{2}$

④ $\frac{115}{4}$

⑤ 23

# PART 4

# 최종점검 모의고사

제1회 최종점검 모의고사

제2회 최종점검 모의고사

| 신한은행 SLT 필기시험 | | | |
|---|---|---|---|
| 구분 | 문항 수 | 시간 | 출제범위 |
| NCS 직업기초능력평가 | 70문항 | 90분 | 의사소통능력, 수리능력, 문제해결능력 |
| 금융상식 | | | 경영일반, 경제일반, 금융상식 |
| 디지털 리터러시 평가 | | | 논리적 사고, 알고리즘 설계 |

※ 본 모의고사는 2025년 상반기 신한은행 일반직 신입행원 채용공고를 기준으로 구성되어 있습니다.
※ 쉬는 시간 없이 진행되며, 시험 시간 종료 후 OMR 답안카드에 마킹하는 행동은 부정행위로 간주합니다.

모바일 OMR

# 제1회 최종점검 모의고사

문항 수 : 70문항 응시시간 : 90분

정답 및 해설 p.052

**01** 다음은 S은행의 S고향사랑기부예금에 대한 자료이다. 이에 대한 설명으로 가장 적절한 것은?

〈S고향사랑기부예금〉

<table>
<tr><th>구분</th><th>세부내용</th></tr>
<tr><td>상품설명</td><td>• 고향사랑기부제 참여 시 우대금리를 제공하고 공익기금을 적립하는 지역사회공헌 상품</td></tr>
<tr><td>가입대상</td><td>• 개인</td></tr>
<tr><td>가입기간</td><td>• 1년(12개월) 가능</td></tr>
<tr><td>가입금액</td><td>• 1백만 원 이상 가입 가능</td></tr>
<tr><td>우대금리</td><td>• 우대금리 최고 0.7%p
<table>
<tr><th>구분</th><th>내용</th><th>금리(%p)</th></tr>
<tr><td>고향사랑기부 우대</td><td>고향사랑기부금 납부자</td><td>0.5</td></tr>
<tr><td>고령자 우대</td><td>만 65세 이상 가입자</td><td>0.1</td></tr>
<tr><td>청년(MZ세대) 우대</td><td>만 19세 이상 ~ 만 34세 이하</td><td>0.1</td></tr>
<tr><td>범S은행 이용실적 우대</td><td>가입월부터 만기 전전월말까지 S은행 S채움카드로 전국 S은행판매장, S은행주유소 이용실적이 월평균 5만 원 이상 이용실적이 있는 경우</td><td>0.1</td></tr>
</table>
※ 고향사랑기부금 납부 우대금리 적용 방법(영업점 창구, 고향사랑e음 사이트 납부)<br>
(1) 적금 가입연도 초일부터 만기 전전월까지 고향사랑기부금을 납부한 경우<br>
→ 별도의 서류 없이 우대금리 자동 반영<br>
(2) (1)의 기간 이후 고향사랑기부금을 납부한 경우<br>
→ 적금 만기일 전 영업일까지 고객이 납부 증빙서류 제출 후 우대금리 적용 신청</td></tr>
<tr><td>이자지급</td><td>• 만기일시지급식</td></tr>
<tr><td>만기지급 금리</td><td>• 만기일시지급식 : 연 3.1%<br>• 특별금리 : 0.1%p(가입고객 모두에게 적용)</td></tr>
<tr><td>유의사항</td><td>• 만기 자동해지 서비스 등록계좌의 경우 우대금리 신청은 반드시 만기 전 영업일까지 신청하여야 함</td></tr>
</table>

① 본 상품에 가입하기 위해서는 고향사랑기부제에 참여가 필요하다.
② 본 상품에 가입한 중년층인 고객이 적용받을 수 있는 최대 우대금리는 0.5%p이다.
③ 우대금리 조건에 해당하지 않는 고객이 적용받을 수 있는 최대 우대금리는 연 3.1%이다.
④ 만기 자동해지 서비스를 가입한 고객이 고향사랑기부 우대금리를 적용받기 위해서는 별도의 우대금리 적용 신청이 필요하다.
⑤ 만기월에 고향사랑기부제에 참여한 고객이 우대금리를 적용받기 위해서는 적금 만기일까지 납부 증빙서류 제출을 통한 별도의 신청이 필요하다.

## 02 다음 중 주식 및 채권에 대한 설명으로 옳지 않은 것은?

① 발행이율은 액면에 대한 1개월당 이자의 월이율을 의미한다.

② 불마켓(Bull Market)은 경기가 상승하면서 주가가 장기적으로 오르는 시기를 말한다.

③ 액면은 채권마다 권면에 표시되어 있는 금액을 지칭하며, 권면 금액이라고도 한다.

④ 주식시장에서 왝더득(Wag the Dog)은 선물시장에 의해 현물시장이 좌지우지되는 현상을 말한다.

⑤ 보합은 주가가 아주 조금 상승했거나 하락했을 때 사용하는 용어로 상승한 채로 보합인 상태는 강보합, 하락한 채로 보합인 상태는 약보합이라고 한다.

Hard

## 03 다음은 국내 수출물가지수에 대한 자료이다. 이에 대한 설명으로 옳은 것은?

〈2024년 11월 ~ 2025년 2월 국내 수출물가지수〉

| 구분 | 2024년 11월 | 2024년 12월 | 2025년 1월 | 2025년 2월 |
|---|---|---|---|---|
| 총지수 | 85.82 | 83.80 | 82.78 | 82.97 |
| 농산물 | 153.48 | 179.14 | 178.17 | 173.24 |
| 수산물 | 92.40 | 91.37 | 92.29 | 90.02 |
| 공산품 | 85.71 | 83.67 | 82.64 | 82.84 |
| 식료품 | 103.76 | 103.30 | 103.89 | 103.78 |
| 담배 | 96.92 | 97.39 | 97.31 | 97.35 |
| 섬유 및 가죽제품 | 108.18 | 108.94 | 111.91 | 112.13 |
| 의약품 | 100.79 | 100.56 | 101.55 | 101.11 |
| 기타최종화학제품 | 106.53 | 105.31 | 103.38 | 103.57 |
| 플라스틱제품 | 90.50 | 90.13 | 90.63 | 91.40 |
| 전기기계 및 장치 | 93.11 | 92.64 | 92.55 | 92.32 |
| 반도체 및 전자표시장치 | 55.05 | 54.18 | 51.09 | 49.60 |
| 컴퓨터 및 주변기기 | 60.91 | 59.78 | 59.47 | 59.58 |
| 가정용 전기기기 | 92.53 | 92.08 | 91.94 | 91.94 |
| 정밀기기 | 76.03 | 75.72 | 74.10 | 74.12 |
| 자동차 | 99.97 | 99.66 | 99.54 | 99.48 |
| 기타 제조업제품 | 108.13 | 107.59 | 107.54 | 107.98 |

※ 2023년 동월 같은 분야의 물가지수를 기준(=100)으로 나타낸 지수임

① 2025년 2월 농산물 분야의 물가는 수산물 분야 물가의 2배 미만이다.

② 2024년 11월 정밀기기 분야의 전년 동월 대비 감소율은 30% 이상이다.

③ 2024년 11월과 2024년 12월에 전년 동월 대비 물가가 증가한 분야의 수는 다르다.

④ 물가의 2025년 1월 전월 대비 감소율은 담배 분야가 전기기계 및 장치 분야보다 높다.

⑤ 공산품 분야의 2023년 11월 물가를 250이라고 한다면, 2024년 11월 물가는 190 이상이다.

PART 4

Easy

## 04 이웃해 있는 10개의 건물에 초밥가게, 옷가게, 신발가게, 편의점, 약국, 카페가 있다. 카페가 3번째 건물에 있을 때, 〈조건〉에 따라 항상 옳은 것을 고르면?(단, 한 건물에 1가지 업종만 들어갈 수 있다)

조건

- 초밥가게는 카페보다 앞에 있다.
- 초밥가게와 신발가게 사이에 건물이 6개 있다.
- 옷가게와 편의점은 인접할 수 없으며, 옷가게와 신발가게는 인접해 있다.
- 신발가게 뒤에 아무것도 없는 건물이 2개 있다.
- 2번째와 4번째 건물은 아무것도 없는 건물이다.
- 편의점과 약국은 인접해 있다.

① 편의점은 6번째 건물에 있다.
② 옷가게는 5번째 건물에 있다.
③ 카페와 옷가게는 인접해 있다.
④ 신발가게는 8번째 건물에 있다.
⑤ 초밥가게와 약국 사이에 2개의 건물이 있다.

## 05 S씨는 일본으로 여행을 가기 위해 인터넷에서 환전신청을 하고, 공항에서 환전금액과 함께 영수증을 받았다. 다음 영수증의 내용을 바탕으로 적용된 엔화 환율은 얼마인가?

- 날짜 : 2024.11.20.
- 신청 금액 : 미화 300$, 엔화 250¥
- 수수료 : 17,100원
- 총출금액 : 600,000원

〈해당 국가별 환율〉

| 날짜 | 현찰(원/$) | | 인터넷(원/$) | |
|---|---|---|---|---|
| | 살 때 | 팔 때 | 살 때 | 팔 때 |
| 11월 20일 | 1,128 | 1,120 | 1,118 | 1,080 |

| 날짜 | 현찰(원/¥) | | 인터넷(원/¥) | |
|---|---|---|---|---|
| | 살 때 | 팔 때 | 살 때 | 팔 때 |
| 11월 20일 | 1,012 | 1,010 | | 968 |

① 890원/¥
② 920원/¥
③ 940원/¥
④ 960원/¥
⑤ 990원/¥

## 06 다음 글을 통해 추론할 수 있는 내용으로 적절하지 않은 것은?

> 금융감독원의 '은행 및 은행지주사 국제결제은행(BIS) 자본비율 현황'에 따르면 국내은행 BIS 기준 총자본비율은 16.02%로 전분기 말 대비 1.46%포인트 상승했다. 이는 코로나19 확산 전인 지난 2018년 말(15.41%)과 지난해 말(15.26%) 보다 오히려 각각 1.11%포인트, 1.26%포인트 오른 것이다.
>
> 신한(18.77%) · 우리(17.64%) · 하나(15.36%) · 국민(17.22%) · 농협(18.12%) 등 대형 은행을 비롯한 주요 은행의 총자본비율은 15 ~ 18%로 안정적인 수준이었다. 은행지주회사들의 자산건전성도 개선됐다. 은행지주회사의 BIS 기준 총 자본비율은 14.72%로 전분기 말 대비 1.02%포인트 올랐다.
>
> 그러나 이러한 상승세는 금융당국이 바젤Ⅲ 최종안 중 신용리스크 산출방법 개편안을 앞당겨 도입한 영향이 컸다는 분석이다. 금융위원회는 바젤Ⅲ 최종안을 2023년 1월 도입하려 했으나, 중소기업 등 실물경제에 대한 은행의 지원 역량을 강화하기 위해 조기 시행했다.
>
> 한국신용평가(한신평)도 이러한 자본적정성 개선 현상은 현 금융규제 유연화방안에 따른 '착시효과'라고 평가했다.
>
> 한신평 선임연구원은 "3분기 상당수 은행이 바젤Ⅲ 개편안을 적용해 BIS 자기자본비율이 직전 분기보다 큰 폭으로 상승했는데, 단순기본자본비율은 소폭 상승하는 데 그쳤고 오히려 지난해 말 대비로는 하락했다."며 "실질적인 자본완충력은 크지 않은 것으로 판단되며, 기존 자본적정성 지표를 보완할 수 있는 단순기본자본비율을 모니터링할 필요가 있다."고 짚었다.
>
> 금융당국도 '바젤Ⅲ 등 건전성 규제 유연화 등에 기인한 측면이 있다."며 "코로나19로 인해 지속되었던 불확실성을 회복하기 위해 충분한 손실흡수능력을 확보하고 자금공급기능을 유지할 수 있도록 자본확충 · 내부유보 확대 등을 지도할 예정"이라고 말했다.

① BIS비율은 은행의 자기자본을 위험가중자산으로 나눈 값이다.

② 단순기본자본비율은 위험의 양적인 측면만을 고려하는 지표이다.

③ 바젤Ⅲ 개편안에서는 위험자산에 대한 가중치를 하향 조정하였다.

④ 우리나라의 현행 규정상 은행의 BIS비율은 10.5% 이상을 유지해야 한다.

⑤ 바젤Ⅲ 개편안에서는 기업 무담보대출의 부도 시 손실률을 상향 조정하였다.

**07** 다음은 이번 주 오전/오후 예상 강설량에 대한 정보이다. 함수를 〈조건〉과 같이 정의할 때, 가장 작은 값을 출력하는 함수식은?

| | A | B | C | D |
|---|---|---|---|---|
| 1 | 요일 | 오전 예상 강설량 | 오후 예상 강설량 | 평균 예상 강설량 |
| 2 | 월요일 | 50 | 0 | 25 |
| 3 | 화요일 | 30 | 60 | 45 |
| 4 | 수요일 | 60 | 70 | 65 |
| 5 | 목요일 | 30 | 40 | 35 |
| 6 | 금요일 | 80 | 90 | 85 |

조건

- ◎(셀1, 셀2, … or 범위) : 셀(범위)의 합을 구하는 함수
- ■(셀1, 셀2, … or 범위) : 셀(범위)의 평균을 구하는 함수
- ☆(범위1, 조건, 범위2) : 범위1에서 조건을 충족하는 셀과 같은 행에 있는, 범위2 셀의 합을 구하는 함수
- ◇(셀1, 셀2) : 셀1과 셀2의 차를 구하는 함수
- ●(셀1, 셀2, … or 범위) : 셀(범위) 중 가장 큰 값을 구하는 함수
- △(셀1, 셀2, … or 범위) : 셀(범위) 중 가장 작은 값을 구하는 함수

① =◎(△(C2:C6), ●(B2:B6))

② =●(△(C2:C6), ■(B6,C5))

③ =■(●(B2:C6), ◎(B4:C4))

④ =☆(A2:A6, "수*", B2:C6)

⑤ =◇(■(B2:B6), △(B2:C2))

Hard

**08** A씨는 퇴직하여 2009년부터 매년 말에 연금 2,000만 원을 받았다. 연금은 매년 8% 증가하여 나온다. A씨는 저축을 위해 매년 말에 받은 연금으로 그다음 해 연초에 연 3% 복리예금 비과세 상품 1개를 들었다. 2024년 말에 A씨가 모은 돈은 얼마인가?(단, 2024년에 받는 연금까지 합산하며, $\frac{1.08}{1.03}=1.05$, $1.03^{15}=1.6$, $1.08^{15}=1.6$, $1.05^{-6}=2.2$로 계산한다)

① 2억 3,600만 원
② 5억 2,700만 원
③ 6억 5,800만 원
④ 7억 6,800만 원
⑤ 9억 7,500만 원

PART 4

**09** S사의 인력 등급별 임금이 다음과 같을 때, 〈조건〉에 따라 S사가 2주 동안 근무한 근로자에게 지급해야 할 임금의 총액은?

〈인력 등급별 임금〉

| 구분 | 초급인력 | 중급인력 | 특급인력 |
|---|---|---|---|
| 시간당 기본임금 | 45,000원 | 70,000원 | 95,000원 |
| 주중 초과근무수당 | 시간당 기본임금의 1.5배 | | 시간당 기본임금의 1.7배 |

※ 기본 1일 근무시간은 8시간이며, 주말 및 공휴일에는 근무하지 않음
※ 각 근로자가 주중 근무일 동안 결근 없이 근무한 경우, 주당 1일(8시간)의 임금에 해당하는 금액을 주휴수당으로 각 근로자에게 추가로 지급함
※ 주중에 근로자가 기본 근무시간을 초과로 근무하는 경우, 초과한 근무한 시간에 대하여 시간당 주중 초과근무수당을 지급함

**조건**

- 모든 인력은 결근 없이 근무하였다.
- S사는 초급인력 5명, 중급인력 3명, 특급인력 2명을 고용하였다.
- 초급인력 1명, 중급인력 2명, 특급인력 1명은 근무기간 동안 2일은 2시간씩 초과로 근무하였다.
- S사는 1개월 전 월요일부터 그다음 주 일요일까지 2주 동안 모든 인력을 투입하였으며, 근무기간 동안 공휴일은 없다.

① 47,800,000원
② 55,010,500원
③ 61,756,000원
④ 71,080,000원
⑤ 91,800,000원

**10** 다음은 S은행의 어린이보험상품 '지킴이'에 대한 자료이다. 빈칸 (가) ~ (다)에 들어갈 수치가 바르게 연결된 것은?

〈지킴이〉

보험료 변동 없이 최대 100세까지 보장하는 상품으로, 다자녀 · 다문화 가정의 경우 최대 3%까지 할인 혜택이 적용됩니다. 이 외에도 부모가 3대 질병 진단 시 보험료 납입이 면제되는 어린이보험상품입니다.

• 해지환급금 예시

– 보험가입금액 2,500만 원, 남자 5세, 30세 만기, 10년 납입 기준

(단위 : 만 원, %)

| 경과기간 | 순수보장형 | | | 환급형 | | |
|---|---|---|---|---|---|---|
| | 납입보험료 누계액 | 해지 환급금 | 환급률 | 납입보험료 누계액 | 해지 환급금 | 환급률 |
| 1년 | 22 | 0 | 0 | 120 | 0 | 0 |
| 3년 | (가) | 9.2 | 14 | 360 | 162 | 45 |
| 5년 | 110 | 22 | 20 | 600 | 396 | 66 |
| 10년 | 220 | 143 | 65 | 1,200 | 1,056 | 88 |
| 20년 | 220 | (나) | 15 | 1,200 | 1,140 | (다) |
| 만기 | 220 | 0 | 0 | 1,200 | 1,200 | 100 |

※ 보험계약을 중도에 해지할 경우 해지환급금은 납입한 보험료에서 경과된 기간의 위험보험료 및 미상각계약 체결비용 등이 차감되므로 납입보험료보다 적거나 없을 수도 있음

| | (가) | (나) | (다) |
|---|---|---|---|
| ① | 66 | 22 | 90 |
| ② | 66 | 33 | 95 |
| ③ | 110 | 22 | 90 |
| ④ | 110 | 33 | 90 |
| ⑤ | 220 | 22 | 95 |

## 11 다음은 부당이득 징수업무 처리 규정의 일부이다. 이에 대한 〈보기〉의 설명 중 옳은 것을 모두 고르면?

**부당이득 징수금 납입고지(제6조)**

지역본부장은 제5조에 따른 부당이득 관리 수관 즉시 납부의무자에게 그 금액과 납부기한을 별지 제28호 서식에 따라 납입고지하여야 한다. 이 경우 납부기한은 고지서 발급일부터 10일 이상 30일 이내로 하여야 한다.

**독촉장 발급(제7조)**

지역본부장은 납입고지서상에 기재된 납부기한까지 완납하지 아니하였을 때에는 별지 제29호 서식에 따라 납부기한이 지난 후 10일 이내에 독촉장을 발급하여야 하며, 납부기한은 독촉장 발급일부터 10일 이상 20일 이내로 한다.

**체납자의 행방조사(제9조)**

지역본부장은 체납자가 주민등록지에 거주하는지 여부를 확인하여야 하며, 체납자가 주민등록지에 거주하지 아니하는 경우 담당자는 관계공부열람복명서를 작성하거나 체납자의 주민등록지 관할 동(읍・면)장의 행방불명확인서를 발급받는다.

**재산 및 행방조사 시기 등(제10조)**

① 지역본부장은 체납자에 대한 재산조사 및 행방조사 업무를 체납이 발생할 때마다 수시로 실시하여 체납정리의 신속을 도모하고 특정한 시기에 집중적으로 조회하여 상대기관(협조기관)의 업무 폭주에 따른 처리지연, 미회신 등의 사례가 발생하지 않도록 하여야 한다.

② 지역본부장은 체납자의 주소 및 등록기준지가 다른 소속기관 관할인 경우에는 그 관할 지역본부장에게 제8조, 제9조 제1항 및 제2항에 다른 조사를 직접 수행하도록 의뢰할 수 있으며, 이 경우 의뢰를 받은 지역본부장은 조사사항을 의뢰일부터 15일 이내에 송부하여야 한다.

**보기**

ㄱ. 지역본부장이 1월 3일에 납부의무자 A에 대한 부당이득 관리를 수관하였다면 A는 고지된 금액을 늦어도 2월 2일 이내에 납부하여야 한다.

ㄴ. 지역본부장이 4월 2일에 납부의무자 B에게 4월 16일을 납부기한으로 하는 고지서를 발급하였으나 B가 납부하지 않은 경우, 지역본부장의 독촉장에 따른 B의 납부기한은 늦어도 5월 26일이다.

ㄷ. 체납자가 주민등록지에 거주하지 않는 경우, 지역본부장은 관계공부열람복명서를 작성하거나 관계기관에서 행방불명확인서를 발급받을 수 있다.

ㄹ. 관할 지역본부장은 상시적 업무부담 가중을 피하기 위해 재산조사 및 행방조사를 월말에 일괄적으로 실시해야 한다.

① ㄱ
② ㄴ
③ ㄴ, ㄹ
④ ㄷ, ㄹ
⑤ ㄱ, ㄴ, ㄷ

**12** **다음에서 설명하는 특징을 모두 가지고 있는 자산은?**

> • 개별적으로 식별하여 별도로 인식할 수 없다.
> • 손상징후와 관계없이 매년 손상검사를 실시한다.
> • 손상차손환입을 인식할 수 없다.
> • 사업결합시 이전대가가 피취득자 순자산의 공정가치를 초과한 금액이다.

① 특허권
② 회원권
③ 영업권
④ 라이선스
⑤ 가상화폐

**13** **다음 글에서 〈보기〉의 문장이 들어갈 위치로 가장 적절한 곳은?**

> (가) 1783년 영국 자연철학자 존 미첼은 빛은 입자라는 생각과 뉴턴의 중력이론을 결합한 이론을 제시하였다. 그는 우선 별들이 어떻게 보일 것인지 사고실험을 통해 예측하였다.
> 별의 표면에서 얼마간의 초기 속도로 입자를 쏘아 올려 아무런 방해 없이 위로 올라간다고 가정해 보자. (나) 만약에 초기 속도가 충분히 빠르지 않으면 별의 중력은 입자의 속도를 점점 느리게 할 것이며, 결국 그 입자를 별의 표면으로 되돌아가게 할 것이다. 만약 초기 속도가 충분히 빠르면 입자는 중력을 극복하고 별을 탈출할 수 있을 것이다. 이렇게 입자가 별을 탈출할 수 있는 최소한의 초기 속도는 '탈출 속도'라고 불린다.
> (다) 이를 바탕으로 미첼은 '임계 둘레'라는 것도 추론해 냈다. 임계 둘레란 탈출 속도와 빛의 속도를 같게 만드는 별의 둘레를 말한다. 빛 입자는 다른 입자들처럼 중력의 영향을 받는다. 그로 인해 빛은 임계 둘레보다 작은 둘레를 가진 별에서는 탈출할 수 없다. 그런 별에서 약 30만km/s의 초기 속도로 빛 입자를 쏘아 올렸을 때 입자는 우선 위로 날아갈 것이다. (라) 그런 다음 멈출 때까지 느려지다가, 결국 별의 표면으로 되돌아갈 것이다. 미첼은 임계 둘레를 쉽게 계산할 수 있었다. 태양과 동일한 질량을 가진 별의 임계 둘레는 약 19km로 계산되었다. (마) 이러한 사고실험을 통해 미첼은 임계 둘레보다 작은 둘레를 가진 암흑의 별들이 무척 많을 테고, 그 별들에서는 빛 입자가 빠져나올 수 없기에 지구에서는 볼 수 없을 것으로 추측했다.

> **보기**
> 미첼은 뉴턴의 중력이론을 이용해서 탈출 속도를 계산할 수 있었으며, 그 속도가 별 질량을 별의 둘레로 나눈 값의 제곱근에 비례한다는 것을 유도하였다.

① (가)
② (나)
③ (다)
④ (라)
⑤ (마)

**14** 다음은 S포털사이트의 계정 비밀번호의 보안 등급을 확인하는 순서도이다. 비밀번호가 'stdio736' 일 때, 이 비밀번호의 보안등급은 무엇인가?

〈순서도 기호〉

| 기호 | 설명 | 기호 | 설명 |
|---|---|---|---|
|  | 시작과 끝을 나타낸다. |  | 어느 것을 택할 것인지를 판단한다. |
|  | 데이터를 입력하거나 계산하는 등의 처리를 한다. |  | 선택한 값을 출력한다. |

〈순서도〉

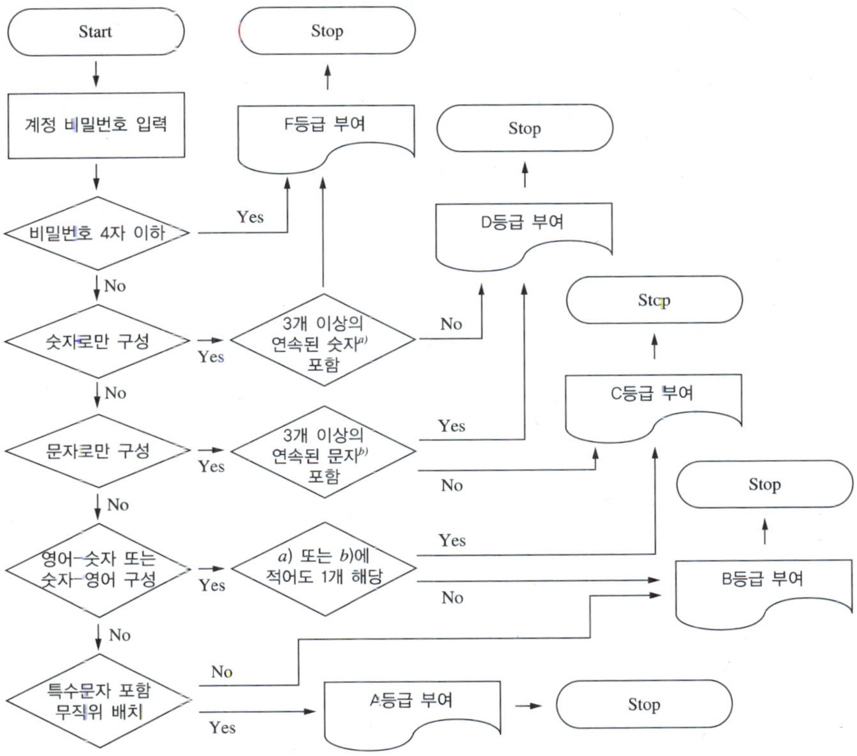


※ a) : 123, 987, 901, 109, … 꼴의 배열 / b) : abc, zyx, qwe, cxz, … 꼴의 배열

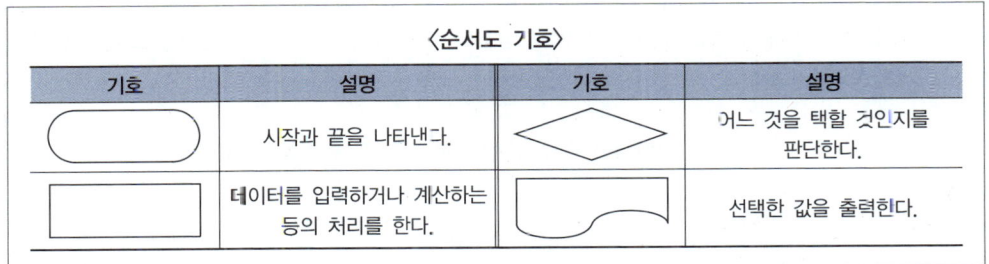

① F등급
② D등급
③ C등급
④ B등급
⑤ A등급

Hard

**15** S은행의 외환본부에서 근무 중인 귀하는 지난 2024년 환율추이와 주요 이슈를 정리한 분석보고서를 상사에게 보고하였다. 상사는 "2024년 주요 이슈와 환율추이를 그래프로 나타내니 정말 보기 좋습니다. 그런데 환율추이와 주요 이슈 간의 관계가 적절하지 못한 부분이 있는 것 같네요. 그 부분을 수정해 주세요."라고 피드백을 남겼다. 다음 (A) ~ (F) 중 수정이 필요한 부분끼리 짝지어진 것은?

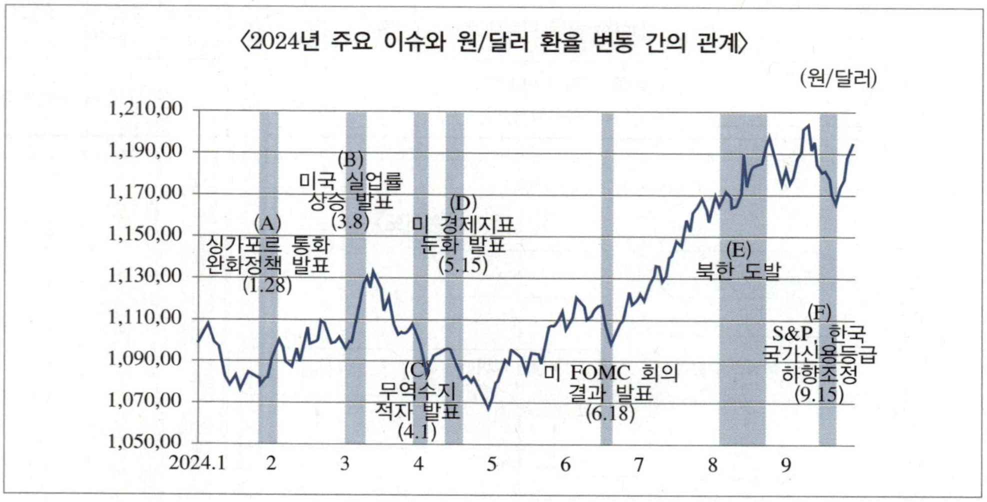


① (A), (B), (C)
② (A), (D), (F)
③ (B), (C), (F)
④ (C), (D), (E)
⑤ (D), (E), (F)

**16** 10명으로 구성된 팀이 2대의 차에 나눠 타고 야유회를 가려고 한다. 차량은 각각 5인승과 7인승이고, 운전을 할 수 있는 사람은 2명이라고 할 때, 10명의 팀원이 차에 나눠 타는 경우의 수는?(단, 차량 내 좌석은 구분하지 않는다)

① 77가지
② 96가지
③ 128가지
④ 154가지
⑤ 308가지

PART 4

Hard

**17** S사의 배터리개발부, 생산기술부, 전략기획부, 품질보증부는 지원자의 전공에 따라 신입사원을 뽑았다. 다음 〈조건〉을 참고할 때, 항상 참인 것은?

조건

- S사의 배터리개발부, 생산기술부, 전략기획부, 품질보증부에서 순서대로 각각 2명, 1명, 1명, 3명의 신입사원을 뽑는다.
- 배터리개발부는 재료공학을, 생산기술부는 화학공학, 전략기획부는 경영학, 품질보증부는 정보통신학과 졸업생을 뽑았다.
- A ~ G가 S사 신입사원으로 합격하였으며, A, B, E지원자만 복수전공을 하였고 가능한 부서에 모두 지원하였다.
- A지원자는 복수전공을 하여 배터리개발부와 생산기술부에 지원하였다.
- B지원자는 경영학과 정보통신학을 전공하였다.
- E지원자는 화학공학과 경영학을 전공하였다.
- C지원자는 품질보증부에 지원하였다.
- D지원자는 배터리개발부의 신입사원으로 뽑혔다.
- F와 G지원자는 같은 학과를 졸업하였다.

① A지원자는 배터리개발부의 신입사원으로 뽑히지 않았다.
② F지원자는 품질보증부의 신입사원으로 뽑히지 않았다.
③ G지원자는 배터리개발부의 신입사원으로 뽑혔다.
④ B지원자는 품질보증부의 신입사원으로 뽑혔다.
⑤ E지원자는 생산기술부의 신입사원으로 뽑혔다.

**18** **다음 중 독점적 경쟁시장에 대한 설명으로 옳지 않은 것은?**

① 독점적 경쟁기업이 직면하는 수요곡선이 탄력적일수록 초과설비규모는 크다.
② 독점적 경쟁시장의 장기균형은 독점시장에서와 같이 가격이 한계비용을 초과한다.
③ 광고 이후 생산량 증가로 인해 제품의 가격이 광고 이전보다 더 낮아질 수도 있다.
④ 독점적 경쟁시장은 진입과 퇴거가 대체로 자유로우므로 각 기업은 장기에 정상이윤만을 얻는다.
⑤ 독점적 경쟁의 장기균형은 장기평균비용곡선의 최소점보다 왼쪽에서 이루어지므로 최적생산규모에 비해 생산을 더 적게 한다.

**19** **다음 〈보기〉는 강남구에 분포한 S버거 지점을 정리한 자료이다. 함수를 〈조건〉과 같이 정의할 때, '지역'열을 〈보기〉와 같이 채우려 한다. [D2]에 들어갈 수식으로 옳은 것은?**

보기

| | A | B | C | D |
|---|---|---|---|---|
| 1 | 번호 | 지점 | 지점장 | 지역 |
| 2 | 1 | 개포1동점 | 이지안 | 개포1동 |
| 3 | 2 | 논현2동점 | 김민준 | 논현2동 |
| 4 | 3 | 도곡1동점 | 김서진 | 도곡1동 |
| 5 | 4 | 대치4동점 | 박준우 | 대치4동 |
| 6 | 5 | 삼성1동점 | 도주원 | 삼성1동 |
| 7 | 6 | 압구정동점 | 이수아 | 압구정동 |

조건

- ◎(셀1, $x$) : 셀1 안의 문자열을 왼쪽에서부터 $x$만큼 문자를 반환하는 함수
- ○(셀1, $x$) : 셀1 안의 문자열을 오른쪽으로부터 $x$만큼 문자를 반환하는 함수
- ▲(셀1,a,b) : 셀1 안의 문자열을 a부터 b만큼 문자를 반환하는 함수
- ♤(셀1) : 셀1의 길이를 반환하는 함수

① =◎(B2,4)
② =◎(B2,5)
③ =▲(B2,1,5)
④ =♤(B2)
⑤ =○(B2,4)

Hard

## 20 다음 글의 내용으로 적절하지 않은 것은?

블록체인이 무엇일까. 일반적으로 블록체인은 '분산화된 거래장부' 방식의 시스템으로 거래 정보를 개인 간 거래(P2P) 네트워크에 분산해 장부에 기록하고 참가자가 그 장부를 공동관리함으로써 중앙 집중형 거래 기록보관 방식보다 보안성이 높은 시스템이라고 정의한다. 보통 사람들은 모든 사용자가 동일한 장부를 보유하고 거래가 일어나면 한쪽에서 고친 내용이 네트워크를 타고 전체에 전파된다는 사실까지는 쉽게 이해하지만, 왜 이런 분산원장 방식이 중앙집중형 관리 방식보다 안전한지까지는 쉽사리 납득하지 못하고 있다. 이는 블록체인에 대한 중요한 특성 한 가지를 간과했기 때문인데 이것이 바로 합의(Consensus) 알고리즘이다. 블록체인 네트워크에서 '합의'는 모든 네트워크 참여자가 같은 결괏값을 결정해 나아가는 과정을 뜻한다. 블록체인은 탈중앙화된, 즉 분산된 원장을 지니고 있는 개개인이 운영해 나가는 시스템으로 개인들이 보유하고 있는 장부에 대한 절대 일치성(Conformity)이 매우 중요하며, 이를 위해 블록체인은 작업증명(Proof of Work)이라는 합의 알고리즘을 사용한다.

작업증명은 컴퓨터의 계산 능력을 활용하여 거래 장부(블록)를 생성하기 위한 특정 숫자 값을 산출하고 이를 네트워크에 참여한 사람에게 전파함으로써 장부를 확정한다. 여기서 특정 숫자 값을 산출하는 행위를 채굴이라 하고 이 숫자 값을 가장 먼저 찾아내서 전파한 노드 참가자에게 비트코인과 같은 보상이 주어진다. 네트워크 참여자들은 장부를 확정하기 위한 특정 숫자 값을 찾아내려는 목적을 가지고 지속적으로 경쟁하며, 한 명의 채굴자가 해답을 산출하여 블록을 생성·전파하면 타 채굴자는 해당 블록에 대한 채굴을 멈추고 전파된 블록을 연결하는 작업을 수행한다. 그렇다면 동시에 여러 블록들이 완성되어 전파되고 있다면 어떤 일이 발생할까?

예를 들어 내가 100번 블록까지 연결된 체인을 가지고 있고, 101번째 블록을 채굴하고 있던 도중 이웃으로부터 101번(a)이라는 블록을 받아 채택한 후 102번째 블록을 채굴하고 있었다. 그런데 타 참가자로부터 101번(b)이라는 블록으로부터 생성된 102번째 블록이 완성되어 전파되었다. 이런 경우, 나는 102번째 블록과 103번째 블록을 한꺼번에 채굴하여 전파하지 않는 이상 101(a)를 포기하고 101(b)와 102번째 블록을 채택, 103번째 블록을 채굴하는 것이 가장 합리적이다.

블록체인의 일치성은 이처럼 개별 참여자가 자기의 이익을 최대로 얻기 위해 더 긴 블록체인으로 갈아타게 되면서 유지되는 것이다. 마치 선거를 하듯 노드 투표를 통해 과반수의 지지를 받은 블록체인이 살아남아 승자가 되는 방식으로 블록체인 네트워크 참여자들은 장부의 일치성을 유지시켜 나간다. 이 점 때문에 블록체인 네트워크에서 이미 기록이 완료된 장부를 조작하려면, 과반수 이상의 참여자가 가지고 있는 장부를 동시에 조작해야 하는데 실질적으로 이는 거의 불가능에 가까워 "분산원장 방식이 중앙 집중형 방식보다 보안에 강하다."라는 주장이 도출되는 것이다.

① 과반수의 지지를 받은 블록체인이 살아남아 장부의 일치성을 유지시킨다.
② 작업증명에서 특정 숫자 값을 먼저 찾아내서 전파할 경우 보상이 주어진다.
③ 거래장부 기록 방식은 분산원장 방식이 중앙집중형 관리 방식보다 안전하다.
④ 블록체인의 일치성은 개별 참여자가 더 긴 블록체인으로 갈아타게 되면서 유지된다.
⑤ 타인으로부터 특정 블록이 완성되어 전파된 경우, 특정 블록에 대해 경쟁하는 것이 합리적이다.

PART 4

※ 다음은 국민연금 가입자 연령별 현황 자료이다. 이어지는 질문에 답하시오. **[21~22]**

〈국민연금 가입자 연령별 현황〉

(단위 : 명)

| 구분 | 사업장가입자 | 지역가입자 | 임의가입자 | 임의계속가입자 | 합계 |
|---|---|---|---|---|---|
| 30세 미만 | 2,520,056 | 1,354,303 | 9,444 | – | – |
| 30 ~ 39세 | 3,811,399 | 1,434,786 | 33,254 | – | – |
| 40 ~ 49세 | 4,093,968 | 1,874,997 | 106,191 | – | – |
| 50 ~ 59세 | 3,409,582 | 2,646,088 | 185,591 | – | – |
| 60세 이상 | – | 4 | – | – | 463,147 |
| 합계 | – | 7,310,178 | – | 463,143 | – |

※ '–'로 표시한 항목은 가입자 수가 명확하지 않은 경우임

## 21 다음 중 위 자료에 대한 설명으로 옳지 않은 것은?

① 전체 지역가입자 수는 전체 임의계속가입자 수의 15배 이상이다.

② 60세 이상을 제외한 전체 임의가입자에서 50대 가입자 수는 50% 이상을 차지한다.

③ 임의계속가입자를 제외하고 모든 가입자 집단에서 연령대가 증가할수록 가입자 수가 증가한다.

④ 30세 미만부터 40대까지 연령대별 가입자 수는 지역가입자 수가 임의가입자 수보다 더 많다.

⑤ 임의계속가입자를 제외하고 50대 가입자 수가 많은 순서대로 나열하면 사업장가입자 – 지역가입자 – 임의가입자 순서이다.

Easy

## 22 전체 임의계속가입자 수의 25%가 50대라고 할 때, 50대 임의계속가입자 수는 몇 명인가?(단, 소수점 첫째 자리에서 반올림한다)

① 약 69,471명

② 약 92,629명

③ 약 115,786명

④ 약 138,943명

⑤ 약 162,100명

## 23 다음 글의 제목으로 가장 적절한 것은?

'5060세대'. 몇 년 전까지만 해도 그들은 사회로부터 '지는 해' 취급을 받았다. '오륙도'라는 꼬리표를 달아 일터에서 밀어내고, 기업은 젊은 고객만 왕처럼 대우했다. 젊은 층의 지갑을 노려야 돈을 벌 수 있다는 것이 기업의 마케팅 전략이었기 때문이다.

그러나 최근 들어 상황이 달라졌다. 5060세대가 새로운 소비 군단으로 주목되기 시작한 가장 큰 이유는 고령화 사회로 접어들면서 시니어(Senior) 마켓 시장이 급속도로 커지고 있는 데다 이들이 돈과 시간을 가장 넉넉하게 가진 세대이기 때문이다. L경제연구원에 따르면 50대 이상 인구 비중이 30%에 이르면서 50대 이상을 겨냥한 시장 규모가 100조 원대까지 성장할 예정이다.

통계청이 집계한 가구주 나이별 가계수지 자료를 보면, 한국 사회에서는 50대 가구주의 소득이 가장 높다. 월평균 361만 500원으로 40대의 소득보다도 높은 것으로 집계됐다. 가구주 나이가 40대인 가구의 가계수지를 보면, 소득은 50대보다 적으면서도 교육 관련 지출(45만 6,400원)이 압도적으로 높아 소비 여력이 낮은 편이다. 그러나 50대 가구주의 경우 소득이 높으면서 소비 여력 또한 충분하다. 50대 가구주의 처분가능소득은 288만 7,500원으로 전 연령층에서 가장 높다.

이들이 신흥 소비군단으로 떠오르면서 '애플(APPLE)족'이라는 마케팅 용어까지 등장했다. 활동적이고(Active) 자부심이 강하며(Pride) 안정적으로(Peace) 고급문화(Luxury)를 즐기는 경제력(Economy) 있는 50대 이후 세대를 뜻하는 말이다. 통계청은 여행과 레저를 즐기는 5060세대를 '2008 주목해야 할 블루슈머* 7' 가운데 하나로 선정했다. 과거 5060세대는 자식을 보험으로 여기며 자식에게 의존하면서 살아가는 전통적인 노인이었다. 그러나 애플족은 자녀로부터 독립해 자기만의 새로운 인생을 추구한다. '통크족(TONK; Two Only, No Kids)'이라는 별칭이 붙는 이유다. 통크족이나 애플족은 젊은 층의 전유물로 여겨졌던 자기중심적이고 감각 지향적인 소비도 주저하지 않는다. 후반전 인생만은 자기가 원하는 일을 하며 멋지게 살아야 한다고 생각하기 때문이다.

애플족은 한국 국민 가운데 해외여행을 가장 많이 하는 세대이기도 하다. 통계청의 사회통계조사에 따르면 50대의 17.5%가 해외여행을 다녀왔다. 20·30대보다 높은 수치다. 그리고 그들은 어떤 지출보다 교양·오락비를 아낌없이 쓰는 것이 특징이다. 전문가들은 애플족의 교양·오락 및 문화에 대한 지출비용은 앞으로도 증가할 것으로 내다보고 있다. 한 사회학과 교수는 "고령사회로 접어들면서 성공적 노화 개념이 중요해짐에 따라 텔레비전 시청, 수면, 휴식 등 소극적 유형의 여가에서 게임 등 재미와 즐거움을 찾을 수 있는 진정한 여가로 전환되고 있다."라고 말했다. 이 교수는 젊은이 못지않은 의식과 행동반경을 보이는 5060세대를 겨냥한 다양한 상품과 서비스에 대한 수요가 앞으로도 크게 늘 것이라고 내다보았다.

* 블루슈머(Blue Ocean Consumer) : 블루오션(Blue Ocean)과 소비자(Consumer)의 합성어로 아직 활성화되지 않은 제품 또는 서비스를 거래하는 시장이 활성화되었을 때, 해당 제품 또는 서비스를 이용할 것으로 예측되는 소비자를 의미함

① 애플족의 소비 성향은 어떠한가?
② 5060세대의 사회·경제적 위상 변화
③ 다양한 여가 활동을 즐기는 5060세대
④ 애플족을 '주목해야 할 블루슈머 7'로 선정
⑤ 점점 커지는 시니어 마켓 시장의 선점 방법

PART 4

※ 다음은 S은행의 내맘대로적금의 상품 설명서이다. 이어지는 질문에 답하시오. **[24~25]**

〈내맘대로적금〉

- 가입대상 : 실명의 개인
- 계약기간 : 6개월 이상 36개월 이하(월 단위)
- 정액적립식 : 신규 약정 시 약정한 월 1만 원 이상의 저축금액을 매월 약정일에 동일하게 저축
- 세금 : 비과세혜택 적용
- 이자지급방식 : 만기일시지급식, 단리식
- 기본금리

| 구분 | 6개월 이상<br>12개월 미만 | 12개월 이상<br>24개월 미만 | 24개월 이상<br>36개월 미만 | 36개월 |
|---|---|---|---|---|
| 금리 | 1.4% | 1.8% | 2.0% | 2.2% |

※ 만기 전 해지 시 1.1%의 금리가 적용됨

- 우대금리 : 다음 각 우대사항에 따른 우대금리는 0.2%p로 동일함

| 구분 | 우대사항 |
|---|---|
| 자동이체 저축 | 이 적금의 계약기간에 해당하는 개월 수 이상 회차를 납입한 계좌 중 총 납입 회차의 2/3 이상을 자동이체를 이용하여 입금한 경우 |
| 장기거래 | 이 적금의 신규 시에 예금주의 S은행 거래기간이 5년 이상인 경우 |
| 첫 거래 | 이 적금의 신규 시에 S은행의 예적금(청약 관련 상품 제외) 상품을 보유하지 않은 경우 |
| 주택청약종합저축 | 이 적금의 신규일로부터 3개월이 속한 달의 말일을 기준으로 주택청약종합저축을 보유한 경우 |

**24** **A는 20개월 동안 매월 100,000원씩 납입하고자 한다. A가 다음에 따라 우대금리의 적용을 받을 때, 만기 도래 시 A가 받을 적용금리와 만기 환급금액이 바르게 연결된 것은?(단, A는 2024년 10월 5일에 내맘대로적금에 가입하였다)**

- A는 2024년 11월 납입분부터 2025년 10월 납입분까지를 자동이체로 납입하였다.
- A는 2018년부터 S은행을 이용해 거래하였다.
- A는 2024년 12월 9일에 S은행을 통해 주택청약종합저축에 가입하였다.
- A는 2023년 1월에 계약기간이 12개월인 S은행의 K적금상품에 가입하였다.

| | 적용금리 | 만기 환급금액 |
|---|---|---|
| ① | 2.0% | 2,015,000원 |
| ② | 2.2% | 2,020,000원 |
| ③ | 2.2% | 2,021,000원 |
| ④ | 2.4% | 2,035,000원 |
| ⑤ | 2.4% | 2,042,000원 |

## 25 A는 26개월 동안 매월 100,000원씩 납입하고자 한다. A가 우대금리의 적용을 받는 항목이 없다고 할 때, 만기일 도래 시 A가 받을 환급금액은?

① 2,425,500원
② 2,625,000원
③ 2,658,500원
④ 2,814,500원
⑤ 2,845,000원

PART 4

## 26 S사에서는 직원들에게 다양한 혜택이 있는 복지카드를 제공한다. 복지카드의 혜택사항과 B사원의 일과가 다음과 같을 때, ㉠～㉤ 중에서 복지카드로 혜택을 볼 수 없는 것은?

〈복지카드 혜택사항〉

| 구분 | 세부내용 |
|---|---|
| 교통 | 대중교통(지하철, 버스) 3～7% 할인 |
| 의료 | 병원 5% 할인(동물병원 포함, 약국 제외) |
| 쇼핑 | 의류, 가구, 도서 구입 시 5% 할인 |
| 영화 | 영화관 최대 6천 원 할인 |

〈B사원의 일과〉

B는 오늘 친구와 백화점에서 만나 쇼핑을 하기로 약속을 했다. 집에서 ㉠ 지하철을 타고 약 20분이 걸려 백화점에 도착한 B는 어머니 생신 선물로 ㉡ 화장품과 옷을 산 후, 동생의 이사 선물로 줄 ㉢ 침구류도 구매하였다. 쇼핑이 끝난 후 B는 ㉣ 버스를 타고 집에 돌아와 자신이 키우는 반려견의 예방접종을 위해 ㉤ 병원에 가서 진료를 받았다.

① ㉠, ㉡
② ㉡, ㉢
③ ㉢, ㉣
④ ㉠, ㉡, ㉣
⑤ ㉡, ㉢, ㉤

**27** 지수는 짝수일마다 10,000원씩 통장에 저축하며, 이에 대한 순서도는 다음과 같다. 지수가 12월 1일부터 31일까지 저축하는 금액이 얼마인지 알아보려 할 때, ⓐ, ⓑ, ⓒ에 들어갈 내용이 바르게 짝지어진 것은?(단, 현재 통장 잔액은 0원이다)

〈순서도 기호〉

| 기호 | 설명 | 기호 | 설명 |
|---|---|---|---|
| 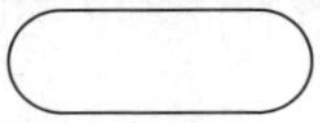 | 시작과 끝을 나타낸다. | 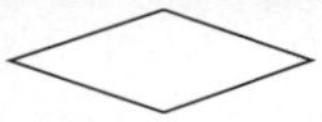 | 어느 것을 택할 것인지를 판단한다. |
| 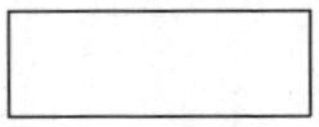 | 데이터를 입력하거나 계산하는 등의 처리를 한다. |  | 선택한 값을 출력한다. |
|   | 각종 기호의 처리 흐름을 연결한다. | 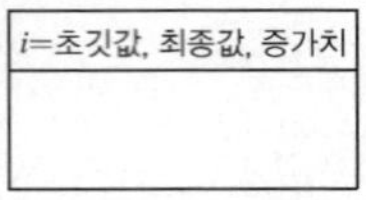  | $i$가 초깃값부터 최종값까지 증가치만큼 증가하며, 기호 안의 명령문을 반복해서 수행한다. |

〈순서도〉

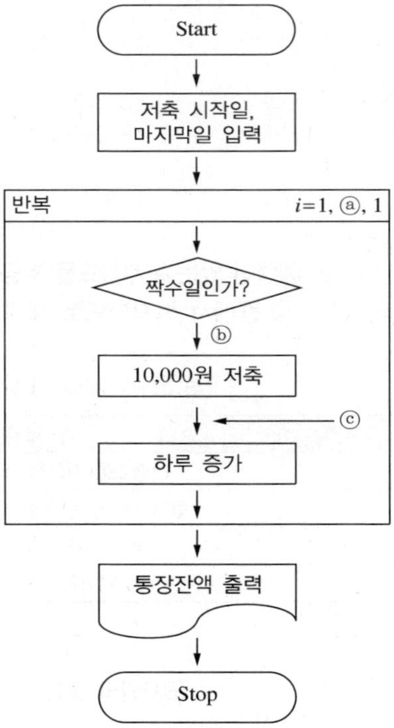


| | ⓐ | ⓑ | ⓒ |
|---|---|---|---|
| ① | 31 | No | Yes |
| ② | 31 | Yes | No |
| ③ | 31 | Yes | Yes |
| ④ | 10,000 | No | Yes |
| ⑤ | 10,000 | No | Yes |

**28** A국의 2023년 명목 GDP는 100억 원이었고, 2024년 명목 GDP는 150억 원이었다. 기준연도인 2023년 GDP 디플레이터가 100이고, 2024년 GDP 디플레이터는 120인 경우, 2024년의 전년 대비 실질 GDP 증가율은?

① 10%
② 15%
③ 20%
④ 25%
⑤ 30%

**29** 다음 문단을 논리적 순서대로 바르게 나열한 것은?

(가) 그렇다면 어떻게 블록체인 기술은 시스템 해킹 및 변조를 막을 수 있을까? 그 답은 블록체인의 이름에 있다. 블록체인 방식으로 거래를 하기 위해서는 먼저 네트워크에 포함된 모든 사람들이 똑같은 데이터를 가진 블록을 가지고 있어야 한다. 새로운 거래가 생길 경우 네트워크에 포함된 모든 사람들은 블록을 서로 비교하여 현재의 정보에 변조가 없는지 확인하게 된다. 무결성이 확인되었다면 새로운 거래가 담긴 블록을 기존의 블록과 연결하여 서로 체인을 이루게 된다. 이후 다른 거래가 생길 때마다 동일한 방식으로 네트워크 구성원 간 데이터를 비교하고, 새로운 블록을 쌓는 방식으로 진행된다.

(나) 이처럼 블록체인 기술은 거래를 할 때, 중앙은행의 중계 없이 사용자 간 직접 거래하면서 해킹이나 변조에서 비교적 안전하고, 거래자의 개인정보도 보호할 수 있어 다양한 장점을 지닌 기술이다. 하지만 탈중앙화라는 특징으로 인해 범죄와 연관될 가능성이 높으며, 금융사고로 인한 손실을 복구하기도 어렵다. 또한 해싱으로 인해 개인정보를 보호할 수 있지만, 로그 등의 데이터 자체는 여전히 모든 이용자에게 공개되므로 지나친 투명성에 의한 단점도 생길 수 있다.

(다) 데이터의 집합체인 블록에는 정보들이 해싱(Hashing)되어 저장된다. 해싱은 다양한 길이를 가진 데이터를 고정된 길이를 가진 데이터로 매핑하는 것으로 블록에 저장되는 데이터는 16진수 숫자(1 ~ F)로 암호화된다. 해싱 이전의 데이터가 조금이라도 바뀔 경우, 해싱 이후의 데이터가 크게 변하는 특징이 있으므로 블록 간 데이터의 무결성을 비교할 때, 해시 데이터(Hash Data)를 비교하여 쉽게 판독할 수 있다. 또한 해시값을 기존의 데이터로 복구하는 것이 불가능하다는 특징이 있어 투명하면서 개인정보 또한 보호할 수 있다.

(라) 블록체인(Block Chain) 기술은 비트코인, 이더리움 등 암호화폐나, 대체 불가능 토큰(NFT ; Non Fungible Token)의 핵심 기술이다. 블록체인이란 P2P(Peer to Peer) 네트워크를 통해서 관리되는 분산 데이터베이스로 거래 정보를 중앙 서버 한 곳에 저장하는 것이 아니라 블록체인 네트워크에 연결된 여러 컴퓨터에 저장 및 보관하는 기술로 시스템을 해킹하거나 변조하는 것을 사실상 불가능하게 만드는 탈중앙화 방식으로 정보를 기록하는 디지털 장부이다.

① (다) – (나) – (가) – (라)
② (다) – (라) – (가) – (나)
③ (라) – (가) – (나) – (다)
④ (라) – (가) – (다) – (나)
⑤ (라) – (나) – (다) – (가)

**30** **다음은 국내 화장품 제조 회사에 대한 SWOT 분석 자료이다. 이에 대한 〈보기〉의 분석에 따른 대응 전략 중 적절한 것을 모두 고르면?**

| 강점(Strength) | 약점(Weakness) |
| --- | --- |
| • 신속한 제품 개발 시스템<br>• 차별화된 제조 기술 보유 | • 신규 생산 설비 투자 미흡<br>• 낮은 브랜드 인지도 |
| **기회(Opportunity)** | **위협(Threat)** |
| • 해외시장에서의 한국 제품 선호도 상승<br>• 새로운 해외시장의 출현 | • 해외 저가 제품의 공격적 마케팅<br>• 저임금의 개발도상국과 경쟁 심화 |

**보기**

ㄱ. 새로운 해외시장의 소비자 기호를 반영한 제품을 개발하여 출시한다.
ㄴ. 국내에 화장품 생산 공장을 추가로 건설하여 제품 생산량을 획기적으로 증가시킨다.
ㄷ. 차별화된 제조 기술을 통해 품질 향상과 고급화 전략을 추구한다.
ㄹ. 브랜드 인지도가 낮으므로 해외 현지 기업과의 인수·합병을 통해 현지 기업의 브랜드로 제품을 출시한다.

① ㄱ, ㄴ
② ㄱ, ㄷ
③ ㄴ, ㄷ
④ ㄴ, ㄹ
⑤ ㄷ, ㄹ

**31** **다음 중 구매력평가(PPP) 이론에 대한 설명으로 옳지 않은 것은?**

① 환율의 장기적인 변동 추세를 잘 설명해 준다.
② 환율은 두 국가의 물가수준의 비율에 의해 결정된다.
③ 통화 공급을 늘리면 물가가 상승하여 통화가치가 상승한다.
④ 어떤 통화 한 단위의 실질가치는 모든 나라에서 동일하다.
⑤ 비교역재가 많이 있는 경우 실제 환율과 구매력평가 환율은 차이가 날 수 있다.

Easy

**32** 다음은 청년가구를 대상으로 하는 주거지원 프로그램에 대한 자료이다. 이를 보고 응대한 내용으로 적절하지 않은 것은?

〈청년가구 대상 주거지원 프로그램〉

| 구분 | 프로그램 | 내용 |
|---|---|---|
| 신규공급 | 행복주택 | • 일반형, 산업단지형 구분<br>• 일반형에서 대학생, 사회초년생, 신혼부부 물량을 80% 공급<br>• 45m$^2$ 이하의 면적<br>• 시세의 60 ~ 80% |
| | 행복기숙사 | • 대학생 공공주거복지 실현 목적 |
| | 사회적 주택 | • 셰어하우스형<br>• 졸업 후 2년 이내 취준생 포함 5년 이내 사회초년생 대상<br>• 시세의 50% 이하 |
| | 신혼부부 특별공급 | • 혼인기간 5년 이내 자녀출산 무주택 세대<br>• 공공임대 할당 |
| 기존주택 활용 | 집주인 리모델링임대 | • 대학생에게 저렴한 임대주택 공급<br>• 시세의 80% |
| | 청년 전세임대 | • 타 시군 출신 대학생 및 졸업 2년 이내 취업준비생 주거 독립 지원 |
| | 신혼부부 전세임대 | • 신혼부부 임대보증금 지원<br>• 지역별 차등<br>• 저리대출 |
| 자금대출 | 버팀목 대출 | • 19세 이상 세대주 주택임차보증금 지원<br>• 지역별 차등 |
| | 주거안정 월세대출 | • 주거급여 비대상 무주택자 중 취업준비생, 사회초년생 대상<br>• 월 최대 30만 원씩 2년 대출 |

① 행복주택은 일반형과 산업단지형을 구분하고 있으니 참고하기 바랍니다.

② 사회적 주택은 셰어하우스형으로 시세의 50% 이하 가격으로 이용할 수 있습니다.

③ 공공주거복지의 목적으로 행복기숙사 제도가 시행 중이며, 대학생은 누구나 이용할 수 있습니다.

④ 버팀목 대출로 주택임차보증금을 지원받을 수 있으며, 월 최대 30만 원씩 2년간 대출이 가능합니다.

⑤ 신혼부부들이 전세임대를 할 경우 보증금을 지원받을 수 있으며, 지원 금액은 지역별로 차등 지원되므로 해당 주민센터에 문의하시기 바랍니다.

**33** 0, 1, 2, 3, 4가 적힌 5장의 카드가 있다. A와 B는 이 중 3장의 카드를 뽑아 큰 숫자부터 나열하여 가장 큰 세 자리 숫자를 만든 사람이 이기는 게임을 하기로 했다. A가 0, 2, 3을 뽑았을 때, B가 이길 확률은?

① 60% ② 65%

③ 70% ④ 75%

⑤ 80%



PART 4

## 34 최근 한 동물연구소에서 기존의 동물 분류 체계를 대체할 새로운 분류군과 분류의 기준을 마련하여 발표하였다. 다음을 토대로 판단할 때, 반드시 거짓인 진술은?

> 1. 이 분류 체계는 다음과 같은 세 가지 분류의 기준을 적용한다.
>    (가) 날 수 있는 동물인가, 그렇지 않은가?(날 수 있는가는 정상적인 능력을 갖춘 성체를 기준으로 한다)
>    (나) 벌레를 먹고 사는가, 그렇지 않은가?
>    (다) 장(腸) 안에 프리모넬라가 서식하는가?(이 경우 '프리모'라 부른다) 아니면 세콘데렐라가 서식하는가?(이 경우 '세콘도'라 부른다) 둘 중 어느 것도 서식하지 않는가?(이 경우 '눌로'라고 부른다) 혹은 둘 다 서식하는가?(이 경우 '옴니오'라고 부른다)
> 2. 벌레를 먹고 사는 동물의 장 안에 세콘데렐라는 도저히 살 수가 없다.
> 3. 날 수 있는 동물은 예외 없이 벌레를 먹고 산다. 그러나 그 역은 성립하지 않는다.
> 4. 벌레를 먹지 않는 동물 가운데 눌로에 속하는 것은 없다.

① 날 수 있는 동물 가운데는 세콘도가 없다.
② 동고비새는 날 수 있는 동물이므로 옴니오에 속한다.
③ 벌쥐가 만일 날 수 있는 동물이라면 그것은 프리모이다.
④ 플라나리아는 날지 못하고 벌레를 먹지도 않으므로 세콘도이다.
⑤ 이름 모르는 동물을 관찰해보니 벌레를 먹지 않으므로 옴니오일 수 있다.

## 35 고용노동부 홈페이지에 소개된 퇴직연금과 관련된 자료를 보고 사람들이 대화를 나누고 있다. 퇴직연금과 관련된 잘못된 정보를 말하고 있는 사람은?

> **〈확정기여형 퇴직연금제도(DC; Defined Contribution)〉**
>
> • 사용자가 납입할 부담금(매년 연간 임금총액의 1/12 이상)이 사전에 확정된 퇴직연금제도이다.
> • 사용자가 근로자 개별 계좌에 부담금을 정기적으로 납입하면, 근로자가 직접 적립금을 운용하며, 근로자 본인의 추가 부담금 납입도 가능하다.
> • 근로자는 사용자가 납입한 부담금과 운용손익을 최종 급여로 지급받는다.

① 희진 : 퇴직연금제도에는 크게 확정급여형(DB)과 확정기여형(DC)이 있다고 알고 있어.
② 혜주 : 맞아. 확정급여형에서 확정기여형으로의 변경은 가능하지만, 확정기여형에서 확정급여형으로의 변경은 불가능하지.
③ 지우 : 그중 확정기여형의 경우, 매년의 운용성과의 누적으로 복리효과를 기대할 수 있어.
④ 고원 : 결국 확정기여형에서 퇴직 시 지급되는 금액은 퇴직 직전 3개월간의 평균임금을 근속연수에 곱한 금액이 될 거야.
⑤ 하슬 : 확정기여형은 특정 사유에 해당한다면 중도에 인출할 수도 있어.

Hard

**36** 함수를 다음 〈조건〉과 같이 정의할 때, 〈보기〉에서 최종점수로 1 ~ 2학년은 필기 60%, 실기 40%, 3 ~ 4학년은 필기 40%, 실기 60%를 반영하려고 한다. [E2]에 수식을 넣고 드래그 기능을 이용하여 [E2 : E9]를 채우려고 할 때, [E2]에 들어갈 수식은?(단, 최종점수는 소수점 둘째 자리에서 반올림한다)

보기

| | A | B | C | D | E |
|---|---|---|---|---|---|
| 1 | 학년 | 이름 | 필기 | 실기 | 최종점수 |
| 2 | 1 | 김지수 | 34.6 | 32.7 | 33.8 |
| 3 | 2 | 이영호 | 45.3 | 43.5 | 44.6 |
| 4 | 1 | 한석훈 | 33.4 | 44.1 | 37.7 |
| 5 | 2 | 최다솜 | 39.6 | 34.2 | 37.4 |
| 6 | 3 | 권지우 | 45.9 | 27.7 | 35.0 |
| 7 | 4 | 장다영 | 45.7 | 26.9 | 34.4 |
| 8 | 3 | 박보영 | 35.8 | 45.3 | 41.5 |
| 9 | 4 | 정상현 | 24.7 | 46.7 | 37.9 |

조건

- ■(인수1, 인수2, …) : 인수 중 하나라도 참이면 참을 반환하는 함수
- ○(인수1, 인수2, …) : 인수가 모두 참이어야 참을 반환하는 함수
- ▲(조건, 인수1, 인수2) : 조건이 참이면 인수1, 그 외에는 인수2를 반환하는 함수
- △(셀1, $x$) : 셀1을 $x$자리에서 반올림하는 함수
- ▽(셀1, $x$) : 셀1을 $x$자리에서 내림하는 함수
- ⍊(셀1, $x$) : 셀1에서 $x$자리 이하를 버림하는 함수

① =▽(▲(○(A2=3,A2=4),C2*0.6+D2*0.4,C2*0.4+D2*0.6),1)

② =△(▲(○(A2=1,A2=2),C2*0.6+D2*0.4,C2*0.4+D2*0.6),2)

③ =△(▲(■(A2=1,A2=2),C2*0.6+D2*0.4,C2*0.4+D2*0.6),1)

④ =△(▲(■(A2=1,A2=2),C2*0.6+D2*0.4,C2*0.4+D2*0.6),2)

⑤ =⍊(▲(■(A2=3,A2=4),C2*0.6+D2*0.4,C2*0.4+D2*0.6),2)

**37** 다음 중 통계적 표본추출 방법에 속하지 않는 것은?

① 단순 랜덤 샘플링(Simple Random Sampling)

② 계통 샘플링(Systematic Sampling)

③ 유층 샘플링(Stratified Sampling)

④ 편의 샘플링(Convenience Sampling)

⑤ 다단계 샘플링(Multistage Sampling)

**38** S중학교 백일장에 참여한 5명의 학생 갑 ~ 무에게 다음 〈조건〉에 따라 점수를 부여할 때, 점수가 가장 높은 학생은?

〈S중학교 백일장 채점표〉

| 구분 | 오탈자(건) | 글자 수(자) | 주제의 적합성 | 글의 통일성 | 가독성 |
|---|---|---|---|---|---|
| 갑 | 33 | 654 | A | A | C |
| 을 | 7 | 476 | B | B | B |
| 병 | 28 | 332 | B | B | C |
| 정 | 25 | 572 | A | A | A |
| 무 | 12 | 786 | C | B | A |

조건

- 기본 점수는 80점이다.
- 오탈자가 10건 이상일 때 1점을 감점하고, 5건이 추가될 때마다 1점을 추가로 감점한다.
- 전체 글자 수가 350자 미만일 때 10점을 감점하고, 600자 이상일 때 1점을 부여하며, 25자가 추가될 때마다 1점을 추가로 부여한다.
- 주제의 적합성, 글의 통일성, 가독성을 A, B, C등급으로 나누며 등급 개수에 따라 추가점수를 부여한다.
  - A등급 3개: 25점
  - A등급 2개, B등급 1개 : 20점
  - A등급 2개, C등급 1개 : 15점
  - A등급 1개, B등급 2개 또는 A등급, B등급, C등급 1개 : 10점
  - B등급 3개 : 5점

예 오탈자 46건, 전체 글자 수 626자, 주제의 적합성, 글의 통일성, 가독성이 각각 A, B, A일 때 점수는 80−8+2+20=94점이다.

① 갑 ② 을
③ 병 ④ 정
⑤ 무

**39** 다음은 한국은행이 발표한 2025년 통화신용정책 운영방향의 일부이다. 이를 읽고 추론한 내용으로 가장 적절한 것은?

〈2025년 통화신용정책 운영방향〉

| 구분 | 내용 |
|---|---|
| 물가안정 | • 2025년 이후 물가안정목표는 중장기적인 적정 인플레이션 수준, 주요 선진국 사례 등을 종합적으로 고려하여 종전과 같은 2.0%로 유지<br>• 2025년부터 물가안정목표의 적용기간을 특정하지 않음으로써 제도 운용의 안정성을 제고<br>• 국민들의 물가상황에 대한 이해도를 제고하기 위해 커뮤니케이션을 강화<br>– 물가상황에 대한 평가, 물가 전망 및 리스크 요인, 물가안정목표 달성을 위한 향후 정책방향 등을 포함한 물가안정목표 운영상황 점검 보고서를 연 2회 발간하고, 총재 기자간담회를 개최 |
| 경제성장 | • 인플레이션을 보면 선진국에서는 유가하락 등에 따라 낮아지는 반면 신흥국에서는 통화가치 절하에 따른 수입물가 상승 등으로 소폭 높아질 전망<br>• 국내경제는 잠재성장률 수준에서 크게 벗어나지 않는 성장세를 이어갈 것으로 예상<br>– 세계경제 성장세 지속, 정부의 적극적 재정운용 등에 힘입어 수출 및 소비 중심의 성장세가 이어질 전망<br>– 설비투자가 IT부문을 중심으로 증가 전환하겠으나 건설투자는 착공물량 감소 등의 영향으로 부진이 지속될 것으로 예상<br>• 다만 향후 성장경로상에는 상・하방 리스크가 혼재<br>– 정부의 확장적 재정운용, 주요 대기업의 투자지출 확대 계획 등이 상방요인으로 작용하는 반면 글로벌 무역분쟁 심화, 중국 성장세 둔화, 고용여건 개선 지연 등이 하방요인으로 작용 |
| 금융시스템 안정 유지 | • (금융시스템 안정에 대한 점검 강화) 국내외 금융・경제여건 변화에 대응하여 금융시스템 안정 상황을 면밀히 점검하고 잠재리스크 요인을 선제적으로 포착하여 대응방안을 제시<br>– 「금융안정회의」에서 금융시스템의 취약성과 복원력을 평가하고 「금융안정보고서」 등을 통해 위험요인을 조기 경보<br>– 대외 불확실성 요인, 국내 주택시장 상황 변화 등이 금융안정에 미치는 영향을 분석<br>– 리스크 측정・평가 기법의 고도화를 통한 금융안정 상황 분석의 정도를 제고하고 개별 금융기관 모니터링 및 부문검사를 통해 시스템리스크 요인의 조기 파악에 노력<br>– 핀테크 확산 등 디지털 혁신의 영향에 대한 연구를 강화하고 금융안정 관련 정책 대안을 모색<br>• (국내외 금융안정 유관기관과의 협력 강화) 국내외 금융안정 유관기관과 긴밀히 협조하여 금융안정 리스크에 효과적으로 대응할 수 있는 방안을 강구 |

① 물가안정목표 수준은 2025년 들어 전년 대비 상승하였다.

② 선진국에서 유가하락은 해당 국가의 통화가치 절상을 야기한다.

③ 중국의 성장세 둔화는 우리나라의 경제성장경로에 유리한 요인으로 작용한다.

④ 설비투자의 상승세 전환에 따라 건설투자도 상승세로 전환될 것으로 기대된다.

⑤ 핀테크 기술 개발을 통해 국내의 경제적 위험에 대한 사후적 수습 및 보완을 개선하는 데에 중점을 둘 것이다.

Easy

**40** S학원에서 가 ~ 차학생 10명을 차례로 한 줄로 세우려고 한다. 다음 〈조건〉을 참고하여 7번째에 오는 학생이 사일 때, 3번째에 올 학생은?

조건

- 자와 차는 결석하여 줄을 서지 못했다.
- 가보다 다가 먼저 서 있다.
- 마는 다와 아보다 먼저 서 있다.
- 아는 가와 바 사이에 서 있다.
- 바는 나보다는 먼저 서 있지만, 가보다는 뒤에 있다.
- 라는 사와 나의 뒤에 서 있다.

① 가
② 나
③ 마
④ 바
⑤ 아

**41** S기업에서는 신입사원 2명을 채용하기 위하여 서류와 필기전형을 통과한 갑 ~ 정 4명의 최종 면접을 실시하였다. 다음 자료와 같이 4개 부서의 팀장이 각각 4명을 모두 면접하여 채용 우선순위를 결정하였다고 할 때, 면접 결과에 대한 〈보기〉의 설명 중 옳은 것을 모두 고르면?

〈면접 결과〉

| 면접관 / 순위 | 인사팀장 | 경영관리팀장 | 총무팀장 | 회계팀장 |
|---|---|---|---|---|
| 1순위 | 을 | 갑 | 을 | 병 |
| 2순위 | 정 | 을 | 병 | 정 |
| 3순위 | 갑 | 정 | 정 | 갑 |
| 4순위 | 병 | 병 | 갑 | 을 |

※ 우선순위가 높은 사람순으로 2명을 채용함
※ 동점자는 인사, 경영관리, 총무, 회계팀장 순서로 부여한 고순위자로 결정함
※ 각 팀장이 매긴 순위에 대한 가중치는 모두 동일함

보기

ㄱ. '을' 또는 '정' 중 1명이 입사를 포기하면 '갑'이 채용된다.
ㄴ. 인사팀장이 '을'과 '정'의 순위를 바꿨다면 '갑'이 채용된다.
ㄷ. 경영관리팀장이 '갑'과 '병'의 순위를 바꿨다면 '정'은 채용되지 못한다.

① ㄱ
② ㄱ, ㄴ
③ ㄱ, ㄷ
④ ㄴ, ㄷ
⑤ ㄱ, ㄴ, ㄷ

**42** 다음은 엔화 대비 원화 환율과 달러화 대비 원화 환율 추이 자료이다. 이에 대한 〈보기〉의 설명 중 옳은 것을 모두 고르면?

〈원/엔 환율 추이〉

〈원/달러 환율 추이〉

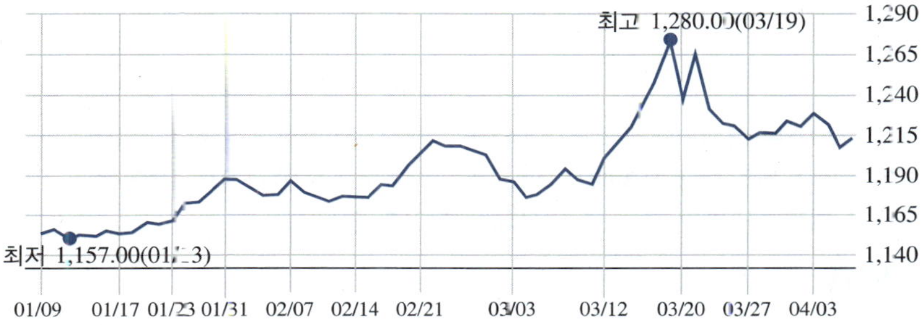


**보기**

ㄱ. 원/엔 환율은 3월 한 달 동안 1,200원을 상회하는 수준에서 등락을 반복했다.
ㄴ. 2월 21일의 원/달러 환율은 지난주보다 상승하였다.
ㄷ. 3월 12일부터 3월 19일까지 달러화의 강세가 손화되는 추세를 보였다.
ㄹ. 3월 27일의 달러/엔 환율은 3월 12일보다 상승하였다.

① ㄱ, ㄴ
② ㄱ, ㄷ
③ ㄴ, ㄷ
④ ㄴ, ㄹ
⑤ ㄷ, ㄹ

**43** **A ~ E는 S시에서 개최하는 마라톤에 참가하였다. 다음 내용이 모두 참일 때, 항상 참이 아닌 것은?**

- A는 B와 C보다 앞서 달리고 있다.
- D는 A보다 뒤에 달리고 있지만, B보다는 앞서 달리고 있다.
- C는 D보다 뒤에 달리고 있지만, B보다는 앞서 달리고 있다.
- E는 C보다 뒤에 달리고 있지만, 5명 중 꼴찌는 아니다.

① 현재 1등은 A이다.
② 현재 꼴찌는 B이다.
③ E는 C와 B 사이에서 달리고 있다.
④ D는 A와 C 사이에서 달리고 있다.
⑤ 현재 순위 그대로 결승점까지 달린다면 C가 4등을 할 것이다.

**44** **다음 〈보기〉는 줄넘기대회 청소년 여자부 결승전 정보이다. 순위는 1차와 2차 결과의 평균값으로 매겨지며 소수점 첫째 자리에서 버림한다. 함수를 〈조건〉과 같이 정의할 때, '평균'과 '순위' 열을 채우기 위해 사용되는 함수로 바르게 짝지어진 것은?**

보기

| ◢ | A | B | C | D | E | F |
|---|---|---|---|---|---|---|
| 1 | 참가번호 | 이름 | 1차 | 2차 | 평균 | 순위 |
| 2 | 1 | 이지수 | 456 | 475 | | |
| 3 | 2 | 김진경 | 467 | 456 | | |
| 4 | 3 | 한아름 | 478 | 432 | | |
| 5 | 4 | 최현경 | 444 | 467 | | |
| 6 | 5 | 김다인 | 465 | 485 | | |
| 7 | 6 | 김배현 | 475 | 495 | | |

조건

- ■(셀1, 셀2, …) : 셀의 평균을 구하는 함수
- ○(셀1, 셀2, …) : 셀의 합을 구하는 함수
- ▲(셀, 범위, 정렬기준) : 정렬기준으로 범위를 정렬했을 때, 지정한 셀의 크기 순위를 구하는 함수
  (정렬기준 : 오름차순 – 1, 내림차순 – 0 또는 생략)
- ◎(셀1, 셀2) : 셀1과 셀2를 비교하여 큰 값을 반환하는 함수
- △(셀1, $x$) : 셀1을 $x$자리에서 반올림하는 함수
- ▽(셀1, $x$) : 셀1을 $x$자리에서 내림하는 함수
- ▼(셀1, $x$) : 셀1에서 $x$자리 이하를 버림하는 함수

① (■, ▲, ▼)
② (■, ◎, ▼)
③ (■, ▲, ▽)
④ (○, ▲, △)
⑤ (○, ▲, ◎)

## 45 경영학과에 재학 중인 A ~ E는 계절학기 시간표에 따라 요일별로 하나의 강의만 수강한다. 전공 수업을 신청한 C는 D보다 앞선 요일에 수강하고, E는 교양 수업을 신청한 A보다 나중에 수강한다고 할 때, 항상 참이 되는 것은?

| 월 | 화 | 수 | 목 | 금 |
|---|---|---|---|---|
| 전공1 | 전공2 | 교양1 | 교양2 | 교양3 |

① A가 수요일에 강의를 듣는다면 E는 교양2 강의를 듣는다.
② B가 전공 수업을 듣는다면 C는 화요일에 강의를 듣는다.
③ C가 화요일에 강의를 듣는다면 E는 교양3 강의를 듣는다.
④ D는 반드시 전공 수업을 듣는다.
⑤ E는 반드시 교양 수업을 듣는다.

## 46 다음 대화의 빈칸에 공통으로 들어갈 용어로 옳은 것은?

김이사 : 이번에 우리 회사에서도 _____ 시스템을 도입하려고 합니다. _____는 기업 전체의 의사결정권자와 사용자 모두가 실시간으로 정보를 공유할 수 있게 합니다. 또한 제조, 판매, 유통, 인사관리, 회계 등 기업의 전반적인 운영 프로세스를 통합하여 자동화할 수 있지요.
박이사 : 맞습니다. _____ 시스템을 통하여 기업의 자원 관리를 보다 효율적으로 할 수 있겠지요. 조직 전체의 의사결정도 보다 신속하게 할 수 있을 거예요.

① JIT
② MRP
③ MPS
④ ERP
⑤ APP

## 47 다음 〈보기〉에서 금융상품 및 금리에 대한 설명으로 옳지 않은 것을 모두 고르면?

보기

ㄱ. CD는 보통 만기가 1년 이상이다.
ㄴ. CP의 발행주체는 은행이다.
ㄷ. 코픽스(KOPIX)는 주택담보대출의 기준금리로 사용된다.
ㄹ. RP는 예금자보호 대상 금융상품에 해당한다.

① ㄱ
② ㄴ
③ ㄴ, ㄷ
④ ㄷ, ㄹ
⑤ ㄱ, ㄴ, ㄹ

**48** 다음은 지난달 지역별 교통위반 단속건수에 대한 자료이다. 이에 대한 설명으로 옳은 것은?

〈지역별 교통위반 단속건수〉

(단위 :건)

| 구분 | 무단횡단 | 신호위반 | 과속 | 불법주정차 | 음주운전 | 합계 |
|---|---|---|---|---|---|---|
| 서울 | 80 | 960 | 1,320 | 240 | 410 | 3,010 |
| 경기 | 70 | 820 | 1,020 | 210 | 530 | 2,650 |
| 대구 | 5 | 880 | 1,210 | 45 | 30 | 2,170 |
| 인천 | 50 | 870 | 1,380 | 240 | 280 | 2,820 |
| 부산 | 20 | 950 | 1,350 | 550 | 210 | 3,080 |
| 강원 | 5 | 180 | 550 | 15 | 70 | 820 |
| 대전 | 5 | 220 | 470 | 80 | 55 | 830 |
| 광주 | 15 | 310 | 550 | 180 | 35 | 1,090 |
| 울산 | 10 | 280 | 880 | 55 | 25 | 1,250 |
| 제주 | 10 | 980 | 550 | 140 | 120 | 1,800 |
| 세종 | 20 | 100 | 240 | 90 | 30 | 480 |
| 합계 | 290 | 6,550 | 9,520 | 1,845 | 1,795 | 20,000 |

※ 수도권 : 서울, 경기, 인천

① 경기의 모든 항목에서 교통위반 단속건수는 서울보다 적다.
② 수도권 지역의 단속건수는 전체 단속건수의 절반 이상이다.
③ 신호위반이 가장 많이 단속된 지역이 과속도 가장 많이 단속되었다.
④ 울산 지역의 단속건수가 전체 단속건수에서 차지하는 비율은 6.4%이다.
⑤ 광주 지역의 단속건수가 전체 단속건수에서 차지하는 비율은 대전 지역보다 1.3%p 더 높다.

**49** 완전경쟁시장에서 개별기업의 평균총비용곡선 및 평균가변비용곡선은 U자형이며, 현재 생산량은 50이다. 이 생산량 수준에서 한계비용은 300, 평균총비용은 400, 평균가변비용은 200일 때, 〈보기〉에서 옳은 것은 모두 몇 개인가?(단, 시장가격은 300으로 주어져 있다)

보기

ㄱ. 현재의 생산량 수준에서 평균총비용곡선 및 평균가변비용곡선은 우하향한다.
ㄴ. 현재의 생산량 수준에서 평균총비용곡선은 우하향하고, 평균가변비용곡선은 우상향한다.
ㄷ. 개별기업은 현재 양의 이윤을 얻고 있다.
ㄹ. 개별기업은 현재 음의 이윤을 얻고 있다.
ㅁ. 개별기업은 단기에 조업을 중단하는 것이 낫다.

① 1개
② 2개
③ 3개
④ 4개
⑤ 5개

**50** 다음은 S기업의 2024년 경영실적에 대한 자료이다. 이에 대한 설명으로 옳지 않은 것은?(단, 비율은 소수점 첫째 자리에서 반올림한다)

> S기업은 2024년 연간 26조 9,907억 원의 매출과 2조 7,127억 원의 영업이익을 달성했다고 발표했다. S기업은 지난 한 해 시장 변동에 대응하기 위해 선제적으로 투자와 생산량을 조정하는 등 경영 효율화에 나섰으나 글로벌 무역 갈등으로 세계 경제의 불확실성이 확대되었고, 재고 증가와 고객들의 보수적인 구매 정책으로 수요 둔화와 가격 하락이 이어져 경영실적은 전년 대비 감소했다고 밝혔다.
> 2024년 4분기 매출과 영업이익은 각각 6조 9,271억 원, 2,360억 원(영업이익률 3%)을 기록했다. 4분기는 달러화의 약세 전환에도 불구하고 수요 회복에 적극 대응한 결과 매출은 전 분기 대비 소폭 상승했으나, 수요 증가에 대응하기 위해 비중을 확대한 제품군의 수익성이 상대적으로 낮았고, 신규 공정 전환에 따른 초기 원가 부담 등으로 영업이익은 직전분기 대비 50% 감소했다. 제품별로는 D램 출하량이 전 분기 대비 8% 증가했고, 평균판매가격은 7% 하락했으며, 낸드플래시는 출하량이 10% 증가했고, 평균판매가격은 직전분기 수준을 유지했다.
> S기업은 올해 D램 시장에 대해 서버 D램의 수요 회복, 5G 스마트폰 확산에 따른 판매량 증가로 전형적인 상저하고의 수요 흐름을 보일 것으로 예상했다. 낸드플래시 시장 역시 PC 및 데이터센터형 SSD 수요가 증가하는 한편, 고용량화 추세가 확대될 것으로 전망했다.
> S기업은 이처럼 최근 개선되고 있는 수요 흐름에 대해서는 긍정적으로 보고 있지만, 과거에 비해 훨씬 높아진 복잡성과 불확실성이 상존함에 따라 보다 신중한 생산 및 투자 전략을 운영할 방침이다. 공정 전환 과정에서도 기술 성숙도를 빠르게 향상시키는 한편, 차세대 제품의 차질 없는 준비로 원가 절감을 가속화한다는 전략이다.
> D램은 10나노급 2세대 제품(1y나노) 비중을 확대하고, 본격적으로 시장 확대가 예상되는 LPDDR5 제품 등의 시장을 적극 공략할 계획이다. 또한 차세대 제품인 10나노급 3세대 제품(1z나노)도 연내 본격 양산을 시작할 예정이다.

① 달러화의 강세는 매출액에 부정적 영향을 미친다.
② 2024년 3분기 영업이익은 4분기 영업이익의 2배이다.
③ S기업은 고용량 낸드플래시 생산에 대한 투자를 늘릴 것이다.
④ 기업이 공정을 전환하는 경우, 이로 인해 원가가 상승할 수 있다.
⑤ 영업이익률은 매출액 대비 영업이익 비율로 2024년 S기업은 10%를 기록했다.

PART 4

Hard

## 51

김사원은 S은행에서 판매하는 적금 또는 펀드 상품에 가입하려고 한다. 다음은 S은행에서 추천하는 5개의 상품별 만족도와 상품의 평점 적용 기준이다. 그런데 김사원이 상품 정보를 알아보던 중 기본금리와 우대금리의 만족도를 바꿔 기록하였다고 할 때, 원래의 순위보다 순위가 올라간 상품은?(단, 평점은 만족도에 가중치를 적용한 값이다)

〈상품별 항목 만족도〉

(단위 : 점)

| 구분 | 기본금리 | 우대금리 | 계약기간 | 납입금액 |
|---|---|---|---|---|
| A적금 | 4 | 3 | 2 | 2 |
| B적금 | 2 | 2 | 3 | 4 |
| C펀드 | 5 | 1 | 2 | 3 |
| D펀드 | 3 | 4 | 2 | 3 |
| E적금 | 2 | 1 | 4 | 3 |

〈중요 항목 순위 및 가중치〉

| 구분 | 첫 번째 | 두 번째 | 세 번째 | 네 번째 |
|---|---|---|---|---|
| 가중치 | 50 | 30 | 15 | 5 |
| 항목 순위 | 기본금리 | 납입금액 | 우대금리 | 계약기간 |

※ 중요 항목 순위 및 가중치는 주요 고객 천 명을 대상으로 조사하였음

① A적금, B적금
② B적금, D펀드
③ C펀드, D펀드
④ C펀드, E적금
⑤ D펀드, E적금

## 52

다음 〈보기〉에서 본원통화를 증가시키는 경우를 모두 고르면?

보기

ㄱ. 재정수지 적자로 인해 정부가 중앙은행으로부터의 차입규모를 늘렸다.
ㄴ. 중앙은행이 법정 지급준비율을 인하하였다.
ㄷ. 중앙은행이 외환시장에서 외환을 매입하였다.
ㄹ. 중앙은행이 금융기관에 대한 대출규모를 늘렸다.

① ㄱ, ㄴ
② ㄴ, ㄷ
③ ㄷ, ㄹ
④ ㄱ, ㄴ, ㄷ
⑤ ㄱ, ㄷ, ㄹ

**53** 다음 다섯 사람이 얘기를 하고 있다. 이 중 두 사람은 진실만을 말하고, 세 사람은 거짓만을 말하고 있다. 지훈이 거짓을 말할 때, 진실만을 말하는 사람을 짝지은 것은?

- 동현 : 정은이는 지훈이와 영석이를 싫어해.
- 정은 : 아니야. 난 둘 중 한 사람은 좋아해.
- 선영 : 동현이는 정은이를 좋아해.
- 지훈 : 선영이는 거짓말만 해.
- 영석 : 선영이는 동현이를 싫어해.
- 선영 : 맞아. 그런데 정은이는 지훈이와 영석이 둘 다 좋아해.

① 동현, 선영
② 정은, 영석
③ 동현, 영석
④ 정은, 선영
⑤ 선영, 영석

**54** 다음은 S국의 치료감호소 수용자 현황에 대한 자료이다. 빈칸 (가) ~ (라)에 해당하는 수를 모두 더한 값은?

〈치료감호소 수용자 현황〉

(단위 : 명)

| 구분 | 약물 | 성폭력 | 심신장애자 | 합계 |
|---|---|---|---|---|
| 2019년 | 89 | 77 | 520 | 686 |
| 2020년 | (가) | 76 | 551 | 723 |
| 2021년 | 145 | (나) | 579 | 824 |
| 2022년 | 137 | 131 | (다) | 887 |
| 2023년 | 114 | 146 | 688 | (라) |
| 2024년 | 88 | 174 | 688 | 950 |

① 1,524
② 1,639
③ 1,751
④ 1,763
⑤ 1,770

※ 다음은 블라인드 채용에 대한 글이다. 이어지는 질문에 답하시오. [55~57]

인사 담당자 또는 면접관이 지원자의 학벌, 출신 지역, 스펙 등을 평가하는 기존 채용 방식에서는 기업 성과에 필요한 직무능력 외 기타 요인에 의한 불공정한 채용이 만연했다. 한 설문조사에서 구직자의 77%가 불공정한 채용 평가를 경험한 적이 있다고 답했으며, 그에 따라 대다수의 구직자들은 기업의 채용 공정성을 신뢰하지 않는다고 응답했다. 이러한 스펙 위주의 채용으로 기업, 취업 준비생 모두에게 시간적·금전적 비용이 과잉 발생하게 되었고, 직무에 적합한 인성·역량을 보여줄 수 있는 채용 제도인 블라인드 채용이 대두되기 시작했다.

블라인드 채용이란 입사지원서, 면접 등의 채용 과정에서 편견이 개입돼 불합리한 차별을 초래할 수 있는 출신지, 가족관계, 학력, 외모 등의 항목을 걷어내고 실력, 즉 직무 능력만으로 인재를 평가해 채용하는 방식이다. 서류 전형은 없애거나 블라인드 지원서로 대체하고, 면접 전형은 블라인드 오디션 또는 면접으로 진행함으로써 실제 지원자가 가진 직무 능력을 가릴 수 있는 요소들을 배제하고 직무에 적합한 지식, 기술, 태도 등을 종합적으로 평가한다. 서류 전형에서는 모든 지원자에게 공정한 기회를 제공하고, 필기 및 면접 전형에서는 기존에 열심히 쌓아온 실력을 검증한다. 또한 지원자가 쌓은 경험과 능력, 학교생활을 하며 양성한 지식, 경험, 능력 등이 모두 평가 요소이기에 그간의 노력이 저평가되거나 역차별 요소로 작용하지 않는다. 블라인드 채용의 서류 전형은 무서류 전형과 블라인드 지원서 전형으로 구분된다. 무서류 전형은 채용 절차 진행을 위한 최소한의 정보만을 포함한 입사지원서를 접수하되 이를 선발 기준으로 활용하지 않는 방식이다. 블라인드 지원서 전형에는 입사지원서에 최소한의 정보만 수집하여 선발 기준으로 활용하는 방식과 블라인드 처리되어야 할 정보까지 수집하되 온라인 지원서상 개인정보를 암호화하거나 서면 이력서상 마스킹 처리를 하는 등 채용담당자는 볼 수 없도록 기술적으로 처리하는 방식이 있다. 면접 전형의 블라인드 면접에는 입사지원서, 인·적성검사 결과 등의 자료 없이 면접을 진행하는 무자료 면접 방식과 면접관의 인지적 편향을 유발할 수 있는 항목을 제거한 자료를 기반으로 면접을 진행하는 방식이 있다. 이와 달리 블라인드 오디션은 오디션으로 작업 표본, 시뮬레이션 등을 수행하도록 함으로써 지원자의 능력과 기술을 평가하는 방식이다.

한편 (가) 기존 채용, (나) 국가직무능력표준(NCS) 기반 채용, (다) 블라인드 채용의 3가지 채용 모두 채용 공고, 서류 전형, 필기 전형, 면접 전형 등으로 채용 프로세스는 같지만 전형별 세부 사항과 취지에 차이가 있다. 기존의 채용은 기업이 지원자에게 자신이 인재임을 스스로 증명하도록 요구해 무분별한 스펙 경쟁을 유발했던 반면, NCS 기반 채용은 기업이 직무별로 원하는 요건을 제시하고 지원자가 자신의 준비 정도를 증명해 목표 지향적인 능력·역량 개발을 촉진한다. 블라인드 채용은 선입견을 품을 수 있는 요소들을 전면 배제해 실력과 인성만으로 평가받도록 구성한 것이다.

**55** **다음 중 블라인드 채용의 등장 배경으로 적절하지 않은 것은?**

① 대다수의 구직자들은 기존 채용 방식의 공정성을 신뢰하지 못했다.
② 구직자의 77%가 불공정한 채용 평가를 경험했을 만큼 불공정한 채용이 만연했다.
③ 기존 채용 방식으로는 지원자의 직무에 적합한 인성 · 역량 등을 제대로 평가할 수 없었다.
④ 스펙 위주의 채용으로 인해 취업 준비생에게 시간적 · 금전적 비용이 과도하게 발생하였다.
⑤ 지원자의 직무 능력을 가릴 수 있는 요소들을 배제하는 기존의 방식이 불합리한 차별을 초래했다.

**56** **다음 중 블라인드 채용에 대한 설명으로 가장 적절한 것은?**

① 무서류 전형에서는 입사지원서를 제출할 필요가 없다.
② 서류 전형을 없애면 기존에 쌓아온 능력 · 지식 · 경험 등은 아무런 쓸모가 없다.
③ 별다른 자료 없이 진행되는 무자료 면접의 경우에도 인 · 적성검사 결과는 필요하다.
④ 블라인드 온라인 지원서의 암호화된 지원자의 개인정보는 채용담당자만 볼 수 있다.
⑤ 블라인드 면접관은 선입견을 유발하는 항목이 제거된 자료를 기반으로 면접을 진행하기도 한다.

PART 4

**57** **다음 중 밑줄 친 (가) ~ (다)에 대한 설명으로 적절하지 않은 것은?**

① (가)의 경우 기업은 지원자에게 자신이 적합한 인재임을 스스로 증명하도록 요구한다.
② (가) ~ (다)는 모두 채용 공고, 서류 전형, 필기 전형, 면접 전형 등의 동일한 채용 프로세스로 진행된다.
③ (나)는 (가)와 달리 기업이 직무별로 필요한 조건을 제시하면 지원자는 이에 맞춰 자신의 준비 정도를 증명해야 한다.
④ (다)는 선입견 요소들을 모두 배제하여 지원자의 실력과 인성만을 평가한다.
⑤ (가)와 (나)는 지원자가 자신의 능력을 증명해야 하므로 지원자들의 무분별한 스펙 경쟁을 유발한다.

※ S은행은 보안을 위해 직원들만 알 수 있는 비밀번호를 생성하려고 한다. 이어지는 질문에 답하시오. [58~59]

〈신규 비밀번호 생성방법〉

- 각자의 컴퓨터에 보안을 위해 새로운 비밀번호를 생성하십시오.
- 비밀번호 생성방법은 다음과 같습니다.
  1. 앞 두 자리는 성을 제외한 이름의 첫 자음으로 합니다. → 마동석=ㄷㅅ
  2. 한글의 경우 대응되는 경우 알파벳으로 변형합니다. → ㄷ=C, ㅅ=G
  3. 세 번째와 네 번째 자리는 생년월일의 일로 합니다. → 10월 3일=03
  4. 다섯 번째와 여섯 번째 자리는 첫 번째와 두 번째 자리의 알파벳에 3을 더한 알파벳으로 합니다. → C=F, G=J
  5. 가장 마지막 자리에는 직급의 번호로 합니다. → (사원=01, 대리=11, 과장=12, 차장=22, 부장=03)

**58** 새로 발령받은 공효주 사원은 9월 13일생이다. 이 사원이 생성할 비밀번호로 옳은 것은?

① NI13QL11
② NI13QL01
③ NI13JV01
④ NI45QL01
⑤ WK13QL01

**59** 다음 직원들이 만든 비밀번호 중 잘못 만들어진 비밀번호는?

① 김민경 사원(12월 6일생) → EA06HD01
② 유지영 대리(2월 25일생) → IH25LK11
③ 지혁민 과장(3월 30일생) → NE30QH12
④ 김윤경 차장(11월 14일생) → HA14KD22
⑤ 윤현찬 부장(4월 8일생) → NJ08QN03

**60** 다음 중 국제결제은행(BIS)이 정한 은행의 자기자본비율은 얼마인가?(단, 바젤 Ⅲ을 기준으로 한다)

① 7% 이상
② 8% 이상
③ 9% 이상
④ 10% 이상
⑤ 12% 이상

**61** 세 상품 A ~ C에 대한 선호도 조사를 실시했다. 조사에 응한 사람이 가장 좋아하는 상품부터 1 ~ 3순위를 부여했다. 조사의 결과가 다음과 같을 때, C에 3순위를 부여한 사람의 수는?(단, 두 상품에 같은 순위를 표시할 수는 없다)

- 조사에 응한 사람은 20명이다.
- A를 B보다 선호한 사람은 11명이다.
- B를 C보다 선호한 사람은 14명이다.
- C를 A보다 선호한 사람은 6명이다.
- C에 1순위를 부여한 사람은 없다.

① 4명
② 5명
③ 6명
④ 7명
⑤ 8명

**62** 다음 중 마이클 포터(Michael Porter)가 제시한 해당 업계의 경쟁 상황을 좌우하는 '5가지 경쟁요인'끼리 바르게 연결된 것은?

① 신규 진입자 – 판매자 – 구매자 – 대체품 업자 – 기존 경쟁자
② 신규 진입자 – 판매자 – 기술 혁신 – 대체품 업자 – 기존 경쟁자
③ 신규 진입자 – 트렌드 변화 – 구매자 – 대체품 업자 – 기존 경쟁자
④ 문화적 배경 – 구매자 – 판매자 – 대체품 업자 – 기존 경쟁자
⑤ 문화적 배경 – 신규 진입자 – 구매자 – 대체품 업자 – 기존 경쟁자

**63** 이번 주까지 A가 해야 하는 일들은 총 9가지(a ~ i)가 있고, 일주일 동안 월요일부터 매일 하나의 일을 한다. 다음 〈조건〉을 참고하여 A가 토요일에 하는 일이 b일 때, 화요일에 하는 일은?

조건

- 9개의 할 일 중에서 e와 g는 하지 않는다.
- d를 c보다 먼저 수행한다.
- c는 f보다 먼저 수행한다.
- i는 a와 f보다 나중에 수행한다.
- h는 가장 나중에 수행한다.
- a는 c보다 나중에 진행한다.

① a
② c
③ d
④ f
⑤ I

PART 4

※ 다음 글을 읽고 이어지는 질문에 답하시오. [64~65]

자본 구조가 기업의 가치와 무관하다는 명제로 표현되는 ㉠ 모딜리아니 – 밀러 이론은 완전 자본시장 가정, 곧 자본 시장에 불완전성을 가져올 수 있는 모든 마찰 요인이 전혀 없다는 가정에 기초한 자본 구조 이론이다. 이 이론에 따르면 기업의 영업 이익에 대한 법인세 등의 세금이 없고 거래 비용이 없으며 모든 기업이 완전히 동일한 정도로 위험에 처해 있다면, 기업의 가치는 기업 내부 여유 자금이나 주식 같은 자기 자본을 활용하든지 부채 같은 타인 자본을 활용하든지 간에 어떤 영향도 받지 않는다.
모딜리아니 – 밀러 이론이 제시된 이후, 완전 자본 시장 가정의 비현실성에 주안점을 두어 세금, 기업의 파산에 따른 처리 비용(파산 비용), 경영자와 투자자, 채권자 같은 경제 주체들 사이의 정보량의 차이(정보 비대칭) 등을 감안하는 자본 구조 이론들이 발전해 왔다. 불완전 자본 시장을 가정하는 이러한 이론들 중에는 상충 이론과 자본 조달 순서 이론이 있다.
상충 이론이란 부채의 사용에 따른 편익과 비용을 비교하여 기업의 최적 자본 구조를 결정하는 이론이다. 이러한 편익과 비용을 구성하는 요인들에는 여러 가지가 있지만, 그중 편익으로는 법인세 감세 효과만을, 비용으로는 파산 비용만 있는 경우를 가정하여 이 이론을 설명해 볼 수 있다.
여기서 법인세 감세 효과란 부채에 대한 이자가 비용으로 처리됨으로써 얻게 되는 세금 이득을 가리킨다. 이렇게 가정할 경우 상충 이론은 부채의 사용이 증가함에 따라 법인세 감세 효과에 의해 기업의 가치가 증가하는 반면, 기대 파산 비용도 증가함으로써 기업의 가치가 감소하는 효과도 나타난다고 본다. 이 상반된 효과를 계산하여 기업의 가치를 가장 크게 하는 부채 비율, 곧 최적 부채 비율이 결정되는 것이다.
이와는 달리 자본 조달 순서 이론은 정보 비대칭의 정도가 작은 순서에 따라 자본 조달이 순차적으로 이루어진다고 설명한다. 이 이론에 따르면, 기업들은 투자가 필요할 경우 내부 여유 자금을 우선적으로 쓰며, 그 자금이 투자액에 미달될 경우에 외부 자금을 조달하게 되고, 외부 자금을 조달해야 할 때에도 정보 비대칭의 문제로 주식의 발행보다 부채의 사용을 선호한다는 것이다.
상충 이론과 자본 조달 순서 이론은 기업들의 부채 비율 결정과 관련된 이론적 예측을 제공한다. 기업 규모와 관련하여 상충 이론은 기업 규모가 클 경우 부채 비율이 높을 것이라고 예측한다. 그러나 자본 조달 순서 이론은 기업 규모가 클 경우 부채 비율이 낮을 것이라고 예측한다. 성장성이 높은 기업들에 대하여, 상충 이론은 법인세 감세 효과보다는 기대 파산 비용이 더 크기 때문에 부채 비율이 낮을 것이라고 예측하는 반면, 자본 조달 순서 이론은 성장성이 높을수록 더 많은 투자가 필요할 것이므로 부채 비율이 높을 것이라고 예측한다.
밀러는 모딜리아니 – 밀러 이론을 수정 보완하는 자신의 이론을 제시하였다. 그는 자본 구조의 설명에 있어 파산 비용이 미치는 영향이 미약하여 이를 고려할 필요가 없다고 보았다. 이와 함께 법인세의 감세 효과가 기업의 자본 구조 결정에 크게 반영되지는 않는다는 점에 착안하여 자본 구조 결정에 세금이 미치는 효과에 대한 재정립을 시도하였다. 현실에서는 법인세뿐만 아니라 기업에 투자한 채권자들이 받는 이자 소득에 대해서도 소득세가 부과되는데, 이러한 소득세는 채권자의 자산 투자에 영향을 미침으로써 기업의 자금 조달에도 영향을 미칠 수 있다. 밀러는 이러한 현실을 반영하여 경제 전체의 최적 자본 구조 결정 이론을 제시하였다. ㉡ 밀러의 이론에 의하면, 경제 전체의 자본 구조가 최적일 경우에는 법인세율과 이자 소득세율이 정확히 일치함으로써 개별 기업의 입장에서 보면 타인 자본의 사용으로 인한 기업 가치의 변화는 없다. 결국 기업의 최적 자본 구조는 결정될 수 없고 자본 구조와 기업의 가치는 무관하다는 것이다.

## 64 다음 중 밑줄 친 ㉠과 ㉡의 관계를 설명한 내용으로 가장 적절한 것은?

① 파산 비용이 없다고 가정한 ㉠의 한계를 극복하기 위해 ㉡은 파산 비용을 반영하였다.
② 개별 기업을 분석 단위로 삼은 ㉠과 같은 입장에서 ㉡은 기업의 최적 자본 구조를 분석하였다.
③ 기업의 가치 산정에 법인세만을 고려한 ㉠의 한계를 극복하기 위해 ㉡은 법인세 외에 소득세도 고려하였다.
④ 현실 설명력이 제한적이었던 ㉠의 한계를 극복하기 위해 ㉡은 기업의 가치 산정에 타인 자본의 영향이 크다고 보았다.
⑤ 자본 시장의 마찰 요인을 고려한 ㉡은 자본 구조와 기업의 가치가 무관하다는 ㉠의 명제를 재확인하였다.



Hard

## 65 다음 중 윗글에 따라 〈보기〉의 상황에 대해 바르게 판단한 것은?

보기

기업 평가 전문가 A씨는 상충 이론에 따라 B기업의 재무 구조를 평가해 주려고 한다. B기업은 자기 자본 대비 타인 자본 비율이 높으며 기업 규모는 작으나 성장성이 높은 기업이다. 최근에 B기업은 신기술을 개발하여 생산 시설을 늘려야 하는 상황이다.

① A씨는 B기업의 규모가 작기 때문에 부채 비율이 높은 것이라고 평가할 것이다.
② A씨는 B기업의 이자 비용에 따른 법인세 감세 효과가 클 것이라고 평가할 것이다.
③ A씨는 B기업의 높은 자기 자본 대비 타인 자본 비율이 그 기업의 가치에 영향을 미칠 것이라고 평가할 것이다.
④ A씨는 B기업이 기대 파산 비용은 낮고 투자로부터 기대되는 수익은 매우 높기 때문에 투자 가치가 높다고 평가할 것이다.
⑤ A씨는 B기업의 생산 시설 확충을 위한 투자 자금은 자기 자본보다 타인 자본으로 조달하는 것이 더 낫다고 평가할 것이다.

Easy

**66** 다음 순서도는 동물의 특징에 따라 동물을 분류한 것이다. 순서도에 '고래, 토끼, 병아리'를 넣었을 때, 출력되는 도형으로 바르게 짝지어진 것은?

〈순서도 기호〉

| 기호 | 설명 | 기호 | 설명 |
|---|---|---|---|
| (둥근 사각형) | 시작과 끝을 나타낸다. | (마름모) | 어느 것을 택할 것인지를 판단한다. |
| (직사각형) | 데이터를 입력하거나 계산하는 등의 처리를 한다. | (문서 기호) | 선택한 값을 출력한다. |

〈순서도〉

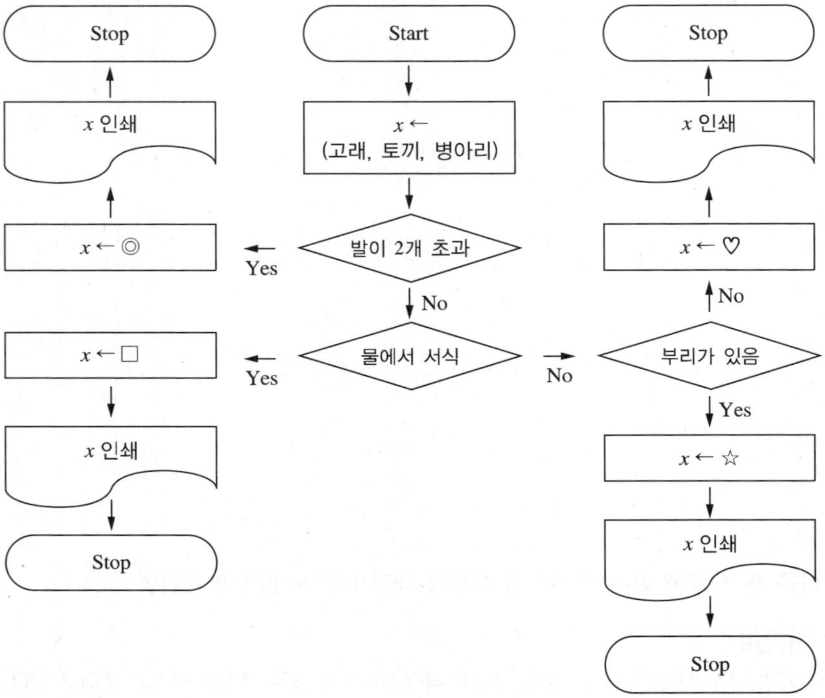


| | 고래 | 토끼 | 병아리 |
|---|---|---|---|
| ① | □ | ◎ | ♡ |
| ② | □ | ◎ | ☆ |
| ③ | ♡ | □ | ☆ |
| ④ | ☆ | □ | ◎ |
| ⑤ | ♡ | ◎ | ☆ |

**67** 다음은 S은행 홈페이지의 로그인 과정에 대한 순서도이다. 지수는 송금을 하기 위해 로그인 정보를 입력했으나, 로그인이 되지 않고 [2번 알림창]을 보게 되었다. 그 이유로 가장 적절한 것은?

〈순서도 기호〉

| 기호 | 설명 | 기호 | 설명 |
|---|---|---|---|
| 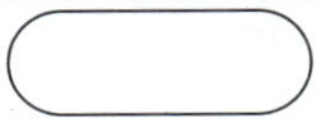 | 시작과 끝을 나타낸다. |  | 어느 것을 택할 것인지를 판단한다. |
|  | 데이터를 입력하거나 계산하는 등의 처리를 한다. |  | 선택한 값을 출력한다. |

〈순서도〉

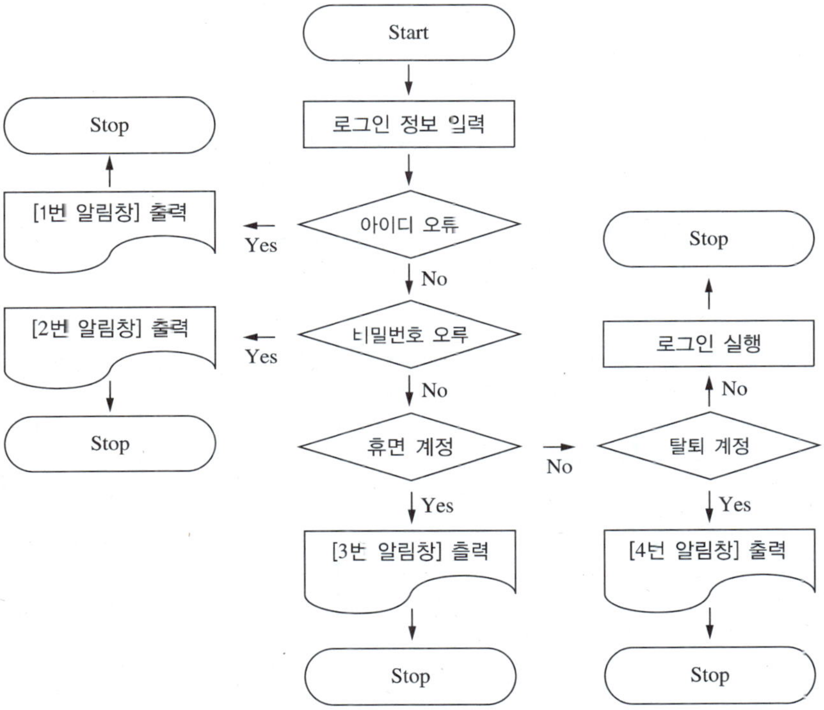


① 탈퇴 처리된 계정이기 때문
② 아이디와 비밀번호를 잘못 입력했기 때문
③ 아이디는 맞지만, 비밀번호를 잘못 입력했기 때문
④ 비밀번호는 맞지만, 아이디를 잘못 입력했기 때문
⑤ 휴면 처리된 계정이기 때문

**68** 지호는 영어학원에서 반배정 시험을 봤다. 시험결과 듣기 55점, 쓰기 67점, 말하기 68점, 읽기 79점을 받았다. 지호의 시험결과를 다음 순서도에 넣었을 때, 배정받을 반으로 가장 적절한 것은?

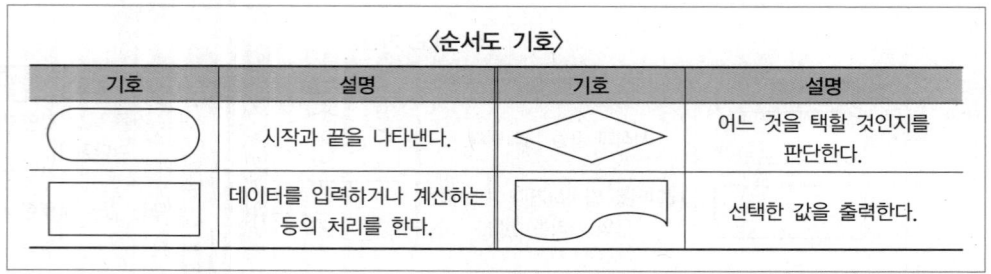

〈순서도 기호〉

| 기호 | 설명 | 기호 | 설명 |
|---|---|---|---|
| 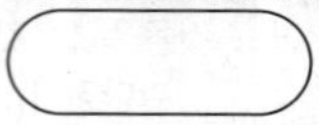 | 시작과 끝을 나타낸다. | 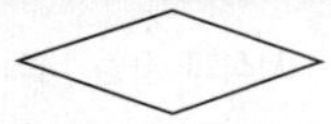 | 어느 것을 택할 것인지를 판단한다. |
| 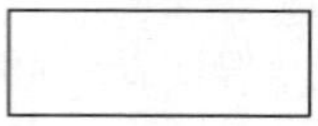 | 데이터를 입력하거나 계산하는 등의 처리를 한다. | 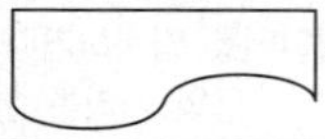 | 선택한 값을 출력한다. |

〈순서도〉

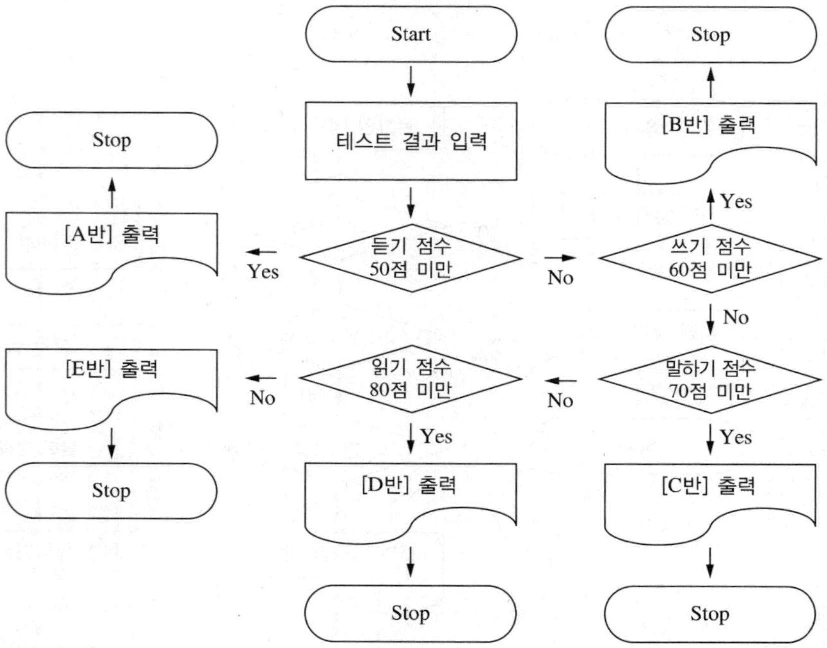


① A반
② B반
③ C반
④ D반
⑤ E반

**69** 다음 순서도에 의해 출력되는 값으로 옳은 것은?

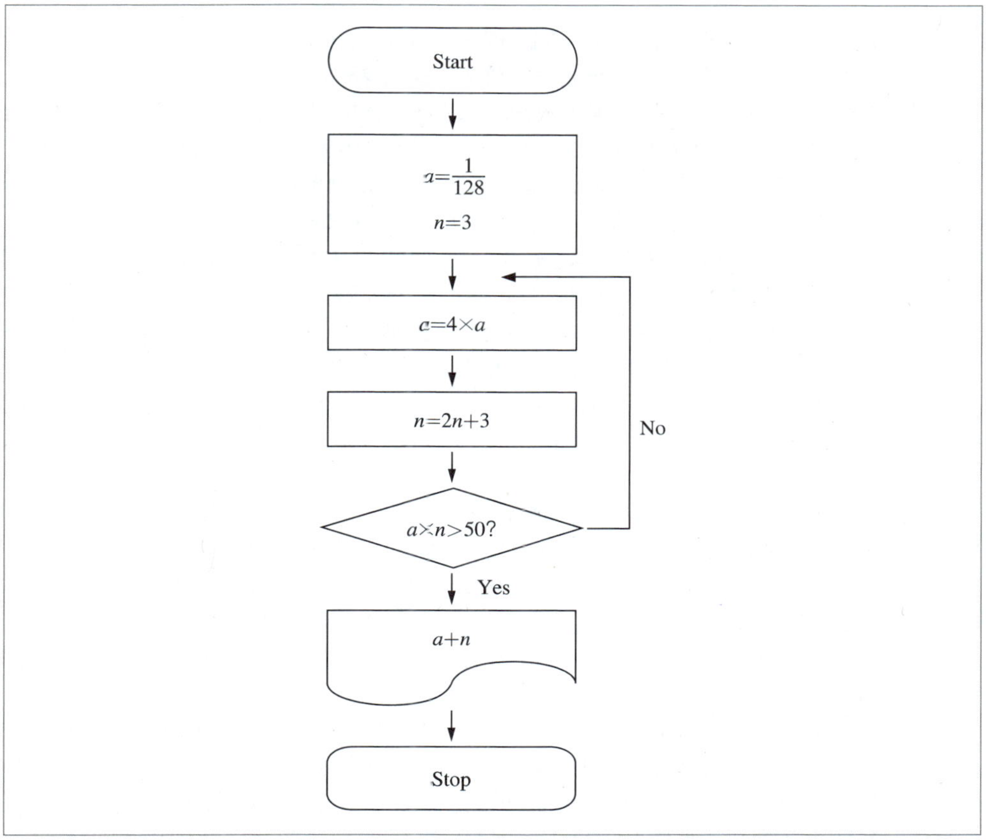


① 91　　② 93

③ 95　　④ 97

⑤ 99

**70** 다음 글에서 밑줄 친 ㉠을 설명하기 위해 사용한 방식으로 가장 적절한 것은?

134년 전인 1884년 10월 13일, 국제 자오선 회의에서 영국의 그리니치 자오선을 본초 자오선으로 채택하면서 지구상의 모든 지역은 하나의 시간을 공유하게 됐다. 본초 자오선을 정하기 전, 인류 대부분은 태양의 위치로 시간을 파악했다. 그림자가 생기지 않는 정오를 시간의 기준점으로 삼았는데, 관측 지점마다 시간이 다를 수밖에 없었다. 지역 간 이동이 활발하지 않던 그 시절에는 지구상에 수많은 시간이 공존했던 것이다. 그러나 세계가 확장하고 지역과 지역을 넘나들면서 문제가 발생했다. 기차의 발명이 변화의 시초였다. 기차는 공간을 빠르고 편리하게 이동할 수 있어 산업혁명의 바탕이 됐지만, 지역마다 다른 시간의 충돌을 야기했다. 역마다 시계를 다시 맞춰야 했고, 시간이 엉킬 경우 충돌 등 대형 사고가 일어날 가능성도 높았다. 이런 문제점을 공식 제기하고 세계 표준시 도입을 주창한 인물이 '세계 표준시의 아버지' 샌퍼드 플레밍이다. 그는 1876년 아일랜드의 시골 역에서 그 지역의 시각과 자기 손목시계의 시각이 달라 기차를 놓치고 다음 날 런던에서 출발하는 배까지 타지 못했다. 당시의 경험을 바탕으로 기준시의 필요성을 주창하고 경도를 기준으로 시간을 정하는 구체적 방안까지 제안했다. 그의 주장이 받아들여진 결과가 1884년 미국 워싱턴에서 열린 국제 자오선 회의이다.

시간을 하나로 통일하는 회의 과정에서는 영국이 주장하는 그리니치 표준시와 프랑스가 밀어붙인 파리 표준시가 충돌했다. 자존심을 건 시간 전쟁이었다. 결과는 그리니치 표준시의 일방적인 승리로 끝났다. 이미 30년 이상 영국의 그리니치 표준시를 기준 삼아 기차 시간표를 사용해 왔고, 미국의 철도 회사도 이를 따르고 있다는 게 이유였다. 당시 결정한 그리니치 표준시(GMT)는 1972년 원자시계를 도입하면서 협정세계시(UTC)로 대체했지만, 여전히 GMT 표기를 사용하는 경우도 많다. 둘의 차이는 1초보다 작다.

㉠ <u>표준시</u>를 도입했다는 건 완전히 새로운 세상이 열렸음을 의미한다. 세계의 모든 인구가 하나의 표준시에 맞춰 일상을 살고, 국가마다 다른 철도와 선박, 항공 시간을 체계적으로 정리할 수 있게 됐다. 지구 곳곳에 파편처럼 흩어져 살아가던 인류가 하나의 세계로 통합된 것이다.

협정세계시에 따르면 한국의 표준시는 UTC+ 09:00이다. 그리니치보다 9시간 빠르다는 의미이다. 우리나라가 표준시를 처음으로 도입한 것은 고종의 대한제국 시절이며 동경 127.5도를 기준으로 UTC+ 08:30, 그러니까 지금보다 30분 빠른 표준시를 썼다. 현재 한국은 동경 135도를 기준으로 한 표준시를 쓰고 있다.

① ㉠을 일정한 기준에 따라 나누고, 각각의 장점과 단점을 열거하고 있다.
② ㉠에 적용된 과학적 원리를 검토하고, 역사적 변천 과정을 되짚어보고 있다.
③ ㉠의 본격적인 도입에 따라 야기된 문제점을 지적하고, 대안을 모색하고 있다.
④ ㉠이 한국에 적용되게 된 시기를 살펴보고, 다른 나라들의 사례와 비교하고 있다.
⑤ ㉠의 필요성이 대두되게 된 배경과 도입과정을 밝히고, 그에 따른 의의를 설명하고 있다.

모바일 OMR

# 제2회 최종점검 모의고사

문항 수 : 70문항　응시시간 90분

정답 및 해설 p.070

PART 4

**01** S은행의 작년 정규직 인원은 1,275명, 계약직 인원은 410명이었다. 올해는 작년보다 정규직 남성은 4%, 여성은 2% 증가하면서 정규직 인원이 40명 증가하였다. 계약직의 경우는 남성이 6% 증가하고, 여성이 5% 감소하면서 총 4명이 감소하였다고 할 때, 올해 남성의 정규직과 계약직 인원은 각각 몇 명인가?

| | 정규직 인원 | 계약직 인원 |
|---|---|---|
| ① | 754명 | 159명 |
| ② | 754명 | 150명 |
| ③ | 725명 | 159명 |
| ④ | 725명 | 150명 |
| ⑤ | 700명 | 100명 |

**02** 다음 그래프의 관련된 ㉠~㉢에 들어갈 경제 개념을 순서대로 나열한 것은?

| 구분 | 소규모 기업 | 중규모 기업 | 대규모 기업 |
|---|---|---|---|
| 평균총비용과 생산량의 관계 | 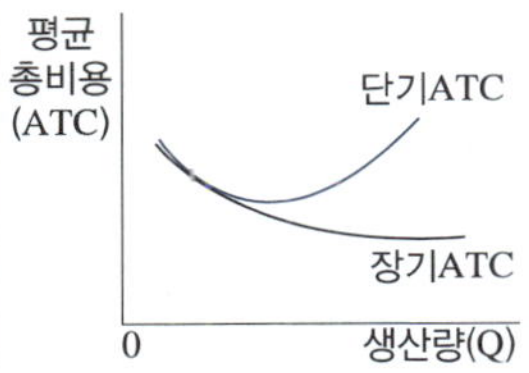 | 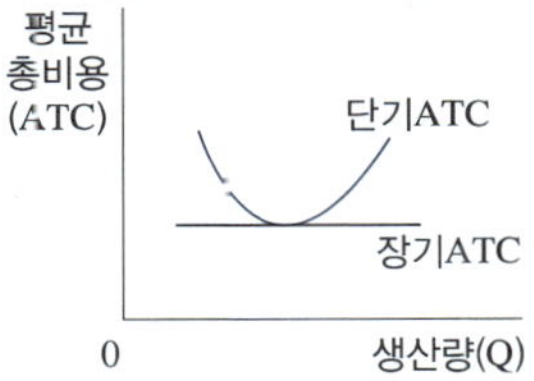 | 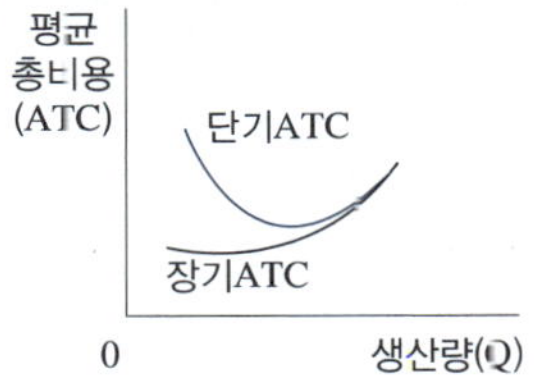 |
| 관련된 경제 개념 | ㉠ | ㉡ | ㉢ |

| | ㉠ | ㉡ | ㉢ |
|---|---|---|---|
| ① | 규모의 경제 | 규모의 수확불변 | 규모의 비경제 |
| ② | 한계비용체감 | 한계비용불변 | 한계비용체증 |
| ③ | 한계효용체감 | 한계효용불변 | 한계효용체증 |
| ④ | 한계생산성 체감 | 한계생산성 불변 | 한계생산성 증대 |
| ⑤ | 규모의 수확체감 | 규모의 수확불변 | 규모의 수확체증 |

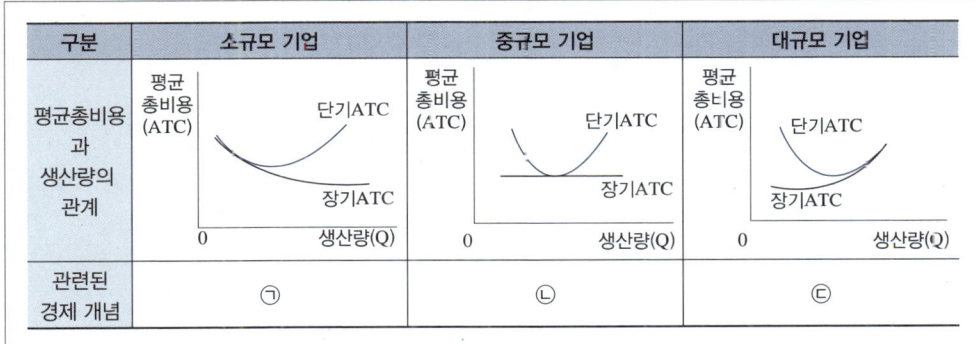

Hard

## 03 두 고생물학자 간에 벌어진 가상 대화이다. 두 사람의 보고와 주장이 모두 참이라고 가정할 경우, 〈보기〉에서 거짓인 것을 모두 고르면?

A : 지난해 일본 북해도에서는 다양한 암모나이트 화석이 많이 발견되었고, 그 때문에 북해도는 세계적으로 유명한 암모나이트 산지로 알려지게 되었습니다. 중생대 표준화석은 여러 가지가 있지만, 그중에서도 암모나이트는 세계적으로 대표적인 표준화석입니다. 표준화석은 지층의 지질 시대를 지시하는 화석으로, 특징 있는 형태와 넓은 분포, 다량의 산출 및 한정된 지질 시대에 생존했다는 조건을 갖춘 화석을 의미합니다.

B : 그렇습니다. 암모나이트는 중생대 바다를 지배한 동물이었고, 중생대 육지에서는 공룡이 군림하였습니다. 공룡 화석은 다양한 지역에서 산출되며, 중생대에만 한정되어 생존하였습니다. 그런데 우리나라에서는 경상도 지역을 중심으로 분포된 중생대 지층에서 암모나이트 화석은 발견되지 않았고, 공룡 화석만 발견된다고 들었습니다.

A : 말씀하신 것처럼, 경상도 지역에서 표준화석인 암모나이트가 산출되고 있지 않지만 공룡 화석들은 많이 산출되고 있습니다. 그리고 지금까지는 경상도 지역의 바다 환경에서 퇴적된 중생대 지층이 확인되었다는 보고가 없습니다.

B : 저는 가까운 일본에서 암모나이트가 발견되는 것을 보면 경상도 지역에서도 분명히 암모나이트가 나올 가능성이 있다고 생각합니다. 중생대에 우리나라 바다에서 퇴적된 해성층이 있었을 가능성이 있으므로 다시 조사해야 할 필요가 있습니다.

**보기**

㉠ 우리나라 경상도 지역은 옛날 중생대 때에는 모두 육지였다.
㉡ 공룡 화석은 암모나이트 화석과 같은 중생대 표준화석이 아니다.
㉢ 우리나라에서도 암모나이트 화석이 발견될 가능성이 있다.
㉣ 세계적으로 중생대에는 육지와 바다가 모두 존재하였다.
㉤ 일본 북해도 지역에는 바다에서 퇴적된 해성층이 분포되어 있다.
㉥ 경상도에서 암모나이트 화석이 산출되지 않는 것을 보면, 경상도 지역에는 중생대 지층이 없다.

① ㉠, ㉡, ㉥
② ㉠, ㉣, ㉥
③ ㉡, ㉢, ㉤
④ ㉡, ㉣, ㉥
⑤ ㉢, ㉣, ㉥

## 04 다음 문단을 논리적 순서대로 바르게 나열한 것은?

(가) 애그테크는 농업 산업의 생산성과 효율성을 높이고, 자원 사용을 최적화하며, 작물의 품질과 수량을 향상시키는 것을 목표로 한다. 다양한 기술을 활용하여 농작물 재배, 가축 사육, 작물 보호, 수확 및 포장 등 농업에 관련한 모든 단계에서 다양한 첨단 기술이 적용된다.

(나) 애그테크는 농업의 효율화, 자동화 등을 위해 다양한 기술을 활용한다. 첫째, 센서 기술을 통해 토양 상태, 기후 조건, 작물 성장 등을 모니터링한다. 이를 통해 작물의 생장 상태를 실시간으로 파악하고 작물에 필요한 물과 비료의 양을 조절할 수 있다. 둘째, 드론과 로봇기술을 통해 농지 상태를 파악하고 작물을 자동으로 식별하여 수확할 수 있다. 이를 통해 농업에 필요한 인력을 절감하고 생산성을 높일 수 있다. 셋째, 센서나 로봇으로 수집한 데이터를 분석하는 빅데이터 분석 기술을 통해 작물의 성장 패턴, 질병 예측, 수확 시기 등 최적의 정보를 얻을 수 있다. 이를 통해 농부는 더 효과적으로 작물을 관리하고 의사 결정을 내릴 수 있다. 넷째, 수직 농장, 수경 재배, 조직 배양 등 혁신적인 재배 기술을 통해 더 많은 작물을 작은 공간에서 생산하고 최적의 자원을 투입하여 낭비를 막을 수 있다. 마지막으로 생명공학 및 유전자 기술을 통해 작물의 생산성, 내구성 등을 개선할 수 있다. 이를 통해 수확량을 증대시키고, 재해에 대한 저항력을 향상시킬 수 있다.

(다) 농협경제연구소는 2023년 주목해야할 농업·농촌 이슈 중의 하나로 "애그테크(Ag-tech)의 성장"을 선정하였다. 애그테크는 농업(Agriculture)과 기술(Technology)의 융합을 뜻하는 것으로 정보기술(ICT), 생명과학, 로봇공학, 센서 기술 등 다양한 기술을 농업 분야에 적용하는 기술이다.

(라) UN 식량농업기구(FAO)는 2050년에는 세계 인구가 90억 명으로 급증하여 식량부족현상이 일어날 수 있다고 경고한다. 농업에 종사하는 사람은 점점 감소하고 있으므로 애그테크는 자동화, 최적화, 효율화를 통해 급증하는 인구에 식량을 제공하고, 환경 문제를 해결하는 등 미래 사회를 위해 반드시 필요한 기술이다.

① (가) – (다) – (라) – (나)
② (나) – (가) – (다) – (라)
③ (나) – (다) – (가) – (라)
④ (다) – (가) – (나) – (라)
⑤ (다) – (나) – (가) – (라)



## 05 다음 중 채권가격의 변동요인에 대한 설명으로 옳지 않은 것은?

① 채권가격의 변동은 채권의 만기와 함께 감소한다.
② 채권가격과 채권수익률은 역의 방향으로 움직인다.
③ 채권의 만기가 증가할수록 채권가격의 변동성도 커진다.
④ 채권에 대한 시장이자율이 표면이율보다 낮으면 이 채권은 액면가보다 비싸게 거래된다.
⑤ 일정한 수준의 채권수익률 변동에 따른 채권가격의 변화율은 만기까지의 기간에 비례하여 증가하지 않고 체감하면서 증가한다.

※ S사는 모든 직원을 대상으로 자사의 내부 개선에 필요한 사항에 대해 설문 조사를 실시하였다. 이어지는 질문에 답하시오. [6~7]

〈내부 개선 사항에 대한 설문 조사 결과〉

(단위 : %)

| 개선 사항 \ 근속연수 | 5년 미만 | 5년 이상 20년 미만 | 20년 이상 |
|---|---|---|---|
| 근무 형태 유연화 | 19 | 23 | 15 |
| 육아 휴직 활성화 | 11 | 19 | 27 |
| 연차 사용 보장 | 27 | 10 | 23 |
| 임금 인상 | 11 | 24 | 5 |
| 사내 문화 개선 | 28 | 18 | 15 |
| 기타 | 4 | 6 | 15 |

※ 모든 직원은 6개의 항목 중 개선 필요성이 가장 높은 1개의 항목을 선택함

Easy

## 06 다음 중 위 자료에 대한 설명으로 옳은 것은?

① 직원을 근속연수로 구분하였을 때, 근속연수별로 가장 높은 응답률을 보인 항목은 동일하다.
② 연차 사용 보장이 필요하다고 응답한 직원 중 근속연수가 5년 미만인 직원 수가 제일 많다.
③ 근속연수가 20년 이상인 직원들은 육아 휴직 활성화 항목을 가장 많이 선택하였다.
④ 근속연수가 20년 이상인 직원들의 경우 임금 인상에 대해 부정적이다.
⑤ 근속연수가 길수록 사내 문화 개선의 필요성을 높게 인식한다.

## 07 이번 설문 조사에 참여한 직원 수가 총 900명이라고 할 때, 이에 대한 〈보기〉의 설명 중 옳은 것을 모두 고르면?

보기

ㄱ. 근속연수별 직원의 비율이 1 : 1 : 1이라면, 근무 형태 유연화를 선택한 직원은 150명 이상이다.
ㄴ. 근속연수별 직원의 비율이 3 : 5 : 1이라면, 육아 휴직 활성화를 선택한 직원 중 근속연수가 20년 이상인 직원의 수가 가장 많다.
ㄷ. 근속연수별 직원의 비율이 4 : 3 : 2라면, 근속연수가 20년 이상인 직원 중 사내 문화 개선을 선택한 직원은 40명 이상이다.

① ㄱ
② ㄴ
③ ㄱ, ㄷ
④ ㄴ, ㄷ
⑤ ㄱ, ㄴ, ㄷ

**08** 다음은 S은행의 직장인 월 복리 적금에 대한 자료이다. 행원인 귀하가 이 상품을 고객에게 설명한 내용으로 적절하지 않은 것은?

〈가입현황〉

| 성별 | | 연령대 | | 신규금액 | | 계약기간 | |
|---|---|---|---|---|---|---|---|
| 여성 | 63% | 20대 | 20% | 5만 원 이하 | 21% | 1년 이하 | 60% |
| | | 30대 | 31% | 10～50만 원 | 36% | 1～2년 | 17% |
| 남성 | 37% | 40대 | 28% | 50～100만 원 | 22% | 2～3년 | 21% |
| | | 기타 | 21% | 기타 | 21% | 기타 | 2% |

※ 현재 이 상품을 가입 중인 고객의 계좌 수 : 138,736개

〈상품설명〉

| | |
|---|---|
| 상품특징 | 급여이체 및 교차거래 실적에 따라 우대금리를 제공하는 직장인재테크 월 복리 적금상품 |
| 가입대상 | 만 18세 이상 개인(단, 개인사업자 제외) |
| 가입기간 | 3년 이내(월 단위) |
| 가입금액 | • 초입금 및 매회 입금 1만 원 이상(원 단위)<br>• 1인당 분기별 3백만 원 이내<br>• 계약기간 3/4 경과 후 적립할 수 있는 금액은 이전 적립누계액의 1/2 이내 |
| 적립방법 | 자유적립식 |
| 금리안내 | 기본금리+최대 0.8%p<br>※ 기본금리 : 신규가입일 당시의 직장인 월 복리 적금 고시금리 |
| 우대금리 | 가입기간 동안 1회 이상 당행에 건별 50만 원 이상 급여를 이체한 고객 中<br>① 가입기간 중 3개월 이상 급여이체 0.3%p<br>② 당행의 주택청약종합저축(청약저축 포함) 또는 적립식펀드 중 1개 이상 가입 0.2%p<br>③ 당행 신용·체크카드의 결제실적이 100만 원 이상 0.2%p<br>④ 인터넷 또는 스마트뱅킹으로 본 적금에 가입 시 0.1%p |
| 이자지급방법 | 월 복리식(단, 중도해지이율 및 만기 후 이율은 단리 계산) |
| 가입 / 해지 안내 | 비과세종합저축으로 가입 가능 |
| 예금자보호 | 있음 |

① 기본금리는 가입한 시점에 따라 다를 수 있습니다.

② 아쉽게도 중도해지를 하시면 복리가 아닌 단리로 이율이 계산됩니다.

③ 이 상품은 남성분들보다 고객님처럼 여성분이 더 많이 가입하는 상품으로, 주로 1년 이하 단기로 가입합니다.

④ 1년 만기 상품인데 지금이 8개월째이기 때문에 이전 적립누계액의 반이 넘는 금액은 적립할 수 없습니다.

⑤ 인터넷뱅킹이나 스마트뱅킹으로 이 적금에 가입하신 후 급여를 3개월 이상 이체하시면 0.4%p의 금리를 더 받으실 수 있어요.

**09** 다음은 한국은행 금융통화위원회가 통화정책방향에 대해 발표한 의결서이다. 이를 추론한 내용으로 적절하지 않은 것은?

> 〈통화정책방향〉
>
> 금융통화위원회는 다음 통화정책방향 결정 시까지 한국은행 기준금리를 현 수준(1.50%)에서 유지하여 통화정책을 운용하기로 하였다.
> 세계경제는 견조한 성장세를 지속하였다. 국제금융시장을 보면, 대외건전성이 취약한 일부 신흥시장국에서 환율 급등, 자본유출 등의 불안한 움직임이 다시 나타났다. 앞으로 세계경제의 성장세는 보호무역주의 확산 움직임, 주요국 통화정책 정상화 속도, 미국 정부 정책방향 등에 영향을 받을 것으로 보인다.
> 국내경제는 설비 및 건설 투자의 조정이 지속되었으나 소비와 수출이 양호한 흐름을 보이면서 견실한 성장세를 이어간 것으로 판단된다. 고용 상황은 취업자 수 증가폭이 크게 축소되는 등 더욱 부진한 모습을 보였다. 앞으로 국내경제는 지난 7월 전망경로와 대체로 부합하는 잠재성장률 수준의 성장세를 지속할 것으로 예상된다. 투자가 둔화되겠으나 소비는 꾸준한 증가세를 이어가고 수출도 세계경제의 호조에 힘입어 양호한 흐름을 지속할 것으로 예상된다.
> 소비자물가는 석유류가격의 상승세가 확대되었으나, 서비스요금과 농산물가격의 상승세가 둔화되면서 1%대 중반의 오름세를 이어갔다. 근원인플레이션율(식료품 및 에너지 제외 지수)은 1% 수준으로 하락하였으며 일반인 기대인플레이션율은 2%대 중후반을 나타내었다. 소비자물가 상승률은 당분간 1%대 중반 수준을 보이다가 오름세가 확대되면서 목표수준에 점차 근접할 것으로 전망된다. 근원인플레이션율도 완만하게 상승할 것으로 보인다.
> 금융시장은 대체로 안정된 모습을 보였다. 장기시장금리는 일부 신흥시장국 금융불안, 고용 부진 등으로 하락하였다. 주가는 미·중 무역분쟁 등으로 하락하였다가 그 우려가 다소 완화되면서 반등하였다. 원/달러 환율은 세계적인 달러화 가치 변동에 따라 등락하였다. 가계대출은 증가규모가 다소 축소되었으나 예년보다 높은 증가세를 지속하였다. 주택가격은 보합세를 나타내었으나 수도권 일부 지역에서 상승세가 확대되었다.

① 소비자물가 상승률은 점차 증가할 것이다.
② 주가는 환율 외에도 국제분쟁의 영향을 받는다.
③ 앞으로 세계경제에 보호무역주의가 확산될 것이다.
④ 석유류가격과 농산물가격은 서로 상반되는 증감추세를 보인다.
⑤ 대외건전성이 하락하는 경우, 자본유출 발생가능성이 높아진다.

**10** 다음 순서도에 의해 출력되는 값으로 옳은 것은?

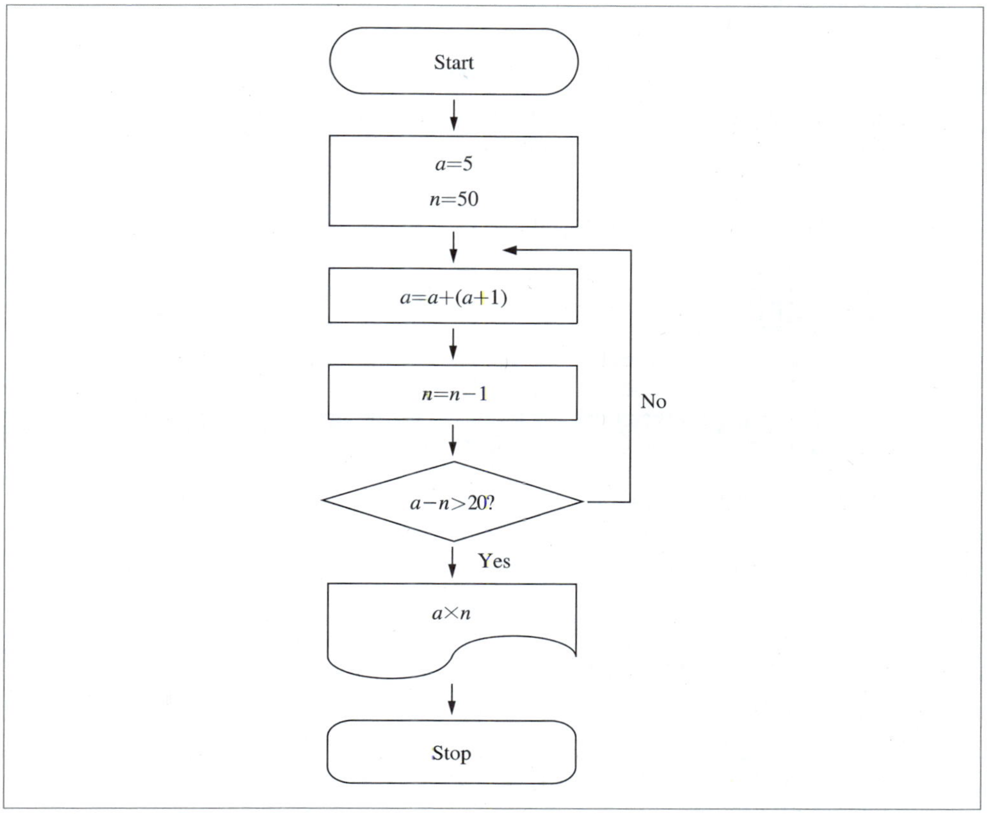


① 2,904　　② 3,642
③ 4,026　　④ 4,370
⑤ 4,500

※ 다음은 S은행에서 19 ~ 34세 대상으로 출시하는 1934 월복리 적금에 대한 자료이다. 이어지는 질문에 답하시오. **[11~12]**

〈1934 월복리 적금〉

청년고객의 취업 · 창업을 응원하며 금융거래에 따라 높은 우대금리를 제공하는 월복리 적금

- 가입대상 : 만 19 ~ 34세 개인 및 개인사업자(1인 1계좌)
- 가입기간 : 6 ~ 24개월
- 가입금액 : 매월 1 ~ 50만 원 이내 자유적립
- 기본금리 : 가입기간별 금리를 차등 적용

| 가입기간 | 6개월 이상 | 12개월 이상 |
|---|---|---|
| 금리 | 연 1.45% | 연 1.50% |

- 우대금리 : 다음 우대조건을 만족하는 경우 가입일 현재 기본금리에 가산하여 만기해지 시에 적용

| 우대항목 | | 우대금리 |
|---|---|---|
| 급여실적 | 만기 전전월 말 기준, 가입기간에 따른 급여실적이 있는 경우<br>– 가입기간 12개월 이하 : 급여실적 3개월<br>– 가입기간 24개월 이하 : 급여실적 12개월 | 연 1.0%p |
| 개인사업자 계좌 실적 | 만기 전전월 말 기준, S은행 개인사업자계좌를 보유하고 3개월 평균 잔액이 50만 원 이상인 경우 | |
| 비대면 채널 이체 실적 | 만기 전전월 말 기준, 비대면 채널(인터넷 / 스마트 뱅킹)에서 월평균 2건 이상 이체 시(오픈 뱅킹 이체 포함) | 연 0.3%p |
| 마케팅 동의 | 신규 시점에 개인(신용)정보 수집 · 이용 · 제공 동의(상품서비스 안내 등)에 전체 동의한 경우 | 연 0.2%p |

※ 급여실적과 개인사업자계좌 실적 우대금리는 중복 적용 불가

※ 특성화고 졸업자가 졸업증명서, 수료증 등을 제출한 경우 추가 우대금리 연 2.0%p 제공

## 11 다음 중 월복리 적금에 대한 설명으로 옳지 않은 것은?

① 연령에 따른 제한이 있는 상품이므로 퇴직을 앞두고 창업을 계획 중인 장년층은 가입이 불가능하다.

② 월초에 10만 원을 입금하였더라도 한 달 내 40만 원 이하의 금액을 추가로 자유롭게 입금할 수 있다.

③ 이자는 매월 입금하는 금액마다 입금일부터 만기일 전까지의 기간에 대하여 약정금리에 따라 월복리로 계산하여 지급된다.

④ 가입기간이 길수록 더 높은 기본금리가 적용될 수 있으나, 가입기간이 24개월을 초과할 경우 가장 낮은 기본금리가 적용된다.

⑤ 가장 낮은 금리가 적용되는 고객과 모든 우대조건을 만족하여 최대 금리가 적용되는 고객과의 금리 차이는 3.55%p이다.

**12** 다음은 S은행 고객과 직원의 대화이다. 빈칸에 들어갈 금리로 옳은 것은?

> 고객 : 안녕하세요. 적금 만기일이 다가와서 문의드릴 게 있습니다. 저는 현재 월복리 적금을 23회 차까지 입금한 상태인데요. 가입할 때 기본금리 외에도 우대조건을 만족하면 우대금리가 적용될 수 있다고 설명을 들었던 것 같은데, 정확히 적용되는 금리가 얼마인지 알 수 있을까요?
>
> 직원 : 네, 고객님. 확인해보도록 하겠습니다. 먼저 고객님께서 24개월의 기간으로 가입하셔서 기간에 따른 기본금리가 적용됩니다. 그리고 고객님께서 현재 저희 은행의 개인사업자계좌를 보유하고 있는 것으로 확인되어서 평균 잔액을 조회해봐야 할 것 같습니다.
>
> 고객 : 그 계좌는 작년에 처음 500만 원으로 개설한 뒤로 지금까지 단 한 번도 출금하지 않았어요.
>
> 직원 : 그런데 저희 은행의 인터넷 뱅킹이나 스마트 뱅킹은 사용한 적이 없으신가요? 거래 내역이 조회되지 않아 말씀드립니다.
>
> 고객 : 네, 제가 은행 업무는 꼭 영업점을 방문해서 하는 편이라 그렇습니다.
>
> 직원 : 네, 그러면 다른 정보도 확인해보겠습니다. 처음 상품 가입하실 때 개인정보 수집 및 이용 동의에 전체 동의해주신 것도 확인되었습니다. 그러면 고객님께서 적용받으실 수 있는 총 금리는 ______가 됩니다.

① 연 1.5%　　② 연 2.7%
③ 연 3.8%　　④ 연 4.7%
⑤ 연 4.8%

**13** 다음은 (주)한국의 주식을 기초자산으로 하는 옵션의 시세를 나타낸 자료이다. 이에 대한 설명으로 옳지 않은 것은?(단, (주)한국의 현재주가는 370.00이다)

〈옵션시세표〉

| 콜옵션 | 행사가격 | 풋옵션 |
|---|---|---|
| 1월물 | | 1월물 |
| 4.34 | 375.00 | 13.65 |
| 5.17 | 372.50 | 12.05 |
| 6.12 | 370.00 | 10.40 |
| 7.23 | 367.50 | 9.23 |
| 8.50 | 365.00 | 7.99 |

① 행사가 375.00의 콜옵션은 외가격 옵션이다.
② 행사가 367.50의 풋옵션은 외가격 옵션이다.
③ 행사가 370.00의 콜옵션의 내재가치는 0이다.
④ 행사가 365.00의 콜옵션의 시간가치는 5이다.
⑤ 행사가 367.50의 풋옵션의 시간가치는 9.23이다.

## 14 다음은 청년전세임대주택에 대한 자료이다. 이에 대한 설명으로 옳지 않은 것은?

〈청년전세임대주택〉

• 입주자격

무주택요건 및 소득·자산기준을 충족하는 다음의 사람

① 본인이 무주택자이고 신청 해당연도 대학에 재학 중이거나 입학·복학예정인 만 19세 미만 또는 만 39세 초과 대학생

② 본인이 무주택자이고 대학 또는 고등·고등기술학교를 졸업하거나 중퇴한 후 2년 이내이며 직장에 재직 중이지 않은 만 19세 미만 또는 만 39세 초과 취업준비생

③ 본인이 무주택자이면서 만 19세 이상 39세 이하인 사람

• 임대조건

– 임대보증금 : 1순위 100만 원, 2·3순위 200만 원

– 월임대료 : 전세지원금 중 임대보증금을 제외한 금액에 대한 연 1 ~ 2% 이자 해당액

• 호당 전세금 지원 한도액

| 구분 | | 수도권 | 광역시 |
|---|---|---|---|
| 단독거주 | 1인 거주 | 1.2억 원 | 9천 5백만 원 |
| 공동거주(셰어형) | 2인 거주 | 1.5억 원 | 1.2억 원 |
| | 3인 거주 | 2.0억 원 | 1.5억 원 |

※ 지원 한도액을 초과하는 전세주택은 초과하는 전세금액을 입주자가 부담할 경우 지원 가능. 단, 전세금 총액은 호당 지원 한도액의 150% 이내로 제한(셰어형은 200% 이내)

① 만 39세를 초과한 경우에도 입주자격을 갖출 수 있다.

② 호당 전세금 지원 한도액은 수도권이 광역시보다 높다.

③ 주택을 보유한 경우 어떠한 유형으로도 입주대상자에 해당되지 않는다.

④ 대상 유형의 지원 한도액 이내의 범위에서는 전세금 전액을 지원받을 수 있다.

⑤ 수도권에 위치한 3인 공동거주 형태의 경우, 최대 4.0억 원까지 지원받을 수 있다.

Easy

## 15 다음은 국가별 환율 정보이다. 이를 참고할 때, 대한민국 원화 50만 원을 미국 달러(USD)로 환전하면 얼마인가?(단, 환전수수료는 고려하지 않는다)

〈국가별 환율〉

| 구분 | 미국 | 프랑스 | 일본 | 호주 |
|---|---|---|---|---|
| 환율 | 1,313.13원/USD | 1,444.44원/유로 | 9.13원/엔 | 881.53원/AUD |

① 약 380.76USD

② 약 380.77USD

③ 약 380.78USD

④ 약 381.77USD

⑤ 약 381.78USD

## 16 S은행에서는 새로운 지점의 고객 유치를 위해 다음 <조건>과 같은 금융상품을 개발하였다고 할 때, 해당 지점에서 고객이 개설할 수 있는 금융상품의 경우의 수는?(단, 동시에 여러 개 금융상품이 결합된 경우 별도의 경우의 수로 고려한다)

**조건**

- 금융상품은 1번부터 10번까지 있다.
- 예금상품은 1 ~ 3번, 적금상품은 4 ~ 5번이다.
- 예금 또는 적금상품 1 ~ 5번 내에서 중복해서 개설할 수 없고, 하나만 가입 가능하다.
- 투자상품은 6 ~ 7번, 카드상품은 8번, 기타상품은 9 ~ 10번이다.
- 예금 또는 적금상품을 개설할 경우에만 투자상품이나 기타상품을 개설할 수 있다.
- 카드상품은 예금상품을 개설해야 만들 수 있다.
- 투기를 막기 위해 각 고객은 투자상품 또는 기타상품을 최대 1개까지만 개설할 수 있다.

① 10가지
② 15가지
③ 22가지
④ 28가지
⑤ 30가지

## 17 다음 글의 밑줄 친 ㉠ ~ ㉤을 바꾸어 쓴 것으로 옳지 않은 것은?

산등성이가 검은 바위로 끊기고 산봉우리가 여기저기 솟아 있어서 이들 산은 때로 ㉠ <u>황량하고</u> 접근할 수 없는 것처럼 험준해 보인다. 산봉우리들은 분홍빛의 투명한 자수정으로 빛나고, 그 그림자는 짙은 코발트빛을 띠며 내려앉고, 하늘은 푸른 금빛을 띤다. 서울 인근의 풍광은 이른 봄에도 아름답다. 이따금 녹색의 연무가 산자락을 ㉡ <u>휘감고</u>, 산등성이는 연보랏빛 진달래로 물들고, 불그레한 자두와 화사한 벚꽃, 그리고 ㉢ <u>흐드러지게</u> 핀 복숭아꽃이 예상치 못한 곳에서 나타난다.
서울처럼 인근에 아름다운 산책로와 마찻길이 있고 외곽지대로 조금만 나가더라도 한적한 숲이 펼쳐져 있는 도시는 동양에서는 거의 찾아볼 수 없다. 또 한 가지 덧붙여 말한다면, 서울만큼 안전한 도시는 없다는 것이다. 내가 직접 경험한 바이지만, 이 곳에서는 여자들이 유럽에서처럼 누군가를 ㉣ <u>대동하지</u> 않고도 성 밖의 어느 곳이든 아무런 ㉤ <u>성가신</u> 일을 겪지 않고 나다닐 수 있다.

① ㉠ – 경사가 급하고
② ㉡ – 둘러 감고
③ ㉢ – 탐스럽게
④ ㉣ – 데리고 가지
⑤ ㉤ – 번거로운

**18** **다음 글에 대한 분석으로 옳은 것을 〈보기〉에서 모두 고르면?**

> 식탁을 만드는 데는 노동과 자본만 투입된다고 가정하자. 노동자 1명의 시간당 임금은 8,000원이고, 노동자는 1명이 투입되어 A기계 또는 B기계를 사용하여 식탁을 생산한다. A기계를 사용하면 10시간이 걸리고, B기계를 사용하면 7시간이 걸린다. 이때, 식탁 1개의 시장가격은 100,000원이고, 식탁 1개를 생산하는 데 드는 임대료는 A기계의 경우 10,000원, B기계의 경우 20,000원이다. 만약 A, B기계 중 어떤 것을 사용해도 생산된 식탁의 품질은 같다고 한다면, 기업은 어떤 기계를 사용할 것인가?(단, 작업 환경·물류비 등 다른 조건은 고려하지 않는다)

**보기**

ㄱ. 기업은 B기계보다는 A기계를 선택할 것이다.
ㄴ. '어떻게 생산할 것인가?'와 관련된 경제 문제이다.
ㄷ. 합리적인 선택을 했다면, 식탁 1개당 24,000원의 이윤을 기대할 수 있다.
ㄹ. A기계를 선택하는 경우 식탁 1개를 만드는 데 드는 비용은 70,000원이다.

① ㄱ, ㄴ
② ㄱ, ㄷ
③ ㄴ, ㄷ
④ ㄴ, ㄹ
⑤ ㄷ, ㄹ

**19** **민츠버그(Mintzberg)는 조직의 구조가 조직의 전략 수행, 조직 주변의 환경, 조직의 구조 그 자체의 역할에 의해 좌우된다는 조직구성론을 제시하였다. 다음 중 5가지 조직형태에 해당하지 않는 것은?**

① 단순구조 조직
② 기계적 관료제 조직
③ 전문적 관료제 조직
④ 매트릭스 조직
⑤ 사업부제 조직

**20** 다음은 2020년 4/4분기부터 2024년 2/4분기까지의 국내총생산 및 경제성장률을 조사한 자료이다. (가) ~ (라)에 들어갈 내용이 바르게 연결된 것은?

〈국내총생산 및 경제성장률〉

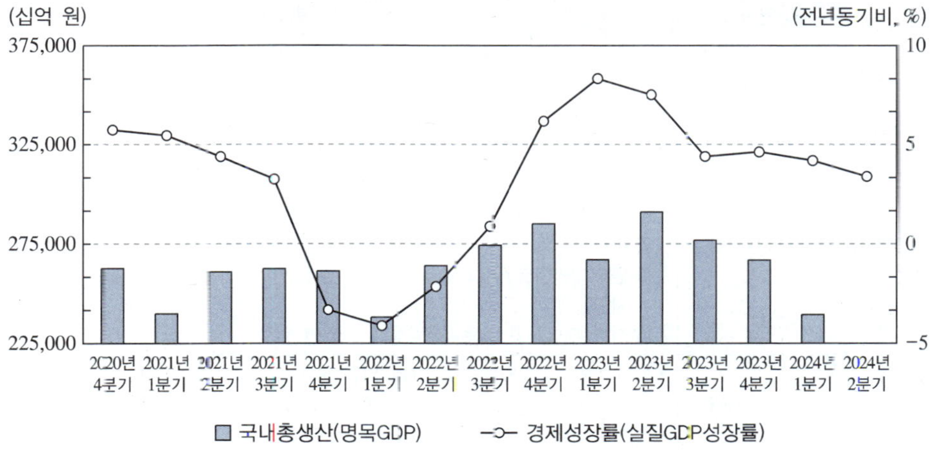


※ 출처 : 한국은행 「국민소득」

- 경제성장률이 세 번째로 높은 분기는 (가)분기이고 가장 낮은 분기는 (나)분기이다.
- 전 분기 대비 경제성장률 증가율이 가장 높은 분기는 (다)분기이다.
- 국내총생산은 2023년 2분기에 가장 많았으며, 그다음으로 (라)분기에 많았다.

| | (가) | (나) | (다) | (라) |
|---|---|---|---|---|
| ① | 2022년 4분기 | 2022년 1분기 | 2022년 4분기 | 2022년 4분기 |
| ② | 2022년 4분기 | 2022년 4분기 | 2023년 4분기 | 2022년 4분기 |
| ③ | 2023년 4분기 | 2022년 4분기 | 2021년 4분기 | 2023년 4분기 |
| ④ | 2022년 4분기 | 2022년 1분기 | 2022년 4분기 | 2021년 4분기 |
| ⑤ | 2023년 4분기 | 2021년 4분기 | 2022년 4분기 | 2023년 1분기 |

※ 갑돌이와 을순이는 최근에 항공 마일리지 적립용 신용카드를 만들려고 자료를 조사하였다. 이어지는 질문에 답하시오. **[21~22]**

〈카드별 연회비 및 마일리지 혜택〉

| 구분 | 연회비 | 마일리지 적립 및 혜택 |
|---|---|---|
| C카드 | 150,000원 | • 기본적립 : 1,000원당 A항공 1.2마일리지 또는 B항공 1.6마일리지<br>• 연간 소비 5천만 원 보너스 적립 : A항공 6,000마일리지 또는 B항공 8,000마일리지<br>• PP카드 연 25회 무료 이용 / 전월실적 : 없음 |
| K카드 | 20,000원 | • 기본적립 : 1,500원당 A항공 1.2마일리지 또는 1,000원당 B항공 1.2마일리지<br>• 모바일 게임 : 1,500원당 A항공 2마일리지 또는 1,000원당 B항공 2마일리지<br>• 엔터테인먼트 / 커피 / 영화 : 1,500원당 A항공 3마일리지 또는 1,000원당 B항공 3마일리지<br>※ 엔터테인먼트 / 커피 / 영화 한도 : 월 20만 원 이용금액까지 제공(초과 시 기본적립 제공)<br>• PP카드 무료제공 없음 / 전월실적 : 20만 원 |
| E카드 | 40,000원 | • 기본적립 : 1,500원당 1.8 HA 마일(월 1,000 HA 마일 한도)<br>※ 1 HA 마일당 A항공 1마일리지, B항공은 1.2마일리지<br>• PP카드 3회 이용 가능 / 전월실적 : 없음 |
| S카드 | 50,000원 | • 전월실적에 따른 마일리지<br>– 월 80만 원 미만은 기본적립 적용<br>– 월 80만 원 이상 100만 원 이하는 A항공 2마일리지 또는 B항공 2.5마일리지<br>– 100만 원 초과는 특별적립한도까지 최대적립 후 나머지는 기본적립<br>• 특별적립한도 : 월 최대 약 70만 원 한도까지 최대적립 가능<br>– 최대 1,000원당 A항공 3마일리지 적립<br>– 최대 1,000원당 B항공 3.5마일리지 적립<br>• 기본적립 : 1,000원당 A항공 1마일리지 또는 B항공 1.3마일리지 적립(한도 없음)<br>• PP카드 무료제공 없음 |

※ 단, 연회비와 PP카드 사용 시 비용을 합산한 최고액을 기준으로 나머지 카드들의 해당 차액은 모두 해당 카드 마일리지로 기본적립됨

**21** 갑돌이가 다음과 같은 〈조건〉을 가지고 있을 때, 갑돌이에게 1년 마일리지 적립 기준으로 가장 마일리지가 높은 카드와 두 번째로 높은 카드를 바르게 나열한 것은?(단, PP카드 무료제공이 없을 경우, 1회 사용 시 비용은 30,000원이다)

**조건**

• 예상 월 소비 지출액은 100만 원이다.
• B항공의 마일리지로 적립한다.
• 해외여행을 1년에 한 번 가며, PP카드를 2번 사용하고자 한다.
• 커피에 8만 원, 영화에 3만 원을 매달 고정적으로 지출하고 있다.

① S카드, C카드
② E카드, C카드
③ K카드, C카드
④ S카드, K카드
⑤ S카드, E카드

Hard

## 22 을순이의 〈조건〉이 다음과 같을 때, 1년 동안 마일리지 적립이 가장 높은 카드부터 차례대로 나열한 것은?(단, PP카드 쿠료제공이 없을 경우, 1회 사용 시 비용은 30,000원이다)

조건

- 예상 월 소비 지출액은 70만 원이다.
- A항공 마일리지로 적립한다.
- 해외출장을 1년에 3번 다니며, PP카드를 6번 사용한다.
- 커피에 10만 원, 영화에 5만 원, 공연에 5만 원을 매달 고정적으로 지출한다.

① C카드 – K카드 – S카드 – E카드
② C카드 – K카드 – E카드 – S카드
③ K카드 – C카드 – S카드 – E카드
④ K카드 – C카드 – E카드 – S카드
⑤ K카드 – E카드 – C카드 – S카드

## 23 다음 (가) ~ (라)에 들어갈 내용이 바르게 나열된 것은?

최근 한국금융시장의 불안으로 원화가 당분간 지속적으로 약세 현상을 보일 것이라는 평가를 받고 있다. 그 결과 외환시장에서 외화에 대한 (가)곡선이 (나)로 이동하여, 외화에 대한 거래량을 (다)시키고, 외화가격을 (라)시킬 것이다.

| | (가) | (나) | (다) | (라) |
|---|---|---|---|---|
| ① | 수요 | 오른쪽 | 증가 | 상승 |
| ② | 수요 | 오른쪽 | 증가 | 하락 |
| ③ | 수요 | 왼쪽 | 감소 | 상승 |
| ④ | 공급 | 오른쪽 | 증가 | 하락 |
| ⑤ | 공급 | 왼쪽 | 감소 | 상승 |

PART 4

**24** 불량률은 '1－(실제 생산량/예정 생산량)'이다. 함수를 〈조건〉과 같이 정의할 때, 〈보기〉에 대한 설명으로 옳지 않은 것은?

보기

| | A | B | C | D |
|---|---|---|---|---|
| 1 | 제품코드 | 예정 생산량 | 실제 생산량 | 불량률 |
| 2 | ER-241 | 350 | 340 | 0.028571 |
| 3 | ER-439 | 320 | 312 | 0.025 |
| 4 | WT-102 | 333 | 330 | 0.009009 |
| 5 | RT-201 | 280 | 273 | 0.025 |
| 6 | RT-294 | 220 | 201 | 0.086364 |

조건

- ♡(셀1, 셀2, …) : 셀의 합을 구하는 함수
- ■(셀1, 셀2, …) : 셀의 평균을 구하는 함수
- ♤(범위1, 조건, 범위2) : 범위1에서 조건을 충족하는 셀과 같은 행에 있는, 범위2 셀의 합을 구하는 함수
- △(범위1, 조건, 범위2) : 범위1에서 조건을 충족하는 셀과 같은 행에 있는, 범위2 셀의 평균을 구하는 함수

① 실제 생산량의 합을 구하는 수식은 ♡(C2:C6)이다.
② 예정 생산량의 평균을 구하는 수식은 ■(B2:B6)이다.
③ 원래 생산하기로 예정되어 있던 제품의 총생산량을 구하는 수식은 ♡(B2:B6)이다.
④ 제품코드가 1로 끝나는 제품의 예정 생산량 평균을 구하는 수식은 △(B2:B6, "*1", A2:A6)이다.
⑤ 제품코드가 ER로 시작하는 제품의 실제 생산량의 합을 구하는 수식은 ♤(A2:A6, "ER*", C2:C6)이다.

Hard

**25** 다음 중 특정 주권의 가격이나 주가지수의 수치에 연계한 증권은 무엇인가?

① ELS
② ELW
③ ELD
④ ETF
⑤ ETN

※ 다음은 요식업 사업자 수 현황에 대한 자료이다. 이어지는 질문에 답하시오. **[26~27]**

〈요식업 사업자 수 현황〉

(단위 : 명)

| 구분 | 2021년 | 2022년 | 2023년 | 2024년 |
|---|---|---|---|---|
| 커피음료점 | 25,151 | 30,446 | 36,546 | 43,457 |
| 패스트푸드점 | 27,741 | 31,174 | 32,982 | 34,421 |
| 일식전문점 | 12,997 | 13,531 | 14,675 | 15,896 |
| 기타외국식전문점 | 17,257 | 17,980 | 18,734 | 20,450 |
| 제과점 | 12,955 | 13,773 | 14,570 | 15,155 |
| 분식점 | 49,557 | 52,725 | 55,013 | 55,474 |
| 기타음식점 | 22,301 | 24,702 | 24,818 | 24,509 |
| 한식전문점 | 346,352 | 360,209 | 369,903 | 375,152 |
| 중식전문점 | 21,059 | 21,784 | 22,302 | 22,712 |
| 호프전문점 | 41,796 | 41,861 | 39,760 | 37,543 |
| 간이주점 | 19,849 | 19,009 | 17,453 | 16,733 |
| 구내식당 | 35,011 | 31,929 | 29,213 | 26,202 |
| 합계 | 632,026 | 659,123 | 675,969 | 687,704 |



## 26

**다음 중 2021년 대비 2024년 사업자 수의 감소율이 두 번째로 큰 업종의 감소율은?(단, 소수점 둘째 자리에서 반올림한다)**

① 25.2%
② 18.5%
③ 15.7%
④ 10.2%
⑤ 9.9%

Hard

## 27

**다음 중 위 자료에 대한 설명으로 옳지 않은 것은?(단, 비율은 소수점 셋째 자리에서 반올림한다)**

① 사업자 수가 해마다 감소하는 업종은 두 업종이다.
② 기타음식점의 2024년 사업자 수는 전년 대비 309명 감소했다.
③ 2021년 대비 2023년 일식전문점 사업자 수의 증감률은 약 15.2%이다.
④ 전체 요식업 사업자 수 중 구내식당 사업자의 비중은 2021년이 가장 높다.
⑤ 2022년 전체 요식업 사업자 수에서 분식점 사업자 수가 차지하는 비중과 패스트푸드점 사업자 수가 차지하는 비중의 차이는 5%p 미만이다.

**28** 다음 〈보기〉는 S은행 직원들의 근무수행 평가표이다. 함수를 〈조건〉과 같이 정의할 때, 출력값이 가장 작은 것은?

보기

| | A | B | C | D | E | F |
|---|---|---|---|---|---|---|
| 1 | 이름 | 책임감 | 협동심 | 근무태도 | 근면성 | 평균 |
| 2 | 최미림 | 67 | 89 | 91 | 82 | 82.25 |
| 3 | 이미하 | 75 | 84 | 95 | 97 | 87.75 |
| 4 | 이영림 | 86 | 97 | 87 | 85 | 88.75 |
| 5 | 평균 | 76 | 90 | 91 | 88 | 86.25 |

조건

- ○(셀1, 셀2, …) : 셀의 합을 구하는 함수
- ■(셀1, 셀2, …) : 셀의 평균을 구하는 함수
- ▲(범위A, 조건, 합_범위) : '합_범위'의 셀을 더하는 함수(단, 더해질 '합_범위'의 셀은 범위A에서 조건을 만족하는 셀과 같은 행에 있어야 함)
- ●(범위, k) : 범위에서 k번째로 큰 값을 구하는 함수
- △(범위, k) : 범위에서 k번째로 작은 값을 구하는 함수
- ◇(범위) : 범위에서 최솟값을 구하는 함수
- ☆(범위) : 범위에서 최댓값을 구하는 함수

① =○(●(F2:F4, 1), △(F2:F4, 1))
② =○(☆(F2:F4), ◇(F2:F4))
③ =○(■(B2:B4), ■(C2:C4))
④ =▲(A2:A4, "이*", F2:F4)
⑤ =▲(A2:A4, "*림", F2:F4)

**29** 다음 중 액면가가 ₩10,000, 만기가 5년, 표면이자율이 0%인 채권의 듀레이션은?

① 5년
② 6년
③ 7년
④ 8년
⑤ 9년

**30** 다음은 S사 블루투스 제품을 스마트폰에 등록하는 과정에 대한 순서도이다. Y씨가 블루투스 제품을 등록하고자 하였으나, [3번 알림창]이 출력되었을 때, 그 이유로 가장 적절한 것은?

〈순서도 기호〉

| 기호 | 설명 | 기호 | 설명 |
|---|---|---|---|
| 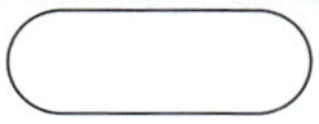 | 시작과 끝을 나타낸다. |  | 어느 것을 택할 것인지를 판단한다. |
|  | 데이터를 입력하거나 계산하는 등의 처리를 한다. |  | 선택한 값을 출력한다. |

〈순서도〉

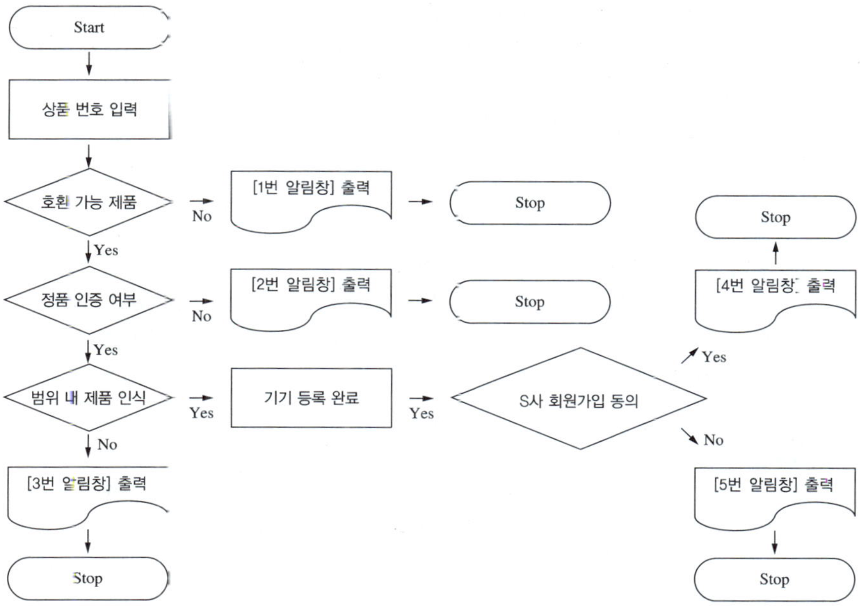


① 블루투스 제품이 정품임을 인증받지 않았다.
② 블루투스 제품이 스마트폰과 호환되지 않는다.
③ 블루투스 제품이 범위 안에서 인식되지 않는다.
④ 기기 등록을 완료하였고, S사 회원가입에 동의하였다.
⑤ 기기 등록을 완료하였고, S사 회원가입에 동의하지 않았다.

**31** **다음은 국내 금융기관에 대한 SWOT 분석 자료이다. 이를 통해 SWOT 전략을 세운다고 할 때, 〈보기〉 중 분석 결과에 대응하는 전략과 그 내용이 바르게 연결된 것을 모두 고르면?**

> 국내 대부분의 예금과 대출을 국내 은행이 차지하고 있을 정도로 국내 금융기관에 대한 우리나라 국민들의 충성도는 높은 편이다. 또한 국내 금융기관은 철저한 신용 리스크 관리로 해외 금융기관과 비교해 자산건전성 지표가 매우 우수한 편이다. 시장 리스크 관리도 해외 선진 금융기관 수준에 도달한 것으로 평가받는다. 국내 금융기관은 외환위기와 글로벌 금융위기 등을 거치며 꾸준히 자산건전성을 강화해왔기 때문이다.
> 그러나 은행과 이자 이익에 수익이 편중돼 있다는 점은 국내 금융기관의 가장 큰 약점이 된다. 대부분 예금과 대출 거래 중심의 영업구조로 되어 있기 때문이다. 취약한 해외 비즈니스도 문제로 들 수 있다. 최근 동남아 시장을 중심으로 해외 진출에 박차를 가하고 있지만, 아직은 눈에 띄는 성과가 많지 않은 상황이다.
> 많은 어려움에도 불구하고 국내 금융기관의 발전 가능성은 아직 무궁무진하다. 우선 해외 시장으로 눈을 돌리면 다양한 기회가 열려있다. 전 세계 신용·단기 자금 확대, 글로벌 무역 회복세로 국내 금융기관의 해외 진출 여건은 양호한 편이다. 따라서 해외 시장 개척을 통해 어떻게 신규 수익원을 확보하느냐가 성장의 새로운 기회로 작용할 전망이다. IT 기술 발달에 따른 핀테크의 등장도 새로운 기회가 될 수 있다. 국내의 발달된 인터넷과 모바일뱅킹 서비스, IT 인프라를 활용한 새로운 수익 창출 가능성이 열려 있는 것이다.
> 역설적으로 핀테크의 등장은 오히려 국내 금융기관의 발목을 잡을 수 있다. 블록체인 기술에 기반한 암호화폐, 간편결제와 송금, 로보어드바이저, 인터넷 은행, P2P 대출 등 다양한 핀테크 분야의 새로운 서비스들이 기존 금융 서비스의 대체재로서 출현하고 있기 때문이다. 금융시장 개방에 따른 글로벌 금융기관과의 경쟁 심화도 넘어야 할 산이다. 특히 중국 은행을 비롯한 중국 금융이 급성장하고 있어 이에 대한 대비책 마련이 시급하다.

**보기**

ㄱ. SO전략 – 높은 국내 시장점유율을 기반으로 국내 핀테크 사업에 진출한다.
ㄴ. WO전략 – 위기관리 역량을 강화하여 해외 금융시장에 진출한다.
ㄷ. ST전략 – 해외 금융기관과 비교해 우수한 자산건전성을 강조하여 글로벌 금융기관과의 경쟁에서 우위를 차지한다.
ㄹ. WT전략 – 해외 비즈니스 역량을 강화하여 해외 금융시장에 진출한다.

① ㄱ, ㄴ
② ㄱ, ㄷ
③ ㄴ, ㄷ
④ ㄴ, ㄹ
⑤ ㄷ, ㄹ

**32** 다음 글에서 (가)~(다) 문단의 핵심 화제로 적절하지 않은 것은?

(가) 최근 대출금리는 큰 폭으로 상승한 반면, 예금금리는 낮아 청년층이 안정적으로 목돈을 마련할 수 있는 고금리 금융상품이 부족하다. 이로 인해 청년층의 안정적 주거를 위한 주택구입 및 전월세 자금 마련에 어려움이 있어 청년층이 목돈을 마련할 수 있는 금융상품이 절실한 상황이다. 청년 우대형 청약통장은 이를 위해 기존의 청약기능은 그대로 유지하면서 우대금리와 이자소득 비과세 혜택을 통해, 청약통장의 재형기능을 대폭 강화하여 청년층의 주거안정 및 목돈 마련 기회를 제공하기 위한 것이다.

(나) 이미 주택청약종합저축에 가입한 사람도 가입요건을 충족하면 청년 우대형 청약통장으로 전환・가입 가능하다. 청년 우대형 청약통장으로 전환・가입하는 경우 기존 주택청약종합저축의 납입기간, 납입금액은 인정된다. 다만, 전환・가입으로 인한 전환원금은 우대금리 적용에서 제외된다.

(다) 현재 주택청약종합저축은 누구나 가입이 가능한 반면, 청년 우대형 청약통장은 일정 요건(나이, 소득, 무주택 등)을 충족 시 가입이 가능해 이에 대한 확인이 필요하다. 가입 시 주민등록등본 및 무주택확약서 등으로 확인하고, 해지 시 지방세 세목별 과세증명서 및 주택소유시스템 등으로 가입기간에 대한 무주택 여부를 확인한다. 또한 ISA 가입용 소득확인증명서 및 소득원천징수 영수증 등으로 직전년도 소득을 확인하며, 이밖에도 병역기간은 병적증명서를 통해 확인한다.

(라) 그리고 청년 우대형 청약통장은 주택청약종합저축의 일종으로 재형기능 강화를 위해 우대금리와 이자소득 비과세 혜택을 제공하는 상품으로 주택청약종합저축의 하위 상품이라 할 수 있다. 따라서 현재 주택청약종합저축에서 제공하고 있는 소득공제 조건(조세특례제한법 제87조)을 그대로 적용받게 된다. 연소득 7,000만 원 이하 무주택세대주로 무주택확인서를 제출하는 경우 연간 납입액 240만 원 한도로 40%까지 소득공제가 가능하다.

(마) 이자소득은 해지 시 지급하고, 비과세는 2년 이상 가입자에 적용된다. 따라서 이자소득을 지급하는 시점에는 조세특례제한법 개정이 완료되므로 개정 전 가입자도 이자소득 비과세 혜택을 받을 수 있다. 이자소득 비과세 혜택의 구체적인 내용은 개정되는 조세특례제한법을 따르게 된다. 이자소득 비과세는 조세특례제한법이 개정#시행되는 내년부터 적용될 예정으로 청년 우대형 청약통장 가입자는 법 개정 후에 조세특례제한법 상에서 정하는 별도의 서류(이자소득 비과세용 무주택확인서 등)를 은행에 제출하면 이자소득 비과세 혜택을 받을 수 있다.

① (가) : 청년 우대형 청약통장의 출시 목적
② (나) : 청년 우대형 청약통장의 문제점
③ (다) : 청년 우대형 청약통장의 가입요건 확인 방법
④ (라) : 청년 우대형 청약통장의 소득공제 혜택
⑤ (마) : 청년 우대형 청약통장의 이자소득 비과세 혜택

Easy

**33** **다음 명제가 모두 참일 때, 빈칸에 들어갈 명제로 가장 적절한 것은?**

- 야근을 하는 모든 사람은 X분야의 업무를 한다.
- 야근을 하는 모든 사람은 Y분야의 업무를 한다.
- ____________________

① X분야의 업무를 하는 모든 사람은 야근을 한다.
② Y분야의 업무를 하는 모든 사람은 야근을 한다.
③ 야근을 하는 어떤 사람은 X분야의 업무를 하지 않는다.
④ Y분야의 업무를 하는 어떤 사람은 X분야의 업무를 한다.
⑤ X분야의 업무를 하는 모든 사람은 Y분야의 업무를 한다.

**34** **2년 만기, 연이율 0.3%인 연복리 예금 상품에 1,200만 원을 예치했을 때 만기 시 받는 금액과 2년 만기, 연이율 3.6%인 월복리 적금 상품에 매월 초 50만 원을 납입할 때 만기 시 받는 금액의 차이는?(단, $1.003^2=1.006$, $1.003^{24}=1.075$로 계산하고, 백 원 이하는 절사하며, 이자 소득에 대한 세금은 고려하지 않는다)**

① 45.3만 원
② 46.5만 원
③ 47.7만 원
④ 48.9만 원
⑤ 50.1만 원

**35** **다음은 S사의 재무제표중 일부이다. 해당 자료를 보고 자기자본이익률(ROE)을 바르게 구하면?**

(단위 : 억 원)

| | |
|---|---|
| 매출액 | 4,000 |
| 자기자본 | 300 |
| 당기순이익 | 150 |
| 영업이익 | 820 |

① 50%
② 48%
③ 35%
④ 20%
⑤ 15%

## 36 다음 (가)와 (나)의 내용상 관계를 나타낸 것으로 가장 적절한 것은?

(가) 20세기 후반, 복잡한 시스템에 대한 연구에 몰두하던 일선의 물리학자들은 기존의 경제학 이론으로는 설명할 수 없었던 경제현상을 이해하기 위해 물리적인 접근을 시도하기 시작했다. 보이지 않는 손과 시장의 균형, 완전한 합리성 등 신고전 경제학은 숨 막힐 정도로 정교하고 아름답지만, 불행히도 현실 경제는 왈라스나 애덤 스미스가 꿈꿨던 '한 치의 오차도 없이 맞물려 돌아가는 톱니바퀴'가 아니었다. 물리학자들은 인간 세상의 불합리함과 혼잡함에 관심을 가지고 그것이 만들어내는 패턴들과 열린 가능성에 주목했다.

(나) 우리가 주류 경제학이라고 부르는 것은 왈라스 이후 체계가 잡힌 신고전 경제학을 말한다. 이 이론에 의하면, 모든 경제주체는 완전한 합리성으로 무장하고 있으며, 항상 최선의 선택을 하며, 자신의 효용이나 이윤을 최적화한다. 개별 경제주체의 공급곡선과 수요곡선을 합하면 시장에서의 공급곡선과 수요곡선이 얻어지고, 이 두 곡선이 만나는 점에서 가격과 판매량이 동시에 결정된다. 더 나아가 모든 주체가 합리적 판단을 하기 때문에 모든 시장은 동시에 균형에 이르게 된다.

① (가)로부터 (나)가 필연적으로 도출된다.
② (가)보다 (나)가 경제공황을 더 잘 설명한다.
③ (나)는 (가)를 수학적으로 다시 설명한 것이다.
④ (나)는 (가)의 한 부분에 대한 부연설명이다.
⑤ (나)는 실제 상황을, (가)는 가정된 상황을 서술한 것이다.



Easy

## 37 다음 〈조건〉을 바탕으로 추론할 수 있는 것은?

**조건**

- ㉠는 ㉢의 이모이다.
- ㉣는 ㉠의 아버지이다.
- ㉡는 ㉢의 아버지이다.

① ㉡은 ㉣의 조카이다.
② ㉢은 ㉣의 외삼촌이다.
③ ㉠은 ㉡의 당숙이다.
④ ㉣은 ㉡의 장인이다.
⑤ ㉠은 ㉣의 아들이다.

**38** S마트 물류팀에 근무하는 H사원은 6월 라면 입고량과 판매량을 확인하던 중 11일과 15일에 A · B업체의 기록이 누락되어 있는 것을 발견했다. 동료 직원인 K사원은 H사원에게 "6월 11일의 전체 라면 재고량 중 A업체는 10%, B업체는 9%를 차지하였고, 6월 15일의 A업체 라면 재고량은 B업체보다 500개가 더 많았다."라고 얘기해 주었다. 6월 11일의 전체 라면 재고량은 몇 개인가?

| 구분 | | 6월 12일 | 6월 13일 | 6월 14일 |
|---|---|---|---|---|
| A업체 | 입고량 | 300 | – | 200 |
| | 판매량 | 150 | 100 | – |
| B업체 | 입고량 | – | 250 | – |
| | 판매량 | 200 | 150 | 50 |

① 10,000개
② 15,000개
③ 20,000개
④ 25,000개
⑤ 30,000개

**39** S은행의 행원 성우, 희성, 지영, 유진, 혜인, 재호 6명이 다음 〈조건〉에 따라 근무할 때, 반드시 참인 것은?

조건

- 성우, 희성, 지영, 유진, 혜인, 재호는 각자 다른 곳에서 근무하고 있다.
- 근무할 수 있는 곳은 감사팀, 대외협력부, 마케팅부, 비서실, 기획팀, 회계부이다.
- 성우가 비서실에서 근무하면, 희성이는 기획팀에서 근무하지 않는다.
- 유진이와 재호 중 1명은 감사팀에서 근무하고, 나머지 1명은 마케팅부에서 근무한다.
- 유진이가 감사팀에서 근무하지 않으면, 지영이는 대외협력부에서 근무하지 않는다.
- 혜인이가 회계부에서 근무하지 않을 때에만 재호는 마케팅부에서 근무한다.
- 지영이는 대외협력부에서 근무한다.

① 재호는 감사팀에서 근무한다.
② 희성이는 기획팀에서 근무한다.
③ 성우는 비서실에서 근무하지 않는다.
④ 혜인이는 회계부에서 근무하지 않는다.
⑤ 유진이는 감사팀에서 근무하지 않는다.

※ 다음은 외국인 직접투자의 투자 건수 비율과 투자 금액 비율을 투자 규모별로 나타낸 자료이다. 이어지는 질문에 답하시오. **[40~41]**

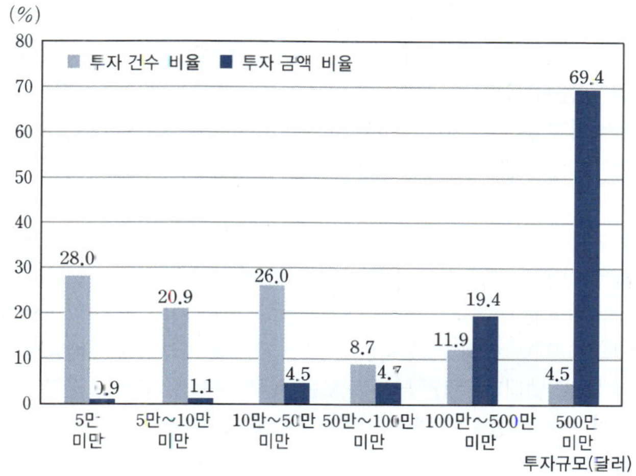


※ 투자 규모는 외국인 직접투자의 건당 투자 금액을 기준으로 구분

※ [투자 건수 비율(%)] $= \frac{\text{(투자 규모별 외국인 직접투자 건수)}}{\text{(전체 외국인 직접투자 건수)}} \times 100$

※ [투자 금액 비율(%)] $= \frac{\text{(투자 규모별 외국인 직접투자 금액 합계)}}{\text{(전체 외국인 직접투자 금액)}} \times 100$

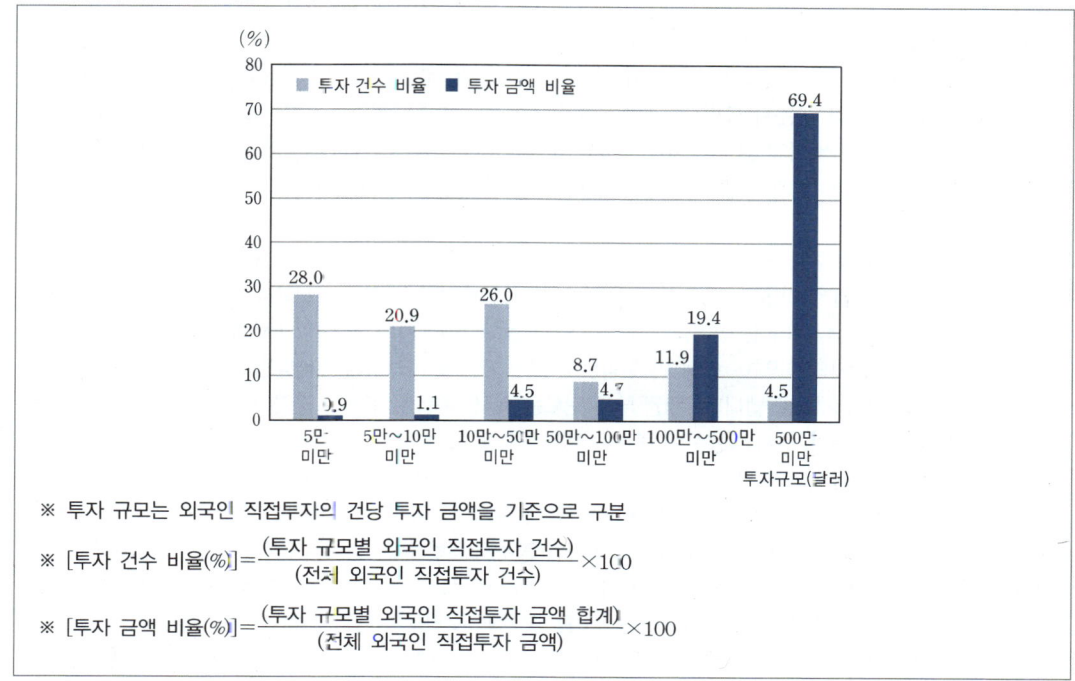

**40** 투자 규모가 50만 달러 미만인 투자 건수 비율은?

① 62.8% ② 68.6%
③ 74.9% ④ 76.2%
⑤ 77.8%

Easy

**41** 투자 규모가 100만 달러 이상인 투자 건수 비율은?

① 11.9% ② 13.9%
③ 16.4% ④ 19.4%
⑤ 21.4%

※ 다음 발표문을 읽고 이어지는 질문에 답하시오. [42~43]

펀드(Fund)를 우리말로 바꾸면 '모금한 기금'을 뜻하지만 경제 용어로는 '경제적 이익을 보기 위해 불특정 다수인으로부터 모금하여 운영하는 투자 기금'을 가리키는 말로 사용합니다. 펀드는 주로 주식이나 채권에 많이 투자를 하는데, 개인이 주식이나 채권에 투자하기 위해서는 어떤 회사의 채권을 사야 하는지, 언제 사야 하는지, 언제 팔아야 하는지, 어떻게 계약을 하고 세금을 얼마나 내야 하는지, 알아야 할 게 너무 많아 복잡합니다. 이러한 여러 가지 일을 투자 전문 기관이 대행하고 일정 비율의 수수료를 받게 되는데, 이처럼 펀드에 가입한다는 것은 투자 전문 기관에게 대행 수수료를 주고 투자 활동에 참여하여 이익을 보는 일을 말합니다.

펀드는 크게 보아 주식 투자 펀드와 채권 투자 펀드로 나눌 수 있습니다. 주식 투자 펀드를 살펴보면 회사가 회사를 잘 꾸려서 영업 이익을 많이 만들면 주식 가격이 오릅니다. 그래서 그 회사의 주식을 가진 사람은 회사의 이익을 나누어 받습니다. 이처럼 주식 투자 펀드는 주식을 사서 번 이익에서 투자 기관의 수수료를 뺀 금액이 '펀드 가입자의 이익'이 되며 이 이익은 투자한 자금에 비례하여 분배받습니다. 그리고 투자자는 분배받는 금액에 따라 세금을 냅니다. 채권 투자 펀드는 회사, 지방자치단체, 국가가 자금을 조달하기 위해 이자를 지불할 것을 약속하면서 발행하는 채권을 사서 이익을 보는 것입니다. 채권을 사서 번 이익에서 투자 기관의 수수료를 뺀 금액이 수익이 됩니다. 이외에도 투자 대상에 따라, 국내 펀드, 해외 펀드, 신흥국가 대상 펀드, 선진국 펀드, 중국 펀드, 원자재 펀드 등 펀드의 종류는 아주 다양합니다.

채권 투자 펀드는 회사나 지방자치단체 그리고 국가가 망하지 않는 이상 정해진 이자를 받을 수 있어 비교적 안정적입니다. 그런데 주식 투자 펀드는 일반 주식 가격의 변동에 따라 수익을 많이 볼 수도 있지만 손해를 보는 경우도 흔합니다. 예를 들어 어떤 펀드는 10년 후 누적 수익률이 원금의 열 배나 되지만 어떤 펀드는 수익률이 나빠져 1년 만에 원금의 절반이 되어버리는 일도 발생합니다. 이렇게 수익률 차이가 심하게 나는 것은 주식이 경기 변동의 영향을 많이 받기 때문입니다.

이로 인해 펀드와 관련하여 은행을 비롯한 투자 전문 기관에 가서 상담을 하면 상품에 대한 안내만 할 뿐, 가입 여부는 고객이 스스로 판단하도록 하고 있습니다. 합리적으로 안내를 한다고 해도 소비자의 투자 목적, 시장 상황, 투자 성향에 따라 맞는 펀드가 다르기 때문입니다. 그러니까 펀드에 가입하기 전에는 펀드의 종류를 잘 알아보고 결정해야 합니다. 또, 펀드에 가입을 해도 살 때와 팔 때를 잘 구분해야 합니다. 이것이 가장 어려운 일입니다. 그래서 주식이나 펀드는 사회 경험을 쌓고 경제 지식을 많이 알고 난 후에 하는 것이 좋다는 얘기를 많이 합니다.

**42** 다음 중 윗글을 통해 답을 확인할 수 있는 질문으로 적절하지 않은 것은?

① 펀드란 무엇인가?
② 펀드에는 어떤 종류가 있는가?
③ 펀드 가입 절차는 어떻게 되는가?
④ 펀드에 가입하면 돈을 벌 수 있는가?
⑤ 펀드 가입 시 유의할 점은 무엇인가?

## 43 다음 중 윗글에 대한 내용으로 가장 적절한 것은?

① 주식 투자 펀드는 경기 변동의 영향을 많이 받게 된다.
② 주식 투자 펀드는 정해진 이자를 받을 수 있어 안정적이다.
③ 채권 투자 펀드는 투자 기관의 수수료를 더한 금액이 수익이 된다.
④ 주식 투자 펀드는 채권 투자 펀드와 달리 투자 기관의 수수료가 없다.
⑤ 채권 투자 펀드는 주식 가격이 오를수록 펀드 이익을 많이 분배받게 된다.

## 44 다음은 2021 ~ 2024년 S국의 방송통신 매체별 광고매출액에 대한 자료이다. 이에 대한 〈보기〉의 설명 중 옳은 것을 모두 고르면?

〈2021 ~ 2024년 방송통신 매체별 광고매출액〉

(단위 : 억 원)

| 매체 | 연도 / 세부 매체 | 2021년 | 2022년 | 2023년 | 2024년 |
|---|---|---|---|---|---|
| 방송 | 지상파TV | 15,517 | 14,219 | 12,352 | 12,310 |
| | 라디오 | 2,530 | 2,073 | 1,943 | 1,816 |
| | 지상파DMB | 53 | 44 | 36 | 35 |
| | 케이블PP | 18,537 | 17,130 | 16,646 | (　　) |
| | 케이블SO | 1,391 | 1,408 | 1,275 | 1,369 |
| | 위성방송 | 480 | 511 | 504 | 503 |
| | 소계 | 38,508 | 35,385 | 32,756 | 31,041 |
| 온라인 | 인터넷(PC) | 19,092 | 20,554 | 19,314 | 19,109 |
| | 모바일 | 28,659 | 36,618 | 45,378 | 54,781 |
| | 소계 | 47,751 | 57,172 | 65,292 | 73,890 |

**보기**

ㄱ. 2022 ~ 2024년 동안 모바일 광고매출액의 전년 대비 증가율은 매년 30% 이상이다.
ㄴ. 2022년의 경우 방송 매체 중 지상파TV 광고매출액이 차지하는 비중은 온라인 매체 중 인터넷(PC) 광고매출액이 차지하는 비중보다 작다.
ㄷ. 케이블PP의 광고매출액은 매년 감소한다.
ㄹ. 2021년 대비 2024년 광고매출액 증감률이 가장 큰 세부 매체는 모바일이다.

① ㄱ, ㄴ　　② ㄱ, ㄷ
③ ㄴ, ㄷ　　④ ㄴ, ㄹ
⑤ ㄷ, ㄹ

PART 4

※ 다음은 S은행의 성과급 지급기준 및 경영지원팀 A팀장, B대리, C주임, D주임, E사원에 대한 성과 평가 결과에 대한 자료이다. 이어지는 질문에 답하시오. **[45~46]**

〈성과급 지급 기준〉

- 직원들의 성과급은 평정 점수에 따라 지급한다.
- 평정 점수는 성과 평가 결과에 따라 다음 5등급으로 나눈 평가항목별 기준 점수에 해당하는 각 점수의 총합으로 계산한다.

〈평가항목별 기준 점수〉

(단위 : 점)

| 구분 | 업무량 | 업무수행 효율성 | 업무 협조성 | 업무처리 적시성 | 업무결과 정확성 |
|---|---|---|---|---|---|
| 탁월 | 10 | 25 | 25 | 20 | 20 |
| 우수 | 8 | 20 | 20 | 16 | 16 |
| 보통 | 6 | 15 | 15 | 12 | 12 |
| 부족 | 4 | 10 | 10 | 8 | 8 |
| 열등 | 2 | 5 | 5 | 4 | 4 |

〈평정 점수 구간에 따른 직책별 성과급 지급액〉

(단위 : 만 원)

| 구분 | 80점 이상 | 80점 미만 75점 이상 | 75점 미만 70점 이상 | 70점 미만 |
|---|---|---|---|---|
| 팀장 | 120 | 100 | 75 | 40 |
| 팀원 | 90 | 80 | 70 | 45 |

〈경영지원팀 성과 평가 결과〉

| 구분 | 업무량 | 업무수행 효율성 | 업무 협조성 | 업무처리 적시성 | 업무결과 정확성 |
|---|---|---|---|---|---|
| A팀장 | 탁월 | 부족 | 우수 | 보통 | 탁월 |
| B대리 | 우수 | 열등 | 보통 | 우수 | 탁월 |
| C주임 | 우수 | 탁월 | 탁월 | 열등 | 우수 |
| D주임 | 탁월 | 부족 | 우수 | 보통 | 부족 |
| E사원 | 우수 | 탁월 | 보통 | 우수 | 탁월 |

**45** 경영지원팀 직원들의 성과급 지급액은 성과급 지급 기준에 따라 결정된다. 다음 〈보기〉의 설명 중 경영지원팀의 각 직원에게 지급될 성과급에 대한 설명으로 옳은 것을 모두 고르면?

보기

ㄱ. 평정 점수가 높은 직원일수록 더 많은 성과급을 지급받는다.
ㄴ. 동일한 금액의 성과급을 지급받는 직원들이 있다.
ㄷ. A팀장이 지급받을 성과급은 D주임이 지급받을 성과급의 2배 이상이다.
ㄹ. E사원이 가장 많은 성과급을 지급받는다.

① ㄱ, ㄴ
② ㄱ, ㄷ
③ ㄴ, ㄷ
④ ㄴ, ㄹ
⑤ ㄷ, ㄹ

**46** 성과급 지급액을 산정하던 중 성과 평가 과정에서 오류가 발견되어, 다시 성과 평가를 실시하였다. 성과 평가를 다시 실시한 결과 다음과 같이 평가 결과가 수정되었다고 할 때, 두 번째로 많은 성과급을 지급받는 직원은?

- B대리의 업무량 평가 : 우수 → 보통
- C주임의 업무처리 적시성 평가 : 열등 → 우수
- D주임의 업무수행 효율성 평가 : 부족 → 열등
- E사원의 업무결과 정확성 평가 : 탁월 → 보통

① A팀장
② B대리
③ C주임
④ D주임
⑤ E사원

## 47 다음 글의 내용으로 적절하지 않은 것은?

> 경제질서는 국가 간의 교역과 상호투자 등을 원활히 하기 위해 각 국가가 준수할 규범들을 제정하고 이를 이행시키면서 이루어진 질서이다. 경제질서는 교역 당사국 모두에 직접적인 이익을 가져다주기 때문에 비교적 잘 지켜지고 있다. 특히 1995년 WTO가 발족되어 안보질서보다도 더 정교한 질서로 자리를 잡고 있다. 경제질서를 준수하게 하는 힘은 준수하지 않았을 때 가해지는 불이익으로, 다른 나라들의 집단적 경제제재가 그에 해당된다. 자연보호질서는 경제질서의 한 종류로, 자원보호질서와 환경보호질서로 나뉜다. 이 두 가지 질서는 다음과 같은 생각에서 제안된 범세계적 운동이다. 자원보호질서는 유한한 자원을 모두 소비하면 후세 사람들이 살아갈 수 없으므로 재생 가능한 자원을 많이 사용하고 가능한 한 자원을 재활용하자는 생각이다. 환경보호질서는 하나밖에 없는 지구의 원 모습을 지켜 후손에게 물려주어야 한다는 생각이다. 자원보호질서는 부존자원의 낭비를 막기 위해 사용 물질의 양에 대한 규제를 주도하는 질서이고, 환경보호질서는 글자 그대로 환경을 쾌적한 상태로 유지하려는 질서이다. 이 두 가지 질서는 서로 연관되어 있으나 지키려는 내용에서 다르다. 자원보호질서는 사람이 사용하는 물자의 양을 통제하기 위한 질서이고, 환경보호질서는 환경의 원형보존을 위한 질서이다.
>
> 경제질서와는 달리 공공질서는 일부가 아닌 모든 구성국들에 이익을 가져다주는 국제질서이다. 국가 간의 교류 및 협력을 위해서는 서로 간의 의사소통, 인적·물적 교류 등이 원활히 이루어져야 한다. 이러한 거래, 교류, 접촉 등을 원활하게 하는 공동규범들이 공공질서를 이룬다. 공공질서는 모든 구성국에 편익을 주는 공공재를 창출하고 유지하려는 구성국들의 공동노력으로 이루어진다.
>
> 가장 새롭게 등장한 국제질서가 인권보호질서이다. 웨스트팔리아체제라 부르는 주권국가 중심의 현 국제정치질서에서는 주권존중, 내정 불간섭 원칙이 엄격히 지켜진다. 그래서 자국 정부에 의한 자국민 학살, 탄압, 인권유린 등이 국외에서는 외면되어 왔다. 그러나 정부에 의한 인민학살의 피해나, 다민족국가에서의 자국 내 소수민족 탄압이 용인될 수 없는 상태에까지 이르게 됨에 따라 점차로 인권보호를 위한 인도주의적 개입의 당위가 논의되기 시작하고 있다.
>
> 이러한 흐름 속에서 국제연합인권위원회 및 각종 NGO 등의 노력으로 국제사회에서 공동 개입하여 인권보호를 이루어내자는 운동이 일어나고 있다. 이러한 노력의 결과 하나의 새로운 국제질서인 인권보호질서가 자리를 잡아가고 있다. 인권보호질서는 아직 형성과정에 있으며, 또한 주권국가 중심의 현 국제정치질서와 충돌하므로 앞으로도 쉽게 자리를 잡기는 어려우리라 예상된다. 그러나 21세기에 접어들면서 '세계시민의식'이 급속히 확산되고 있는 점을 감안한다면, 어떤 국가도 결코 무시할 수 없는 국제질서로 발전하리라 생각한다.

① 교역 당사국에 직접 이익을 주기 때문에 WTO에 의한 경제질서는 비교적 잘 유지되고 있다.

② 세계시민의식의 확산과 더불어 등장한 인권보호질서는 내정 불간섭 원칙의 엄격한 준수를 요구한다.

③ 세계적 차원에서 유한한 자원의 낭비를 규제하고 자원을 재활용하기 위해 자원보호질서가 제안되었다.

④ 인적·물적 교류를 원활하게 하는 공동규범으로 이루어진 공공질서는 그 구성국들에 이익을 가져다준다.

⑤ 자연보호질서의 하위질서인 환경보호질서는 지구를 쾌적한 상태로 유지하고 후세에 원형대로 물려주려는 것이다.

**48** 다음 〈보기〉는 빅데이터 활용 세미나에 참여했던 직원명단이다. 함수를 〈조건〉과 같이 정의할 때, 〈보기〉에 대한 설명으로 옳지 않은 것은?

**보기**

| | A | B | C | D | E |
|---|---|---|---|---|---|
| 1 | 사원번호 | 소속 | 성명 | 참여유무 | – |
| 2 | 201821514 | 기획 | 이지은 | | |
| 3 | 201931496 | 마케팅 | 김성규 | 불참 | |
| 4 | 201500503 | 기획 | 박진영 | 불참 | |
| 5 | 202045693 | 개발 | 조나영 | | |
| 6 | 201710305 | 기업영업 | 오지훈 | | |
| 7 | 201711437 | 마케팅 | 이여름 | 불참 | |

**조건**

- ○(셀1, $x$) : 문자열(셀1)의 왼쪽에서 $x$번째 문자까지 반환하는 함수
- □(셀1, $x$) : 문자열(셀1)의 오른쪽에서 $x$번째 문자까지 반환하는 함수
- ●(인수1, 인수2, …) : 인수 중 하나라도 참이면 참을 반환하는 함수
- ■(인수1, 인수2, …) : 인수가 모두 참이어야 참을 반환하는 함수
- △(범위, 조건) : 지정한 범위 내에서 조건을 만족하는 셀의 개수를 구하는 함수
- ◎(범위1, 조건1, 범위2, 조건2, …) : 행의 개수를 구하는 함수(단, 각 범위(1, 2, …)에서 각 조건(1, 2, …)을 만족하는 셀이 모두 같은 행에 있을 때만 세어야 함)

① [E2]에= ●(○(A2, 4)=“2017”, B2=“기업영업”)을 입력하고 [E7]까지 드래그 기능을 이용하여 셀을 채울 때, 출력값이 TRUE인 직원은 총 2명이다.

② [E2]에 = ■(□(A2, 3)> =“400”, B2=“마케팅”)을 입력하고 [E7]까지 드래그 기능을 이용하여 셀을 채울 때, 출력값이 TRUE인 직원은 총 2명이다.

③ =◎(C2:C7, “이*”, B2:B7, “기획”)의 출력값은 2이다.

④ 참여 유무가 ‘불참’인 직원 수는 함수 △를 이용하여 구할 수 있다.

⑤ =△(C2:C7, “*영”)의 출력값은 2이다.

※ 다음은 S은행 신입사원 채용시험 결과이다. 이어지는 질문에 답하시오. [49~50]

〈S은행 신입사원 채용시험 결과〉

(단위 : 점)

| 구분 | 필기시험 | | | 면접시험 | |
|---|---|---|---|---|---|
| | 의사소통능력 | 조직이해능력 | 문제해결능력 | 창의성 | 업무적합성 |
| A | 92 | 74 | 84 | 60 | 90 |
| B | 89 | 82 | 99 | 80 | 90 |
| C | 80 | 66 | 87 | 80 | 40 |
| D | 94 | 53 | 95 | 60 | 50 |
| E | 73 | 92 | 91 | 50 | 100 |
| F | 90 | 68 | 100 | 70 | 80 |
| G | 77 | 80 | 92 | 90 | 60 |

**49** 필기시험 점수 중 조직이해능력과 문제해결능력 점수의 합이 높은 순서대로 2명을 총무팀에 배치한다고 할 때, 다음 중 총무팀에 배치되는 사람끼리 바르게 짝지어진 것은?

① B, E
② F, B
③ A, C
④ F, G
⑤ D, E

**50** 필기시험 총점과 면접시험 총점을 7 : 3 비율로 적용한 환산 점수에서 최저점을 받은 신입사원의 채용이 보류된다고 할 때, 다음 중 채용이 보류되는 사람은?

① A
② C
③ D
④ E
⑤ F

## 51 다음은 자동차 외판원인 A ~ F 6명의 판매실적을 비교한 것이다. 다음 중 바르게 추론한 것은?

- A는 B보다 실적이 높다.
- C는 D보다 실적이 낫다.
- E는 F보다 실적이 낮지만, A보다는 높다.
- B는 D보다 실적이 높지만, E보다는 낮다.

① 실적이 가장 높은 외판원은 F이다.
② 외판원 C의 실적은 꼴찌가 아니다.
③ B의 실적보다 낮은 외판원은 3명이다.
④ 실적이 두 번째로 높은 외판원은 D이다.
⑤ A의 실적은 C의 실적보다 낮다.

## 52 다음 글에서 〈보기〉의 내용이 들어갈 위치로 가장 적절한 곳은?

(가) 휴대폰은 어린이들이 자신의 속마음을 고백하기도 하고, 그가 하는 말을 들어주기도 하며, 또 자신의 호주머니나 입 속에 다 쑤셔 넣기도 하는 곰돌이 인형과 유사하다. 다른 점이 있다면 곰돌이 인형은 휴대폰과는 달리 말하는 사람에게 주의 깊게 귀를 기울여 준다는 것이다.

(나) 휴대폰이 제기하는 핵심 문제는 바로 이러한 모순 가운데 있다. 곰돌이 인형과 달리 휴대폰을 통해 듣는 목소리는 우리가 듣기를 바라는 것과는 다른 대답을 자주 한다. 그것은 특히 우리가 대화 상대자와 다른 시간과 다른 장소 그리고 다른 정신상태에 처해 있기 때문이다.

(다) 그리 오래 전 일도 아니지만, 우리가 시·공간적으로 떨어져 있는 상대와 대화를 나누고 싶을 때 할 수 있는 일이란 기껏해야 독백을 하거나 글쓰기에 호소하는 것밖에 없었다. 하지만 글을 써본 사람이라면 펜을 가지고 구어(口語)적 사고를 진행시킨다는 것이 얼마나 어려운 일인지 잘 안다.

(라) 반면 우리가 머릿속에 떠오르는 말들에 따라, 그때그때 우리가 취하는 어조와 몸짓들은 얼마나 다양한가! 휴대폰으로 말미암아 우리는 혼자 말하는 행복을 되찾게 되었다. 더 이상 독백의 기쁨을 만끽하기 위해서 혼자 숨어들 필요가 없는 것이다.

(마) 어린이에게 자신이 보호받고 있다는 느낌을 주기 위해 발명된 곰돌이 인형을 어린이는 가장 좋은 대화 상대자로 이용한다. 마찬가지로 통신 수단으로 발명된 휴대폰은 고독 속에서 우리를 안도시키는 절대적 수단이 될 것이다.

**보기**

곰돌이 인형에게 이야기하는 어린이가 곰돌이 인형이 자기 말을 듣고 있다고 믿는 이유는 곰돌이 인형이 결코 대답하는 법이 없기 때문이다. 만일 곰돌이 인형이 대답을 한다면 그것은 어린이가 자신의 마음속에서 듣는 말일 것이다.

① (가) 문단의 뒤
② (나) 문단의 뒤
③ (다) 문단의 뒤
④ (라) 문단의 뒤
⑤ (마) 문단의 뒤

※ 다음은 S은행의 Ü Card(위 카드)에 대한 자료이다. 이어지는 질문에 답하시오. [53~54]

〈Ü Card(위 카드) 주요 혜택〉

1) 전 가맹점 포인트 적립 서비스
전월 실적 50만 원 이상 이용 시 전 가맹점 적립 서비스 제공
(단, 카드사용 등록일부터 익월 말일까지는 전월 실적 미달 시에도 정상 적립)

| 건별 이용금액 | 10만 원 미만 | 10만 원 이상 | | |
|---|---|---|---|---|
| 업종 | 전 가맹점 | 전 가맹점 | 온라인 | 해외 |
| 적립률 | 0.7% | 1.0% | 1.2% | 1.5% |

※ 즉시결제 서비스 이용금액은 전 가맹점 2만 원 이상 이용 건에 한해 0.2% 적립

2) 보너스 캐시백
매년 1회 연간 이용금액에 따라 캐시백 서비스 제공

| 연간 이용금액 | 3천만 원 이상 | 5천만 원 이상 | 1억 원 이상 |
|---|---|---|---|
| 캐시백 | 5만 원 | 10만 원 | 20만 원 |

※ 매년 카드 발급월 익월 15일(휴일인 경우 익영업일)에 카드 결제계좌로 입금

3) 바우처 서비스
매년 1회씩 제공되며, 하나의 혜택만 선택 가능(단, 해당 기간 내 미신청 시 혜택 소멸)

| | |
|---|---|
| 쇼핑 | • 백화점상품권(15만 원)<br>• 농촌사랑상품권(15만 원)<br>• 면세점 선불카드 교환권(16만 원) |
| 주유 | • 주유권(15만 원) |
| 외식 | • 통합 외식이용권(18만 원)<br>• 플래티넘 외식통합이용권(17만 원) |
| 포인트 | • S포인트(15만 점) |
| 여가 | • 영화관람권 8매+통합 선불카드(8만 원) |

※ 카드 발급 초년도 1백만 원 이상, 2차년도 1천만 원 이상 이용 시 신청 가능
(단, 연회비 정상 결제한 경우에 한함)
※ 바우처 신청 가능 기간 : 매년 카드 발급월 익월 1일부터 12개월

4) 서비스 이용조건
• 연간 이용금액 산정 기준일 : 매년 카드 발급월 포함 12개월
• 이용금액 산정은 승인 일자 기준으로 적용
• 무이자할부, 상품권, 기프트카드 및 대학등록금, 제세공과금(국세, 지방세, 우체국우편요금), 단기카드대출(현금 서비스), 장기카드대출(카드론) 등의 이용금액은 적립 및 산정 기준에서 제외

**53** K대리는 S은행의 '위 카드'를 2024년 9월 22일에 발급받았다. 발급받은 당일부터 카드사용 등록을 하고 연회비도 모두 지불했을 때, K대리가 이 카드를 사용하면서 받을 수 있는 혜택으로 옳지 않은 것은?

① 자동차를 24개월 무이자할부로 결제하면 매달 포인트 적립이 된다.
② 가맹점에서 12만 원을 사용했을 때, 적립된 포인트는 이용금액의 1%이다.
③ 카드 발급 후 처음 1년 동안 200만 원을 사용했을 시, 바우처를 신청할 수 있다.
④ 카드 발급 후 1년간 4천만 원의 사용실적이 있을 시 보너스 캐시백은 2025년 10월 15일에 5만 원을 받게 된다.
⑤ 바우처 신청 조건을 만족했을 때, 카드를 발급받은 다음 달로부터 12개월 내 바우처를 신청했다면 혜택을 제공받을 수 있다.



Hard

**54** 다음은 K대리의 11월 '위 카드' 사용내역서이다. 사용내역서를 봤을 때, 11월에 적립되는 포인트는 총 몇 점인가?(단, 카드를 사용한 곳은 모두 가맹점이다)

〈11월 '위 카드' 사용내역서〉

| 구분 | 가맹점명 | 사용금액 | 비고 |
|---|---|---|---|
| 2024-11-06 | ○○가구 | 200,000원 | 3개월 무이자 할부 |
| 2024-11-06 | A햄버거 전문점 | 12,000원 | |
| 2024-11-10 | 지방세 | 2,400원 | |
| 2024-11-13 | 현금 서비스 | 70,000원 | |
| 2024-11-13 | C영화관 | 40,000원 | |
| 2024-11-20 | ◇◇할인점 | 85,000원 | |
| 2024-11-22 | 카드론(대출) | 500,000원 | |
| 2024-11-23 | M커피 | 27,200원 | 즉시결제 |
| 2024-11-25 | M커피 | 19,000원 | 즉시결제 |
| 2024-11-25 | △△스시 | 100,000원 | |
| 합계 | – | 1,055,600원 | – |

※ 비고가 공란인 경우 일시불을 뜻함

① 2,013.4점
② 2,025.4점
③ 2,034.4점
④ 2,042.4점
⑤ 2,051.4점

※ 다음은 S은행의 7월 일정이다. 이어지는 질문에 답하시오. **[55~56]**

〈7월 일정표〉

| 월요일 | 화요일 | 수요일 | 목요일 | 금요일 | 토요일 | 일요일 |
|---|---|---|---|---|---|---|
| | | | | 1<br>김사원 휴가 | 2 | 3 |
| 4<br>전체 회의 | 5<br>최사원 휴가 | 6 | 7<br>정대리 휴가 | 8 | 9 | 10 |
| 11<br>최팀장 휴가 | 12 | 13<br>정과장 휴가 | 14<br>정과장 휴가 | 15<br>김팀장 휴가 | 16 | 17 |
| 18<br>유부장 휴가 | 19 | 20 | 21 | 22<br>임사원 휴가 | 23 | 24 |
| 25<br>박과장 휴가 | 26<br>최대리 휴가 | 27 | 28<br>한과장 휴가 | 29<br>유부장 휴가 | 30 | 31 |

• 소속 부서
- 총무부 : 최사원, 김대리, 한과장, 최팀장
- 인사부 : 임사원, 정대리, 박과장, 김팀장
- 기획부 : 김사원, 최대리, 정과장, 유부장

※ 휴가는 공휴일과 주말을 제외하고 사용하며, 전체 일정이 있는 경우 휴가를 사용하지 않음

**55** **S은행 직원들은 다른 직원들과 휴가일이 겹치지 않게 하루 이상 휴가를 쓰려고 한다. 다음 중 총무부 김대리의 휴가 일정으로 적절한 것은?**

① 1일
② 4일
③ 8 ~ 9일
④ 20 ~ 21일
⑤ 29 ~ 30일

**56** **S은행 직원들이 동일한 일수로 최대한 휴가를 쓴다고 할 때, 한 사람당 며칠까지 휴가를 쓸 수 있겠는가?**

① 1일
② 2일
③ 3일
④ 4일
⑤ 5일

## 57 다음 글의 논지 전개 방식으로 가장 적절한 것은?

> 휴리스틱(Heuristic)은 문제를 해결하거나 불확실한 사항에 대해 판단을 내릴 필요가 있지만 명확한 실마리가 없을 경우에 사용하는 편의적·발견적인 방법이다. 우리말로는 쉬운 방법, 간편법, 발견법, 어림셈 또는 지름길 등으로 표현할 수 있다. 1905년 알베르트 아인슈타인은 노벨 물리학상 수상 논문에서 휴리스틱을 '불완전하지만 도움이 되는 방법'이라는 의미로 사용했다. 수학자인 플리아는 휴리스틱을 '발견에 도움이 된다.'는 의미로 사용했고, 수학적인 문제 해결에도 휴리스틱 방법이 매우 유효하다고 했다.
>
> 휴리스틱을 이용하는 방법은 거의 모든 경우에 어느 정도 만족스럽고, 경우에 따라서는 완전한 답을 재빨리, 그것도 큰 노력 없이 얻을 수 있다는 점에서 사이먼의 '만족화' 원리와 일치하는 사고방식인데, 가장 전형적인 양상이 '이용가능성 휴리스틱(Availability Heuristic)'이다. 이용가능성이란 어떤 사상(事象)이 출현할 빈도나 확률을 판단할 때, 그 사상과 관련해서 쉽게 알 수 있는 사례를 생각해내고 그것을 기초로 판단하는 것을 뜻한다.
>
> 그러나 휴리스틱이 때로는 터무니없는 실수를 자아내는 원인이 되기도 한다. 불확실한 의사결정을 이론화하기 위해서는 확률이 필요하기 때문에 사람들이 확률을 어떻게 다루는지가 중요하다. 확률은 이를테면 어떤 사람이 선거에 당선될지, 경기가 좋아질지, 시합에서 어느 편이 우승할지 따우를 '전망'할 때 이용된다. 대개 그러한 확률은 어떤 근거를 기초로 객관적인 판단을 내리기도 하지만, 대부분은 직감적으로 판단을 내리게 된다. 그런데 직감적인 판단에서 오는 주관적인 확률은 과연 정확한 것일까?
>
> 카너먼과 트버스키는 일련의 연구를 통해 인간이 확률이나 빈도를 판단할 때 몇 가지 휴리스틱을 이용하지만, 그에 따라 얻게 되는 판단은 객관적이며 올바른 평가와 상당한 차이가 있다는 의미로 종종 '바이어스(Bias)'가 동반되는 것을 확인했다. 이용가능성 휴리스틱이 일으키는 바이어스 가운데 하나가 '사후 판단 바이어스'이다. 우리는 어떤 일이 벌어진 뒤에 '그렇게 될 줄 알았어.' 또는 '그렇게 될 거라고 처음부터 알고 있었어.'와 같은 말을 자주 한다. 이렇게 결과를 알고 나서 마치 사전에 그것을 예견하고 있었던 것처럼 생각하는 바이어스를 '사후 판단 바이어스'라고 한다.

① 분석 대상과 관련되는 개념들을 연쇄적으로 제시하며 정보의 확대를 꾀하고 있다.
② 인과 관계를 중심으로 분석 대상에 대한 논리적 접근을 시도하고 있다.
③ 핵심 개념을 설명하면서 그와 유사한 개념들과 비교함으로써 이해를 돕고 있다.
④ 전달하고자 하는 정보를 다양한 맥락에서 재구성하여 반복적으로 제시하고 있다.
⑤ 주제에 대한 다양한 관점들을 제시한 뒤, 다양한 예를 들어 설명하고 있다.

## 58 수도권에 사는 1,000명의 20대 남녀를 대상으로 한 달 동안 외식을 하는 횟수를 조사해 보았다. 한 달 동안 외식을 하는 평균 횟수는 12번이고, 표준편차는 4였다. 정규분포를 따르며 임의로 64명을 표본추출할 경우, 표본표준편차는?

① 0.2
② 0.5
③ 0.8
④ 1.2
⑤ 1.5

※ 다음 글을 읽고 이어지는 질문에 답하시오. [59~60]

기업은 근로자에게 제공하는 보상에 비해 근로자가 더 많이 노력하기를 바라는 반면, 근로자는 자신이 노력한 것에 비해 기업으로부터 더 많은 보상을 받기를 바란다. 이처럼 기업과 근로자 간의 이해가 상충하는 문제를 완화하기 위해 근로자가 받는 보상에 근로자의 노력이 반영되도록 하는 약속이 인센티브 계약이다. 인센티브 계약에는 명시적 계약과 암묵적 계약을 이용하는 두 가지 방식이 존재한다.

명시적 계약은 법원과 같은 제3자에 의해 강제되는 약속이므로 객관적으로 확인할 수 있는 조건에 기초해야 한다. 근로자의 노력은 객관적으로 확인할 수 없으므로, 노력 대신에 노력의 결과인 성과에 기초하여 근로자에게 보상하는 약속이 명시적인 인센티브 계약이다. 이 계약은 근로자로 하여금 자신의 노력을 증가시키도록 하는 매우 강력한 동기를 부여한다. 가령, 근로자에 대한 보상 체계가 '고정급$+a\times$성과$(0\leq a\leq 1)$'라고 할 때, 인센티브 강도를 나타내는 $a$가 커질수록 근로자는 고정급에 따른 기본 노력 외에도 성과급에 따른 추가적인 노력을 더 하게 될 것이다. 왜냐하면 기본 노력과 달리 추가적인 노력에 따른 성과는 $a$가 커질수록 더 많은 몫을 자신이 갖게 되기 때문이다. 따라서 $a$를 늘리면 근로자의 노력 수준이 증가함에 따라 추가적인 성과가 더욱 늘어나, 추가적인 성과 가운데 많은 몫을 근로자에게 주더라도 기업의 이윤은 늘어난다.

그러나 명시적인 인센티브 계약이 가진 두 가지 문제점으로 인해 $a$가 커짐에 따라 기업의 이윤이 감소하기도 한다. 첫째, 명시적인 인센티브 계약은 근로자의 소득을 불확실하게 만든다. 왜냐하면 근로자의 성과는 근로자의 노력뿐만 아니라 작업 상황이나 여건, 운 등과 같은 우연적인 요인들에 의해서도 영향을 받기 때문이다. 그런데 소득이 불확실해지는 것을 근로자가 받아들이게 하려고 기업은 근로자에게 위험 프리미엄* 성격의 추가적인 보상을 지급해야 한다. 따라서 $a$가 커지면 기업이 근로자에게 지급해야 하는 보상이 늘어나 기업의 이윤이 줄기도 한다. 둘째, 명시적인 인센티브 계약은 근로자들이 보상을 잘 받기 위한 노력에 치중하도록 하는 인센티브 왜곡 문제를 발생시킨다. 성과 가운데에는 측정하기 쉬운 것도 있지만 그렇지 않은 것도 있기 때문이다. 중요하지만 성과 측정이 어려워 충분히 보상받지 못하는 업무를 근로자들이 등한시하게 되면 기업 전체의 성과에 해로운 결과를 초래하게 된다. 따라서 $a$가 커지면 인센티브를 왜곡하는 문제가 악화되어 기업의 이윤이 줄기도 하는 것이다.

합당한 성과 측정 지표를 찾기 힘들고 인센티브 왜곡의 문제가 중요한 경우에는 암묵적인 인센티브 계약이 더 효과적일 수 있다. 암묵적인 인센티브 계약은 성과와 상관없이 근로자의 노력에 대한 주관적인 평가에 기초하여 보너스, 복지 혜택, 승진 등의 형태로 근로자에게 보상하는 것이다. ㉠ 암묵적 계약은 법이 보호할 수 있는 계약을 실제로 맺는 것이 아니다. 이에 따르면 상대방과 협력 관계를 계속 유지하는 것이 장기적으로 이익일 경우에 자발적으로 상대방의 기대에 부응하도록 행동하는 것을 계약의 이행으로 본다. 물론 어느 한쪽이 상대방의 기대를 저버림으로써 얻게 되는 단기적 이익이 크다고 생각하여 협력 관계를 끊더라도 법적으로 이를 못하도록 강제할 방법은 없다. 하지만 상대방의 신뢰를 잃게 되면 그때부터 상대방의 자발적인 협력을 기대할 수 없게 된다. 따라서 암묵적인 인센티브 계약에 의존할 때에는 기업의 평가와 보상이 공정하다고 근로자가 신뢰하게 하는 것이 중요하다.

*위험 프리미엄 : 소득의 불확실성이 커질 때 근로자는 사실상 소득이 줄어든 것으로 느끼게 되는데, 이를 보전하기 위해 기업이 지급해야 하는 보상을 의미함

**59** **다음 중 윗글을 이해한 내용으로 적절하지 않은 것은?**

① 기업과 근로자 사이의 이해 상충은 근로자의 노력을 반영하는 보상을 통해 완화할 수 있는 문제이다.

② 법이 보호할 수 있는 인센티브 계약으로 근로자의 노력을 늘리려는 것이 오히려 기업에 해가 되는 경우가 있다.

③ 명시적 인센티브 계약에서 노력의 결과인 성과에 기초하는 것은 노력 자체를 객관적으로 확인할 수 없기 때문이다.

④ 합당한 성과 측정 지표를 찾기 힘들 경우에는 객관적 평가보다 주관적 평가에 기초한 보상이 더 효과적일 수 있다.

⑤ 성과를 측정하기 어려운 업무에 종사하는 근로자에 대한 보상에서는 명시적인 인센티브의 강도가 높은 것이 효과적이다.

Hard

**60** **다음 중 윗글의 밑줄 친 ㉠에 대한 설명으로 적절하지 않은 것은?**

① 법원과 같은 제3자가 강제할 수 없는 약속이다.

② 객관적으로 확인할 수 있는 조건에 기초한 약속이다.

③ 자신에게 이익이 되기 때문에 자발적으로 이행하는 약속이다.

④ 상대방의 신뢰를 잃음으로써 초래되는 장기적 손실이 클수록 더 잘 지켜지는 약속이다.

⑤ 상대방의 기대를 저버림으로써 얻게 되는 단기적 이익이 작을수록 더 잘 지켜지는 약속이다.

PART 4

**61** 다음 〈보기〉는 이번 주 기온에 대한 정보이다. 함수를 〈조건〉과 같이 정의할 때, 일교차가 가장 큰 값을 구하는 수식으로 옳은 것은?

**보기**

| | A | B | C |
|---|---|---|---|
| 1 | 요일 | 최고기온 | 최저기온 |
| 2 | 월 | 12 | 1 |
| 3 | 화 | 11 | 2 |
| 4 | 수 | 7 | 3 |
| 5 | 목 | 9 | 2 |
| 6 | 금 | 6 | 0 |
| 7 | 토 | 10 | 3 |
| 8 | 일 | 9 | 2 |

**조건**

- ♤(범위1, 조건, 범위2) : 범위1에서 조건을 충족하는 셀과 같은 행에 있는, 범위2 셀의 합을 구하는 함수
- ○(셀1, 셀2) : 셀1과 셀2의 차를 구하는 함수
- ▲(범위) : 범위에서 가장 큰 값을 구하는 함수
- ☆(범위) : 범위에서 가장 작은 값을 구하는 함수
- ♡(셀1, 셀2, …) : 셀의 합을 구하는 함수

① = ♤(A2:A8, "월", C2:C8)

② = ○(B2, C2)

③ = ♡(B2, C2)

④ = ▲(B2:B8 − C2:C8)

⑤ = ☆(C2:C8)

**62** 진영이는 동생에게 데이터 리필 쿠폰을 선물하기 위해 통신사 고객센터에 연락했다. 통신사 고객센터의 순서도가 다음과 같을 때, 진영이가 누를 번호로 적절한 것은?

〈순서도 기호〉

| 기호 | 설명 | 기호 | 설명 |
|---|---|---|---|
| 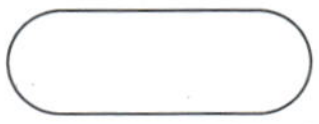 | 시작과 끝을 나타낸다. |  | 어느 것을 택할 것인지를 판단한다. |
|  | 데이터를 입력하거나 계산하는 등의 처리를 한다. |  | 선택한 값을 출력한다. |

〈순서도〉

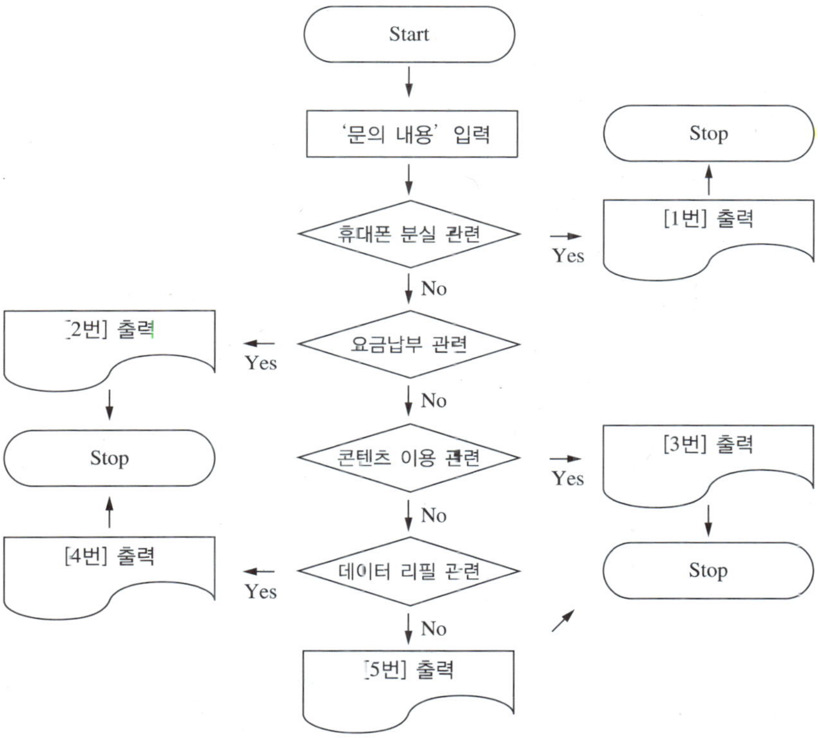


① 1번
② 2번
③ 3번
④ 4번
⑤ 5번

**63** 다음은 이메일 분류에 대한 순서도이다. 〈보기〉를 순서도에 넣었을 때, 출력되는 메일함으로 적절한 것은?

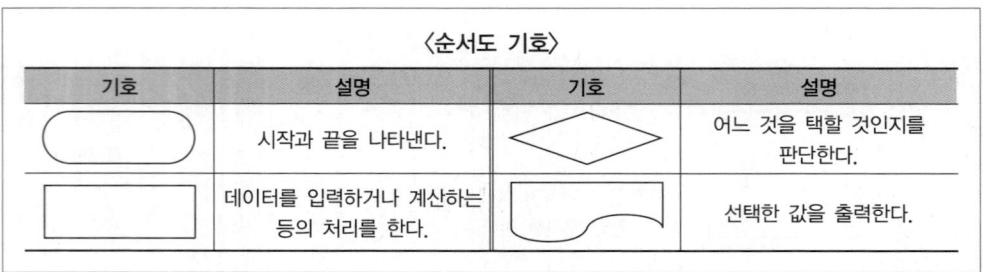

〈순서도 기호〉

| 기호 | 설명 | 기호 | 설명 |
|---|---|---|---|
| 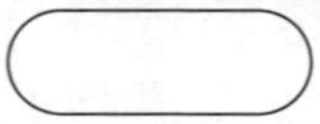 | 시작과 끝을 나타낸다. | 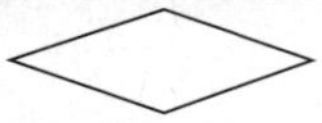 | 어느 것을 택할 것인지를 판단한다. |
| 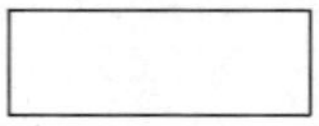 | 데이터를 입력하거나 계산하는 등의 처리를 한다. | 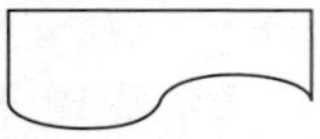 | 선택한 값을 출력한다. |

〈순서도〉

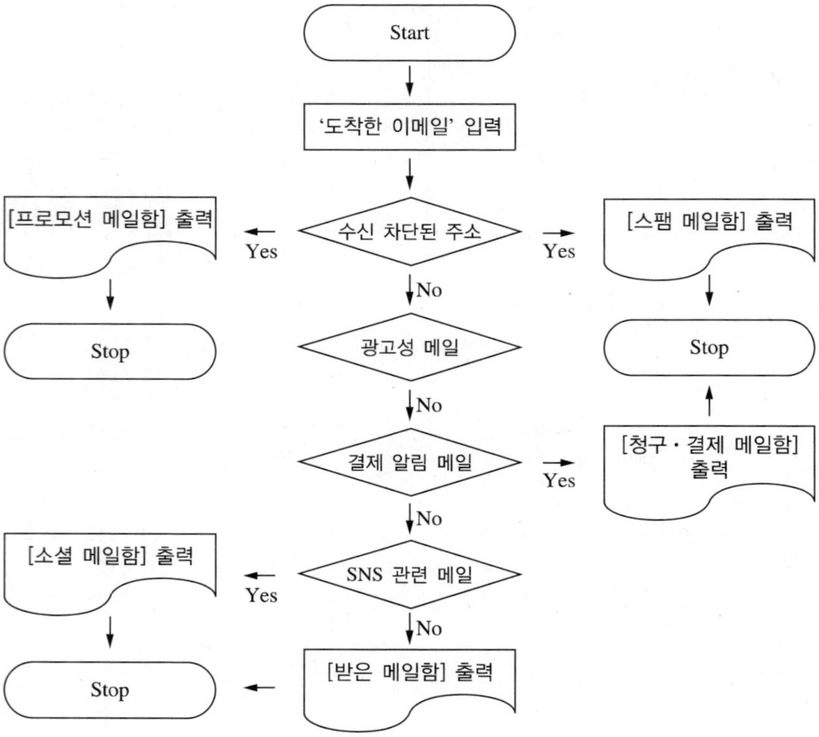

보기

◇◇마트에서 주문이 완료되었습니다.

***님, 2025년 2월 15일 오후 08시 09분에 구매하신 상품의 주문이 완료되었습니다.
항상 ◇◇마트를 이용해 주셔서 감사합니다.

주문상품 정보

| 상품명 | 수량 | 주문금액 |
|---|---|---|
| 그릭요거트 플레인 80×4입 | 1 | 5,390원 |
| 감귤 3kg | 1 | 12,500원 |
| 그래놀라 300g | 1 | 10,590원 |
| 총결제금액 | 28,480원 | |

⋮

① 청구 · 결제 메일함
② 스팸 메일함
③ 프로모션 메일함
④ 소셜 메일함
⑤ 받은 메일함

Hard

**64** **다음 〈보기〉 중 SVM(Support Vector Machine)에 대한 설명으로 옳은 것을 모두 고르면?**

보기

ㄱ. SVM은 범주 간 경계를 찾되, 마진(Margin)을 최소로 하는 경계를 찾는다.
ㄴ. 데이터 분포가 선형 분류를 하기에는 샘플 분할 경계가 복잡한 경우에 선형 SVM의 분류 성능은 저하된다.
ㄷ. 각 샘플이 특성을 정의하는 $n$개의 변수들로 표현된다고 할 때, 샘플들은 $n$차원 데이터 공간(Data Space)에 분포하게 된다.
ㄹ. 선형 SVM에는 오분류에 대한 허용 정도에 따라 전혀 허용하지 않는 경성(Hard) 마진, 오분류를 일부 허용하는 연성(Soft) 마진 등이 있다.

① ㄱ, ㄴ
② ㄴ, ㄷ
③ ㄱ, ㄴ, ㄷ
④ ㄱ, ㄴ, ㄹ
⑤ ㄴ, ㄷ, ㄹ

**65** 다음은 S은행의 신입 교육 순서도이다. 올해 S은행에 입사하게 된 지원씨는 평가시험에서 87점을 받았고, 이전 은행에서 4년간 관련 업무를 해왔으며, 관련 자격증도 가지고 있다. 지원씨가 수료하게 될 교육코스로 적절한 것은?(단, 올해 평가시험의 평균점수는 76점이었다)

〈순서도 기호〉

| 기호 | 설명 | 기호 | 설명 |
|---|---|---|---|
| 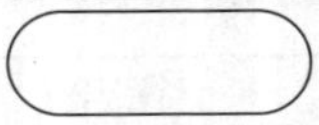 | 시작과 끝을 나타낸다. | 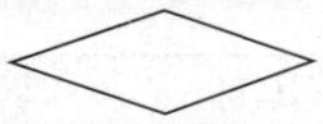 | 어느 것을 택할 것인지를 판단한다. |
| 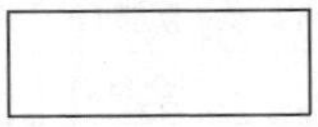 | 데이터를 입력하거나 계산하는 등의 처리를 한다. | 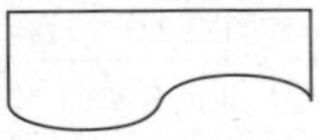 | 선택한 값을 출력한다. |

〈순서도〉

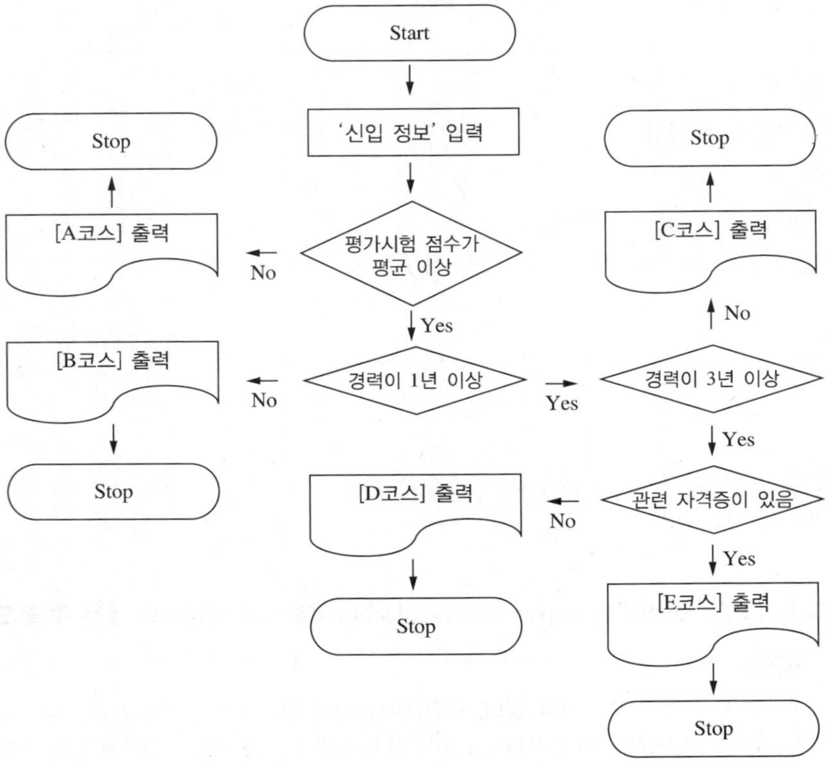


① A코스 ② B코스
③ C코스 ④ D코스
⑤ E코스

**66** 오늘 용수는 학교에서 신체검사를 했다. 신체검사에 소요되는 시간을 최대한 단축시키고자 학생의 반과 번호에 따라 검사 순서를 다르게 정했다. 이에 대한 순서도가 다음과 같을 때, 3학년 3반 12번인 용수의 신체검사 순서로 옳은 것은?

〈순서도 기호〉

| 기호 | 설명 | 기호 | 설명 |
|---|---|---|---|
| | 시작과 끝을 나타낸다. | | 어느 것을 택할 것인지를 판단한다. |
| | 데이터를 입력하거나 계산하는 등의 처리를 한다. | | |

〈순서도〉

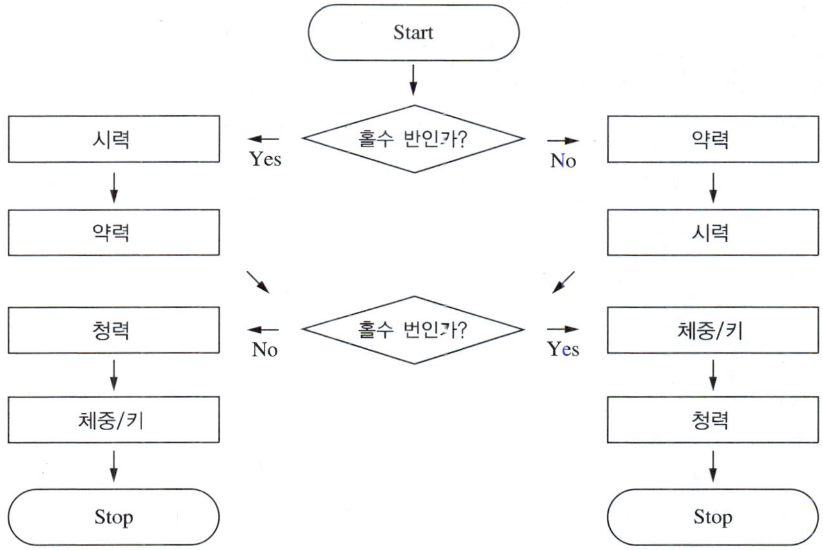


① 청력 → 체중 / 키 → 악력 → 시력
② 시력 → 악력 → 체중 / 키 → 청력
③ 시력 → 악력 → 청력 → 체중 / 키
④ 악력 → 시력 → 청력 → 체중 / 키
⑤ 악력 → 체중 / 키 → 시력 → 청력

※ 다음은 청년매입임대주택 사업에 대한 정보이다. 이어지는 질문에 답하시오. [67~68]

〈청년매입임대주택〉

- 입주대상 : 무주택 요건 및 소득·자산 기준을 충족하고 다음 어느 하나에 해당하는 미혼 청년
  - 만 19세 이상 만 39세 이하인 사람
  - 대학생(입학 및 복학 예정자 포함)
  - 취업준비생(고등학교·대학교 등을 졸업·중퇴 2년 이내인 미취업자)
- 입주순위

| 순위 | 자격 요건 |
|---|---|
| 1순위 | 생계·주거·의료급여 수급자 가구, 차상위계층 가구, 지원대상 한부모가족에 속하는 청년 |
| 2순위 | 본인과 부모의 월평균소득이 전년도 도시근로자 가구원수별 가구당 월평균소득 100% 이하인 자로서 국민임대 자산기준을 충족하는 자 |
| 3순위 | 본인의 월평균소득이 전년도 도시근로자 1인 가구 월평균소득 100% 이하인 자로서 행복주택(청년) 자산기준을 충족하는 자 |

- 소득·자산기준

| 구분 | | 1순위 | 2순위 | 3순위 |
|---|---|---|---|---|
| 소득 | 범위 | 해당 가구 | 본인과 부모 | 본인 |
| | 기준 | 자격 판단 | 100% 이하 | 100% 이하 |
| 자산 | 범위 | – | 본인과 부모 | 본인 |
| | 기준 | 검증 안함 | 29,200만 원 이하 | 25,400만 원 이하 |
| 자동차가액 | 범위 | – | 본인과 부모 | 본인 |
| | 기준 | 검증 안함 | 3,496만 원 이하 | 3,496만 원 이하 |
| 주택소유 여부 | 범위 | 본인 | 본인 | 본인 |
| | 기준 | 무주택 | 무주택 | 무주택 |

- 임대조건
  - 1순위 : 보증금 100만 원, 임대료 시중시세 40%
  - 2, 3순위 : 보증금 200만 원, 임대료 시중시세 50%
- 거주기간 : 2년(입주자격 유지 시 재계약 2회 가능)

**67** **다음 중 위 청년매입임대주택 사업에 대한 설명으로 옳지 않은 것은?**

① 청년매입임대주택 입주 시 최대 6년간 거주 가능하다.
② 고등학교에 재학 중인 만 18세의 학생은 입주대상에 해당되지 않는다.
③ 2순위 입주대상자는 3순위 입주대상자와 동일한 금액의 보증금을 적용받는다.
④ 1순위에 해당하지 않으면서 3,600만 원 가액의 일반 자동차를 본인 명의로 소유한 경우, 입주가 불가능하다.
⑤ 본인의 월평균소득이 전년도 도시근로자 1인 가구 월평균소득의 100%를 초과하는 경우, 2순위 입주대상이 될 수 없다.

PART 4

**68** **다음 〈보기〉의 정보를 바탕으로 할 때, 청년매입임대주택 입주대상에 해당하지 않는 사람을 모두 고르면?(단, 주어진 정보 외의 자격요건은 모두 충족하는 것으로 본다)**

> **보기**
> - 민우 : 1인 가구 세대주로서, 월평균소득이 도시근로자 1인 가구 월평균소득의 80%이며 2억 6천만 원의 현금을 보유
> - 정아 : 만 28세이고 혼인한 지 1년이 경과하였으며 차상위계층 가구의 세대주
> - 소현 : 월평균소득이 도시근로자 1인 가구 월평균소득의 90%이며, 무주택자인 1인 가구 세대주
> - 경범 : 월평균소득이 없는 대학생으로서 3인 가구의 세대원이며, 부모의 월평균소득이 전년도 3인 가구 도시근로자 가구당 월평균소득의 80%에 해당

① 민우, 정아
② 민우, 소현
③ 정아, 소현
④ 정아, 경범
⑤ 소현, 경범

Hard

## 69

통계지원팀은 통계청에서 주관하는 포럼에 참석할 직원을 선정 중이다. 다음 〈조건〉에 따라 통계지원팀 직원들이 포럼에 참여한다고 할 때, 항상 참인 것은?

**조건**

- 통계지원팀은 A팀장, B대리, C주임, D주임, E사원으로 구성되어 있다.
- A팀장은 반드시 포럼에 참석한다.
- B대리가 참석하지 않으면, D주임도 참석하지 않는다.
- C주임이 참석하지 않으면, E사원은 참석한다.
- C주임과 D주임 중 적어도 1명은 포럼에 반드시 참석한다.
- D주임이 참석하지 않으면, A팀장은 참석하지 않는다.

① B대리는 참석하지 않는다.
② B대리와 C주임이 참석한다.
③ E사원은 참석한다.
④ C주임과 D주임은 함께 포럼에 참석한다.
⑤ 적어도 4명의 직원이 참석한다.

## 70

A대학생은 현재 보증금 3천만 원, 월세 50만 원을 지불하면서 S원룸에 거주하고 있다. 다음 해부터는 월세를 낮추기 위해 보증금을 증액하려고 한다. 다음 규정을 보고 A대학생이 월세를 최대로 낮췄을 때의 월세와 보증금으로 바르게 짝지어진 것은?

〈S원룸 월 임대료 임대보증금 전환 규정〉

- 1년치 임대료의 56%까지 보증금으로 전환 가능
- 연 1회 가능
- 전환이율 6.72%

※ (환산보증금)=$\frac{\text{(전환 대상 금액)}}{\text{(전환이율)}}$

① 월세 22만 원 – 보증금 7천만 원
② 월세 22만 원 – 보증금 8천만 원
③ 월세 22만 원 – 보증금 9천만 원
④ 월세 30만 원 – 보증금 8천만 원
⑤ 월세 30만 원 – 보증금 9천만 원

# PART 5

# 면접

CHAPTER

# 01 면접 유형 및 실전 대책

## 1. 면접의 유형

과거 천편일률적이었던 일대일 면접과 달리 최근 면접에는 다양한 유형이 도입되어, 현재는 '면접은 이렇게 보는 것이다.'라고 말할 수 있는 정해진 유형이 없어졌다. 그러나 대부분의 기업 및 은행권 면접에서는 공통된 면접이 진행되고 있으므로 어느 정도 유형을 파악하여 준비하면 사전에 대비가 가능하다. 면접의 기본인 개별 면접부터 다대일 면접, 집단 면접의 유형과 그 대책에 대해 알아보자.

### (1) 개별 면접

① **개별 면접의 장점** : 필기시험 등으로 판단할 수 없는 성품이나 능력을 알아내는 데 가장 적합하다고 평가받아온 면접방식으로, 응시자 한 사람 한 사람에 대해 여러 면에서 비교적 폭넓게 파악할 수 있다. 응시자의 입장에서는 한 사람의 면접관만을 대하는 것이므로 상대방에게 집중할 수 있으며, 긴장감도 다른 면접방식에 비해서는 적은 편이다.

② **개별 면접의 단점** : 면접관의 주관이 강하게 작용해 객관성을 저해할 소지가 있으며, 면접 평가표를 활용한다 하더라도 일면적인 평가에 그칠 가능성을 배제할 수 없다. 또한 시간이 많이 소요되는 것도 단점이다.

**개별 면접 준비 Point**

개별 면접에 대비하기 위해서는 평소 일대일로 논리정연하게 대화를 나눌 수 있는 능력을 기르는 것이 중요하다. 그리고 면접장에서는 면접관을 선배나 선생님 혹은 부모님을 대하는 기분으로 면접에 임하는 것이 훨씬 부담도 적고 실력을 발휘할 수 있는 방법이 될 것이다.

### (2) 다대일 면접

다대일 면접은 일반적으로 가장 많이 사용되는 면접 방법으로, 보통 2～5명의 면접관이 1명의 응시자에게 질문하는 형태의 면접 방법이다. 면접관이 여러 명이므로 다각도에서 질문을 하여 응시자에 대한 정보를 많이 알아낼 수 있다는 점 때문에 기업에서 선호하는 면접 방법이다. 하지만 응시자의 입장에서는 질문도 면접관에 따라 각양각색이고 동료 응시자가 없으므로 숨 돌릴 틈도 없게 느껴진다. 또한 관찰하는 눈도 많아서 조그만 실수라도 지나치는 법이 없기 때문에 정신적 압박과 긴장감이 높은 면접 방법이다. 따라서 응시자는 긴장을 풀고 한 시험관이 묻더라도 면접관 전원을 향해 대답한다는 기분으로 또박또박 대답하는 자세가 필요하다.

① **다대일 면접의 장점** : 집중적인 질문과 다양한 관찰을 통해 응시자가 과연 조직에 필요한 인물인가를 완벽히 검증할 수 있다.

② **다대일 면접의 단점** : 면접시간이 보통 10 ~ 30분 정도로 긴 편이고 응시자에게 지나친 긴장감을 조성하는 면접 방법이다.

**다대일 면접 준비 Point**

질문을 들을 때 시선은 면접관을 향하고 다른 데로 돌리지 말아야 하며, 대답할 때에도 고개를 숙이거나 입속에서 우물거리는 소극적인 태도는 피하도록 한다. 면접관과 대등하다는 마음가짐으로 편안한 태도를 유지하면 대답도 자연스러운 상태에서 좀 더 충실히 할 수 있고, 이에 따라 면접관이 받는 인상도 달라진다.

### (3) 집단 면접

집단 면접은 다수의 면접관이 여러 명의 응시자를 한꺼번에 평가하는 방식으로, 짧은 시간에 능률적으로 면접을 진행할 수 있다. 각 응시자에 대한 질문내용, 질문횟수, 시간배분이 똑같지는 않으며 모두에게 같은 질문이 주어지기도 하고, 각각 다른 질문을 받기도 한다. 또 어떤 응시자의 대답에 대한 의견을 묻는 등 그때그때의 분위기나 면접관의 의향에 따라 변수가 많다. 집단 면접은 응시자의 입장에서는 개별 면접에 비해 긴장감은 다소 덜한 반면에 다른 응시자들과의 비교가 확실하게 나타나므로 응시자는 몸가짐이나 표현력 · 논리성 등이 결여되지 않도록 자신의 생각이나 의견을 솔직하게 발표하여 집단 속에 묻히거나 밀려나지 않도록 주의해야 한다.

① **집단 면접의 장점** : 집단 면접의 장점은 면접관의 응시자 한 사람에 대한 관찰시간이 상대적으로 길고, 비교평가가 가능하기 때문에 결과적으로 평가의 객관성과 신뢰성을 높일 수 있다는 점이며, 응시자는 동료들과 함께 면접을 받기 때문에 긴장감이 다소 덜하다는 것을 들 수 있다. 또한 동료가 답변하는 것을 들으며, 자신의 답변방식이나 자세를 조정할 수 있다는 것도 큰 이점이다.

② **집단 면접의 단점** : 응답하는 순서에 따라 응시자마다 유리하고 불리한 점이 있고, 면접관의 입장에서는 각각의 개인적인 문제를 깊게 다루기가 곤란하다는 것이 단점이다.

**집단 면접 준비 Point**

지나치게 자기과시를 하지 않는 것이 좋다. 대답은 자신이 말하고 싶은 내용을 간단명료하게 말해야 한다. 내용이 없는 발언을 한다거나 대답을 질질 끄는 태도는 좋지 않다. 또 말하는 중에 내용이 주제에서 벗어나거나 자기중심적으로만 말하는 것도 피해야 한다. 집단 면접에 대비하기 위해서는 평소에 설득력을 지닌 자신의 논리력을 계발하는 데 힘써야 하며, 다른 사람 앞에서 자신의 의견을 조리 있게 개진할 수 있는 발표력을 갖추는 데에도 많은 노력을 기울여야 한다.

- 실력에는 큰 차이가 없다는 것을 기억하라.
- 동료 응시자들과 서로 협조하라.
- 답변하지 않을 때의 자세가 중요하다.
- 개성표현은 좋지만 튀는 것은 위험하다.

PART 5

### (4) 집단 토론식 면접

집단 토론식 면접은 집단 면접과 형태는 유사하지만, 질의응답이 아니라 응시자들끼리의 토론이 중심이 되는 면접 방법으로 최근 들어 급증세를 보이고 있다.

이는 공통의 주제에 대해 다양한 견해들이 개진되고 결론을 도출하는 과정, 즉 토론을 통해 응시자의 다양한 면에 대한 평가가 가능하다는 집단 토론식 면접의 장점이 널리 확산된 데 따른 것으로 보인다.

사실 집단 토론식 면접을 활용하면 주제와 관련된 지식과 이해력, 판단력, 설득력, 협동성은 물론 리더십, 조직 적응력, 적극성과 대인관계 능력 등을 파악하는 것이 용이하다고 한다.

집단 토론식 면접에서는 자신의 의견을 명확히 제시하면서도 상대방의 의견을 경청하는 토론의 기본자세가 필수적이며, 지나친 경쟁심이나 자기 과시욕은 접어두는 것이 좋다.

또한 집단 토론의 목적이 결론을 도출해 나가는 과정에 있다는 것을 감안하여 무리하게 자신의 주장을 관철시키기보다 오히려 토론의 질을 높이는 데 기여하는 것이 좋은 인상을 줄 수 있다는 점을 알아야 한다. 취업 희망자들은 토론식 면접이 급속도로 확산되는 추세임을 감안해 특히 철저한 준비를 해야 한다. 평소에 신문의 사설이나 매스컴 등의 토론 프로그램을 주의 깊게 보면서 논리 전개 방식을 비롯한 토론 과정을 익히도록 하고, 친구들과 함께 간단한 주제를 놓고 토론을 진행해 볼 필요가 있다. 또한 사회·시사문제에 대해 자기 나름대로의 관점을 정립해 두는 것도 꼭 필요하다.

## 2. 면접 실전 대책

### (1) 면접 대비사항

① 사전지식을 충분히 갖는다.

필기시험 또는 서류전형 합격 후 면접 날짜가 정해지는 것이 보통이다. 이때 수험자는 면접을 대비해 사전에 자기가 지원한 계열 또는 업무에 대해 폭넓은 지식을 가질 필요가 있다.

② 충분한 수면을 취한다.

충분한 수면으로 안정감을 유지하고 첫 출발의 신선한 마음가짐을 갖는다.

③ 얼굴을 생기 있게 한다.

첫인상은 면접에서 가장 결정적인 당락요인이다. 면접관들이 가장 좋아하는 인상은 얼굴에 생기가 있고 눈동자가 살아있는 사람, 즉 기가 살아있는 사람이다.

④ 아침에 인터넷에 의한 정보나 신문을 읽는다.

그날의 뉴스가 면접 질문 대상에 오를 수가 있다. 특히 경제면, 정치면, 문화면 등을 유의해서 보아둘 필요가 있다.

### (2) 면접 시 옷차림

면접에서 옷차림은 간결하고 단정한 느낌을 주는 것이 가장 중요하다. 색상과 디자인 면에서 지나치게 화려한 색상이나, 노출이 심한 의상은 자칫 면접관의 눈살을 찌푸리게 할 수 있다.

단정한 차림을 유지하면서 자신만의 독특한 멋을 연출하는 것, 지원하는 회사의 분위기를 파악했다는 센스를 보여주는 것 또한 코디네이션의 포인트다.

**복장 점검**

- 구두는 잘 닦여있는가?
- 옷은 깨끗이 다려져 있으며 스커트 길이는 적당한가?
- 손톱은 길지 않고 깨끗한가?
- 머리는 흐트러짐 없이 단정한가?

### (3) 면접요령

① 첫인상을 중요시한다.

상대에게 인상을 좋게 주지 않으면 어떠한 얘기를 해도 자신의 기분이 충분히 전달되지 않을 수 있다. 예를 들면 '저 친구는 표정이 없고 무엇을 생각하고 있는지 전혀 알 길이 없다.' 이렇게 생각되면 최악의 상태다. 따라서 건강하고 신선한 이미지를 주기 위해 청결한 복장, 바른 자세로 침착하게 들어가야 한다.

② 좋은 표정을 짓는다.

얘기를 할 때의 표정은 중요한 사항의 하나다. 거울 앞에서는 웃는 얼굴을 연습해 본다. 웃는 얼굴은 상대를 편안하게 만들고 특히 면접 등 긴박한 분위기에서는 천금의 값이 있다 할 것이다.

그렇다고 하여 항상 웃고만 있어서는 안 된다. 자신의 얘기를 진정으로 전하고 싶을 때는 진지한 얼굴로 상대의 눈을 바라보며 얘기한다. 또한 면접을 볼 때 눈을 감고 있으면 마이너스 이미지를 주게 된다.

③ 결론부터 이야기한다.

자기의 의사나 생각을 상대에게 정확하게 전달하기 위해서는 먼저 무엇을 말하고자 하는가를 명확히 결정해 두어야 한다. 대답을 할 경우에는 결론을 먼저 이야기하고 나서 그에 따르는 설명과 이유를 나중에 덧붙이면 논지(論旨)가 명확해지고 이야기가 깔끔하게 정리된다. 한 가지 사실을 이야기하거나 설명하는 데는 3분이면 충분하다. 복잡한 이야기라도 어느 정도의 길이로 요약해서 이야기하면 상대도 이해하기 쉽고 자기 자신도 정리할 수 있다. 긴 이야기는 오히려 상대를 불쾌하게 할 수 있음을 알아야 한다.

④ 질문의 요지를 다악한다.

면접 답변은 간결성만으로 부족하다. 상대의 질문이나 이야기에 대해 적절하고 필요한 대답을 하지 않으면, 대화는 끊어지고 자신의 생각도 제대로 표현하지 못하여 면접관으로 하여금 수험생의 인품이나 사고방식 등을 명확히 파악할 수 없도록 만들게 된다. 면접관이 무엇을 묻고 있는지, 자신이 무슨 이야기를 하고 있는지 그 요점을 정확히 알아내야 한다.

PART 5

**면접에서 고득점을 받을 수 있는 성공요령**

1. 자기 자신을 겸허하게 판단하라.
2. 지원한 회사에 대해 100% 이해하라.
3. 실전과 같은 연습으로 감각을 익혀라.
4. 단답형 답변보다는 구체적으로 이야기를 풀어나가라.
5. 거짓말을 하지 마라.
6. 면접하는 동안 대화의 흐름을 유지하라.
7. 친밀감과 신뢰를 구축하라.
8. 상대방의 말을 성실하게 들어라.
9. 근로조건에 대한 이야기를 풀어나갈 준비를 하라.
10. 끝까지 긴장을 풀지 마라.

### (4) 면접 시 주의사항

① 지각은 있을 수 없다.
면접 당일에 시간을 맞추지 못하여 지각하는 것은 있을 수 없는 일이다. 신용사회에서 약속을 지키지 못하는 사람은 좋은 평가를 받을 수 없다. 면접일에는 지정시간 10 ~ 20분쯤 전에 미리 면접장에 도착해 마음을 가라앉히고 준비해야 한다.

② 손가락을 움직이지 마라.
손가락을 까딱거리거나 만지작거리는 행동은 유난히 눈에 띌 뿐만 아니라 면접관의 눈에 거슬리기 마련이다. 다리를 떠는 행동은 말할 것도 없다. 불안정하거나 산만하다는 느낌을 줄 수 있으므로 주의할 필요가 있다.

③ 옷매무새를 자주 고치지 마라.
여성의 경우 외모에 너무 신경 쓴 나머지 머리를 계속 쓸어올리거나, 깃과 치마 끝을 만지작거리는 경우가 많다. 짧은 미니스커트를 입고 와서 면접시간 내내 치마 끝을 내리는 행위는 면접관으로 하여금 인상을 찌푸리게 만든다. 면접관의 말에 의하면 이런 사람이 의외로 많다고 한다.

④ 너무 큰 소리로 말하지 마라.
면접관과의 거리가 어느 정도 떨어져 있기 때문에 작은 소리로 웅얼거리는 것은 안 좋다. 그러나 너무 큰 소리로 소리를 질러가며 말하는 사람은 오히려 거북스럽게 느껴진다.

⑤ 성의 있는 응답 자세를 보여라.
사소한 질문에 대해서도 성의 있는 응답 자세는 면접관에게 성실하다는 인상을 심어준다.

⑥ 기타 사항
㉠ 앉으라고 할 때까지 앉지 마라. 의자로 재빠르게 다가와 앉으면 무례한 사람처럼 보이기 쉽다.
㉡ 응답 시 지나치게 말을 꾸미지 마라.
㉢ 질문이 떨어지자마자 바쁘게 대답하지 마라.
㉣ 혹시 잘못 대답하였다고 해서 혀를 내밀거나 머리를 긁지 마라.
㉤ 머리카락에 손대지 마라. 정서불안으로 보이기 쉽다.
㉥ 면접장에 타인이 들어올 때 절대로 일어서지 마라.
㉦ 동종업계나 라이벌 회사에 대해 비난하지 마라.

ⓞ 면접관 책상에 있는 서류를 보지 마라.
ⓩ 농담을 하지 마라. 쾌활한 것은 좋지만 지나치게 경망스러운 태도는 취업에 대한 의지가 부족하게 보인다.
ⓒ 질문에 대해 대답할 말이 생각나지 않는다고 천장을 쳐다보거나 고개를 푹 숙이고 바닥을 내려다 보지 마라.
ⓚ 면접관이 서류를 검토하는 동안 말하지 마라.
ⓣ 과장이나 허세로 면접관을 압도하려 하지 마라.
ⓟ 최종 결정이 이루어지기 전까지 급여에 대해 언급하지 마라.
ⓗ 은연중에 연고를 과시하지 마라.

**면접 전 마지막 체크 사항**

- 약속된 면접시간 10분 전에 도착하도록 스케줄을 짤 수 있다.
- 면접장에 들어가서 공손히 인사한 후 또렷한 목소리로 자기 수험번호와 성명을 말할 수 있다.
- 앉으라고 할 때까지는 의자에 앉지 않는다는 것을 알고 있다.
- 자신에 대해 3분간 이야기할 수 있는 준비가 되어 있다.
- 자신의 긍정적인 면을 상대방에게 바르게 전달할 수 있다.

PART 5

CHAPTER 02

# 신한은행 실제 면접

신한은행의 면접접형은 1차 면접과 2차 면접으로 구분되어 치러진다. 1차 면접은 신한은행 연수원에서 진행되며, 토론 면접 – PT 면접 – 심층 면접으로 구성되어 있다. 토론 면접은 개별 토론과 팀 토론으로 구분되며, 현장에서 주어진 주제에 대해 간략하게 생각해 볼 시간을 준 다음 발언 기회가 주어진다. PT 면접의 경우 은행・경제・금융 관련 3개의 주제 중 뽑기를 통해 랜덤으로 주제가 결정되며, 본인의 발표 외 다른 면접자들의 발표 주제에 대해 질문할 내용을 준비해야 한다. 심층 면접은 약 10분간 진행되며, 자기소개서를 기반으로 질문이 주어진다.

2차 면접은 1차 면접 합격자에 한하여 임원들과 인성면접으로 진행된다. 대개 면접관 3~4명과 지원자 3~4명의 다대다 면접으로 진행되며, 시간은 약 15~20분으로 지원자당 5분씩 배분된다. 신한은행 면접은 자기소개서를 중심으로 대답을 준비하되, 자신의 경험이 신한은행과 연결될 수 있도록 답변해야 한다. 신한은행 정보를 바탕으로 한 면접 기출문제로 연습한다면 어려움 없이 면접을 볼 수 있을 것이다.

## 1. 1차 면접

### (1) PT 면접

3개의 주제 중 랜덤으로 1개를 뽑아 해당 주제에 대해 발표하는 방식으로 진행된다. 발표 시간은 3분이 주어지며, 이에 대해 면접관들이 2분가량 질문한다. 1시간 동안의 준비시간이 주어지고, 최근 금융 산업에서 이슈가 되고 있는 내용이 주제로 출제되므로 주관적으로 서술하기보다는 객관적으로 수치나 용어를 사용하여 서술하는 것이 좋다.

[기출 주제]

- 망분리규제완화 찬반
- 예술계 AI활용 찬반
- 중앙은행 CBDC도입 논의와 배경
- 에브리싱랠리의 원인과 투자전략
- 시니어 은행 활성화 방안
- 가계부채 감소의 원인과 은행의 전략
- 행동주의 펀드의 개념과 시사점
- 앱테크/슈퍼앱
- 디지털 월렛
- 디지털 뱅크런
- 금융업 속 빅데이터/AI 활용 방안
- 은행의 비금융 복합서비스 영업 전략
- 금융노마드 대응 전략
- 잘파세대 대응 전략

• 포용금융 실천 방안
• 고객경험 CX
• 은행대리업
• ESG경영
• 디지털소외현상 해결 방안
• 로보어드바이저(Robo – adviser)
• 기후금융
• 금융환경의 변화에 의한 소비자 보호 방안
• 청년부채 증가 원인 및 해결 방안으로서의 금융서비스 제안

[기출 질문]
• 현재 대형 포털에서 연예·스포츠 댓글 폐지에 따른 순기능과 역기능을 1개씩 말해보고, 이러한 댓글 폐지가 긍정적인지 부정적인지 이유를 들어 말해보시오.
• 독점의 정의를 말해보고, 본인은 독점에 대해 긍정적인지 부정적인지 이유를 들어 말해보시오.
• 간접 금융과 직접 금융의 차이를 말해보고, 둘 중에 어느 것이 더 안전하다고 생각하는지 말해보시오.

### (2) 인성 면접

비교적 편한 분위기로 진행되며, 사상과 자기소개서 사실 검증 위주로 면접이 진행된다. 지원자의 진실한 모습을 보여주는 것이 좋다.

[기출 질문]
• 신한은행의 장단점을 말해보시오.
• 은행원이 되고 싶은 이유에 대해 말해보시오.
• 지원자가 남들보다 뛰어나다고 생각하는 역량과 부족한 역량을 말해보시오.
• 자기소개를 해보시오.
• 타행에서 인턴을 했음에도 불구하고 신한은행을 지원한 이유는 무엇인가?
• 신한은행에 최근 방문했던 경험이 있는가?
• 신한은행의 쏠(SOL)의 사용해 보았는가? 해보았다면 장·단점이 무엇이라고 생각하는가?
• 신한은행하면 떠오르는 이미지가 있는가?
• 본인이 세상을 이롭게 했던 경험이 있는가?
• 기업금융과 관련된 자격증이 없는데, 대기업을 준비하다가 은행에 지원한 것인가?
• 본인이 기업금융 업무에 가진 역량이 무엇이라고 생각하는가?
• 본인이 가장 중요시하는 가치관은 무엇인가?
• 갈등을 해결해 봤던 경험을 구체적으로 말해보시오.
• 인생에서 가장 창의적인 경험은 무엇인가?
• 세일즈 경험에서 수익을 얻었는가? 얻었다면 그 수익은 어느 곳에 사용했으며, 왜 세일즈 경험을 하기로 다짐한 것인가?
• 입행 후에 하고 싶은 업무는 무엇인가?
• 신한은행의 가치 중 자신이 부합한다고 생각되는 것과 그 이유는 무엇인가?

### (3) 직무역량 면접

직무와 관련된 가장 구체적인 질문을 하는 면접유형으로, 롤플레잉으로 진행된다.

[기출 질문]

- 고객이 체험할 수 있는 생활밀착형 ESG서비스(은행권)에 대해 말해보시오.
- 수도권 이외의 지방과의 상생과 활성화를 위한 기업 브랜딩 전략에 대해 말해보시오.
- 재무제표에서 수익성·건전성·성장성에 대해 평가할 수 있는 재무지표로는 무엇이 있는가?
- 현재 저금리로 인해서 수익이 낮아지고 있는데, 신한은행이 어떻게 대처해야 한다고 생각하는가?
- 최근 카카오와 네이버가 기업금융 분야까지 진출하는 상황에서 신한은행은 어떻게 대처해야 한다고 생각하는가?
- 고객이 금리를 낮춰달라고 한 상황에 어떻게 대처할 것인가?

## 2. 2차 면접

면접에서 활용할 자기소개를 준비해 두며, 자기소개서를 바탕으로 나올 수 있는 예상 질문을 만들어 미리 답변을 준비해 본다. 또한 최신 뉴스와 신문 기사 등을 통해 사회 전반적인 이슈 및 금융권 관련 지식을 습득해 두도록 한다.

[기출 질문]

- 최근 1~2년 내에 24시간 동안 가장 많은 시간을 쏟은 것은 무엇인지 말해보시오.
- 성장성 빼고 직장에서 중요하다고 생각하는 것 3가지를 말해보시오.
- 은행 업무 외에 관심 있는 분야는 무엇인지 말해보시오.
- 신한은행에서 이루고 싶은 꿈이 있는지 설명하시오.
- 면접에 임하는 각오를 말해보시오.
- 우리 은행과 거래하던 중소기업이 주거래 은행을 변경하는 경우가 있다. 이를 방지하기 위해서 해야 할 일은?
- 옆의 지원자의 장점은 무엇이라고 생각하는가?
- 옆의 지원자보다 나은 내 장점은 무엇인가?
- 자기소개를 해보시오.
- 마지막으로 하고 싶은 말이 있는가?
- 지원동기를 말해보시오.
- 본인의 별명에 대해 말해보시오.
- 워라밸에 대한 자신의 생각을 말해보시오.
- 어제 본 기사 중 생각나는 것을 말해보시오.
- 증시하락에 어떤 펀드가 좋은지 말해보시오.
- 좋아하는 사자성어는 무엇인가?
- 면접 전날에 무엇을 하였는가?
- 친구들이 생각하는 본인의 모습에 대해 말해보시오.
- 신한만의 키워드는 무엇이라고 생각하는가?
- (은행 인턴 유경험자에게) 은행에서 일한 경험이 있는데 생각했던 은행과 달랐던 점이 있는가?
- 기업의 가치관과 본인의 가치관이 다를 경우 어떻게 행동할 것인가?

- 본인만의 강점은 무엇인가?
- 자신의 단점이나 약점은 무엇이라고 생각하는가?
- 본인은 리더인가 팔로워인가?
- 본인을 책 주인공에 비유해 보시오.
- 신한은행의 단점은 무엇이라 생각하는가?
- 꼭 지원한 직무가 아니어도 괜찮겠는가?
- 본인에게 중요한 것은 신한은행에서 일하는 것인가, 아니면 지원한 그 직무를 맡는 것인가?
- 아르바이트를 하면서 손님과 마찰을 빚었던 경험이 있는가?
- 은행원이 되기 위해 무엇을 준비했는가?
- 본인이 생각하는 은행원이 갖추어야 할 역량은 무엇이며, 그중 가장 중요한 한 가지는 무엇인가?
- 더 좋은 근무조건의 회사에서 합격 통지를 받으면 이직할 것인가?
- 신한은행 입행 후 이루고 싶은 꿈은 무엇인가?
- 신한은행에 들어오기 위해 어떠한 노력을 하였는가?
- 타 은행과 비교하여 신한은행의 장점과 단점은 무엇이라고 생각하는가?
- 가치관 형성에 가장 큰 영향을 준 사람은 누구인가?
- PB로서 가장 조심해야 할 부분은 무엇이라 생각하는가?

PART 5

시대에듀

M E M O

## 답안채점 • 성적분석 서비스

# 모바일 OMR

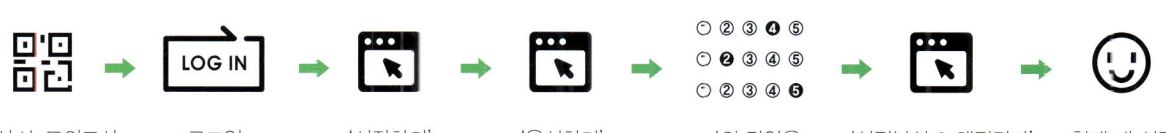

1. 도서 나 모의고사 우측 상단에 위치한 QR코드 찍기
2. 로그인 하기
3. '시작하기' 클릭
4. '응시하기' 클릭
5. 나의 답안을 모바일 OMR 카드에 입력
6. '성적분석 & 채점결과' 클릭
7. 현재 내 실력 확인하기

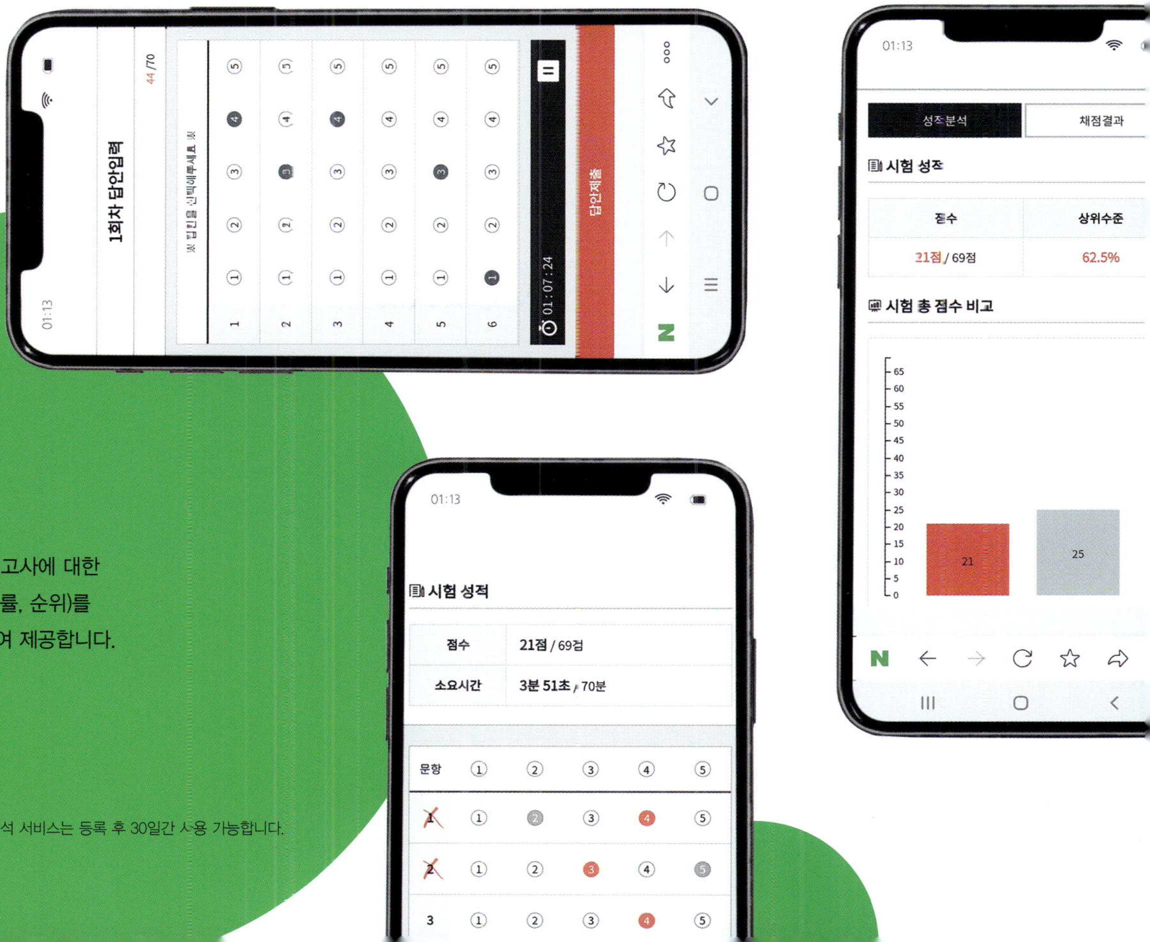


도서에 수록된 모의고사에 대한 객관적인 결과(정답률, 순위)를 종합적으로 분석하여 제공합니다.

※OMR 답안채점 / 성적분석 서비스는 등록 후 30일간 사용 가능합니다.

2025 하반기

| 모바일 OMR 답안채점 / 성적분석 서비스 · NCS 핵심이론 및 대표유형 무료 PDF · 온라인 모의고사 무료쿠폰

통합기본서

# 신한은행

# SLT

## 정답 및 해설

편저 | SDC(Sidae Data Center)

SDC

SDC는 시대에듀 데이터 센터의 약자로 약 30만 개의 NCS · 적성 문제 데이터를 바탕으로 최신 출제경향을 반영하여 문제를 출제합니다.

최신기출유형 + 모의고사 2회 + 온라인 모의고사 3회 + 무료 NCS 특강

대표기출유형 및 기출응용문제로 필기시험 대비!

금융상식 및 디지털 리터러시 평가까지 한 권으로!

시

# PART 1

# NCS 직업기초능력평가

CHAPTER

# 01 의사소통능력

## 대표기출유형 01 기출응용문제

### 01

정답 ⑤

(마)의 앞 문단에서는 정보와 지식이 커뮤니케이션 속에서 살아 움직이며 진화함을 말하고 있다. 따라서 정보의 순환 속에서 새로운 정보로 거듭나는 역동성에 대한 설명의 사례로 보기의 내용이 이어질 수 있다. 한 나라의 관광 안내 책자 속 정보가 섬세하고 정확한 것은 소비자들에 의해 오류가 수정되고 개정되는 것이 정보와 지식의 커뮤니케이션 속에서 새로운 정보로 거듭나는 것을 잘 나타내고 있기 때문이다.

오답분석

①·②·③ 세 번째 문단에서 확인할 수 있다.
④ 네 번째 문단에서 확인할 수 있다.

### 02

정답 ③

보기의 '이'는 앞 문장의 내용을 가리키므로, 기업의 이익 추구가 사회 전체의 이익과 관련된 결과를 가져왔다는 내용이 앞에 와야 한다. 따라서 (다) 앞의 '가장 저렴한 가격으로 상품 공급'이 '사회 전체의 이익'과 연관되므로 보기는 (다)에 들어가는 것이 가장 적절하다.

### 03

정답 ⑤

㉠ : 두 번째 문단의 내용처럼 '디지털 환경에서는 저작물을 원본과 동일하게 복제할 수 있고 용이하게 개작할 수 있기 때문에' ㉠과 같은 문제가 생겼다. 또한 이에 대한 결과로 (나) 바로 뒤의 내용처럼 '디지털화된 저작물의 이용 행위가 공정 이용의 범주에 드는 것인지 가늠하기가 더 어려워졌고 그에 따른 처벌 위험'도 커진 것이다. 따라서 ㉠의 위치는 (나)가 가장 적절하다.
㉡ : ㉡에서 말하는 '이들'은 '저작물의 공유' 캠페인을 소개하는 마지막 문단에서 언급한 캠페인 참여자들을 가리킨다. 따라서 ㉡의 위치는 (마)가 가장 적절하다.

### 04

정답 ④

(가) : 계몽의 작업이 공포를 몰아내는 작업이라는 것이 명시되어 있듯이, ㉢은 인간의 계몽 작업이 왜 이루어져 왔는지를 요약하는 문장이다.
(나) : 이해가 역사 속에서 가능하다는 ㉠은 제시문의 두 번째 입장을 잘 요약하고 있는 문장이다.
(다) : 권력과 지식의 관계가 대립이 아니라는 제시문의 세 번째 입장에 비추어 볼 때, ㉡이 들어가는 것이 적절하다.

# 대표기출유형 02 기출응용문제

## 01

정답 ⑤

저탄소 사회로의 전환이 요구되고, 저탄소 기술기반의 에너지 신사업과 신재생에너지의 확산이 추진되는 4차 산업혁명기에 탄소가스 발생으로 인한 미세먼지 등의 공해 문제를 유발하는 화력발전은 ○○기업의 차세대 전략과제로 적절하지 않다.

## 02

정답 ④

제시문의 내용상 빈칸 (라)에 '보편화된 언어 사용'이 들어가는 것은 적절하지 않다.

오답분석

① 표준어를 사용하는 이유에 대한 상세한 설명이 들어가야 하므로 적절하다.
②·③ 제시문에서 개정안에 대한 부정적인 입장을 취하고 있으므로 적절하다.
⑤ '다만' 이후로 언론이 지양해야 할 방향을 제시하는 것이 자연스러우므로 적절하다.

## 03

정답 ④

빈칸 뒤의 문장은 최근 선진국에서는 스마트팩토리로 인해 해외로 나간 자국 기업들이 다시 본국으로 돌아오는 현상인 '리쇼어링'이 가속화되고 있다는 내용이다. 따라서 빈칸에는 스마트팩토리의 발전이 공장의 위치를 해외에서 본국으로 변화시키고 있다는 내용의 ④가 가장 적절하다.

## 04

정답 ③

인플레이션이란 물가수준이 계속하여 상승하는 현상이다. 제시문에서 새해 공공요금의 인상의 영향으로 농축산물과 가공식품 등 물가가 계속하여 상승하고 있다고 우려하고 있다. 따라서 빈칸에 들어갈 가장 적절한 단어는 '인플레이션'이다.

오답분석

① E플레이션은 에너지 자원의 수요는 증가하는데 공급이 이에 충분하지 않아 이것이 물가 상승으로 이어지는 현상이다. 제시문은 에너지 자원 요금의 상승이 물가 상승에 영향을 끼치고 있다는 내용을 다루고는 있지만, 에너지 자원만의 문제점으로는 보고 있지 않다.
② 디플레이션은 물가수준이 계속하여 하락하는 현상으로, 계속하여 물가가 상승하고 있다는 제시문의 취지와 맞지 않는 내용이다.
④ 디스인플레이션은 물가를 현재 수준으로 유지하면서 인플레이션 상황을 극복하기 위한 경제조정정책이다. 제시문은 인플레이션 상황에 대해 다루고 있지만, 이를 극복하기 위한 경제조정정책에 대해서는 다루고 있지는 않다.
⑤ 스태그네이션은 장기적인 경제 침체를 뜻하는 말로 일반적으로 연간 경제 성장률이 $2\sim3\%$ 이하로 하락하였을 때를 말한다. 제시문은 경제 성장률이 아닌 물가 상승률에 대해 다루고 있으므로 적절하지 않다.

## 대표기출유형 03 기출응용문제

### 01

정답 ①

선물환거래는 금리차익을 얻는 것과 투기적 목적 등도 가지고 있다.

오답분석

②·⑤ 옵션에 대한 내용이다.
③·④ 선물환거래에 대한 내용이다.

### 02

정답 ②

세 번째 문단에 따르면 공급자가 소수 기업에 의해 지배되는 경우, 즉 독과점에 해당하는 경우나 공급자가 공급하는 상품이 업계에서 중요한 부품인 경우와 같이 공급자의 힘이 커지면 산업 매력도는 떨어지게 된다.

### 03

정답 ⑤

ㄷ. 온라인은 복지로 홈페이지, 오프라인은 읍면동 주민센터에서 보조금 신청서를 작성 후 제출하면 되며, 카드사의 홈페이지에서는 보조금 신청서 작성이 불가능하다.
ㄹ. 오프라인으로 신청한 경우, 읍면동 주민센터 외에도 해당 카드사 지점을 방문하여 카드를 발급받을 수 있다.

오답분석

ㄱ. 어린이집 보육료 및 유치원 유아학비는 신청자가 별도로 인증하지 않아도 보조금 신청 절차에서 인증된다.
ㄴ. 오프라인과 온라인 신청 모두 연회비가 무료임이 명시되어 있다.

### 04

정답 ⑤

제10조 제3항에 따르면 차주등급은 '정상차주에 대하여 7개 이상, 부도차주에 대하여 1개 이상'으로 등급을 세분화하므로, 정상차주와 부도차주 모두 7개로 동일할 수도 있다. 따라서 적절하지 않은 설명이다.

오답분석

① 제8조 제2항에 따라 적절한 설명이다.
② 제9조 제2항에 따라 적절한 설명이다.
③ 제9조 제3항에 따라 적절한 설명이다.
④ 제7조 제2항에 따르면 '비소매 신용평가자는 경기변동이 반영된 1년 이상의 장기간을 대상으로 신용평가를 실시'하므로 적절한 설명이다.

## 대표기출유형 04 기출응용문제



### 01

정답 ⑤

먼저 각국에서 추진 중인 오픈뱅킹에 대해 설명하는 (다) 문단이 오는 것이 적절하며, 그다음으로는 우리나라에서 추진하고 있는 오픈뱅킹 정책을 이야기하며 지난해 시행된 오픈뱅킹시스템에 대해 설명하는 (나) 문단과 올해 도입된 마이데이터 산업에 대해 설명하는 (라) 문단이 차례로 오는 것이 적절하다. 마지막으로 이러한 오픈뱅킹 정책을 성공적으로 시행하기 위해서는 현재의 오픈뱅킹시스템에 대한 법적 근거와 효율적 문제 해결 체계를 갖춰야 한다는 내용의 (가) 문단 순으로 나열하는 것이 적절하다.

### 02

정답 ②

첫 번째 문단은 최근 행동주의펀드가 기업의 주가에 영향을 미치고 있다는 내용을 필두로 하여 행동주의펀드가 어떻게 기업에 그 영향을 미치는지에 대해 서술하는 (나) 문단이 와야 하고, 다음에는 이에 대한 대표적인 사례를 서술하는 (가) 문단이 이어지는 것이 적절하다. (다) 문단의 내용을 살펴보면 일부 은행에서는 A자산운용의 제안을 수락했고, 특정 은행에서는 이를 거부했다는 내용을 언급하고 있으므로 해당 제안에 대한 구체적인 내용을 다루고 있는 (라) 문단이 먼저 오는 것이 더 자연스럽다. 따라서 (나) – (가) – (라) – (다) 순으로 나열하는 것이 적절하다.

### 03

정답 ⑤

(다) 문단은 '다시 말하여'라는 뜻의 부사 '즉'으로 시작하여, '경기적 실업은 자연스럽게 해소될 수 없다.'는 주장을 다시 한 번 설명해 주는 역할을 하므로 제시된 글 바로 다음에 위치하는 것이 자연스럽다. 다음으로는 경기적 실업이 자연스럽게 해소될 수 없는 이유 중 하나인 화폐환상현상을 설명하는 (나) 문단이 오는 것이 적절하다. 마지막으로 화폐환상현상으로 인해 실업이 지속되는 것을 설명하고, 정부의 적극적 역할을 해결책으로 제시하는 케인스학파의 주장을 이야기하는 (가) 문단이 오는 것이 적절하다. 따라서 (다) – (나) – (가) 순으로 나열하는 것이 적절하다.

### 04

정답 ②

제시된 글은 신탁 원리의 탄생 배경인 12세기 영국의 상황에 대해 이야기 하고 있다. 따라서 이어지는 문단은 (가) 신탁 제도의 형성과 위탁자, 수익자, 수탁자의 관계 등장 – (다) 불안정한 지위의 수익자 – (나) 적극적인 권리 행사가 허용되지 않는 연금 제도에 기반한 신탁 원리 – (라) 연금 운용 권리를 현저히 약화시키는 신탁 원리와 그 대신 부여된 수탁자 책임의 문제점 순으로 나열하는 것이 적절하다.

## 대표기출유형 05 기출응용문제

### 01

정답 ③

제시문에서는 현대 사회의 소비 패턴이 '보이지 않는 손' 아래의 합리적 소비에서 벗어나 과시 소비가 중심이 되었으며, 그 이면에는 소비를 통해 자신의 물질적 부를 표현함으로써 신분을 과시하려는 욕구가 있다고 설명하고 있다. 따라서 제목으로 '소비가 곧 신분이 되는 과시 소비의 원리'가 가장 적절하다.

### 02

정답 ②

제시문은 중세 유럽에서 유래된 로열티 제도가 산업 혁명부터 현재까지 지적 재산권에 대한 보호와 가치 확보를 위해 발전되었음을 설명하고 있다. 따라서 제목으로 '로열티 제도의 유래와 발전'이 가장 적절하다.

### 03

정답 ①

제시문의 첫 번째 문단에서는 '사회적 자본'이 늘어나면 정치 참여도가 높아진다는 주장을 하였고, 두 번째 문단에서는 '사회적 자본'의 개념을 사이버공동체에 도입하였으나 현실과 잘 맞지 않는다고 하면서 '사회적 자본'의 한계를 서술했다. 그리고 마지막 문단에서는 이 같은 사회적 자본만으로는 정치 참여가 늘어나기 어렵고 이른바 '정치적 자본'의 매개를 통해서만이 가능하다는 주장을 하고 있다. 따라서 제시문의 주제로 ①이 가장 적절하다.

### 04

정답 ①

제시문은 탈원전·탈석탄 공약에 맞는 제8차 전력공급기본계획(안) 수립 – 분산형 에너지 생산시스템으로의 정책 방향 전환 – 분산형 에너지 생산시스템에 대한 대통령의 강한 의지 – 중앙집중형 에너지 생산시스템의 문제점 노출 – 중앙집중형 에너지 생산시스템의 비효율성 순으로 전개되고 있다. 즉, 제시문은 일관되게 '에너지 분권의 필요성과 나아갈 방향을 모색해야 한다.'는 점을 말하고 있다. 따라서 제시문의 주제로 ①이 가장 적절하다.

오답분석

② 다양한 사회적 문제점들과 기후, 천재지변 등에 의한 문제점들을 언급하고 있으나, 이는 제시문의 주제를 뒷받침하기 위한 이슈이므로 제시문 전체의 주제로 보기는 어렵다.
③·④ 제시문에서 언급되지 않았다.
⑤ 전력수급기본계획의 수정 방안을 제시하고 있지는 않다.

## 01

정답 ⑤

스피노자는 삶을 지속하고자 하는 인간의 욕망을 코나투스라 정의하며, 코나투스인 욕망을 긍정하고 욕망에 따라 행동해야 한다고 주장하였다. 따라서 스피노자의 주장에 대한 반박으로는 인간의 욕망을 부정적으로 바라보며, 이러한 욕망을 절제해야 한다는 내용의 ⑤가 가장 적절하다.

오답분석

① 스피노자는 모든 동물들이 코나투스를 가지고 있으나, 인간은 자신의 충동을 의식할 수 있다는 점에서 차이가 있다고 주장하므로 스피노자와 동일한 입장임을 알 수 있다.

## 02

정답 ④

제시문에서는 산업 혁명을 거치면서 일자리가 오히려 증가했으므로 로봇 사용으로 일자리가 줄어들 가능성은 낮다고 한다. 그러나 보기에서는 로봇 사용으로 인한 일자리 대체 규모가 기하급수적으로 커져 인간의 일자리는 줄어들 것이라고 한다. 로봇 사용으로 인한 일자리의 증감에 대해 정반대로 예측하는 것이다. 따라서 보기의 내용을 근거로 제시문을 비판하려면 제시문에서 예측한 내용이 문제가 있음을 지적해야 하므로, 가장 적절한 것은 ④이다.

## 03

정답 ⑤

벤담(㉡)은 걸인의 자유를 고려하지 않은 채 대다수의 사람을 위해 그들을 모두 강제 수용소에서 생활하도록 해야 한다고 주장하고 있다. 따라서 개인의 자유를 중시한 롤스(㉠)는 벤담의 주장에 대해 '개인의 자유를 침해하는 것은 정의롭지 않다.'고 비판할 수 있다.

오답분석

① 벤담은 최대 다수의 최대 행복을 정의로운 것으로 보았으므로 벤담의 입장과 동일하다.

②·③ 벤담은 개인의 이익보다 최대 다수의 이익을 정의로운 것으로 보았으므로 벤담의 입장과 동일하다.

④ 롤스는 개인이 정당하게 얻은 소유일지라도 그 이익의 일부는 사회적 약자에게 돌아가야 한다고 주장하였으므로 사회적 재화의 불균등한 분배를 정의롭다고 인정할 수 있다.

## 04

정답 ②

첫 번째 문단에 따르면 철학은 지적 작업에 포함되고, 두 번째 문단에 따르면 귀추법은 귀납적 방법에 해당한다. 따라서 철학의 일부 논증에서 귀추법의 사용이 불가피하다는 주장은 모든 지적 작업에서 귀납적 방법의 필요성을 부정하는 견해인 (나)를 반박한다.

오답분석

㉠ (가)는 귀납적 방법이 철학에서 불필요하다는 견해이므로 과학의 탐구가 귀납적 방법에 의해 진행된다는 주장은 이를 반박한다고 볼 수 없다.

㉢ (가)는 철학이라는 지적 작업에서 귀납적 방법의 필요성을, (나)는 모든 지적 작업에서 귀납적 방법의 필요성을 부정하는 견해이다. 따라서 연역 논리와 경험적 가설 모두 의존하는 지적 작업이 있다는 주장은 (나)를 반박할 수는 있지만 (가)는 철학에 한정된 주장이므로 이를 반박한다고 볼 수 없다.

## 대표기출유형 07 기출응용문제

### 01

정답 ②

제시문에 따르면 매몰비용효과는 이미 지불한 비용에 대한 노력을 계속하려는 경향이며, 거래커플링이 강할 때 높게 나타난다고 했다. 따라서 이 두 가지 조건을 모두 만족하는 것은 ②이다.

### 02

정답 ⑤

재생 에너지 사업이 기하급수적으로 늘어남에 따라 전력계통설비의 연계용량 부족 문제가 또 발생하였는데, 이것은 설비 보강만으로는 해결하기 어렵기 때문에 최소부하를 고려한 설비 운영 방식으로 해결하고자 하였다.

**오답분석**

① 재생 에너지 확충으로 인해 기존 송배전 전력 설비가 과부하되는 문제가 있다고 하였다.
② 재생 에너지의 예시로 태양광이 제시되었다.
③ 탄소 중립을 위해 재생 에너지 발전 작업이 추진되고 있다고 하였으므로 적절한 추론이다.
④ 최소부하를 고려한 설비 운영 개념을 도입해 변전소나 배전선로 증설 없이 재생 에너지 접속용량을 확대하는 방안이 있다고 하였다.

### 03

정답 ④

ㄴ. FD 방식은 입자가 구별되지 않고 하나의 양자 상태에 하나의 입자만 있을 수 있다. 그러므로 두 개의 입자는 항상 다른 양자 상태에 존재하며 양자 상태의 수를 $n$이라고 할 때, 경우의 수는 $\frac{n(n-1)}{2}$이다. 따라서 양자 상태의 가짓수가 많아지면 두 입자가 서로 다른 양자 상태에 각각 있는 경우의 수는 커진다.

ㄷ. BE 방식에서는 두 입자가 구별되지 않고 하나의 양자 상태에 여러 개의 입자가 있을 수 있으므로, 이때의 경우의 수는 $n(n-1)$이다. MB 방식에서는 두 입자가 구별 가능하고 하나의 양자 상태에 여러 개의 입자가 있을 수 있으므로, 이때의 경우의 수는 $n^2$이다. 따라서 BE 방식에서보다 MB 방식에서의 경우의 수가 더 크다.

**오답분석**

ㄱ. 두 개의 입자에 대해 양자 상태가 두 가지인 경우 BE 방식이라면 두 입자가 구별되지 않고 하나의 양자 상태에 여러 개의 입자가 있을 수 있으므로, 경우의 수는 3이다.

### 04

정답 ①

도시재생 사업의 목표는 지역 역량의 강화와 지역 가치의 제고를 모두 달성하는 것이다. 첫 번째 단계는 공동체 역량 강화 과정으로 지역 강화와 지역 가치가 모두 낮은 상태에서 지역 역량을 키우는 것이다. 그러므로 A에서 C로 가는 과정인 ⓒ이 공동체 역량 강화 과정이 되고 ㉠이 지역 역량이 됨을 알 수 있다. 두 번째 단계는 전문화 과정으로 강화된 지역 역량의 토대에서 지역 가치 제고를 이끌어내는 것이다. 따라서 C에서 A´로 가는 과정인 ㉣이 전문화 과정이 되고 ㉡이 지역 가치가 됨을 알 수 있다. 또한 A에서 B로 가는 젠트리피케이션은 지역 역량이 강화되지 않은 채 지역 가치만 상승되는 현상으로 ㉡이 지역 가치임을 확인할 수 있다.

CHAPTER

# 02 수리능력

## 대표기출유형 01 기출응용문제

### 01

정답 ②

집에서 도서관까지의 거리를 $x$km라 하면 다음과 같은 식이 성립한다.

$\frac{0.5x}{2}+\frac{0.5x}{6}=\frac{1}{3}$

→ $15x+5x=20$

∴ $x=1$

따라서 집에서 도서관까지의 거리는 1km이다.

### 02

정답 ④

서울과 부산의 거리 490km에서 곡선 구간 거리를 제외한 직선 구간 거리는 $490-90=400$km이며, 걸린 시간은 $\frac{400}{200}=2$시간이다. 직선 구간의 이동시간과 광명역, 대전역, 울산역에서의 정차시간을 제외하면, $3-\left(2+\frac{5\times3}{60}\right)=\frac{45}{60}$시간이 남는다.

따라서 남는 시간은 곡선 구간에서 이동한 시간이므로 곡선 구간에서의 속력은 $90\div\frac{45}{60}=120$km/h이다.

### 03

정답 ④

철수가 출발하고 나서 영희를 따라잡은 시간을 $x$분이라고 하자.

철수와 영희는 5 : 3 비율의 속력으로 간다고 했으므로 철수의 속력을 $5a$m/분이라고 하면, 영희의 속력은 $3a$m/분이다.

$5a\times x=3a\times30+3a\times x$

→ $5ax=90a+3ax$

→ $2ax=90a$

∴ $x=45$

따라서 철수가 영희를 따라잡은 시간은 철수가 출발하고 나서 45분 만이다.

## 대표기출유형 02 기출응용문제

### 01

정답 ③

더 넣어야 하는 물의 양을 $x$kg라 하면 다음과 같은 식이 성립한다.

$$\frac{5}{100}\times 20=\frac{4}{100}\times(20+x)$$

$\rightarrow 100=80+4x$

$\therefore x=5$

따라서 오염농도를 1%p 줄이려면 물을 5kg 더 넣어야 한다.

### 02

정답 ④

세제 1스푼의 양을 $x$g이라 하면 다음과 같은 식이 성립한다.

$$\frac{5}{1,000}\times 2,000+4x=\frac{9}{1,000}\times(2,000+4x)$$

$$\therefore x=\frac{2,000}{991}$$

물 3kg에 들어갈 세제의 양을 $y$g이라 하면 다음과 같은 식이 성립한다.

$$y=\frac{9}{1,000}\times(3,000+y)$$

$\rightarrow 1,000y=27,000+9y$

$$\therefore y=\frac{27,000}{991}$$

따라서 $\dfrac{\frac{27,000}{991}}{\frac{2,000}{991}}=\dfrac{26,757,000}{1,982,000}=13.5$스푼을 넣으면 농도가 0.9%인 세제 용액이 된다.

### 03

정답 ②

부어야 하는 물의 양을 $x$g이라 하면 다음과 같은 식이 성립한다.

$$\frac{\frac{12}{100}\times 600}{600+x}\times 100\le 4$$

$\rightarrow 7,200\le 2,400+4x$

$\therefore x\ge 1,200$

따라서 최소 1,200g의 물을 부어야 한다.

## 대표기출유형 03 기출응용문제

### 01

정답 ④

A제품의 생산 개수를 $x$라 하면, B제품의 생산 개수는 $(40-x)$이다.

- $3,600\times x+1,200\times(40-x)\le 120,000 \rightarrow x\le 30$
- $1,600\times x+2,000\times(40-x)\le 70,000 \rightarrow x\ge 25$

$\therefore\ 25\le x\le 30$

따라서 A제품은 최대 30개까지 생산할 수 있다.

### 02

정답 ④

최소공배수를 묻는 문제로 18과 15의 최소공배수는 90이다.
따라서 톱니의 수가 15개인 B톱니바퀴는 6바퀴를 회전해야 한다.

### 03

정답 ①

박사원은 월 ~ 금요일 닷새간 일하므로 7월에 월 ~ 금요일 중 김사원이 일한 날이 함께 일한 날이다.
김사원은 이틀간 일하고 하루 쉬기를 반복하므로 7월에 일하는 경우는 3가지이다.
i) 6월 30일에 쉬고, 7월 1일부터 일하는 경우 : 김사원이 7월에 21일을 일하게 된다. (×)
ii) 6월 29일에 쉬고, 6월 30일과 7월 1일에 일하는 경우 : 김사원이 7월에 21일을 일하게 된다. (×)
iii) 7월 1일에 쉬고, 7월 2일부터 일하는 경우 : 김사원이 7월에 20일을 일하게 된다. (○)
그러므로 김사원이 7월 2일부터 일하는 경우를 달력에 나타내면 다음과 같다.

〈7월 달력〉

| 일 | 월 | 화 | 수 | 목 | 금 | 토 |
|---|---|---|---|---|---|---|
| | | | | 1 | 2 | 3 |
| 4 | 5 | 6 | 7 | 8 | 9 | 10 |
| 11 | 12 | 13 | 14 | 15 | 16 | 17 |
| 18 | 19 | 20 | 21 | 22 | 23 | 24 |
| 25 | 26 | 27 | 28 | 29 | 30 | 31 |

따라서 월 ~ 금요일은 15일을 일하므로 김사원과 박사원이 7월에 함께 일한 날의 수는 15일이다.

## 대표기출유형 04 기출응용문제

### 01

정답 ④

20억 원을 투자하였을 때 기대수익은 (원가)×(기대수익률)로 구할 수 있다.
기대수익률은 [(수익률)×(확률)의 합]으로 구할 수 있으므로 기대수익은 (원가)×[(수익률)×(확률)의 합]이다.
20×[10%×50%+0%×30%+(−10%)×20%]=0.6억 원이다. 따라서 기대수익은 0.6억 원=6,000만 원이다.

**다른풀이**

(원가)+(수익)을 구하여 마지막에 (원가)를 빼서 (수익)을 구하는 방법도 있다.
[(원가)+(수익)]은 20×(110%×50%+100%×30%+90%×20%)=20.6억 원이다.
따라서 기대수익은 20.6−20=0.6억 원=6,000만 원이다.

### 02

정답 ④

사과의 정가를 $x$원이라고 하면 다음과 같은 식이 성립한다.

$0.8x \times 6 = 8(x-400)$

$\rightarrow 4.8x = 8x - 3,200$

$\rightarrow 3.2x = 3,200$

$\therefore x = 1,000$

따라서 사과의 정가는 1,000원이다.

### 03

정답 ②

- 0 ~ 100kW까지 10분당 내야 하는 비용 : 300÷6=50원
- 100 ~ 200kW까지 10분당 내야 하는 비용 : 50×1.7=85원
- 200 ~ 240kW까지 10분당 내야 하는 비용 : 85×1.7=144.5원

10분에 20kW씩 증가하므로 전기 사용량별 내야 하는 금액은 다음과 같다.

- 0 ~ 100kW까지 비용 : 50×5=250원
- 100 ~ 200kW까지 비용 : 85×5=425원
- 200 ~ 240kW까지 비용 : 144.5×2=289원

∴ 250+425+289=964

따라서 240kW까지 전기를 사용하면 964원을 내야 한다.

## 대표기출유형 05 기출응용문제

### 01

정답 ③

2주 동안 듣는 강연은 총 5회이다.
금요일 강연이 없는 주의 월요일에 첫 강연을 들었다면 5주 차 월요일 강연을 듣기 전까지 10회의 강연을 듣게 된다.
또한 5주 차 월요일, 수요일 강연을 듣고 6주 차 월요일의 강연이 13번째 강연이 된다.
따라서 6주 차 월요일이 13번째 강연을 듣는 날이므로 8월 1일 월요일을 기준으로 35일 후가 되고, 8월은 31일까지 있으므로 $1+35-31=5$일, 즉 9월 5일이 된다.



### 02

정답 ③

A씨는 월요일부터 시작하여 2일 간격으로 산책하고, B씨는 그다음 날인 화요일부터 3일마다 산책을 하므로 요일로 정리하면 다음과 같다.

| 월 | 화 | 수 | 목 | 금 | 토 | 일 |
|---|---|---|---|---|---|---|
| A | | A | | A | | A |
| | B | | | B | | |

따라서 A와 B가 만나는 날은 같은 주 금요일이다.

### 03

정답 ④

A, B, C에 해당되는 청소 주기 6, 8, 9일의 최소공배수는 $2\times3\times4\times3=72$이다.
따라서 9월은 30일, 10월은 31일까지 있으므로 9월 10일에 청소를 하고 72일 이후인 11월 21일에 3명이 같이 청소하게 된다.

## 01

정답 ②

(3인실, 2인실, 1인실)로 배정되는 인원을 나타낼 때, 경우의 수는 다음과 같다.

- (3, 2, 0) : $_5C_3\times{}_2C_2=\frac{5\times4\times3}{3\times2}\times1=10$가지
- (3, 1, 1) : $_5C_3\times{}_2C_1\times{}_1C_1=\frac{5\times4\times3}{3\times2}\times2\times1=20$가지
- (2, 2, 1) : $_5C_2\times{}_3C_2\times{}_1C_1=\frac{5\times4}{2}\times\frac{3\times2}{2}\times1=30$가지

따라서 직원들이 방에 배정되는 경우는 총 $10+20+30=60$가지이다.

## 02

정답 ③

i) 동일한 숫자가 2개, 2개 있는 경우
- 0부터 9까지의 숫자 중에서 동일한 숫자 2개를 뽑는 경우의 수 : $_{10}C_2=45$가지
- 뽑은 2개의 수로 4자리를 만드는 경우의 수 : $\frac{4!}{2!2!}=6$가지

그러므로 설정할 수 있는 비밀번호는 $45\times6=270$가지이다.

ii) 동일한 숫자가 2개만 있는 경우
- 0부터 9까지의 숫자 중에서 동일한 숫자 1개를 뽑는 경우의 수 : 10가지
- 나머지 숫자 2개를 뽑는 경우의 수 : $_9C_2=36$가지
- 뽑은 3개의 수로 4자리를 만드는 경우의 수 : $\frac{4!}{2!}=12$가지

그러므로 설정할 수 있는 비밀번호는 $10\times36\times12=4,320$가지이다.

따라서 가능한 모든 경우의 수는 $270+4,320=4,590$가지이다.

## 03

정답 ④

- 팀장 1명을 뽑는 경우의 수 : $_{10}C_1=10$가지
- 회계 담당 2명을 뽑는 경우의 수 : $_9C_2=\frac{9\times8}{2!}=36$가지

따라서 구하고자 하는 경우의 수는 $10\times36=360$가지이다.

## 대표기출유형 07 기출응용문제

### 01

정답 ④

A, B주머니에서 검은 공을 뽑을 확률은 다음과 같다.

i) A주머니에서 검은 공을 뽑을 확률 : $\frac{1}{2}\times\frac{2}{5}=\frac{1}{5}$

ii) B주머니에서 검은 공을 뽑을 확률 : $\frac{1}{2}\times\frac{4}{5}=\frac{2}{5}$

따라서 A, B주머니에서 검은 공을 뽑을 확률은 $\frac{1}{5}+\frac{2}{5}=\frac{3}{5}$ 이다.

### 02

정답 ②

토너먼트 방식은 16강, 8강, 4강, 결승으로, 진수네 팀이 우승하려면 총 4번의 경기를 해야 한다.

따라서 진수네 팀이 우승할 확률은 $\frac{6}{10}\times\frac{6}{10}\times\frac{6}{10}\times\frac{6}{10}=0.1296\fallingdotseq0.13$이므로, 13%이다.

### 03

정답 ④

i) 10명이 탁자에 앉을 수 있는 경우의 수

10명을 일렬로 배치하는 경우의 수는 10!이고, 정오각형의 각 변에 둘러앉을 수 있으므로 같은 경우 5가지씩을 제외한 경우의 수는 $\frac{10!}{5}$ 가지이다.

ii) 남학생과 여학생이 이웃하여 앉는 경우의 수

남학생 5명을 각 변에 1명씩 먼저 앉히고 남은 자리에 여학생을 앉힌다. 각각에 대하여 남녀의 자리를 바꿀 수 있으므로 경우의 수는 $4!\times5!\times2^5$ 가지이다.

따라서 구하고자 하는 확률은 $\frac{4!\times5!\times2^5}{\frac{10!}{5}}=\frac{8}{63}$ 이다.

## 대표기출유형 08 기출응용문제

### 01

정답 ④

A씨가 베트남 화폐 1,670만 동을 환전하기 위해 필요한 한국 화폐는 환전 수수료를 제외하고 $1,670\times483=806,610$원이다. 이때, 환전 수수료는 50만 원 이상 환전 시 70만 원까지는 환전 수수료를 0.4%로 인하 적용하므로 70만 원은 0.4%, 나머지는 0.5%의 환전 수수료를 적용한다. 이에 근거하여 환전 수수료를 구하면 다음과 같은 식이 성립한다.

$700,000\times0.004+106,610\times0.005=2,800+530=3,330$원($\because$ 십 원 미만 절사)

따라서 $x=806,610+3,330=809,940$원이다.

### 02

정답 ②

A씨가 태국에서 구매한 기념품 금액은 환율과 해외서비스 수수료까지 적용하여 구하면 $15,000\times38.1\times1.002=572,643$원이다. 따라서 십 원 미만은 절사하므로, 카드 금액으로 내야 할 기념품 비용은 572,640원이다.

### 03

정답 ③

대리석 10kg 가격은 달러로 $35,000\div100=350$달러이며, 이를 원화로 바꾸면 $350\times1,160=406,000$원이다.
따라서 대리석 1톤의 수입대금은 원화로 $406,000\times1,000\div10=4,060$만 원이다.

## 대표기출유형 09 기출응용문제

### 01

정답 ②

성호가 먼저 20만 원을 지불하고 남은 금액은 80만 원이다.
매달 갚아야 할 금액을 $a$만 원이라고 하면, 매달 성호가 $a$만 원을 갚고 남은 금액은 다음과 같다.

- 1개월 후 : $(80\times1.03-a)$만 원
- 2개월 후 : $(80\times1.03^2-a\times1.03-a)$만 원
- 3개월 후 : $(80\times1.03^3-a\times1.03^2-a\times1.03-a)$만 원

⋮

- 6개월 후 : $(80\times1.03^6-a\times1.03^5-a\times1.03^4-a\times1.03^3-a\times1.03^2-a\times1.03-a)$만 원=0원

이를 정리하면 다음과 같은 식이 성립한다.

$$80\times1.03^6=\frac{a(1.03^6-1)}{1.03-1}$$

$$\rightarrow 80\times1.2=\frac{a\times(1.2-1)}{0.03}$$

$$\therefore a=80\times1.2\times\frac{0.03}{0.2}=14.4$$

따라서 성호는 매달 14.4만 원씩 갚아야 한다.

## 02

정답 ⑤

월복리 적금 상품의 연이율이 1.8%이므로 월이율은 $\frac{0.018}{12}=0.0015=0.15\%$이다.

만기 시 원리합계는 $\frac{60\times1.0015\times(1.0015^{12}-1)}{1.0015-1}=\frac{60\times1.0015\times(1.018-1)}{0.0015}=721.08$만 원이다.

따라서 이자는 $721.08-(60\times12)=721.08-720=1.08$만 원$=10,800$원이다.

## 03

정답 ④

원리금균등상환은 매월 같은 금액(원금+이자)을 갚는 것이다.

원리금균등상환액 공식은 $\frac{AB(1+B)^n}{(1+B)^n-1}$이며, $A$는 원금, $B$는 $\frac{(\text{연 이자율})}{12}$, $n$은 개월 수를 나타낸다.

원리금균등상환액 공식에 대입하여 상환액을 구하면 다음과 같다.

$$\frac{AB(1+B)^n}{(1+B)^n-1}=\frac{12,000,000\times\frac{0.06}{12}\times\left(1+\frac{0.06}{12}\right)^{4\times12}}{\left(1+\frac{0.06}{12}\right)^{4\times12}-1}$$

$$=\frac{12,000,000\times0.005\times1.27}{0.27}$$

$$=\frac{60,000\times1.27}{0.27}$$

$$\fallingdotseq 282,222\text{원}$$

따라서 K씨가 4년 동안 매달 상환해야 할 금액은 282,200원이다.

## 04

정답 ④

첫해 말에 저축하는 금액은 1,500만 원이며, 이때 저축한 금액은 복리가 15번 적용되므로 올해 말에는 $1,500\times1.06^{15}=3,600$만 원이 된다.

두 번째 해 말에 저축하는 금액은 연봉이 6% 인상되므로 $(1,500\times1.06)$만 원이고, 복리가 14번 적용되므로 올해 말에는 $1,500\times1.06\times1.06^{14}=3,600$만 원이 된다.

이와 같이 매년 저축하는 금액이 올해 말에 같은 금액 3,600만 원이 되므로 올해 말까지 저축한 금액의 원리합계는 $3,600\times16=57,600$만 원이다.

따라서 김씨가 입사 첫해부터 올해 말까지 저축한 금액의 원리합계는 57,600만 원이다.

## 05

정답 ②

- 직장인사랑적금 : 만기 시 수령하는 이자액은 $100,000\times\left(\frac{36\times37}{2}\right)\times\left(\frac{0.02}{12}\right)=111,000$원이고, A대리가 가입기간 동안 납입한 원금은 $100,000\times36=3,600,000$원이므로 A대리의 만기 시 원리합계는 $111,000+3,600,000=3,711,000$원이다.
- 미래든든적금 : 만기 시 수령하는 이자액은 $150,000\times\left(\frac{24\times25}{2}\right)\times\left(\frac{0.015}{12}\right)=56,250$원이고, A대리가 가입기간 동안 납입한 원금은 $150,000\times24=3,600,000$원이므로 A대리의 만기 시 원리합계는 $56,250+3,600,000=3,656,250$원이다.

따라서 A대리가 가입할 적금은 '직장인사랑적금'이며, 이때의 만기 시 원리합계는 3,711,000원이다.

# 대표기출유형 10 기출응용문제

## 01

정답 ①

경제활동인구가 가장 많은 연령대는 30대(6,415천 명)이고, 실업률은 2.6%이다.
비경제활동인구가 가장 적은 연령대는 50대(1,462천 명)이고, 실업률은 2.0%이다.
따라서 30대의 실업률과 50대의 실업률 차이는 $2.6-2.0=0.6$%p이다.

## 02

정답 ③

선택지에 제시된 연령별 경제활동참가율을 구하면 다음과 같다.

- 20대 : $\frac{4,700}{7,078}\times100≒66.4\%$
- 30대 : $\frac{6,415}{8,519}\times100≒75.3\%$
- 40대 : $\frac{6,366}{8,027}\times100≒79.3\%$
- 50대 : $\frac{3,441}{4,903}\times100≒70.2\%$
- 60세 이상 : $\frac{2,383}{6,110}\times100≒39.0\%$

따라서 경제활동참가율이 가장 높은 연령대는 40대이다.

## 03

정답 ⑤

(가) : $\frac{34,273-29,094}{29,094}\times100≒17.8\%$

(나) : $66,652+34,273+2,729=103,654$백만 달러

(다) : $\frac{103,654-91,075}{91,075}\times100≒13.8\%$

## 04

정답 ④

2024년 하반기 영업팀 입사자 수를 $a$명, 인사팀 입사자 수를 $b$명이라고 하여 문제를 정리하면 다음과 같다.

(단위 : 명)

| 구분 | 2024년 하반기 입사자 수 | 2025년 상반기 입사자 수 |
|---|---|---|
| 마케팅 | 50 | 100 |
| 영업 | $a$ | $a+30$ |
| 상품기획 | 100 | $100\times(1-0.2)=80$ |
| 인사 | $b$ | $50\times2=100$ |
| 합계 | 320 | $320\times(1+0.25)=400$ |

- 2025년 상반기 입사자 수의 합 : $400=100+(a+30)+80+100 \rightarrow a=90$
- 2024년 하반기 입사자 수의 합 : $320=50+90+100+b \rightarrow b=80$

따라서 2024년 하반기 대비 2025년 상반기 인사팀 입사자 수의 증감률은 $\frac{100-80}{80}\times100=25\%$이다.

## 01

정답 ⑤

아시아·태평양의 연도별 인터넷 이용자 수의 증가량은 다음과 같다.

- 2018년 : 872−726=146백만 명
- 2019년 : 988−872=116백만 명
- 2020년 : 1,124−988=136백만 명
- 2021년 : 1,229−1,124=105백만 명
- 2022년 : 1,366−1,229=137백만 명
- 2023년 : 1,506−1,366=140백만 명
- 2024년 : 1,724−1,506=218백만 명

따라서 전년 대비 아시아·태평양의 인터넷 이용자 수의 증가량이 가장 큰 해는 2024년이다.

오답분석

① 2020년 아프리카의 인터넷 이용자 수는 120백만 명이고, 2024년 아프리카의 인터넷 이용자 수는 240백만 명이다. 따라서 2024년의 아프리카의 인터넷 이용자 수는 2020년에 비해 $\frac{240}{120}$=2배 증가했다.

②·③ 제시된 자료를 통해 알 수 있다.

④ 2017년 중동의 인터넷 이용자 수는 66백만 명이고, 2024년 중동의 인터넷 이용자 수는 161백만 명이다. 따라서 2024년 중동의 인터넷 이용자 수는 2017년에 비해 161−66=95백만 명이 늘었다.

## 02

정답 ①

ㄱ. 자체 재원조달금액 중 국내투자에 사용되는 금액이 차지하는 비중은 $\frac{2,682}{4,025}\times100 ≒ 66.6\%$이므로 옳은 설명이다.

ㄴ. 해외재원은 국내투자와 해외투자로 양분되나 국내투자분이 없으므로 옳은 설명이다.

오답분석

ㄷ. 국내재원 중 정부조달금액이 차지하는 비중은 $\frac{2,288}{6,669}\times100 ≒ 34.3\%$이므로 40% 미만이다.

ㄹ. 국내재원 중 해외투자금액 대비 국내투자금액의 비율은 $\frac{5,096}{1,573}\times100 ≒ 323.9\%$이므로 3배 이상이다. 따라서 옳지 않은 설명이다.

## 03

정답 ③

- 희수 : 상품수지는 기간 내에 항상 흑자였으므로 옳다.
- 소정 : 소득수지는 항상 흑자였으므로, 만약 대외 금융자산 및 부채와 관련된 투자소득을 0이라고 할 때, 우리나라에 있는 외국인 노동자에게 지급되는 임금 총량보다 외국에 있는 우리나라 노동자에게 지급되는 임금 총량이 더 크다고 할 수 있으므로 옳다.

오답분석

- 난정 : 개인송금에 해당하므로 경상이전수지에 해당한다.
- 만호 : 무역수지는 항상 흑자였다. 무역수지와 관련된 수치는 왼쪽 축이 아닌 오른쪽 축에 있으므로 유의해서 보아야 한다. 꺾은선 그래프가 단 한 번도 0 미만이었던 적이 없으므로, 무역수지는 항상 흑자이다.

## 04

정답 ⑤

ㄴ. 예금상품을 가입한 여성 중에 보험 또는 적금상품을 가입한 여성이 없다면, 예금상품과 중복 가입한 보험상품 가입자의 10%, 적금상품 가입자의 20% 모두 남성이라는 뜻이므로 중복 가입한 남성 이용자는 (1,230,000×0.25×0.1)+(1,230,000×0.4×0.2)=30,750+98,400=129,150명이다.

예금상품(ㄱ 해설 : 258,300명)에 가입한 남성은 258,300×0.66=170,478명이므로 예금상품만 가입한 남성은 170,478−129,150=41,328명이다. 따라서 S은행 남성 이용자 전체(1,230,000×0.42=516,600명)에서 예금상품만 가입한 남성이 차지하는 비율은 $\frac{41,328}{516,600}\times100=8\%$이다.

ㄷ. 예금·보험·적금상품 전체 가입건수를 성별에 따라 계산하면 다음과 같다.

- 남성 : (258,300×0.66)+(1,230,000×0.25×0.55)+(1,230,000×0.4×0.38)=526,563건
- 여성 : (258,300×0.34)+(1,230,000×0.25×0.45)+(1,230,000×0.4×0.62)=531,237건

따라서 남성과 여성의 전체 가입건수 차이는 531,237−526,563=4,674건으로 5,000건 이하이다.

ㄹ. 상품별 1인당 평균 총납입금액을 구하기 위해서는 적금상품은 5년 만기, 보험상품은 20년 만기이므로 각각 5×12=60개월, 20×12=240개월을 평균 월납입금액에 곱해야 한다. 이를 정리하면 다음과 같다.

(단위 : 만 원)

| 구분 | 남성 | 여성 | 차액 |
|---|---|---|---|
| 적금상품 | 32×12×5=1,920 | 38×12×5=2,280 | 360 |
| 보험상품 | 8×12×20=1,920 | 10×12×20=2,400 | 480 |
| 예금상품 | 2,000 | 2,200 | 200 |

따라서 남성과 여성의 1인당 평균 총납입금액의 차액이 가장 적은 상품은 예금상품이다.

오답분석

ㄱ. S은행 이용자 중에서 예금상품 가입자는 보험상품 가입자의 10%(1,230,000×0.25×0.1=30,750명), 적금상품 가입자의 20%(1,230,000×0.4×0.2=98,400명), 두 상품 모두 가입하지 않은 이용자의 30%(1,230,000×0.35×0.3=129,150명)이므로 총 30,750+98,400+129,150=258,300명이 된다. 따라서 S은행 이용자 중 예금상품 가입자가 차지하는 비율은 $\frac{258,300}{1,230,000}\times100=21\%$로 20% 이상이다.

# 대표기출유형 12 기출응용문제

## 01

정답 ④

자료 내 두 번째 표는 2024년 각국의 가계 금융자산 구성비를 나타낸 것이다. 따라서 2024년 각국의 가계 총자산 대비 예금 구성비와는 일치하지 않는다.

## 02

정답 ①

2023년 11월과 12월에 가입금액이 자료보다 낮다.

## 03

정답 ③

오답분석

① 제시된 자료보다 2021년 컴퓨터 수치가 낮다.
② 제시된 자료보다 2021년 스마트폰 수치가 높다.
④ 제시된 자료보다 2024년 스마트폰 수치가 높다.
⑤ 제시된 자료보다 2024년 스마트패드 수치가 높다.

CHAPTER 03

# 문제해결능력

## 대표기출유형 01 기출응용문제

### 01

정답 ⑤

'세미나에 참여한 사람'을 A, '봉사활동 지원자'를 B, '신입사원'을 C라고 하면, 첫 번째 명제에 따라 A는 B에 포함되며, 두 번째 명제에 따라 C는 A와 겹치지 않지만 B와는 겹칠 가능성이 있다. 이를 벤 다이어그램으로 나타내면 다음과 같다.

• 첫 번째 명제

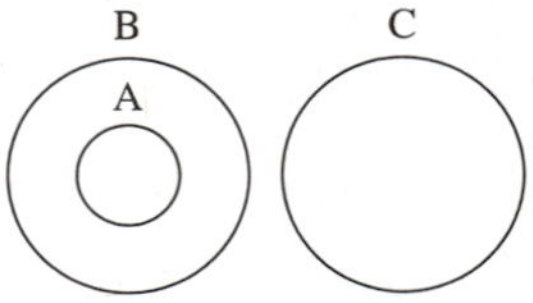


• 두 번째 명제

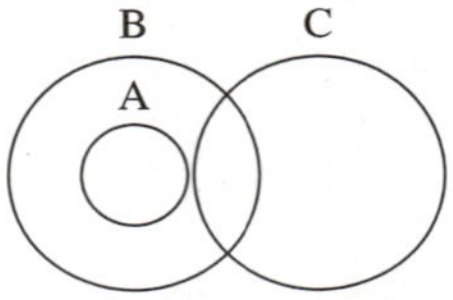


따라서 빈칸에 들어갈 명제는 '신입사원은 봉사활동에 지원하였을 수도, 하지 않았을 수도 있다.'이다.

### 02

정답 ③

$a$는 'A가 외근을 나감', $b$는 'B가 외근을 나감', $c$는 'C가 외근을 나감', $d$는 'D가 외근을 나감', $e$는 'E가 외근을 나감'이라고 할 때, 네 번째 조건과 다섯 번째 조건의 대우인 $b \rightarrow c$, $c \rightarrow d$에 따라 $a \rightarrow b \rightarrow c \rightarrow d \rightarrow e$가 성립한다. 따라서 'A가 외근을 나가면 E도 외근을 나간다.'는 항상 참이 된다.

### 03

정답 ③

A씨는 2020년 상반기에 입사하였으므로 A씨의 사원번호 중 앞의 두 자리는 20이다. 또한 A씨의 사원번호는 세 번째와 여섯 번째 자리의 수가 같다고 하였으므로 세 번째와 여섯 번째 자리의 수를 $x$, 나머지 네 번째, 다섯 번째 자리의 수는 차례로 $y$, $z$라고 하면 다음과 같다.

| 구분 | 첫 번째 | 두 번째 | 세 번째 | 네 번째 | 다섯 번째 | 여섯 번째 |
|---|---|---|---|---|---|---|
| 사원번호 | 2 | 0 | $x$ | $y$ | $z$ | $x$ |

사원번호 여섯 자리의 합은 9이므로 $2+0+x+y+z+x=9$이다. 이를 정리하면 $2x+y+z=7$이다.
A씨의 사원번호 자리의 수는 세 번째와 여섯 번째 자리의 수를 제외하고 모두 다르다는 것을 주의하며 1부터 대입해 보면 다음과 같다.

| 구분 | $x$ | $y$ | $z$ | 구분 | $x$ | $y$ | $z$ |
|---|---|---|---|---|---|---|---|
| 경우 1 | 1 | 2 | 3 | 경우 2 | 1 | 3 | 2 |
| 경우 3 | 2 | 0 | 3 | 경우 4 | 2 | 3 | 0 |
| 경우 5 | 3 | 0 | 1 | 경우 6 | 3 | 1 | 0 |

네 번째 조건에 따라 $y$와 $z$자리에는 0이 올 수 없으므로 경우 1, 경우 2만 성립하며, A씨의 사원번호는 '201231'이거나 '201321'이다. 따라서 세 번째 자리의 수는 '1'이다.

오답분석

① '201321'은 가능한 사원번호이지만 문제에서 항상 참인 것을 고르라고 하였으므로 답이 될 수 없다.
② A씨의 사원번호는 '201231'이거나 '201321'이다.
④ 사원번호 여섯 자리의 합이 9가 되어야 하므로 A씨의 사원번호는 '211231'이 될 수 없다.
⑤ A씨의 사원번호 네 번째 자리의 수가 다섯 번째 자리의 수보다 작다면 '201231'과 '201321' 중 A씨의 사원번호로 적절한 것은 '201231'이다.

## 04

정답 ⑤

월요일부터 토요일까지 각 팀의 회의 진행 횟수가 같으므로 6일 동안 6개 팀은 각각 두 번씩 회의를 진행해야 한다.
주어진 조건에 따라 A～F팀의 회의 진행 요일을 정리하면 다음과 같다.

| 월 | 화 | 수 | 목 | 금 | 토 |
|---|---|---|---|---|---|
| C, B | B, D | C, E | A, F | A, F | D, E |
| | | D, E | | | C, E |

따라서 'F팀은 목요일과 금요일에 회의를 진행한다.'는 반드시 참이다.

오답분석

① E팀은 수요일과 토요일에 모두 회의를 진행한다.
② 화요일에 회의를 진행한 팀은 B팀과 D팀이다.
③ C팀과 E팀은 수요일과 토요일 중 하루는 함께 회의를 진행한다.
④ C팀은 월요일에 한 번 회의를 진행하였고, 수요일 또는 토요일 중 하루만 회의를 진행한다.

## 05

정답 ②

제시문의 내용을 정리하면 다음과 같다.

- 생산·평화 → 사회 원리
- 사회 원리 → ～권리 침해
- ～자유 → 권리 침해
- 권리 침해 → 물리
- 지식 교환 → 생산·평화

㉠ 논리 기호로 표현하면 생산·평화 → 자유이다. 첫 번째, 두 번째, 세 번째 내용의 대우를 연결하면 도출 가능하다.
㉣ 논리 기호로 표현하면 권리 침해 → ～지식 교환이다. 두 번째, 첫 번째, 다섯 번째 각 내용의 대우를 연결하면 도출 가능하다.

오답분석

㉡ 논리 기호로 표현하면 ～물리 → 생산·평화이다. 정리한 내용에 따라 도출할 수 없다.
㉢ 논리 기호로 표현하면 물리 → ～자유이다. 세 번째와 네 번째 내용을 통해 이 명제의 역이 성립한다는 사실은 확인할 수 있으나, 그로부터 ㉢의 내용이 참인지는 알 수 없다.

## 06

정답 ①

제시문의 내용을 정리하면 다음과 같다.

- M → X ∧ Y, X
- 방화 → 감시 ∧ 방범, 방범 → ~B ∧ ~C, ~B, 감시
- 누전 → 을 ∨ 병, 을 → ~정

㉠ 제시된 조건으로부터 X, Y공장에서 모두 화재가 발생했다고 해서 기계 M의 오작동이 화재의 원인이라고 단정할 수 없다.

㉢ 제시된 조건에서 C지역에 화재가 확대되었다면, 방범용 비상벨이 작동하지 않았을 것이고, 방범용 비상벨이 작동하지 않았다면 방화가 이번 화재의 원인이 아님을 알 수 있다.

**오답분석**

㉡ 병에게 책임이 없다고 해도 을에게 책임이 있는지 여부는 알 수 없으므로, 정의 책임 여부를 확정할 수 없다.

㉣ 정에게 이번 화재의 책임이 있다면 을에게는 이번 화재의 책임이 없지만, 을에게 이번 화재의 책임이 없다는 것만으로는 제시된 조건하에서 누전이 화재의 원인이라고 단정할 수 없다.

# 대표기출유형 02 기출응용문제

## 01

정답 ②

병은 무가 수용분야에 선정되지 않았다고 진술하고, 정은 무가 수용분야에 선정되었다고 진술하고 있으므로 병과 정의 진술이 동시에 참일 수는 없다. 그러므로 5명 중 병 혹은 정이 틀린 진술을 한 사람이므로 2명 중 1명의 말이 참이고 다른 1명의 말은 거짓인 경우를 가정하여 접근해야 한다.

i) 병의 진술이 참이고 정의 진술이 거짓인 경우

을은 이해분야에 선정되지 않고 무는 수용분야에 선정되지 않아야 한다. 또한 갑, 을, 무의 진술 역시 참이어야 하므로 무의 진술에 따라 병은 선정되지 않고, 정은 확산분야에 선정되어야 한다. 이에 따르면 무는 수용분야에 선정되지 않고, 정은 확산분야에 선정되어야 하는데, 이는 을의 진술과 모순이다.

ii) 병의 진술이 거짓이고 정의 진술이 참인 경우

갑은 융합분야에, 무는 수용분야에 선정되고, 무의 진술에 따라 정은 확산분야에 선정되며, 병을 제외한 4명이 선정되어야 하므로 을은 이해분야에 선정되어야 한다.

따라서 추론할 수 있는 것은 ②이다.

## 02

정답 ⑤

A와 B는 하나가 참이면 하나가 거짓인 명제이다. 문제에서 1명이 거짓말을 한다고 하였으므로, A와 B 2명 중 1명이 거짓말을 하였다.

i) A가 거짓말을 했을 경우

| 1층 | 2층 | 3층 | 4층 | 5층 |
|---|---|---|---|---|
| C | D | B | A | E |

ii) B가 거짓말을 했을 경우

| 1층 | 2층 | 3층 | 4층 | 5층 |
|---|---|---|---|---|
| B | D | C | A | E |

따라서 두 경우를 고려했을 때, A는 항상 D보다 높은 층에서 내린다.

## 03

정답 ④

A와 C의 진술은 서로 모순되므로 동시에 거짓이거나 참일 수 없다. 또한 A가 거짓인 경우 불참한 스터디원이 2명보다 많아지므로 A는 반드시 참이어야 한다. 그러므로 성립 가능한 경우는 다음과 같다.

i) B와 C가 거짓인 경우

A와 C, E는 스터디에 참석했으며 B와 D가 불참하였으므로 B와 D가 벌금을 내야 한다.

ii) C와 D가 거짓인 경우

A와 D, E는 스터디에 참석했으며 B와 C가 불참하였으므로 B와 C가 벌금을 내야 한다.

iii) C와 E가 거짓인 경우

불참한 스터디원이 C, D, E 3명이 되므로 성립하지 않는다.

따라서 B와 D 또는 B와 C가 함께 벌금을 내는 경우가 성립하므로, 항상 옳은 것은 ④이다.



## 04

정답 ③

C업체가 참일 경우 나머지 미국과 서부지역 설비를 다른 업체가 맡아야 한다. 이때, 두 번째 정보에서 B업체의 설비 구축지역은 거짓이 되고, 첫 번째 정보와 같이 A업체가 맡게 되면 4개의 설비를 구축해야 하므로 A업체의 설비 구축계획은 참이 된다. 따라서 장대리의 말은 참이 됨을 알 수 있다.

오답분석

- 이사원 : A업체가 참일 경우 A업체가 설비를 3개만 맡는다고 하면, B업체 또는 C업체가 5개의 설비를 맡아야 하므로 나머지 정보는 거짓이 된다. 하지만 A업체가 B업체와 같은 곳의 설비 4개를 맡는다고 할 때, B업체는 참이 될 수 있으므로 옳지 않다.
- 김주임 : B업체가 거짓일 경우 만약 6개의 설비를 맡는다고 하면, A업체는 나머지 2개를 맡게 되므로 거짓이 될 수 있다. 반면 B업체가 참일 경우 똑같은 곳의 설비 하나씩 4개를 A업체가 구축해야 하므로 참이 된다.

## 대표기출유형 03 기출응용문제

### 01

정답 ①

주어진 조건만으로는 4, 5층의 화분 수를 1, 2층의 화분 수와 비교할 수 없으므로 비교 가능한 조건으로 나열하면 '1층 – 2층 – 3층' 또는 '4층 – 5층 – 3층'의 순서만 가능하다. 따라서 어떤 조건에서든지 3층의 화분 수가 가장 적은 것을 알 수 있다.

### 02

정답 ⑤

2층의 화분 수가 4층의 화분 수보다 많다면 '1층 – 2층 – 4층 – 5층 – 3층'의 순서가 된다. 이때, 4층의 화분 수는 세 번째로 많은 것일 뿐이며, 화분의 정확한 개수는 알 수 없다. 따라서 4층의 화분 수가 건물 내 모든 화분 수의 평균인지는 알 수 없다.

### 03

정답 ③

주어진 조건을 정리하면 다음과 같다.

| 구분 | 1층 | 2층 | 3층 | 4층 | 5층 |
|---|---|---|---|---|---|
| 경우 1 | B팀 | A팀 | D팀 | C팀 | E팀 |
| 경우 2 | B팀 | C팀 | D팀 | A팀 | E팀 |

따라서 항상 참인 것은 ③이다.

오답분석

①·② 주어진 조건만으로는 판단하기 힘들다.
④ 2층을 쓰게 될 가능성이 있는 팀은 총 두 팀이다.
⑤ E는 5층을 사용한 적이 없다.

### 04

정답 ⑤

오른쪽 끝자리에는 30대 남성이, 왼쪽에서 두 번째 자리에는 40대 남성이 앉으므로 네 번째 조건에 따라 30대 여성은 왼쪽에서 네 번째 자리에 앉아야 한다. 이때, 40대 여성은 왼쪽에서 첫 번째 자리에 앉아야 하므로 남은 자리에 20대 남녀가 앉을 수 있다.

• 경우 1

| | | | | | |
|---|---|---|---|---|---|
| 40대 여성 | 40대 남성 | 20대 여성 | 30대 여성 | 20대 남성 | 30대 남성 |

• 경우 2

| | | | | | |
|---|---|---|---|---|---|
| 40대 여성 | 40대 남성 | 20대 남성 | 30대 여성 | 20대 여성 | 30대 남성 |

따라서 항상 옳은 것은 ⑤이다.

## 대표기출유형 04 기출응용문제

### 01

정답 ③

- A : 청년수당 가입유지율이 30% 미만이므로 참여가 불가하다.
- B : 고용보험 피보험자 수가 5인 이상이고, 청년수당 가입유지율이 30% 이상이므로 참여가 가능하다.
- C : 고용보험 피보험자 수가 5인 미만이고, 청년기업에 해당되지 않아서 참여가 불가하다.
- D : 고용보험 피보험자 수가 5인 미만이지만 청년기업이기 때문에 참여 자격이 되고, 청년수당 가입유지율이 30% 미만이지만 청년수당 가입인원이 2인 이하인 경우이므로 참여가 가능하다.
- E : 고용보험 피보험자 수가 5인 미만이고, 사업 개시 경과연수가 7년이 초과되어 청년기업에 해당되지 않아서 참여가 불가하다.

따라서 참여 가능한 기업은 B, D이다.

### 02

정답 ④

D는 NICE신용점수가 대출대상 기준 NICE신용점수인 500점을 넘었고, 기준 사업 운영기간인 4개월을 넘게 운영한 사업자이다. 사업자의 기준 연 소득은 600만 원이고, D씨의 연 소득은 1,200만 원이므로 D씨는 사잇돌2 대출 상품을 이용할 수 있다.

오답분석

① A씨의 NICE신용점수는 기준 NICE신용점수인 500점 미만이다.
② B씨의 재직 기간은 근로자 기준 재직 기간인 5개월 미만이다.
③ C씨의 연 소득은 기준 사업자 연 소득인 600만 원 미만이다.
⑤ E씨의 연 소득은 기준 연금수령자 연 소득인 600만 원 미만이다.

### 03

정답 ③

주어진 내용을 정리하면 다음과 같다.

| 여행 상품 | 1인당 비용(원) | 총무팀 | 영업팀 | 개발팀 | 홍보팀 | 공장1 | 공장2 | 합계 |
|---|---|---|---|---|---|---|---|---|
| A | 500,000 | 2 | 1 | 2 | 0 | 15 | 6 | 26 |
| B | 750,000 | 1 | 2 | 1 | 1 | 20 | 5 | 30 |
| C | 600,000 | 3 | 1 | 0 | 1 | 10 | 4 | 19 |
| D | 1,000,000 | 3 | 4 | 2 | 1 | 30 | 10 | 50 |
| E | 850,000 | 1 | 2 | 0 | 2 | 5 | 5 | 15 |
| 합계 | | 10 | 10 | 5 | 5 | 80 | 30 | 140 |

ㄱ. 가장 인기 높은 상품은 D이지만 공장1의 고려사항은 회사에 손해를 줄 수 있으므로, 2박 3일 상품이 아닌 1박 2일 상품 중 가장 인기 있는 B상품이 선택된다. 따라서 750,000×140=105,000,000원이 필요하므로 옳다.

ㄷ. 공장1의 A, B 투표 결과가 바뀐다면 여행 상품 A, B의 투표수가 각각 31, 25표가 되어 선택되는 여행 상품이 A로 변경된다.

오답분석

ㄴ. 가장 인기가 좋은 상품은 D이다.

## 04

정답 ①

• 부서배치
 - 성과급 평균은 48만 원이므로, A는 영업부 또는 인사부에서 일한다.
 - B와 D는 비서실, 총무부, 홍보부 중에서 일한다.
 - C는 인사부에서 일한다.
 - D는 비서실에서 일한다.
 따라서 A－영업부, B－총무부, C－인사부, D－비서실, E－홍보부에서 일한다.
• 휴가
 - A는 D보다 휴가를 늦게 간다. 따라서 C－D－B－A 또는 D－A－B－C 순으로 휴가를 간다.
• 성과급
 - D사원 : 60만 원
 - C사원 : 40만 원

오답분석

② C가 제일 마지막에 휴가를 갈 경우, B는 A보다 늦게 출발한다.
③ A의 3개월 치 성과급은 20×3=60만 원, C의 2개월 치 성과급은 40×2=80만 원으로 A가 더 적다.
④ C가 제일 먼저 휴가를 갈 경우, A가 제일 마지막으로 휴가를 가게 된다.
⑤ 휴가를 가지 않은 E는 두 배의 성과급을 받기 때문에 총 120만 원의 성과급을 받게 되고, D의 성과급은 60만 원이기 때문에 두 사람의 성과급 차이는 두 배이다.

# 대표기출유형 05 기출응용문제

## 01

정답 ③

부실여신 비율의 상승을 초래할 수 있는 금융 당국의 보수적인 정책은 조직 외부로부터 비롯되는 요인으로서, 조직의 목표 달성에 방해가 되는 위협(T)에 해당한다. 한편, 연착륙은 경기가 과열될 기미가 있을 때에 경제 성장률을 적정한 수준으로 낮추어 불황을 방지하는 일을 뜻한다.

오답분석

ㄱ. 디지털 전환(DT)의 안정적인 진행은 조직의 내부로부터 비롯되는 요인으로서, 조직의 목표 달성에 활용할 수 있는 강점(S)에 해당한다.
ㄴ. 수익 구조의 편중성은 조직의 내부로부터 비롯되는 요인으로서, 조직의 목표 달성에 방해가 될 수 있는 약점(W)에 해당한다.
ㄹ. 다른 기업과의 제휴 등 협업은 조직 외부로부터 비롯되는 요인으로서, 조직의 목표 달성에 활용할 수 있는 기회(O)에 해당한다.
ㅁ. 인터넷전문은행의 영업 확대 등에 따른 경쟁은 조직 외부로부터 비롯되는 요인으로서, 조직의 목표 달성에 방해가 되는 위협(T)에 해당한다.

## 02

정답 ③

VRIO 분석이 기업 내부의 자원・능력의 분석에 초점을 둔다면, SWOT 분석은 기업 내부(강점・약점)와 외부(기회・위협) 요인을 광범위하게 분석한다는 점에서 SWOT 분석의 범위가 더 넓다고 말할 수 있다.

## 03

정답 ④

ㄴ. 특허를 통한 기술 독점은 기업의 내부환경으로 볼 수 있다. 따라서 내부환경의 강점(S) 사례이다.
ㄷ. 점점 증가하는 유전자 의뢰는 기업의 외부환경(고객)으로 볼 수 있다. 따라서 외부환경에서 비롯된 기회(O) 사례이다.

오답분석

ㄱ. 투자 유치의 어려움은 기업의 외부환경(거시적 환경)으로 볼 수 있다. 따라서 외부환경에서 비롯된 위협(T) 사례이다.
ㄹ. 높은 실험 비용은 기업의 내부환경으로 볼 수 있다. 따라서 내부환경의 약점(W) 사례이다.

## 04

정답 ②

ㄱ. 기술개발을 통해 연비를 개선하는 것은 막대한 R&D 역량이라는 강점으로 휘발유의 부족 및 가격의 급등이라는 위협을 회피하거나 최소화하는 전략에 해당하므로 적절하다.
ㄹ. 생산설비에 막대한 투자를 했기 때문에 차량모델 변경의 어려움이라는 약점이 있는데, 레저용 차량 전반에 대한 수요 침체 및 다른 회사들과의 경쟁이 심화되고 있으므로 생산량 감축을 고려할 수 있다.
ㅁ. 생산 공장을 한 곳만 가지고 있다는 약점이 있지만 새로운 해외시장이 출현하고 있는 기회를 살려서 국내 다른 지역이나 해외에 공장들을 분산 설립할 수 있을 것이다.
ㅂ. 막대한 R&D 역량이라는 강점을 이용하여 휘발유의 부족 및 가격의 급등이라는 위협을 회피하거나 최소화하기 위해 경유용 레저 차량 생산을 고려할 수 있다.

오답분석

ㄴ. 소형 레저용 차량에 대한 수요 증대라는 기회 상황에서 대형 레저용 차량을 생산하는 것은 적절하지 않은 전략이다.
ㄷ. 차량모델 변경의 어려움이라는 약점을 보완하는 전략도 아니고, 소형 또는 저가형 레저용 차량에 대한 선호가 증가하는 기회에 대응하는 전략도 아니다. 또한, 차량 안전 기준의 강화 같은 규제 강화는 기회 요인이 아니라 위협 요인이다.
ㅅ. 기회는 새로운 해외시장의 출현인데 내수 확대에 집중하는 것은 기회를 살리는 전략이 아니다.

시대에듀

M E M O

# PART 2

# 금융상식

CHAPTER

# 01 경영일반

| 01 | 02 | 03 | 04 | 05 | 06 | 07 | 08 | 09 | 10 | 11 | 12 | 13 | 14 | 15 | 16 | 17 | 18 | 19 | 20 |
|---|---|---|---|---|---|---|---|---|---|---|---|---|---|---|---|---|---|---|---|
| ① | ④ | ② | ④ | ① | ③ | ① | ③ | ④ | ② | ③ | ① | ⑤ | ① | ⑤ | ① | ① | ③ | ⑤ | ③ |

## 01

정답 ①

오답분석

② 주가순자산비율은 성장성이 아닌 안정성을 보여주는 지표이다.
③ 주가순자산비율은 채권자가 아닌 주주가 배당받을 수 있는 자산의 가치를 의미한다.
④ 주가순자산비율은 순자산보다 주가가 높게 형성되어 고평가되었다고 판단한다.
⑤ 주당순자산가치는 자기자본을 발행주식수로 나누어 계산한다.

## 02

정답 ④

IRP를 중도 해지하면 그동안 세액공제를 받았던 적립금은 물론 운용수익에 대해 16.5%의 기타소득세를 물어야 하므로, IRP는 입출금에서 자유롭지 못하다는 단점이 있다.

## 03

정답 ②

마이클 포터(Michael Porter)의 가치사슬 모형에서 부가가치를 추가하는 기본 활동들은 크게 본원적 활동과 지원적 활동으로 볼 수 있다.

- 본원적 활동(Primary Activities)
  기업의 제품과 서비스의 생산과 분배에 직접적으로 관련되어 있다. 유입 물류, 조업, 산출 물류, 판매와 마케팅, 서비스 등이 포함된다.
- 지원적 활동(Support Activities)
  본원적 활동이 가능하도록 하며 조직의 기반구조(일반관리 및 경영활동), 인적자원관리(직원 모집, 채용, 훈련), 기술(제품 및 생산 프로세스 개선), 조달(자재구매) 등으로 구성된다.

## 04

정답 ④

고정주문기간 모형은 일정한 시점이 되면 정기적으로 필요한 만큼의 양을 주문하는 형태의 주문 시스템 모형으로, 주문량이 매번 달라질 수 있어 수요변동이 크지만 주문 기간과 간격은 일정하다. 또한 재고의 수시 파악이 어려운 다품종 저가 품목에 주로 사용된다.

오답분석

① ABC 관리 : 재고 부품을 A, B, C의 세 종류로 분류하여 관리함으로써 재고 비용을 감소시키려는 재고 관리 방식
② ERP(전사적 자원관리) : 기업의 경쟁력을 강화하기 위하여 경영 활동에 쓰이는 기업 내의 모든 자원을 효율적으로 관리하는 통합 정보 시스템
③ MRP(자재소요량계획) : 컴퓨터를 이용하여 최종제품의 생산계획에 따라 그에 필요한 부품 소요량의 흐름을 종합적으로 관리하는 생산관리 시스템
⑤ 고정주문량 모형 : 현재 재고 수준이 미리 정한 재주문점(ROP)에 도달하면 미리 정해 놓은 주문량을 발주하는 시스템

## 05
정답 ①

오답분석

② 준거가격 : 소비자가 과거의 경험이나 기억, 정보 등으로 제품의 구매를 결정할 때 기준이 되는 가격
③ 명성가격 : 소비자가 가격에 의하여 품질을 평가하는 경향이 특히 강하여 비교적 고급품질이 선호되는 상품에 설정되는 가격
④ 관습가격 : 일용품의 경우처럼 장기간에 걸친 소비자의 수요로 인해 관습적으로 형성되는 가격
⑤ 기점가격 : 제품을 생산하는 공장의 입지 조건 등을 막론하고 특정 기점에서 공장까지의 운임을 일률적으로 원가에 더하여 형성되는 가격으로 중단기 예측에 이용되며, 비교적 적은 자료로도 정확한 예측이 가능하다.

## 06
정답 ③

오답분석

① 빅데이터(Big Data) : 디지털 환경에서 생성되는 데이터로, 그 규모가 방대하고 생성 주기도 짧으며 형태도 수치 데이터뿐만 아니라 문자와 영상 데이터를 포함하는 대규모 데이터이다.
② 클라우드 컴퓨팅(Cloud Computing) : 컴퓨터를 활용하는 작업에 있어서 필요한 요소들을 인터넷 서비스를 통해 다양한 종류의 컴퓨터 단말 장치로 제공하는 것으로, 가상화된 IT자원을 서비스로 제공한다.
④ 핀테크(Fintech) : 금융(Finance)과 기술(Technology)을 결합한 합성어로 첨단 정보 기술을 기반으로 한 금융 서비스 및 산업의 변화를 일으키고자 하는 움직임이다.
⑤ 사물인터넷(Internet of Things; IoT) : 인터넷을 기반으로 모든 사물을 연결하여 사람과 사물, 사물과 사물 간의 정보를 상호 소통하는 지능형 기술 및 서비스이다.

## 07
정답 ①

ESG 경영의 주된 목적은 착한 기업을 키우는 것이 아니라 불확실성 시대의 환경, 사회, 지배구조라는 복합적 리스크에 잘 대응하고 지속적 경영으로 이어나가는 것이다.

## 08
정답 ③

포트폴리오의 분산은 각 구성자산과 포트폴리오 간의 공분산을 각 자산의 투자비율로 가중평균하여 계산한다.

**자본예산기법**

자본예산이란 투자효과가 장기적으로 나타나는 투자의 총괄적인 계획으로서 투자대상에 대한 각종 현금흐름을 예측하고 투자안의 경제성분석을 통해 최적 투자결정을 내리는 것을 말한다.

자본예산의 기법에는 회수기간법, 회계적이익률법, 수익성지수법, 순현가법, 내부수익률법 등이 주로 활용된다.

- 회수기간법 : 투자시점에서 발생한 비용을 회수하는 데 걸리는 기간을 기준으로 투자안을 선택하는 자본예산기법이다.
  - 상호독립적 투자안 : 회수기간<목표회수기간 → 채택
  - 상호배타적 투자안 : 회수기간이 가장 짧은 투자안 채택
- 회계적이익률법 : 투자를 원인으로 나타나는 장부상의 연평균 순이익을 연평균 투자액으로 나누어 회계적 이익률을 계산하고 이를 이용하여 투자안을 평가하는 방법이다.
  - 상호독립적 투자안 : 투자안의 ARR>목표ARR → 채택
  - 상호배타적 투자안 : ARR이 가장 큰 투자안 채택
- 순현가법 : 투자로 인하여 발생할 미래의 모든 현금흐름을 적절한 할인율로 할인한 현가로 나타내어서 투자결정에 이용하는 방법이다.
  - 상호독립적 투자안 : NPV>0 → 채택
  - 상호배타적 투자안 : NPV가 가장 큰 투자안 채택
- 내부수익률법 : 미래 현금유입의 현가와 현금유출의 현가를 같게 만드는 할인율인 내부수익률을 기준으로 투자안을 평가하는 방법이다.
  - 상호독립적 투자안 : IRR>자본비용 → 채택
  - 상호배타적 투자안 : IRR이 가장 큰 투자안 채택

PART 2

## 09

정답 ④

기업가 정신이란 기업의 본질인 이윤 추구와 사회적 책임의 수행을 위해 기업가가 마땅히 갖추어야 할 자세나 정신을 말한다. 미국의 경제학자 슘페터(Joseph A. Schumpeter)는 기업 이윤의 원천을 기업가의 혁신, 즉 기업가 정신을 통한 기업 이윤 추구에 있다고 보았다. 따라서 기업가는 혁신, 창조적 파괴, 새로운 결합, 남다른 발상, 남다른 눈을 지니고 있어야 하며, 새로운 생산 기술과 창조적 파괴를 통하여 혁신을 일으킬 줄 아는 사람이어야 한다고 주장하였다. 아울러 혁신의 요소로 새로운 시장의 개척, 새로운 생산 방식의 도입, 새로운 제품의 개발, 새로운 원료 공급원의 개발 내지 확보, 새로운 산업 조직의 창출 등을 강조하였다.

## 10

정답 ②

오답분석

① 횡축은 상대적 시장점유율, 종축은 시장성장률이다.
③ 별 영역은 시장성장률이 높고, 상대적 시장점유율도 높다.
④ 자금젖소 영역은 시장점유율이 높아 자금투자보다 자금산출이 많다.
⑤ 개 영역은 시장성장률과 상대적 시장점유율이 낮은 쇠퇴기에 접어든 경우이다.

## 11

정답 ③

순현가법에서는 내용연수 동안에 발생할 미래의 모든 현금흐름을 통해 현가를 비교한다.

오답분석

① 최대한 큰 할인율이 아니라 적절한 할인율로 할인한다.
② 순현가법은 개별 투자안들 간 상호관계를 고려할 수 없는 한계가 있다.
④ 순현가는 현금유입의 현가를 현금유출의 현가로 나눈 것이다.
⑤ 투자의 결과 발생하는 현금유입이 투자안의 내부수익률로 재투자될 수 있다고 가정하는 것은 내부수익률법이다.

## 12

정답 ①

임프로쉐어 플랜에 대한 설명이다.

오답분석

② 스캔런 플랜 : 생산의 판매가치에 대한 인건비 비율이 사전에 정한 표준 이하의 경우 종업원에게 보너스를 주는 제도이다.
③ 메리크식 복률성과급 : 표준생산량을 83% 이하, 83 ~ 100% 그리고 100% 이상으로 나누어 상이한 임금률을 적용하는 방식이다.
④ 테일러식 차별성과급 : 근로자의 하루 표준 작업량을 시간연구 및 동작연구에 의해 과학적으로 설정하고 이를 기준으로 하여 고·저 두 종류의 임금률을 적용하는 제도이다.
⑤ 러커 플랜 : 조직이 창출한 부가가치 생산액을 구성원 인건비를 기준으로 배분하는 제도이다.

## 13

정답 ⑤

글로벌 경쟁이 심화될수록 해당 사업에 경쟁력이 낮아지며, 다각화 전략보다 집중화 현상이 심해진다.

**다각화(Diversification)**

한 기업이 다른 여러 산업에 참여하는 것으로, 두 가지로 구분된다.

- 관련다각화 : 제품이나 판매지역 측면에서 관련된 산업에 집중
- 비관련다각화 : 서로 연관되지 않은 사업에 참여하여 영위하는 전략(한국식 재벌기업형태)

## 14

정답 ①

델파이 기법은 예측하려는 현상에 대하여 관련 있는 전문가나 담당자들로 위원회를 구성하고, 개별적 질의를 통해 의견을 수집하여 종합·분석·정리하여 의견이 일치될 때까지 개별적 질의 과정을 되풀이하는 예측기법이다.

## 15

정답 ⑤

마이클 포터(Michael E. Porter)는 원가우위전략과 차별화전략을 동시에 추구하는 것을 이도저도 아닌 어정쩡한 상황이라고 언급하였으며, 둘 중 한 가지를 선택하여 추구하는 것이 효과적이라고 주장했다.

## 16

정답 ①

ㄱ. 변혁적 리더십은 거래적 리더십에 대한 비판으로 현상 탈피, 변화 지향성, 내재적 보상의 강조, 장기적 관점이 특징이다.
ㄷ. 카리스마 리더십은 부하에게 높은 자신감을 보이며 매력적인 비전을 제시한다.

오답분석

ㄴ. 거래적 리더십은 전통적 리더십 이론으로 현상 유지, 안정 지향성, 즉각적이고 가시적인 보상체계, 단기적 관점이 특징이다.
ㄹ. 슈퍼 리더는 부하들이 역량을 최대한 발휘하여 셀프 리더가 될 수 있도록 환경을 조성해 주고 동기부여를 할 줄 아는 리더이다.



## 17

정답 ①

**신제품 수용자 유형**

- 혁신자(Innovators) : 신제품 도입 초기에 제품을 수용하는 소비자로, 모험적이며 새로운 경험 추구
- 조기 수용자(Early Adopters) : 혁신자 다음으로 수용하는 소비자로, 의견선도자 역할
- 조기 다수자(Early Majority) : 대부분의 일반 소비자로, 신중한 편
- 후기 다수자(Late Majority) : 대부분의 일반 소비자로, 신제품 수용에 의심 많음
- 최후 수용자(Laggards) : 변화를 싫어하고 전통을 중시함

## 18

정답 ③

**매트릭스 조직**

조직의 구성원이 원래 속해 있던 종적계열과 함께 횡적계열이나 프로젝트 팀의 일원으로 속해 동시에 임무를 수행하는 조직형태로, 결국 한 구성원이 동시에 두 개의 팀에 속하게 된다. 특징은 계층원리와 명령일원화 원리의 불적용, 라인・스태프 구조의 불일치, 프로젝트 임무 완수 후 원라 속한 조직업무로의 복귀 등이 있다.

- 장점 : 지식공유가 일어나는 속도가 빠르므로 프로젝트를 통해 얻은 지식과 경험을 다른 프로젝트에 활용하기 쉽고, 프로젝트 또는 제품별 조직과 기능식 조직 간에 상호 견제가 이루어지므로 관리의 일관성을 꾀할 수 있으며 인적자원 관리도 유연하게 할 수 있다. 또한 시장의 요구에 즉각적으로 대응할 수 있으며 경영진에게도 빠르게 정보를 전달할 수 있다.
- 단점 : 조직의 특성상 구성원은 자신의 위치에 대해 불안감을 가질 수 있고, 이것이 조직에 대한 몰입도나 충성심 저하의 원인이 될 수 있다. 관리비용의 증가 문제 역시 발생할 수 있다.

## 19

정답 ⑤

e-비즈니스 기업은 비용절감 등을 통해 더 낮은 가격으로 우수한 품질의 상품 및 서비스를 제공할 수 있다는 장점이 있다.

## 20

정답 ③

마코브 체인이란 미래의 조건부 확률분포가 현재상태에 의해서 결정되는 마코브 특성을 이용하는 것으로, 현재의 안정적인 인력상황, 조직환경 등을 측정하여 미래에 예상되는 인력공급, 직무이동확률 등을 예측하는 방법이다.

오답분석

② 기능목록 분석 : 근로자가 보유하고 있는 기능, 경험, 교육수준 등을 정리 및 분석하는 방법
④ 대체도 : 조직 내 특정직무에 대한 공석을 가정하여 대체할 수 있는 인력에 대한 연령, 성과 등을 표시하는 방법
⑤ 외부공급 예측 : 경제활동인구, 실업률 등의 외부정보를 활용해 인력공급을 예측하는 방법

CHAPTER

# 02 경제일반

| 01 | 02 | 03 | 04 | 05 | 06 | 07 | 08 | 09 | 10 | 11 | 12 | 13 | 14 | 15 | 16 | 17 | 18 | 19 | 20 |
|---|---|---|---|---|---|---|---|---|---|---|---|---|---|---|---|---|---|---|---|
| ③ | ① | ① | ③ | ④ | ② | ① | ④ | ③ | ④ | ① | ② | ① | ② | ④ | ② | ③ | ③ | ② | ④ |

## 01

정답 ③

케인스학파는 투자가 이자율의 감소함수이기는 하나 이자율보다는 기업가의 동물적인 본능의 영향을 크게 받기 때문에 이자율의 변화는 투자에 별로 영향을 미치지 않는다고 본다. 따라서 케인스학파 경제학자들은 투자의 이자율 탄력성이 매우 작다고 주장한다.

## 02

정답 ①

가격이 오르면 수요가 감소하는 것은 일반적인 수요법칙으로 일반적인 재화는 모두 이러한 법칙을 따른다. 예외적으로 가격이 오르면 수요가 증가하는 재화는 기펜재이며, 기펜재는 열등재 중 소득효과가 대체효과보다 큰 재화이다. 사치재는 정상재의 일종이므로 기펜재가 될 수 없다.

오답분석

② 수요의 소득탄력성이 0에서 1 사이이면 필수재, 1보다 크면 사치재로 분류된다.
③ 두 재화가 독립재 관계라면, 수요의 교차탄력성은 0이다. 수요의 교차탄력성이 0보다 크면 대체재, 0보다 작으면 보완재로 분류된다.
④ 수요의 가격탄력성이 1이라면, 수요곡선은 직각쌍곡선의 형태이다.
⑤ 특정 재화를 항상 일정액만큼 구매한다는 것은 지출액이 소득의 변화와 무관하다는 것이므로, 수요의 소득탄력성이 0임을 의미한다.

## 03

정답 ①

스트래들과 스트랭글은 기본적으로 같은 전략이나, 콜옵션과 풋옵션을 같은 행사가격에서 동시에 매수하는 것이 스트래들이며, 동시에 매수하되 행사가격이 다른 가격으로 매수하는 것이 스트랭글이다. 둘 다 변동성매수 전략으로써, 변동성이 확대될 때 수익이 나는 포지션이나, 이익과 손실 모두 스트래들이 더 크다는 점에서 차이가 있다.

## 04

정답 ③

㉠ 효율적 시장 가설(Efficient Market Hypothesis)은 공개된 정보를 이용해 거래를 하는 투자자는 평균적인 정상이윤을 얻을 수 있으나, 평균 이상의 초과수익을 실현하는 것은 불가능하다고 보는 가설이다. 효율적 시장에서는 자산에 대한 모든 정보가 즉각적으로 가격에 반영되므로 합리적인 투자자들이 이를 고려해 움직이기 때문에 단기적으로는 평균 수준의 정상이윤을 얻을 수 있으나, 장기적으로는 평균을 초과하는 수익을 얻는 것이 불가능하다고 보는 것이다. 또한 효율적 시장 가설은 과거·현재·미래 등 시장가치에 반영되는 정보의 범위에 따라 약형 시장(과거), 준강형 시장(과거 + 현재), 강형 시장(과거 + 현재 + 미래) 등으로 구분된다.
㉣ 약형 효율적 시장은 과거의 역사적 정보(가격·수익 등의 추세)를 충분히 반영하고 있지만, 현재와 미래에 대한 정보는 반영되고 있지 않은 시장이다. 즉, 현재의 시장가치는 과거의 추세가 반영된 것이고 시장 참여자들은 기술적 분석에 따라 합리적으로 행동하므로 과거의 정보를 분석한다고 해도 초과수익을 얻을 수 없는 시장이다.

오답분석

㉡ 강형 효율적 시장은 공개 정보이든 비공개 정보이든 어떤 정보도 이미 시장가치에 반영되어 있으며, 정보에 대한 분석은 불필요하다고 본다. 즉, '정보는 완전하며 모든 정보는 공개되어 있고 정보 비용은 없다.'고 가정하는 완전경쟁시장에 부합한다. 따라서 정보를 분석할 필요가 없으므로 이에 따른 정보 비용 또한 발생하지 않는다.

㉢ 자산과 관련한 과거, 현재, 미래의 모든 정보(공개・비공개)를 반영하고 있는 시장은 준강형이 아니라 강형 효율적 시장이다. 준강형 효율적 시장은 자산에 대한 과거・현재의 정보가 반영되어 있는 시장으로서, 새로운 공개 정보는 즉각적으로 시장가치에 반영되기 때문에 기본적 분석을 한다. 이때 기본적 분석은 공개된 사실을 토대로 시장가치의 변동을 분석하는 것을 뜻한다.

## 05

정답 ④

임금 상승 시 여가소비가 감소하는 것은 여가가 열등재일 경우이거나, 여가가 정상재이면서 대체 효과가 소득 효과보다 클 경우이다.

## 06

정답 ②

오답분석

ㄴ. 케인스 모형에서 재정정책의 효과는 강력한 반면 금융정책의 효과가 미약하다. 따라서 (가)에서 $Y_0 \rightarrow Y_1$의 크기는 (나)에서 $Y_a \rightarrow Y_b$의 크기보다 크다.

ㄹ. 케인스는 승수효과를 통해 정부가 지출을 조금만 늘리면 국민의 소득은 지출에 비해 기하급수적으로 늘어난다고 주장하였다. 또한 케인스 학파에서는 소비를 미덕으로 여기므로 소득이 증가하면 소비 또한 증가하여 정부지출의 증가는 재고의 감소를 가져온다.

## 07

정답 ①

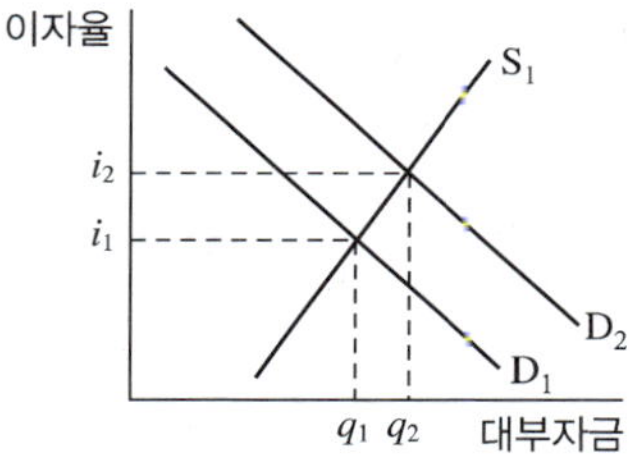


기업들에 대한 투자세액공제가 확대되면, 투자가 증가하므로 대부자금에 대한 수요가 증가($D_1 \rightarrow D_2$)한다. 이렇게 되면 실질이자율이 상승($i_1 \rightarrow i_2$)하고 저축이 늘어난다. 그 결과 대부자금의 균형거래량은 증가($q_1 \rightarrow q_2$)한다.

## 08

정답 ④

애덤 스미스가 말한 '보이지 않는 손'에 의하면 시장을 통해서 효율적인 자원배분이 이루어지기 때문에 인위적인 개입이나 조정은 필요하지 않다. 따라서 시장에서 거래되어야 하는 서비스를 국가가 개입해서 무료로 제공하는 것은 시장경제체제의 특징으로 옳지 않다.

## 09

정답 ③

$$\text{실업률} = \frac{\text{실업자 수}}{\text{경제활동인구}} \times 100 = \frac{\text{실업자 수}}{\text{취업자 수} + \text{실업자 수}} \times 100$$

ㄴ. 실업자가 비경제활동인구로 전환되면 분자와 분모 모두 작아지게 되는데 이때 분자의 감소율이 더 크므로 실업률은 하락한다.

ㄷ. 비경제활동인구가 취업자로 전환되면 분모가 커지게 되므로 실업률은 하락한다.

오답분석

ㄱ. 취업자가 비경제활동인구로 전환되면 분모가 작아지므로 실업률은 상승한다.

ㄹ. 비경제활동인구가 실업자로 전환되면 분자와 분모 모두 커지게 되는데 이때 분자의 상승률이 더 크므로 실업률은 상승한다.

## 10

정답 ④

열등재(Inferior Goods)는 소득효과가 음(−)인 경우의 재화이므로 소득이 증가하면 수요가 감소한다.

우하향하고 원점에 대해 볼록한 통상적인 무차별곡선을 갖는 소비자를 가정했을 때, X재의 가격이 하락했는데 X재 수요량이 변하지 않았다면, 가격소비곡선(PCC)은 수직이다. 이 경우 X재의 가격변화로 인한 대체효과는 항상 플러스이지만 총효과가 0이므로 소득효과는 대체효과를 상쇄할 만큼의 마이너스로 나타나야 한다. 따라서 X재는 열등재이고, 효용 극대화를 위해 X재의 가격하락에 따른 소득효과로 Y재의 소비량이 증가하여 Y재는 정상재이다.

## 11

정답 ①

MR=MC가 성립되는 생산량은 손실 극대화점과 이익 극대화점으로 2개가 존재한다. 따라서 이윤 극대화가 성립되기 위해서는 MR=MC가 충족되면서 TR>TC도 성립하여야 한다.

## 12

정답 ②

자연독점이란 규모가 가장 큰 단일 공급자를 통한 재화의 생산 및 공급이 최대 효율을 나타내는 경우 발생하는 경제 현상을 의미하고, 최소효율규모란 평균비용곡선상에서 평균비용이 가장 낮은 생산 수준을 나타낸다. 자연독점 현상은 최소효율규모의 수준 자체가 매우 크거나 생산량이 증가할수록 평균총비용이 감소하는 '규모의 경제'가 나타날 경우에 발생한다.

## 13

정답 ①

오답분석

② 요소집약도의 역전이 발생하거나 완전특화가 이루어지는 경우 그리고 각국의 생산기술이 서로 다르거나 중간재가 존재하는 경우에는 요소가격균등화가 이루어지지 않는다.
③ 규모의 경제가 발생하는 경우 각국이 동일한 산업 내에서 한 가지 재화생산에 특화하여 이를 서로 교환할 경우 두 나라의 후생수준이 모두 증가한다. 따라서 규모에 대한 수확체증이 이루어지면 산업 내 무역이 활발해진다.
④ 경상수지와 자본수지의 합은 항상 0이므로 경상수지가 적자이면 자본수지는 흑자가 되어야 한다.
⑤ 경상수지와 저축 및 투자의 관계는 순수출(X−M)=총저축($S_p$−I)+정부수입(T−G)으로 나타낼 수 있다. 저축과 투자의 양이 동일하여 총저축이 0이 되는 경우에는 재정 흑자(T−G)와 경상수지 적자의 합이 0이 되지만 항상 0이 되는 것은 아니다.

## 14

정답 ②

객관성은 지니계수의 주요 원리와 관계가 없다.

오답분석

① 지니계수를 구할 때 모집단의 정보를 외부 등에 공개하지 않는다.
③ 지니계수는 경제규모, 측정방식 등에 영향을 받지 않는다.
④ 지니계수는 모집단의 크기와 관계없이 계산이 가능하다.
⑤ 지니계수는 소득이 많은 사람으로부터 소득이 적은 사람으로의 소득의 이전을 나타낸다.

## 15

정답 ④

ㄱ・ㅁ. 2020년에서 2024년으로 갈수록 직접세 비중은 낮아지는 반면 간접세 비중이 높아지고 있다. 이를 통해 조세부담의 역진성이 강화되고 있다는 사실을 추론할 수 있으며, 소득분배 지표를 변화시키는 하나의 요인으로 작용하였을 것이라고 추측할 수 있다.

ㄴ. 2020년에서 2024년으로 갈수록 지니계수는 증가하고 10분위분배율은 감소하고 있다. 지니계수의 값이 작을수록, 10분위분배율의 값이 클수록 균등에 가까워지는 것인데, 반대의 증감을 보이고 있으므로 소득불평등이 심해진다고 할 수 있다.

ㄹ. 상위 20% 계층의 소득에 대한 하위 40% 계층 소득의 비율은 지니계수가 아닌 10분위분배율을 통해 알 수 있다. 따라서 2024년에는 상위 20% 계층의 소득이 하위 40% 계층 소득의 2배이다.

오답분석

ㄷ. 2020년에는 상위 20% 계층의 소득이 하위 40% 계층 소득의 $\frac{5}{3}$ 바이다.

## 16

정답 ②

ㄱ. 생산비용 절감 또는 생산기술 발전 시 공급이 늘어나 공급곡선이 오른쪽으로 이동한다.
ㄷ. A의 가격이 높아지면 대체재인 B의 가격이 상대적으로 낮아져 수요가 늘어나게 되어 수요곡선이 오른쪽으로 이동한다.

오답분석

ㄴ. 정상재의 경우 수입이 증가하면 수요가 늘어나 수요곡선이 오른쪽으로 이동한다.
ㄹ. 상품의 가격이 높아질 것으로 예상되면 나중에 더 높은 가격에 팔기 위해 공급이 줄어들게 되어 공급곡선이 왼쪽으로 이동한다.

## 17

정답 ③

IS－LM 곡선은 거시경제에서의 이자율과 '국민소득'을 분석하는 모형으로 경제가 IS 곡선의 왼쪽에 있는 경우 이자율의 감소로 저축보다 투자가 많아져 '초과수요'가 발생하게 된다. 또한 LM 곡선은 '화폐시장'의 균형이 달성되는 이자율과 국민소득의 조합을 나타낸 선이다.

## 18

정답 ③

소득과 부의 이전은 예상치 못한 인플레이션으로 인해 발생하는 영향으로 화폐자산 보유자로부터 실물자산 보유자에게로 소득과 부를 이전시키는 효과가 나타난다.

오답분석

①·② 구두창비용에 대한 특징으로 현금보유자가 인플레이션에 대비하기 위해 보유한 현금을 예금 등에 투자하기 위해 은행 방문 횟수가 증가하고, 이로 인해 소요시간, 교통비용 등이 증가한다.
④ 메뉴비용에 대한 특징으로 물가상승으로 인해 음식점, 백화점 등의 가격표 등이 변경된 가격으로 수정되어야 한다.
⑤ 계산단위비용에 대한 특징으로 인플레이션으로 인해 화폐가치가 계속 변함에 따라 화폐가치 측정에 어려움이 생기게 된다.

## 19

정답 ②

자연실업률은 경제 내에 마찰적 실업과 구조적 실업만 있고 경기적 실업이 없는 완전고용상태를 의미한다. 따라서 최저임금제, 효율성임금, 노조 등은 비자발적 실업을 유발하여 자연실업률을 높이는 요인으로 작용한다.

## 20

정답 ④

신축된 주택과 사무실의 가격은 GDP 디플레이터 계산에 포함된다.

**물가지수의 비교**

| 구분 | 소비자 물가지수(CPI) | 생산자 물가지수(PPI) | GDP 디플레이터 |
|---|---|---|---|
| 작성 기관 | 통계청 | 한국은행 | 한국은행 |
| 계산 방식 | 라스파이레스 방식 | 라스파이레스 방식 | 파셰 방식 |
| 포괄 범위 | 소비재 | 원자재, 자본재, 소비재 | GDP에 포함되는 것 모두 |
| | • 수입가격 포함<br>• 주택임대료 포함<br>• 주택가격 제외 | • 수입가격 제외<br>• 주택임대료 제외<br>• 주택가격 제외 | • 수입가격 포함<br>• 주택임대료 포함<br>• 신규주택가격만 포함 |

CHAPTER

# 03 금융상식

| 01 | 02 | 03 | 04 | 05 | 06 | 07 | 08 | 09 | 10 | 11 | 12 | 13 | 14 | 15 | 16 | 17 | 18 | 19 | 20 |
|---|---|---|---|---|---|---|---|---|---|---|---|---|---|---|---|---|---|---|---|
| ③ | ② | ③ | ③ | ① | ③ | ⑤ | ② | ③ | ② | ② | ① | ① | ① | ⑤ | ② | ④ | ④ | ② | ① |

## 01

정답 ③

실기주과실이란 명의개서를 하지 않은 실기주에 대해 발생한 배당금 또는 주식을 가리킨다.

## 02

정답 ②

제1금융권은 우리나라의 금융기관 중 예금은행을 지칭한다.

오답분석

① 제도권 밖의 대금업체는 제3금융권이다. 제2금융권은 은행을 제외한 금융기관으로 은행법의 적용을 받지 않으면서도 일반 상업은행과 유사한 기능을 한다.
③ 통화금융정책의 사용권은 한국은행만이 가지고 있다.
④ 자금중개기능은 간접금융시장의 은행이 하는 것이며, 증권회사는 유가증권의 매매, 인수, 매출 등을 취급하며 자금을 전환시키는 직접금융시장에 속한다.
⑤ 산업은행은 장기자금의 공급을 위해 설립된 기관이다.

## 03

정답 ③

제시문은 콜금리에 대한 설명이고, 콜금리가 상승하면 채권가격이 상승한다.

## 04

정답 ③

오답분석

① ETF : 인덱스펀드를 거래소에 상장시켜 투자자들이 주식처럼 편리하게 거래할 수 있도록 만든 상품이다.
② ETN : 상장지수펀드(ETF)와 마찬가지로 거래소에 상장돼 손쉽게 사고 팔 수 있는 채권이다.
④ 인덱스펀드 : 정해진 목표지수와 같은 수익률을 올릴 수 있도록 하는 펀드이다.
⑤ 주식형펀드 : 자산의 최소 60% 이상을 주식에 투자하는 펀드이다.

## 05

정답 ①

균형국민소득 항등식에 대입하여 균형이자율(r)을 구하면 다음과 같다.

$Y=C+G+I$

$5,000=600+0.5(5,000-500)+1,050+1,500-200r$

$200r=400$

$\therefore r=2$

따라서 구하고자 하는 균형이자율은 2%이다.

## 06

정답 ③

피셔 방정식에 따르면 명목금리(명목이자율)는 실질금리(실질이자율)와 예상물가상승률의 합으로 표현된다. 따라서 물가상승률을 매개로 명목금리와 실질금리는 상호의존적인 관계를 가지며, 명목금리가 고정적이라고 가정할 때 물가가 상승하면 실질금리는 일시적으로 하락할 수 있다.

오답분석

㉠ 실물투자에 영향을 미치는 것은 명목금리보다 실질금리이다.
㉢ 실질금리=명목금리－예상물가상승률
㉤ 총수요가 감소하여 물가와 명목금리가 하락하면 실질금리도 하락한다.

## 07

정답 ⑤

총저축은 민간저축과 정부저축의 합으로 구성된다. 정부가 조세를 감면하면 정부저축은 감소하게 되는데, 민간저축이 동액만큼 증가하면 대부자금의 공급은 변하지 않는다. 따라서 대부자금 공급곡선이 이동하지 않으므로 균형이자율과 대부자금의 거래량도 변하지 않는다.

## 08

정답 ②

오답분석

- 해영 : 위험도의 상관관계가 낮은 금융상품에 투자해야 투자 위험을 줄일 수 있다.
- 진상 : 금융상품 수익에 대한 세금은 금융상품에 따라 다르다. 이는 모든 주식에 공통적으로 영향을 미치기 때문에 여러 주식으로 포트폴리오를 구성해서 투자해도 제거할 수 없는 위험을 체계적 위험이라 한다. 비체계적 위험에는 주식을 발행한 기업의 경영성과, 경영진의 교체, 신제품 개발의 성패 등의 요인으로 인한 위험 등이 해당한다.

## 09

정답 ③

주당 배당금은 '배당수익률×주가'이므로 10%×20,000원=2,000원이다.

## 10

정답 ②

CMA(Cash Management Account)는 예탁금을 어음이나 채권에 투자하여 그 수익을 고객에게 돌려주는 실적배당 금융상품으로, 어음관리계좌 또는 종합자산관리계정이라고도 한다. 또한, CMA는 고객이 예치한 자금을 기업어음(CP)이나 양도성 예금증서(CD), 국공채 등의 채권에 투자하여 그 수익을 고객에게 돌려주는 금융상품이다.

오답분석

① 신탁상품 : 은행, 투신사 등 금융기관이 개인이나 법인 등 고객으로부터 예금을 받아 일정기간 동안 이 자산을 운용해서 수익을 돌려주는 금융상품으로 이자율에 따른 수익 배당과 실적배당형 상품이 있다.
③ MMDA(Money Market Deposit Account) : 금융기관이 취급하는 수시입출식 저축성예금의 하나이다.
④ 수익증권 : 고객이 맡긴 재산을 투자 운용해 거기서 발생하는 수익을 받을 권리를 표시하는 증권이다.
⑤ ELW(Equity Linked Warrant) : 주식워런트증권은 자산을 미리 정한 만기에 미리 정해진 가격에 사거나 팔 수 있는 권리를 나타내는 증권이다.

## 11

정답 ②

구매력평가설(PPP)은 한 재화 가격은 어디에서나 같아야 한다는 일물일가의 법칙에 입각한 것이다.

## 12

정답 ①

주식시장은 발행시장과 유통시장으로 나누어진다. 발행시장이란 주식을 발행하여 투자자에게 판매하는 시장이고, 유통시장은 발행된 주식이 제3자 간에 유통되는 시장을 의미한다.
따라서 자사주 매입은 유통시장에서 이루어지며, 주식배당, 주식분할, 유・무상증자, 기업공개 등은 발행시장과 관련이 있다.

## 13

정답 ①

오답분석

② 채권가격은 시장이자율과 역의 관계이므로 시장이자율이 상승하면 채권가격은 하락하고, 시장이자율이 하락하면 채권가격은 상승한다.
③ 표면이자율이 낮을수록 현재로부터 가까운 시점에 발생하는 현금흐름의 비중이 상대적으로 낮아지고 현재로부터 먼 시점에 발생하는 현금흐름의 비중이 상대적으로 높아지므로, 이자율 변동에 따른 가격변동률이 크게 나타난다.
④ 다른 조건이 동일하다면, 만기가 길어질수록 일정한 이자율 변동에 따른 채권가격 변동폭이 커진다.
⑤ 만기가 정해진 상태에서 이자율 하락으로 인한 채권가격 상승폭이 이자율의 상승으로 인한 채권가격 하락폭보다 크다.

## 14

정답 ①

달러를 현재 정한 환율로 미래 일정 시점에 팔기로 계약하면 선물환 매도, 금융회사가 달러를 현재 정한 환율로 미래 일정 시점에 사기로 계약하면 선물환 매수라고 한다. 따라서 달러화 가치가 앞으로 상승할 것으로 예상되면 선물환을 매수하게 된다.

## 15

정답 ⑤

사모펀드는 자산가치가 저평가된 기업에 자본참여를 하게 하여 기업가치를 높인 다음 기업 주식을 되파는 전략을 취한다.

## 16

정답 ②

빅 스텝(Big Step)이란 중앙은행이 물가를 조정하기 위해 기준금리를 0.5%p 인상하는 것을 뜻한다.
이 밖에도 가장 통상적인 0.25%p 인상은 베이비 스텝(Baby Step), 0.75%p의 상당 규모 인상은 자이언트 스텝(Giant Step), 1%p 인상은 울트라 스텝(Ultra Step)이라고 한다. 다만 이러한 용어들은 우리나라의 국내 언론과 경제계, 증권시장에서만 사용하는 것으로 알려져 있다.

## 17

정답 ④

임베디드 금융(Embedded Finance)은 비금융기업이 자사의 플랫폼에 금융상품을 제공하는 핀테크 기능을 내장하는 것을 의미한다. 코로나19 팬데믹 이후 금융서비스를 비대면・모바일로 이용하려는 수요가 늘면서 임베디드 금융이 기업들 사이에 확대되고 있다. 예를 들어 테슬라는 자동차 시스템에 수집되는 정보로 운전자의 사고위험과 수리비용을 예측하는 보험 서비스를 제공하고 있다.

## 18

정답 ④

빈칸은 '현금 없는 사회'에 대한 이야기이다. 현금 없는 사회는 계좌이체나 신용카드, 더 나아가 디지털 통화 등의 다른 지급 수단이 현금의 역할을 대체하는 사회로 코로나19 팬데믹 이후 언택트(Untact) 문화의 확대로 가속화되고 있다.
그러나 ④의 내용은 레그테크(Regtech)에 대한 설명이다. 레그테크는 레귤레이션(Regulation)과 기술을 의미하는 테크놀로지(Technology)의 합성어로, 금융회사로 하여금 내부통제와 법규 준수를 용이하게 하는 정보기술이다.

## 19

정답 ②

예금자 보호제도란 금융회사 파산 등으로 인해 고객의 예금을 지급하지 못하게 될 경우 예금보험공사에서 예금자 1인당 예금 원리금 합계 5천만 원까지 보장해주는 제도를 말하며 양도성예금증서와 금현물거래예탁금은 예금자 보호대상 상품에 해당하지 않는다.

## 20

정답 ①

프로젝트 파이낸싱은 프로젝트별로 자금조달이 이루어지기 때문에 투자사업의 실질적인 소유주인 모기업의 자산 및 부채와 분리해서 프로젝트 자체의 사업성에 기초하여 소요자금을 조달하여야 하고, 다양한 위험이 존재하기 때문에 상대적으로 금융비용이 많이 투입되는 특징이 있다.

PART 2

시대에듀

M E M O

# PART 3

# 디지털 리터러시 평가

CHAPTER

# 01 논리적 사고

| 01 | 02 | 03 | 04 | 05 | 06 | 07 | 08 | 09 | 10 |
|---|---|---|---|---|---|---|---|---|---|
| ① | ⑤ | ④ | ⑤ | ⑤ | ③ | ③ | ② | ③ | ④ |

## 01

정답 ①

IF 함수의 함수식은 「=IF(조건식, 식이 참일 때 돌려줄 값, 식이 거짓일 때 돌려줄 값)」이다. 따라서 [D2] 셀에 들어갈 올바른 함수식은 「=IF(C2=1,"휴대폰","없음")」이다.

## 02

정답 ⑤

[F4] 셀은 이○○의 책임감, 협동심, 성실성, 태도 점수의 평균이므로 [B4], [C4], [D4], [E4]의 평균을 구하는 함수인 =■(B4,C4,D4,E4)가 들어가야 한다.

오답분석

① [D2], [D3], [D4], [D5]의 최솟값을 구하는 함수다.
② [D2], [D3], [D4], [D5]의 최댓값을 구하는 함수다.
③ [B4] 셀이 [B2] 셀부터 [B5]의 범위 내에서 내림차순으로 몇 번째 값인지 찾는 함수다.
④ [B4], [C4], [D4], [E4] 셀의 합을 구하는 함수다.

## 03

정답 ④

메뉴 5종의 전체 매출액은 (판매량)×(가격)의 합이다. 따라서 판매량 범위인 [B2:B8]와 가격 범위인 [C2:C8]의 각 행끼리 곱한 후 총합을 구하는 함수인 =○(B2:B8, C2:C8)을 사용해야 한다.

오답분석

① [A2:A8] 범위 내의 비어있지 않은 셀의 수와 각 메뉴의 가격의 합을 곱하는 함수다.
② 판매량의 합과 각 메뉴의 가격의 합을 곱하는 함수다.
③ 각 메뉴의 가격의 합을 [A2:A8] 범위 내의 비어있지 않은 셀의 수로 나눈 함수다.
⑤ 전체 매출액에서 [A2:A8] 셀의 비어있지 않은 셀의 수인 5를 나눈 함수이므로 적절하지 않다.

## 04

정답 ⑤

분류(A2:A7)가 '필기류'인 상품 중 판매개수(C2:C7)가 가장 많은 상품의 수를 구하는 수식이다. 필기류 중 가장 많이 판매된 상품은 '볼펜(검)'으로 수식을 입력하면 46이 반환된다.

오답분석

① [A2]와 [C2] 중 큰 값을 반환하는 수식이다. [A2]가 문자이기 때문에 비교가 불가능하여 ①을 입력하면 오류가 발생한다.
② 분류(A2:A7)가 '필기류'인 상품 중 판매개수(C2:C7)가 가장 적은 상품의 수를 구하는 수식이다.
③ [C2]가 [C3]보다 크면 판매개수(C2:C7)의 평균을, 그렇지 않으면 판매개수(C2:C7) 중 가장 큰 값을 반환하는 수식이다.
④ 범위1과 범위2의 위치가 바뀌었다. 따라서 ④를 입력하면 오류가 발생한다.

## 05

정답 ⑤

제품코드(A2:A8)가 IR("IR*")로 시작하는 제품의 판매개수(C2:C8) 합(☆)을 구하는 수식이다.

오답분석

① 제품코드(A2:A8)가 IR("IR*")로 시작하는 제품의 가격(B2:B8) 합(☆)을 구하는 수식이다.
② 제품코드(A2:A8)에서 왼쪽을 기준으로 1～2번째 문자가 'IR'일 경우, 판매개수(C2:C8)의 합을, 그렇지 않으면 공백을 반환하는 수식이다.
③ 제품코드(A2:A8)가 IR("IR*")로 시작하는 제품의 판매개수(C2:C8) 평균(△)을 구하는 수식이다.
④ 제품코드(A2:A8)가 IR("IR*")로 시작하는 제품의 개수를 세는 수식이다.

## 06

정답 ③

정상 출근한 직원은 '지각'열의 셀이 비어있다. 따라서 정상 출근한 직원의 수를 알고 싶다면 비어있는 셀의 개수를 구하는 함수 △를 사용해야 한다.

## 07

정답 ③

지점의 서비스 점수가 평균(서비스) 점수보다 높고, 지점의 편의성 점수가 평균(편의성) 점수보다 높으면 'TRUE'를 반환하는 수식으로, 'TRUE' 1개가 반환된다.

오답분석

① 지점명의 1 ~ 2번째 문자가 '우단'이면 'TRUE'를 반환하는 수식으로, 2개가 반환된다.
② 지점의 서비스 점수가 평균(서비스) 점수보다 높거나 같으면 'TRUE'를 반환하는 수식으로, 2개가 반환된다.
④ 지점의 서비스 점수가 평균(서비스) 점수보다 높거나 지점의 편의성 점수가 평균(편의성) 점수보다 높으면 'TRUE'를 반환하는 수식으로, 2개가 반환된다.
⑤ 지점의 청결성 점수가 평균보다 높은 지점에 "O"를 부여할 때, "X"를 받으면 'TRUE'를 반환하는 수식으로, 2개가 반환된다.

## 08

정답 ②

'전달사항'열을 채우기 위해서는 ○ 함수를 사용해야 한다.

- 조건1 : 벌점이 10점 이상이면(B2>=10)
- 인수1 : 경고
- 조건2 : 벌점이 0점이면(B2=0)
- 인수2 : 기상곡 선정권
- 조건3 : 만족하는 조건이 없으면(TRUE), 인수3: " "

오답분석

① 조건과 인수의 나열이 잘못되었다.
③ 벌점이 10점 이상이면 '경고', 그 외에는 빈칸을 출력하는 수식이다.
④ 벌점이 10점 이상이거나 0점이면 '경고', 그 외에는 '기상곡 선정권'을 출력하는 수식이다.
⑤ 벌점이 10점 이상이면 '경고', 그 외에는 '기상곡 선정권'을 출력하는 수식이다.

## 09

정답 ③

▲ 함수의 조건인 ■(○(A2:C2))는 학년, 반, 번호의 합이 홀수이면 참을 반환하는 수식이다. ③의 ▲ 함수는 이렇게 반환된 값이 참이면(홀수이면) '청팀', 아니면(짝수이면) '백팀'을 출력한다.

오답분석

① 학년, 반, 번호의 평균이 홀수이면 '청팀', 아니면(짝수이면) '백팀'이 출력되는 수식이다.
②·④ 학년, 반, 번호의 합이 홀수이면 '백팀', 아니면(짝수이면) '청팀'이 출력되는 수식이다.
⑤ ■(○(A2:C2))에 의해 반환되는 값과 '청팀' 텍스트와 비교하여 같으면 참, 다르면 거짓을 반환하는 수식이다. 따라서 이 수식의 출력값은 무조건 거짓으로 출력된다.

## 10

정답 ④

조건의 개수가 1개이므로 ● 함수를 사용한다.

- 범위 : 분류(C2:C8)
- 조건 : 소설

오답분석

① C2:C8에서 숫자가 포함된 셀의 개수를 구하는 수식이다.
② C2:C8에서 비어있지 않은 셀의 개수를 구하는 수식이다.
③ ▲ 함수에 대한 인수가 잘못 입력되었다. 수식 자체가 오류이므로 결괏값은 출력되지 않는다.
⑤ 분류가 '소설'인 책의 가격의 합을 구하는 함수이다.

CHAPTER

# 02 알고리즘 설계

| 01 | 02 | 03 | 04 | 05 | 06 | 07 | 08 | 09 | 10 |
|---|---|---|---|---|---|---|---|---|---|
| ⑤ | ④ | ⑤ | ④ | ④ | ② | ① | ③ | ② | ④ |

## 01

정답 ⑤

키워드에 목돈이 포함되어있지만 만들기 / 굴리기가 들어있지 않았기 때문에 [4번 알림창]이 출력된다.

## 02

정답 ④

잔여 포인트가 부족하면 [4번 알림창]이 출력된다.

오답분석

① 행사 진행 기간이 아닐 때 [1번 알림창]이 출력된다.
② 참여 대상이 아닐 때 [2번 알림창]이 출력된다.
③ 잔여 교환가능 물건 수량이 없을 때 [3번 알림창]이 출력된다.
⑤ 제시된 순서도로는 서버 오류가 발생하였을 때 출력되는 메시지를 확인할 수 없다.

## 03

정답 ⑤

유효하지 않은 주민등록번호를 입력할 경우, [2번 알림창]이 출력된다.

오답분석

① 만 19세 미만이 아닐 경우, [1번 알림창]이 출력된다.
② 중복된 ID를 입력할 경우, [3번 알림창]이 출력된다.
③ 중복되지 않은 ID를 입력할 경우, 다음 단계인 '비밀번호 보안성 높음' 단계로 진행한다.
④ 보인성이 낮은 비밀번호를 입력할 경우, [4번 알림창]이 출력된다.

## 04

정답 ④

영진이의 대기표는 7번으로, 4번 이상이기 때문에 무인 신청서 작성기로 이동하여 신청서를 작성해야 한다. 따라서 신청서 작성 시간 15분과 업무처리 시간 10분을 더해 영진이는 총 25분간 은행에 머무를 것이다.

## 05

정답 ④

하나는 현재 진료를 모두 마친 상태이므로 진료 이전의 과정은 시간 계산에 포함하지 않는다. 따라서 남은 시간은 5분(진료를 마치고 주사실에 가기 전의 대기시간)+5분(주사실)+10분(주사를 맞고 수납하기 전의 대기시간)으로 총 20분이다.

## 06

정답 ②

박수를 최대한 많이 치는 경우는 1부터 100까지 한 번도 안 틀리고 게임이 진행되었을 때이고, 박수는 3의 배수일 때만 친다. 따라서 1부터 100 사이의 자연수 중 3의 배수의 개수가 최대 박수의 수가 되므로 최대 박수는 33번이 된다.
a는 게임을 할 때, 짝과 번갈아 가며 말하는 자연수로 1씩 증가한다. 그러므로 ⓐ에는 a+1이 들어가야 한다.

## 07

정답 ①

'나는밥을먹었다.'는 띄어쓰기가 틀린 문장이다. 따라서 No → No → Yes 순으로 처리되어 초록색 교정문장이 출력된다.

## 08

정답 ③

1일부터 31일까지의 과목별 공부 횟수를 구하는 문제이다. 따라서 최종값 자리인 ⓐ에는 31이 들어간다.
로이는 짝수일에는 수학을 공부하므로 ⓑ에는 '짝수일인가'가 들어가며, '홀수일인가'를 넣고 싶다면 Yes와 No의 위치를 바꿔야 한다.
1 ~ 31일 중 수학을 공부하는 짝수일의 수는 15일, 영어를 공부하는 홀수일의 수는 16일이므로 출력값은 15:16이다.

## 09

정답 ②

| $a$ | $n$ |
|---|---|
| 5 | 2 |
| $5+2=7$ | $2\times2=4$ |
| $7+4=11$ | $2\times4=8$ |
| $11+8=19$ | $2\times8=16$ |
| $19+16=35$ | $2\times16=32$ |
| $35+32=67$ | $2\times32=64$ |
| $67+64=131$ | $2\times64=128$ |

$\therefore\ 131-128=3$

## 10

정답 ④

| $a$ | $n$ |
|---|---|
| $\frac{1}{32}$ | 46 |
| $4\times\frac{1}{32}+1=\frac{9}{8}$ | $\frac{1}{2}\times46=23$ |
| $4\times\frac{9}{8}+1=\frac{11}{2}$ | $\frac{1}{2}\times23=\frac{23}{2}$ |
| $4\times\frac{11}{2}+1=23$ | $\frac{1}{2}\times\frac{23}{2}=\frac{23}{4}$ |

$\therefore\ 23+\frac{23}{4}=\frac{115}{4}$

PART 3

시대에듀

M E M O

# PART 4

# 최종점검 모의고사

# 제1회 최종점검 모의고사

| 01 | 02 | 03 | 04 | 05 | 06 | 07 | 08 | 09 | 10 | 11 | 12 | 13 | 14 | 15 | 16 | 17 | 18 | 19 | 20 |
|---|---|---|---|---|---|---|---|---|---|---|---|---|---|---|---|---|---|---|---|
| ④ | ① | ⑤ | ④ | ⑤ | ⑤ | ⑤ | ④ | ③ | ② | ① | ③ | ③ | ④ | ③ | ⑤ | ⑤ | ① | ① | ⑤ |
| 21 | 22 | 23 | 24 | 25 | 26 | 27 | 28 | 29 | 30 | 31 | 32 | 33 | 34 | 35 | 36 | 37 | 38 | 39 | 40 |
| ③ | ③ | ② | ⑤ | ③ | ② | ② | ④ | ④ | ② | ③ | ④ | ③ | ② | ④ | ④ | ④ | ④ | ② | ① |
| 41 | 42 | 43 | 44 | 45 | 46 | 47 | 48 | 49 | 50 | 51 | 52 | 53 | 54 | 55 | 56 | 57 | 58 | 59 | 60 |
| ③ | ③ | ⑤ | ① | ⑤ | ④ | ⑤ | ⑤ | ② | ① | ② | ⑤ | ⑤ | ④ | ⑤ | ⑤ | ⑤ | ② | ⑤ | ② |
| 61 | 62 | 63 | 64 | 65 | 66 | 67 | 68 | 69 | 70 | | | | | | | | | | |
| ⑤ | ① | ② | ⑤ | ③ | ② | ③ | ③ | ③ | ⑤ | | | | | | | | | | |

## 01

정답 ④

'유의사항' 항목을 살펴보면, 만기 자동해지 서비스 등록계좌의 경우 우대금리 신청은 반드시 만기 전 영업일까지 신청하여야 한다고 명시되어 있다.

**오답분석**

① 본 상품에 가입하기 위한 별도의 조건은 없으나, 고객이 고향사랑기부제에 참여할 경우 본 상품에서 우대금리를 적용받을 수 있다.

② 본 상품에 가입한 중년층인 고객이 적용받을 수 있는 우대금리 적용항목은 '고향사랑기부 우대금리'인 0.5%p와 '범S은행 이용실적 우대금리'인 0.1%p로 최대 0.6%p이다.

③ 우대금리를 적용받지 않는 고객에게 적용되는 최대 우대금리는 기본금리인 연 3.1%에 특별금리인 0.1%p를 적용한 연 3.2%이다.

⑤ 적금 만기 전전월 이후에 고향사랑기부금을 납부한 고객이 고향사랑기부 우대금리를 적용받기 위해서는 만기일이 아닌 만기일 전 영업일까지 납부 증빙서류 제출을 통한 별도의 신청을 하여야 한다.

## 02

정답 ①

발행이율은 표면이율, 표면금리라고 부르기도 하며, 액면에 대한 연이율을 의미한다. 발행이율에서 이표채는 이표가 첨부되어 있고, 할인채는 할인율로 표시한다.

## 03

정답 ⑤

2024년 11월 공산품 물가지수는 85.71이므로 2023년 11월에 비해 공산품의 물가는 $\frac{(100-85.71)}{100}\times 100=14.29\%$ 감소하였음을 알 수 있다. 따라서 공산품 분야의 2023년 11월 물가지수를 250이라고 한다면, 2024년 11월 물가는 $250\times(1-0.1429)\fallingdotseq 214.3$이다.

**오답분석**

① 2025년 2월 농산물 분야의 수출물가지수는 2023년 2월 농산물 분야의 물가지수를 기준으로 산출된 것이고, 2025년 2월 수산물 분야의 수출물가지수는 2023년 2월 수산물 분야의 물가지수를 기준으로 산출된 것이므로 기준이 다르기 때문에 비교할 수 없다.

② 해당 지수는 2023년 동월 기준이므로, 2023년 11월 정밀기기 분야의 물가지수를 100이라고 하였을 때 2024년 11월 정밀기기 분야의 물가지수는 76.03임을 의미한다. 따라서 2024년 11월 정밀기기 분야의 전년 동월 대비 감소율은 $\frac{100-76.03}{100}\times 100=$ 23.97%이다.

③ 전년 동월 대비 물가가 증가한 분야의 수출물가지수는 100을 초과할 것이다. 2024년 11월과 2024년 12월에 수출물가지수가 100을 넘는 분야는 각각 6개 분야로 동일하다.

④ 수출물가지수는 2023년 동월이 물가지수를 기준으로 하고 있다. 즉 2025년 1월은 2024년 1월 물가지수 기준, 2024년 12월은 2023년 12월 물가지수를 기준으로 했기 때문에 물가는 비교할 수 없다.

## 04

정답 ④

주어진 조건을 정리하면 다음과 같은 순서로 위치한다.

초밥가게 – × – 카페 – × – 편의점 – 약국 – 옷가게 – 신발가게 – × – ×

오답분석

① 편의점은 5번째 건물에 있다.

② 옷가게는 7번째 건물에 있다.

③ 카페와 옷가게 사이에 3개의 건물이 있다.

⑤ 초밥가게와 약국 사이에 4개의 건물이 있다.

## 05

정답 ⑤

인터넷으로 환전했기 때문에 달러 환전금액은 300×1,118=335,400원이다.

엔화의 살 때 가격을 $a$원/¥이라고 하면, 다음과 같은 식이 성립한다.

$600,000=335,400+250a+17,100$

$\rightarrow 250a=247,500$

$\therefore a=990$

따라서 11월 20일에 적용된 엔화 환율은 990원/¥이다.

## 06

정답 ⑤

제시문에서는 바젤Ⅲ 개편안 중 신용위험에 대한 산출방법을 조기 도입함에 따라 BIS비율이 상승한 효과에 대해 언급하고 있다. 바젤Ⅲ 개편안에 따르면 신용등급이 없는 중소기업 대출에 대한 위험가중치를 하향 조정하고, 또 기업대출 중 무담보대출과 부동산 담보대출 부도 시 손실률을 하향 조정하였다. 이것을 적용하면 BIS비율의 분모에 해당하는 위험가중자산의 가액이 감소하게 되고, BIS비율은 상승하게 된다.

오답분석

①・④ BIS비율은 국제결제은행(BIS)이 일반은행에 권고하는 자기자본비율의 수치를 의미한다. BIS비율은 은행의 자기자본을 총자산(위험가중자산)으로 나눈 값으로, 총자산을 산정할 때 투자대상별 신용도에 따라 위험가중치를 부여한다. 우리나라에서는 BIS비율을 10.5% 이상 유지하도록 요구된다.

② 위험의 질에 따라 가중치를 두는 BIS자본비율과 달리, 단순기본자본비율은 위험의 양적인 측면만을 고려하는 지표이며, 바젤위원회의 규제 이행 권고에 따라 2018년부터 도입하였다.

③ 바젤Ⅲ 개편안에서는 신용등급이 없는 중소기업 대출에 대한 위험가중치를 하향 조정하였다.

PART 4

## 07

정답 ⑤

각 선택지의 값을 구하면 다음과 같다.

① 전체 오후 강설량 중 가장 작은 값과 오전 강설량 중 가장 큰 값을 구해 합을 구하는 함수이다. 따라서 값은 0+80=80이다.

② 전체 오후 강설량 중 가장 작은 값과 금요일 오전 강설량과 목요일 오후 강설량의 평균값 중 큰 값을 구하는 함수이다. 이번 주 오후 강설량 중 가장 작은 값은 0이므로 금요일 오전 강설량과 목요일 오후 강설량의 평균값을 구하면 된다. 따라서 값은 (80+40)÷2=60이다.

③ 월~금요일의 오전 및 오후 값 중 가장 큰 값과, 수요일의 오전, 오후 총 강설량 값의 평균을 구하는 함수이다. 따라서 값은 (90+60+70)÷2=110이다.

④ B2:C6 범위 중 수요일이 있는 행인 4행의 데이터인 B4, C4의 합을 구하는 함수이다. 따라서 값은 60+70=130이다.

⑤ 전체 오전 강설량의 평균값과 월요일 오전과 오후 강설량 중 가장 작은 값의 차를 구하는 함수이다. 따라서 값은 (50+30+60+30+80)÷5−0=50이다.

따라서 ⑤가 가장 작은 값을 출력한다.

## 08

정답 ④

2009년에 받은 2,000만 원을 2010년 초부터 저축한다고 하였기 때문에 기산연도는 2010년으로 한다.

문제가 다소 복잡하기에 간편한 수식을 위하여 2,000만 원을 $x$만 원이라고 하자. 또한 2010년 연초부터 실제 돈을 넣는 것이지만 문제에서 물어보는 것은 연말임을 주의한다.

연금은 매년 8% 증가하므로 해가 거듭될수록 1.08이 곱해지고, 2010년부터 가입한 복리예금상품 만기금액은 다음과 같다.

(단위 : 만 원)

| 2010년 초 | 2010년 말 | 2011년 말 | 2012년 말 | … | 2024년 말 |
|---|---|---|---|---|---|
| $x$ | $x(1.03)$ | $x(1.03)^2$ | $x(1.03)^3$ | … | $x(1.03)^{15}$ |
| | $x(1.08)$ | $x(1.08)\times(1.03)$ | $x(1.08)\times(1.03)^2$ | … | $x(1.08)\times(1.03)^{14}$ |
| | | $x(1.08)^2$ | $x(1.08)^2\times(1.03)$ | … | $x(1.08)^2\times(1.03)^{13}$ |
| | | | | … | … |
| | | | | … | $x(1.08)^{15}$ |

2024년 말에 A씨가 모은 돈은 2024년 말의 항을 모두 더한 값인 $S$와 같다.

총항의 개수는 16개이며, 등비수열 합 공식 $S=\frac{a(r^n-1)}{r-1}$에서 초항($a$)은 $x(1.03)^{15}$, 공비($r$)는 $\frac{1.08}{1.03}=1.05$, 항의 개수($n$)는 16으로 하여 계산하면 다음과 같은 식이 성립한다.

$$S=\frac{a(r^n-1)}{r-1}=\frac{x(1.03)^{15}(1.05^{16}-1)}{1.05-1}=\frac{x\times1.6\times(2.2-1)}{0.05}=38.4\times x$$

따라서 $x$=2,000이므로 2024년 말에 A씨가 모은 돈은 38.4×2,000=76,800만 원이다.

## 09

정답 ③

등급별 임금·수당 합계 및 임금 총액은 다음과 같다.

(단위 : 원)

| 구분 | 초급인력 | 중급인력 | 특급인력 |
|---|---|---|---|
| 기본임금 총계 | 45,000×5×8×(10+2)<br>=21,600,000 | 70,000×3×8×(10+2)<br>=20,160,000 | 95,000×2×8×(10+2)<br>=18,240,000 |
| 초과근무수당 총계 | (45,000×1.5)×1×4<br>=270,000 | (70,000×1.5)×2×4<br>=840,000 | (95,000×1.7)×1×4<br>=646,000 |
| 합계 | 21,600,000+270,000<br>=21,870,000 | 20,160,000+840,000<br>=21,000,000 | 18,240,000+646,000<br>=18,886,000 |
| 임금 총액 | 21,870,000+21,000,000+18,886,000=61,756,000 | | |

따라서 S사가 근로자들에게 지급해야 할 임금의 총액은 61,756,000원이다.

## 10

정답 ②

• (가) : 순수보장형 1년 납입보험료가 22만 원이므로 3년 납입보험료 누계액은 22×3=66만 원이다.

• (나) : (해지환급금)=(납입보험료 누계액)×$\frac{(환급률)}{100}$이므로, 순수보장형 보험에 가입하여 20년 후에 해지할 시 해지환급금은 220×0.15=33만 원이다.

• (다) : (환급률)=$\frac{(해지환급금)}{(납입보험료 누계액)}$×100이므로, 환급형 보험으로 가입하여 20년 후에 해지할 시 환급률은 $\frac{1,140}{1,200}$×100=95%이다.

따라서 각 빈칸에 들어갈 수치는 (가) 66, (나) 33, (다) 95이다.

## 11

정답 ①

제6조에 따르면 지역본부장은 부당이득 관리를 수관한 1월 3일에 납입고지를 하여야 하며, 이 경우 납부기한은 1월 13일에서 2월 2일 중에 해당될 것이므로 A는 늦어도 2월 2일 이내에 징수금을 납부하여야 한다. 따라서 ㄱ은 옳은 설명이다.

오답분석

ㄴ. 제7조에 따르면 지역본부장은 4월 16일 납부기한 내에 완납하지 않은 B에 대하여 납부기한으로부터 10일 이내인 4월 26일까지 독촉장을 발급하여야 한다. 이 독촉장에 따른 납부기한은 5월 6일에서 5월 16일 중에 해당될 것이므로 B는 늦어도 5월 16일까지 징수금을 납부하여야 한다.

ㄷ. 제9조에 따르면 체납자가 주민등록지에 거주하지 않는 경우 관계공부열람복명서를 작성하거나 체납자 주민등록지 관할 동(읍·면)장의 행방불명확인서를 발급받는 것은 지역본부장이 아닌 담당자이다.

ㄹ. 제10조 제1항에 따르면 관할 지역본부장은 체납정리의 신속 및 업무폭주 등을 방지하기 위하여 재산 및 행방에 대한 조사업무를 체납 발생 시마다 수시로 실시하여야 한다.

## 12

정답 ③

제시문은 영업권에 대한 설명으로, 내부적으로 창출한 영업권은 자산으로 인식하지 않는다.

## 13

정답 ③

제시된 보기의 문장은 미첼이 찾아낸 '탈출 속도'의 계산법과 공식에 대한 것이다. 따라서 보기에 제시된 탈출 속도에 대한 언급이 본문의 어디서 시작되는지 살펴봐야 한다. 제시문의 경우 (가) 영국의 자연 철학자 존 미첼이 제시한 이론에 대한 소개, (나) 해당 이론에 대한 가정과 '탈출 속도'의 소개, (다) '임계 둘레'에 대한 소개와 사고실험, (라) 앞선 임계 둘레 사고실험의 결과, (마) 사고실험을 통한 미첼의 추측의 순서로 쓰여 있으므로 보기의 문장은 '탈출 속도'가 언급된 (나)의 다음이자 '탈출 속도'를 바탕으로 임계 둘레를 추론해 낸 (다)에 위치하는 것이 가장 적절하다.

## 14

정답 ④

'stdio736'는 4자 이상이며(→No), 숫자로만 구성되지 않았고(→No), 문자로만 구성되지 않았다(→No). 한편, 영어－숫자로 구성되어(→Yes), 영어와 숫자 그 어느 것도 연속하여 3개 이상 나열된 것이 없다(→No). 따라서 암호 'stdio736'의 보안등급은 B등급이다.

## 15

정답 ③

- (B) : 미국의 실업률이 상승하였다고 발표되었다면, 이는 고용지표가 나빠졌다는 것으로 미국 경제의 불확실성이 높아진다는 것을 의미한다. 따라서 달러의 가치가 하락하게 되고 원화의 가치는 상승하게 된다(환율하락). 따라서 B는 '미국 실업률 하락 발표'로 수정해야 한다.
- (C) : 무역수지가 적자라는 것은 수입에 비해 수출이 낮다는 의미로, 외화공급보다 외화수요가 높아지므로 원화가치가 하락하게 된다(환율상승). 따라서 C는 '무역수지 흑자 발표'로 수정해야 한다.
- (F) : 국가신용도가 낮아지면, 투자위험이 높아지므로 국내에 투자된 외국자본이 유출된다. 국내의 외화가 부족하게 되면서 외화 수요가 높아져 원화가치는 하락하게 된다(환율상승). 따라서 F는 '국가신용등급 상향조정'으로 수정해야 한다.

## 16

정답 ⑤

5인승 차량에 팀원들을 먼저 배치한 후 나머지를 7인승 차량에 배치하면 된다. 운전자는 2명이므로 그중 1명을 선택하여 배치한 후, 나머지 좌석에 팀원들을 각각 4명, 3명, 2명 배치할 수 있으므로 식을 세우면 다음과 같다.

$$2\times({}_8C_4+{}_8C_3+{}_8C_2)=2\times\left(\frac{8\times7\times6\times5}{4!}+\frac{8\times7\times6}{3!}+\frac{8\times7}{2!}\right)$$

→ $2\times(70+56+28)=308$가지

따라서 10명의 팀원이 차에 나눠 타는 경우의 수는 총 308가지이다.

## 17

정답 ⑤

F와 G지원자는 같은 학과를 졸업하였으므로 2명 이상의 신입사원을 뽑은 배터리개발부나 품질보증부에 지원하였다. 그런데 D지원자가 배터리개발부의 신입사원으로 뽑혔다고 했으므로 F와 G지원자는 품질보증부에 신입사원으로 뽑혔다. 또한 C지원자는 품질보증부에 지원하였다고 하였고 복수전공을 하지 않았으므로 C, F, G지원자가 품질보증부의 신입사원임을 알 수 있다. B지원자는 경영학과 정보통신학을 전공하였으므로 전략기획부와 품질보증부에서 뽑을 수 있다. 하지만 품질보증부는 이미 3명의 신입사원이 뽑혔으므로 B지원자는 전략기획부이다. E지원자는 화학공학과 경영학을 전공하였으므로 생산기술부와 전략기획부에서 뽑을 수 있다. 하지만 전략기획부는 1명의 신입사원을 뽑는다고 하였으므로 E지원자는 생산기술부의 신입사원으로 뽑혔음을 알 수 있다. A지원자는 배터리개발부와 생산기술부에 지원하였지만 생산기술부는 1명의 신입사원을 뽑으므로 배터리개발부에 뽑혔음을 알 수 있다. 이를 표로 정리하면 다음과 같다.

| 구분 | 배터리개발부 | 생산기술부 | 전략기획부 | 품질보증부 |
|---|---|---|---|---|
| A지원자 | ○ | ○ | | |
| B지원자 | | | ○ | ○ |
| C지원자 | | | | ○ |
| D지원자 | ○ | | | |
| E지원자 | | ○ | ○ | |
| F지원자 | | | | ○ |
| G지원자 | | | | ○ |

따라서 'E지원자는 생산기술부의 신입사원으로 뽑혔다.'가 항상 참이다.

**오답분석**

① A지원자는 배터리개발부의 신입사원으로 뽑혔다.
② F지원자는 품질보증부의 신입사원으로 뽑혔다.
③ G지원자는 품질보증부의 신입사원으로 뽑혔다.
④ B지원자는 전략기획부의 신입사원으로 뽑혔다.

## 18

정답 ①

일반적으로 수요가 탄력적일수록 독점적 경쟁기업이 보유하는 초과설비규모는 작아진다.

오답분석

③ 광고비 지출이 이루어지면 평균비용곡선이 상방으로 이동하지만, 판매량 증가에 따른 생산량 증가로 인해 규모의 경제가 크게 나타나면 장기에는 가격이 광고 이전보다 더 낮아질 수도 있다.
④ 독점적 경쟁시장은 진입과 퇴거가 자유로우므로 초과이윤이 발생하면 새로운 기업이 진입하고, 손실이 발생하면 일부 기업이 퇴거하여 장기에 독점적 경쟁기업은 정상이윤만을 얻는다.
⑤ 독점적 경쟁의 장기균형은 우하향하는 수요곡선과 장기평균비용곡선이 접하는 점에서 이루어지므로 독점적 경쟁의 장기균형은 장기평균비용곡선의 최소점보다 왼쪽에서 이루어진다.

## 19

정답 ①

왼쪽을 기준으로 4글자를 반환하므로 [D2]에 들어갈 수식으로 ①이 옳다.

오답분석

② 왼쪽을 기준으로 5글자를 반환하여 '점'까지 출력되므로 오답이다.
③ 1 ~ 5번째 글자를 반환하므로 오답이다.
④ [B2]의 문자 개수를 세는 수식이다.
⑤ 오른쪽을 기준으로 4글자를 반환하므로 오답이다.

## 20

정답 ⑤

세 번째 문단에 따르면 타인으로부터 특정 블록이 완성되어 전파된 경우, 채굴 중이었던 특정 블록을 포기하고 타인의 블록을 채택한 후 다음 순서의 블록을 채굴하는 것이 가장 합리적이다.

오답분석

① 선거를 하듯 노드 투표를 통해 과반수의 지지를 받은 블록체인이 살아남아 승자가 되는 방식으로 블록체인 네트워크 참여자들은 장부의 일치성을 유지시켜 나간다.
② 특정 숫자 값을 산출하는 행위를 채굴이라 하고 이 숫자 값을 가장 먼저 찾아내서 전파한 노드 참가자에게 비트코인과 같은 보상이 주어진다.
③ 네트워크에 분산해 장부에 기록하고 참가자가 그 장부를 공동관리하는 분산원장 방식이 중앙집중형 거래 기록보관 방식보다 보안성이 높다.
④ 블록체인의 일치성은 이처럼 개별 참여자가 자기의 이익을 최대로 얻기 위해 더 긴 블록체인으로 갈아타게 되면서 유지되는 것이다.

## 21

정답 ③

사업장가입자에서는 40대보다 50대의 가입자 수가 적고, 지역가입자의 경우에도 60세 이상 가입자 수가 가장 적다. 또한 사업장가입자와 임의가입자의 60세 이상 가입자 수를 명시하지 않았으므로 알 수 없다.

오답분석

① 전체 지역가입자 수는 전체 임의계속가입자 수의 $\frac{7,310,178}{463,143} \fallingdotseq 15.8$배이다.

② 60세 이상을 제외한 전체 임의가입자에서 50대 가입자 수의 비율은 $\frac{185,591}{9,444+33,254+106,191+185,591} \times 100 \fallingdotseq 55.5\%$이다.

④·⑤ 제시된 자료에서 확인할 수 있다.

## 22

정답 ③

50대 임의계속가입자 수는 463,143×0.25=115,785.75이므로 약 115,786명이다.

## 23

정답 ②

제시문은 5060세대에 대해 설명하는 글이다. 기존에는 5060세대들이 사회로부터 배척당하였다면 최근에는 사회적인 면이나 경제적인 면에서 그 위상이 높아졌고, 이로 인해 마케팅 전략 또한 변화될 것이라고 보고 있다. 따라서 글의 제목으로 ②가 가장 적절하다.

## 24

정답 ⑤

A가 적용받는 우대사항은 '장기거래'와 '첫 거래', '주택청약종합저축'이다.

- A는 총 12회를 자동이체를 통해 납입하였는데, 이는 20개월의 2/3 이상인 14회에 미달되므로, '자동이체 저축' 우대이율은 적용받지 못한다.
- 2018년부터 5년 이상 거래하였으므로 '장기거래' 우대이율을 적용받는다.
- 2023년 1월에 가입한 K적금상품은 2024년 10월 5일 이전에 만기이므로, '첫 거래' 우대이율을 적용받는다.
- 2024년 12월 31일 이전에 주택청약종합저축에 가입하였으므로 우대이율을 적용받는다.

그러므로 적용금리는 기본금리 1.8%에 우대금리 0.6%p를 더한 2.4%이다.

이때 환급이자는 $100{,}000\times\frac{20\times21}{2}\times\frac{0.024}{12}=42{,}000$원이고, 원금은 100,000×20=2,000,000원이다.

따라서 만기 환급금액은 2,042,000원이다.

## 25

정답 ③

A는 우대금리 적용을 받지 않으므로 적용금리는 2.0%이다.

환급이자를 계산하면 $100{,}000\times\frac{26\times27}{2}\times\frac{0.02}{12}=58{,}500$원이고, 원금은 100,000×26=2,600,000원이다.

따라서 만기 환급금액은 2,600,000+58,500=2,658,500원이다.

## 26

정답 ②

㉡ 화장품은 할인 혜택에 포함되지 않는다.
㉢ 침구류는 가구가 아니므로 할인 혜택에 포함되지 않는다.

## 27

정답 ②

12월의 마지막 날은 31일이기 때문에 ⓐ는 31이다. 지수는 짝수일마다 10,000원씩 저축하므로 홀수일에는 저축하지 않고, 다음날로 넘어가야 한다. 따라서 ⓑ는 Yes, ⓒ는 No이다.

## 28

정답 ④

2023년과 2024년의 실질 GDP를 구하는 식은 다음과 같다.

- 2023년 GDP 디플레이터$=\frac{\text{명목 GDP}_{2023}}{\text{실질 GDP}_{2023}}\times100=\frac{100}{\text{실질 GDP}_{2023}}\times100=100$ → 2023년 실질 GDP=100
- 2024년 GDP 디플레이터$=\frac{\text{명목 GDP}_{2024}}{\text{실질 GDP}_{2024}}\times100=\frac{150}{\text{실질 GDP}_{2024}}\times100=120$ → 2024년 실질 GDP=125

따라서 2024년의 전년 대비 실질 GDP 증가율은 $\frac{125-100}{100}\times100=25\%$이다.

## 29

정답 ④

제시문은 블록체인 기술에 대한 설명과 원리 및 장단점을 소개한 글이다. 그러므로 가장 먼저 블록체인 기술에 대해 소개하는 (라) 문단이 와야 한다. 이어서 블록체인 기술의 원리 중 블록에 대해 설명하는 (가) 문단과 블록에 적용되는 암호화 기술인 해싱에 대해 설명하는 (다) 문단이 이어지는 것이 적절하다. 마지막으로 블록체인 기술의 장점을 정리하고 그 한계점을 제시한 (나) 문단이 와야 한다. 따라서 '(라) – (가) – (다) – (나)' 순으로 나열하는 것이 적절하다.

## 30

정답 ②

ㄱ. 회사가 가지고 있는 신속한 제품 개발 시스템의 강점을 활용하여 새로운 해외시장의 소비자 기호를 반영한 제품을 개발하는 것은 강점을 통해 기회를 포착하는 SO전략에 해당한다.

ㄷ. 공격적 마케팅을 펼치고 있는 해외 저가 제품과 달리 오히려 회사가 가지고 있는 차별화된 제조 기술을 활용하여 고급화 전략을 추구하는 것은 강점으로 위협을 회피하는 ST전략에 해당한다.

오답분석

ㄴ. 저임금을 활용한 개발도상국과의 경쟁 심화와 해외 저가 제품의 공격적 마케팅을 고려하면 국내에 화장품 생산 공장을 추가로 건설하는 것은 적절한 전략으로 볼 수 없다. 약점을 보완하여 위협을 회피하는 전략을 활용하기 위해서는 오히려 저임금의 개발도상국에 공장을 건설하여 가격 경쟁력을 확보하는 것이 더 적절하다.

ㄹ. 낮은 브랜드 인지도가 약점이기는 하나, 해외시장에서의 한국 제품에 대한 선호도가 상승하고 있는 점을 고려하면 현지 기업의 브랜드로 제품을 출시하는 것은 적절한 전략으로 볼 수 없다. 약점을 보완하여 기회를 포착하는 전략을 활용하기 위해서는 오히려 한국 제품임을 강조하는 홍보 전략을 세우는 것이 더 적절하다.

## 31

정답 ③

구매력평가설은 환율이 두 나라 통화의 구매력에 의해 결정된다는 이론이다. 즉, 환율은 두 나라의 물가수준에 따라 결정된다. 따라서 $P=e\times P_f$, $e=\frac{P}{P_f}$($e$=환율, $P$=국내 물가수준, $P_f$=외국 물가수준)이므로 물가가 상승하면 환율이 상승해 해당 통화가치는 하락하고, 물가가 하락하면 환율이 하락해 해당 통화가치는 상승한다.

## 32

정답 ④

버팀목 대출은 지역별 차등 지원이므로 지역별 문의가 필요하고, 월 최대 30만 원씩 2년간 대출이 가능한 것은 주거안정 월세대출이다.

## 33

정답 ③

A는 0, 2, 3을 뽑았으므로 만들 수 있는 가장 큰 세 자리 숫자는 320이다. 이처럼 5장 중 3장의 카드를 뽑을 때 카드의 순서를 고려하지 않고 뽑는 전체 경우의 수는 ${}_5C_3=10$가지이다.

B가 이기려면 4가 적힌 카드를 뽑거나 1, 2, 3이 적힌 카드를 뽑아야 한다.

4가 적힌 카드를 뽑는 경우의 수는 4를 제외하고 나머지 2장의 카드를 뽑아야 하므로 ${}_4C_2=6$가지이고, 1, 2, 3이 적힌 카드를 뽑는 경우는 1가지이다.

따라서 B가 이길 확률은 $\frac{6+1}{10}\times100=70\%$이다.

## 34

정답 ②

먼저 3과 2에 의해 '날 수 있는 동물은 예외 없이 벌레를 먹고 산다. 벌레를 먹고 사는 동물의 장 안에는 세콘데렐라는 도저히 살 수가 없다.'는 것으로부터 '날 수 있는 동물은 장 안에 세콘데렐라가 없다.'는 명제를 쉽게 얻을 수 있다.

따라서 ②의 동고비새 역시 세콘도가 없고, 1의 (다)를 보면 옴니오는 프리모와 세콘도가 둘 다 서식하는 것이므로 ②는 명백하게 거짓이다.

**오답분석**

① 3과 2에 의해 명백한 참이다.

③ 2와 3에 의해 벌쥐는 그것은 프리모이거나 눌로에 속하므로 반드시 거짓이라고 할 수 없다.

④ 플라나리아는 벌레를 먹지 않으므로 눌로가 아니다. 따라서 프리모, 세콘도, 옴니오 중에 하나가 될 수 있으므로 반드시 거짓은 아니다.

⑤ 벌레를 먹지 않는 동물 가운데 눌로에 속하는 것은 없다고 했으므로 프리모, 세콘도, 옴니오 중에 하나가 된다. 따라서 반드시 거짓이라고 할 수는 없다.

## 35

정답 ④

고원이가 한 말은 확정급여형 퇴직연금제도에 대한 설명이다. 확정급여형의 경우 퇴직 시 '퇴직 직전 3개월간의 평균임금을 근속연수에 곱한 금액'만큼 사전에 정해진 금액을 받는다.

**확정기여형 퇴직연금제도의 특징**
- 사용자가 납입할 부담금이 사전에 확정되어 있다.
- 사용자가 납입한 부담금을 근로자가 직접 운용하고, 운용에 따른 손익까지 최종 급여로 지급받는다.
- 매년의 운용성과가 누적된다면 복리효과를 기대할 수 있다는 장점이 있다.

## 36

정답 ④

=△(▲(■(A2=1,A2=2),C2*0.6+D2*0.4,C2*0.4+D2*0.6),2)를 살펴보면 다음과 같다.

=■(A2=1,A2=2)는 '학년(A열)이 1학년 또는 2학년이 맞는가?'를 나타낸다.

=▲(조건,C2*0.6+D2*0.4,C2*0.4+D2*0.6)는 조건이 참이라면 C2*0.6+D2*0.4를 계산하고 아니라면, 즉 3학년이거나 4학년이라면 C2*0.4+D2*0.6을 계산하라는 의미이다. 이렇게 계산한 최종점수에 =△(최종점수,2)를 이용하여 소수점 둘째 자리에서 반올림하면 주어진 결괏값을 얻을 수 있다.

## 37

정답 ④

편의 샘플링(Convenience Sampling)은 비통계적(비확률적) 표본추출 방법의 일종으로, 조사자의 자의적인 판단에 따라 간편한 방법으로 표본을 추출하는 방법이다. 비용, 시간이 적게 들고 조사가 편리하지만, 추출된 샘플이 모집단을 대표하지 않고 편향되어 있을 가능성이 높다. 편의 샘플링, 할당 샘플링(Quota Sampling), 스노우볼 샘플링(Snowball Sampling) 등의 비통계적 표본추출 방법은 일반적으로 모집단을 정확하게 규정지을 수 없는 경우, 표본 오차가 큰 문제가 되지 않는 경우, 본 조사에 앞서서 진행되는 새로운 개념에 대한 탐색적 연구 등에 사용된다.

오답분석

모집단 전체를 조사하는 전수조사는 인력・비용・시간 등이 많이 소요되고, 현실적으로 집단 내 모든 단위를 조사하는 것은 불가능한 경우가 많기 때문에 대부분의 통계 조사는 표본조사에 의해 이루어진다. 통계적 표본추출은 확률의 법칙을 이용해 표본을 추출하는 방법으로써, 모집단에 속하는 모든 추출 단위에 대해 사전에 일정한 추출 확률이 주어지며 표본 자료로부터 얻을 수 있는 추정량의 통계적 정확도를 확률적으로 나타낼 수 있다. 이러한 통계적 표본추출 방법의 종류에는 ①・②・③・⑤와 클러스터(군집) 샘플링 등이 있다.

## 38

정답 ④

갑 ~ 무가 얻는 점수는 각각 다음과 같다.

- 갑 : 기본 점수 80점에 오탈자 33건이므로 5점 감점, 전체 글자 수 654자이므로 3점 추가, A등급 2개와 C등급 1개이므로 15점 추가하여 총 80−5+3+15=93점이다.
- 을 : 기본 점수 80점에 오탈자 7건이므로 0점 감점, 전체 글자 수 476자이므로 0점 추가, B등급 3개이므로 5점 추가하여 총 80+5=85점이다.
- 병 : 기본 점수 80점에 오탈자 28건이므로 4점 감점, 전체 글자 수 332자이므로 10점 감점, B등급 2개와 C등급 1개이므로 0점 추가하여 총 80−4−10=66점이다.
- 정 : 기본 점수 80점에 오탈자 25건이므로 4점 감점, 전체 글자 수가 572자이므로 0점 추가, A등급 3개이므로 25점 추가하여 총 80−4+25=101점이다.
- 무 : 기본 점수 80점에 오탈자 12건이므로 1점 감점, 전체 글자 수가 786자이므로 8점 추가, A등급 1개와 B등급 1개와 C등급 1개이므로 10점 추가하여 총 80−1+8+10=97점이다.

따라서 점수가 가장 높은 학생은 정이다.

## 39

정답 ②

경제성장 부분에 따르면 선진국에서는 유가하락 등으로 인해 인플레이션이 하락했다는 것을 알 수 있다. 따라서 신흥국에서는 통화가치 절하로 인해 인플레이션이 상승하였으므로, 반대로 인플레이션이 하락한 선진국의 경우 통화가치가 절상되었음을 알 수 있다.

오답분석

① 물가안정 부분에 따르면 2025년 이후 물가안정목표는 2.0%로 종전과 같은 수준이므로 적절하지 않은 설명이다.
③ 경제성장 부분에 따르면 중국 성장세 둔화가 성장경로상 하방요인으로 작용하므로 적절하지 않은 설명이다.
④ 경제성장 부분에 따르면 설비투자는 증가 전환될 것이나, 건설투자는 계속 부진할 것으로 예상되므로 적절하지 않은 설명이다.
⑤ 금융시스템 안정 유지 부분에 따르면, 잠재리스크 요인을 선제적으로 포착하고 대응하기 위한 수단으로서 핀테크 역량에 대한 연구 강화가 제시되어 있다. 따라서 핀테크 기술을 활용한 사후적 수습 및 보완에 초점을 둘 것이라는 설명은 적절하지 않은 설명이다.

## 40

정답 ①

주어진 조건에 따라 학생 순서를 배치해보면 다음과 같다.

| 1번째 | 2번째 | 3번째 | 4번째 | 5번째 | 6번째 | 7번째 | 8번째 |
|---|---|---|---|---|---|---|---|
| 마 | 다 | 가 | 아 | 바 | 나 | 사 | 라 |

따라서 3번째에 올 학생은 가이다.

## 41

정답 ③

ㄱ. 각 팀장이 매긴 순위에 대한 가중치는 모두 동일하다고 했으므로 1, 2, 3, 4순위의 가중치를 각각 4, 3, 2, 1점으로 정해 4명의 면접점수를 산정하면 다음과 같다.
- 갑 : 2+4+1+2=9
- 을 : 4+3+4+1=12
- 병 : 1+1+3+4=9
- 정 : 3+2+2+3=10

면접점수가 높은 을과 정 중에 1명이 입사를 포기하면 갑과 병 중 1명이 채용된다. 따라서 갑과 병의 면접점수는 9점으로 동점이지만 조건에 따라 인사팀장이 부여한 순위가 높은 갑을 채용하게 된다.

ㄷ. 경영관리팀장이 갑과 병의 순위를 바꿨을 때, 4명의 면접점수를 산정하면 다음과 같다.
- 갑 : 2+1+1+2=6
- 을 : 4+3+4+1=12
- 병 : 1+4+3+4=12
- 정 : 3+2+2+3=10

따라서 을과 병이 채용되므로 정은 채용되지 못한다.

오답분석

ㄴ. 인사팀장이 을과 정의 순위를 바꿨을 때, 4명의 면접점수를 산정하면 다음과 같다.
- 갑 : 2+4+1+2=9
- 을 : 3+3+4+1=11
- 병 : 1+1+3+4=9
- 정 : 4+2+2+3=11

따라서 을과 정이 채용되므로 갑은 채용되지 못한다.

## 42

정답 ③

ㄴ. 그래프를 통해 2월 21일의 원/달러 환율이 지난주 2월 14일보다 상승하였음을 알 수 있으므로 옳은 설명이다.

ㄷ. 달러화의 강세란 원/달러 환율이 상승하여 원화가 평가절하되면서 달러의 가치가 높아지는 것을 의미한다. 따라서 3월 12일부터 19일까지 원/달러 환율이 계속해서 상승하는 추세이므로 옳은 설명이다.

오답분석

ㄱ. 3월 원/엔 환율의 경우 최고 환율은 3월 9일의 1,172.82원으로, 3월 한 달 동안 1,100원을 상회하는 수준에서 등락을 반복하고 있다.

ㄹ. 달러/엔 환율은 $\frac{\text{(원/엔 환율)}}{\text{(원/달러 환율)}}$로 도출할 수 있다. 그래프에 따르면 3월 27일 원/달러 환율은 3월 12일에 비해 상승하였고, 반대로 원/엔 환율은 하락하였다. 따라서 분모는 증가하고 분자는 감소하였으므로 3월 27일의 달러/엔 환율은 3월 12일보다 하락하였음을 알 수 있다.

## 43

정답 ⑤

제시된 내용에 따라 앞서 달리고 있는 순서대로 나열하면 'A－D－C－E－B'이다.
따라서 이 순위대로 결승점까지 달린다면 C는 3등을 할 것이다.

## 44

정답 ①

'평균'을 구하는 수식은 =▼(■(C2:D2),1)이다. '순위'는 평균횟수가 가장 많은 사람이 1위이므로 내림차순으로 정렬해야 한다.
따라서 '순위'를 구하는 수식은 =▲(E2,$E$2:$E:$7) 또는 =▲(E2,$E$2:$E:$7,0)이다.

## 45

정답 ⑤

주어진 조건과 시간표에 따라 나올 수 있는 경우를 정리하면 다음과 같다.

| 구분 | 월(전공1) | 화(전공2) | 수(교양1) | 목(교양2) | 금(교양3) |
|---|---|---|---|---|---|
| 경우 1 | B | C | D | A | E |
| 경우 2 | B | C | A | D | E |
| 경우 3 | B | C | A | E | D |

E는 교양 수업을 신청한 A보다 나중에 수강한다고 하였으므로 목요일 또는 금요일에 강의를 들을 수 있다. 이때, 목요일과 금요일에는 교양 수업이 진행되므로 'E는 반드시 교양 수업을 듣는다.'는 항상 참이 된다.

오답분석

① A가 수요일에 강의를 듣는다면 E는 교양2 또는 교양3 강의를 들을 수 있다.
② B가 수강하는 전공 수업의 정확한 요일을 알 수 없으므로 C는 전공1 또는 전공2 강의를 들을 수 있다.
③ C가 화요일에 강의를 듣는다면 D는 교양 강의를 듣는다. 이때, 교양 수업을 듣는 A는 E보다 앞선 요일에 수강하므로 E는 교양2 또는 교양3 강의를 들을 수 있다.
④ D는 전공 수업을 신청한 C보다 나중에 수강하므로 전공 또는 교양 수업을 들을 수 있다.

## 46

정답 ④

**ERP(Enterprise Resource Planning, 전사적 자원관리)의 특징**

- 기업의 서로 다른 부서 간의 정보 공유를 가능하게 한다.
- 의사결정권자와 사용자가 실시간으로 정보를 공유하게 한다.
- 보다 신속한 의사결정, 보다 효율적인 자원 관리를 가능하게 한다.

오답분석

① JIT(Just-In-Time) : 과잉생산이나 대기시간 등의 낭비를 줄이고 재고를 최소화하여 비용 절감과 품질 향상을 달성하는 생산시스템
② MRP(Material Requirement Planning, 자재소요계획) : 최종제품의 제조과정에 필요한 원자재 등의 종속수요 품목을 관리하는 재고관리기법
③ MPS(Master Production Schedule, 주생산계획) : MRP의 입력자료 중 하나로, APP를 분해하여 제품이나 작업장 단위로 수립한 생산계획
⑤ APP(Aggregate Production Planning, 총괄생산계획) : 제품군별로 향후 약 1년간의 수요예측에 따른 월별 생산목표를 결정하는 중기계획

## 47

정답 ⑤

ㄱ. CD(Certificate of Deposit, 양도성예금증서)는 은행이 자금조달 목적으로 투자자들에게 발행하는데, 이때의 금리를 CD금리라고 한다. CD의 만기는 보통 91일 이내인 단기이며, 투자자들 간 중도매매도 가능하다.
ㄴ. CP(Commercial Paper, 기업어음)의 발행주체는 은행이 아닌 기업이다. CD와 마찬가지로, 기업이 단기적 자금조달을 위해 투자자들에게 발행한다.
ㄹ. RP(Repurchase Agreement, 환매조건부채권)는 판매 후 정해진 기간이 경과하면 일정 가격에 해당 채권을 재매입할 것을 조건으로 하는 채권 매매형태이다. 대상이 되는 채권은 국채, 지방채 등 우량채권이고, 예금자보호법을 적용받지 않는다. 또한 CD, CP 역시 예금자보호 대상은 아니다.

오답분석

ㄷ. 코픽스(KOPIX)는 시중 8개 은행이 제공한 자금조달 정보를 기초로 하여 매월 산정된다. 해당 월에 새로 조달된 자금을 대상으로 하므로 시장금리의 변동을 잘 반영한다는 특징이 있으며 변동금리형 주택담보대출의 기준금리로 사용된다.

## 48

정답 ⑤

전체 단속건수에서 광주 지역과 대전 지역이 차지하는 비율은 다음과 같다.

• 광주 : $\frac{1,090}{20,000} \times 100 = 5.45\%$

• 대전 : $\frac{830}{20,000} \times 100 = 4.15\%$

따라서 광주 지역이 대전 지역보다 1.3%p 더 높다.

오답분석

① 경기의 무단횡단·신호위반·과속·불법주정차 위반 건수는 서울보다 적지만, 음주운전 위반 건수는 서울보다 많다.

② 수도권 지역의 단속건수는 3,010+2,650+2,820=8,480건으로, 전체 단속건수에서 차지하는 비율은 $\frac{8,480}{20,000} \times 100 = 42.4\%$이다. 따라서 수도권 지역의 단속건수는 전체 단속건수의 절반 미만이다.

③ 신호위반이 가장 많이 단속된 지역은 980건으로 제주이지만, 과속이 가장 많이 단속된 지역은 1,380건으로 인천이다.

④ 울산 지역의 단속건수는 1,250건으로, 전체 단속건수에서 차지하는 비율은 $\frac{1,250}{20,000} \times 100 = 6.25\%$이다.

## 49

정답 ②

오답분석

ㄱ. 현재의 생산량 수준은 조업중단점과 손익분기점 사이의 지점으로, 평균총비용곡선은 우하향하고, 평균가변비용곡선은 우상향한다.

ㄷ. 시장가격이 한계비용과 평균총비용곡선이 교차하는 지점보다 낮은 지점에서 형성되는 경우 평균수익이 평균비용보다 낮아 손실이 발생한다. 문제에서 시장가격과 한계비용은 300이지만 평균총비용이 400이므로, 개별기업은 현재 음의 이윤을 얻고 있다고 볼 수 있다.

ㅁ. 조업중단점은 평균가변비용의 최저점과 한계비용곡선이 만나는 지점이다. 문제의 경우 개별기업의 평균가변비용은 200, 한계비용은 300이므로 조업중단점으로 볼 수 없다.

## 50

정답 ①

두 번째 문단의 '달러화의 약세 전환에도 불구하고'라는 말을 통해 달러화의 약세가 매출에 부정적 영향을 미침을 알 수 있다. 따라서 달러화의 강세는 반대로 매출액에 부정적 영향이 아니라 긍정적 영향을 미칠 것임을 알 수 있다.

오답분석

② 두 번째 문단에 따르면 2024년 4분기 영업이익은 직전분기 대비 50% 감소했다고 했으므로 3분기 영업이익은 4분기 영업이익의 2배이다.

③ 세 번째 문단에 따르면 S기업은 낸드플래시 시장에서 고용량화 추세가 확대될 것으로 보고 있으므로 시장에서의 수요에 대응하기 위해 고용량 낸드플래시 생산에 대한 투자를 늘릴 것이다.

④ 두 번째 문단에 따르면 기업이 신규 공정으로 전환하는 경우, 이로 인해 원가 부담이 발생한다는 내용이 나와 있다. 따라서 기업 입장에서 원가 부담은 원가의 상승을 나타내므로 옳은 설명이다.

⑤ 첫 번째 문단에 따르면 매출액은 26조 9,907억 원이고, 영업이익은 2조 7,127억 원이다. 따라서 영업이익률은 $\frac{27,127}{269,907} \times 100 \fallingdotseq 10\%$이다.

## 51

정답 ②

S은행 주요 고객이 뽑은 항목 순위에 따른 상품별 평점과 김사원이 잘못 기록한 평점 순위는 다음과 같다.

1) 중요 항목 순위에 따른 평점

| 구분 | 총점 | 상품순위 |
|---|---|---|
| A적금 | (4×50)+(2×30)+(3×15)+(2×5)=315점 | 2등 |
| B적금 | (2×50)+(4×30)+(2×15)+(3×5)=265점 | 4등 |
| C펀드 | (5×50)+(3×30)+(1×15)+(2×5)=365점 | 1등 |
| D펀드 | (3×50)+(3×30)+(4×15)+(2×5)=310점 | 3등 |
| E적금 | (2×50)+(3×30)+(1×15)+(4×5)=225점 | 5등 |

2) 1순위와 3순위가 바뀐 항목 순위에 따른 평점

| 구분 | 총점 | 상품순위 |
|---|---|---|
| A적금 | (3×50)+(2×30)+(4×15)+(2×5)=280점 | 2등 |
| B적금 | (2×50)+(4×30)+(2×15)+(3×5)=265점 | 3등 |
| C펀드 | (1×50)+(3×30)+(5×15)+(2×5)=225점 | 4등 |
| D펀드 | (4×50)+(3×30)+(3×15)+(2×5)=345점 | 1등 |
| E적금 | (1×50)+(3×30)+(2×15)+(4×5)=190점 | 5등 |

따라서 주요 고객이 뽑은 항목 순위에 따른 상품 순위보다 김사원이 잘못 기록한 순위에 따른 상품 순위에서 순위가 상승한 상품은 B적금과 D펀드이다.

## 52

정답 ⑤

본원통화는 현금통화와 지급준비금으로 이루어진다. 중앙은행으로부터 시중에 자금이 공급되면 본원통화가 증가한다. 따라서 ㄱ, ㄷ, ㄹ은 모두 중앙은행으로부터 시중에 자금이 공급되는 경우에 해당한다.

오답분석

ㄴ. 중앙은행이 지급준비율을 인하하는 것 자체로는 시중으로 자금이 공급되지 않는다. 다만, 지급준비율이 인하되면 금융기관의 대출이 늘어나게 되므로 통화량은 증가하게 된다.

## 53

정답 ⑤

대화 내용을 살펴보면 영석이의 말에 선영이가 동의했으므로 영석과 선영은 진실 혹은 거짓을 함께 말한다. 이때 지훈은 선영이가 거짓말만 한다고 하였으므로 반대가 된다. 또한 동현의 말에 정은이가 부정했기 때문에 둘 다 진실일 수 없다. 하지만 정은이가 둘 다 좋아한다는 경우의 수가 있으므로 둘 모두 거짓일 수 있고, 마지막 선영이의 말로 선영이가 진실일 경우에는 동현과 정은은 모두 거짓만을 말하게 된다. 이에 대한 경우의 수를 표로 정리하면 다음과 같다.

| 구분 | 경우 1 | 경우 2 | 경우 3 |
|---|---|---|---|
| 동현 | 거짓 | 거짓 | 진실 |
| 정은 | 거짓 | 진실 | 거짓 |
| 선영 | 진실 | 거짓 | 거짓 |
| 지훈 | 거짓 | 진실 | 진실 |
| 영석 | 진실 | 거짓 | 거짓 |

따라서 경우 1에 따라 지훈이 거짓을 말할 때, 진실만을 말하는 사람을 찾고 있으므로 선영, 영석이 된다.

## 54

정답 ④

• (가)=723−(76+551)=96
• (나)=824−(145+579)=100
• (다)=887−(137+131)=619
• (라)=114+146+688=948

따라서 (가)+(나)+(다)+(라)=96+100+619+948=1,763이다.

## 55

정답 ⑤

지원자의 직무 능력을 가릴 수 있는 요소들을 배제하는 것은 기존의 채용 방식이 아닌 블라인드 채용 방식으로, 이를 통해 직무 능력만으로 인재를 평가할 수 있다. 따라서 ⑤는 블라인드 채용의 등장 배경으로 적절하지 않다.

## 56

정답 ⑤

블라인드 면접의 경우 자료 없이 면접을 진행하는 무자료 면접 방식과 면접관의 인지적 편향을 유발할 수 있는 항목을 제거한 자료를 기반으로 면접을 진행하는 방식이 있다.

오답분석

① 무서류 전형은 최소한의 정보만을 포함한 입사지원서를 접수하되 이를 선발 기준으로 활용하지 않는 방식이다.
② 기존에 쌓아온 능력·지식 등은 서류 전형이 아닌 필기 및 면접 전형을 통해 검증된다.
③ 무자료 면접 방식은 입사지원서, 인·적성검사 결과 등의 자료 없이 면접을 진행한다.
④ 블라인드 처리되어야 할 정보를 수집할 경우, 온라인 지원서상 개인정보를 암호화하여 채용담당자는 이를 볼 수 없도록 기술적으로 처리한다.

## 57

정답 ⑤

(가)는 지원자들의 무분별한 스펙 경쟁을 유발하는 반면, (나)는 지원자의 목표 지향적인 능력과 역량 개발을 촉진한다.

## 58

정답 ②

• 앞 두 자리 : ㅎ, ㅈ → N, I
• 세 번째, 네 번째 자리 : 1, 3
• 다섯 번째, 여섯 번째 자리 : Q, L
• 마지막 자리 : 01

따라서 생성할 비밀번호는 'NI13QL01'이다.

## 59

정답 ⑤

윤현찬 부장(4월 8일생)의 비밀번호는 'NJ08QM03'이다.

## 60

정답 ②

**BIS에서 발표한 바젤 Ⅲ의 기준**

• BIS 기준 자기자본비율을 8% 이상 유지
• 8%의 자기자본비율 중 보통주 자본비율은 4.5% 이상 유지
• 기본자본비율은 6% 이상 유지
• 위기 발생 가능성 대비를 위한 완충자본 확보

## 61

정답 ⑤

다섯 번째 결과에 따라 나타날 수 있는 경우를 표로 정리하면 다음과 같다.

| 구분 | 1순위 | 2순위 | 3순위 |
|---|---|---|---|
| 경우 1 | A | B | C |
| 경우 2 | B | A | C |
| 경우 3 | A | C | B |
| 경우 4 | B | C | A |

- 두 번째 명제 : 경우 1+경우 3=11명
- 세 번째 명제 : 경우 1+경우 2+경우 4=14명
- 네 번째 명제 : 경우 4=6명

따라서 C에 3순위를 부여한 사람의 수는 경우 1과 경우 2를 더한 값을 구하면 되므로 14−6=8명이다.

## 62

정답 ①

마이클 포터(Michael Porter)의 산업구조분석모형(Five Forces of Competition Model)에서는 개별산업의 이익률을 결정하는 가장 중요한 요인들을 5가지로 제시하였다. 5가지는 산업 내 기업 간의 경쟁정도(기존 경쟁자), 공급자(판매자), 구매자, 잠재 진입자(신규 진입자), 대체재(대체품 업자)이며, 경쟁요인들 중 어느 하나의 요인이라도 그 영향력이 커지면, 산업의 전반적인 이익률은 감소한다고 주장하였다.

## 63

정답 ②

주어진 조건에 따라 A가 해야 할 일의 순서를 배치해보면 다음과 같이 2가지 경우가 가능하다.

1)

| 월 | 화 | 수 | 목 | 금 | 토 | 일 |
|---|---|---|---|---|---|---|
| d | c | f | a | i | b | h |

2)

| 월 | 화 | 수 | 목 | 금 | 토 | 일 |
|---|---|---|---|---|---|---|
| d | c | a | f | i | b | h |

따라서 화요일에 하는 일은 c이다.

## 64

정답 ⑤

모딜리아니 – 밀러 이론은 이상적 시장 상태를 가정했을 때 기업의 자본 구조와 가치는 연관이 없다는 이론이고, 이에 반대하여 현실적 요소들을 고려한 상충 이론과 자본 조달 순서 이론이 등장하였다. 따라서 반박에 직면하여 밀러는 다양한 현실적 요소들을 고려하였고, 그럼에도 불구하고 기업의 자본 구조와 가치는 연관이 없다는 결론을 도출하였다.

오답분석

① · ③ 밀러의 기존 이론이 고려하지 않은 것을 고려하였다.

② 개량된 이론에서는 개별 기업을 고려하였지만, 기존 이론에서 밀러가 개별 기업을 분석 단위로 삼았다고 볼 근거가 없다.

④ 기업의 자본 조달에는 타인의 자본이 소득세를 통해 영향을 준다고 하나, 결국 기업의 가치와는 무관하다는 결론을 재확인했다.

PART 4

## 65

정답 ③

여섯 번째 문단에 나타난 내용을 요건에 따라, 이론이 부채와 요건 간의 관계를 어떻게 보고 있는지를 나타내면 다음과 같다.

| 구분 | 기업 규모 | 성장성 |
|---|---|---|
| 상충 이론 | 비례 | 반비례 |
| 자본 조달 순서 이론 | 반비례 | 비례 |

보기에서 A씨는 상충 이론에 따르므로 2행만 참조하면 된다. B기업은 성장성이 높은 규모가 작은 기업이므로, A씨는 B기업에게 부채 비율을 낮출 것을 권고하는 것이 타당하다. 기업 규모가 작은 경우에는 법인세 감세 효과로 얻는 편익보다 기대 파산 비용이 높다고 판단되고, 성장성이 높은 경우에도 기대 파산 비용이 높다고 보이기 때문이다. 이를 통해서 ①, ②, ④가 옳지 않은 것은 쉽게 판단할 수 있다. 또한 ⑤의 경우 타인 자본에는 부채가 포함되므로 상충 이론과 배치되는 주장이다. 따라서 상충 이론은 부채 발생 시의 편익 – 비용의 비율이 기업 가치에 영향을 끼친다고 주장하므로 이 의견을 다르게 표현하고 있는 ③이 바르게 판단한 것이다.

## 66

정답 ②

고래는 발이 없고(No →) 물에서 서식하므로(Yes →) □ 인쇄
토끼는 발이 4개이므로(Yes →) ◎ 인쇄
병아리는 발이 2개이고(No →) 물에서 서식하지 않으며(No →) 부리가 있으므로(Yes →) ☆ 인쇄

## 67

정답 ③

[2번 알림창]은 아이디는 맞게 입력했지만(No →) 비밀번호를 잘못 입력해서(Yes →) 출력되는 알림창이다.

오답분석

① 탈퇴 처리된 계정일 경우 [4번 알림창]이 출력된다.
② 아이디와 비밀번호를 둘 다 잘못 입력했을 경우 [2번 알림창]이 아닌 [1번 알림창]이 출력된다.
④ 아이디를 잘못 입력한 경우 [1번 알림창]이 출력된다.
⑤ 휴면 계정일 경우 [3번 알림창]이 출력된다.

## 68

정답 ③

지호의 시험결과를 순서도에 넣으면 듣기 점수 55점(No →), 쓰기 점수 67점(No →), 말하기 점수 68점(Yes →)으로 [C반]에 배정받는다. 읽기 점수가 79점이지만 말하기 점수가 70점 미만이기 때문에 말하기 점수에서 처리 흐름이 멈춘다. 따라서 지호는 C반에 배정된다.

## 69

정답 ③

| $a$ | $n$ |
|---|---|
| $\frac{1}{128}$ | 3 |
| $4\times\frac{1}{128}=\frac{1}{32}$ | $2\times3+3=9$ |
| $4\times\frac{1}{32}=\frac{1}{8}$ | $2\times9+3=21$ |
| $4\times\frac{1}{8}=\frac{1}{2}$ | $2\times21+3=45$ |
| $4\times\frac{1}{2}=2$ | $2\times45+3=93$ |

$\therefore\ 2+93=95$

## 70

정답 ⑤

표준시가 도입된 원인인 필요성(지역에 따른 시간 차이에 따른 문제)으 배경과 도입과정을 통해 표준시를 설명하고, 그에 따른 의의도 설명하고 있다.

오답분석

① 장점과 단점은 제시문에서 찾을 수 없다.
② 과학적 원리는 제시문에서 찾을 수 없다.
③ 도입 이후의 문제점과 대안은 제시문에서 찾을 수 없다.
④ 한국에 적용된 시기는 나와 있지만, 다른 나라들의 사례와 비교하고 있는 부분은 제시문에서 찾을 수 없다.

# 제2회 최종점검 모의고사

| 01 | 02 | 03 | 04 | 05 | 06 | 07 | 08 | 09 | 10 | 11 | 12 | 13 | 14 | 15 | 16 | 17 | 18 | 19 | 20 |
|---|---|---|---|---|---|---|---|---|---|---|---|---|---|---|---|---|---|---|---|
| ① | ① | ① | ④ | ② | ③ | ① | ④ | ④ | ④ | ④ | ② | ④ | ⑤ | ② | ④ | ① | ③ | ④ | ① |
| 21 | 22 | 23 | 24 | 25 | 26 | 27 | 28 | 29 | 30 | 31 | 32 | 33 | 34 | 35 | 36 | 37 | 38 | 39 | 40 |
| ① | ⑤ | ① | ④ | ① | ③ | ③ | ③ | ① | ③ | ② | ② | ④ | ② | ① | ④ | ④ | ① | ④ | ③ |
| 41 | 42 | 43 | 44 | 45 | 46 | 47 | 48 | 49 | 50 | 51 | 52 | 53 | 54 | 55 | 56 | 57 | 58 | 59 | 60 |
| ③ | ③ | ① | ⑤ | ④ | ⑤ | ② | ③ | ① | ② | ① | ① | ① | ① | ④ | ① | ① | ② | ⑤ | ② |
| 61 | 62 | 63 | 64 | 65 | 66 | 67 | 68 | 69 | 70 | | | | | | | | | | |
| ④ | ④ | ① | ⑤ | ⑤ | ③ | ⑤ | ① | ⑤ | ② | | | | | | | | | | |

## 01

정답 ①

작년 정규직 남성의 수는 $x$명, 여성의 수를 $y$명이라 하면 다음과 같은 식이 성립한다.

$x+y=1,275 \cdots$ ㉠

$\frac{4}{100}x+\frac{2}{100}y=40 \rightarrow 4x+2y=4,000 \cdots$ ㉡

㉡$-2\times$㉠을 하면 $2x=1,450$

$\therefore\ x=725$

그러므로 올해의 남성 정규직원은 $725+\frac{4}{100}\times725=754$명이다.

작년 계약직 남성의 수는 $x$명, 여성의 수를 $y$명이라 하면 다음과 같은 식이 성립한다.

$x+y=410 \cdots$ ㉠

$\frac{6}{100}x-\frac{5}{100}y=-4 \rightarrow 6x-5y=-400 \cdots$ ㉡

$5\times$㉠$+$㉡을 하면 $11x=1,650$

$\therefore\ x=150$

따라서 올해의 남성 계약직원은 $150+\frac{6}{100}\times150=159$명이다.

## 02

정답 ①

규모의 경제란 산출량 증가에 따라 장기 평균총비용이 하락하는 경우를 말하며, 규모의 비경제란 산출량 증가에 따라 장기 평균총비용이 상승하는 경우를 말한다. 한편, 장기 평균총비용이 산출량과 관계없이 일정한 경우는 규모의 수확불변이라고 한다.

## 03

정답 ①

㉠ B의 마지막 발언에 따르면 중생대에 우리나라 바다에서 퇴적된 해성층이 있었을 가능성이 있으므로 거짓이다.

㉡ B의 견해에 따르면 공룡 화석은 중생대에만 한정되어 생존하였다고 말하고 있으므로 공룡 화석이 암모나이트 화석과 같은 중생대 표준화석이 아니라고 말할 수 없으므로 거짓이다.

㉥ B의 첫 번째 발언에 따르면 공룡 화석이 나왔으므로 경상도 지역에는 중생대 지층이 없다는 판단은 거짓이다.

오답분석

㉢ B의 마지막 발언에 따르면, 우리나라에서도 우리나라 바다에서 퇴적된 해성층이 있었을 가능성이 있으므로 당연히 암모나이트 화석이 발견될 가능성이 있다.
㉣ 육지의 표준화석인 공룡 화석과 바다의 표준화석인 암모나이트의 발견으로 올바른 추론이다.
㉤ 일본 북해도에서 암모나이트가 발견되었으므로 바다에서 퇴적된 해성층이 분포되어 있다고 말할 수 있다.

## 04

정답 ④

제시문은 애그테크의 정의와 효과, 그에 적용되는 기술을 설명하는 글이다. 그러므로 애그테크에 대한 정의인 (다) 문단이 가장 앞으로 와야 하고, 이어서 애그테크의 효과에 대한 (가) 문단이 와야 한다. 이후 애그테크에 적용되는 다양한 기술을 설명한 (나) 문단이 위치하고, 결론인 (라) 문단이 마지막에 와야 한다. 따라서 (다) – (가) – (나) – (라) 순으로 나열하는 것이 적절하다.

## 05

정답 ②

채권가격은 채권수익률이 증가할 경우 만기까지의 기간이 길어지며, 변동성도 큰 폭으로 커진다. 따라서 채권가격과 채권수익률은 같은 방향으로 움직인다.

## 06

정답 ③

근속연수가 20년 이상인 직원들의 경우 육아 휴직 활성화에 대한 응답률(27%)이 가장 높다.

오답분석

① 근속연수별 가장 높은 응답률을 보인 항목은 5년 미만의 경우 사내 문화 개선, 5년 이상 20년 미만의 경우 임금 인상, 20년 이상의 경우 육아 휴직 활성화이므로 서로 동일하지 않다.
② 연차 사용 보장 항목을 선택한 근속연수별 직원의 비율은 서로 비교 가능하지만, 근속연수별 직원의 수는 알 수 없으므로 서로 비교할 수 없다.
④ 임금 인상 항목에 대한 응답률이 가장 낮으나, 이는 개선 필요성을 고려한 것일 뿐 부정적인 판단으로 볼 수 없다.
⑤ 근속연수가 길수록 사내 문화 개선에 대한 응답률이 낮으므로 옳지 않은 설명이다.

## 07

정답 ①

근속연수별 직원의 비율이 1 : 1 : 1이라면, 근무 형태 유연화를 선택한 직원 수는 다음과 같다.

(단위 : 명)

| 구분 \ 근속연수 | 5년 미만 | 5년 이상 20년 미만 | 20년 이상 | 합계 |
|---|---|---|---|---|
| 직원 수 | 300 | 300 | 300 | 900 |
| 응답자 수 | 300×0.19=57 | 300×0.23=69 | 300×0.15=45 | 171 |

따라서 근무 형태 유연화를 선택한 직원은 150명 이상이다.

오답분석

ㄴ. 근속연수별 직원의 비율이 3 : 5 : 1이라면, 육아 휴직 활성화를 선택한 직원 수는 다음과 같다.

(단위 : 명)

| 구분 \ 근속연수 | 5년 미만 | 5년 이상 20년 미만 | 20년 이상 | 합계 |
|---|---|---|---|---|
| 직원 수 | 300 | 500 | 100 | 900 |
| 응답자 수 | 300×0.11=33 | 500×0.19=95 | 100×0.27=27 | 155 |

따라서 육아 휴직 활성화를 선택한 직원 중 근속연수가 5년 이상 20년 미만인 직원의 수가 가장 많다.

PART 4

ㄷ. 근속연수별 직원의 비율이 4 : 3 : 2라면, 근속연수가 20년 이상인 직원은 $900\times\frac{2}{9}=200$명이므로 이들 중 사내 문화 개선을 선택한 직원은 $200\times0.15=30$명이다.

## 08

정답 ④

상품설명 내 '가입금액'란에 따르면 '계약기간 3/4 경과 후 적립할 수 있는 금액은 이전 적립누계액의 1/2 이내'라고 했기 때문에 12개월의 3/4인 9개월을 경과하지 않은 8개월째는 조건에 해당하지 않는다.

## 09

정답 ④

석유류가격과 농산물가격은 양자 모두 상승하지만 그 속도에 차이가 있는 것이므로 적절하지 않은 설명이다.

오답분석

① 네 번째 문단을 통해 소비자물가 상승률의 오름세가 확대될 것임을 알 수 있다.
② 마지막 문단을 통해 미·중 무역분쟁으로 인해 주가가 변동하는 것을 알 수 있다.
③ 두 번째 문단을 통해 앞으로 보호무역주의가 확산될 것이라고 예측할 수 있다.
⑤ 대외건전성이 취약한 국가에서 자본유출이 발생하면, 대외건전성이 하락하는 경우 자본유출의 발생가능성이 높아진다고 추론할 수 있다.

## 10

정답 ④

| $a$ | $n$ |
|---|---|
| 5 | 50 |
| $5+(5+1)=11$ | $50-1=49$ |
| $11+(11+1)=23$ | $49-1=48$ |
| $23+(23+1)=47$ | $48-1=47$ |
| $47+(47+1)=95$ | $47-1=46$ |

$\therefore\ 95\times46=4,370$

## 11

정답 ④

가입기간이 12개월 이상일 경우 적용되는 기본금리는 연 1.50%로 6개월 이상의 연 1.45%보다 높지만, 상품의 가입기간은 6개월부터 24개월까지이므로 24개월을 초과하여 가입할 수 없다.

오답분석

① 만 19 ~ 34세의 청년고객을 대상으로 한 상품이므로 창업을 계획 중이더라도 연령이 높은 장년층은 가입이 불가능하다.
② 매월 1 ~ 50만 원 이내의 자유적립 상품이므로 월초에 10만 원을 입금하였더라도 한 달 내 40만 원 이하의 금액을 추가로 입금할 수 있다.
③ 월복리 상품은 매월 입금하는 금액마다 입금일부터 만기일 전까지의 기간에 대하여 월별 이자를 원금에 가산하여 이자를 정산한다.
⑤ 모든 우대조건을 만족할 경우 최대 연 5.0%의 금리가 적용되지만, 우대금리 없이 가장 낮은 기본금리가 적용될 경우 1.45%의 금리가 적용된다. 따라서 최대 금리와 최소 금리의 차이는 5.0−1.45=3.55%p이다.

## 12

정답 ②

먼저 해당 고객의 경우 24개월의 기간으로 상품에 가입하였으므로 기본금리는 12개월 이상의 연 1.50%가 적용된다. 다음으로 보유하고 있는 개인사업자계좌의 잔액은 변동 없이 500만 원을 유지하고 있으므로 개인사업자계좌 실적의 우대조건을 만족하고, 상품에 가입할 때 개인정보 수집 및 이용 동의에 전체 동의하였으므로 마케팅 동의 우대조건도 만족한다. 그러나 인터넷 뱅킹이나 스마트 뱅킹의 비대면 채널에서의 이체 실적이 없으므로 비대면 채널 이체 실적의 우대조건은 만족하지 않는다. 기본금리와 우대금리를 합한 총 금리를 계산하면 다음과 같다.

- 기본금리 : 1.5%
- 우대금리 : 1.0(개인사업자계좌 실적)+0.2(마케팅 동의)=1.2%p
- 총 금리 : 1.5+1.2=2.7%

따라서 고객이 적용받을 수 있는 총 금리는 1.5+1.0+0.2=2.7%이다.

## 13

정답 ④

옵션의 현재가격(=옵션프리미엄)은 내재가치와 시간가치로 구성된다. 내재가치는 '옵션을 지금 당장 행사할 경우의 가치'를 의미하고, 시간가치는 '기초자산의 가격이 시간이 흐름에 따라 유리하게 변동할 가능성의 가치'를 의미한다. 콜옵션은 '기초자산을 만기에 행사가로 살 수 있는 권리'에 해당하므로, 제시된 상황에서 행사가 365.00의 콜옵션이 가지는 내재가치는 5이다. 따라서 행사가 365.00인 콜옵션의 가격이 8.50으로 형성되어 있으므로, 시간가치는 8.50−5=3.50이다.

오답분석

① 외가격 옵션이란 '지금 당장 행사할 경우 불리한 상태'에 있는 옵션을 말한다. 기초자산의 가격이 370.00이므로 행사가가 375.00 또는 372.50인 콜옵션은 모두 외가격 옵션에 해당한다. 따라서 외가격 상태에 있는 옵션의 경우 내재가치는 0이다.
② 풋옵션은 '기초자산을 만기에 행사가에 팔 수 있는 권리'에 해당한다. 따라서 기초자산 가격이 370.00일 때 행사가가 357.50 또는 365.00인 풋옵션은 지금 당장 행사를 가정하면 불리하다. 즉, 외가격 상태이다.
③ 기초자산 가격과 행사가가 동일한 등가격 옵션이다. 등가격 옵션을 지금 당장 행사할 경우의 내재가치는 0이다.
⑤ 행사가 367.50의 풋옵션은 외가격 옵션이고, 내재가치는 0이다. 따라서 시간가치는 9.23−0=9.23이다.

## 14

정답 ⑤

전세금 총액이 지원 한도억인 2.0억 원의 200%인 4.0억 원까지 가능한 것이며, 지원 한도액은 최대 2.0억 원이다.

## 15

정답 ②

원화 50만 원을 달러로 환전하면 다음과 같다.

$$500,000\text{원}\times\frac{1\text{USD}}{1,313.13\text{원}}=\frac{500,000}{1,313.13}\fallingdotseq 380.77$$

따라서 미국 달러로 환전하면 380.77USD이다.

## 16

정답 ④

경우의 수는 크게 3가지로 나뉜다.

1. 예・적금 상품만 개설하는 경우 : 예・적금 상품의 종류는 총 5가지로 하나만 개설이 가능하다.
2. 예금 상품을 들고 카드 상품에 가입하는 경우 : 예금 상품 1 ~ 3번 중 하나를 개설해야 카드 상품을 개설할 수 있기 때문에 3가지이다.
3. 예・적금 상품을 들고 투자 상품 또는 기타 상품에 가입하는 경우 : 예・적금 상품은 5가지이고, 투자 상품 또는 기타 상품의 종류는 4가지이므로 5×4=20가지이다.

따라서 고객이 금융상품에 가입할 수 있는 경우의 수는 총 5+3+20=28가지이다.

## 17

정답 ①

'황량한'은 황폐하여 거칠고 쓸쓸함을 의미한다.

## 18

정답 ③

ㄴ. 어떤 기계를 선택해야 비용을 최소화할 수 있는지에 대해 고려하고 있는 문제이므로 옳은 설명이다.

ㄷ. • A기계를 선택하는 경우

- 비용 : (임금)+(임대료)=(8,000×10)+10,000=90,000원
- 이윤 : 100,000−90,000=10,000원

• B기계를 선택하는 경우

- 비용 : (임금)+(임대료)=(8,000×7)+20,000=76,000원
- 이윤 : 100,000−76,000=24,000원

따라서 합리적인 선택을 하는 경우는 B기계를 선택하는 경우로 24,000원의 이윤이 발생한다.

오답분석

ㄱ. B기계를 선택하는 경우가 A기계를 선택하는 경우보다 14,000원(=24,000−10,000)의 이윤이 더 발생한다.

ㄹ. A기계를 선택하는 경우, 드는 비용은 90,000원이다.

## 19

정답 ④

민츠버그(Mintzberg)는 조직을 다음과 같은 5가지 형태로 구분하여 각 조직에서 표면적으로 관찰할 수 있는 유형이 그 조직이 처한 환경에 적합한지 판단하고 그렇지 않다면 해당 조직에게 필요한 변화를 모색할 수 있는 도구를 제시한다.

1. 단순구조 조직(Simple Structure)
2. 기계적 관료제 조직(Machine Bureaucracy)
3. 전문적 관료제 조직(Professional Bureaucracy)
4. 사업부제 조직(Divisional Structure)
5. 애드호크라시 조직(Adhocracy)

## 20

정답 ①

(가) 경제성장률이 높은 순서는 2023년 1분기, 2023년 2분기, 2022년 4분기 순이므로 세 번째로 높은 분기는 2022년 4분기이다.

(나) 경제성장률이 가장 낮은 분기는 2022년 1분기이다.

(다) 전 분기 대비 경제성장률이 가장 높은 분기는 그래프의 기울기가 가장 큰 2022년 4분기이다.

(라) 국내총생산이 두 번째로 많았던 분기는 2022년 4분기이다.

## 21

정답 ①

1년 기본 마일리지 적립 외에 고려할 사항들은 PP카드 사용 여부, 연회비, 커피 및 영화로 인한 마일리지 추가 적립이다. 우선 천 원당 마일리지는 S카드가 가장 많고, 여기에 PP카드를 2번 사용한다고 했으므로 무료제공이 없는 K카드와 S카드는 모두 연회비에 각각 6만 원씩을 더한다. 카드별 B항공 마일리지와 비용을 정리하면 다음과 같다.

| 구분 | 마일리지(천 원당) | PP카드 무료제공 유무 | 연회비+PP카드 비용 |
|---|---|---|---|
| C카드 | 1.6 | ○ | 150,000원 |
| K카드 | 1.2 | × | 80,000원 |
| E카드 | $1.8 \times 1.2 \times \frac{1,000}{1,500} = 1.44$ | ○ | 40,000원 |
| S카드 | 2.5<br>(월 100만 원 지출) | × | 110,000원 |

연회비와 PP카드 비용 합산 최고액(15만 원) 기준 나머지 차액들은 모두 마일리지로 적립 가능하다. 또한 K카드의 경우 11만 원(영화+커피)을 모두 추가 마일리지로 적립하므로 천 원당 3마일리지 적립이 가능하다. 먼저 금액이 월 지출에 포함되어 있어 1.2마일리지를 제외하고, 추가로 마일리지를 적립하면, 한 달에 1.8×110=198마일리지가 더 적립된다.
최종적으로 갑돌이가 1년간 카드별 적립할 수 있는 B항공 총마일리지를 정리하면 다음과 같다.

| 구분 | 기본적립 | 연회비+PP카드 차액 추가 적립 | 커피+영화 추가 적립 | 총 마일리지 |
|---|---|---|---|---|
| C카드 | 1,600×12=19,200 | 0 | 0 | 19,200 |
| K카드 | 1,200×12=14,400 | 70×1.2=84 | 198×12=2,373 | 16,360 |
| E카드 | 1,440×12=17,280 | 110×1.44=158.4 | 0 | 17,438.4 |
| S카드 | 2,500×12=30,000 | 40×1.3=52 | 0 | 30,052 |

따라서 갑돌이가 1년 동안 가장 높은 마일리지를 쌓을 수 있는 카드는 S카드, 두 번째는 C카드이다.

## 22

정답 ⑤

21번과 같이 고려해야 할 사항은 PP카드 사용 여부, 연회비, 커피 및 영화, 그리고 공연으로 인한 마일리지 추가 적립이다. 여기서 PP카드 사용 조건이 6회이기 때문에 PP카드 무료제공이 없는 카드는 3단 원×6=18만 원의 비용이 들며, E카드의 경우 3회가 무료이므로, 나머지 3회 비용 9만 원을 지불한다. 이를 정리하면 다음과 같다.

| 구분 | 마일리지(천 원당) | PP카드 무료제공 유무 | 연회비+PP카드 비용 |
|---|---|---|---|
| C카드 | 1.2 | ○ | 150,000원 |
| K카드 | $1.2\times\frac{1,000}{1,500}=0.8$ | × | 200,000원 |
| E카드 | $1.8\times1\times\frac{1,000}{1,500}=1.2$ | ○ | 130,000원 |
| S카드 | 1 | × | 230,000원 |

K카드의 경우 3마일리지를 커피, 영화, 공연 지출 비용으로 추가 적립 가능하므로 기본 마일리지에서 매달 (3−0.8)×200=440마일리지를 추가로 얻는다. 또한 연회비와 PP카드 비용의 최고액 23만 원(S카드)을 기준으로 나머지 차액들을 각 카드에 추가 마일리지로 1년 마일리지를 얻을 수 있다.
1년간 마일리지 기본적립과 기타 추가 적립을 정리하면 다음과 같다.

| 구분 | 기본적립 | 연회비+PP카드 차액 추가 적립 | 커피+영화+공연 추가 적립 | 총 마일리지 |
|---|---|---|---|---|
| C카드 | 1.2×700×12=10,080 | 1.2×80=96 | 0 | 10,176 |
| K카드 | 0.8×700×12=6,720 | 0.8×30=24 | 440×12=5,280 | 12,024 |
| E카드 | 1.2×700×12=10,080 | 1.2×100=120 | 0 | 10,200 |
| S카드 | 1×700×12=8,400 | 0 | 0 | 8,400 |

따라서 을순이가 가장 많은 마일리지를 적립할 수 있는 카드는 'K카드－E카드－C카드－S카드' 순이다.

## 23

정답 ①

금융시장이 불안하면 기존에 국내에 유입돼 있던 외화가 유출될 것으로 예상할 수 있다. 외화가 유출될 때는 투자가가 기존에 원화로 환전하여 투자했던 돈을 다시 외화로 바꾸어 유출하는 것이므로, 외화 수요는 증가하게 된다. 외화 가격 이외의 요인으로 인한 외화 수요 증가이므로 외화의 수요곡선 자체가 오른쪽으로 이동하게 되며 외화거래량은 증가하고, 가격은 상승하게 될 것으로 예상할 수 있다.

PART 4

## 24

정답 ④

제품코드(A2:A6)가 1로 끝나는 제품의 예정 생산량(B2:B6) 평균을 구하는 수식은 △(A2:A6,"*1",B2:B6)이다.

오답분석

① 실제 생산량의 합은 ♡(C2:C6)으로 구할 수 있다.
② 예정 생산량의 평균은 ■(B2:B6)으로 구할 수 있다.
③ 원래 생산하기로 예정되어 있던 제품의 총생산량은 예정 생산량을 모두 더한 값으로 ♡(B2:B6)이다.
⑤ 조건에 부합하는 셀의 합을 구하는 문항이므로 ♤ 함수를 사용해야 한다.

## 25

정답 ①

주가연계증권(ELS; Equity Linked Securities)은 특정 주권의 가격이나 주가지수의 수치에 연계한 증권으로 자산을 우량채권에 투자하여 원금을 보존하고 일부를 주가지수 옵션 등 금융파생 상품에 투자해 고수익을 노리는 금융상품이다. 2003년 증권거래법 시행령에 따라 상품화되었다.

오답분석

② 주식워런트증권(ELW; Equity Linked Warrant) : 당사자 일방의 의사표시 때문에 특정 주권의 가격 또는 주가지수의 변동과 연계하여 미리 약정된 방법에 따라 주권의 매매 또는 금전을 수수하는 권리가 부여된 증서
③ 주가지수연동예금(ELD; Equity Linked Deposit) : 수익이 주가지수의 변동에 연계해서 결정되는 은행판매예금
④ 상장지수펀드(ETF; Exchange Traded Funds) : 특정지수를 모방한 포트폴리오를 구성하여 산출된 가격을 상장시킴으로써 주식처럼 자유롭게 거래되도록 설계된 지수상품
⑤ ETN(Exchange Traded Note) : 거래소에 상장돼 쉽게 사고팔 수 있는 상장지수채권. 증권사가 자사의 신용에 기반해 발행하며 기초지수 수익률에 연동하는 수익을 약속하고, 만기 이전에 반대 매매가 가능

## 26

정답 ③

2021년 대비 2024년 사업자 수가 감소한 업종은 호프전문점, 간이주점, 구내식당으로 감소율은 다음과 같다.

- 호프전문점 : $\frac{41,796-37,543}{41,796}\times 100 ≒ 10.2\%$
- 간이주점 : $\frac{19,849-16,733}{19,849}\times 100 ≒ 15.7\%$
- 구내식당 : $\frac{35,011-26,202}{35,011}\times 100 ≒ 25.2\%$

따라서 2021년 대비 2024년 사업자 수의 감소율이 두 번째로 큰 업종은 간이주점으로 감소율은 15.7%이다.

## 27

정답 ③

2021년 대비 2023년 일식전문점 사업자 수의 증감률은 $\frac{14,675-12,997}{12,997}\times 100 ≒ 12.91\%$이므로 옳지 않은 설명이다.

오답분석

① 사업자 수가 해마다 감소하는 업종은 간이주점, 구내식당 두 업종인 것을 확인할 수 있다.
② 기타음식점의 2024년 사업자 수는 24,509명, 2023년 사업자 수는 24,818명이므로 24,818−24,509=309명 감소했다.
④ 전체 요식업 사업자 수는 해마다 증가하지만, 구내식당 사업자 수는 해마다 감소하므로 비중이 줄어들고 있다. 전체 요식업 사업자 수 중 구내식당 사업자의 비중을 구하면 다음과 같다.
  - 2021년 : $\frac{35,011}{632,026}\times 100 ≒ 5.54\%$
  - 2022년 : $\frac{31,929}{659,123}\times 100 ≒ 4.84\%$
  - 2023년 : $\frac{29,213}{675,969}\times 100 ≒ 4.32\%$
  - 2024년 : $\frac{26,202}{687,704}\times 100 ≒ 3.81\%$

  따라서 전체 요식업 사업자 수 중 구내식당 사업자의 비중은 2021년이 가장 높다.

⑤ • 2022년의 전체 요식업 사업자 수에서 분식점 사업자 수가 차지하는 비중 : $\frac{52,725}{659,123} \times 100 \fallingdotseq 8.00\%$

• 2022년의 전체 요식업 사업자 수에서 패스트푸드점 사업자 수가 차지하는 비중 : $\frac{31,174}{659,123} \times 100 \fallingdotseq 4.73\%$

따라서 두 비중의 차이는 $8.0-4.73=3.27\%p$이므로 5%p 미만이다.

## 28

정답 ③

직원들의 책임감(B2:B4) 평균과 협동심(C2:C4) 평균의 합인 166이 표시된다.

오답분석

① 근무수행 평균(F2:F4) 중 1번째로 큰 값과 1번째로 작은 값의 합인 171이 표시된다.
② 근무수행 평균(F2:F4) 중 가장 높은 점수와 가장 낮은 점수의 합인 171이 표시된다.
④ 이름이 '이'로 시작하는 직원들의 근무수행 평균(F2:F4)의 합인 176.5가 표시된다.
⑤ 이름이 '림'으로 끝나는 직원들의 근무수행 평균(F2:F4)의 합인 171이 표시된다.

## 29

정답 ①

순할인채의 듀레이션은 만기와 일치한다. 따라서 채권의 듀레이션은 5년이다.

## 30

정답 ③

블루투스 제품이 범위 안에서 인식되지 않을 때, [3번 알림창]이 출력된다.

오답분석

① 블루투스 제품이 정품임을 인증받지 않았을 때, [2번 알림창]이 출력된다.
② 블루투스 제품이 스마트폰과 호환되지 않을 때, [1번 알림창]이 출력된다.
④ 기기 등록을 완료하였고 S사 회원가입에 동의하였을 때, [4번 알림창]이 출력된다.
⑤ 기기 등록을 완료하였으나 S사 회원가입에 동의하지 않았을 때, [5번 알림창]이 출력된다.

## 31

정답 ②

국내 금융기관에 대한 SWOT 분석 결과는 다음과 같다.

| 강점(Strength) | 약점(Weakness) |
|---|---|
| • 높은 국내 시장 지배력<br>• 우수한 자산건전성<br>• 뛰어난 위기관리 역량 | • 은행과 이자수익에 편중된 수익구조<br>• 취약한 해외 비즈니스와 글로벌 경쟁력 |
| **기회(Opportunity)** | **위협(Threat)** |
| • 해외 금융시장 진출 확대<br>• 기술 발달에 따른 핀테크의 등장<br>• IT 인프라를 활용한 새로운 수익 창출 | • 새로운 금융 서비스의 등장<br>• 글로벌 금융기관과의 경쟁 심화 |

ㄱ. SO전략은 강점을 살려 기회를 포착하는 전략으로, 강점인 국내 시장점유율을 기반으로 핀테크 사업에 진출하려는 ㄱ은 적절한 SO전략으로 볼 수 있다.
ㄷ. ST전략은 강점을 살려 위협을 회피하는 전략으로, 강점인 우수한 자산건전성을 강조하여 글로벌 금융기관과의 경쟁에서 우위를 차지하려는 ㄷ은 적절한 ST전략으로 볼 수 있다.

오답분석

ㄴ. WO전략은 약점을 강화하여 기회를 포착하는 전략이다. 그러나 위기관리 역량은 국내 금융기관이 지니고 있는 강점에 해당하므로 WO전략으로 적절하지 않다.
ㄹ. 해외 비즈니스 역량을 강화하여 해외 금융시장에 진출하는 것은 약점을 보완하여 기회를 포착하는 WO전략에 해당한다.

## 32

정답 ②

제시문의 (나) 문단에서는 주택청약종합저축에 가입된 사람도 가입요건을 충족하면 청년 우대형 청약통장으로 전환하여 가입할 수 있음을 설명하고 있다. 따라서 '기존 주택청약종합저축 가입자의 청년 우대형 청약통장 가입 가능 여부'가 (나) 문단의 핵심 화제로 적절하다.

## 33

정답 ④

'야근을 하는 사람'을 A, 'X분야의 업무를 하는 사람'을 B, 'Y분야의 업무를 하는 사람'을 C라고 하면, 첫 번째 명제와 두 번째 명제를 다음과 같이 벤 다이어그램으로 나타낼 수 있다.

1) 첫 번째 명제

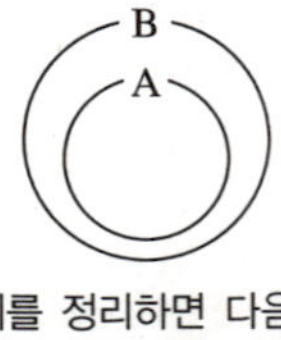


2) 두 번째 명제

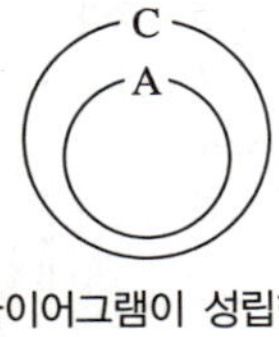


이를 정리하면 다음과 같은 벤 다이어그램이 성립한다.

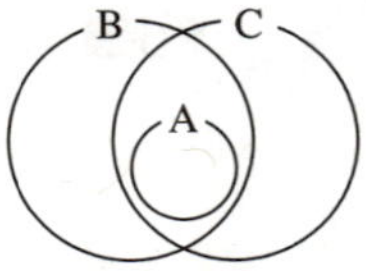


따라서 빈칸에 들어갈 명제는 'Y분야의 업무를 하는 어떤 사람은 X분야의 업무를 한다.'이다.

## 34

정답 ②

2년 만기, 연이율 0.3%인 연복리 예금 상품에 1,200만 원을 예치하면 만기 시 받는 금액은 $1{,}200\times(1.003)^2 \fallingdotseq 1{,}207.2$만 원이고, 2년 만기, 연이율 3.6%인 월복리 적금 상품에 매월 50만 원씩 납입할 때 만기 시 받는 금액은 다음과 같다.

$$\frac{50\times\left(1+\frac{0.036}{12}\right)\times\left\{\left(1+\frac{0.036}{12}\right)^{24}-1\right\}}{\frac{0.036}{12}}=\frac{50\times1.003\times(1.003^{24}-1)}{0.003}=\frac{50\times1.003\times(1.075-1)}{0.003}\fallingdotseq 1{,}253.7$$

따라서 받을 수 있는 금액의 차이는 $1{,}253.7-1{,}207.2=46.5$만 원이다.

## 35

정답 ①

자기자본이익률(ROE)는 당기순이익을 자기자본으로 나누고 100을 곱하여 % 단위로 나타낼 수 있다.

재무비율 분석은 재무제표를 활용, 기업의 재무상태와 경영성과를 진단하는 것이다. 안정성, 수익성, 성장성 지표 등이 있다. 안정성 지표는 부채를 상환할 수 있는 능력을 나타낸다. 유동비율(유동자산/유동부채), 부채비율(부채/자기자본), 이자보상비율(영업이익/지급이자) 등이 해당한다. 유동비율과 이자보상비율은 높을수록, 부채비율은 낮을수록 재무상태가 건실한 것으로 판단한다. 성장성 지표에는 매출액증가율, 영업이익증가율 등이 있다. 매출액순이익률(순이익/매출액), 자기자본이익률 등은 수익성 지표이다.

$$[\text{자기자본이익률(ROE)}]=\frac{(\text{당기순이익})}{(\text{자기자본})}\times100$$

$$\rightarrow (\text{자기자본이익률})=\frac{150}{300}\times100=50\%$$

## 36

정답 ④

(가)는 기존 경제학(주류 경제학, 신고전 경제학)에 대한 반발로 물리학자들에 의해 제시된 현실 경제의 복잡한 시스템에 대한 설명이고, (나)는 (가)에서 제시한 부분인 왈라스나 애덤 스미스가 꿈꿨던 '한 치의 오차도 없이 맞물려 돌아가는 톱니바퀴' 같은 기존 경제학의 특성에 대해 구체적인 예를 들어 설명하고 있다.

## 37

정답 ④

오답분석

① ⓒ은 ⓡ 사위이다.
② ⓒ은 ⓡ의 외손주이다.
③ ㉠은 ⓛ의 처제 또는 처형이다.
⑤ ㉠은 ⓡ의 딸이다.

## 38

정답 ①

6월 11일 전체 라면 재고량을 $x$개라고 하자.

A, B업체의 6월 11일 라면 재고량은 각각 $0.1x$개, $0.09x$개이므로 6월 15일 A, B업체의 재고량을 구하면 다음과 같다.

- A업체 : $0.1x+300+200-150-100=0.1x+250$
- B업체 : $0.09x+250-200-150-50=0.09x-150$

6월 15일에는 A업체의 재고량이 B업체보다 500개가 더 많으므로 다음과 같은 식이 성립한다.

$0.1x+250=0.09x-150+500$

$\therefore x=10,000$

따라서 6월 11일 전체 라면 재고량은 10,000개이다.

## 39

정답 ④

마지막 조건에 따라 지영이는 대외협력부에서 근무하고, 다섯 번째 조건의 대우에 따라 유진이는 감사팀에서 근무한다. 그러므로 네 번째 조건에 따라 재호는 마케팅부에서 근무하며, 여섯 번째 조건에 따라 혜인이는 회계부에서 근무를 할 수 없다.

세 번째 조건에 의해 성우가 비서실에서 근무하게 되면, 희성이는 회계부에서 근무하고, 혜인이는 기획팀에서 근무하게 되며, 세 번째 조건의 대우에 따라 희성이가 기획팀에서 근무하면, 성우는 회계부에서 근무하고, 혜인이는 비서실에서 근무하게 된다. 이를 정리하면 다음과 같다.

| 감사팀 | 대외협력부 | 마케팅부 | 비서실 | 기획팀 | 회계부 |
|---|---|---|---|---|---|
| 유진 | 지영 | 재호 | 성우 | 혜인 | 희성 |
| | | | 혜인 | 희성 | 성우 |

따라서 반드시 참인 명제는 '혜인이는 회계부에서 근무하지 않는다.'이다.

오답분석

① 재호는 마케팅부에서 근무한다.
② 희성이는 회계부에서 근무할 수도 있다.
③ 성우는 비서실에서 근무할 수도 있다.
⑤ 유진이는 감사팀에서 근무한다.

## 40

정답 ③

5만 미만에서 10만 ~ 50만 미만의 투자 건수 비율을 합하면 된다. 따라서 28+20.9+26=74.9%이다.

## 41

정답 ③

100만 ~ 500만 미만에서 500만 미만의 투자 건수 비율을 합하면 11.9+4.5=16.4%이다.

## 42

정답 ③

제시문을 통해 펀드 가입 절차에 대한 내용은 찾아볼 수 없다.

오답분석

① 첫 번째 문단에서 확인할 수 있다.
② 주식 투자 펀드와 채권 투자 펀드에 대한 내용으로 확인할 수 있다.
④ 펀드에 가입하면 돈을 벌 수도 손해를 볼 수도 있다고 세 번째 문단에서 확인할 수 있다.
⑤ 마지막 문단에서 확인할 수 있다.

## 43

정답 ①

주식 투자 펀드의 수익률 차이가 심하게 나는 것은 주식이 경기 변동의 영향을 많이 받기 때문이다.

오답분석

② 채권 투자 펀드에 대한 설명이다.
③ 채권을 사서 번 이익에서 투자 기관의 수수료를 뺀 금액이 수익이 된다.
④ 주식 투자 펀드와 채권 투자 펀드 모두 투자 기관의 수수료가 존재한다.
⑤ 주식 투자 펀드에 대한 설명이다.

## 44

정답 ⑤

ㄷ. 케이블PP를 제외한 나머지 매체들의 광고매출액을 더하면 16,033억 원이다. 케이블PP의 광고매출액은 15,008억 원이므로 케이블PP의 광고매출액은 매년 감소한다.
ㄹ. 모바일은 거의 2배 가까이 증가한 반면, 나머지는 이에 한참 미치지 못하고 있다.

오답분석

ㄱ. 2022년의 경우 전년 대비 약 8,000억 원 증가하였고, 2023년과 2024년에는 약 9,000억 원씩 증가하였다. 이는 각각 28,659억 원, 36,618억 원, 45,678억 원의 0.3배보다 작다.
ㄴ. 2022년 방송 매체 중 지상파TV 광고매출액이 차지하는 비중은 약 $\frac{14}{35}$이고, 온라인 매체 중 인터넷(PC)이 차지하는 비중은 약 $\frac{20}{57}$이므로 인터넷(PC) 광고매출액이 차지하는 비중이 더 작다.

## 45

정답 ④

성과급 지급 기준에 따라 각 직원의 평가항목별 점수와 평정 점수 및 이에 따른 성과급 지급액을 계산하면 다음과 같다.

(단위 : 점)

| 구분 | 업무량 | 업무수행 효율성 | 업무 협조성 | 업무처리 적시성 | 업무결과 정확성 | 평정 점수 | 성과급(만 원) |
|---|---|---|---|---|---|---|---|
| A팀장 | 10 | 10 | 20 | 12 | 20 | 72 | 75 |
| B대리 | 8 | 5 | 15 | 16 | 20 | 64 | 45 |
| C주임 | 8 | 25 | 25 | 4 | 16 | 78 | 80 |
| D주임 | 10 | 10 | 20 | 12 | 8 | 60 | 45 |
| E사원 | 8 | 25 | 15 | 16 | 20 | 84 | 90 |

ㄴ. B대리와 D주임은 둘 다 45만 원의 성과급을 지급받는다.
ㄹ. E사원은 90만 원으로 팀원들 중 가장 많은 성과급을 지급받는다.

오답분석

ㄱ. 성과급은 평정 점수 자체가 아닌 그 구간에 따라 결정되므로 평정 점수는 달라도 지급받는 성과급이 동일한 직원들이 있을 수 있다. B대리는 D주임보다 평정 점수가 더 높지만 두 직원은 동일한 성과급을 지급받는다.
ㄷ. A팀장의 성과급은 75만 원으로, D주임이 지급받을 성과급의 2배인 45만 원×2=90만 원 이하이다.

## 46

정답 ⑤

수정된 성과 평가 결과에 따라 각 직원의 평정 점수와 성과급을 정리하면 다음과 같다.

(단위 : 점)

| 구분 | 업무량 | 업무수행 효율성 | 업무 협조성 | 업무처리 적시성 | 업무결과 정확성 | 평점 점수 | 성과급(단 원) |
|---|---|---|---|---|---|---|---|
| A팀장 | 10 | 10 | 20 | 12 | 20 | 72 | 75 |
| B대리 | 6 | 5 | 15 | 16 | 20 | 62 | 45 |
| C주임 | 8 | 25 | 25 | 16 | 16 | 90 | 90 |
| D주임 | 10 | 5 | 20 | 12 | 8 | 55 | 45 |
| E사원 | 8 | 25 | 15 | 16 | 12 | 76 | 80 |

따라서 두 번째로 많은 성과급을 지급받는 직원은 80만 원을 지급받는 E사원이다.

## 47

정답 ②

웨스트팔리아체제라 부르는 주권국가 중심의 현 국제정치질서에서는 주권존중, 내정 불간섭 원칙이 엄격히 지켜진다. 그러나 인권보호질서는 아직 형성과정에 있으며 주권국가 중심의 현 국제정치질서와 충돌하고 있다. 따라서 인권보호질서가 내정 불간섭 원칙의 엄격한 준수를 요구한다는 것은 제시문의 내용으로 적절하지 않다.

## 48

정답 ③

③은 성명(C2:C7)이 '이'로 시작하고 소속(B2:B7)이 '기획'인 직원 수를 구하는 수식이다(1 – 이지은).

오답분석

① 사원번호(A2:A7)에서 왼쪽을 기준으로 1 ~ 4번째 문자를 반환했을 때 그 수가 '2017'이거나 소속(B2:B7)이 '기업영업'인 직원은 TRUE를 출력한다(2 – 오지훈, 이여름).
② 사원번호(A2:A7)에서 오른쪽을 기준으로 1 ~ 3번째 문자를 반환했을 때 그 수가 400 이상이고, 소속(B2:B7)이 '마케팅'인 직원은 TRUE를 출력한다(2 – 김성규, 이여름).
④ 참여 유무(D2:D7)가 '불참'인 직원 수를 구하는 수식은 =△(D2:D7,"불참")이다.
⑤ 성명(C2:C7)이 '영'으로 끝나는 직원 수를 구하는 수식이다(2 – 박진영, 장나영).

## 49

정답 ①

조직이해능력과 문제해결능력 점수의 합은 다음과 같다.

- A : 74+84=158점
- B : 82+99=181점
- C : 66+87=153점
- D : 53+95=148점
- E : 92+91=183점
- F : 68+100=168점
- G : 80+92=172점

따라서 높은 점수를 받아 총무팀에 배치될 사람은 B, E이다.

PART 4

## 50

정답 ②

개인별 필기시험과 면접시험 총점에 가중치를 적용하여 환산 점수를 계산하면 다음과 같다.

(단위 : 점)

| 구분 | 필기시험 총점 | 면접시험 총점 | 환산 점수 |
|---|---|---|---|
| A | 92+74+84=250 | 60+90=150 | 250×0.7+150×0.3=220 |
| B | 89+82+99=270 | 80+90=170 | 270×0.7+170×0.3=240 |
| C | 80+66+87=233 | 80+40=120 | 233×0.7+120×0.3=199.1 |
| D | 94+53+95=242 | 60+50=110 | 242×0.7+110×0.3=202.4 |
| E | 73+92+91=256 | 50+100=150 | 256×0.7+150×0.3=224.2 |
| F | 90+68+100=258 | 70+80=150 | 258×0.7+150×0.3=225.6 |
| G | 77+80+92=249 | 90+60=150 | 249×0.7+150×0.3=219.3 |

따라서 환산 점수에서 최저점을 받아 채용이 보류되는 사람은 199.1점의 C이다.

## 51

정답 ①

제시된 정보를 수식으로 비교해 보면 다음과 같다.

A>B, D>C, F>E>A, E>B>D

∴ F>E>A>B>D>C

따라서 실적이 가장 높은 외판원은 F이다.

## 52

정답 ①

(가) 문단의 마지막 문장에서 곰돌이 인형이 말하는 사람에게 주의를 기울여준다고 했으므로 그다음으로 그 이유를 설명하는 보기가 오는 것이 적절하다.

## 53

정답 ①

'서비스 이용조건'에서 무이자할부 등의 이용금액은 적립 및 산정 기준에서 제외된다고 하였으므로 자동차의 무이자할부 구매금액은 적립을 받을 수 없다.

**오답분석**

② '전 가맹점 포인트 적립 서비스'에서 가맹점에서 10만 원 이상 사용했을 때, 적립 포인트는 이용금액의 1%이다.

③ '바우처 서비스'에서 카드 발급 초년도 1백만 원 이상 이용 시 신청의 가능하다고 했으므로 K대리는 바우처를 신청할 수 있다.

④ '보너스 캐시백'을 보면 매년 1회 연간 이용금액에 따라 캐시백이 제공된다. 따라서 K대리가 1년간 4천만 원을 사용했을 경우 3천만 원 이상으로 5만 원을 캐시백으로 받을 수 있다. 매년 카드 발급월 익월 15일에 카드 결제계좌로 입금이 되어 2025년 10월 15일에 입금이 된다.

⑤ '바우처 서비스'에서 바우처 신청 기간 내 미신청 시 혜택이 소멸한다고 하였으며, 그 기간은 매년 카드 발급월 익월 1일부터 12개월로 지정하고 있다.

## 54

정답 ①

K대리가 11월 '위 카드' 사용내역서에서 '서비스 이용조건'에 제시된 이용금액이 적립 및 산정 기준에서 제외되는 경우는 무이자할부, 제세공과금, 카드론(장기카드대출), 현금 서비스(단기카드대출)이다. 이 경우를 제외하고, 전 가맹점에서 10만 원 미만 0.7%, 10만 원 이상 1%이며, 2만 원 이상 즉시결제 서비스 이용 시 0.2%가 적립된다.

| 가맹점명 | 사용금액 | 비고 | 포인트 적립 |
|---|---|---|---|
| ○○가구 | 200,000원 | 3개월 무이자 할부 | 무이자할부 제외 |
| A햄버거 전문점 | 12,000원 | | 0.7% |
| 지방세 | 2,400원 | | 제세공과금 제외 |
| 현금 서비스 | 70,000원 | | 현금 서비스 제외 |
| C영화관 | 40,000원 | | 0.7% |
| ◇◇할인점 | 85,000원 | | 0.7% |
| 카드론(대출) | 500,000원 | | 카드론 제외 |
| M커피 | 27,200원 | 즉시결제 | 0.2% |
| M커피 | 19,000원 | 즉시결제 | 2만 원 미만으로 적립 제외 |
| △△스시 | 100,000원 | | 1% |

따라서 K대리가 11월에 적립하는 포인트는 $\{(12,000+40,000+85,000)\times 0.007\}+(27,200\times 0.002)+(100,000\times 0.01)$ $=959+54.4+1,000=2,013.4$점이다.



## 55

정답 ④

다른 직원들의 휴가 일정이 겹치지 않고, 주말과 공휴일이 아닌 평일이며, 전체 일정도 없는 20 ~ 21일이 김대리의 휴가 일정으로 적절하다.

오답분석

① 7월 1일은 김사원의 휴가이므로 휴가일로 적절하지 않다.
② 7월 4일은 S은행 전체 회의가 있어 휴가일로 적절하지 않다.
③ 7월 9일은 주말이므로 휴가일로 적절하지 않다.
⑤ 7월 29일은 유부장의 휴가일이며, 30일은 주말이므로 휴가일로 적절하지 않다.

## 56

정답 ①

전체 회의와 주말을 제외하면 7월에 휴가를 사용할 수 있는 날은 총 20일이다.
따라서 직원이 총 12명이므로 한 사람당 1일을 초과할 수 없다.

## 57

정답 ①

제시문은 '휴리스틱'의 개념 설명을 시작으로 휴리스틱을 이용하는 방법인 '이용가능성 휴리스틱'에 대한 설명과 휴리스틱의 문제점인 '바이어스(Bias)'의 개념을 연이어서 설명한다. 즉, '휴리스틱'에 대한 정보의 폭을 넓혀가며 설명하고 있다. 따라서 논지 전개 방식으로 가장 적절한 것은 ①이다.

## 58

정답 ②

모집단에서 크기 $n$인 표본을 추출하고, 모표준편차를 $\sigma$이라고 할 때, 표본표준편차는 $\frac{\sigma}{\sqrt{n}}$이다.

따라서 표본크기 $n$은 64, 모표준편차 $\sigma$는 4이므로 표본표준편차는 $\frac{\sigma}{\sqrt{n}}=\frac{4}{\sqrt{64}}=\frac{4}{8}=0.5$이다.

## 59

정답 ⑤

명시적 인센티브 계약을 하면 성과에 기초하여 명시적인 인센티브가 지급된다. 그러므로 성과를 측정하기 어려운 업무를 근로자들이 등한시하게 되는 결과를 초래할 수 있다. 따라서 성과를 측정하기 어려운 업무에 종사하는 근로자에 대한 보상에서는 암묵적인 인센티브가 더 효과적이다.

오답분석

① 첫 번째 문단에서 확인할 수 있다.
② 세 번째 문단에서 확인할 수 있다.
③ 두 번째 문단에서 확인할 수 있다.
④ 마지막 문단에서 확인할 수 있다.

## 60

정답 ②

암묵적 계약은 객관적으로 확인할 수 있는 조건보다는 주관적인 평가에 기초한 약속이다.

## 61

정답 ④

최고기온(B2:B8)에서 최저기온(C2:C8)을 뺀 값 중 가장 큰 값을 ▲ 함수를 사용해서 구하는 수식이다.

오답분석

① 월요일의 최저기온 합을 구하는 수식이다.
② 월요일의 일교차를 구하는 수식이다.
③ 월요일의 최고기온과 최저기온 합을 구하는 수식이다.
⑤ 요일별 최저기온 중 가장 작은 값을 구하는 함수이다.

## 62

정답 ④

진영이는 데이터 리필과 관련한 내용을 문의하기 위해 고객센터에 전화했다. 따라서 No → No → No → Yes 순으로 처리되어 4번이 출력된다.

## 63

정답 ①

보기는 ◇◇마트에서 결제 후 받은 메일이다. 따라서 No → No → Yes 순으로 처리되어 보기는 [청구·결제 메일함]에 보관된다.

## 64

정답 ⑤

ㄴ. 초평면은 기본적으로 선형 공간이므로, 데이터의 분포가 선형으로 분류되지 않을 때에는 성능이 떨어질 수 있다. 이러한 선형 SVM의 한계는 커널(Kernel)이라는 매핑 함수를 도입해서 비선형 분할선을 정의함으로써 해결되는데, 대표적인 비선형 함수로는 $n$차 다항 함수, RBF(방사 기저 함수) 등이 있다.
ㄷ. SVM의 목적은 $n$차원의 데이터 공간에서 샘플 그룹들을 구분해 내는 최적(Optimal)의 분할선을 찾아내는 것이다. SVM은 커널 함수를 어떻게 정의하는가에 따라 선형 또는 비선형 분할선을 가진다.
ㄹ. 선형 SVM의 경성(Hard) 마진은 두 클래스를 분류할 수 있는 최대 마진의 초평면을 찾는 방법으로서, 오분류(오차)를 전혀 허용하지 않는다. 그러나 모든 데이터를 선형으로 오분류 없이 나눌 수 있는 결정 경계를 찾는 것은 지극히 어려운데, 경계가 너무 복잡해지고 과적합(Overfitting)의 우려가 있다. 따라서 일반적으로는 약간의 오분류를 허용하는 연성(Soft) 마진을 사용한다.

오답분석

ㄱ. 서포트 벡터 머신(SVM)은 주어진 샘플 그룹에 대해 그룹 분류(Classification) 규칙을 찾아내는 기법으로서, 기계 학습(Machine Learning) 분야에서 분류를 위한 대표적인 알고리즘이다. 마진(Margin)은 초평면(Hyperplane)에 의해 분리된 클래스들 중 초평면과 가장 가까운 클래스와 초평면 사이의 거리를 뜻한다. SVM은 마진을 극대화하는 경계선을 찾아 데이터 분류의 오차 범위를 최소화한다. 즉, SVM이 지향하는 최적의 분할선의 성질은 초평면들 중 최대의 마진을 갖는 초평면이다.

## 65

정답 ⑤

지원씨는 평가시험 점수가 평균 이상이고(Yes →), 4년의 경력(Yes → Yes →)과 관련 자격증(Yes →)을 가지고 있으므로 3코스가 출력된다.

## 66

정답 ③

용수는 홀수 반에 짝수 번이므로 신체검사 순서는 (Yes →) 시력 → 악력, (No →) 청력 → 체중 / 키이다.

## 67

정답 ⑤

본인의 월평균소득이 전년도 도시근로자 1인 가구 월평균소득의 100%를 초과하더라도, 2순위 자격요건은 본인과 부모의 월평균소득의 합산한 금액을 기준으로 하므로 입주대상이 될 수 있다.

오답분석

① 최초 계약을 포함하여 2년 단위로 총 3회 계약이 가능하므로 최대 6년간 거주가 가능하다.
② 만 19세 이상이어야 하며, 고등학교를 졸업 혹은 중퇴한 지 2년 이내인 경우에만 입주대상에 해당된다.
③ 2순위와 3순위 입주대상자 모두 보증금 200만 원을 납부하게 된다.
④ 자동차가액이 3,496만 원을 초과하여 2 ~ 3순위의 자동차가액 기준 자산 요건을 모두 불충족하므로, 입주대상에 해당되지 않는다.

## 68

정답 ①

- 민우 : 3순위 자격요건을 충족하고 있으나, 자산 요건 기준인 25,400만 원을 초과한 현금자산을 보유하고 있으므로 입주대상에 해당되지 않는다.
- 정아 : 청년매입임대주택은 미혼 청년을 입주대상으로 하고 있으므로, 차상위계층 가구에 해당되더라도 해당 사업의 대상이 될 수 없다.

오답분석

- 소현 : 3순위 입주대상에 해당된다.
- 경범 : 2순위 입주대상에 해당된다.

## 69

정답 ⑤

정보를 모두 논리 기호화하면 다음과 같다.

- A
- ~B → ~D
- ~C → E
- C, D 중 1명 이상
- ~D → ~A

A팀장이 참석하면, 다섯 번째 조건의 대우가 A → D이므로 D주임도 참석하고, 두 번째 조건의 대우인 D → B에 따라 B대리도 참석한다.

그러므로 A팀장이 반드시 참석하므로 B대리, D주임은 어떤 경우에도 참석하며, C와 E의 경우 C주임의 참석 여부에 따라 경우가 나뉜다.

i ) C주임이 참석하는 경우

C주임이 참석하는 경우, E사원의 참석 여부는 알 수 없다.

따라서 C주임이 참석하면서 E사원이 참석하지 않는 경우와 C주임이 참석하고 E사원도 참석하는 2가지 경우가 가능하다.

ii) C주임이 참석하지 않는 경우

C주임이 참석하지 않는 경우, 세 번째 조건에 따라 E사원은 참석한다.

따라서 이를 고려하면 A팀장, B대리, D주임은 반드시 참석하며, C주임과 E사원도 2명 중 1명은 참석하므로 적어도 4명은 참석한다.

오답분석

① 위 설명에 따르면 D주임이 참석하므로 B대리는 반드시 참석한다.
② B대리는 반드시 참석하지만, C주임은 참석하지 않는 경우가 있다.
③ E사원이 참석하지 않는 경우도 있다.
④ D주임은 반드시 참석하지만, C주임이 참석하지 않는 경우가 있다.

## 70

정답 ②

임대보증금 전환은 연 1회 가능하므로 다음 해에 전환할 수 있다.

1년 동안 A대학생이 내는 월 임대료는 500,000×12=6,000,000원이고, 이 금액에서 최대 56%까지 보증금으로 전환이 가능하므로 6,000,000×0.56=3,360,000원을 보증금으로 전환할 수 있다. 보증금에 전환이율 6.72%를 적용하여 환산한 환산보증금은 3,360,000÷0.0672=50,000,000원이 된다. 따라서 월세를 최대로 낮췄을 때의 월세는 500,000×(1−0.56)=220,000원이며, 보증금은 현재 보증금 3천만 원에 환산보증금 5천만 원을 추가하여 8천만 원이 된다.

# 신한은행 SLT 필기시험 OMR 답안카드

| 성 명 |
|---|
| |

| 지원 분야 |
|---|
| |

| 문제지 형별기재란 | |
|---|---|
| (　　)형 | Ⓐ Ⓑ |

| 수 험 번 호 | | | | | | |
|---|---|---|---|---|---|---|
| | | | | | | |
| ⓪ | ⓪ | ⓪ | ⓪ | ⓪ | ⓪ | ⓪ |
| ① | ① | ① | ① | ① | ① | ① |
| ② | ② | ② | ② | ② | ② | ② |
| ③ | ③ | ③ | ③ | ③ | ③ | ③ |
| ④ | ④ | ④ | ④ | ④ | ④ | ④ |
| ⑤ | ⑤ | ⑤ | ⑤ | ⑤ | ⑤ | ⑤ |
| ⑥ | ⑥ | ⑥ | ⑥ | ⑥ | ⑥ | ⑥ |
| ⑦ | ⑦ | ⑦ | ⑦ | ⑦ | ⑦ | ⑦ |
| ⑧ | ⑧ | ⑧ | ⑧ | ⑧ | ⑧ | ⑧ |
| ⑨ | ⑨ | ⑨ | ⑨ | ⑨ | ⑨ | ⑨ |

| 감독위원 확인 |
|---|
| ㊞ 인 |

| | | | | | | | | | | | | | | | | | | | | | | | |
|---|---|---|---|---|---|---|---|---|---|---|---|---|---|---|---|---|---|---|---|---|---|---|---|
| 1 | ① | ② | ③ | ④ | ⑤ | 21 | ① | ② | ③ | ④ | ⑤ | 41 | ① | ② | ③ | ④ | ⑤ | 61 | ① | ② | ③ | ④ | ⑤ |
| 2 | ① | ② | ③ | ④ | ⑤ | 22 | ① | ② | ③ | ④ | ⑤ | 42 | ① | ② | ③ | ④ | ⑤ | 62 | ① | ② | ③ | ④ | ⑤ |
| 3 | ① | ② | ③ | ④ | ⑤ | 23 | ① | ② | ③ | ④ | ⑤ | 43 | ① | ② | ③ | ④ | ⑤ | 63 | ① | ② | ③ | ④ | ⑤ |
| 4 | ① | ② | ③ | ④ | ⑤ | 24 | ① | ② | ③ | ④ | ⑤ | 44 | ① | ② | ③ | ④ | ⑤ | 64 | ① | ② | ③ | ④ | ⑤ |
| 5 | ① | ② | ③ | ④ | ⑤ | 25 | ① | ② | ③ | ④ | ⑤ | 45 | ① | ② | ③ | ④ | ⑤ | 65 | ① | ② | ③ | ④ | ⑤ |
| 6 | ① | ② | ③ | ④ | ⑤ | 26 | ① | ② | ③ | ④ | ⑤ | 46 | ① | ② | ③ | ④ | ⑤ | 66 | ① | ② | ③ | ④ | ⑤ |
| 7 | ① | ② | ③ | ④ | ⑤ | 27 | ① | ② | ③ | ④ | ⑤ | 47 | ① | ② | ③ | ④ | ⑤ | 67 | ① | ② | ③ | ④ | ⑤ |
| 8 | ① | ② | ③ | ④ | ⑤ | 28 | ① | ② | ③ | ④ | ⑤ | 48 | ① | ② | ③ | ④ | ⑤ | 68 | ① | ② | ③ | ④ | ⑤ |
| 9 | ① | ② | ③ | ④ | ⑤ | 29 | ① | ② | ③ | ④ | ⑤ | 49 | ① | ② | ③ | ④ | ⑤ | 69 | ① | ② | ③ | ④ | ⑤ |
| 10 | ① | ② | ③ | ④ | ⑤ | 30 | ① | ② | ③ | ④ | ⑤ | 50 | ① | ② | ③ | ④ | ⑤ | 70 | ① | ② | ③ | ④ | ⑤ |
| 11 | ① | ② | ③ | ④ | ⑤ | 31 | ① | ② | ③ | ④ | ⑤ | 51 | ① | ② | ③ | ④ | ⑤ | | | | | | |
| 12 | ① | ② | ③ | ④ | ⑤ | 32 | ① | ② | ③ | ④ | ⑤ | 52 | ① | ② | ③ | ④ | ⑤ | | | | | | |
| 13 | ① | ② | ③ | ④ | ⑤ | 33 | ① | ② | ③ | ④ | ⑤ | 53 | ① | ② | ③ | ④ | ⑤ | | | | | | |
| 14 | ① | ② | ③ | ④ | ⑤ | 34 | ① | ② | ③ | ④ | ⑤ | 54 | ① | ② | ③ | ④ | ⑤ | | | | | | |
| 15 | ① | ② | ③ | ④ | ⑤ | 35 | ① | ② | ③ | ④ | ⑤ | 55 | ① | ② | ③ | ④ | ⑤ | | | | | | |
| 16 | ① | ② | ③ | ④ | ⑤ | 36 | ① | ② | ③ | ④ | ⑤ | 56 | ① | ② | ③ | ④ | ⑤ | | | | | | |
| 17 | ① | ② | ③ | ④ | ⑤ | 37 | ① | ② | ③ | ④ | ⑤ | 57 | ① | ② | ③ | ④ | ⑤ | | | | | | |
| 18 | ① | ② | ③ | ④ | ⑤ | 38 | ① | ② | ③ | ④ | ⑤ | 58 | ① | ② | ③ | ④ | ⑤ | | | | | | |
| 19 | ① | ② | ③ | ④ | ⑤ | 39 | ① | ② | ③ | ④ | ⑤ | 59 | ① | ② | ③ | ④ | ⑤ | | | | | | |
| 20 | ① | ② | ③ | ④ | ⑤ | 40 | ① | ② | ③ | ④ | ⑤ | 60 | ① | ② | ③ | ④ | ⑤ | | | | | | |

※ 본 답안카드는 마킹연습용 모의 답안카드입니다.

〈절취선〉

# 신한은행 SLT 필기시험 OMR 답안카드

| 성 명 |
| --- |
| |

| 지원 분야 |
| --- |
| |

| 문제지 형별기재란 | |
| --- | --- |
| (    )형 | Ⓐ Ⓑ |

| 수 험 번 호 | | | | | | |
| --- | --- | --- | --- | --- | --- | --- |
| | | | | | | |
| ⓪ | ⓪ | ⓪ | ⓪ | ⓪ | ⓪ | ⓪ |
| ① | ① | ① | ① | ① | ① | ① |
| ② | ② | ② | ② | ② | ② | ② |
| ③ | ③ | ③ | ③ | ③ | ③ | ③ |
| ④ | ④ | ④ | ④ | ④ | ④ | ④ |
| ⑤ | ⑤ | ⑤ | ⑤ | ⑤ | ⑤ | ⑤ |
| ⑥ | ⑥ | ⑥ | ⑥ | ⑥ | ⑥ | ⑥ |
| ⑦ | ⑦ | ⑦ | ⑦ | ⑦ | ⑦ | ⑦ |
| ⑧ | ⑧ | ⑧ | ⑧ | ⑧ | ⑧ | ⑧ |
| ⑨ | ⑨ | ⑨ | ⑨ | ⑨ | ⑨ | ⑨ |

| 감독위원 확인 |
| --- |
| 인 |

| | | | | | | | |
| --- | --- | --- | --- | --- | --- | --- | --- |
| 1 | ① ② ③ ④ ⑤ | 21 | ① ② ③ ④ ⑤ | 41 | ① ② ③ ④ ⑤ | 61 | ① ② ③ ④ ⑤ |
| 2 | ① ② ③ ④ ⑤ | 22 | ① ② ③ ④ ⑤ | 42 | ① ② ③ ④ ⑤ | 62 | ① ② ③ ④ ⑤ |
| 3 | ① ② ③ ④ ⑤ | 23 | ① ② ③ ④ ⑤ | 43 | ① ② ③ ④ ⑤ | 63 | ① ② ③ ④ ⑤ |
| 4 | ① ② ③ ④ ⑤ | 24 | ① ② ③ ④ ⑤ | 44 | ① ② ③ ④ ⑤ | 64 | ① ② ③ ④ ⑤ |
| 5 | ① ② ③ ④ ⑤ | 25 | ① ② ③ ④ ⑤ | 45 | ① ② ③ ④ ⑤ | 65 | ① ② ③ ④ ⑤ |
| 6 | ① ② ③ ④ ⑤ | 26 | ① ② ③ ④ ⑤ | 46 | ① ② ③ ④ ⑤ | 66 | ① ② ③ ④ ⑤ |
| 7 | ① ② ③ ④ ⑤ | 27 | ① ② ③ ④ ⑤ | 47 | ① ② ③ ④ ⑤ | 67 | ① ② ③ ④ ⑤ |
| 8 | ① ② ③ ④ ⑤ | 28 | ① ② ③ ④ ⑤ | 48 | ① ② ③ ④ ⑤ | 68 | ① ② ③ ④ ⑤ |
| 9 | ① ② ③ ④ ⑤ | 29 | ① ② ③ ④ ⑤ | 49 | ① ② ③ ④ ⑤ | 69 | ① ② ③ ④ ⑤ |
| 10 | ① ② ③ ④ ⑤ | 30 | ① ② ③ ④ ⑤ | 50 | ① ② ③ ④ ⑤ | 70 | ① ② ③ ④ ⑤ |
| 11 | ① ② ③ ④ ⑤ | 31 | ① ② ③ ④ ⑤ | 51 | ① ② ③ ④ ⑤ | | |
| 12 | ① ② ③ ④ ⑤ | 32 | ① ② ③ ④ ⑤ | 52 | ① ② ③ ④ ⑤ | | |
| 13 | ① ② ③ ④ ⑤ | 33 | ① ② ③ ④ ⑤ | 53 | ① ② ③ ④ ⑤ | | |
| 14 | ① ② ③ ④ ⑤ | 34 | ① ② ③ ④ ⑤ | 54 | ① ② ③ ④ ⑤ | | |
| 15 | ① ② ③ ④ ⑤ | 35 | ① ② ③ ④ ⑤ | 55 | ① ② ③ ④ ⑤ | | |
| 16 | ① ② ③ ④ ⑤ | 36 | ① ② ③ ④ ⑤ | 56 | ① ② ③ ④ ⑤ | | |
| 17 | ① ② ③ ④ ⑤ | 37 | ① ② ③ ④ ⑤ | 57 | ① ② ③ ④ ⑤ | | |
| 18 | ① ② ③ ④ ⑤ | 38 | ① ② ③ ④ ⑤ | 58 | ① ② ③ ④ ⑤ | | |
| 19 | ① ② ③ ④ ⑤ | 39 | ① ② ③ ④ ⑤ | 59 | ① ② ③ ④ ⑤ | | |
| 20 | ① ② ③ ④ ⑤ | 40 | ① ② ③ ④ ⑤ | 60 | ① ② ③ ④ ⑤ | | |

※ 본 답안카드는 마킹연습용 모의 답안카드입니다.

# 신한은행 SLT 필기시험 OMR 답안카드

| 성 명 |
|---|
| |

| 지원 분야 |
|---|
| |

| 문제지 형별기재란 | |
|---|---|
| (　　)형 | Ⓐ Ⓑ |

| 수 험 번 호 | | | | | | |
|---|---|---|---|---|---|---|
| | | | | | | |
| ⓪ | ⓪ | ⓪ | ⓪ | ⓪ | ⓪ | ⓪ |
| ① | ① | ① | ① | ① | ① | ① |
| ② | ② | ② | ② | ② | ② | ② |
| ③ | ③ | ③ | ③ | ③ | ③ | ③ |
| ④ | ④ | ④ | ④ | ④ | ④ | ④ |
| ⑤ | ⑤ | ⑤ | ⑤ | ⑤ | ⑤ | ⑤ |
| ⑥ | ⑥ | ⑥ | ⑥ | ⑥ | ⑥ | ⑥ |
| ⑦ | ⑦ | ⑦ | ⑦ | ⑦ | ⑦ | ⑦ |
| ⑧ | ⑧ | ⑧ | ⑧ | ⑧ | ⑧ | ⑧ |
| ⑨ | ⑨ | ⑨ | ⑨ | ⑨ | ⑨ | ⑨ |

| 감독위원 확인 |
|---|
| ㊞ 인 |

| | | | | | | |
|---|---|---|---|---|---|---|
| 1 | ① ② ③ ④ ⑤ | 21 | ① ② ③ ④ ⑤ | 41 | ① ② ③ ④ ⑤ | 61 | ① ② ③ ④ ⑤ |
| 2 | ① ② ③ ④ ⑤ | 22 | ① ② ③ ④ ⑤ | 42 | ① ② ③ ④ ⑤ | 62 | ① ② ③ ④ ⑤ |
| 3 | ① ② ③ ④ ⑤ | 23 | ① ② ③ ④ ⑤ | 43 | ① ② ③ ④ ⑤ | 63 | ① ② ③ ④ ⑤ |
| 4 | ① ② ③ ④ ⑤ | 24 | ① ② ③ ④ ⑤ | 44 | ① ② ③ ④ ⑤ | 64 | ① ② ③ ④ ⑤ |
| 5 | ① ② ③ ④ ⑤ | 25 | ① ② ③ ④ ⑤ | 45 | ① ② ③ ④ ⑤ | 65 | ① ② ③ ④ ⑤ |
| 6 | ① ② ③ ④ ⑤ | 26 | ① ② ③ ④ ⑤ | 46 | ① ② ③ ④ ⑤ | 66 | ① ② ③ ④ ⑤ |
| 7 | ① ② ③ ④ ⑤ | 27 | ① ② ③ ④ ⑤ | 47 | ① ② ③ ④ ⑤ | 67 | ① ② ③ ④ ⑤ |
| 8 | ① ② ③ ④ ⑤ | 28 | ① ② ③ ④ ⑤ | 48 | ① ② ③ ④ ⑤ | 68 | ① ② ③ ④ ⑤ |
| 9 | ① ② ③ ④ ⑤ | 29 | ① ② ③ ④ ⑤ | 49 | ① ② ③ ④ ⑤ | 69 | ① ② ③ ④ ⑤ |
| 10 | ① ② ③ ④ ⑤ | 30 | ① ② ③ ④ ⑤ | 50 | ① ② ③ ④ ⑤ | 70 | ① ② ③ ④ ⑤ |
| 11 | ① ② ③ ④ ⑤ | 31 | ① ② ③ ④ ⑤ | 51 | ① ② ③ ④ ⑤ | | |
| 12 | ① ② ③ ④ ⑤ | 32 | ① ② ③ ④ ⑤ | 52 | ① ② ③ ④ ⑤ | | |
| 13 | ① ② ③ ④ ⑤ | 33 | ① ② ③ ④ ⑤ | 53 | ① ② ③ ④ ⑤ | | |
| 14 | ① ② ③ ④ ⑤ | 34 | ① ② ③ ④ ⑤ | 54 | ① ② ③ ④ ⑤ | | |
| 15 | ① ② ③ ④ ⑤ | 35 | ① ② ③ ④ ⑤ | 55 | ① ② ③ ④ ⑤ | | |
| 16 | ① ② ③ ④ ⑤ | 36 | ① ② ③ ④ ⑤ | 56 | ① ② ③ ④ ⑤ | | |
| 17 | ① ② ③ ④ ⑤ | 37 | ① ② ③ ④ ⑤ | 57 | ① ② ③ ④ ⑤ | | |
| 18 | ① ② ③ ④ ⑤ | 38 | ① ② ③ ④ ⑤ | 58 | ① ② ③ ④ ⑤ | | |
| 19 | ① ② ③ ④ ⑤ | 39 | ① ② ③ ④ ⑤ | 59 | ① ② ③ ④ ⑤ | | |
| 20 | ① ② ③ ④ ⑤ | 40 | ① ② ③ ④ ⑤ | 60 | ① ② ③ ④ ⑤ | | |

※ 본 답안카드는 마킹연습용 모의 답안카드입니다.

〈절취선〉

# 신한은행 SLT 필기시험 OMR 답안카드

| 성 명 |
| --- |
| |

| 지원 분야 |
| --- |
| |

| 문제지 형별기재란 | |
| --- | --- |
| (　　　)형 | Ⓐ<br>Ⓑ |

| 수 험 번 호 | | | | | | |
| --- | --- | --- | --- | --- | --- | --- |
| | | | | | | |
| ⓪ | ⓪ | ⓪ | ⓪ | ⓪ | ⓪ | ⓪ |
| ① | ① | ① | ① | ① | ① | ① |
| ② | ② | ② | ② | ② | ② | ② |
| ③ | ③ | ③ | ③ | ③ | ③ | ③ |
| ④ | ④ | ④ | ④ | ④ | ④ | ④ |
| ⑤ | ⑤ | ⑤ | ⑤ | ⑤ | ⑤ | ⑤ |
| ⑥ | ⑥ | ⑥ | ⑥ | ⑥ | ⑥ | ⑥ |
| ⑦ | ⑦ | ⑦ | ⑦ | ⑦ | ⑦ | ⑦ |
| ⑧ | ⑧ | ⑧ | ⑧ | ⑧ | ⑧ | ⑧ |
| ⑨ | ⑨ | ⑨ | ⑨ | ⑨ | ⑨ | ⑨ |

| 감독위원 확인 |
| --- |
| 인 |

| | | | | | | | | |
| --- | --- | --- | --- | --- | --- | --- | --- | --- |
| 1 | ① ② ③ ④ ⑤ | 21 | ① ② ③ ④ ⑤ | 41 | ① ② ③ ④ ⑤ | 61 | ① ② ③ ④ ⑤ |
| 2 | ① ② ③ ④ ⑤ | 22 | ① ② ③ ④ ⑤ | 42 | ① ② ③ ④ ⑤ | 62 | ① ② ③ ④ ⑤ |
| 3 | ① ② ③ ④ ⑤ | 23 | ① ② ③ ④ ⑤ | 43 | ① ② ③ ④ ⑤ | 63 | ① ② ③ ④ ⑤ |
| 4 | ① ② ③ ④ ⑤ | 24 | ① ② ③ ④ ⑤ | 44 | ① ② ③ ④ ⑤ | 64 | ① ② ③ ④ ⑤ |
| 5 | ① ② ③ ④ ⑤ | 25 | ① ② ③ ④ ⑤ | 45 | ① ② ③ ④ ⑤ | 65 | ① ② ③ ④ ⑤ |
| 6 | ① ② ③ ④ ⑤ | 26 | ① ② ③ ④ ⑤ | 46 | ① ② ③ ④ ⑤ | 66 | ① ② ③ ④ ⑤ |
| 7 | ① ② ③ ④ ⑤ | 27 | ① ② ③ ④ ⑤ | 47 | ① ② ③ ④ ⑤ | 67 | ① ② ③ ④ ⑤ |
| 8 | ① ② ③ ④ ⑤ | 28 | ① ② ③ ④ ⑤ | 48 | ① ② ③ ④ ⑤ | 68 | ① ② ③ ④ ⑤ |
| 9 | ① ② ③ ④ ⑤ | 29 | ① ② ③ ④ ⑤ | 49 | ① ② ③ ④ ⑤ | 69 | ① ② ③ ④ ⑤ |
| 10 | ① ② ③ ④ ⑤ | 30 | ① ② ③ ④ ⑤ | 50 | ① ② ③ ④ ⑤ | 70 | ① ② ③ ④ ⑤ |
| 11 | ① ② ③ ④ ⑤ | 31 | ① ② ③ ④ ⑤ | 51 | ① ② ③ ④ ⑤ | | |
| 12 | ① ② ③ ④ ⑤ | 32 | ① ② ③ ④ ⑤ | 52 | ① ② ③ ④ ⑤ | | |
| 13 | ① ② ③ ④ ⑤ | 33 | ① ② ③ ④ ⑤ | 53 | ① ② ③ ④ ⑤ | | |
| 14 | ① ② ③ ④ ⑤ | 34 | ① ② ③ ④ ⑤ | 54 | ① ② ③ ④ ⑤ | | |
| 15 | ① ② ③ ④ ⑤ | 35 | ① ② ③ ④ ⑤ | 55 | ① ② ③ ④ ⑤ | | |
| 16 | ① ② ③ ④ ⑤ | 36 | ① ② ③ ④ ⑤ | 56 | ① ② ③ ④ ⑤ | | |
| 17 | ① ② ③ ④ ⑤ | 37 | ① ② ③ ④ ⑤ | 57 | ① ② ③ ④ ⑤ | | |
| 18 | ① ② ③ ④ ⑤ | 38 | ① ② ③ ④ ⑤ | 58 | ① ② ③ ④ ⑤ | | |
| 19 | ① ② ③ ④ ⑤ | 39 | ① ② ③ ④ ⑤ | 59 | ① ② ③ ④ ⑤ | | |
| 20 | ① ② ③ ④ ⑤ | 40 | ① ② ③ ④ ⑤ | 60 | ① ② ③ ④ ⑤ | | |

※ 본 답안카드는 마킹연습용 모의 답안카드입니다.

# 2025 하반기 시대에듀 신한은행 SLT 필기시험 통합기본서


| | |
|---|---|
| 개정13판1쇄 발행 | 2025년 09월 10일 (인쇄 2025년 08월 19일) |
| 초 판 발 행 | 2018년 06월 05일 (인쇄 2018년 05월 17일) |
| 발 행 인 | 박영일 |
| 책 임 편 집 | 이해욱 |
| 편 저 | SDC(Sidae Data Center) |
| 편 집 진 행 | 안희선 · 신주희 |
| 표지디자인 | 김지수 |
| 편집디자인 | 김경원 · 장성복 |
| 발 행 처 | (주)시대고시기획 |
| 출 판 등 록 | 제10-1521호 |
| 주 소 | 서울시 마포구 큰우물로 75 [도화동 538 성지 B/D] 9F |
| 전 화 | 1600-3600 |
| 팩 스 | 02-701-8823 |
| 홈 페 이 지 | www.sdedu.co.kr |

| | |
|---|---|
| I S B N | 979-11-383-9815-2 (13320) |
| 정 가 | 25,000원 |

통합기본서

# 신한은행 SLT

## 정답 및 해설

## 금융권 필기시험 "기본서" 시리즈

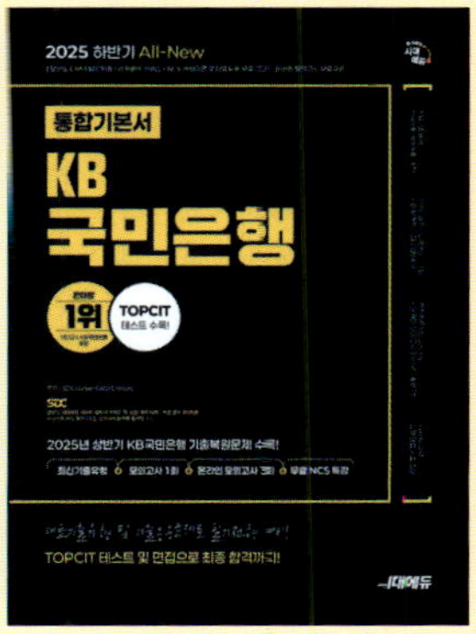


최신 기출유형을 반영한 NCS와 직무상식을 한 권에! 합격을 위한

*Only Way!*

## 금융권 필기시험 "봉투모의고사" 시리즈

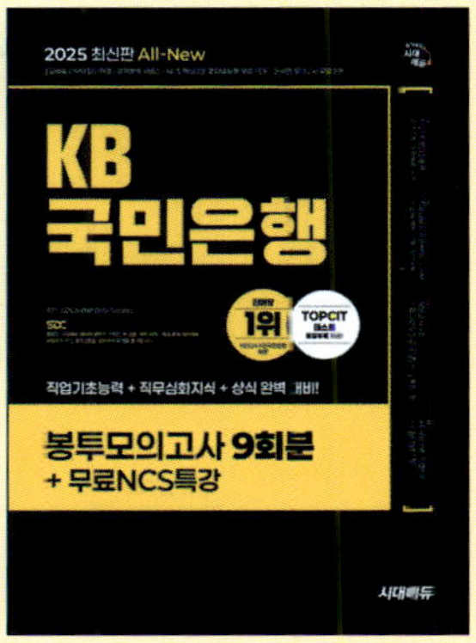


실제 시험과 동일하게 구성된 모의고사로 마무리! 합격으로 가는

*Last Spurt!*

NEXT STEP
시대에듀가 합격을 준비하는
당신에게 제안합니다.
성공의 기회
시대에듀를 잡으십시오.
시대에듀
기회란 포착되어 활용되기 전에는 기회인지조차 알 수 없는 것이다.
– 마크 트웨인 –